RESEARCH ON CIVIL AND COMMERCIAL LAW

民商法研究

第6辑

王利明 著

法律出版社
LAW PRESS·CHINA

目　录

第四编　债和合同制度

第五编　侵权行为制度

第六编　破产法与民事证据法

第七编　消费者权益保护法

第八编　其他

民商法研究(第六辑)
第1~4页

新版序言

自20世纪80年代初期发表学术论文至今,我与民法同行已近三十年。新世纪以来,我在法律出版社陆续出版了个人文集一至八卷。此次应法律出版社之邀,对这八卷个人文集进行修订,并增补第九卷,这确实是一件颇为繁复之事。

这套文集收录了我近三十年来公开发表和未发表的学术论文。今天读来,一些文章显得粗糙甚至肤浅,但这些作品反映了我当时对中国现实民商法问题的一些思考,凝聚了我的汗水和心血。这些作品的写作也是一段冥思苦想、艰苦求索的心路历程。在那个年代,没有电脑网络、图书资料极度匮乏,从事学术研究是件苦差事。许多早期作品都是在那种艰苦的环境中创作的。虽然这些文章或许不乏幼稚之处,但敝帚自珍,更何况那也是对一段艰难困苦历程的记载。

古人云:"君子之为学也,将以成身而备天下国家之用也。"我也一直铭记先师佟柔教授"治学报国、奉献法治"之教诲,以研究中国法治建设中的现实问题为使命,以为中国当代法治建设问题建言献策为己任,借此追求法治梦和民法梦。我国《宪法》通过对"依法治国"方略的确认,书写下我们的法治梦,描绘出中国法治的宏伟蓝图。而新中国几代民法学人的民法梦就是期待一部中国民法典的面世。就我个人而言,民法梦还有一层含义,就是要构建中国民法学理论体系,这样一个体系是立足于中国实践、内生于中国文化传统、回应中国社会现实需求、展示民族时代风貌的理论体系。在世界文化多元化背景下,这样一个中国民法学理论体系也应当是一种具有自身特色、受世人广泛关注、高度评价和普遍尊重的法律文化样态,其能够为促进世界民法文化的繁荣与发展做出我们中国人自己的贡献。那么,我们应当构建什么样的中国民法学理论体系呢?

——它应当以研究中国现实问题为重心。“社会不是以法律为基础的。”“相反地,法律应该以社会为基础。”(马克思语)中国民法学理论体系在内容上应当与市场经济建设过程中诸种问题相照应,包括作为市场经济基本规则和市民生活“百科全书”的民法和商法。所有这些内容都应该在中国大地上谱写,直接回应中国的现实问题。在我看来,本土特色的制度文明也就是国际的文化贡献,扎根于本国现实问题的民商法学也就是居于国际领先水平的民法学文化。解决了市场经济体制构建中的中国特色民商法重大问题就是解决了为世界普遍关注的问题,就是对世界民商法学发展的重大贡献,也就达到了国际领先水平。

——它应当以解决中国现实问题为依归。对于“法律究竟是什么”这一问题,笔者认为,古罗马的西塞罗在其名著《法律篇》中提及的“人民的福祉是最高的法律”(Salus populi suprema lex esto)这一名言给出了最佳的回答。民法学研究应当以实现人民的福祉作为指导理念。民之所欲,法之所系。一个学者研究法律的所有出发点都是实现人文关怀,保障人的自由和尊严,促进人的全面发展。这就要求我们的民法学研究应当来源并服务于中国改革开放的伟大实践,对社会生活中产生的现实问题提出创造性的解决方案,以此为民主法治建设作出贡献。有真问题,才可能有真学问。民法学要成为一门治国安邦、经世济民、服务社会的学问,就必须以中国的现实问题为依归。

——它应当具有对世界优秀民法文化的开放和包容态度。构建以研究我国现实问题为重心的民法学理论体系并不等于对异域法律文化的排斥;相反,在全球化背景下,中国民法学体系应当是一个包容世界民法文化精髓的体系,它反映了人类社会发展进程中面临的共同问题和应对智慧。理论自信不等于盲目自大,学术自信离不开我们对异域法律文化的充分了解,离不开我们对人类社会最新成果和趋势的准确把握。对人类法律文明的优秀成果,应秉持鲁迅所言"我们要运用脑髓,放出眼光,自己来拿"！我想这也是比较法研究的重要任务和价值所在。在文化多元化的时代,中国特色民法学体系的构建将有助于世界民商法学文化的繁荣,有助于增进人类共同的福祉。我们从来都不能完全照搬外国民法理论体系来构建自己的民法学体系,虽然我们的研究需要借鉴两大法系的有益经验,需要把握国际民商法学的发展趋势,但我们不能妄自菲薄,不能对异域研究亦步亦趋、随波逐流。

近三十年来,我本人的民商法研究经历基本上遵循了前述思路。回顾自己的学术历程,从最初在佟柔教授指导下研究民法调整对象和民法体系、民法与经济法的关系以及经济体制改革过程中的所有权形态等问题,到20世纪80年代末期赴美学习后回国开始从事民法总则、侵权责任法归责原则、物权法基本原理等问题研究,再到后来因参与合同法立法而开始全面研究合同法问题,这期间,本人就民法中的诸多重大疑难问题撰写了不少学术论文。90年代末期我又赴哈佛进修,重点研究司法改革等法治热点难点问题。新世纪以来,随着民法法典化的正式启动,我作为起草人之一参与民法典草案的编撰工作,就物权法、人格权法、侵权责任法和民法典体系等基本理论问题展开了专门研究;后又配合物权法、侵权责任法的起草,就相关领域的重大理论问题展开了认真探讨。作为中国民法法典化见证者和参与者,我在整个研究历程中都尽最大的努力提供建设性意见和理论支持,我也与其他民法学同人一道大力助推中国民法学体系的建构和民法学文化的传播。

弹指一挥间,近三十年过去了。当初荒芜的法学园地而今已繁花似锦,当初被称为"幼稚的法学"今天已成为一门显学,民法学在其中表现得尤为突出。记得在改革开放之后相当长的时间内,社会上一般人都不知民法为何物。一些重要的民法制度和民法术语更为人们所陌生。例如,在20世纪90年代初期,我国权威词典仍然把"隐私"这一概念理解为"阴私",将其视为一种贬义词汇。而今天,"隐私"这一术语已广为人知,保护隐私的观念也已深入人心,这不能不说是一个巨大的社会进步。不得不承认,这一历史性演变进步凝聚了一代又一代民法学人的汗水、心血与期盼。还记得20世纪80年代初我大学毕业时,民法教科书仅寥寥数本,且尚未公开出版,民法论文更是屈指可数;而今,我国民法学教科书汗牛充栋,民法学论文浩如烟海,民法学研究人才辈出,民法学的未来一片光明。

但我们还应当清醒地意识到,中国仍处于人治向法治的转型时期,法治建设任重道远,市场经济法律制度还处于不断完善之中,与此直接相关的是民法学理论体系仍处于初创阶段。这不仅仅表现在现有民法理论和相应民法制度还未能有效地回应诸多重大现实问题,还表现在我国民法学理论的国际影响尚不尽如人意、民法学理论的国际话语权仍然有限。虽然法治梦和民法梦已经开启,但这些梦想的实现,还有待我们为之作长期不懈的努力。

尼采有句理想主义名言,"不断重复一个梦幻,就能把它变为现实"。我们已经从迷茫中醒来,选择市场经济这一发展道路,法治是中国的唯一选择,舍此别无他路。在这一过程中,法学工作者肩负着重大职责和光荣使命。基于这样一种认识,我希望借此《民商法研究》修订的机会,重复我的中国民法梦想,以助推法治梦的实现。这就像涓涓细流汇入大海一样,学术繁荣就像水流汇集成川一样,需要靠每个人不断地努力和积累。我愿化作沧海一粟,汇入中国民法学文化的江海;我愿作为一粒石子,铺上法治的康庄大道。

期盼中国民法梦梦想成真,期待中国法治梦早日实现。

2013年2月16日于明德法学楼

民商法研究(第六辑)
第1~4页

原版序言

17世纪的自然法学家、被誉为“国际法之父”的胡果·格劳秀斯曾经说过:“对于一个学者而言,没有什么比研究法律更有价值!”此话被法学家们津津乐道、聊以自慰。然而,要享受这句话所带来的荣耀,又岂止是在书斋里殚精竭虑、皓首穷经所能达致。现代社会突飞猛进,日新月异,法治已成为维系社会进步、保障人民福祉、促进经济繁荣的关键所在。对于一个研究法律的学者而言,不仅要认识到法治在现代化进程中的极端重要性,更须意识到自己对中国法制现代化的建树所应承担的责任。

我作为“文革”后第一批经高考入校的大学生,于1978年年初开始接触法律。当时的民法学,可以说是一片荒芜的园地,很多人根本不知民法为何物,课堂上所学的民法,实际上不过是一些有关婚姻、财产继承、损害赔偿的政策规定。直到1981年年初,我准备报考研究生时,才见到了佟柔教授等人编写的民法讲义,那是一部油印的、仅20余万字的教材,然而,我却由此走入民法的殿堂,它是我入门的教科书。

1982年年初,我考入中国人民大学,在佟柔老师的指导下,真正开始学习和研究民法。进校以后,恰逢学术界展开民法、经济法调整对象的争论。根据佟柔教授的意见,我开始研究民法的调整对象和经济法的理论问题,并逐渐形成了经济法就是经济行政法的认识。1982年,在王家福教授等人的鼓励下,我在由中国社会科学院法学研究所主持的全国经济法理论研讨会上,作了一个有关经济行政法理论构想的大会发言,得到了民法界前辈的支持和鼓励。我的硕士学位论文选题也因此确定。在论文写作过程中,我经常与梁慧星教授切磋,并在1986年与梁教授合作撰写了《经济法的理论问题》一书。

1984年留校任教以后,我开始给本科生、研究生讲授民法课程。在此过程中形成了自己对民法体系及各项制度的看法和认识。1986年我和郭明瑞教授等人,合作撰写了《民法新论》上下册,该书对刚刚颁布的《民法通则》作了一定的研究,也对中国民法学的内容和体系,作了较为认真的探讨。其间,我与原国家经委的李时荣同志合作,编写了《经济体制改革中的法律问题》,与最高人民法院唐德华等同志合作编写了《民法教程》。

1987年,我在佟柔教授的指导下,攻读在职民法博士学位。1988年受美中法学教育交流委员会的资助赴美进修,在美国著名的财产法教授Mr. Olin Browder的指导下,研究英美财产法、信托法、合同法、侵权法等问题。回国后,我以《国家所有权研究》一文,于1990年年初,通过了博士学位论文答辩,成为中国大陆首位民法学博士。此后,我开始撰写有关侵权行为法的论著,相继出版了《侵权行为法归责原则研究》、《民法·侵权行为法》(与郭明瑞等合著)、《侵权行为法》(与杨立新合著)、《改革开放中的民法疑难问题》等著作。当时我国的侵权行为法研究领域少人问津,这几本小书的出版,对侵权法理论的发展多少起到了一些推动作用。

1993年以来,我与杨立新等同志合作开始研究民法学中的一个新领域,即人格权问题。这些研究成果便是后来与他人合著的《人格权法新论》、《人格权与新闻侵权》、《人格权法》。在这些著作中,我极力主张人格权法应与侵权行为法一样作为民法中独立的制度对待,从而改变传统民法历来沿袭的重物轻人的状况,并在此基础上构建新的民法体系。

我对合同法研究始终抱有浓厚的兴趣。在美国学习期间,曾花很大的精力研究英美合同法的历史、现状和发展。自1993年以来,由于参与合同法的制定工作,开始集中精力研究合同法问题,独自撰写了《违法责任论》，并与崔建远先生合作出版了《合同法新论·总则》。在这两本小书中，我也希望探索中国合同法自身体系和制度的建构，尤其是希望立足于中国的现实，通过不断吸收两大法系的立法和司法经验以及国际惯例，逐步建立先进的、科学的、符合中国国情的合同法体系和规则。

20世纪80年代中期，我曾在佟柔教授的指导下，就国家所有权和国有企业财产权问题，在《中国社会科学》、《法学研究》等杂志上发表过一系列论文，提出通过股份制改造全民所有制企业，使其享有法人所有权；在我的博士学位论文《国家所有权研究》中，我就企业法人的所有权与国家所有权的关系问题作了专门探讨；同时，我也就物权特别是所有权的基本原理作了研究。最近这几年，基于国家制定物权法的需要，我又重新开始探索物权法的理论问题，并撰写了《物权法论》一书。

作为一个民法学教员，我一直很重视教材的编写，并先后参与、实际主持、主编过6本民法教材。近几年，为了改进民法的教学方法，引进英美法的判例教学法，我开始系统编写民法案例研究的教材。由此形成了《合同法疑难案例研究》、《高级司法官法律培训教材·中国民法案例与学理研究》(4辑)(与郭明瑞、杨立新等合作)。

创建中国自己的民法学体系是我自研究民法以来孜孜以求的理想。我始终认为，我们伟大的民族曾经在历史上创造了博大精深的包括中华法系在内的中国文化，数千年来巍然屹立于世界文化之林。我们感激先人的贡献，更应在当代对中国法律体系的建立和法制的现代化有所作为。我们的民法学应当创建自己的体系，这不仅是因为我们所处的历史传统和文化积淀有其特性，我们的现实经济及社会生活独具特点，而且还因为，我们具有将辉煌的中华法系发扬光大的历史责任。我们的民法学需要大量借鉴两大法系的先进经验，但不能完全照搬照抄，成为某些国家民法的简单复制。人在天地间贵在自立，国家和民族贵在自强。我们的民法，也应当在世界民法之林中有自己的重要地位。作为民法学工作者，我们所做的一切，都应是为着这个目标而努力。

黄仁宇先生在《中国大历史》一书中指出："我们想见今后几十年内是从事中国法制生活人士的黄金时代。他们有极多机会接受挑战、尽量创造。”过去的十多年里,我也曾在治学的道路上面对艰苦的生活和学习条件而产生彷徨,在那些难以忘怀的岁月里,每次总是得到佟柔教授的教诲和鼓励。当我在异国他乡的时候,他每每去信,总是要我学成归国,报效国家;而在他去世的前一天,和我作最后一次长谈,也仍是坚信法治是中国的必由之路,民法的健全乃是法制建设的最重要内容。他勉励我不论今后遇到多大困难,也要坚定地在民法学的研究道路上走下去。斯人已去,但先生的教诲和人格力量,使我得以克服各种困难,在充满崎岖的学术之路上咬紧牙关,走到今天。

我很庆幸的是,在近二十年的学习和治学生涯中,始终得到民法学界德高望重的前辈如谢怀栻先生、江平先生、王家福先生等提携和鼓励。本院高铭暄教授、曾宪义教授、王益英教授曾对我悉心栽培、热情帮助,赵中孚教授在我博士学位论文答辩中也曾给予我不少支持,至于曾给过我各种热情帮助的学术界前辈、同人及朋友,则实在是太多而无法一一列出,我只能在此对他们表示由衷的谢意。

本书的编辑大体采用年代顺序,共分为四辑,第一辑从 1984 年至 1990 年;第二辑从 1990 年至 1993 年;第三辑从 1993 年至 1996 年;第四辑则从 1996 年至今。此书只是对前段工作的总结,今后将继续编写下去。本书中有数篇论文完稿于 1991 年以前,此次修改时,我又增加了一些注释,某些注释中所载的论著发表于 1991 年以后,特此说明。

最后要表达的是对法律出版社及其总编辑贾京平和编辑蒋浩、朱宁的感谢,他们冒着可能亏损的后果出此纯学术的著作,其注重学术的精神及做法令人更有理由对中国学术的未来充满信心。我也对在本书编辑中,曾对我提供许多帮助的姚辉副教授、王轶博士、邓旭博士、石佳友、朱岩等人,表示感谢。

1998 年 1 月 15 日于贤进楼

第一编 | 民法总则

民商法研究(第六辑)
第3~20页

关于我国民法典体系的再思考*

所谓民法典体系,是调整平等主体之间的关系、具有内在有机联系的规则体系,也可以说是将民法的各项规则有机地组合在民法典中的逻辑体系。在民法典编纂工程已然启动的情况下,学者与立法者所面临的首要难题就是应当如何建构与确立民法典的体系。要构建完整的民法典的体系,首先是要明确民法典体系的内在逻辑。可以说,民法典体系的确立对民法典的制定具有决定性的意义。有关民法典体系的具体构建,在民法学界曾引起广泛的争议。下面拟就民法典体系构建中的几个争议较大的问题谈一点初步的看法。

一、确立民法典体系的必要性

探究研究民法典的体系,其根本目的在于获取一个关于民法典的完备的体系,从而在该体系的支撑下制定出一部具有高度逻辑性与体系性的民法典。可以说,民法典体系的确立对民法典的制定具有决定性的

---

* 原载《法学》2003年第1期,原题为"关于我国民法典体系构建的几个问题"。

意义,这主要是基于以下几个方面的原因:

第一,体系化与系统化是民法典的内在要求。近代意义上的法典作为最高形式的成文法,是追求体系化与严密逻辑性的法典。美国学者庞德认为,法典不同于其他法律形式在于"它展示了整个既存的法律体系化的模式";加拿大学者林登(Vander Linden)也认为,民法典的本质特征是指多个部分结为整体之形式的统一性,罗宾格(Lobinger)也指出法典化不同于一般的立法在于法典"包含了各种有效的控制主体的法律规则的完整性、逻辑性、科学性"。① 民法典就是以体系性以及由之所决定的逻辑性为重要特征的。体系是民法典的生命,缺乏体系性与逻辑性的"民法典"只能称为"民事法律的汇编",而不能称之为民法典。民法典必须满足形式合理性的要求,而这种形式的合理性很大程度上就体现在其体系的完整性之上。因此,探求民法典的体系,是由民法典自身的内在属性所决定的。

第二,体系化有助于在整个民法典的制度中充分贯彻民法的基本价值观念,如平等、诚实信用、私法自治、维护交易安全等,同时有助于消除、防止整个法典价值观念彼此之间的冲突和矛盾。单行的法律固然能够在社会生活中的某一领域贯彻一种或多种民法价值观念,但是无法在全部社会生活领域中实现诸多民法基本价值观念的和谐融洽。诚如我国台湾地区学者王泽鉴先生所言,民法典的制定乃基于法典化的理念,即将涉及民众生活的私法关系,在一定原则之下作通盘完整的规范。② 例如,现代民法不同于古代民法的一个主要方面在于,现代民法不仅注重对财产所有权的保护,同时也注重对交易安全的维护。当对交易安全的维护与对所有权的保护发生冲突之时,现代民法优先保护的是交易安全。此种优先保护交易安全的理念又分别体现在民法典的各个编章之中。例如,总则中的表见代理制度、物权法中的善意取得制度、合同法中的无权处分制度等,都体现了优先保护交易安全的价值选择。因此,只有通过对民事法律规范的法典化才能够使民法中的各种价值贯彻如一,并协调它们相互之

---

① 王涌:"私权的分析与建构",中国政法大学1999年博士学位论文,结语。

② 王泽鉴:《民法总则》,中国政法大学出版社2001年版,第22页。

间的冲突与矛盾。

第三,体系化有助于消除现行民事法律制度的混乱与冲突,将各项法律制度整合为一个有机的整体,从而建立起内在和谐一致的民事规范体系。我国许多单行民事法律法规都是在改革的不同阶段制定的,有些法律是为了适应改革的不同阶段对法律调整的需求而制定的,或者是为了适应特定的目的或环境而采取的权宜之计。因此,立法者未必考虑到各种法律制度的配套与衔接。如担保法的制定在很大程度上就是为了解决我国社会所面临的愈演愈烈的债务纠纷问题,故在制定担保法时尚未对物权法中的担保物权制度、合同法或债法中的担保制度的关系作出思考。由于在立法之初对嗣后所将要进行的一系列立法活动缺乏通盘的考虑,也由于没有考虑到民法自身的体系化,这就使得各个法律法规之间经常存在着冲突与矛盾的现象。在民法典的制定过程中,通过确立民法典的体系,能够消除现行民事法律制度中的混乱与冲突,将各项法律制度整合为有机的整体,从而实现我国民事法律的统一,建立起内在和谐一致的民事规范体系。在民法典的体系建立之后,就可以在民事普通法中形成总则与分则相区分的格局,在民事法律内在结构上也可以形成民法典与各个单行的民事立法尤其商事特别法之间的和谐体系。这个体系构建之后,就可以形成一套严格的法律适用规则,可以有效地为行为人提供相应的行为规范体系,为法官提供完整、和谐、清晰的裁判规则体系。体系化不仅有助于消除各项民事法律制度之间的冲突与矛盾,而且能够有效地保障整个民事法律体系中各个概念、范畴的严谨性与统一性。例如,在我国现行民事立法中,出现了“民事行为”、“民事活动”、“民事法律行为”、“法律行为”等诸多概念,这些概念究竟哪一个是属概念,哪一个是种概念,它们的内涵与外延如何界定,许多学者都很难厘清头绪。这就需要通过法典化来解决民法概念与范畴的严谨统一的问题。

第四,体系化有助于民法规范的遵守与适用。一方面,民法的法典化可以为法官和其他法律工作者适用民法提供极大的便利,民法典之所以不同于判例法,其重要的特点就在于其适用的方便性;另一方面,体系化也将促使法律工作者在适用民法之时形成体系化的思维观念。体系化要求我们掌握体系化的民事法律规范,例如,确定请求权在具体案件中的适用,应当考虑请求权体系,并在此基础上用一种体系的观念来适用法律。再如在分析具体案件、确定原告享有何种请求权时,应当首先判断原告与被告之间是否有合同关系,如果有则产生合同法上的请求权,没有则判断是否存在无因管理请求权或不当得利请求权,最后才判断是否存在侵权损害赔偿请求权。因此体系化可以促使法律工作者用体系化的观念分析解决个案,从全方位的角度解决社会生活中的纠纷。

第五,体系化有助于通过保证民事法律规范的稳定性,从而最终实现社会生活关系的稳定性及人们在社会生活中的可预期性。诚如我国台湾地区学者黄茂荣教授所言,法的体系不但可以提高法之“可综览性”,从而提高其适用上之“实用性”,而且可以提高裁判上之“可预见性”,从而提高“法之安定性”,只要由之所构成的体系“圆满无缺”,则光凭逻辑的运作便能圆满解答每个法律问题。[③] 民法典的体系化就是要将市民社会生活中最基本的规则抽象出来,在民法典中加以规定,通过此种体系的安排使其成为稳定的规则,从而获得长久的生命力,不因国家的某项政策而随意发生改变。至于社会生活中的某些特殊领域,则可以通过颁布某项特别的民事立法加以调整,尽管此种特别民事立法可能会因时因地发生变化,但是民事生活中的基本规则却不会随意发生变动。从法国、德国等国家的民法典的发展历程来看,虽然随着社会的发展变迁,新的法律问题不断涌现,但是由于民法典自身具有体系性,能够在其既有的体系框架内容纳这些新制度,民法典依然保持了生命力,这就充分说明了体系化对保证民法典的稳定性从而维系民法典的存续具有重要意义。我国目前正处于社会主义市场经济的建设阶段,注重民法典的体系性具有更为突出的现实意义。

二、确立我国民法典体系应注意的三个问题

在我国制定民法典的过程中,如何确定符合我国国情的民法典体系,

③ 黄茂荣:《法学方法与现代民法》,中国政法大学出版社 2001 年版,第 471 页。

值得进行深入细致的研究。笔者认为,就我国民法典体系而言,首先需要探讨三个根本问题,因为对这三个问题的回答决定了未来我国民法典制定的基本思路与框架,同时也直接决定了民法典基本结构的安排。

(一)我国民法典体系究竟是应完全照搬《德国民法典》体系还是应在合理借鉴的基础上有所创新

近年来,在民法典的制定过程中,学界就未来中国民法典的体系、规则、制度诸多方面的问题进行了深入细致的研究,也引发了极为激烈的争论。一些学者认为,既然我国要采纳德国的体系设立总则,特别是由于我国民法学中诸多概念与范畴皆继受于德国民法,我们就必须完全采纳《德国民法典》的五编制体例。我国民法典体系不能标新立异,而应当完全继受国外尤其是德国的民法典体系,无须进行任何改动。这一观点虽然有一定的合理性,但是笔者仍然不敢苟同。诚然,作为潘德克顿学派结晶的《德国民法典》,具有概念精密清晰、用语简练明确、体系严谨完整等诸多优点,虽历经百年社会变迁,仍不愧为一部伟大优秀的民法典。梅仲协指出,"现行民法采德国立法例者十之六七,瑞士立法例十之三四,而法日苏联之成规,亦尝撷一二"。[④] 自清末变法以来,对德国民法的继受始终为我国民事立法与理论研究的主流,因此我们在制定民法典的时候不可能完全抛开《德国民法典》而另辟蹊径。我们必须要高度重视对《德国民法典》体系中先进经验的吸收借鉴,但这种借鉴不同于完全照搬与简单复制,中国民法典要在世界民法中占有一席之地,就不能亦步亦趋,而必须有所创新。因为《德国民法典》毕竟是百年前的产物。一百多年来,整个世界发生了巨大的变化,经济生活高度复杂化、多样化,科技发展一日千里,作为经济生活的基本法,民法的体系与内容理应与时俱进。世易时移,变法宜矣。"明者因时而变,知者随世而制",在21世纪制定一部中国的民法典就必须要符合中国现实的政治、经济、文化等方面的需要。例如,《德国民法典》制定之初,人格权尚处萌芽状态,多数学者连人格权为何物尚且不知,遑论于民法典中加以规定,立法者当然可以对其漠然视之。然而,随

④ 梅仲协:《民法要义》,中国政法大学出版社1998年版,序言。

着第二次世界大战以后人权运动的发展,在现代社会,人格权已经成为一项与财产权并行的极为重要的民事权利制度,再考虑到我国长期以来存在的不尊重人、不把人当人看的现象,以及现实生活中人民对尊重人格权的强烈要求等因素,我们必须认真对待人格权制度在民法典体系中的地位问题。事实上,德国的学者也已开始对其民法典进行反思,如梅迪库斯认为,“法律对自然人的规范过于简单,因此没有涉及一些重要的人格权”。⑤ 可以说,在民法典中建立全面、完善、独立的人格权制度是我们这个数千年经受封建专制之苦的民族的现实需要。如何有机和谐地将人格权制度融入民法典正是新时代赋予中国民法学者的机遇。如果仅以《德国民法典》没有规定独立的人格权制度为由,而置现实需要于不顾,将人格权制度在民法典中用民事主体制度或侵权法的几个条款轻描淡写地一笔略过,这无异于削足适履,甚至是放弃了时代赋予当代中国民法学者的伟大机遇与神圣职责!

当今世界,经济的全球化日益加深,这使得各个法系之间出现了融合的趋势,主要表现在四个方面:其一,英美法受大陆法的影响,不仅注重成文法的制定,而且在商法领域内借鉴了许多大陆法的经验,例如,约因规则的修改、卖方瑕疵担保责任的确立等,都表明了这种倾向。其二,欧洲大陆法系国家的民商法又深受英美法的影响,主要表现在:信托法的制定、侵权法中引入产品责任、不当医疗行为的责任、尤其是在证券法中大量借鉴了英美法的规则。其三,通过一些国际公约努力将大陆法与英美法加以整合。⑥ 例如,1980 年的《联合国国际销售合同公约》、国际统一私法协会于 1994 年制定的《国际商事合同通则》、1985 年有关国际机构制定的《海牙信托法》等都充分吸收两大法系的优秀经验。其四,欧盟正在逐步实现欧洲民法一体化。例如欧盟就公司证券法、消费者保护所发出的多个指令以及正在起草中的欧洲民法典就是其明证。所有上述现象都表明,民商法作为规范市场经济的主要规则在许多方面具有统一性,而经济

---

⑤ [德]迪特尔·梅迪库斯:《德国民法总论》,邵建东译,法律出版社 2000 年版,第 24 页。

⑥ 江平:《私权的呐喊》,首都师范大学出版社 2008 年版,第 374 页。

的全球化又迫切需要民商事活动规则的统一，因此两大法系的融合是必然的趋势。⑦ 正因如此，我们在制定民法典时不能囿于德国的经验，而应当广泛吸收借鉴世界各国民事立法中的经验与成果。

因此，笔者认为，在制定民法典的过程中应当立足于我国实践，本着兼收并蓄，取菁去芜的思想，胸怀海纳百川之气度，广泛吸收借鉴各国民法的优秀经验，而不是狭隘、盲目地崇拜德国法，受教条主义或本本主义的束缚。唯其如此，我们才能制定出一部符合中国国情、反映时代需要、面向21世纪的民法典，才能真正提升我国民法教学与研究的水平，为世界法学的发展作出我们应有的贡献！

（二）我国民法典究竟是应采取民商合一还是应采取民商分立的模式

我们在构建民法典体系的时候必须要解决这样一个重大问题，即我国民法究竟是采纳民商合一还是民商分立的立法体例？所谓民商合一，就是指制定一部民法典将其统一适用于各种民商事活动，不再单独制定一部商法典。而民商分立则意味着严格区分民法与商法，在民法典之外还要制定一部单独的商法典。民商分立的体制最早起源于法国，法国于1804年制定了民法典，在1807年又颁布商法典，从而开创了民商分立的先河。在19世纪末期和20世纪初，有相当多的大陆法系国家在立法时，采纳了民商分立的立法体例。然而，到了20世纪初瑞士制定了民法典，于1912年施行，在民法典中包括了公司法、商业登记法等商法的内容，从而实现了民商合一的立法体例。⑧

关于民商分立和民商合一这两种体制的优劣，在大陆法系学者之间一直存在激烈的争论。应当看到，商法与民法的分立具有某些理由。例如，以主体标准区分民法与商法的国家，对商人有特殊的要求，因为这是关于市场准入的问题。再如，商法强调外观主义，注重交易的便捷迅速，这和民法注重意思自治也存在某些区别，但这不能成为民商分立的理由。笔者认为，在我国制定民法典时应当采纳民商合一的立法体例。其主要原因有以下几点：

---

⑦ 谢哲胜：《财产法专题研究》(3)，台湾元照出版有限公司2002年版，第19~29页。

⑧ 谢怀栻：《外国民商法精要》，法律出版社2002年版，第57~58页。

首先,商法独立于民法之外主要是历史形成的,并非基于科学的理论研究的结果。所以,从民商分立体制产生之初对于民法与商法的范围就没有严格的区分,一些学者曾经采用所谓的主体标准,即商人与非商人的区分,或采用客体标准,即商事行为与民事行为的区分,或采用主体与客体相结合的双重标准加以区分,但是这些标准都只能解决个别的规则或制度的差异,无法从整体上厘清民法与商法的关系。例如,一个人身份是不断变化的,如果他购买一套房屋自用,那么他就是以普通的消费者身份出现的,如果他购买该套房屋是为了转售,那么此人就属于商人,显然这种观点根本没有解释民法与商法的调整范围。实际上民法与商法都是规范调整市场经济交易活动的法律规则,本质上并无差异,在立法上是无法作出区分的。

其次,商法独立于民法的经济原因是由于中世纪的时候存在商人这样一个独特的社会阶层,需要确立特殊的规则以解决商人之间的纠纷。但随着市场经济的发展,商人作为特殊的阶层已经不复存在,所有商事纠纷、民事纠纷都应当提交法院或者仲裁机构统一解决,所以商法已经失去了独立存在的经济基础。如果商法侧重于保护法律所规定的商人的利益,只能依据特定的职业把人分成不同的种类,这与人格平等的原则是相矛盾的。因而商人的特殊利益的消失,使民法规范适用于自由、平等、独立的一切民商事主体。民法的原则,可以保护一切人,也可以避免在一方为商人,一方为非商人的法律关系中,因民商分立而造成的适用法律的困难。在现代市场经济社会中,主要不是商人与非商人的对立,而是生产者与消费者的对立,劳资双方之间的对立等。所以民商分立的意义正在被极大地削弱,相反,一些特殊的法律如保护消费者的法律、对劳动者提供保护的社会法的重要性愈来愈强,这也是现代法律发展的一个趋势。

再次,民商合一适应了社会市场经济发展的需要,反映了社会化大生产的要求。所以,近代和当代许多国家和地区开始推行民商法的统一。从1865年起,加拿大的魁北克省在其民法典中对某些商事内容作了规定,放弃了在民法典之外再制定商法典。1881年,瑞士制定出一部债法典,这部法典既有民事的又有商事的规范。荷兰从1934年起实现了民法与商法的实质上的统一,规定民法典的条款适用于所有的人,并适用于一切行为。1942年,意大利在一部民法典内对民法与商法的内容作了规定。巴西也已经开始按照瑞士的模式改革私法体系,促进民商合一。最近十几年来所颁布的民法典基本上都采用的是民商合一的体制,例如《俄罗斯民法典》等。可以说,民商合一的立法体例是现代市场经济条件下民商事立法的一个总的发展趋势。

最后,民商合一的实质是将民事生活和整个市场所适用的共同规则和共同制度集中规定于民法典,而将适用于局部市场或个别市场的规则,规定于各个民事特别法。⑨ 因此,采用民商合一体例,首先意味着在民法典之外不再单独制定商法典,确切地讲,是不制定单独的商法总则。在此种模式下,所有的商事特别法都可以统一适用民法典总则,主体适用民事主体的规定,行为可以适用民事法律行为的规定,诉讼时效适用统一的民事诉讼时效的规定,商事代理可以适用代理的规定,民商合一的主要意义就在于此。民法典总则适用于所有的商事特别法,但这些商事法规不必汇编到民法典中,它们不是民法典的分则,而是作为民法的特别法而存在的。但是,在强调民商合一的同时,我们也应当看到民商法之间的协调与统一,这一点常常是采纳民商合一的国家碰到的一个难题,也是强调民商分立的学者的理由之一。

不过,在我国,立法已找到了协调民商法关系的办法,尤其是《合同法》的制定,使得民法规范与商法规范有机地结合在一起,提供了民商合一的典范。合同法采取了三种方法很好地处理了民法与商法之间的矛盾:第一,在某一类合同中同时规定由所谓商人参与的合同关系和没有商人参与的合同关系。如《合同法》第十二章借款合同中明确规定了公民之间的借款关系和银行参与的信贷关系。第二,仅规定由所谓商人参与的合同关系,忽略另一种在社会生活中并不十分重要的、纯粹由一般公民参与的民事关系,或者相反。如《合同法》第二十一章委托合同中所规定的商事委托合同,可以理解为类似于国外商法中的商事委托合同。第三,不

⑨ 梁慧星:《民法总论》,法律出版社1996年版,第12页。

区分民事规则与商事规则,用统一规则来调整,如果有例外情形的,再适用例外性规定,如关于合同行为形式、瑕疵通知义务的规定。既然我国现行立法已经解决了民商合一体制下遇到的技术性障碍,因此也没有必要仅仅因为商事规则的特殊性而单独制定一部商法典。

采纳民商合一的体制不仅仅意味着无须制定一部商法典,而且意味着在民法典的体系构建上还应当注意以下两方面的问题:首先,商事特别法无法纳入民法典当中。采用民商合一体制不能像意大利民法那样,把一些商事特别法如公司法等纳入民法典之中,否则,民法典内容将极为庞杂,其体系无从谈起。尤其是商事特别法要随着社会经济发展不断作出相应的调整与变动,如果将其纳入民法典当中,由于民法典的修改程序严格、烦琐,因此必然导致商事特别法完全丧失其灵活性。例如,公司法会随着新的公司类型的出现而不断修改,作为商事特别法时,其修改程序相对简单易行,而如果公司法被纳入了民法典中,那么就很难在短期内进行修改了。在商事特别法单独制定之后,其与民法典的关系是普通法与特别法的关系,因此按照特别法优先于普通法的原则,应优先适用商事特别法。例如,就法人问题而言,首先应当适用公司法,如果公司法中没有相应的条款可供适用,应当适用民法的法人制度。其次,既然我国采用民商合一体制,那么在很大程度上就意味着民法典的总则部分能够适用于商事特别法,这就需要极大地充实完善民法典总则的内容,尤其可以适用商法的一些部分,例如,关于民事主体、法律行为以及代理等方面的规定。当然,专门适用于商法的规则,如间接代理的规定则应当在民法典分则或商事特别法中另行规定。

(三)关于民法典与民事单行法的关系

民法典与民事单行法的关系,是我国民法典体系构建中的一大难题。2002年12月22日我国第一部民法典草案提交全国人大常委会审议,这部草案在总则之外规定了八编,即物权、合同、人格权、婚姻、收养、继承、侵权责任、涉外民事关系的法律适用。对此种体例争议最大的问题之一就是,哪一些民事单行法应当纳入民法典,哪一些不应当纳入。例如,有的学者认为,收养法不应当纳入民法典中;也有些学者认为,各种知识产权法如著作权法、专利法等应当纳入民法典中;还有一些学者认为,信托法、劳动法等也应在民法典中加以规定,并独立成编。

应当看到,民法典的体系并非封闭的,而是开放的。目前民法典草案的九编制体例不是十全十美的,更不是民法典体系的终结。法典的体系常常会随着社会经济文化的发展而变动,如果将来社会经济生活的发展确实需要将某些重要的民事单行法纳入民法典的体系当中,那么届时对民法典体系作出突破也是极为必要的。但是,我们必须看到,民法典不是无所不包的、庞杂的法律汇编,否则民法典的体系性将不复存在,法典编纂的意义就大打折扣了。一部缺乏科学体系的民事法律汇编并非民法典,法典编纂与法典汇编的最大区别就在于前者是通过科学的严谨的体系将民事法律规则加以统一整合。编纂民法典绝非意味着将任何属于民事方面的法律制度都应当尽可能地纳入民法典中。世界各国的民法典都不存在将所有的民事法律制度都加以容纳的情形,迄今为止也不存在包罗万象、无所不包的民法典。这就需要我们正确地处理好民法典与民事单行法的相互关系。

笔者认为,民法典与民事单行法的关系应当从以下方面加以考虑:

第一,民法典中规定的是市民社会生活中的基本规则,而不可能包含市民社会生活中的所有规则。民法典在整个国家民事立法体系中属于最一般、最基础的民事立法,然而,社会生活是变动不居的,因此只有正确处理民法典与民事特别法的关系才能确立合理的民法典体系。笔者认为,只有那些社会生活中普遍适用的、最基本的规则才应当由民法典加以规定,而其他规则应由民事单行立法加以规定。对于那些技术性很强的、仅仅适用于个别的、局部性的问题的法律不应当纳入民法典。例如,物权法主要解决的是物权中人们对财产进行占有、使用、收益、处分的关系,它是市场经济普遍需要的规则,而信托法仅仅调整的是信托关系,它不是普遍的关系,而是在特殊情形下产生的,它是物权法的特别规则。因此物权法应纳入民法典,而信托法则不应纳入。

第二,民法典主要应包括具有长期稳定性和普遍适用性的规则和制度。民法典作为最高形式的成文法必须保证最大限度的稳定性,不可能频繁地修改或者废除，这种稳定性正是民法典相应功能的基础。民法典应当对千百年来实践检验的、具有稳定性的规则加以规定，而那些随着社会经济生活常常会发生改变的法律规则应当由民事特别法加以规定。例如，法人制度、法人成立的基本条件等基本规则具有长期的稳定性，应由民法典加以规定，至于有限责任公司、股份有限公司的注册资本等其他成立条件，由于会随着国家经济政策的变化而发生改变，因此应由公司法、证券法等民事特别法加以规定。

第三，民法典主要规定私法领域内的基本民事法律规则，至于处于公法与私法交叉地带的法律规则，例如，劳动法、社会保险法、社会保障法等，由于其本身并非单纯的民事法律制度，而是具有非常强的国家公权力干预的性质，所以应当制定单行立法。例如，德国的学者就将劳动法称为“特别私法”，其原因就在于，劳动法并非完全的纯粹的私法，劳动合同的订立也并非基于完全的合同自由，国家对其进行了大量的干预，从而使其具有一定的公法特点。

第四，民法典主要规定的是实体的交易规则以及与实体交易规则联系极为密切的程序规定，且程序规定并不是技术性很强、十分琐碎的规定。如不动产登记规则可以在物权法中作出一些原则性规定，至于那些非常琐碎的具体的程序性的规定，因其专业性与技术性，所以应当由单行法加以规定。再如，知识产权法中涉及有关专利、商标登记的具体程序规则就不应当在民法典中作出规定。从这个意义上说，笔者认为，收养法由于涉及大量的具体的程序性规则，其中更多的是国家基于公共利益对收养条件等作出的严格性限定，所以有些学者认为收养法不应被纳入民法典，也是有一定道理的。

在处理民法典与单行法的关系之时，争议最大的就是知识产权法律规范如何安排的问题。毫无疑问，知识产权属于民事权利的一种类型，知识产权法也应当属于民法的范畴。然而，这是否意味着各项知识产权制度必须由民法典加以统一详尽的规定，则是一个值得探讨的问题。知识产权应否包括在民法典中，争议很大。诚然，知识产权法是民法的重要组成部分，因为知识产权在本质上是民事权利，是一种人身权利与财产权利的结合;知识产权法的调整对象是因创造、使用智力成果而产生的财产关系与人身关系,其调整手段和适用原则主要是民法的手段和原则。我国《民法通则》在民事权利一节专门规定了知识产权,并且现行的合同法律制度也对知识产权的转让和利用设有专门规定,这说明现行立法是将知识产权法作为民法的一部分的。

目前在民法典中规定知识产权的主要有三种模式:一是将知识产权制度完整地规定在民法典之中,例如,《越南民法典》就单独设立第六编,完整地规定了知识产权制度。第二种模式是从各类知识产权中抽象出一些共同的规则或者一些重要制度,将其规定在民法典中,例如,1942 年的《意大利民法典》在第五编"劳动"中单设第九章,规定智力作品权和工业发明权,其中主要规定的是知识产权的一般规则。第三种模式是在总则中规定权利客体时,单独规定了知识产权。例如,《俄罗斯民法典》第 150 条在规定非物质利益中确认了知识产权。

上述三种模式各有利弊,但笔者认为采纳第一种模式是不妥当的,主要理由在于:

第一,知识产权制度本身是一个内容非常庞杂的规范体系。在知识产权制度中既包括了实体性规范,又包括了程序性规范,因为知识产权不仅仅是基于主体的行为而取得,部分知识产权还需要经过依法登记或审批方能取得。在我国,专利权、商标权、商号权都需要经过依法登记或审批。在民法典中要规定知识产权制度,单纯地规定权利是不够的,还必须要规定权利的取得方式等,而后者实际上是行政法规范,在民法典中规定是否妥当,尚值研究。知识产权法中有大量的管理性规范,知识产权的保护不仅涉及民事责任,还涉及行政、刑事责任,且行政、刑事责任还在不断强化,而管理性规范、行政、刑事责任规范显然不宜在民法典中作出规定。此外,知识产权需要大量体现我国参加或缔结的国际条约的内容,这些国际条约本身也是知识产权法的重要组成部分,将国际知识产权保护规则放入国内法也是不合适的。由此可见,知识产权本身是一个综合性的法律规范体系,既涉及程序法也涉及实体法,既涉及公法也涉及私法,既涉及国际法也涉及国内法,显然,将其全部放到民法典是困难的。与其如此，还不如制定专门的知识产权法，集中规定知识产权的相关内容。所以，《荷兰民法典》在制定过程中曾考虑设立第九编“知识产权”，准备对知识产权作出集中规定，但鉴于知识产权的复杂性，最后被迫放弃，这一经验是值得我们借鉴的。

第二，知识产权法本身是一个开放式的法律体系。知识产权法本身是不断变化发展的，自新技术革命于20世纪中叶兴起，知识产权法中出现了一种边缘保护法，即采用专利权和著作权的若干规则，创设出一种工业版权制度，如集成电路布图设计，即属于此种情况。[10] 再如，著作邻接权的范围正在随着传播技术的提高逐渐扩大，如信息网络传播权等权利已经纳入知识产权的范畴。所以，在法典中将知识产权的类型固定化，不一定适应知识产权的发展需要。

第三，将知识产权制度归入民法典之中，会妨碍民法典体系的和谐。民法典是基本法，要保持一定的稳定性，不能朝令夕改，其规则应当具有普遍适用和相对抽象的特点；而知识产权法的技术性规定较多，且变化性较大，放在民法典中，与其他民法法律部门的法律规范不协调。相对于其他民事法律制度而言，知识产权制度受社会文化、经济发展、新技术革命影响更巨，总处于不断修订更迭的状态中，因此，若将此一频频变动的法律置于相对稳定、系统化的民法典中，无疑会极大地损害民法典的稳定性。如法国在1992年颁布了《知识产权法典》，虽然此法典十分全面与进步，不但包括了传统知识产权法的范围，而且也关注了作为新技术革命产物的数据库制作者权、计算机软件创作者权等权利，但是，随着新技术的发展，该法典在1992年至1996年不足4年的时间内已在新的保护客体、新的权利及权利限制等方面作了两次修订。在我国也出现同样的现象，如我国于1984年颁布了《专利法》，但由于我国近年经济科技发展迅速，该法经1992年修订后，于2000年再次修订。因此，如果知识产权法以独立于民法典的单行法的地位而存在，这样对其作出修改要便利得多。笔者认为，知识产权法应作为民事特别法，在民法典之外进行特殊规定。

---

⑩ 郑成思：《知识产权法》，法律出版社1997年版，第38～39页。

知识产权法是民法的重要组成部分固无疑问，但这并不意味着把知识产权法放入民法典中，使之成为民法典的有机组成部分。笔者认为，知识产权法不应当作为独立的一编在民法典中作出规定。民法典对此作出规定可以考虑采纳第二种或第三种模式，即仅规定知识产权的共同规则，或仅在民事权利的客体中确认知识产权，这样有两个作用：一是宣示知识产权为民事权利，二是共性的规则在特别法中不宜分散规定，可以放在民法典中规定。

三、如何构建我国民法典的体系

如何构建我国民法典的体系，在理论上存在着较大的争议。在短短的几年内，我国学者陆续提出了关于未来民法典体系设计的方案，并围绕这些方案展开了激烈的争论。笔者认为，在构架我国民法典的体系之时首先要采纳德国潘德克顿模式，将民法典分为总则与分则两大部分。

（一）关于民法典的总则

尽管目前有一些学者反对在我国民法典中建立总则，但笔者认为，建立民法典的总则具有以下优点：总则的设立增强了民法典的形式合理性和体系的逻辑性；总则的设立可以避免重复，使法典更为简洁；总则的设立更符合民商合一模式的要求；总则的设立对弘扬民法的基本精神和理念具有重要作用，总则的规定更为抽象，包容性更强，富有弹性，便于法官作出解释；总则的体系构成还有助于培养法律人归纳演绎、抽象思考方法，及形成法律原则的能力。⑪

问题不在于是否需要一个民法典总则，而在于如何构建总则的具体内容。在考虑总则的内容方面，笔者认为应当借鉴德国模式。潘德克顿一个最伟大的贡献就在于，以法律关系的要素作为构建民法典总则体系的骨架，“德意志编别法创设总则编之一举，意义甚为重大，当时德国法律学者

⑪ 王泽鉴：《民法总则》，中国政法大学出版社2001年版，第26页。

皆认为:对各种法律关系共同事项,另有谋设一般的共同规定之必要”。⑫也就是说,潘德克顿学派将整个法律关系的理论运用到法典里面去,构建了一个完整的民法典的体系结构。具体来说,在总则中确立主体、行为、客体制度,然后在分则中确立法律关系的内容,该内容主要是民事权利,具体包括债权、物权、亲属、继承权利,当总则中规定的主体、行为、客体与分则中的权利结合在一起就构成一个完整的法律关系,例如,总则中的主体、行为、客体与物权制度结合在一起,就构成完整的物权法律关系。由于法律关系的各种要素都已具备从而形成完整的法律关系,这种构建模式体现了潘德克顿体系的严谨性和科学性。

(二)关于民法典的分则

如果采用潘德克顿学派的观点,以法律关系的要素构建整个民法典体系,以法律关系的内容即民事权利来展开分则的体系,那么整个民法典的分则体系首先应当围绕民事权利而展开。笔者认为,我国民法典所确立的权利体系应当包括:人格权、身份权、继承权、物权、债权。这些权利已经为各国的立法、判例和学说所普遍承认,也为我国民事立法和实践所确认。由于它们是现代社会所普遍认可的一些基本的民事权利,是民事主体参与正常的社会生活和经济交往所必备的权利,而且其内涵都已经比较成熟,因此,有必要通过民法典而非一些单行法来确认。分则的权利体系应当以已经发展成熟、并且已经为社会生活广泛接受或迫切需要的权利为基础来构建,当然也应当为未来新的权利生长提供足够的法律空间。

问题的关键在于,对于民事权利如何进行排列,从而符合民法典体系的逻辑性。笔者认为,确立这一体系,应当着眼于以下思路:首先应当强调人格权优先于财产权的基本理念,因此,人格权应当置于民事权利之首。人格尊严、人身价值和人格完整,应该置于比财产权更重要的位置,它们是最高的法益。因为一方面,现代民法要充分体现人本主义的精神,强调对个人的终极关怀,因此应当将就个人利益而言更为重要的人身利益置于财产利益之前,加以优先保护;另一方面,与人格权相比较,财产权

---

⑫ 陈棋炎:《亲属、继承法基本问题》,台湾三民书局1980年版,第3页。

毕竟不如人格权那样对个人更为重要。试想如果生命、健康、自由都不能得到保障,所谓"万贯家财"又有何用?还应当看到,人格权虽然是个人的,但人身安全、人的尊严等涉及社会利益。这正如《美国侵权法重述》第八十五节所言,"人类生命和肢体的价值不仅属于他个人,而且属于整个社会。因此其价值高于土地占有者的利益"。在提交全国人大常委会审议的民法草案之中,将物权法置于民法典分则中的各编之首,这种安排主要考虑到《民法通则》第五章"民事权利"中的体系。在该章中首先规定了物权的内容,因此立法机关最终将物权放在分则中的各编之首。笔者认为,这种体例虽然不无根据,但从理论上说仍然值得商榷,毕竟与物权相比,人格权更为重要。其次,应当体现与人身有密切联系的权利优先于一般财产权。因此,有关身份权、继承权也应当优先于物权、债权等财产权。有关婚姻家庭的规定与人格权同属于人身关系的范畴,两者具有更密切的联系,所以将其置于人格权之后有一定的道理。最后,关于物权与债权的关系,民法典草案将物权置于债权之前是比较科学的,毕竟物权是产生债权的前提,只有在产权明确的情形之下才能发生交易关系。

按照这样一个逻辑顺序,民法典的分则体系应当为人格权编、亲属编、继承编、物权编、债权总则、合同编。在民法典分则关于民事权利的各编之后,应当规定一个对各类民事权利加以保护的侵权责任编。从表面上看,规定独立的侵权责任编似乎与以法律关系理论构建民法典分则的做法相冲突,因为总则规定了主体、客体与行为,而分则应以法律关系的内容及权利展开,如果增加民事责任制度,似乎分则的体系就与总则不和谐,即分则以双重标准展开。但是,笔者认为,以法律关系理论构建民法典分则体系的思路并未因增加独立的侵权责任编而受到妨碍。因为:一方面,法律关系的要素,不仅仅应当包括主体、客体、行为及内容,还应当包括责任,因为责任既是对民事权利侵害的结果,也是违反民事义务的后果,没有责任就没有权利,没有义务的违反也不会产生责任,因此既然规定民事权利与民事义务就必然要规定民事责任。所以在分则体系中详细列举了各种民事权利之后,再规定完整的侵权责任制度,在逻辑上是更为严谨、通顺的,可以更为清晰完整地表现一个民事法律关系产生、发展的过程。反之,仅规定权利而无责任,无法确定对权利的救济措施,法律关系的要素并不完备。另一方面,由于我们已经在总则中规定了民事责任的一般规定,即对各种民事责任的共性问题作出规定,因此在分则中规定侵权责任可以与总则遥相呼应,在民法典中构建一个完整的民事责任体系。侵权责任是侵害各种民事权益的结果,侵权行为法应当置于各种权利之后。所以在民法典分则中先列举各类民事权利,然后规定对民事权利的保护措施,即侵权责任制度,这也是符合逻辑顺序的。

民商法研究(第六辑)
第 21 ~39 页

论民事立法在保障社会信用中的作用*

“人无信不立,国无信则衰。”信用是一个国家经济繁荣与社会发展的基础,也是市场经济秩序的基本内容。当前我国社会正处于从计划经济向市场经济转型的阶段。在这个过程中,传统的管理模式已经远远不能适应市场经济发展的需要,而新的适应社会主义市场经济的管理模式还在探索之中,因此,整个社会的经济秩序出现了一定程度的混乱,破坏社会信用的问题极为严重。经济欺诈和各种逃废债行为相当普遍,金融诈骗、逃汇骗汇、骗取进出口退税等违法犯罪行为较为猖獗,假冒伪劣商品层出不穷,各种以次充好、以假充真、坑蒙拐骗的行为屡禁不止,这些问题严重损害了我国社会经济健康稳定的发展,对广大人民群众和消费者造成了损害。

整治社会信用、维护市场秩序有两种手段可供我们选择,一种方式是强化行政管理、扩大行政权限、加强行政处罚;另一种方式是强化法律规范和严格执法、依法行政。前一种手段是行政手段,后一种手段是法律手段。笔者认为,当前单纯依靠强化行政手段来整

---

* 原载《中国人民大学学报》2002 年第 5 期。原题为“关于诚信的法学思考”。

治社会信用,而不是通过制度的完善来解决市场秩序混乱的问题,有可能是"头痛医头,脚痛医脚",在短期内或许能够见效,但从长期来看,难以产生应有的效应。强化社会信用、规范市场必须要强化法律手段,即通过加强立法和执法,强化依法行政建立社会主义市场经济的法治秩序。通过法律手段来整治秩序,这就是要从制度建设入手,建立长期、稳定的市场监管体系,解决社会信用低下的问题,真正使市场经济持续、健康发展。通过法律手段整治社会信用,必须加强民事立法。下面拟对此谈几点看法:

一、尽快颁行民法典,确立保障社会信用的民事基本法

民法典是调整市场经济关系的基本法。从世界各国的立法经验来看,大陆法系国家都以民法典的颁布作为其法制成熟程度的一个重要标志。我国要建立市场经济体制,大力发展市场经济,需要建立并完善一套市场经济的法律体系。如果没有民法典,市场经济的法律体系就缺少了主干,而保障社会信用的民事法律框架就无法建构起来。1986 年颁布的《民法通则》虽然在调整市场经济关系方面发挥了重要作用,但该法的内容简单粗疏,许多规则已经与市场经济的发展不相符合。只有制定了民法典,才能完善各种交易规则并为法院正确处理民商事案件提供明确的裁判规则,从制度上保障市场经济的健康发展,建立良好的社会信用。尽快颁行民法典对于保障社会信用的作用主要表现在:

1. 在民法典中确立"诚实信用原则"作为民事活动基本准则的地位。

诚实信用是一项道德准则,也是市场经济最基本的道德准则。诚实信用原则要求市场经济活动主体在从事交易活动中,要做到恪守诺言,讲求信用,诚实不欺,以信为本,在不损害他人利益与社会公共利益的前提下追求个人利益。① 民法之所以要将诚实守信这一道德规范规定为法律的

① MünchKomm/Roth/Schubert, § 242,Rn. 11.

基本原则，根本原因在于：一方面，诚实守信是最基本的商业道德，只有按照此种商业道德行为，才能保证交易活动高效快捷地进行，从而形成正当稳定的商业信用乃至社会信用；另一方面，诚实守信也是交易当事人为维持彼此之间的信用关系而完全可以做得到的商业道德。它是人们行为的最低标准。按照法律规定的行为标准行为，并不能使行为人成为一个品行高尚的人，但如果没有这一规范就连最起码的商业交易都无法正常进行。在世界各国民事立法与司法实践中，诚实信用原则被作为民事活动的基本原则而被广泛采用。

在民法典中确立诚实信用原则，就是要扩大诚实信用原则的适用范围，确立诚信原则作为帝王条款在民法中至高无上的地位，并从诚信原则中引申出各种附随义务。我国《合同法》已全面贯彻了诚信原则，《合同法》不仅在第6条规定了"当事人行使权利、履行义务应当遵循诚实信用原则"，而且从诚信原则中引申出各种附随义务，包括：前契约义务及缔约过失责任，②履行中的诚信义务及后契约义务，③并要求根据诚信原则解释合同。④ 除合同法之外在物权法、人格权法、知识产权法等领域也必须要贯彻诚信原则，例如，当事人行使物权等权利必须符合诚信原则的要求，不得滥用权利造成他人的损害。

2. 完善法人制度，保护债权人权益。

公司法人是市场经济中数量最大的民事活动主体，公司因其具有合理的财产和利益机制、法人运行机制、内部管理机制、权利制衡机制，从而成为现代市场经济社会最活跃、最重要的企业形态。因此，建立现代企业制度在很大程度上就是要建立和完善公司制度。但由于我国法人制度尚不健全，在一定程度上造成了社会信用的混乱，出现了大量利用现行法人制度的缺陷损害他人、违背社会信用的行为。健全法人制度的关键在于如下两点：

第一，建立完善的企业法人清算制度。企业法人因各种原因解散的，

② 参见《合同法》第42条。

③ 参见《合同法》第60条、第92条。

④ 参见《合同法》第125条。

必须进行清算。然而,实践中由于清算制度不健全,一些企业在欠下大量债务之后,为了逃避债务而故意不办理年检,从而被工商行政管理部门注销,或者在拖欠债务时法定代表人逃之夭夭等。债权人前来讨债时,债务人早已不复存在或者企业的法定代表人根本不知去向。这些行为都严重损害了债权人的利益。因此在法人制度中必须明确规定,解散的企业法人未经清算即办理注销登记的,股东或者出资者应对企业法人负担的债务承担清偿责任;登记部门有过错的,承担相应的赔偿责任。在清算期间,企业法人停止清算范围外的一切活动。法人制度中也应当对清算的基本程序作出规定。

第二,确立揭开公司面纱制度。公司作为现代企业的基本形态,以有限责任作为其责任形式。从历史上看,有限责任制度的产生曾为公司在社会经济生活中发挥重要的作用奠定了基础,它像一股神奇的魔力,推动了投资的增长和资本的积累。公司的独立人格和有限责任形式成为公司的面纱(the veil of incorporation),它把公司与其股东分开,并保护股东免受债权人的直接追索。⑤ 然而,从实践来看,一些不法行为人正是通过滥用公司的独立人格和有限责任来损害债权人利益,其中最突出的问题就是一些个人在兴办各种公司以后,利用公司"圈钱",不负责任地经营或通过关联交易转移公司财产,最后在公司宣告破产以后个人不承担任何责任,甚至仍然可以在其他公司担任法定代表人或董事、经理。各种逃废银行债务的行为中,比较典型的就是利用某一个公司借款,然后将该公司的财产移转给自己控制的另一家公司,最后拖欠银行巨额债务而不偿还。例如,企业恶意利用公司法人的独立人格设立子公司,以子公司的名义对外进行民事交易,母公司与子公司财产混同,子公司赚了钱被挪到母公司,子公司借了款也被挪到母公司,在子公司无力清偿债务的情况下,母公司以公司人格独立为理由拒绝承担履行债务的责任。这些行为不仅严重损害了作为债权人的银行的利益,而且严重妨碍了金融秩序和破坏了社会信用。为了遏制此种妨碍信用的行为,必须建立"揭开公司面纱"的

⑤ Vanessa Stott, *Hong Kong Company Law*, Bpp Publishing Ltd., 1992, p. 9.

制度。此种制度在大陆法中称之为“直索责任”制度。此种制度具有以下特点:(1)允许债权人直接向股东提出请求,排除了公司的独立人格障碍。(2)性质上属于民事责任。直索责任主要是为了保护债权人的利益,它在性质上并不是行政责任甚至刑事责任,而只是民事责任。⑥ (3)直索责任为公司责任的补充,如果公司有足够的资金清偿债务,债权人可以不必要求直索。直索一般是在公司的资产不足以清偿债务时,由公司的股东负个人责任,这样可使债权人的债权得到充分保障。

3. 完善代理制度,预防各种欺诈行为的发生。

目前由于民法典尚未颁行,缺乏一整套调整代理制度的法律规则。实践中大量出现的盗用或者假冒他人名义从事的代理行为无法得到法律的有效调整。还有一些家庭成员、合伙成员之间互相代理的行为也存在如何认定其效力的问题,例如,在经营过程中未得到家庭其他成员的授权而以家庭财产进行出资、抵押、转让等处分行为在法律上是否有效,时常引发纠纷。但是因为表见代理制度不健全,这些问题不能得到及时有效的解决,这对于保障社会信用是不利的。此外,为了防止目前社会上经常出现的一些已经解聘的公司职员利用空白合同书、合同公章进行欺诈的违反社会信用的行为,必须建立企业公司的公告制度,通过报纸或其他形式将已经作废或者丢失的空白合同书、公章或者已经解聘的公司职员名单,向社会作出公告,从而遏制利用企业的空白合同书、作废的公章等从事欺诈的行为。

4. 完善担保物权法律制度,保障债权的充分实现。

债权债务关系是市场经济社会最基本的法律关系,也是市场经济社会最典型的信用关系。保障债权的圆满实现就是维护社会信用关系,因此民法中确立了许多保障债权实现的措施,例如债的保全制度、违约责任制度等等。但是对债权关系最为有力的保障制度就是债权担保制度。尽管在20世纪90年代初我国出现信用危机、三角债问题严重的时候,国家及时颁布了担保法,据以保障债权的实现,但是担保法中的许多规则,例如

⑥ 石晓波、李启维:“法人人格否认制度若干问题研究”,载《中南财经政法大学学报》1999年第2期。

抵押、质押、留置的规则仍然很不完善,其中的一些规则也不尽合理。为使我国债权担保成为一个体系和谐内在稳定的有效地保障信用的制度,必须通过制定民法典,对各种担保制度加以完善,革除不合理的规定,同时将现行担保法中的担保物权规定在民法典的物权法中,而将保证、定金等债权性质的担保制度规定在民法典的合同法中。

5. 完善侵权行为法律制度,遏制、惩罚违反信用的各种侵权行为。

欺诈是市场经济中发生频率最高,也是最为严重的一种破坏社会信用的行为。为遏制、惩罚欺诈行为而采取的民事法律制度在普通法系与大陆法系中各不相同。我国现行民事立法是将其作为影响合同效力的情形而规定在合同法中,但笔者认为仅由合同法来规制欺诈行为还不足以遏制欺诈行为、惩罚欺诈行为人。因为欺诈一方的行为不仅造成了被欺诈人履行利益的损失,而且在许多时候还造成了被欺诈人的人身利益与固有财产利益的损失,合同法却只能补救前者。所以,在未来民法典的侵权行为法中应当有专门规定来制裁各种欺诈和破坏信用的行为,保障社会信用。这些行为主要有:(1)诱使违约,即恶意诱使合同一方当事人违约,给对方造成损害的行为;⑦(2)阻止债务履行,即以损害他人债权为目的,散布虚假信息或者采取非法手段阻止或妨碍债务人不履行债务,致使债权人的债权受到损害的行为;(3)商业诽谤,即经营者公开贬低他人产品或者服务的价值,影响他人的交易致人损害的行为;(4)不正当竞争行为,即实施不正当竞争行为给他人造成损害的,行为人应当承担民事责任;(5)竞业禁止,违反竞业禁止义务,造成他人损害的行为;(6)盗用商业信息进行交易,即盗用他人姓名、账号、密码、执照等进行交易,造成他人损害的行为;(7)各种商业欺诈,如在销售房屋时发布虚假广告,或将期房销售以后又将该房屋抵押给他人,并造成买受人重大损失。

6. 在侵权法中建立健全证券侵权损害赔偿责任,维护证券市场的信用关系。

经历二十年的风风雨雨,我国证券市场取得了巨大成就,但我们应当

---

⑦ MünchKomm/Wagner, § 826, Rn. 53 ff.

看到:中国证券市场仍然非常不规范,各种违法违规现象大量存在,虚假陈述、内幕交易、操纵市场等坑害广大中小投资者利益的违法行为愈演愈烈,简直成了证券市场的常规频发现象,而内幕交易、操纵市场等严重违反证券法的行为早已成为中国证券市场上长期存在的一个公开的秘密。从早期的苏三山案件、琼民源案件、红光实业案件到目前的亿安科技案、银广厦案件、通海高科案件,无不触目惊心,而且被暴露出来的证券违法行为也许只是冰山一角。长此以往,不仅广大中小投资者的合法权益遭受严重的损害,而且证券市场的信用关系将深受影响,投资者必然失去对证券市场的信心,我国证券市场乃至整个资本市场的健康稳定发展将受到严重的危害。⑧ 因此,完善证券民事责任尤其是侵权损害赔偿责任,是保障我国证券市场信用关系,维护投资者信心的重中之重。完善证券民事赔偿责任制度措施最主要的就是在民法典的侵权行为法中建立起针对虚假陈述、内幕交易与操纵市场行为的民事赔偿责任。尽管关于证券侵权的问题是否应当在侵权法中规定,存在着两种不同的观点,笔者认为,侵权法中对证券侵权作出规定是有必要的,因为从证券法的性质来看,并不完全是属于商法的内容,而主要是有关证券管理的法规,在性质上应当属于经济行政法的范畴,许多国家和地区的法律都将证券法归于公法的范畴,这是不无道理的,在传统的大陆法系商法中没有包括证券法,这说明证券法本身不完全属于私法,所以在证券法中规定大量的侵权责任是不合适的。即便证券法中能够规定证券侵权的责任,我们也应当看到证券民事责任的类型很多,不仅仅包括各种证券侵权责任,如虚假陈述、操纵市场、内幕交易的侵权责任,而且包括各种证券的违约责任,如证券商违反客户的委托合同,给客户造成损失而应承担的违约责任,以及不当得利的返还责任和缔约过失责任等。⑨ 在对各种证券民事责任都要规定的情况下,不可能对证券的侵权责任规定得过多,更何况证券侵权责任也在许多方面需要适用侵权的一般规则,如有关共同侵权责任、按份责任等的规则。因此,侵权法应当对证券侵权作出原则规定。

---

⑧ 齐文远、金泽刚:“内幕交易的经济分析与法律规制”,载《法商研究》2002 年第 4 期。

⑨ 周友苏、罗华兰:“论证券民事责任”,载《中国法学》2000 年第 4 期。

二、应当尽快完善我国的破产法律制度

市场经济就是竞争经济,企业在激烈的竞争中必须遵循优胜劣汰的规则,只有通过破产制度才能促使企业在竞争中求生存求发展。所以破产法在任何实行市场经济的国家,都是一部重要的民事法律,也可以说是调整市场经济关系的最基本的法律规范之一。

制定一部新的破产法,是在新时期完善我国破产制度的重要举措。1986 年全国人大常委会审议通过的《企业破产法(试行)》对建立现代企业制度,规范企业的破产行为,保护债权人的合法权益,发挥了一定的积极作用。但是,该法在实施中也出现了一些问题:一是适用范围太窄。它主要适用于国有企业,但改革开放二十多年来,出现了大量的中外合资、中外合作企业、外商独资企业以及不具备法人资格的合伙企业、独资企业等同样存在因经营失败等原因而破产的问题。据统计,从 1989 年至 2000 年全国法院受理的破产案件共 35,146 件,国企破产案件为 18,617件,其余为非国企案件。还有许多非国企的破产以及个人的破产案件,法院因为缺乏法律规定而没有受理。在中国加入 WTO 以后,非国企以及个人的破产案件将会日益增多,这就需要制定统一的破产法予以规范。二是该法是一部试行的法律,经过近十四年的试行,其中许多内容已经明显不符合我国改革开放和市场经济发展的需要。三是该法缺乏对许多基本的、重要的破产规则的规定。例如,重整是避免过多企业破产的有效措施和重要手段,通过重整可以使某些濒临破产但有复苏希望的企业特别是大中型企业避免破产,但《企业破产法》对此并未作具体规定。尤其是由于对破产责任规定得不完善,破产惩戒机制过于疲软,导致债务人滥用破产程序,人为制造“假破产”,转移资产,逃避债务,损害债权人权益的现象在实践中屡有发生。从实践来看,这些行为主要表现在:

1. 假破产、真逃债。由于我国破产制度极不完善,使许多人有机可乘。

一些债务人以"假破产"之名恶意逃废债。[10] 例如,债务人在欠下巨额债务以后仍然四处举债,但将借来的钱转移到另一家企业,而出面借钱的企业则宣告破产。利用"假破产"的手段,达到转移资产、逃避债务的目的。有的企业为了逃避银行的债务甚至四处游说政府允许其破产,一旦宣告破产则被完全免除责任,债权人到头来可能落得两手空空。

2. 借企业分立之名恶意逃废债。[11] 从法律上说,企业分立不应当影响债权债务的承担,但一些企业在重组过程中,一块牌子下设立多个小企业,赚钱以后,就将利润全部拿走,如果有亏损,就由某个企业承担,以实现逃避债务的目的。由于破产制度不健全,债权人一旦不能通过法院的强制执行措施而实现债权,则通过破产程序很难获得部分清偿。

3. 通过解散的方式恶意逃废债。[12] 有些企业在欠下大量债务以后,为了逃废债,故意不办年检手续而被工商部门注销,在债权人找上门来时,企业已不复存在。还有一些企业在资不抵债的情况下,恶意转让财产,甚至非法变卖固定资产,宣布企业解散,债权人讨债时已找不到债务人。

4. 有的企业在欠下大量债务以后,想尽各种办法隐匿财产、移转资金,使债权人因找不到可供执行的财产,而难以实现债权。[13] 有的企业甚至在进入破产程序以后利用我国破产法中财产管理制度不完善的缺陷,想尽各种办法隐匿财产、移转资金。

从整治社会信用方面来说,当前我国经济生活中出现的信用危机现象在很大程度上也与我国破产法律制度的不健全有着密切关系。笔者认为,当前完善破产制度对于强化信用有如下作用:

第一,破产法律制度对于强化信用关系,保障债权人的利益具有非常重要的作用。破产法是维护市场经济正常秩序、化解金融风险的必然要求。现代社会已经进入网络化、数字化、信息化和经济全球化的时代,全

---

⑩ 陈爱国:"破产企业债权人权益保护之我见",载《法学评论》1999 年第 5 期。

⑪ 丁巧仁:"切实转变司法观念 正确适用合同法",载《人民司法》2000 年第 1 期。

⑫ 郭英丽:"浅析企业逃避债务问题及其法律对策",载《经济问题》2000 年第 8 期。

⑬ 胡康申:"我国的法人制度",载《中国法学》1986 年第 5 期。

球资本流动日益迅速,各国金融市场联系极为密切。这一切对于发展中国家来说意味着风险与机遇的并存。1997年爆发的亚洲金融危机深刻地表明了防范金融风险对发展中国家的极端重要性,而破产制度对化解金融风险具有重要作用。因为在市场经济社会中,债务的正常清偿或债权的全部实现是经济流转和市场信用的根基,也是一国金融安全的重要内容。如果没有破产法,企业即便欠下巨额债务却仍可以不被宣告破产,负债累累依然可以四处举债,这非常容易造成各大商业银行不良资产的增加,同时也会使"三角债"问题日渐突出。反之如果有一个完善的破产法律制度,那么当企业无力清偿到期债务时,就可以通过破产、清算制度以及重整制度及时地对该企业进行破产清算或重整,能够将金融风险防患于未然。

第二,制定破产法有利于强化对银行的保护,维护正常的社会信用关系。如果缺乏破产还债的公平程序,银行作为企业最大的债权人就很难实现其债权,这就会严重损害银行信用。目前由于破产制度不健全,造成大量的假破产真逃债现象,损失最大的仍然是银行。如果实行破产制度,将已经符合破产条件的债务人及早淘汰出局,银行依照公平的程序受偿,或对债务人进行重整,就会极大地减少金融风险,维护社会经济秩序的稳定。有人担心,企业破产以后,将会大量逃避银行的债务,银行的债权将会落空,但事实上,对那些已经符合破产条件的企业来说,不管银行是否愿意,这些企业已经没有足够的资产用于清偿银行的债务。如果不让它们破产,只能掩盖企业资不抵债的事实,银行的呆账长时间无法核销,有些企业的资产甚至会进一步恶化,如果对这些企业及早提出破产申请,反而可以避免银行的一些损失。甚至对一些有挽救希望的企业,银行可以与其达成协议,使其有时间重整,进行资产重组,从而实现企业的复苏。[14]

第三,完善的破产制度对防止逃废债行为十分有效。目前,在社会经济生活中逃废债行为十分严重,例如,有些人甚至把银行借款当成了谋取

---

⑭ 邹海林:"债权申报若干基本问题研讨",载《中外法学》1994年第1期。

巨额利益的手段，欠下巨额债务而不负任何法律责任，仍然可以从事各种高消费，甚至摆出“要钱没有，要命一条”的架势，反正不能让我破产，债权人也无可奈何。各种逃废债行为不仅造成了社会信用的降低，而且也破坏了正常的社会信用关系，妨害了市场经济的健康发展。[15] 要从法律上遏制各种逃废债行为，必须在破产法中强化对债权人的保护，通过建立破产自然人的限制免责制度、建立和强化对诈欺破产和“虚假破产”的惩戒机制、建立和健全关于破产犯罪、破产罚则和破产责任的制度等以有效地遏制各种逃废债和损害债权人利益的行为，使有不良记录的企业和个人声誉扫地，从而增强全社会的信用观念，建立和维护良好的社会信用。

遏制各种逃废债行为，必须在破产法中强化破产人的责任 。对于因合伙企业、独资企业破产以及个人不能清偿到期债务破产导致个人破产的，国外许多国家法律规定，要对破产人的身份、地位进行必要的限制，例如，法院应债权人的要求，为了预防破产人处分财产或者隐匿、私分财产而限制其居住、检查其来往邮件，以确保破产财产不至于流失。法院有权合法传唤破产人到庭接受法院的讯问以及债权人的提问。债务人受破产宣告以后，在公私法上享有的地位应当于一定期间丧失或者受限制，例如，不能担任公务员、律师、会计师、仲裁员、建筑师、证券经纪人、公司董事或者监事、无限公司的股东或者合伙人、财产管理人、遗产执行人等。借鉴国外的经验，对破产人个人的财产和人身自由实行必要的限制，对破产人进行必要的惩戒，有助于从根本上改变目前许多当事人不怕破产甚至利用破产逃废债务的现象。

破产人为法人的，如果法人的法定代表人对破产有经营上的过失的，例如经营决策失误、对市场的判断错误、对公司的经营没有尽到诚实勤勉的义务等，在这些情况下，应当追究法定代表人的民事责任。这种责任包括两方面，一是对股东和投资者的责任。企业法人破产后，股东或投资者应当有权请求有过错的企业的法定代表人或董事赔偿损失。我国目前许

---

[15] 王士贵：“应当建立被执行人财产申报制”，载《人民司法》1994 年第 9 期。

多企业尤其在国有、集体企业中,一些经营者漠视投资者利益,私自侵吞企业财产,造成了“穷庙富方丈”的不正常现象。在破产法中建立相应的责任制度,通过追究有过错的经营管理者的责任,可以有效保护投资者的利益,防止国有资产流失,制止目前企业破产而个人不承担任何责任所导致的国有资产流失。对那些虽然没有重大违法犯罪行为但因破产给债权人及国家财产造成较大损失的企业负责人,科以一定的法律责任,以促使其尽到必要的忠诚、注意和谨慎义务。通过此种责任的承担,可以督促公司的法定代表人认真履行其职责,防止法定代表人滥用职权致使企业破产,也可以防止那些玩忽职守者和损公肥私者利用破产溜之大吉、逃避罪责,加强对经营者的法律约束。二是对债权人的责任。如果在企业破产的情况下,企业的法人代表人以及公司董事从事了破产欺诈、隐匿财产、逃避债务等危害债权人利益的行为,债权人在法定期间内有权通过破产管理人请求法院宣告其损害债权人利益的民事行为无效。如果公司的法定代表人从事了隐匿资产、逃避债务或编制虚假账目等行为,而该法定代表人或董事同时又是股东的,可以借鉴国外的立法和司法经验,建立“揭开公司面纱”的制度,不考虑公司的法人人格和股东的有限责任,允许债权人有权直接要求滥用公司人格的大股东承担对债权人的清偿责任。

除了承担民事责任以外,对于有过错的法定代表人,也应当对其财产和资格实施必要的限制。我国现行立法已经对法定代表人以及董事经理担任其他经济组织领导人的资格在一定期间内加以限制,还应当借鉴国外的经验,进一步在公法上对其作出限制,例如破产企业的法定代表人以及董事经理不得担任律师、会计师、公证人等。对于公司的法定代表人等,在公司被宣告破产后,也应对其高消费加以限制。尤其应当指出,为了防止一个破产企业的法定代表人可以在另一个企业担任法定代表人或董事,必须要通过有关媒体或互联网将已破产的企业的法定代表人或董事姓名予以公告。

如果公司的法定代表人或其他负责人从事了隐匿资产、逃避债务行为构成犯罪的,应当追究其刑事责任。破产犯罪实际上涉及两种类型的犯罪:一是对企业的法定代表人或主要负责人因其玩忽职守等重大过失造成企业破产的责任的追究;二是对企业负责人在企业破产过程中有损害债权人利益的行为以及破坏破产程序进行的行为,例如放弃担保债权、隐匿财产等,要追究其刑事责任。对前一种情况,我国现行刑法已经有规定,而对后一种情况,即通常所说的破产犯罪,我国刑法中没有规定,导致了破产法中的许多规定无法得到实施。为此可以在破产法中增设破产犯罪,或者在制定破产法的同时尽快修改我国刑法中有关破产犯罪的规定。

三、完善民事程序立法,遏制执行中的恶意逃废债行为

在我国当前市场经济生活中,恶意逃废债行为非常严重,这种行为对社会信用关系造成了巨大的破坏。所谓恶意逃废债,有广义和狭义之分。广义的恶意逃废债泛指债务人在任何时候为逃避履行债务而实施转移、隐匿、挥霍、低价或者无偿转让财产等行为;而狭义的恶意逃废债是专指在执行过程中,债务人在有全部或者部分履行能力的情况下,拒绝履行债务,而实施转移、隐匿、挥霍、低价或者无偿转让财产等行为。如何解决恶意逃债行为可以说是保障我国社会信用必须解决的一个根本性问题。民事裁判执行难的问题不仅对社会的信用造成了损害,而且对人民法院的权威产生了严重的损害。因此必须通过进一步完善民事强制执行制度,解决执行难的问题。现在我国各地法院已经开始采取了一系列强制手段强化民事执行的力度。如对被执行人应当限制消费,判罚其从事一些公益性的活动,对严重拖欠债务的债务人应当进行公告。一些地方法院出台了《限制高消费令》,规定未履行还款义务的被执行人不得在宾馆、酒楼、歌舞厅、夜总会等高消费场所消费;不得乘坐飞机和高级汽车;不得购置房产,不得租赁写字楼办公;不得购买高档商品和购置高档、大额生活用品;不得为家庭成员支出大额费用;不得外出旅游、度假;只保留按政府规定的最低生活标准的生活费用,其他均属被执行财产范畴。限制令还称,被执行人一被发现或经举报查实有违反禁令的行为,司法机关将依法

予以罚款、拘留,构成犯罪的,依法追究其刑事责任。这些由法院各自采取的“高招”只能在一时或一地解决某些执行难问题,执行难问题的根本解决还在于进一步完善现行的民事程序法律制度,制定强制执行法。

在强制执行法制定过程中,我们建议可以考虑在民事执行程序中采取如下措施遏制恶意逃债行为:

1. 实行债权凭证制度,即由人民法院给债权人制定债权凭证,从而为执行提供依据。尽管现行民事诉讼法规定,当债务人的财产不足以清偿全部债权的时候,一次执行完毕以后发现债务人还有可供执行的财产时,可以随时申请执行,但是在原来的司法实践中,法院进行执行后,即使没有完全实现债权人的债权,只要当时无法发现债权人还有可供执行的其他财产,法院经常是裁定终结诉讼。然而,一旦以后又发现债务人有可供执行的其他财产的时候,就给在后的执行带来了一定的困难。制定债权凭证,对于被执行人确无财产可供执行的案件,申请执行人可以申领债权凭证。此后一旦发现被执行人有财产时,可随时凭债权凭证申请再执行,而且持债权凭证再次申请执行没有期限限制,这样有利于保护申请人的合法权益。⑯

2. 建立悬赏公告制度,即由人民法院以公告的形式,要求社会各界提供被执行人的财产状况,非正常消费和偿债情况,一旦举报查明属实,则给予举报人一定的奖励。这有利于调动社会各界的积极性,也将极大推动执行工作的顺利进行。

3. 建立个人财产申报制度。被执行人如果是个人的,应将本人及其共同生活家庭成员所有的、价值超过一定数额的财产,如实向人民法院申报。被执行人如果是单位,应将其固定资产、流动资金等财产向法院申报,人民法院核查后,制作申报财产清单一式两份,由被执行人在清单上签字盖章。被执行人及其共同生活家庭成员只能在法院限定的申报财产范围内进行消费,在此范围内的消费属于正常的消费,超过此范围的消费,应视为高消费。⑰ 人民法院在核查被执行人申报的财产后,还要向被

---

⑯ 董振国:“完善民商事执行案件退出程序机制研究”,载《法律适用》2006 年第 5 期。

⑰ 王士贵:“应当建立被执行人财产申报制”,载《人民司法》1994 年第 9 期。

执行人发出被执行人须知，告知被执行人及其共同生活的家庭成员不得从事的消费行为，以及违反规定应承担的法律责任。如果被执行人是单位，应向单位的法定代表人、主要负责人发出“须知”，限制其用公款高消费行为，并对于超出在法院限定的申报财产范围内进行消费的财产予以执行。

4. 建立完善的信用登记制度。也就是采取一种消极的制裁方式，来促使当事人履行债务。如果在执行期间，债务人没有财产可供执行，使债权人的债权不能得到实现，人民法院可以将债务人不履行或不能履行债务的情况，提供给有关债务履行信息的机构，这些机构将债务人的不履行债务的基本情况收集在一起，允许公众查阅，这样在当事人订约时一方就可以查阅另一方是否有欠债记录，从而决定是否与其交易。这就可以极大减少那些负债累累却仍然大量举债的现象，有助于防止欺诈和逃废债的行为。

5. 建立揭开公司的面纱制度。如果一人设立数个公司，实际上是一套人马，当一个公司因经营管理不善欠下大量债务时，该公司的资产被迅速转移到另一个公司的账目上，这样债权人最终落得两手空空。对此种情况，某些审判人员即使在证据确凿时也不动用另一个公司的资产清偿债务，认为这样做不符合有限责任的规定。实际上，若有限责任被用于逃避债务、逃避义务，则根本不符合有限责任的目的。对于公司借用改制或者公司分立、合并的机会逃避债务的现象，现行的执行法律已经作出了相应的规定，企业变更形式后，应当对在先的债务承担履行责任，按照这种规定，严格来说，债务人是无法通过企业形式的变更来逃避债务的，企业分立、合并并不能成为企业逃避债务的手段。但是，对于企业通过设立子公司的方式将企业的有效资产和债务剥离，由一个子公司承受大部分的优良资产，由另外一个子公司承担大部分的债务的现象，现行法律尚缺乏规定。笔者认为，应当实行“揭开公司的面纱”的做法，克服有限责任制度的弊端，防止某些恶意的债务人逃废债。

最后需要指出的是，进一步完善民事强制执行程序，解决执行难的问题，还必须改革再审程序建立有限制的三审制度。我国发动再审的渠道不仅有当事人申请再审,还有法院依职权决定再审和检察院抗诉提起再审,而且再审没有审级和次数的限制。再加上再审事由规定得过于原则,使得再审的适用严重膨胀。1999 年,我国人民法院共审结二审案件 438,313件,而受理审判监督案件 98,765 件,再审案件占二审审结案件的 22.5%。由于现行再审程序制度的缺漏,导致实践中当事人一旦提起再审,生效的判决就无法执行,有的人甚至利用再审程序拖延判决的执行,借以逃避债务,结果出现了许多胜诉的当事人"赢了官司输了钱"。再审程序的这些弊端对社会信用的保障有百害无一利。一个案件被翻来覆去无止无休地审理,不仅损害了司法的权威性,更破坏了社会信用关系存在的法律基础。因此,笔者认为,当前我国必须加紧修改民事诉讼法,改革再审程序,实行有限的三审终审制。这个做法的主要构想是:一是改变现有的两审终审为三审终审,二是对于三审终审应当加以严格的限制。如果对上诉没有任何限制,那么受理上诉审的法院可能会陷入上诉案件的汪洋大海之中,其功能的发挥难免受到严重的制约。从比较法上来看,对上诉进行一定的限制是各国立法的通例。这种限制一般都是根据诉讼标的的价额进行的,因为,为了争议标的数额很小的案件进行两级或者更多的审级的审理,显然不符合诉讼效益的要求。比如,《德国民事诉讼法》第 511 条规定,申明不服的案件标的价额未超过 1500 马克的,不许提起上诉;《日本民事诉讼法》第 377 条规定,对于小额诉讼的终局判决,不得提起控诉;1999 年 2 月 3 日新公布实施的我国台湾地区"新民事诉讼法"也作了类似规定。这些规定值得借鉴。上诉到最高法院的案件则应受到更加严格的限制。从理论上讲,随着审级的升高,法官数量以及相关司法资源越来越稀缺,相应地,有限的司法资源不宜因过多的上诉案件而被消耗。为此,上诉到最高法院的案件的范围应该受到严格的控制,这一范围除了可从诉讼标的额方面加以界定外,还可以依据案件是否涉及新的法律问题来界定。

四、对于欠债不还的行为是否可以采取刑事制裁

最后,针对欠债不还的行为是否可以采取刑事制裁的方法,曾引发讨

论。为了解决目前我国经济生活中信用危机最典型的表现“欠债不还”的问题,有些学者呼吁,应当在刑法中设立单独的罪名,将引起欠债不还的严重违法行为规定为犯罪,追究债务人的刑事责任,具体罪名可称为拒不偿还债务罪。由此可以加大法律对信用制度的维护,以刑罚的方法规制欠债不还的行为,可以说是为我国日益完善的社会主义市场经济体制建设保驾护航的一个有益举措。

笔者认为,采用刑事手段制裁欠债不还的行为,在一定时期内、一定程度上能够有助于解决债务拖欠现象,但从法理上还存在很多的问题,主要包括:

第一,欠债不还现象,是市场经济社会比较普遍的现象,产生的原因也是多种多样的,有的是因为经营不善造成的,也有的是因为资金周转出现障碍或市场行情变化,还有的是因为国际市场的影响以及天灾人祸、不可抗力,等等。欠债不还主要是债务人的原因所致,但债权人有时也并非没有责任。例如,债权人明知或者应当知道债务人没有偿还能力,但仍然相信债务人而向债务人借款或与其发生交易。这样在欠债不还的情况下,对债务人实行刑事制裁,打击面过宽。尤其是从欠债的主体来看,不仅是企业、公司、商人欠债,而且政府机关欠债的现象也比较多,特别是县、乡级政府欠债现象较为严重,如果动用刑事制裁,将使许多法定代表人难逃牢狱之灾,甚至对政府机关的运作都会产生影响。

第二,此种做法也不符合国际通行的做法。古代法律民刑不分,对欠债行为曾经采取刑事制裁的办法,在欧洲中世纪时期,对欠债不还的行为也实行刑事制裁,但是从近代以来,各国都逐渐地废除了这种对单纯的欠债不还的行为采取刑事制裁的做法。因为,毕竟债务是一种民事义务,而违反民事义务应当产生民事后果,如果实施刑事制裁的话,则将会使债务人的公权利受到妨碍。如果对欠债的债务人予以刑事制裁,则惩罚措施未免过于严厉。

第三,这种做法混淆了刑事和民事的界限。一方当事人不履行债务,其应当承担违约责任,但如果对其实施刑事制裁,当事人就不会寻求民事救济的方法,有可能会采取通过自诉的方式寻求刑事制裁,合同法的规定就会虚置。过去我们一直禁止公安、检察机关受利益驱动插手民事案件,而一旦采用刑事手段制裁欠债不还的行为,则公安、检察机关广泛介入民事案件必将合法化,刑事和民事的界限很难界定,这必然会妨害交易的安全和秩序。

第四,这种做法将会给建立市场经济带来严重的副作用。因为负债经营是市场经济中正常的现象,我国许多企业,甚至包括国有大中型企业都存在着资本金不足的问题,企业只要有一定的信用,出现一时的支付不能是正常的现象。如果采取刑事制裁的办法,则将会给交易和投资形成极大的风险,人们便不敢大胆地投资、大胆地创业,这对社会经济的负面作用是极大的。尤其是在市场经济发展初期,许多市场主体尚处于积累阶段,资金并不雄厚,抵御债务风险的能力并不强,在此情况下采取刑事制裁的办法是不妥当的。

那么,对恶意的欠债不还的行为是否可以在刑法中单设一项罪名,对于该种行为予以制裁?笔者认为,对恶意的欠债不还的行为也缺乏准确的判断标准。一方面,债务人遇到暂时的资金周转的困难,但其可能仍然有支付能力,可以允许债务人延期或迟延履行,即使不延期履行也没有理由对其实施刑事制裁;另一方面,如何判断债务人是恶意的,也存在着举证上的困难,因为债务人是否有财产而不履行,必须要债权人进行举证,但这一点对于债权人来说是十分困难的。严格地说,由于债权只是发生在特定的当事人之间,债权具有非公开性,第三人往往不了解债权人和债务人之间的债权债务关系,法院也不宜介入当事人之间的关系,除非是债务人达到破产的条件,被申请破产宣告,此时,法院可以调查债务人的财产、账目等情况,这样才能确定其是否是有财产而拒不偿还,或故意赖账。尤其是如果没有宣告破产,拖欠一个人的债务就要被判入狱,其他债权人的债权也将不能得到实现,这对其他债权人也是不公平的。

事实上,对某些恶意欠债的行为,依据现行刑法也可以予以处罚。例如,明知无偿还能力而举债,如果确有证据证明这一点,可以按照我国《刑法》第224条规定的合同诈骗罪处理。如果有财产拒不偿还,债权人完全可以向法院申请强制执行或申请查封、扣押、冻结其财产。如果在作出执行的裁定以后仍不执行或非法处置查封、扣押、冻结的财产，可以按照《刑法》第313条规定的拒不执行判决裁定罪、第314条规定的非法处置查封、扣押、冻结的财产罪来处理。严格地说，这种处理办法效果可能更好。因为，如果债权人可以以债务人恶意拖欠债务为由，请求对其实施刑事制裁，如果不通过法院的审理，债务本身可能是很难确定的。例如，债务人可能享有抗辩权，或者对债务的数额提出异议，或者债务本身是非法或无效的，这样首先就必须经过法院对这个债务进行审理。但一旦由法院审理，并作出裁判，而在作出裁判以后债务人拒不执行判决裁定的，就要适用《刑法》第313条的规定。总之，笔者认为，现行刑法已经基本解决了交易中的各种罪刑问题，没必要为恶意欠债的行为单设罪名并科以刑罚。

民商法研究(第六辑)
第40~57页

民法典总则设立的必要性及基本结构*

民法总则是适用于民商法各个部分的基本规则,它统领整个民商立法,并为民法各个部分共同适用的基本规则,也是民法中最抽象的部分。总则编是法学长期发展的产物,它始于18世纪普通法(Gemeines Recht)对6世纪查士丁尼大帝所编纂的《学说汇编》所做的体系整理;首见于海瑟于1807年出版的《普通法体系概论》(Grundriss eines Systems des gemeinen Civilrechts zum Behuf von Pandekten – Vorlesungen),而为德国民法所采用,充分展现德意志民族抽象、概念、体系的思考方法。① 因此,"总则编的设置,是潘德克顿法学的产物",②也是《德国民法典》的一大特色。民法典作为高度体系化的成文立法,其体系性因总则的设立而进一步增强。在我国民法典制定过程中,有关总则设立的必要性及其内容的构建,仍有不同的看法,本文拟对此谈几点意见。

---

* 本文作于2001年。

① 王泽鉴:《民法总论》,中国政法大学出版社2001年版,第24~25页。

② 谢怀栻:"大陆法国家民法典研究",载《私法》(第1辑第1卷),北京大学出版社2001年版。

一、关于设立民法总则的必要性

民法总则就是统领民法典并且民法各个部分共同适用的基本规则，也是民法中最抽象的部分。[③] 民法典作为高度体系化的成文立法，注重一些在民事领域中普遍适用的规则是十分必要的。传统大陆法系国家大都采取潘德克顿体例，在民法典中设立总则。也有一些大陆法系的民法典中没有设立总则，在民法中是否应当设立总则以及其内容应当包括哪些，是一个值得探讨的问题。为了尽快制定一部体系完整、内容充实、符合中国国情的民法典，首先必须讨论民法典总则的设立问题。

综观大陆法系各国民法典编纂体系，具有代表性的不外乎罗马式与德国式两种。一是罗马式。该体系是由罗马法学家盖尤斯在《法学阶梯》中创设的，分为"人法、物法、诉讼法"三编。这种三编的编纂体系被《法国民法典》全盘接受，但《法国民法典》剔除了其中的诉讼法内容，把物法分为财产及对所有权的各种限制和取得财产的各种方法。由于采纳了此种体系，《法国民法典》没有总则，缺少关于民事活动的一般原则。有关民法的一般规则、原则体现在学者的学理中。瑞士、意大利等欧洲大陆国家民法，以及受法国法影响的一些国家的民法典也不采纳总则编的设置或仅设置宣示性的"小总则"。二是德国式。总则编始于18世纪日耳曼普通法（Gemeines Recht）对6世纪查士丁尼大帝所编纂的《学说汇编》（Digesten、Pandekten）所做的体系整理；由萨维尼在其潘德克顿教程中系统整理出来，并为《德国民法典》所采用。因为总则的设立，进一步增进了其体系性。因此，许多大陆法系国家和地区民法，如日本、泰国、韩国、葡萄牙、希腊、俄罗斯以及我国台湾地区、澳门地区等，都采取了潘德克顿体例。

③ MünchKomm/Säcker, Einleitung, Rn. 26.

民法总则的创设可以说是《德国民法典》一大特色。[4] 在潘德克顿体系中,学者将人法与物法具体分为亲属法、继承法、债法与物法,并且将这种法则的共同点归纳而统摄出总则编。[5] 这个体系把民法典分为五编:总则、物权、债权、亲属、继承。首先确定了总则,规定民法共同的制度和规则,然后区分了物权和债权,区分了财产法和身份法,把继承单列一编,从而形成了完整、明晰的体系。[6]《德国民法典》设立总则,使各项民事法律制度中具有共性的内容得以在总则中体现,这样,一方面有助于把握各项具体民事法律制度之间的有机联系,使得民法典不至于成为各种民事制度的机械组合;另一方面,总则更追求的是一种逻辑体系,主要表现的是一种像达维德所说的"系统化精神与抽象的倾向"。[7]

然而一些学者对总则的设立提出异议,否定设立总则的理由主要是:第一,总则的规定是学者对现实生活的一种抽象,更像是一种教科书的体系。而法律的目的不是追求逻辑体系的圆满,而是提供一种行为规则和解决纷争的准则。而且总则的规定大多比较原则和抽象,缺乏具体的实用性和可操作性。例如法律行为制度,是总则的核心内容,但该部分过于抽象,很难为一般人所理解。[8] 第二,总则的设定使民法的规则在适用上的简易性和可操作性反而降低,把原本统一的具体的生活关系割裂在民法中的各个部分。在法律适用时,要寻找关于解决某一法律问题的法律规定,不能仅仅查找一个地方,所要寻找的有关规定,往往分处于民法典的不同地方,其中一般性的规定在民法典的前面,特殊性的规定在民法典的后面,这对法律的适用造成了麻烦。[9] 第三,由于设立总则必须要设定

---

④ 谢怀栻:"大陆法国家民法典研究",载《私法》(第1辑第1卷),北京大学出版社2001年版。

⑤ 蓝瀛芳:"民法各种之债的特征及其探讨",载《辅仁法学》第9期。

⑥ MünchKomm/Säcker, Einleitung, Rn. 26 ff.

⑦ [法]勒内·达维德:《当代主要法律体系》,漆竹生译,上海译文出版社1984年版,第84页。

⑧ 王泽鉴:《民法总则》,中国政法大学出版社2001年版,第27页。

⑨ 需要注意的是,在查阅法典时,需要按照从后向前的顺序进行,因为后面的特殊规定排除前面的一般规定的适用,只有在后面无法找到特殊规定的情况下,才能适用前面的一般规定。参见[德]梅迪库斯:《德国民法总论》,邵建东译,法律出版社2000年版,第35页。

许多民法共同的规则即一般条款,但在设定一般条款的同时必须设立一些例外的规定。但哪些规则应当属于一般规定置于总则,哪些规则应当作为例外规定,一般规定和例外规定的关系是什么,在法律上很难把握。第四,总则中的抽象规定难以有效涵盖社会生活中的复杂现象,要使一项规则具有普遍的适用性,该规则就必须抽象,但是,由于社会生活是极其复杂的,如法律行为这一抽象的概念所囊括下的买卖、赠与、租赁、婚姻、继承合同、遗嘱、解约等就属于性质和功能迥异的过程,在采纳物权行为独立性的制度下,这一概念还包括所有权的移转、他物权的设定以及债权让与等形态。但这一概念很难概括各种纷繁复杂的交易现象,更难以将各类财产行为和人身行为都囊括其中。

尽管民法典总则的设立遭到了许多学者的非难,但《德国民法典》设立总则的意义和价值是绝不可低估的。笔者认为,从《法国民法典》未设总则到《德国民法典》设立总则,本身是法律文明的一种进步。在我国民法典制定过程中,对是否应当确立总则的问题,也有不同看法。有些学者主张我国民法典应当采用"松散式"或"汇编式"模式制定,从而无须设立总则。但大多数学者都赞成设立总则。笔者认为,民法典设立总则是必要的,主要理由在于:

第一,总则的设立增强了民法典的形式合理性和体系的逻辑性。避免重复,使法典更为简洁,因为民法典的内容过于复杂,条文过多,通过总则的设定,可以避免重复规定。德国马普研究所的卓布尼格教授即认为,设立总则的优点在于:总则条款有利于统领分则条款,确保民法典的和谐性;总则条款有助于减少分则条款,从而加快立法步伐;总则条款有利于民法典本身在新的社会经济情势面前作出必要的自我调整。[10] 总则的设立使各个部分形成一个逻辑体系,将会减少对一些共性规则的重复规定,有利于立法的简洁明了。民法总则是对民法各项制度和规范的高度抽象与概括,是历经无数民法学者分析研究后"提取公因式(Von die klammer

---

[10] 徐海燕:"制定《欧洲民法典》的学术讨论述评",载《当代法学》1999 年第 2 期。

zu ziehen)的产物",[11]民法总则是适用于民商法各个部分的基本规则,它统领整个民商立法,并为民法各个部分共同适用的基本规则,也是民法中最抽象的部分。民法典作为高度体系化的成文立法,其体系性因总则的设立而进一步增强。总则的设立使民法典形成了一个从一般到具体的层层递进的逻辑体系。

第二,总则增加了法典的体系性。凡是有总则的法典,体系性更强。潘德克顿学派设立总则的意义在于使人法和物法二者衔接起来,形成一个有机的整体。"因为在人法(或称身份法)和物法(或称财产法)两部分里,确实存在着共同的问题,从而应当有共同的规则。例如,主体(权利主体),客体(权利客体),权利的发生、消灭与变更,权利的行使等。这样,在人法和物法之上,设一个总则编,规定人的能力、法律行为等,是可能也是应该的。"[12]另一方面,避免和减少了重复规定,达到立法简洁的目的。在设置了总则之后,《德国民法典》把性质不同的民事关系分别独立出来由分则各编加以规定。并在此基础上构建了两个严密的逻辑体系,按照王泽鉴先生的看法,总则最主要的优点在于,将私法上的共同事项加以归纳,汇集一处加以规定,具有合理化的作用,避免重复或大量采用准用性规定。[13] 黑克(Heck)将总则编的这一作用比喻为"列车时刻表符号说明":前面已经说明过的东西,后面就没有必要再作重复了。还要看到,依据民法概念抽象基础的不同,出现了概念之间的分层,如民事行为可进一步分为单方民事行为、双方民事行为和共同行为,这种概念的科层性是民法体系得以形成的基础和前提。同时也只有借助民法体系,才能比较准确地把握民法中抽象的范畴。由此,就需要构建完整的民法总则。[14]

第三,总则的设立更符合民商合一的模式的要求。所谓民商合一并不是说民法典将公司、票据、破产等民事特别法和商事特别法都规定在民法

---

⑪ Boehmer, Grundlagen II 1, 1951, S. 72; vgl. auch Zweigert/Kötz, Einführung in die Rechtsvergleichung II, 1969, S. 41; Staudinger/Coing/Honsell, Einl. Rn. 68.

⑫ 谢怀栻:"大陆法国家民法典研究",载《私法》(第1辑第1卷),北京大学出版社2001年版,第27页。

⑬ 王泽鉴:《民法总则》,中国政法大学出版社2001年版,第26页。

⑭ [德]梅迪库斯:《德国民法总论》,邵建东译,法律出版社2000年版,第30~31页。

典中,否则民法典将是杂乱无章的。采用民商合一体例,也不能像意大利民法那样,把一些商事特别法都规定在民法典之中,而是承认公司、海商、保险等商事特别法的客观存在,只是没必要再规定一个独立于民法典的商法总则,以明确商人、商行为、商事特别诉讼时效、商事代理等制度。在此种模式下,所有的商事特别法都可以统一适用民法典总则,主体适用民事主体的规定,行为可以适用民事法律行为的规定,诉讼时效适用统一的民事诉讼时效的规定,商事代理可以适用代理的规定,民商合一的主要意义就在于此。民商合一只是意味着这些商事特别法都应当适用民法总则,在民法总则之外不需要再制定所谓商法总则。换言之,在中国不能形成商行为与民事行为的分离、商事主体与民事主体的分离、商事代理与民事代理的分离等。这就有必要在民法典中设立总则,以沟通民法与商法的关系,建立完整的民商法体系。

第四,总则的设立对弘扬民法的基本精神和理念具有重要作用。总则就是要借助于抽象的原则来宣示民法的基本理念,例如总则关于民法各项基本原则的规定。主体制度中关于主体人格平等的规定、法律行为中关于意思自治的规定,这些抽象的原则本身就是对民法的平等、自由等精神的弘扬。尤其应当看到,总则本身就是借助于抽象的一般原则而为民事主体提供了广泛的私法自治的空间。民法总则编的核心在于民事权利与法律行为,而在这两个核心概念中需要贯彻权利观念与私法自治的观念。根据我国台湾地区学者苏永钦先生的观点,民法在性质上属于自治法,其概念愈精确,规范之间的矛盾愈少,概念抽象的层次愈高,所形成的规范体例能处理自治事务的复杂度也愈高,自然也愈具有时空的超越性。⑮ 总则实际上是采用提取公因式的方法,从其下各编中抽象出共同的规则,这就提高了民法的抽象度,确定了民事主体行为的范围,在此范围内民事主体享有广泛的自由,而不是通过具体的个别的规定来限制民事主体的自由。

第五,总则的规定更为抽象,包容性更强,富有弹性,便于法官作出解

---

⑮ 苏永钦:《走入新世纪的私法自治》,中国政法大学出版社2002年版,第93页。

释，[16]因为民法典最大的特点在于其要保持一定的稳定性，而这种稳定性总是与现实生活存在着一定的差异，这就需要授权法官去解释。总则编的设置使得民法可以借法律解释、类推等司法技术的运用而获得发展，并与社会生活保持一致。民法总则是民法规范的生长之源，在民法典其他各编对某个具体问题没有规定的时候，必须通过民法总则中的基本原则、制度加以弥补，从而生发出填补法律漏洞与法律空白的新制度。总则的规定是抽象的、一般的，这就为法律的发展留下了空间。法律漏洞的存在是不可避免的，法律漏洞既可能因为立法之际的认识局限与疏漏而存在，也可能因为嗣后经济社会的发展而产生新的社会纠纷、法律问题而存在，而且一些具体的规则也可能因时间的流逝而无法适应社会生活的发展变化，在此情形下，法官当然可以运用法律解释、类推适用等法律技术来适用法律或发展法律。但在不存在总则的情况下，通过上述法律技术发展法律常常会出现解释明显超出一般语义的情况，这就使得法官对法律的发展虽然具有正当性，但欠缺合法性。而如果存在着总则，由于总则是高度抽象的，总则的规范实际上是高于具体规范的，[17]这就为民法的发展开辟了空间。

第六，有助于培养和训练良好的法律思维方法。在大陆法系，法律思维的基本方法是演绎法，即通过三段论的逻辑过程将抽象的法律规范运用到作为小前提的法律事实中，从而得出法律结论。民法总则的规定不仅是一般的抽象的法律规范，更是对其他民事法律制度的抽象，总则的设立使民法典形成了一个从一般到具体的层层递进的逻辑体系。因此通过研究总则可以培养良好的法律思维方法。总则的体系构成还有助于培养法律人归纳演绎、抽象思考方法的能力。[18] 因而便于运用演绎式教学方法，从一般到具体，循序渐进地去传授，从而保持传授的高效率。近代德国民法学的体系化传统，正是在继受罗马法的过程中，由法学教授们传授

---

⑯ 王泽鉴：《民法总则》，中国政法大学出版社 2001 年版，第 26 页。

⑰ 徐国栋编：《中国民法典起草思路论战》，中国政法大学出版社 2001 年版，第 246 页。

⑱ 王泽鉴：《民法总则》，中国政法大学出版社 2001 年版，第 26 页。

罗马法知识的方法造成的。[19]

法律规则的抽象程度直接影响到法官能动性发挥的程度。德国学者Larenz教授将法律的编制模式分为个别情况模式、一般抽象概念模式以及简单指令模式三种,其中个别情况模式是指尽量为生活中的所有情况制定法律规定,将这些情况的一切特征描述出来,对每种情况作极细微的规范。1794年的普鲁士邦普通邦法即其著例,如它为了解决"从物"的识别问题,竟用了60个段落来完成这一任务,如规定"在一个农场里的牲口为这个农场的属物","公鸡、火鸡、鸭、鸽是农场的属物","门锁和钥匙是建筑物的属物,而挂锁则不是","保护动物的必需品属于动物,使用动物的必需品则不属于动物"等,其目的之一即在于排除法官行使审判自由的可能和解释法律的必要。[20] 面对依据此种模式编制的法典,法官就只能如同自动售货机一样机械地适用法律。抽象规则的确立,必将给予法官更多的发挥其意识的空间。而总则的抽象规则的特点有助于培养法律人归纳演绎、抽象思考及形成良好的法律思维的能力。

二、人法不能代替总则

反对制定总则的一种理由是,主体制度可以单独设立人法。按照徐国栋教授的观点,设立人法而不设德国式的民法典总则,"是为了坚持罗马法的人—物二分体系,把被大总则湮没的人法凸显出来,并突出人法的特殊性"。他建议采用《法学阶梯》的体系,即将民法分为人法、物法和诉讼法三部分,突出人法,从而确立人的中心地位。应当说,这一观点是有其合理性的。

一般来说,凡是在法典中单独制定了人法,便没有必要再规定总则。但人法的内容在不同的法典中是不一样的,主要有三种模式:一是《法国民法典》的模式。《法国民法典》第一卷"人法"的规定,主要是对自然人

[19] 张俊浩主编:《民法学原理》,中国政法大学出版社1991年版,第35页。

[20] 徐国栋编:《中国民法典起草思路论战》,中国政法大学出版社2001年版,第321页。

和家庭关系的规定,其中包括:自然人国籍的取得与丧失、有关身份证书、住所、失踪、婚姻、离婚、亲子关系、收养、亲权、监护等问题。《法国民法典》实际上是对自然人的规定,其中不仅包括了自然人的人格,还包括了自然人的身份关系,如婚姻、收养等方面的规定。二是《瑞士民法典》的模式。《瑞士民法典》第一编"人法",实际上是对民事主体制度的规定,其中包括了自然人和法人两章,具体对主体享有的权利能力和行为能力、人格的保护等问题作出了详细的规定。至于婚姻家庭问题,在瑞士民法典中单独设立第二编"亲属法"对此进行规定。三是《意大利民法典》的模式。《意大利民法典》在第一编"人与家庭"中详细规定了法典所称的"人"、住所、自然人的失踪及宣告死亡、血亲和姻亲、婚姻、亲子关系、收养、亲权、监护、领养、禁治产等内容。这些内容不仅具有体系性,而且相当全面。在对自然人的人格以及家庭关系作出规定的同时,意大利民法典又详细规定了法人制度,其中具体规定了社团和财团法人以及非法人团体的成立、撤销、变更、清算等问题。但有关继承的问题,在人法中并没有规定,而是在法典第二编单独对独立继承法予以规定。

《荷兰民法典》没有规定德国式的民法典总则,而是将其内容分解到各编之中。20 世纪 90 年代完成的《荷兰民法典》在体例上又有重大的改变,法典的起草者巧妙地将法国法模式和德国法模式结合起来之后,同时又大量吸收了英美法系的经验,创建了民法典的八编模式。尤其值得注意的是,该法典在债权和物权之上设立了财产权总则,并改造了德国法的总则模式。该法典在颁布之后,得到了包括德国在内的许多国家民法学者的广泛好评。《荷兰民法典》把人法的内容置于第一编(自然人法和家庭法)和第二编(法人)中,而法律行为则被放在第三编(财产法总则)中。因此,在这种体系下,法律行为应当被理解为只与财产法有关的制度。㉑

笔者认为,单独设立人法以代替总则的主要缺陷在于:

1. 此种模式很难用人法来协调现代社会中的各类民事主体制度。民

㉑ 徐国栋:"民法典草案的基本结构",载《中国民法典起草思路论战》,中国政法大学出版社 2001 年版,第 77 页。

法上的主体是一个特定的法律范畴,它是"私法上的权利和义务所归属之主体",[22]是指依照法律规定能够参与民事法律关系,享受民事权利和承担民事义务的人。民事主体是权利的承担者,也是民法所规范的权利的归属者,所以也称为权利主体。[23] 在现代民法中,民事主体包括公民、法人、合伙企业等,国家在一定情况下也可以成为民事主体。如此众多的主体很难在人法中加以准确地概括。《法国民法典》设立人法而不需要总则,主要是该法典仅承认自然人为主体,而并没有承认法人。这主要是因为拿破仑制定民法典时,害怕封建行会组织利用法人形式进行复辟,同时也由于参与《法国民法典》的立法者受自然法学派以人为中心的个人主义思潮的影响。[24] 随着大公司大企业的蓬勃兴起,交易的主体大多表现为团体,团体在经济生活中的作用更为突出,这就在经济上促使了个人本位向社会本位的过渡。公司等社会组织已越来越成为市场经济中的重要主体,显然民法典不能对此漠然视之。但如果规定人法,则重心应当在自然人而非法人,且在人法中还要规定人格权和身份权问题,这与公司、合伙等制度很难协调在一起,也很难抽象出共同的规则。

2. 人法的模式实际上没有严格区分主体和权利问题。民事权利能力是国家通过法律确认的享受民事权利和承担民事义务的资格,它是一个人享受权利和承担义务的基础。权利能力和权利的概念经常容易混淆。应该看到,这两者之间也存在着极大联系,但是两者之间也存在着明显的区别,表现在:第一,民事权利能力是享有权利、承担义务的资格,是一种法律上的可能性。只有具有这种资格的人,才能享有民事权利和承担民事义务,才能平等地参与民事法律关系,民事权利能力只是享有权利的法律上的可能性,并不意味着就是主体所享有的实际利益。而民事权利是民事主体已经实际享有的现实权利,民事权利都是以一定的实际利益为内容的。第二,民事权利能力,包括享有民事权利的能力,也包括承担民

[22] [日]星野英一:"私法上的人",载梁慧星主编:《民商法论丛》(第8卷),法律出版社1997年版,第155页。

[23] 龙卫球:《民法总论》,中国法制出版社2001年版,第187页。

[24] 罗玉珍主编:《民事主体论》,中国政法大学出版社1992年版,第32页。

事义务的能力。民法中能够享有权利的人,也即是能够承担义务的人,现代民法中没有只能享有权利不能承担义务的人,也没有只能承担义务不能享受权利的人。因此,任何民事主体,既可以享有权利,也必须负担义务。当然在某一个具体法律关系中,某人可能只享有权利,而另一人只承担义务。而民事权利只涉及享有的权利,而不包括民事义务。[25] 第三,民事权利能力是由国家通过法律直接赋予的,不是由个人自己决定的,也不是由他人决定的。因此,民事权利能力的内容和范围都是由法律规定的,法律不仅规定哪些人享有民事权利能力,而且规定可以享有多大范围的民事权利能力。民事权利能力归根结底决定于社会的物质生活。在不同的社会,法律所规定的权利能力是不同的。而具体的权利,都是由个人决定的,只有参与具体的法律关系才能享有,[26]权利的范围不仅决定于社会经济生活条件和法律的规定,有时还取决于一个人的财产状况。第四,存续期间不同。公民的权利能力始于出生,终于死亡,伴随民事主体的存续过程。权利是权利主体在其存续过程中介入具体的法律关系而取得的,其存续与否由特定法律事实决定,而与民事主体的存续没有直接关系。第五,民事权利能力是享有权利、负担义务的前提,是作为主体资格的基本条件,所以,与主体有着不可分割的联系,它既不能转让,也不得放弃,而且本人也不得自行处分。而权利除了法律另有规定或依其性质或依当事人约定不得处分外,可以自行处分。

3. 该模式很难区分人格和身份。因为人法要对人的人格和身份都要作出规定,这样人法的内容将显得极为庞杂。事实上人格和身份尽管从广义上讲都属于人身权的范畴,但实际上二者之间仍然存在着明显的区别。人格权与人格的联系更为密切,而现代意义上的身份权主要是亲属法上的范畴,不宜与人格权在一起合并规定。

4. 一旦设立人法,将使总则的存在毫无意义。法律行为、代理、时效等制度将会只能在合同法等法律中分别规定,这就必然造成法律规则的散乱。一旦这些制度从总则中分离出去以后,总则已经不再是一个真正的

---

[25] 佟柔主编:《中国民法》,法律出版社 1986 年版,第 67 页。

[26] 佟柔主编:《中国民法》,法律出版社 1986 年版,第 67 页。

总则。换言之,仅仅是设立人法的模式已经取消了民法典的总则,而采用了《法国民法典》的模式。此外,这种模式也打乱了民法典的体系。因为在区分民法总则和分则的体系下,分则是按照各项具体的民事权利体系得以编撰而成的,如果把人法独立出来以后,则很难判断人法究竟是属于总则还是分则。人法包括婚姻、家庭等内容,其很难说适用于分则的各项内容,不能称其为民法总则。但如果将其作为民法分则的内容的话,它又不是具体民事权利的展开,与民法分则的其他内容也显得不协调。

三、总则内容的基本构架

如果民法典中设立总则,毫无疑问总则应当置于各编之首,那么总则的内容和体系究竟应当如何建构,这也是当前民法典制定过程中迫切需要解决的问题。我们首先需要分析《民法通则》的基本架构,《民法通则》具体分为九章,即“基本原则”、“公民”、“法人”、“民事行为和代理”、“民事权利”、“民事责任”、“诉讼时效”、“涉外关系的法律适用”、“附则”。其中民事权利部分实际上是对民法分则的规定,不应再纳入总则之中。有关民事责任中的违约责任和侵权责任的具体规定也应当分别在债和合同法以及侵权行为法中作出规定。至于涉外关系的法律适用的规定本来应当属于国际私法的内容,即使在民法典中规定也应当单独设编,而不应纳入总则。从民法通则的内容来看,除去上述应归入分则的内容,已经基本构成了一个总则的体系。

如前所述,实行法治一定要注重法制的连续性和法制成果的积累,法治本身是一个演进过程而不是一个一步到位的大跃进式的“工程”。从制度变迁的角度来看,如果人们希望改革,渐进式的改革总是容易被接受,因为渐进式改革从总体上是一种“帕累托改进”或近似于“帕累托改进”的过程。但激进的改革,则具有“非帕累托改进”的性质,从经济学上说,实行激进式改革的条件是,一个社会已经陷入严重的经济与社会危机,经济增长已长期停滞,旧体制不一定已经无法维护现有的人均收入水平,但至少是已经不能再为人们提供收入的增长,不能再提供收入增长的预期,社会上的大多数人已对旧体制失去信心。[27] 这一理论对我国目前关于民法典编制体例的选用应有参考意义。制度可以修正、变更、甚至废弃,但方法将永远存在。我们的民法典在总则内容的设计上应当借鉴德国法的模式和经验,但更应当从中国的实际出发,借鉴和沿袭我们已经形成的有益经验,例如德国民法总则中没有关于民事责任的一般规定,这主要是因为在德国法中将民事责任主要规定在债编中,一旦规定了债法总则就基本解决了民事责任的问题,但由于在我国许多学者建议应当将侵权法从债法中独立出来,形成独立的侵权法体系,因此债权总则不能解决民事责任的一般规定的问题,这就有必要在民法典总则中规定民事责任的一般规则。

总则设立实际上形成了一种抽象的逻辑体系。特别是将各种民事法律关系分解为主体、客体(物和行为)、权利。总则的重心主要在于规定主体、物和法律行为,代理可以看作法律行为的组成部分。至于权利制度,则由分则的各项内容加以解决。总则实际上形成了一种严谨的法律关系体系和结构。总则关于主体、客体的规定,与任何一项分则规定结合,都形成了一种法律关系的要素,这不仅使民事法律关系得以抽象化,且避免了在各项权利制度中对法律关系主体、客体的重复规定。所以,民法总则的形式合理性正是体现在这一点上。

笔者认为,从《民法通则》的内容及中国的实际情况出发,总则应当按照主体、客体、行为和责任四部分构成。具体来说,总则主要由如下几部分构成:

(一)主体

民事主体是一个法律概念,属于法律范畴。民事主体主要包括自然人、法人和合伙等。其特征表现为独立和平等。民事主体意味着独立的法律人格,即主体的法律地位不依赖于他人而独立存在,他可以在法律范围内独立自主地进行各项民事活动,不受他人干涉和限制。人格独立是民

[27] 樊纲:《渐进改革的政治经济学分析》,上海远东出版社 1997 年版,第 155 页。

事主体的充分必要条件。所以,具有独立人格的主体必然具有民事权利能力。任何公民作为民事主体都享有平等的权利能力。民事权利能力是国家通过法律确认的享受民事权利和承担民事义务的资格,它是一个人享受权利和承担义务的基础。不具备民事权利能力,既不能享受权利,也不能承担义务。任何组织和个人,无论其在行政、劳动法律关系中的身份如何,也无论其所有制形式和经济实力如何,他(它)们从事社会商品经济活动的主体资格皆由民法主体制度所确认,其合法权益共同受民法保护。但总则中不应当包括人格权制度,因为无论是公民还是法人,作为一个平等的人格进入市民社会,就会与他人形成财产和人格上的联系,对这种人格关系显然不是主体制度所能够调整的,主体资格是产生人格关系的前提和基础,但产生具体的人格关系还要依据具体的法律事实,包括人的出生、法律行为等。某人实施了侵权行为对他人人格利益造成侵害,进而产生了侵害人格权的责任,这些显然也不是主体制度所能解决的内容。

(二)客体

客体是民事权利和义务指向的对象。根据概念法学的体系化思想,应将作为法律规定的客体的构成要件分离出若干要素,将这些要素一般化,形成类别概念,并借着不同层次的类型化,形成不同抽象程度的概念,并因此构成体系。[28] 客体概念的真正形成可以说是概念法学发展的产物。在我国民法典制定过程中,对于是否规定客体的问题曾经有过激烈的争论。不少学者认为,在民法中不存在一般的抽象的客体概念,客体总是和具体的权利相联系,只能有具体权利的客体,如物是物权的客体,知识产权的客体是智力成果,所以只能在各个法律制度中分别规定客体。而不必要在总则中规定客体。这一观点有一定的道理。但笔者认为,总则中应当规定客体制度,主要理由是:第一,整个民法的逻辑体系的构建应当按照法律关系的基本要素展开。民事法律关系主要由主体、客体、内容构成,法律行为是变动民事法律关系的主要原因,法律关系的内容主要以民事权利的形式表现出来,而基于对民事权利保护的需要,也应当设立民事

---

[28] [德]拉伦茨:《法学方法论》,陈爱娥译,五南图书出版公司1996年版,第356页。

责任制度。所以,完整的法律关系的内涵,应当包括主体、客体、引起法律关系变动的法律行为、权利内容以及对权利保护的规则即责任制度。而整个民法典的体系应当围绕这一法律关系的内涵而展开。总则中应当重点就主体、客体、法律行为及民事责任的一般规则作出规定,而分则则应当以权利以及具体的责任制度为中心展开。只有在总则中规定客体,分则中具体规定具体权利。第二,我国民法总论已经在总则中抽象出来了法律行为的概念,对于法律行为的构成要素的客体是应该也可以抽象出来的。第三,建立抽象的客体概念,可以涵盖未来发展出来的客体。因为客体本身是一个发展的概念,随着科技的迅猛发展以及社会生活的变化,无形财产权利在迅速扩张,近来有学者认为,像养老金、就业机会、营业执照、补贴、政治特许权利等都属于财产权范畴。[29] 因此,权利客体一词包含的范围十分广泛,这就需要使客体概念的包容性更强。

(三)行为

民事法律行为又称法律行为,它是指民事主体旨在设立、变更、终止民事权利和民事义务,以意思表示为内容的行为。有学者认为,德国学者古斯塔夫·胡果(Gustav Hugo,1764 ~ 1844)在1805年出版的《日耳曼普通法》一书最早提到了"法律行为",不过胡果在使用"Rechtsgeschäft"一词时主要是用来解释罗马法中的"适法行为",其内涵指具有法律意义的一切合法行为。潘德克顿体系的创始人海瑟(Heise)在1807年出版的《共同民法体系的基础——Pandekten 教材》一书中,也提出了法律行为的概念与系统完整的理论。该书第六章以"行为"为题,并在第二节专门讨论了法律行为的一般理论,例如概念、类型、要件等,从而对法律行为作了极为系统完整的论述。在该书中,Heise 使用了"Rechtsgeschäft"一语,即今天德文的"法律行为"一词。后来萨维尼在其《当代罗马法体系》(尤其第3卷)使法律行为理论精致化。[30] 在许多大陆法系民法中都确立了民事法律行为的概念。

民事法律行为是民事法律事实的一种。作为民法总则中的一般规定,

㉙ Lawrence M. Friedman, The Law of The Living, The Law of The Dead: Property, Succession, and Society, 1996 *Wis. L. Rev*. 340.

㉚ 张俊浩主编:《民法学原理》,中国政法大学出版社1997年版,第208页。

民事法律制度及其相关理论在现代民法学说中居于重要地位；尽管在我国不承认物权行为理论，也不承认婚姻为契约行为，但民事法律行为制度仍然是十分广泛的，这一制度作为观念的抽象，不仅统辖了合同法、遗嘱法和收养法等具体的设权行为规则，形成了民法中不同于法定主义体系的独特法律调整制度，它不仅可以对现有的民事主体之间的行为进行调整，而且能够涵盖许多新的交易形式，并对其进行规范；此外，又以完备系统的理论形态概括了民法中一系列精致的概念和原理，形成学说中令人瞩目的独立领域。㉛

代理制度也与法律行为制度有着不可分割的联系。一方面，代理制度设立的根本原因是民事主体不能或不愿意亲自实施法律行为，所以才产生了代理。它实际上是起到补充和扩张行为能力的作用。另一方面，代理制度与法律行为制度是相衔接的，因为法律行为的表意人与该法律行为的法律效果承受人应该是同一的，任何人在为法律行为时都应该表明其民事主体的身份，如果行为人不表明是为自己为法律行为，法律上也将推定他为该法律行为的效果承受人。㉜ 在显名的情况下，由于代理人是以本人的名义从事法律行为，所以该行为的效果应当由本人承受。德国学者梅迪库斯指出："在直接代理中，由代理人发出的或者向代理人发出的意思表示的法律后果，不是由代理人自己承担，而是由被代理人承担。这一事实，通常只有在行为相对人能够直接识别代理人为代理人，并且知道他真正的对方当事人是谁时，才能要求代理人的行为相对人予以接受。因此，直接代理通常必须加以公示。《德国民法典》第 164 条第 1 款第 1 句规定意思表示必须'以被代理人的名义发出'，以此来表达这一公示要件。这说明，直接代理一般都是公示的代理。"㉝所以，两者是密切地不可分割

㉛ 董安生：《民事法律行为》，中国人民大学出版社 1994 年版，前言。

㉜ 江帆：《代理法律制度研究》，中国法制出版社 2000 年版，第 120 页。

㉝ [德]迪特尔·梅迪库斯：《德国民法总论》，邵建东译，法律出版社 2000 年版，第 693 页。但在大陆法系，如何确定显名的方式，在法律上仍不无疑问。"尽管大陆法系只在代理人'以本人的名义'行事时才将代理视为显名代理，但这并不意味着在交易结束时必须指明特定本人的正确的名字，只要根据当时所有的情况使第三人明白权利和责任是属于木人而不是代理人的就足够了。"[德]海因·克茨：《欧洲合同法》(上卷)，周忠海等译，法律出版社 2001 年版，第 345 页。

地联系在一起的。

(四)责任

民事责任是不履行民事义务的结果,也是对不履行义务行为的一种制裁。关于总则中是否应当规定民事责任制度的问题,曾经在学界产生了激烈的争论。有学者建议,我国《民法通则》单设民事责任制度,因此总则中应当规定民事责任制度。笔者认为,总则不可能对民事责任的具体内容进行详细、全面的规定,因为无论是合同责任还是侵权责任,都不属于总则的内容,而是分则的内容。尽管我国《民法通则》规定了民事责任制度,但"民事责任"作为一个概念是必要的,它将各类责任抽象出来确定为一般的规则,从而使其普遍适用于各类民事责任,总则规定民事责任的一般概念和原则是必要的,一方面,总则中规定一般民事责任的概念确定了民事责任的特殊性,因为民事责任的概念只有在总则中规定才合适,在总则外的其他任何部分都不宜对此作出规定;另一方面,总则在规定了法律关系的主体客体以及简单列举了各种民事权利之后规定民事责任,也是顺理成章的。民事责任的概念在法律中明确规定作为《民法通则》的创举应继续保留下来。但笔者认为,民事责任只能作为一般责任规定于总则,而不能于总则中规定具体民事责任,主要理由在于:

第一,这种做法将导致总则与分则界限不清。因为一旦在总则中规定合同责任和侵权责任,这实际上意味着将分则中的内容规定于总则,这是不可取的。总则设立的目的就是要和分则区别,如果总则规定了大量的分则内容,总则就不具有存在的必要了。至于《民法通则》的体例并未对总则分则作出严格区分,因为《民法通则》既包括总则又包括分则的内容,所以不能以《民法通则》关于民事责任制度已具体规定了违约和侵权的内容,作为总则中的民事责任制度应当规定违约和侵权的依据。

第二,此种做法将导致合同法被分解。合同法的规则应当是一个统一的整体,在民事责任中具体规定合同责任将导致统一的合同法被分为两部分,一部分关于违约责任的规定,另一部分是违约责任之外的合同法规则。而责任与合同义务不可分割,仅规定合同义务不规定合同责任是不合逻辑的。违约责任本身是违反义务的后果,其既是对违约的补救方式,也是合同效力的具体体现。一旦将违约责任归入民事责任之中,则完整的合同法将完全被分解,在体系上支离破碎,这从立法技术上讲是不可取的。

第三,这种做法也将导致侵权法没有必要再作为一个独立的部分存在。如果在民事责任中详细规定,则分则中就没有必要再就侵权责任问题作出规定。因为侵权责任也不可能分割为两块,一块由总则规定,另一块由分则规定,而只能将两者结合起来统一规定。总的来说,由于侵权法的不断发展,侵权法保障的权利范围在逐步扩大,各种新的侵权行为大量产生。在总则中详细规定侵权责任必然是不完全的。而侵权责任依其性质也只能在分则中规定。因为只有在具体规定了各种民事权利之后,才能具体规定侵权责任。这就决定了侵权责任只能在分则而不能在总则中规定。

第四,这种做法不利于法官准确适用法律。因为如果将合同责任和侵权责任分割成几块,法官在审理案件适用法律过程中,难以体系化地理解违约责任和侵权责任的相关规定。

笔者认为,不能在总则中规定民事责任的具体制度。但应当确立民事责任的一般规定,主要是因为民法典的体系也应当考虑到责任的规定,笔者建议,在我国民法典分则中应当将侵权行为责任独立成编,在侵权责任制度独立成编以后,总则中应当有相应的制度与分则中的制度相适应。另外,侵权责任和违约责任存在着一些共性,例如关于归责原则、免责条件、刑事附带民事、民事责任与刑事责任的关系、责任形式等。这些应当在总则中设置一般规定。但有关物上请求权的内容更适合在物权法中作出规定。

民商法研究(第六辑)
第58～73页

试论民法的性质*

民法的性质是指民法的基本属性和民法所体现的基本理念。民法的性质对于正确适用民法具有重要的意义。有关民法性质的探讨,一直以来存在着不同的看法。由于这一问题关系到对民法的价值、原则、制度等诸多问题的认识和设计,因此,本文拟对此谈一点粗浅的看法。

一、民法是私法

大陆法系国家和地区,许多学者在从学理上界定民法的定义时,大都是从公法与私法(Privatrecht und öffentliches Recht)分离与对立的角度来界定民法的性质的,如拉伦茨在《德国民法通论》中开宗明义地指出,"民法是私法的一部分","《德国民法典》是德国私法的基础"。① 我国台湾地区学者也大都持相同的

---

* 本文作于2002年,后收录拙著《民法总则研究》,中国人民大学出版社2003年版。

① [德]卡尔·拉伦茨:《德国民法通论》(上册),王晓晔等译,法律出版社2003年版,第1页。

看法。[②]

公法和私法的区分最初由罗马法学家乌尔比安提出，并为《学说汇纂》所采纳。但长期以来，关于公法和私法的分类标准极不统一，主要形成了三种不同的观点：

一是利益说（Interessentheorie），即根据法律保护的利益涉及的是公共利益还是私人利益区分公法和私法。此种标准最初为乌尔比安首倡。乌尔比安指出："公法是关于罗马国家的法律，私法是关于个人利益的法律。"这种学说曾经是公私法划分的重要标准，但20世纪以来，随着国家干预经济的发展和福利国家概念的流行，公共利益与私人利益往往很难区分，此种分类已经走向衰落。例如，基础设施建设、政府采购等不仅涉及公共利益，而且也涉及私人利益。就民法的功能而言，其不仅保护个人利益，而且往往同时也保护公共利益。例如，私法保护交易安全的利益，保护社会经济和市场经济的利益。反过来说，虽然公法通常涉及公共利益，但也并不是仅仅关系到公共利益，它同样也适当地照顾个人利益，[③]例如行政管理也涉及对相对人利益的保护。

二是隶属说（Subordinationstheorie），也称为"意思说"。此种观点为德国学者拉邦德（Paul Laband）倡导，他认为根据调整对象是隶属关系还是平等关系来区分公私法，公法的根本特征在于调整隶属关系（ein Verhältnis der Über – Unterordnung），私法的根本特征在于调整平等关系（ein Verhältnis der Gleichordnung）。[④] 此说长期为学界通说，也为我国《民法通则》第2条所借鉴。[⑤] 但完全以隶属关系还是平等关系来区分公法和

---

② "民法系私法之一部分，乃规律私人间一般社会生活关系之根本法"，"民法系人类社会生活之规范，约束人类私人间之关系"。参见陈钪雄：《民法总则新论》，台湾1984年自版，第9页。

③ ［德］卡尔·拉伦茨：《德国民法通论》（上册），王晓晔等译，法律出版社2003年版，第2页。

④ BGHZ 27，283；66，229，233；67，81，84；86；92；97，312，314；102，280，283；RGZ 167，284；BVerwGE 89，281；94，229；BVerwG ThürVBl. 1995，38；Krit. zum Hin – und Herspringen der Rspr. Bachof，Festgabe BVerwG，1978，S. 6；Bydlinski AcP 194（1994），319，334.

⑤ 《民法通则》第2条规定："中华人民共和国民法调整平等主体的公民之间、法人之间、公民和法人之间的财产关系和人身关系。"

私法也有一定缺陷。在民法调整的身份法领域，也存在一定的隶属关系，父母在其行使亲权尤其是教育权的范围内，也可以要求未成年子女承担义务，或限制他们的权利。⑥ 此外在公法领域中，也出现了越来越多的平等关系，如政府采购契约、行政契约等。

三是主体说（Subjektstheorie）。⑦ 该说为德国学者耶律内克（Georg Jellinek）所倡导，⑧并得到日本学者美浓部达吉的赞同。此种观点认为，应当以参与法律关系的各个主体为标准来区分公法和私法，如果这些主体中有一个是公权主体，即法律关系中有一方是国家或国家授予公权的组织，则构成公法关系。正如拉伦茨指出的："私法是整个法律制度中的一个组成部分，它以个人与个人之间的平等和自决（私法自治）为基础，规定个人与个人之间的关系。与私法相对，公法是法律制度中的另外一个部分，它规定国家同其他被赋予公权的团体相互之间、它们同它们的成员之间的关系以及这些团体的组织结构。"⑨该学说为区分现代公法私法的通说。⑩ 但这种分类也有一定缺陷。例如在现代社会，国家参与民事活动，该种行为的性质应如何界定？虽然其以民事主体的身份参与民事活动，但仍然行使一定的公权力。例如，我国国家机关出让土地使用权，既是作为民事主体，也是作为行政主体，履行一定监管职能。完全根据主体说区分公法和私法也会遇到一些困难。

公法私法的分类标准直到现代仍然是一个争论的话题，英国学者哈勒曾于1904年举出17种标准，瑞士学者荷林嘉也于1904年举出17种，法国学者华尔兹于1928年举出12种。可以说，迄今为止，公法和私法的划

---

⑥ ［德］迪特尔·梅迪库斯：《德国民法总论》，邵建东译，法律出版社2000年版，第8页。

⑦ Vgl. Wolff/Bachof/Stober/Kluth, Verwaltungsrecht Ⅰ, 12. Aufl. 2007, § 22, Rn. 28; Erichsen/Ehlers, Allgemeines Verwaltungsrecht, 13. Aufl. 2006, § 3, Rn. 79; Maurer, Allgemeines Verwaltungsrecht, 17. Aufl. 2008, § 3, Rn. 25ff.

⑧ Georg Jellinek, *System der subjektiven öffentlichen Rechte*, J. C. B. Mohr (P. Siebeck), 1892.

⑨ ［德］卡尔·拉伦茨：《德国民法通论》（上册），王晓晔等译，法律出版社2003年版，第1页。

⑩ ［德］迪特尔·梅迪库斯：《德国民法总论》，邵建东译，法律出版社2000年版，第12页。

分标准仍然是一个值得研究的课题。特别是20世纪以来，由于国家干预经济的加强，传统的私法中渗进了公法的因素，出现了私法公法化的现象，公法中的义务介入私法领域中去，对民事权利构成了一定的限制，据此，很多学者认为，公法和私法发生了部分的融合，不应当再区分所谓的公法和私法，民法即私法的观点已难成立。

笔者认为，各种分类标准都是相对合理的，不可能存在一种绝对的划分标准。笔者主张将社会关系的性质和主体的性质结合起来，作为区分公法和私法的标准。从原则上说，凡是平等主体之间的财产关系和人身关系都属于私法关系，而具有等级和隶属性质的关系属于公法关系；私法关系的参与主体都是平等主体，国家介入也是作为特殊的民事主体来参与的，而公法关系中必然有一方是公权主体，其参与社会关系也仍然要行使公权力。采取这样一种分类可以大致区分开公法与私法的关系。民法作为私法的组成部分，主要调整私法关系。

在我国区分公法和私法的意义是重大的。长期以来，我国一直否认公私法的划分，认为在社会主义公有制下，国家广泛参与社会生活，经济关系和人身关系都有国家干预的色彩，所以社会主义国家的法律都具有公法性质，而不存在私法。这种观点显然是计划经济的反映，由于否认了公私法的分类，导致在实践中过分强调了国家利益和国家干预，漠视了私人利益和私人自主调整。此种否认公私法分类的观点，显然是背离我国社会主义市场经济的实践的，也不利于社会主义民主政治的完善。笔者认为，区分公私法的意义主要体现在以下几个方面：

第一，私法领域中奉行的基本原理是私法自治（Privatautonomie），民事主体有权在法定的范围内根据自己的意志从事民事活动，通过法律行为构建其法律关系。[11] 法律行为是实现私法自治的工具，它建立了一种在法律范围内由当事人自主调整其法律关系的模式。在市场经济条件下“尽可能地赋予当事人行为自由是市场经济和意思自治的共同要求”。[12] 民事关系特别是合同关系越发达越普遍，则意味着交易越活跃，市场经济

---

⑪ MünchKomm/Säcker, Einleitung, Rn. 157.

⑫ 江平：“市场经济和意思自治”，载《中国法学》1993年第6期。

越具有活力,社会财富才能在不断增加的交易中得到增长。对于私人之间的关系,只要不涉及国家利益、公共利益,国家原则上不进行干预。只有在当事人之间出现纠纷之后,国家才以裁判者的身份行使国家权力,解决纠纷。所以,私法不仅给每个人提供了必要的发展其人格的可能性,而且由私法赋予的决策自由往往对主体而言更为有利。[13] 区分公法和私法,有助于在私法领域提倡当事人意思自治,尽可能地减少国家的干预。

第二,在公法领域中,公共权力法定,没有国家法律的明确授权,公权力机关就不得任意从事行为,公权力机关对于自己作出的决定必须进行说明。而在私法领域,奉行私法自治的理念,法不明文禁止则为允许,其赋予了当事人广泛的自由。当然,在主体法和侵权法领域也极少采用"法不明文禁止即为允许"的规则,这一规则主要适用于债法领域。

第三,区分公私法有助于正确认定法律责任的性质。出现社会纠纷以后,如果涉及私法关系,产生的就是私法上的后果,即当事人个人之间的责任;如果涉及公法关系,则产生个人对国家如何负责的问题。[14] 私法规范的是民事法律关系,而公法主要规范行政法律关系。私法强调对公民、法人的合法民事权利的保护,充分尊重民事主体在法定的范围内所享有的行为自由,尊重民事主体依法对自己的民事权利和利益所作出的处分。[15] 而公法则更注重对民事关系的干预和对社会经济生活的管理。

第四,保障公民的基本人权不受侵犯。区分公法和私法,不仅为市场经济提供了必不可少的意思自治原则,而且也为社会主义市场经济奠定了充分尊重主体的自由和权利的新的法治原则。[16] 区分公私法就是要确立私权神圣不可侵犯的观念,国家应当充分尊重和保障公民权利不受侵害的观念。公民私权不受侵犯,不仅包括在私法领域不受作为私法主体的第三人的侵犯,而且更为重要的是,也包括不受国家权力本身的不正当

---

⑬ [德]迪特尔·梅迪库斯:《德国民法总论》,邵建东译,法律出版社 2000 年版,第 14 页。

⑭ 谢怀栻编:《外国民商法精要》,法律出版社 2002 年版,第 51~52 页。

⑮ 梁慧星:《民法总论》,法律出版社 1995 年版,第 29 页。

⑯ 刘海年主编:《依法治国建设社会主义法治国家》,中国法制出版社 1996 年版,第 25 页。

侵犯,这正是现代法治的重心之所在。将民法归入私法的范畴,强调对公民的权利的充分保护,对于培育和发展公民的权利意识和平等观念是十分必要的。由于民法主要是私法,民法要以确立和保护公民的财产权和人身权为重要职能,如果每个公民真正理解和遵循民法,也就意味着每个公民懂得自己享有何种民事权利,懂得捍卫自己和尊重他人的财产权益、人身自由和人格尊严;也就意味着每个公民都会平等地对待他人,并要求他人平等地对待自己。这些,无疑是社会主义法治所需要的人与人之间的正确关系。

从民法的角度来看,区分公法和私法也有助于明确民法规范的基本属性。明确民法为私法,就是要在民法中尤其是在合同法中尽量减少强制性规范,适当扩大任意性规范。在民法中,原则上有约定时依约定,无约时则依法律规定,当事人的约定要优先于法律的规定。我国民事立法中要尽量减少有关国家行政机关的管理规则,减少对当事人从事合法的民事行为所施加的限制。这些规则应由经济法等公法而不是由民法予以规定。

最后,需要指出的是,民法只是私法最主要的部分,⑰又不完全等同于私法,或者说,民法是私法的核心部分。⑱ 除民法之外,民事诉讼法、国际私法等,也应当属于私法的组成部分。⑲

二、民法是市场经济的基本法

民法是市场经济的基本法。⑳ 从民法的历史沿革上看,民法始终是与商品经济或市场经济的发展紧密联系在一起的。在罗马时期,正是由于出现了较为发达的简单商品经济,罗马法才得以孕育、产生和完善。欧洲

---

⑰ MünchKomm/Säcker, Einleitung, Rn. 1.

⑱ [德]卡尔·拉伦茨:《德国民法通论》(上册),王晓晔等译,法律出版社2003年版,第8页。

⑲ 民事诉讼法在性质上是否属于私法,在理论上尚有不同的见解。

⑳ Dazu MünchKomm/Säcker, Einleitung, Rn. 32 ff.

中世纪后期,由于资本主义商品生产和交换在封建的自然经济的空隙中产生和发展,导致了罗马法的复兴。1804 年的《法国民法典》以罗马法为蓝本,巧妙地运用法律形式把刚刚形成的资本主义社会的经济规则直接翻译成法的语言,从而"成为世界各地编纂法典时当作基础来使用的法典"。[21] 19 世纪末期,由于市场经济的发展,产生了资本主义成熟时期的法典代表——《德国民法典》。

从民法的内容来看,民法调整的财产关系实际上主要就是财产归属关系和财产流通关系。在市场经济条件下,财产归属关系是财产交易关系的前提,而交易最终向财产的归属转换。马克思在描述商品交换过程时指出:"商品不能自己到市场去,不能自己去交换,因此,我们必须寻找它的监护人,商品所有者。""为了使这些物作为商品彼此发生关系,每一方只有通过双方共同一致的意志行为,才能让渡自己的商品,占有别人的商品。可见,他们必须彼此承认对方是私有者。"[22]这就表明商品关系的形成必须具备三个条件:一是必须要有独立的商品"监护人"(所有者);二是必须要商品交换者对商品享有所有权;三是必须要商品交换者意思表示一致。这就是在交换过程中形成的商品关系的内在要求,与此相适应,形成了以调整财产所有和财产交换为目的,由民事主体、物权、债和合同等制度组成的具有内在联系的民法体系。

1. 主体制度。作为民法主体的当事人,大多都是商品在静态中的所有者、在动态中的交换者。这类主体的特征就在于它们的独立性,即意志独立、财产独立、责任自负。马克思在提及商品关系时所强调的"独立资格"、"独立的商品所有者"等即指这一类主体。我国民事主体制度就是关于这些独立的主体(自然人或法人)所必备的权利能力和行为能力等方面的规定,是商品关系的当事人在法律上的反映。民事主体制度包括公民、法人、合伙等制度,这些制度的适用范围是十分广泛的,任何组织和个人,无论其在行政、劳动法律关系中的身份如何,也无论其所有制形式和经济实力如何,他们从事社会商品经济活动的主体资格皆由民法主体制度所

---

[21] 《马克思恩格斯选集》(第 4 卷),人民出版社 1995 年版,第 702 页。

[22] 《马克思恩格斯全集》(第 23 卷),人民出版社 1972 年版,第 102 页。

确认，其合法权益共同受民法保护。

2. 物权制度。所有权和其他物权制度是规范财产（动产和不动产）的所有和使用关系的基本制度。民法的所有权制度是直接反映所有制关系的，但也和交易关系有内在的联系。产权的初始界定是交易的前提，也是降低交易费用的重要条件。交易就其本质而言是所有权的让渡。所有权是商品生产和交换的前提，也是商品的生产和交换的结果。所有权在生产领域中的使用消费就是商品生产，在流通领域中的运动就是商品交换，商品生产者从事生产和交换的前提条件，就是要确认其对劳动工具和劳动对象的占有、使用、收益和处分的权利，保障他们在交换中的财产所有权的正常转移。民法的其他物权如土地使用权、经营权等也是市场经济赖以形成的重要基础和前提条件。

3. 债和合同制度。债和合同是财产交易在法律上的直接表现，是商品流通领域中最一般的、普遍的法律规范。债权制度是直接规范交易行为的，债的一般规则是规范交易过程、维护交易秩序的基本规则，而各类合同制度也是保护正常交换的具体规则。典型的买卖活动是反映商品到货币、货币到商品的转化的法律形式，不过，财产交换过程并不只是纯粹的买卖，还包括劳务的交换（如加工、承揽、劳动服务）、信贷、租赁、技术转让等合同形式以及票据的流转、财产的抵押、资金的偿付等债的形式。它们都是单个的交换，都要求表现为债的单元，并受到民法债权制度的确认和保护。由于债权制度的设立，给商品交换带来了巨大的方便，使它超出了地域的、时间和个人的限制，从而有力地推动了财产的流转。

4. 客体制度。民法所确认的权利客体，也是适应交易的需要而产生和发展的。日本著名民法学家我妻荣认为，所有权制度变化的一个重要特点表现在物权关系和客体的结合。如不动产与附随不动产的权利成为一体，集合物作为单一的物权客体；构成一个企业的许多物的权利关系和事实关系结合而成为企业的财产，并作为一个物权的客体来看待。[23] 权利和物结合共同构成法律上的集合物并成为所有权的客体和某项交易的对

---

[23] ［日］我妻荣：《物权法》，岩波书店1995年版，第2页。

象,表明交易的对象日益丰富以及对物的利用效率不断提高。所有权客体的变化还表明在有价证券的产生与发展方面。在农业社会中,土地和其他不动产在经济生活中居于最重要的地位,随着商品经济的发展,动产逐渐显得重要。如果说在1804年的《法国民法典》中,财产的客体主要是土地、房屋等,那么在1900年的《德国民法典》中,财产的重要的客体就是有价证券,有价证券被视为新的动产。有价证券形式上是债权,实质上是所有权。特别是对无记名证券来说,谁依法占有无记名证券,谁就成为该证券所记载的财产的所有人。有价证券的出现,改变了资本主义社会财产的概念,它使财产易于保管、隐藏、使用和转让,极大地促进了市场经济的发展。

民法是市场经济的基本法,这就意味着市场经济的建立和完善,离不开民法的支持,同时,民法制度也应当按照市场经济的内在要求来构建,符合市场经济的运行规律。如果我们要确认我国的经济是以平等、等价和自由竞争为基础的、由市场引导生产要素自由流转和组合的市场经济,那么就应当充分贯彻意思自治、诚实信用、鼓励交易、公平正义等基本价值理念,尽量减少国家对经济生活的干预,加强对民事主体权利的保障。所以,市场经济的成熟很大程度上是以民商事规则的成熟为标志的。

应当看到,现代民法与古代民法的重要区别在于,因为现代民法更强化对市场经济秩序的维护和交易安全的保护,因此在静态的财产安全的保护与动态的交易安全的保护发生冲突时,现代民法都向交易安全的保护倾斜,从而出现了一种所谓的"从注重静态的安全向注重动态的安全转化"的趋势[24]。目前西方民法中出现的愈来愈强化对交易安全的保护这一趋势,是其法律历史发展的必然结果,因为西方近代社会过分强调对财产权利的保护,《法国民法典》甚至确立了所谓的所有权绝对原则,这种对财产权利极为严密的保护发展到极端的地步之后,必然会对社会交易生活产生负面影响,因此西方法律中才开始慢慢矫正此种弊端,更加注意对交易安全的维护。但是,我国的情况却与此不同,我国长期以来就缺乏一套

㉔ 参见郑玉波:《民商法问题研究》(一),台湾三民书局1991年版,第415页。

对财产所有权的严格保护制度。因此,在强化交易安全保护的同时,也要注重对财产权利的保护。笔者认为,明确我国民法的性质必须要兼顾对静态的安全和动态的安全两方面的保护,二者不可偏废。

三、民法是市民社会的基本法

市民社会(civil society)原指伴随着西方现代化的社会变迁而出现的、与国家相分离的社会自治组织状态。[25] 在该意义上首先使用市民社会一词的是黑格尔,他在《法哲学》一书中,对国家与市民社会作出了明确划分,并提出了政治国家和市民社会的分离和对立。[26] 在欧洲,市民社会是在中世纪后期的城市自治的基础上发展起来的。它是在新兴的资产阶级反对封建等级特权,维护其自身的市民权利不受封建领主权力侵害的过程中而产生的。从欧洲早期市民社会发展的历史来看,市民社会是市场经济对社会结构的改造的历史产物,由于市场经济的发展,导致人际关系从身份到契约的转化,必然促使社会领域从政治国家中分离出来。社会领域中的契约关系是民事或生活中的基本交往关系,是结合市民社会内部个人、社团彼此关系的基本纽带。[27] 市民社会是对私人活动领域的抽象;政治国家是对公共活动领域的抽象。个人也因此而具有双重身份:市民与公民。作为市民,个人在市民社会中按私人利益行事,并在平等的交往中形成一些共同的规则,这种平等者之间的关系,发展成为私法关系;

---

[25] 汉语世界使用的"市民社会"一词,大体是由英文 civil society 一词转译而来。该词的最早含义可上溯至亚里士多德,其认为 civil society 一词,系指一种"城邦"(Polis)。参见邓正来:《国家与社会》,四川人民出版社 1997 年版,第 25 页。

[26] 黑格尔认为,社会生活领域中的个人都在市场法则之下追逐一己之私利,在这种由市民构成的社会中,由于各人利益上的差异性与彼此之间的互补性,从而形成了相互依存的关系。此种关系具有不受国家支配和控制的社会自主性。正是社会生活领域中的这一特征,使得市民社会构成一种与国家相分离和相对应的独立自主领域。而基于市场关系的契约性人际关系以及在此基础上形成的社会自组织性,属于市民社会概念的最核心内容。参见萧功秦:"市民社会与中国现代化的三重障碍",载《中国社会科学辑刊》(香港)1993 年 10 月总第 5 期。

[27] 石元康:"市民社会与重本抑末",载《二十一世纪》1991 年总第 6 期。

作为公民,个人通过一定的民主形式参与国家的管理,享有公民权;并在公共利益领域服从行政权力的介入、管理,这是公法关系。[28] 市民社会中的社会成员的基本权利获得法律的保护和支持,具体来说包括:人身自由、私有财产不可侵犯以及保护这种自由和权利的法律制度。

由于市民社会从政治国家中分离,民法作为市民社会的基本法也相应地产生、发展。现代社会中的每个社会成员,既是市民社会的成员,也是国家的公民。其以市民社会成员的身份与他人达成各种民事关系必然要求获得民法上的保护。正是从这个意义上说,民法是市民社会的权利典章,是市民社会中民事权利的保护神。[29] 而市民社会的关系都要求通过民法的调整以实现市民社会的正常秩序。

长期以来,我国民法学理论一直否认市民社会的概念,这确实与我国长期实行的集中性计划经济管理体制和封建等级特权观念有着密切的关系。由于不承认市民社会的观念,忽视了对民事权利的保护,使民事主体的许多权利长期处于缺位状态,反过来,民事权利的缺位也阻碍了市民社会的发育和完善。另外,市民社会观念的缺乏,使我们不能准确地认识民法的本质和功能。当前,我们必须看到,市民社会的发育和繁荣不仅是建立市场经济的基石,也是完善社会主义民主政治的条件。市民社会建立的重要条件就是对诸如人格权、财产权、身份权等市民权利的确认和保护,这一任务主要是由民法来承担的。所以,市民社会的构建离不开民法的完善。民法的内容符合市民社会的内在要求,鲜明地展现了市民社会的基本价值理念,如人格平等、契约自由等。强调民法是市民社会基本法的意义在于强调:完善的市民社会的建立,需要通过确立完善的民法制度来加以推动,需要通过民法来弘扬市民社会的基本价值理念,加大对个人自由权利的保障力度。还应当看到,民法调整的主要对象也是市民社会中最主要的社会关系,即平等主体之间的财产关系和人身关系,实质上就是市民社会一般生活关系的基本形态。因为主体平等正是市民社会的固有特征,而财产关系和人身关系也不过是市民社会一般生活的两个基本

---

[28] 董保华等:《社会法原论》,中国政法大学出版社 2001 年版,第 18 页。

[29] 胡保海:《民法上的人》,中国社会科学出版社 1999 年版,第 3 页。

的方面。[30] 所以,从这个意义上说,民法是市民社会的基本法。

民法最基本的原则是私法自治,这也是市民社会本质特征在法律上的反映。在意思自治原则的规范下,民事主体在法定的范围内享有广泛的自由,也就是说,只要不违反法律、法规的强制性规定和公序良俗国家就不得对其进行干预。[31] 即使法律没有规定某种权利,但民事主体享有的利益不为法律所禁止,则其享有的利益为法律所保护。行政机关也不得限制和干预民事主体依据民事基本法律享有的财产自由和人身自由。所以,意思自治原则构建了民事主体和行政机关的权限划分,确定了二者之间的正确关系。"在私法自治范围内,法律对于民事主体的意思表示,即依其意思而赋予法律效果;依其表示而赋予拘束力;其意思表示之内容,遂成为规律民事主体行为之规范,相当于法律授权民事主体为自己制定的法律。"[32]私法自治的手段是法律行为。而法律行为制度充分体现了民法精神或私法精神,通过法律行为,民事主体可以自主地塑造自己与他人之间的法律关系,法律行为所产生的法律效果,就是从事法律行为的民事主体希望发生的法律效果。这种私法自治的精神奠定了市场经济条件下市场主体活动的基本原则,也为建立良好的市场主体与政府之间的关系确立了基本准则。

四、民法是权利法

作为商品经济发展的产物,现代法治的观念是与权利联系在一起的。法治是人类文明的成果和千百年来社会政治组织经验的总结,具有其特定的内涵,即公民在法律面前一律平等,公民的权利得到充分的保护,法律成为社会全体的一切行为的规范和标准。现代法治的精神,就在于对权利的合理确认和对权利的充分保障,而确认与保护权利必须依赖于民

[30] 李双元、温世扬主编:《比较民法学》,武汉大学出版社 1998 年版,第 10 页。

[31] Vgl. MünchKomm/Armbrüster, § 134, Rn. 1; MünchKomm/Armbrüster, § 138, Rn. 1.

[32] 梁慧星:《民法总论》,法律出版社 1996 年版,第 151 页。

法功能的充分发挥。“法律即为客观的权利,权利即为主观的法律。”㉝民法最基本的职能在于对民事权利的确认和保护,这就使民法具有权利法的特点。

第一,从历史上看,民法就是为了对抗公权力的干预,保障公民权利不受侵犯而产生的。在民法的发展历史上,无论是在所谓的义务本位时期还是所谓权利本位、社会本位时期,民法都强调对私权的充分保护。无论古罗马法、19世纪的法国民法如何主张个人本位,而现代民法又如何倡导团体本位;也无论在不同历史时期,不同所有制的社会的民法所保障的权利在性质上存在着何种区别,各个社会的民法都坚持了一个最基本的共性:民法以权利为核心,换言之,民法就是一部权利法。在社会经济生活中,重视民法则权利观念勃兴,贬低民法则权利观念淡薄。几千年来法律的发达史已充分证明了这一点。

第二,民法体系的构建是以权利为中心的。在民法总则中,主体制度实际上确认了权利的归属,所以民事主体又称为权利主体;法律行为与代理制度实际上是主体行使权利的行为;诉讼时效制度实际上是权利行使的期限;而民法分则完全是以权利为内容展开的,并分别形成了物权、债权、人身权等权利体系。正是在这个意义上,我们往往将民法称为权利法。我国民法确认的公民所享有的人身权、物权、债权、知识产权等,都是公民的基本权利,它们共同构成了民法的完整体系。还要注意的是,私法自治要求以民事权利为中心,按照自由市场经济的基本规律,通过主体的自治来有效地分配社会资源,这也必然要求建立以民事权利为中心的民法体系。

第三,民法通过权利制度确认当事人的行为规则。权利表现为行为的自由,权利人行使权利是其依法享有的自由,但自由止于他人的权利,行使权利不得妨害他人的权利,所以我国民法确认了权利不得滥用、诚实信用等法律原则,对权利进行必要的限制,从而平衡权利的冲突和正确地解决人际纠纷。

㉝ 李模:《民法总则之理论与实用》,台湾1992年自版,第23页。

第四，从权利救济的角度来看，无救济则无权利，通过民法的方法提供司法救济，是确认权利的重要手段。各种权利只有获得了民法和刑法的保护才有意义。民法不仅对各项民事主体的权利实行平等的保护，而且通过对民事权利的保障维护个人的人格尊严、价值以及生活的安定；同时，民法还将对权利的保护范围扩大到对宪法及其他法律所确认的公民享有的各种经济文化权利（如劳动权、自由权、环境权、受教育权、休息权等），当公民的这些权利受到侵害时，受害人均可借助侵权行为法获得救济。正如彼得·斯坦所指出的，“权利的存在和得到保护的程度，只有诉诸于民法和刑法的一般规则才能得到保障”。[34] 可见，民法保护民事主体各项权利的功能，集中体现了法律的基本价值。民法将侵害各种权利的责任形态集中加以规定，受害人一旦遭受侵害，可以明确其在法律上享有的各种补救手段，甚至可以在各种救济手段之间进行理性的选择。民法规定的权利体系不是静态的、固定的，而是与社会发展过程同步的，它通过提供救济的方法对新型的利益进行确认，从而衍生、发展出新的权利。从这个角度而言，民法还具有生成权利的功能，例如，一般人格权、日照权等新型权利的出现就体现了民法这方面的功能。

明确民法是权利法，不仅有助于明确民法的性质和功能，而且还有助于我们在当前的民事立法中，贯彻以民事权利为中心构建私法体系的思想，真正使我国民法典成为一部现代的权利宣言和权利宪章，从而为我国社会主义市民社会的发育和市场经济的完善提供制度支撑。同时，通过权利法的构建，有助于民法的实现，鼓励公民为权利而斗争，从而有效地制约公共权力的滥用，促成市民社会和政治国家的良性互动。通过对各种权利的确认，形成新型的人际关系和社会秩序。

21 世纪是一个充满机遇与挑战的世纪，信息、基因等高科技的迅猛发展，经济的全球化、对人的尊重与保护是这个世纪的典型特征，而这些对世界各国民法都提出了不同程度的挑战。我国民事立法应如何强化对公民确立的保护以应对这些新的挑战，是摆在我们面前的重要课题。笔者

---

[34] ［美］彼得·斯坦等：《西方社会的法律价值》，中国人民公安大学出版社 1989 年版，第 41 页。

认为,我们首先需要在把握权利本位向社会本位转化的同时,更应注重权利本位。在西方,由于19世纪的民法完全是建立在个人主义的基础上,过度强调个人的自由与个人的权利,因此自19世纪末期以来,社会本位的思潮日益高涨,各种社会立法开始出现。例如,规定最低工资、限制最高工时、强化对劳工安全的保护、加强消费者保护等。近代民法的三大原则也开始日渐受到限制。据此,有的学者认为,这意味着现代民法已经向社会本位过渡,因此我国民法也应当采纳社会本位,更加注重社会公共利益与国家利益。这一观点不无道理,但必须看到我国数千年来实行的就是一种义务本位的法律传统,个人观念、权利观念十分淡薄,新中国成立以后我国各种政策法律虽然加强了对公民权利的保护,但政策、法律仍然以公共利益、国家利益为核心,而个人利益从来都是处于被兼顾的地位。改革开放以来,随着我国社会主义民主法制日益完善,各项立法才开始更多关注个人权利。但迄今为止,由于庞大的行政权力、官本位以及遗毒甚深的封建传统,生活中各种侵犯个人权利的现象依然屡见不鲜。可以说,在建设中国特色的社会主义法治国家的过程中,我们还需要在一段相当长的时间内强化对个人权利的保护,即应当在维护公共利益、国家利益的同时,注重对个人权利的保护。不能因为提倡社会本位而忽略对公民权利的保护。

明确民法是权利法,需要进一步完善民事立法。首先,我们需要从传统民法重视对财产权的保护到现代民法重视对人格权保护的转变。过去,将对财产权的保护置于非常高的地位,因为只有财产才是人安身立命的根本,财产权利是神圣不可侵犯的。在现代民法理论中,对这种理念已经发生了很大的改变,人格权保护已经置于更重要的地位,随着现代化进程的发展,人们认识到现代化的核心应当是以人为本,人格尊严、人身价值和人格完整,应该置于比财产权更重要的位置,它们是最高的法益。财产是个人的,但人是属于社会的,人身安全、人的尊严等涉及社会利益。随着互联网络技术、针孔摄像机等高科技的发展,侵犯人格权变得越来越容易,而且其损害后果也越来越严重。由于基因工程技术、人工受精技术、克隆技术等人类前所未有的新技术的出现,一些传统民法根本没有涉及的问题逐一产生,这些都需要我们通过完善民事立法来应对人格权保护的各种新问题。其次,需要加强对物权的保护,尤其是需要对国家所有权、集体所有权以及公民个人所有权实行平等保护。在市场经济日益发展的今天,随着对资源的利用以及物权类型的日益增多,物权相互间的冲突时有发生,随着物权证券化,所有权按期限分割,以及建筑物区分所有制度的发展,如何维护财产秩序保护物权人的权利,以及如何认识私有财产的法律地位以及保护措施,值得进一步研究。此外,科学技术的发展使得许多无形财产的种类与规模日益扩大,如何在物权法中甚至整个民法中正确界定新兴的无形财产并给予相应的保护,也是非常重要的问题。最后,需要进一步完善侵权行为法,以加强对公民、法人的财产和人身的保护。自工业革命以来,随着科技的进步和社会的发展,现代社会越来越复杂,工业事故大量增加,社会矛盾日益突出,危险活动急剧增加,传统的过错责任原则在解决纠纷、克服危险方面已不敷应用。在侵权法中,因为受害人与损害发生原因的距离较远,以及技术障碍、信息不对称、经济实力等原因,造成受害人对过错的认定和因果关系的判断极为困难。因此,出于"对作为弱者的受害人进行保护"的理念,现代侵权行为法发生了一系列变化:如过错的客观化、过错的推定、因果关系的推定以及严格责任、公平责任、替代责任的出现和扩张等。这些现象都表明,侵权法正在日益突破自己责任的樊篱,向优先保护受害人方面倾斜。正是为了实现这一价值目标,现代侵权法进行了种种制度突破与创新,归责原则的多元化、因果关系推定等,都是为了实现这一目标的技术手段。我国侵权法也应适应这些发展趋势,加强对受害人的救济,并以此为中心完善相应的法律制度。

民商法研究(第六辑)
第74～92页

论公序良俗原则*

公序良俗原则是民法中的一项基本原则,有学者甚至将其称为至高无上的原则。[①] 它的核心内容是强调个人利益和社会利益的和谐与统一。该原则将全体社会成员的共同利益以及共同的道德准则反映到法律上来,因此其起到了维护整个社会的基本原则和秩序的重要的作用。因此,公序良俗原则在现代民法中具有特别重要的作用。本文拟对此谈几点意见。

一、公序良俗原则的概念

公序良俗,是由"公共秩序"(Öffentliche Ordnung)和"善良风俗"(gute Sitten)两个概念构成的。在《法国民法典》中,将两者统称为公序良俗。[②] 而在《德国民法典》中,只有善良风俗而没有公共秩序的概念。[③] 我国《民法通则》中没有采用"公序良俗"的概念,《民

---

* 原载《东吴法学》2003年卷。

① 郑玉波:《民法总则》,台湾三民书局1979年版,第338页。

② 《法国民法典》第6条规定:"个人不得以特别约定违反有关公共秩序和善良风俗的法律。"日本民法也采纳了这种规定。参见《日本民法典》第90条。

③ 参见《德国民法典》第138条、第826条。

法通则》第7条:“民事活动应当尊重社会公德,不得损害社会公共利益。”《合同法》第7条规定:“当事人订立、履行合同,应当遵守法律、行政法规,尊重社会公德,不得扰乱社会经济秩序,损害社会公共利益。”按照许多学者的理解,所谓社会公共利益和社会公共道德,就相当于国外民法中的公序良俗的概念。④ 公序良俗包括两个方面的内容:

(一)公共秩序

公共秩序,简称为公序,它主要包括社会公共秩序和生活秩序。德国学者西米蒂斯(Simitis)认为,⑤公共秩序是指现存社会的秩序。⑥ 而按史尚宽先生的看法,“公共秩序,谓为社会之存在及其发展所必要之一般的秩序,而个人之言论、出版、信仰、营业之自由,乃至私有财产、继承制度,皆属于公共秩序”。⑦ 但也有学者认为公共秩序是难以定义的,而应当以具体的规则表现出来。例如,法国学者卡尔波尼埃指出:“公共秩序的概念不应封闭于某个定义和某个目录之中,其总体的意义在于集体相对于个人的有限性。公共秩序表达了社会整体的、受到某些个人以合同形式所威胁的生存意愿。”⑧

需要指出的是,我国民法中并未使用“公共秩序”的概念,而使用了“社会公共利益”的概念,所谓社会公共利益是指关系到全体社会成员的利益,它与国家利益不完全相同,国家利益主要是国家作为主体而享有的利益,而社会公共利益主要由社会全体成员所享有的利益。在这一概念中包括有关公共道德的内容。社会公共利益在国外也常常称为公共政策,它和私人利益是相对应的概念。国家利益与社会公共利益具有重合之处,但并不完全等同。所以我国《合同法》第52条使用了两个不同的概念,目的就是要对此做出区分。

---

④ 李双元:《比较民法学》,武汉大学出版社1998年版,第67页。又见梁慧星主编:《民商法论丛》(第1卷),法律出版社1994年版,第49页。

⑤ K. Simitis, Gute Sitten und ordre public: Ein kritischer Beitrag zur Anwendung des §138 Abs. 1 BGB, 1960.

⑥ 转引自[德]卡尔·拉伦茨:《德国民法通论》(下),王晓晔等译,法律出版社2003年版,第598页。

⑦ 史尚宽:《民法总论》,中国政法大学出版社2000年版,第334~335页。

⑧ Jean Carbonnier, Droit civil, Les obligations, 22nd eds., Paris: PUF, 2000, p. 144.

社会公共利益有时也用公共政策一词表达。当然“公共政策”一词，本身并没有十分确定的含义。“有时候它所包含的内容,完全就是法律演变过程中,立法或司法功能上,最根本的伦理、政治和社会等诸原则和概念;而某些时候,它本身就只是一法律名词,而意味着‘公共利益的好处’,意即任何合法行为,若有侵害大众或违反公共利益之虞时,即应加禁止。”⑨在缺乏可供援引的规则的情况下,法官根据公共政策的考虑而作出裁判,已成为适用法律的一种方式,⑩博登海默曾指出,在美国,公共政策“主要是指尚未纳入法律中的政府政策和惯例”,已经起着裁判案件的独立法源作用。⑪ 在我国,一般认为社会公共利益主要包括两大类,即公共秩序和公共道德两个方面。⑫ 按照一般的解释,社会公共利益的概念相当于各国民法中的公共秩序和善良风俗的概念。⑬ 社会公共利益也不同于当事人的利益,如果订立合同直接损害的是某个具体的当事人的利益的,则应当援引其他法律规定,来撤销合同或者宣告合同无效。

(二)善良风俗

所谓善良风俗,简称良俗,也称为社会公共道德,它是指由社会全体成员所普遍认许、遵循的道德准则。⑭ 史尚宽认为,良俗,即善良风俗,是指“社会之存在及其发展所必须之一般道德”,且须为“现社会所行的一般道德”。⑮ 可见,良俗的含义包含两个方面,一是指社会所普遍承认的伦理道德,二是指某个区域社会所普遍存在的风俗习惯。⑯ 有很多规则已经表现为法律的强行规定,如不得遗弃老人,但是还有很多现存或在发展中的道德还没有被法律所涵盖,所以需要通过善良风俗这一个条款,尽可能将其

---

⑨ 邓衍森:“法律哲学上司法造法的若干问题”,载台湾《法律学报》第4卷第2期。

⑩ Winfield,P,H,Public Policy in English Common Law,42 *Harv. L,Rev.* 76(1929).

⑪ [美]博登海默:《法理学——法哲学及其方法》,邓正来、姬敬武译,华夏出版社1992年版,第449页。

⑫ 胡康生主编:《中华人民共和国合同法释义》,法律出版社1999年版,第92页。

⑬ 周林彬主编:《比较合同法》,兰州大学出版社1989年版,第418页。

⑭ Brox/Walker,Allgemeiner Teil des BGB,32. Aufl. ,Carl Heymanns Verlag,2008,Rn. 329,S.138.

⑮ 史尚宽:《民法总论》,中国政法大学出版社2000年版,第334页。

⑯ 熊龙:“缠绕的法律和道德”,中国人民大学2003年硕士学位论文。

引入民法体系中来。我国《民法通则》第7条规定,民事活动应当尊重社会公德。在我国,社会公德是我国人民在长期的共同生活中培植形成的,它对于调整人与人之间的正常关系,建设社会主义精神文明,具有重要的作用。尊重社会公德的原则不仅适用于财产关系,也适用于人身关系。我国民法提倡家庭生活中互相帮助、和睦团结,禁止遗弃、虐待老人和未成年人,禁止订立违反道德的遗嘱,禁止有伤风化、违背伦理的行为,提倡尊重人的人格尊严,切实保护公民的人格权,等等。在财产关系中,我国民法要求人们本着"团结互助、公平合理"的精神建立睦邻关系,提倡拾金不昧的良风美俗,确认因维护他人利益而蒙受损失者,有权获得补偿,这些是从正面倡导社会公德的。从反面来说,我国民法禁止在民事活动中坑蒙拐骗、尔虞我诈,或搞不正当竞争,反对在广告中做虚假的宣传或在商品交换中明知商品有瑕疵而不告知,甚至以假乱真,兜售假冒商品,等等。所以社会公共道德已经成为了民法中一项基本规则,它是民法所体现出来的一个伦理价值。

关于公共秩序和善良风俗是否可以分离的问题,在学者中有不同的看法。在德国,大多数学者认为,公共秩序和善良风俗具有不同的含义,但两者密切相关。⑰ 我国台湾的一些学者也赞成这一看法,如史尚宽先生认为,就公共秩序与善良风俗在大多数情况下,其范围是相同的:它们都以社会生活的健康发展为目标;不同之处在于"一者自外部的社会秩序方面言之,一者自内部的道德观念言之"。⑱ 但也有学者认为,两者是相同的,如德国学者弗卢梅就不赞同用公共秩序来代替原来意义上的"善良风俗",在他看来,第138条意义上的"公共秩序"实际上涉及风俗道德上的价值,对"善良风俗"援用的具体标准则是我们法律制度的基本原则的具体化。人们应该维持萨维尼对"善良风俗"的解释,而不应该使其再向公共秩序这一术语扩展。⑲ 笔者认为,两者有一定的相似性,公序良俗在内

---

⑰ MünchKomm/Armbrüster, § 138, Rn. 12.

⑱ 史尚宽:《民法总论》,中国政法大学出版社2000年版,第334页。

⑲ 转引自[德]卡尔·拉伦茨:《德国民法通论》(下),王晓晔等译,法律出版社2003年版,第598页。

涵上是由社会公共秩序和生活秩序以及社会全体成员所普遍认许和遵循的道德准则所构成,它们都是以维护一定的公共利益为出发点的,而且都具有一定的包容性和弹性,所以,两者可以结合起来一起使用。但两者还是有区别的,一方面,从内容上看,公共利益强调的是对全体社会成员利益的保护,更注重的是社会秩序的维护,善良风俗更注重的是对传统伦理道德的维护;另一方面,从适用来看,公共秩序是针对破坏社会秩序的行为,应当以公共秩序是否受到侵害作为评判的标准。它更多地体现了国家的意志。而善良风俗是针对破坏人们道德观念的行为,因此要以道德规范作为某种行为是否违反善良风俗的评判标准。[20]

公序良俗原则和诚实信用原则有着密切的联系,它们都要求遵守社会主义道德规范。但是这两者是有所区别的,表现在,一方面,诚实信用原则主要适用于财产关系,特别是商品交换关系(债法),[21]强调在商品交换活动中恪守信用、讲究诚实,但也适用于物权法、家庭法、公司法、劳动法领域。[22] 而尊重公序良俗原则普遍适用于各种民事关系。另一方面,尊重社会公德原则较之于诚实信用原则更具体、明确。而诚信原则更具有弹性,例如善良风俗需要以社会一般人所认可的道德标准为依据,但是诚信就缺乏一个普遍的规则,所以它给予的法官自由裁量权更大。

应当看到,公序良俗确实是一个较为抽象的概念,考察一项法律行为是否违反了善良风俗就变成了个案中的具体利益衡量,需要考量多种因素而定。[23] 有人认为,对于违反公序良俗的行为可以实行类型化,[24]这一观点不无道理。因为实行类型化有助于法官在实践中对违反公序良俗的行为进行准确的判断和认定。但必须指出,公序良俗的类型十分复杂,且其内涵也是不断发展的,正如梅仲协所指出的,“至善良风俗一语,其意义殊难确定。因时代之推移,与文明之进展,随时随地,变更其内容。是故何者得视为善良风俗,应就整个民族之意志决之,初不能拘于某一特殊情形

---

⑳ 参见赵万一、吴晓锋:“契约自由与公序良俗”,载《现代法学》2003 年第 3 期。

㉑ MünchKomm/Roth/Schubert, § 242, Rn. 93.

㉒ MünchKomm/Roth/Schubert, § 242, Rn. 94 ff.

㉓ Reinhard Bork, Allgemeiner Teil des Bürgerlichen Gesetzbuchs, 2. Auf., Rn. 1183, S. 449.

㉔ 武钦殿:《合同效力的研究与确认》,吉林人民出版社 2001 年版,第 104 页。

也。举例言之,就自己应为之事,而要求相对人给予报酬之契约,又或约定终身不为婚娶,或禁止行使正当职业,或为非婚姻上同居,而给予以金钱之契约,均属有背善良风俗,其契约应为无效”。[25] 所以,笔者认为,公序良俗原则虽然会随着社会的发展而变化,[26]可以实行类型化,但不能因此而具有封闭性,否则就阻碍了公序良俗原则适用的扩展、限制了其作用的发挥。

二、公序良俗原则的发展

公序良俗的概念起源于罗马法。按照罗马法学家的看法,所谓公序即国家的安全、人民的根本利益;良俗即人民的一般道德准则,这两个概念的含义非常广泛,而且是随着社会的发展而不断变化的。例如,查士丁尼的《学说汇纂》就认为,订立合同约定终身不结婚或者必须结婚、必须信奉某种宗教或者不信奉某种宗教、限制宗教和遗嘱自由等的行为,以及以赌博为标的的行为等都属于违反公序良俗而无效的行为。[27]

1804 年的《法国民法典》在完全采纳意思自治原则的同时,也确认了公序良俗原则。《法国民法典》第 6 条规定:“个人不得以特别约定违反有关公共秩序和善良风俗的法律。”最初这一条款被理解为一个国际私法的规范,但以后逐渐扩大到适用于民法的各个领域。按照许多学者的看法,这一原则的采纳实际上是对意思自治的限制。[28] 在法国法中,所谓善良风俗,实际是指社会道德。违反公序良俗而无效的合同主要包括:违反性道德的合同、赌博合同、限制人身自由的合同、违背家庭伦理道德的合同等。这些合同都将被宣告无效。在法国,善良风俗的具体内容并非由立法具体规定,而主要是由法官根据案件具体确定的。而所谓公共秩序,实际上

---

[25] 梅仲协:《民法要义》,中国政法大学出版社 1998 年版,第 119 页。

[26] MünchKomm/Armbrüster, § 138, Rn. 23.

[27] 周枏:《罗马法原论》(下册),商务印书馆 1994 年版,第 599 页。

[28] 尹田:《法国现代合同法》,法律出版社 1995 年版,第 13 页。

就是一种公共利益。按照法国学者的解释,公共秩序是一种强制性规范,是当事人意志自由的对立物。公共秩序不同于“公法”。虽然公法(宪法、行政法等)是公共秩序的重要渊源,但公共秩序的许多规则也来源于私法。公共秩序的本质在于反映和保护国家的根本利益。㉙

《德国民法典》第138条确认了善良风俗的概念,但并没有采纳公共秩序的概念。在《德国民法典》第一稿中曾将公共秩序和善良风俗都作出了规定,但在第二稿中又将公共秩序这一概念删除,删除的理由在于公共秩序主要是一个国际私法的概念,而且,通过善良风俗这一概念可以涵盖公共秩序的含义。例如,弗卢梅认为,“公共秩序实际上涉及风俗道德的价值”。恩内克策鲁斯等认为,违反了善良风俗也就是违反公共秩序。㉚所以《德国民法典》没有保留公共秩序的概念。在德国法中,善良风俗原则也是对私法自治的一种限制。从《德国民法典》第138条规定的本意来看,善良风俗旨在维护一种道德规范。例如,卖淫行为和违背伦理道德的行为、为拒绝作证提供财产利益、借腹生子合同等,都属于违反善良风俗的行为,有关案例都认为其是无效的。㉛《德国民法典》第138条“善良风俗”的概念只起到一种限制当事人的私法自治的作用,而绝不意味着法律要去积极地强制某种道德行为的实施。㉜ 在德国近几十年来,法院也开始利用这一原则保护经济上的弱者。德国法虽然排斥了公共秩序的概念,但是将某些公共秩序的内容例如营业自由,也纳入善良风俗之中。《德国民法典》施行后,1901年莱比锡最高法院判决,关于是否违反善良风俗,由法官按照“考虑正当且公平的一切人的道义感”进行判断。“由于这一判断基准的确立,使善良风俗概念具备了适应社会变化的极大弹性,成为依法官裁量无论什么内容均可装进去的‘黑洞’。”㉝

㉙ 尹田:《法国现代合同法》,法律出版社1995年版,第170页。

㉚ 转引自[德]卡尔·拉伦茨:《德国民法通论》(下),法律出版社2003年版,第597~598页。

㉛ [德]梅迪库斯:《德国民法总论》,邵建东译,法律出版社2000年版,第528~532页。

㉜ [德]卡尔·拉伦茨:《德国民法通论》(下),王晓晔等译,法律出版社2003年版,第603页。

㉝ 梁慧星主编:《民商法论丛》(第1卷),法律出版社1994年版,第23页。

日本民法受到德国法的影响,采纳了公序良俗原则,并重点运用该原则对法律行为进行调整。《日本民法典》第90条规定:“以违反公共秩序的事项为标的的法律行为无效。”根据日本学者的解释,“公共秩序”就是指社会的一般秩序,而“善良风俗”是指社会的一般道德观念。由于两者的界限模糊,许多人将两者合而为一,称为社会妥当性。其关键在于,法院如何确定其具体的内容。[34] 日本著名的民法学者我妻荣先生曾经将违反公序良俗的行为分为七种类型,即违反人伦的行为;违反正义观念的行为;乘他人穷迫、无经验获取不当利益的行为;极度限制个人自由的行为;限制营业自由的行为;处分生存基础财产的行为;显著的射幸行为。[35] 我妻荣教授对于公序良俗采用分类整理的方法进行研究,一直被日本民法学界所沿袭。但在20世纪80年代中期以后,日本民法学界普遍认为类型化的方式并不科学,并开始采用新的方法对公序良俗进行研究。日本东京大学大村敦志教授从民法比较法的角度提出“契约正义论”和“经济领域公序论”;他认为,违反公序良俗法理是对契约自由的一种例外性限制,它的作用不仅在于维护政治秩序和家庭秩序,还在于确保契约中的公正(契约正义)和保障交易当事人的利益乃至正常的竞争秩序。[36] 在此之后,山本敬三教授又从民法与宪法比较的角度提出“基本权保护请求权论”,认为个人对国家享有基本权保护请求权,因此侵害基本权的契约即是违反公序良俗。[37] 由此可见,在日本,公序良俗的适用范围正在扩大。

我国现行民事立法没有采纳公序良俗的概念,而采用了社会公共利益和社会公共道德等概念,其实它们表达的都是相同的含义。笔者认为,借鉴国外民法中关于公序良俗的概念,并将公序良俗原则作为民法的一项基本原则加以规定是十分必要的。一方面,公序良俗的概念更为简洁准确,其包容性更强。因为公序良俗是由公共秩序和善良风俗所组成的,它

---

[34] [日]四宫和夫:《日本民法总则》,五南图书出版公司1995年版,第209页。

[35] 梁慧星主编:《民商法论丛》(第1卷),法律出版社1994年版,第23页。

[36] 渠涛:“公序良俗在日本的最新研究动向”,载《中日民商法研究》(第1卷),法律出版社2003年版,第169页。

[37] 渠涛:“公序良俗在日本的最新研究动向”,载《中日民商法研究》(第1卷),法律出版社2003年版,第170页。

包括了社会公共道德和社会公共利益两个方面的内容。另一方面,由于大陆法国家一般都采用善良风俗和公共秩序的概念,所以我国民法没有必要创造新的法律术语,在这些通用的概念之外再创造一套法律术语,既没有必要,也不利于国际交流。在我国公序良俗不仅应该成为规范法律行为的准则,而且应该成为适用于整个民法的原则。

三、公序良俗原则的价值

价值是制度的灵魂,制度是价值的体现。民法原则的价值受到了不同历史时期、不同历史文化传统和不同社会经济条件等方面的影响,其也是随着社会的演进而逐渐发展和变化的,但公序良俗至今仍为各国民法普遍加以规定,这表明其自身具有独特的价值。在我国民法中,采纳公序良俗原则的主要意义在于:

第一,弥补强行法规定的不足。公序良俗作为一个弹性条款,之所以在法律上要予以确认,根本原因在于,强行法不能穷尽万千生活的全部,其适用范围不能将各种民事活动都涵盖其中。民事活动纷繁复杂,强行法不可能对其一一作出规定,但是法律为了实现对秩序的控制,需要对民事活动设定禁止性规范。这种规范不仅仅是要靠强行法来完成,还需要通过法律上设立抽象的弹性条款来实现。此种抽象的弹性条款为民事行为提供更为全面的规则,并对其效力作出评价。[38] 例如,尽管民法中许多条款反映了很多道德规则,但民法也不可能将道德全部摄入其中。民事活动,无论是交易活动还是一般的社会生活,大都离不开道德的评价和规制,违反了社会所普遍接受的道德准则,不仅可能会给当事人造成损害,也会造成对社会秩序的妨害。所以就需要采用公序良俗的原则,作为强行法的组成部分,从而配合各种具体的强行法规则对民事活动起调控作用。正是由于这个原因,需要在民法中引入公序良俗原则。正如曾世雄所

---

[38] 梁慧星:“市场经济与公序良俗原则”,载《中国社会科学院研究生院学报》1993 年第 6 期。

指出的:“作为或不作为脱序,而强行法又苦无强制或禁止之规定可用时,公序良俗之规定,方始发生补充之功能。……但公序良俗并非当然适用,惟在法律明文揭示适用下,始见功能,因而其为法源之特质已被法律规定吸收,因致常被忽略。”㊴

第二,对私法自治进行必要的限制。㊵ 公序良俗的原则是对私法自治的一种限制。以公序良俗限制私法自治的范围,是罗马法以来公认的原则。在我国,尽管适应市场经济的需要应当扩大民事主体的意思自治的范围,允许其在民事活动领域依法享有广泛的行为自由,然而意思自治原则必须要依赖于公序良俗原则与其配套,因为法律设立公序良俗原则的一个重要目的就是对意思自治进行必要的限制。事实上,民法对意思自治的限制也在不断加强,这种限制除了表现为引入强行法规则对其进行限制之外,还表现为通过在法律上确立公序良俗原则来对民事行为进行限制。民事主体依法享有意思自治,其真实含义就是在不违反强行法和公序良俗的前提下而实现意思自治。㊶

第三,弘扬社会公共道德,建立稳定的社会秩序。公序良俗就是要强调民事主体进行民事活动必须遵循社会所普遍认同的道德,从而使社会有序发展。公序良俗之所以成为民法的基本原则,因为它直接关涉民法与道德之间的互动关系问题。刘得宽先生认为,这一概念表现了一般的伦理观念,它是“将道德伦理摄入于法的境界里,而对于其违反行为从法的领域驱逐”。㊷ 一般来说,法律是体现了最基本的道德规范,民法作为市民社会的基本法更是应当体现社会的道德伦理价值,因此不可避免地会出现市民社会生活的一些道德观念、道德规范对民法的渗透,而且越来越多的道德规范被上升为民法的基本规范;㊸另外,通过在民法中确立一些道德规范也能有效地弘扬道德规范,防止违反社会公德行为的发生。例

㊴ 曾世雄:《民法总则之现在与未来》,中国政法大学出版社2001年版,第28页。

㊵ MünchKomm/Armbrüster, § 138, Rn. 1 ff.

㊶ 余能斌、涂文:“论人体器官移植的现代民法理论基础”,载《中国法学》2003年第6期。

㊷ 刘得宽:《民法总则》,五南图书出版公司1996年版,第420页。

㊸ MünchKomm/Armbrüster, § 138, Rn. 3.

如,违反性道德的合同、双方订立借腹生子合同、赌债偿还合同、贬损人格尊严和限制人身自由的合同等,如果允许其生效,无疑将严重危害社会秩序。

第四,协调个人利益与社会公共利益之间的冲突,维护正常的社会经济和生活秩序。公序良俗具有一种调节性的功能。在法的现实与理想之间,或者法与道德之间呈现缺口,而公序良俗原则正可以填补这一缺口。[44]它实际上赋予法官一定的自由裁量权,“公序良俗的调整机能由确保社会正义和伦理秩序向调节当事人之间的利益关系、确保市场交易的公正性转变,从而使法院不仅从行为本身、而且结合行为的有关情势综合判断其是否具有反公序良俗性”。[45] 公序良俗原则对利益冲突的协调表现在,一方面,如果民事主体因为追求利益的最大化所从事的行为,和社会公共利益发生冲突和矛盾,不管是否存在着对强行法的违反,首先应当维护社会公共利益;另一方面,一些法律法规所确定的强行法规则可能过于僵化,缺乏弹性,或者在适用中具有明显的不合理性,此时法官就应当考虑援用公序良俗原则以妥善解决个人利益与社会公共利益的冲突。

四、公序良俗原则与法律行为

公序良俗原则作为一般的原则要适用于整个民法的各项制度,不论是权利的行使,还是义务的履行,都不能违反公序良俗。但这一原则更直接地体现在法律行为制度中,在法律行为制度中,其成为法律行为生效的一个重要的条件。这就是说,任何法律行为不仅要符合法律法规的规定,还要符合公序良俗的原则。各国立法都确认了违反公序良俗或公共秩序的合同无效的原则。这一原则最早起源于罗马法,并为大陆法系国家的立法所借鉴。如,《法国民法典》第 6 条规定:“个人不得以特别约定违反有关公共秩序和善良风俗的法律。”《德国民法典》第 138 条规定:“违反善良

---

[44] [日]四宫和夫:《日本民法总则》,五南图书出版公司 1995 年版,第 209 页。

[45] 李双元、温世扬主编:《比较民法学》,武汉大学出版社 1998 年版,第 70 页。

风俗的行为无效。”《日本民法典》第91条也规定：“以违反公共善良风俗的事项为标的的法律行为，为无效。”公共秩序和善良风俗原则对于维护国家、社会一般利益及社会道德观念具有重要价值。

（一）危害公共秩序的民事行为

公共秩序主要包括社会公共秩序和生活秩序，对公共秩序的维护，在法律上大都有明确的规定，危害社会公共秩序的行为通常也就是违反强行法规定的行为。但有时，法律规定并不可能涵盖无余，因此，凡订立合同危害国家公共安全和秩序，即使没有现行的法律规定，也应当被宣告无效。[46] 如购买“洋垃圾”、规避课税的合同等，即使现行法律没有明确作出规定，也应当认为是无效的。可见，有关禁止危害公共秩序的规定，实际上有助于弥补法律的强制性规定的不足。在我国，社会公共利益是指全体社会成员的共同利益。法律保障社会公共利益，也就是保护全体人民的共同利益，保护每一个公民的自身利益。但是，应该看到，当前我国正处于一个社会转型的阶段，各个主体为了追求利益的最大化，难免会与他人利益或者社会利益发生冲突。这就需要借助于民法规范协调社会公共利益和公民、法人之间的利益，避免片面强调某一方面的利益而漠视另一方面的利益的现象。当然，如果损害社会公共秩序的行为违反现行法律规定，如走私军火、买卖枪支和毒品、以从事犯罪或帮助犯罪行为作为内容的合同等，应当以违反了法律或行政法规的强行性规定为由宣告合同无效，而不应当适用公序良俗原则。

（二）损害社会公共道德的合同

社会公共道德也称为善良风俗，它是指由社会全体成员所普遍认许、遵循的道德准则。通常道德规范涉及的范围非常宽泛，并不是任何违反公共道德的行为都导致合同无效，只有那些内容严重违反公共道德的合同，才能被宣告无效。应当看到，公序良俗作为一个较为抽象的概念，应该进行类型化，这样将有助于法官在实践中对违反公序良俗的行为进行准确的判断和认定。从公序良俗的类型化的角度来看，从我国司法实践

---

[46] 参见王卫国：“论合同无效制度”，载《法学研究》1995年第3期。

出发,并借鉴国外的经验,应具体包括如下几种情况:[47]

1. 危害婚姻法、损害正常的家庭关系秩序的行为,例如双方离婚后约定禁止一方当事人生育,约定断绝亲子关系,夫妻在离婚时约定禁止任何一方在离婚后再婚。[48]

2. 违反有关收养关系的规定,例如,收养人和送养人在达成收养协议时约定送养人收取一定的报酬,或禁止收养的子女的姓氏随送养人。

3. 违反性道德的行为,如双方订立借腹生子合同。[49]

4. 赌债偿还合同。

5. 贬损人格尊严和限制人身自由的合同。如双方订立合同,约定一方帮另一方还债以后,另一方以身相许。再如,在雇佣合同中规定不准雇员外出;或规定离开商场、工作场地,需要搜身等。[50]

6. 限制职业选择自由的合同。如在合同中规定不准另一方选择任何合法的职业。[51]

7. 违反公平竞争的行为,如拍卖或招标中的串通行为,[52]数个企业互相约定共同哄抬价格、操纵市场等。[53]

8. 违反劳动者保护的行为。例如,目前我国一些私人企业的雇主在与雇员订立合同时对工伤事故订立所谓生死合同条款,即只要发生工伤事故雇主概不承担责任。这些约定不仅违反了强行法的规定,也是违反公序良俗的。

9. 诱使债务人违约的合同。如双方在合同中约定,一方违反对其与他

---

[47] Larenz/Wolf, Allgemeiner Teil des Bürgerlichen Rechts, 9. Aufl., 2004, § 41, Rn. 32ff; Brox/Walker, Allgemeiner Teil des BGB, 32. Aufl., Carl Heymanns Verlag, 2008, Rn. 337ff, S. 140ff.

[48] Vgl. MünchKomm/Armbrüster, § 138, Rn. 63 ff.

[49] Vgl. MünchKomm/Armbrüster, § 138, Rn. 55 ff.

[50] Vgl. MünchKomm/Armbrüster, § 138, Rn. 68 ff.

[51] Vgl. MünchKomm/Armbrüster, § 138, Rn. 71 ff.

[52] 梁慧星:"市场经济与公序良俗原则",载《民商法论丛》(第1辑),法律出版社1994年版,第57~58页。

[53] Vgl. MünchKomm/Armbrüster, § 138, Rn. 86 ff.

人之间订立的合同,另一方将为其支付一定的费用作为报酬。[54]

10. 禁止告发的合同。例如在合同中约定,禁止一方告发另一方的某种违法行为。

违反善良风俗是否必须要本人知道?笔者认为,违反善良风俗并不要求本人在实施行为时明知。因为善良风俗属于一种客观的评价标准,不论当事人是否知道其行为违反了善良风俗,只要客观上构成对善良风俗的违反,就应当宣告合同无效。

需要指出的是,在判断某项法律行为是否违反公序良俗时,应当从该行为本身的目的、内容是否违反了公共道德来判断,以确定其是否违反了公序良俗。不能以与该行为有关的行为是否违反了公共道德来确定该行为是否违反了公序良俗。因此即便当事人从事的与其所为的法律行为有关的某些行为是在道德上可以受到指责的,但是其从事的法律行为却并不会因此而无效。例如,就某人包养情妇的行为而言,固然在道德上具有可受指责性,但并不能认为该人将其全部财产遗赠给该情妇的法律行为就必然是违反公序良俗的。只有在该遗赠行为是旨在酬谢该情妇满足该人的性欲或者旨在决定或加强这种两性关系的继续为日的的时候,此种行为方因违反公序良俗原则而无效。如果该遗赠是为了给该妇女提供生活的保障,那么就不属于违反公序良俗的行为。德国联邦最高法院曾指出:"在民法典第138条的框架下,关键的问题并不在于对某一个人的行为进行评判,并对某种不道德的行为进行制裁,而仅仅在于判断某项法律行为是否违反了善良风俗……"[55]

五、公序良俗与对合法利益的保护

公序良俗也是侵权法上的一个重要课题。可以说,公序良俗是广义的违法性的判断标准。这就是说,在对侵权行为的违法性进行判断的时候,

---

[54] MünchKomm/Wagner, § 826, Rn. 53 ff.

[55] [德]梅迪库斯:《德国民法总论》,邵建东译,法律出版社2000年版,第514~515页。

不仅以现行的法律、法规为依据,判断行为人是否违反了法律、行政法规的强行性规定,而且在法律、法规没有明确规定,或者不违反法律、法规的强行性规定的情况下,可以考虑行为人的行为是否违反了公序良俗,并以此作为判断行为人的行为是否具有违法性的标准。

尤其需要指出,在侵权行为侵害的不是权利,而是合法利益的情况下,公序良俗应当成为判断行为是否具有违法性的标准。

侵权法保护的对象主要是绝对权,但又不完全限于权利,而且包括了权利之外的各种利益。这是因为在现代社会,社会生活是非常复杂的,对侵权法保护的对象不可能一一列举,所以,就有必要将侵权法保护的对象扩大到合法利益,这样才能充分体现侵权法对民事主体合法权益的保护,也才符合现代法的精神。但对合法利益的保护也提出了一个新的问题,即如何协调对合法利益的保护与对个人行为自由的维护。“不论侵权、背俗或违法,要让行为人对其行为负起民事上的责任,都须以该行为涉及某种对世规范的违反为前提,其目的就在建立此一制度最起码的期待可能性,以保留合理的行为空间。”[56]对于尚没有形成为权利的利益,在法律上缺乏一种可预见性,因为人们不知道何种行为会导致对他人利益的侵害,以及造成的损害会产生什么样的后果。所以只有在故意侵害合法利益的情况下才应当承担责任。这与对权利的侵害是不同的,在法定的权利类型化以后,本身可以起到一种公示的效果,人们在实施某种行为时,应当可以合理预见到其某些行为会损害他人的利益,所以即使基于过失造成对他人权利的损害,也仍然要承担责任。当侵权法保障的范围从权利扩大到合法的利益以后,如何既要保护人们的合法权益又协调人们的行为自由,这确实是侵权法要解决的一个重要课题。

笔者认为,公序良俗原则的确定有助于确立对合法利益予以补救的标准,因为从制度设计的初衷来看,公序良俗不仅仅保护法律明文规定的权利,对于无明文规定的法益,也发挥着重要的保护功能。一方面,公序良俗作为一个抽象的原则赋予法官一定的自由裁量权,使其能够根据具体

---

[56] 苏永钦:《走入新世纪的私法自治》,中国政法大学出版社2002年版,第306页。

情况判断公序良俗是否受到侵害，从而确定是否应当对受害人予以保护。通过公序良俗原则确定法益的范围，将许多法律所不能包容的利益，纳入规范性调整范围之内。当然，从防止诉讼泛滥、维护个人行为自由出发，并非所有受公序良俗保护的法益都应当纳入侵权法的保护范围，在法律上应当对此作出必要的限制。[57] 另一方面，公序良俗原则可以为在侵害合法利益的情况下是否构成侵权，提供一个明确的标准，也就是说，只有在行为人以违背善良风俗的方法侵犯他人的合法利益时方构成侵权。绝大多数情况下，行为人没有采取不当方式，只是行为上有一定过失，尽管客观上造成了他人的一定损害，也不应当以此简单地认为构成了侵权，否则尽管强化了对受害人的保护，但会妨害行为人的自由。将公序良俗原则引入到侵权法后，也对侵权行为的认定提供了一项不可或缺的标准。当然，何种行为违反了公序良俗原则，只能由法院根据具体案情作出判断和认定。

六、关于公序良俗原则在司法实践中的运用

公序良俗作为民法的基本原则，是贯穿于全部民法规范之中，指导各种民事行为、民事立法和司法活动的根本准则。作为民法精神与理念的高度浓缩与概括，它既是理论研究的指针，同时也是解释法律、填补法律漏洞的基本依据。公序良俗原则是强行性规范，不允许当事人排除适用。当事人必须严格遵守，不得以约定排除其适用，当事人排除基本原则适用的约定不发生法律效力。从这种意义上说，公序良俗原则也可以作为行为规范使用。

公序良俗在司法实务中也具有重要的使用价值，因为该原则所有的广泛的包容性、动态的衡平性和灵活的适用力，具有赋予司法裁决权的功

---

[57] 白飞鹏、李红："私法原则、规则的二元结构与法益的侵权法保护"，载《现代法学》2002年第2期。

效,司法机关据此可以进行创造性司法活动,[58]以消除法律规定的滞后性与已经变化发展的现实生活之间的矛盾。然而,公序良俗原则一般不直接确定当事人的具体权利义务,因为法律原则的基本特点是:"它不预先设定任何确定的、具体的事实状态,没有规定具体的权利和义务,更没有规定确定的法律后果。但是,它指导和协调着全部社会关系或某一领域的社会关系的法律调整机制。"[59]作为基本原则,它不是具体的法律规范,不预先设定任何确定的、具体的事实状态,没有规定具体的权利和义务,更没有规定确定的法律后果。所以在适用该原则时,必须首先适用具体的规则或者通过类推的方式适用有关的具体规定,只有在不能使用具体规定时,才能适用公序良俗原则。[60] 我国实践中经常出现一些法官不依据法律条文判决案件,而简单地引用民法基本原则判决案件的情形。这种倾向是错误的,它形成了向基本原则的逃避,架空了民事法律条文。例如登载于《最高人民法院公报》的"李珉诉朱晋华、李绍华悬赏广告酬金纠纷"中,天津市中级人民法院认为"被上诉人辩称'寻包启示'许诺给付报酬不是真实意思表示;事后反悔,拒绝给付李珉 15,000 元酬金,有违《民法通则》第 4 条规定的诚实信用原则,是错误的。李珉的上诉理由成立,应予支持"。[61] 笔者认为,此种方式值得商榷。尽管民法的基本原则具有十分重要的作用,但是这绝不意味着司法实践中法官就可以随意运用民法的基本原则判决案件。在可以适用民法的具体规则和当事人约定的合同条款时,不能直接适用民法的基本原则,法官在审理民事案件时,须确定特定法律规范的构成要件和法律效果,并辨别法律规范的类型。其原因在于:

首先,民法的基本原则非常抽象概括,它给予了法官极大的自由裁量权,如果允许法官直接运用民法的基本原则裁判案件,即便在西方法治发达国家,法官如果经常运用基本原则判案的话,也会使法律具有不稳定

---

[58] 焦富民:"论公序良俗",载《浙江江海学刊》2003 年第 4 期。

[59] [美]迈克尔·P. 贝勒斯:《法律的原则》,中国大百科全书出版社 1995 年版,第 468 页。

[60] Bamberger/Roth/Wendtland, § 138, Rn. 4.

[61] 参见《最高人民法院公报》1996 年第 1 期。

性、不可预见性。考虑到我国法官素质不高的情况，运用基本原则作为判决案件的依据，更是会出现大量的司法专横与司法腐败。

其次，在民法已经对相应的法律规范、法律制度作出了规定的情况下，这就表明立法者已经通过具体规范、制度贯彻了基本原则，此时法官理所当然应当运用该具体规范、制度判决案件，而不能以基本原则作为判决的依据。

最后，一旦法官经常采用基本原则判决案件，那么该判决就几乎不具有说理性，法律的严谨性与逻辑性将荡然无存。目前我国司法审判中法官的裁量质量不高，最突出地表现在判决书的质量较低，绝大多数判决书缺乏说理和论证，法官办案只是就案办案，一份判决书只是为了了结一个案件，[62]至于为什么要适用某一法律条文而不适用另一个法律条文，被适用的法律条文为什么与案件的事实有联结性，一方的请求为什么应获得支持，另一方的请求为什么应予驳回等，在大多数判决书中未能得到充分的说明。尤其是一些裁判甚至仅仅依据即便原则（如民法的公平原则）直接作出判决，不援用任何法律条款，使裁判更缺乏说理性。判决书质量低，使当事人对于裁判结果不具有可预测性（predictability），直接影响了人们对司法公正的信任，也使司法的权威性难以确立。

总之，在司法过程中，公序良俗原则只能是在法律、法规没有具体规定的情况下才能适用。人民法院、仲裁机构在处理民事纠纷时，有法律具体规定的，应当依照该规定或参照最相类似的规定处理纠纷，在缺乏可供适用的具体法律规则的情况下，才能依据公序良俗原则处理。[63] 公序良俗原则的适用给予了法官一定的自由裁量权，有助于克服审判的机械性，为司法机关进行创造性司法活动提供了依据。但公序良俗原则绝不能代替民法的具体规则和当事人约定的条款。一般来说，在有法律具体规定的情况下，不得直接援引公序良俗原则作为裁判的依据。

法律与道德是法学理论中一个永恒的话题，反映在民法中，较集中地体现在公序良俗原则在民法典中地位的提升和内涵的充实，也是未来中

---

[62] 王允："谈谈判例指导"，载《人民司法》1998 年第 9 期。

[63] Bamberger/Roth/Wendtland, § 138, Rn. 4.

国民法典创制过程中必须审慎考虑的一个重大问题。但近几年学界对此问题的关注不够,本文对公序良俗原则的论述涵摄了该原则所包含的一些重大理论争议,权作引玉之砖,还期待理论界研究的深入细化和实务界经验的总结提升,以使公序良俗原则在我国未来民法典中发挥其应有的作用。

民商法研究(第六辑)
第93~122页

法律行为制度的若干问题探讨*

法律行为是以意思表示为核心,以产生、变更、消灭民事法律关系为目的的行为。易言之,法律行为是以发生私法上效果的意思表示为要素的行为。它既是实现私法自治的工具,也是民法的重要调整手段。它通过赋予当事人自由意志以法律效力,使当事人能够自主安排自己的事务,从而实现了民法主要作为任意法的功能。因此,法律行为是民法中的一项核心的制度。然而,在我国民法典制定过程中,对此却也存在各种争议,因此有必要对该制度进行深入的研究与探讨。

一、法律行为制度的演进

在罗马法中,并不存在着法律行为的概念,但罗马法对契约、遗嘱等现在公认的具体法律行为已经作了较为详尽的规定。虽然这一制度仍带有身份色彩和强烈的形式化特征,但它毕竟是现代法律行为制度的渊源。[①] 德国学者胡果等人正是在通过解释罗马法的基

---

* 原载《中国法学》2003年第5期。

① 董安生:《民事法律行为》,中国人民大学出版社1994年版,第17~19页。

础上,创立了法律行为理论。

在罗马法以外,法律行为理论在发展演变的过程中也深受日耳曼法的影响。在日耳曼法中,誓言的约束力来源于人们对神灵的信仰,虽然此种约束力的本质是一种自我的约束与自我控制,但是,誓言必须信守实际上就体现了当事人自我意识之中所蕴含的约束力。在中世纪以后,随着新型国家的出现,当事人意思的拘束力不可能单纯地来源于人们的自我信仰与自我约束,必须依靠国家强制力的保障,只有在当事人的意思与国家的意思相结合的情况下,法律行为才具有完整的拘束力。

1804 年的《法国民法典》并没有规定法律行为,但是许多法国学者认为,由于法典中使用了"意思表示"的概念,确认了意思自治的原则,且对法律行为的一般规则作出了规定,因此也可以认为法国法承认了法律行为制度。该法典中还明确规定了表意行为"有效成立的必要条件",确立了行为能力原则、标的确定原则、内容合法原则、自愿真实原则、公平善意原则等,而且详细规定了"意思表示解释"规则,以及对单方行为与双方行为等同适用的附条件和附期限行为的规则等。②《法国民法典》的上述规定为学者研究法律行为理论提供了依据。因此,虽然在法国的法律中尚未正式出现"法律行为(acte juridique)"一词,但是法律行为的概念已为学者在研究中所广泛运用。③

"法律行为(Rechtsgeschäft)"一词最初是由德国注释法学派学者所创立的。这些学者通过对罗马法的分析与整理提炼出了一套完整的法律行为理论。就谁最早提出"法律行为"一词,理论界一直存在争论。有人认为,德国学者古斯塔夫·胡果(Gustav Hugo,1764~1844)在 1805 年出版的《日耳曼普通法》一书最早提到了"法律行为",不过胡果在使用"Rechtsgeschäft"一词时主要是用来解释罗马法中的"适法行为",其内涵指具有法律意义的一切合法行为。因此,学者认为,胡果并没有就交易、

---

② 董安生:《民事法律行为》,中国人民大学出版社 1994 年版,第 24~25 页。格劳秀斯在其名著《战争与和平法》中提出的诺言(promise)概念,类似于今天的意思表示,强调意思表示的法律效力。

③ 尹田:《法国现代合同法》,法律出版社 1995 年版,第 1 页。

行为和意思表示进行深入研究，故没有提出法律行为的概念。[④] 相反，据学者考证，最早在现代意义上使用“法律行为”一词的应当是德国学者丹尼埃·奈特尔布兰德(Daniel Nettelbladt，1719～1791)，[⑤]因为他首先将行为人的意思作为法律行为的最典型特征。[⑥] 还有的学者认为，潘德克顿体系的创始人海瑟(Heise)在1807年出版的《共同民法体系的基础——潘德克顿教程》(Grundriss eines Systems des gemeinen Civilrechts：zum Behuf von Pandecten—Vorlesungen)一书中，最早提出了法律行为的概念与系统完整的理论。该书第六章以“行为的一般理论”(von den Handlungen im Allgemeinen)为题，并在第二节专门讨论了法律行为的一般理论，例如概念、类型、要件等，从而对法律行为作了极为系统完整的论述，而且在后面也对侵权行为进行了分析，尤其是他将意思表示作为了所有行为的共通的一般的要素。[⑦] 以后，萨维尼在其名著《当代罗马法体系》(尤其是第3卷)一书中对意思表示和法律行为理论作了更加深入、细致、详尽的研究，从而极大地丰富了法律行为理论。[⑧] 萨维尼强调应当以法律行为的概念代替意思表示，意思表示只是法律行为的构成要素。[⑨]

最早在立法中接受了注释法学派的研究成果，采纳了意思的概念的是1794年的普鲁士普通邦法(ALR)。该法第一编第四节规定了“关于意思表示”(Von Willenserklärungen)，其条文多达169条，第五编规定了“关于合同”(Von Verträgen)。此外，该法第一编第四节第1条规定：“欲以行为设定权利，则行为必须自由”，[⑩]第3条规定：“完全丧失自由行为的能力的

---

④ Ulrike Köbler，Werden，Wandel Und Wesen Des Deutschen Privatrechtswortschatzes，Peter Lang，2010，S. 93.

⑤ Daniel Nettelbladt，Systema elementare universae jurisprudentiae positivae communis，1749，§ 63，§ 183.

⑥ Ulrike Köbler，Werden，Wandel Und Wesen Des Deutschen Privatrechtswortschatzes，Peter Lang，2010，S. 94.

⑦ Arnold Heise，Grundriss eines Systems des gemeinen Civilrechts，1807.

⑧ Ulrike Köbler，Werden，Wandel Und Wesen Des Deutschen Privatrechtswortschatzes，Peter Lang，2010，S. 104.

⑨ Savigny，Systems des heutigen Römischen Rechts III，S. 99，258.

⑩ Sollen aus Handlungen Rechte entstehn，so müssen die Handlungen frey seyn.

人,实施的行为依法不具有拘束力。"⑪普鲁士邦法虽然没有使用"法律行为"的概念,但其使用了"意思表示"的概念。1881 年《奥地利普通民法典》(AGBG)第 849 条规定中已经包含了法律行为的内涵,在该法典中也对意思表示作出了较为详尽的规定。

第一次系统、完善地规定法律行为制度的应为 1900 年的《德国民法典》。该法典在总则编第三章中用了 59 个条文规定了法律行为(Rechtsgeschäfte)的有关问题。该法典不仅规定了法律行为、意思表示(Willenserklärung)、行为能力(Geschäftsfähigkeit)、法律行为有效成立的条件、法律行为的解释规则,而且肯定了法律行为理论中形成的要式行为与不要式行为、有因行为与无因行为、处分行为与负担行为等行为的分类,有些就是对意思表示理论研究成果的直接吸收,如意思要素与表示要素、行为意思、法效意思等。值得注意的是,《德国民法典》中并没有对"法律行为"的概念作出界定。《德国民法典》一稿的起草者有意地回避了有关该概念的规定,但在一稿意见书中却出现如下内容:"在本草案意义上,法律行为是旨在引起法律后果的个人意思表示,之所以依据法律规定出现该法律后果,是因为该法律后果是行为人所期望的。法律行为的本质就在于:发出一个旨在引起法律效力的意思,并且法律规定通过承认此种意思从而实现了该所意愿的法律世界中的法律塑造。"⑫由于《德国民法典》没有对法律行为的概念作出明确规定,因此,有关法律行为的内涵、与意思表示的关系等问题在学术界一直存在巨大的争论。例如,就法律行为究竟应为"法律上的行为(juristic action)",还是仅指"法律上的交易(legal transaction)",在学理上存在不同的看法,甚至英美法学者在如何翻译"法律行为"一词上都有争议。

《德国民法典》中法律行为制度对后世许多国家的民法典都产生了重大的影响,一些国家都在自己的民法典中采纳了法律行为的概念以及相

---

⑪ Wo das Vermögen, frey zu handeln, ganz mangelt, da findet keine Verbindlichkeit aus den Gesetzen statt.

⑫ Werner Flume, Allgemeiner Teil des Bürgerlichen Rechts: Zweiter Band, Das Rechtsgeschäft, Bd. 2, 1975, Springer, p. 23.[参见《德国民法典》一稿立法理由书(第 1 卷),第 126 节]

应的规则，例如《日本民法典》、《希腊民法典》等。1922 年的《苏俄民法典》以及 1964 年《苏俄民法典》也采纳了《德国民法典》的经验，规定了较为完备的法律行为制度。

我国最初是从日本民法中引入了法律行为的概念，而且日本学者在继受德国法时将“Rechtsgeschäft”一词直接翻译为“法律行为”。由日本学者帮助起草的 1911 年的大清民律一草就直接采纳了法律行为的概念，1925 年的民国民律草案以及 1933 年的中华民国民法都采纳了法律行为的概念并作出了较为详细的规定。新中国成立后，虽然因废除了旧法统而没有采纳民国政府的法律，但是我国民法深受苏联民法的影响。在 1964 年《苏俄民法典》中采取了法律行为的概念，该法典对我国 1986 年的《民法通则》的起草产生了重大的影响。《民法通则》借鉴苏俄民法的经验，规定了民事法律行为制度（第四章第一节），其中规定了民事法律行为的概念、要件、无效的民事行为、可撤销的民事行为等。与德国民法中的法律行为制度相比，我国民法通则确立的法律行为制度具有以下特点：

首先，法律行为前面有“民事”的限定，在法律行为概念中并未强调意思表示的内涵，而只是强调了法律行为的效果，即产生、变更、终止民事法律关系。

其次，由于我国《民法通则》第 54 条明确规定法律行为必须是合法行为，因此对于那些无效的或者可撤销的法律行为，就无法加以容纳，只能在民事法律行为之上再抽象出一个上位概念，即民事行为。在法律行为的逻辑体系上增加民事行为的上位概念，包括无效、可撤销、可变更、效力待定的民事行为。

最后，在《民法通则》的整个法律行为制度中，更加强调的是国家的意志而非私法自治，例如对于法律行为的概念强调其合法性、将欺诈行为作为无效而非可撤销的行为加以规定，等等。这与当时我国的经济体制改革尚未全面展开，社会生活中国家行政干预色彩浓厚等原因有关。

二、法律行为概念的界定

在德国学者中,对法律行为内涵通常从以下两个方面考察:一是从法律行为的内涵即意思表示的角度来概括法律行为的概念。萨维尼曾经在其《现代罗马法体系》中对法律行为作出过一个经典的定义,他认为法律行为是指"行为人创设其意欲的法律关系而从事的意思表示行为"。法律行为以意思表示为核心,法律行为的概念是对总则之下民法各编规定中行为的抽象,大多数德国学者都接受了这种观点。二是从法律行为的功能角度来界定法律行为的概念,例如,温德夏特认为:"法律行为是旨在法律效力的创设的私的意思宣告。"⑬弗卢梅认为,法律行为旨在通过个人自治,即通过实现私法自治的原则以设定一个调整内容的方式成立、变更或解除一个法律关系。⑭

在我国关于法律行为的概念主要有以下几种:

一是意思表示要素说。佟柔教授指出:"民事法律行为,又称法律行为,系法律事实的一种,指民事主体以设立、变更或终止民事权利义务为目的,以意思表示为要素,旨在产生民事法律效果的行为。"⑮张俊浩教授指出:"民事法律行为是以意思表示为要素,而依该意思表示的内容发生法律效果的民事合法行为。"⑯民事法律行为是指以意思表示为要素,依其意思表示的内容而引起法律关系设立、变更和终止的行为。⑰

二是合法行为说。民事法律行为简称为法律行为,是指公民或者法人设立、变更、终止民事权利和民事义务的合法行为。⑱ 也有学者认为,我国

⑬ [法]狄骥:《拿破仑法典以来私法的普遍变迁》,徐砥平译,会文堂新记书局1915年版,第86页。

⑭ Werner Flume, Allgemeiner Teil des Bürgerlichen Rechts: Zweiter Band, Das Rechtsgeschäft, Bd. 2, 1975, Springer, p. 23.

⑮ 佟柔主编:《中国民法》,法律出版社1990年版,第161页。

⑯ 张俊浩主编:《民法学原理》,中国政法大学出版社1991年版,第218页。

⑰ 马俊驹、余延满:《民法原论》(上),法律出版社1998年版,第236页。

⑱ 马原主编:《中国民法教程》,中国政法大学出版社1996年版,第97页。

《民法通则》在构造民事法律行为制度时，分别提出了“民事行为”与“民事法律行为”两个基本概念。前者，不必具合法性特征，属“中性”上位概念，因而兼收并蓄了“有效民事行为（民事法律行为为其一种）”、“无效的民事行为”、“可变更或者可撤销的民事行为”等下位概念。后者，必具合法性特征，其必备合法性，这就决定了它是必然有效的，故不存在无效或可变更可撤销的问题。⑲

三是私法效果说。梁慧星教授指出，所谓民事法律行为，指以发生私法上效果的意思表示为要素之一种法律事实。⑳ 这一概念也强调民事法律行为以意思表示为核心，但也突出其私法效果。

上述各种观点都不无道理，笔者认为，关于法律行为的概念实际上有三个核心问题需要加以讨论：

（一）关于合法性要求

我国《民法通则》第54条规定：“民事法律行为是公民或者法人设立、变更、终止民事权利和民事义务的合法行为。”据学者考证，该定义来源于前苏联学者阿加尔柯夫。阿加尔柯夫认为应当将法律行为界定为合法行为，因为法律一词本身就包括了正确、合法、公止的含义。㉑ 应当看到，强调法律行为的合法性有一定的道理，首先，它揭示了法律行为产生法律效力的根源。法律行为不仅仅是行为人作出的一种意思表示，而且是一种能够产生法律拘束力的意思表示。当事人的意思表示之所以能够产生法律拘束力，并不完全在于当事人作出了一种旨在引起民事法律关系产生、变更和终止的真实的表示，而主要因为当事人作出的意思表示，并不违背国家意志。法律行为的效力，从表面上看，是当事人意思表示的产物，但实质上来源于国家法律的赋予。也就是说，因为当事人的意思表示并不违背国家意志，具有合法性，因此国家赋予当事人的意思表示以法律约束力。如果法律行为不符合国家意志，该行为不仅不能产生当事人预期的效果，当事人甚至要承担一定的法律责任。所以，从这个意义上，强调法

⑲ 柳经纬主编：《中国民法》，厦门大学出版社1995年版，第105页。

⑳ 梁慧星：《民法总论》，法律出版社1996年版，第152页。

㉑ 龙卫球：《民法总论》，中国法制出版社2001年版，第478页。

律行为的合法性是必要的。

其次,在法律行为概念中突出合法性内涵,也有利于发挥法律行为制度在实现国家公共政策和公共利益方面的作用。尽管法律行为是实现意思自治的工具,但意思自治并不意味着,当事人具有任意行为的自由,当事人的行为自由也应当限制在法律规定的范围内。民事主体基于私法自治可以充分表达其意志,其意思表示依法可以产生优越于法律的任意性规范而适用的效果,但当事人的意思并非无拘无束。强调法律行为的合法性有利于国家通过法律行为来对民事行为进行必要的控制。

但是,过度地强调法律行为的合法性,也会产生一定的弊端。

第一,过分强调法律行为的合法性,会人为地限制法律行为制度所调整社会行为的范围。合法与非法是相对应的,而发生法律效果与不发生法律效果,是两个不同的法律概念。行为合法与否是指该行为是否违反了强行性或者禁止性法律规范,而调整法律行为制度的是任意性法律规范,非法的行为也可能发生法律效果,例如欺诈行为属于非法行为,但是它可能产生合同被撤销等法律效果。如果从广义上理解非法,则意思表示不真实、无权处分、无权代理等效力待定的行为等都是不合法的,但并不一定是无效的。如果因为这些行为不合法,从而确认其行为无效,也极不适当地干预了行为自由,并且不利于鼓励交易。有效、可撤销、效力未定和无效四种,其与是否合法无法形成一一对应的关系。这一定义无法解决有效行为、无效行为、效力不确定行为和效力可撤销行为之间的矛盾关系:某一具体表意行为可能并不属于合法有效的“法律行为”,但其并非不能产生任何效果。

第二,过分强调合法性的要求,将不适当地突出国家对民事主体行为自由的干预,限制了私法自治。例如,尽管欺诈行为是违法的,但对于因欺诈而订立的合同而言,按照私法自治的精神,应当充分尊重受欺诈人的意愿。也就是说,要赋予受欺诈人撤销合同的权利,使其能够审时度势,在充分考虑到自己的利害得失后,作出是否撤销合同的决定。从实际情况来看,由于受欺诈人所作出的意思表示属于意思表示不真实的行为,而其意思表示是否真实,局外人常常无从判断,即使局外人知道其意思表示不真实且因此受到损害,但如果受欺诈人从自身利益考虑不愿意提出撤销,按照意思自治和合同自由原则,法律也应当允许而不必加以干预。由于《民法通则》过分强调法律行为的合法性,因此该法第58条将以欺诈而为的民事行为规定为无效的民事行为。这就对民事行为作出了不适当的干预。

第三,过度地强调民事法律行为的合法性,还会造成我国民法体系内概念和规则间的不和谐。民事法律行为必须是合法行为,而作为法律行为代表的合同则依据现行立法无须都是合法的。这就必须在民事法律行为概念之上再创造一个上位概念,其目的之一是为了避免"无效民事行为"这样的概念矛盾。结果就出现了许多概念上的冲突,人为地形成了民事行为、民事法律行为、民事违法行为等多个概念,这样就很难区分法律行为与法律事实之间的关系。

综上,笔者认为,在确定法律行为的效力时必须要强调合法性要件,即只能以违反法律法规规定的强行性规则作为判断的标准。并且,此处所谓的合法性,仅是指法律行为生效要件上的合法性,而非本质合法。一方面,必须是违反了法律和行政法规的强行性规定,才能导致法律行为无效;另一方面,必须是强行性规定中的效力性规定。如果法律、法规的违反并非效力性规定,而是管理性规定则并不一定导致法律行为的无效。法律、行政法规没有明确规定违反其规定必然导致合同无效的,则要根据法律或行政法规的立法目的、涉及公共利益和公共秩序的程度以及救济措施等多方面来考虑最终合同的效力。此外,损害社会公共利益和公共道德则应当被宣告无效。

(二)是否需要在法律行为中突出意思表示

意思表示(Willenserklärung)作为一个法律术语,为18世纪沃尔夫(Christian Wolff)在《自然法论》(Ius Naturae)一书中所创。[22]《德国民法典》对"意思表示"没有明确定义,我国学者一般解释为:所谓意思表示是

[22] 沈达明、梁仁洁编著:《德意志法上的法律行为》,对外贸易教育出版社1992年版,第49页。

指向外部表明意欲发生一定私法上效果之意思的行为。[23] 它是旨在达到某种特定法律效果的意思的表达。意思表示是德国法律行为理论中最为基础的法律概念和制度构造,它是法律行为制度的精华所在。[24] 然而我国《民法通则》第54条关于民事法律行为的概念中并没有表明意思表示为法律行为的内涵。

笔者认为,意思表示为法律行为不可或缺的构成要素。意思表示是法律行为的核心,如果法律行为能够产生主体预期的后果,按照当事人的意愿安排他们之间的利益关系,当事人就必须要能够自主地作出意思表示,而且这种意思表示能够依法在当事人之间产生拘束力。法律行为与事实行为的根本区别就在于是否作出了意思表示且这种意思表示是否能够产生拘束力。在一些事实行为中,当事人也可能对其行为后果有一定的意思,而且也表达于外,但由于其不符合法律行为的本质要求而不能产生相应的法律拘束力,只是导致了法律直接规定的法律后果,因此不认为是意思表示。换言之,在事实行为中,意思表示并不被考虑。当然,意思表示也不能完全等同于法律行为,两者之间也存在一定的区别。

(三)是否需要强调法律行为应产生一定的私法效果

首先,法律行为作为引起法律关系变动的原因,不仅导致民事法律关系的产生,而且可以成为民事法律关系变更和终止的原因。所谓产生民事权利义务关系,是指当事人通过法律行为旨在形成某种法律关系(如买卖关系、租赁关系),从而具体地享受民事权利、承担民事义务。所谓变更民事权利义务关系,是指当事人通过法律行为使原有的民事法律关系在内容上发生变化。变更法律关系通常是在继续保持原法律关系效力的前提下部分地变更其内容。如果因为变更使原法律关系消灭并产生一个新的法律关系,则不属于变更的范畴。所谓终止民事权利义务关系,是指当事人通过法律行为消灭原法律关系。无论当事人从事法律行为旨在达到何种目的,只有当事人达成的法律行为依法成立并生效,才会对当事人产生法律效力,当事人也必须依照法律行为的后果享有权利和履行义务。

---

[23] 梁慧星:《民法总论》,法律出版社2001年版,第189页。

[24] 龙卫球:《民法总论》,中国法制出版社2001年版,第502~503页。

其次,法律行为并不是产生任何法律上的效果,而仅仅是产生私法上的效果。我国学者一般认为应采传统民法中法律行为的定义,只是为了区分其他法律领域中法律行为概念,才冠以“民事”二字。[25] 我国传统民法一般认为“法律行为是以私人欲发生私法上效果之意思表示为要素,有此表示,故发生法律上效果之法律事实也”,[26]其所谓私法上之效果即私权的发生、变更、消灭。由于法律行为的概念已被行政法、法理学等法律部门广泛使用,所以明确法律行为发生私法效果,有助于将民法上的法律行为与其他法部门中的相关概念相区别。

最后,法律行为不仅仅能产生私法上的效果,而且能产生当事人所预期的私法上的法律效果。因为在民法理论中,行为是与事件相对的引起民事法律关系发生、变更、终止的法律事实。能够引起民事法律关系发生、变更、消灭的合法行为很多,例如,拾得遗失物、自助行为等,但它们并不是法律行为。法律行为不同于事实行为在于其能够产生当事人预期的法律效果。正如《德国民法典》立法理由书指出:所谓法律行为,是指“私人的、旨在引起某种法律效果的意思表示。此种效果之所以得依法产生,皆因行为人希冀其发生。法律行为之本质,在于旨在引起法律效果之意思的实现,在于法律制度以承认该意思方式而于法律世界中实现行为人欲然的法律判断”,简言之,法律行为即旨在引起法律效果的行为。[27]

总之,笔者认为法律行为是民事主体旨在设立、变更、终止民事权利义务关系,以意思表示为要素的行为。这一定义的特点表现在:第一,这一定义并没有突出法律行为是一种合法行为,当然,这并不是说要放弃强调法律行为的合法性要件,而是要进一步地严格界定法律行为的合法性要件。所以,在法律行为的生效要件中进一步明确法律行为的生效要件之一是“不违反法律、行政法规的强制性规定和社会公共利益或者社会公共道德”。这样,实际上就严格限定了判断法律行为效力的标准。但合法性

---

[25] 梁慧星:《民法总论》,法律出版社 1996 年版,第 152 页。

[26] 胡长清:《中国民法总论》,中国政法大学出版社 1997 年版,第 184 页。

[27] [德]迪特尔·梅迪库斯:《德国民法总论》,邵建东译,法律出版社 2000 年版,第 143 页。

仅是法律行为的效力判断规则,而非其本质构成。第二,这一定义强调意思表示在法律行为中的重要意义,意思表示乃法律行为之要素,法律行为本质上是意思表示。[28] 法律行为可能是一个意思表示,也可能是两个或多个意思表示相一致,但绝不可没有意思表示。并且,传统民法只是把设立、变更、终止民事法律关系作为法律行为的目的,法律行为并不必然发生行为人所期待的法律后果。在法律行为的概念中,必须以意思表示为构成要件。第三,这一定义明确了法律行为是民事主体旨在变动私法关系的行为。"旨在变动"实际上就是强调当事人对其行为效果的预期性。无效的民事行为当事人对此也有一定的预期,但其不能产生当事人预期的效果。所以民事法律行为并不是当事人随心所欲能够实现其任何目的的行为。如果当事人的意志与国家的意志不符合,那么其不能产生当事人预期的法律效果。

三、法律行为与意思表示

民事法律行为是以意思表示为核心的行为,没有意思表示就没有法律行为,意思表示与法律行为是德意志法系民法的两个基本概念。现代民法理论认为意思表示是法律行为的核心。所谓意思表示,是指向外部表明意欲发生一定私法上效果之意思的行为。胡长清指出:"意思表示者,对于外界表彰法律行为上之意思之行为也。即以具有足以形成法律行为之内容之意思,表示于外部之行为,为意思表示。"[29]关于意思表示的构成要素,一般认为应包括目的意思、效果意思、表示意思、行为意思和表示行为五项。意思表示概念中的意思是指在设立、变更、终止民事法律关系时的内心想法。所谓表示是将内在意思以适当的方式向适当对象表示出来的行为。意思表示作为法律行为的核心要素,要求内在意思的真实性。判断民事法律行为成立的标准,通常看表示,也应该考虑内心意思。直到18

---

[28] 刘清波:《民法概论》,台湾开明书店1979年版,第79页。

[29] 胡长清:《中国民法总论》,中国政法大学出版社1997年版,第223页。

世纪才出现“法律行为”和“意思表示”的概念。而罗马法只认识到具体的法律行为类型。萨维尼在其《当代罗马法的体系》一书中，首先在法律行为的概念中论述了意思要素，所谓的“意思理论”从而与萨维尼的名字联系在一起。萨维尼将“法律行为”和“意思表示”视为同义语。通过其倾向于意思要素可以解释得出：萨维尼几乎都使用了“意思表示”的概念。[30]“法律行为与事实行为的核心区别在于后者不依赖行为人的意图而产生其法律后果；而前者的法律后果之所以产生恰恰是因为行为人表示了此种意图，即法律使其成为实现行为人意图的工具。”[31]除《德国民法典》之外，凡是接受法律行为概念的国家，都将意思表示作为法律行为的必备要素，其本质是行为人设立法律关系意图的外在表现，其效力须依行为人意思表示的内容而发生。而事实行为则不依行为人的主观意图，只依法律规定就能产生民事法律后果。法律行为概念是与民法的意思自治原则联系在一起的。《荷兰民法典》第 33 条规定：“法律行为应当具备产生法律效果的意思，该意思应当对外作出表示。”法律行为解决当事人意思如何形成，按照社会一般标准如何判断，具备何种效果的问题。法律行为本质上是一种表意行为，只要当事人的意思不违反强行法的规定，就可以发生当事人期望实现的目的，法律行为就是要赋予当事人广泛的行为自由，充分体现民法的意思自治。意思自治与法律行为实际结合在一起，法律行为制度为意思自治原则提供了基本的空间。

法律行为必须以意思表示为要素，如果某一民事行为不以意思表示为要素，就不能认为是法律行为。在此需要讨论所谓“事实上的契约关系”理论。豪普特(Haupt)1941 年发表的演说“论事实上的契约关系”，对传统的意思表示理论进行抨击，此举震动整个德国法学界，形成新旧两派观点，争辩至今。豪普特认为由于强制缔约制度的存在，尤其是一般契约条款的普遍适用，在许多情形，契约关系之创设，不必采用缔约方式，而可以

---

[30] Werncr Flume, Allgemeiner Teil des Bürgerlichen Rechts: Zweiter Band, Das Rechtsgeschäft, Bd. 2, 1975, Springer, p. 30.

[31] ［德］茨威格：《比较法导论》(第 2 卷)，贵州人民出版社 1992 年版，第 2 页。转引自董安生：《民事法律行为》，中国人民大学出版社 1994 年版，第 107 页。

因事实过程而成立，故当事人之意思如何，可不必考虑。[32] 如电气、煤气，自来水、公共汽车等现代经济生活不可缺少的给付，它们通常由大企业来经营，这些大企业就使用条件及所产生的权利义务订有详细的规定，相对人缺少选择自由，对企业订立的条款也很难变更，这种情况也属于事实合同。[33] 德国联邦法院在著名的汉堡停车场案的判决中，援引了豪普特的观点，[34]认为合同只能通过要约和承诺而成立的观点，已经不适应生活现实；除此之外，还存在着以某项“社会的给付义务”为基础的“事实上的合同关系”。在这一理论下，法律行为成立中的自愿因素常常可以为实际行为所完全取代，由此产生的结果是人们可以不必作出意思表示。[35] 但如果完全按照事实合同理论，认为合同的成立不需要经过订立阶段，也不必考虑当事人的意思表示是否一致，仅仅根据事实行为就可以成立合同，那么其就有可能推翻以意思的合意为本质的整个合同法理论，“其威力有如一颗原子弹，足以摧毁忠实于法律的思想方式”。[36] 这将从根本上动摇合同法的基本理念和制度。因为传统的合意说认为，合同都必须以双方的意思表示一致为内容，如果没有合意，“合同”在性质上已经不是一种合同了。因此笔者认为，事实行为如果不能体现为一种意思表示，或不能通过一定的事实而认定双方存在意思表示的一致，则不能成立合同。[37] 即使就豪普特所指出的最典型的事实合同如乘坐公共汽车等，也不是纯粹完全依据事实行为订立的，其实质是通过相对人的外在行为，推定其确实存在一定的意思表示，并且在事实上实现了意思表示的一致。所以，这一理论无非是

---

[32] 王泽鉴：《民法学说与判例研究》（第1册），中国政法大学出版社1995年版，第105页。

[33] 王泽鉴：《民法学说与判例研究》（第1册），中国政法大学出版社1995年版，第93～96页。

[34] 该案件缘起德国汉堡市将公共广场的一部分改为收费停车场，并标明缴费字样，一驾车人停放汽车，但不承认看管合同成立，并拒绝为此付酬，遂发生纠纷。

[35] ［德］罗伯特·霍恩等：《德国民商法导论》，中国大百科全书出版社1996年版，第84～85页。

[36] 王泽鉴：《民法学说与判例研究》（第1册），中国政法大学出版社1995年版，第97页。

[37] 参见［德］迪特尔·梅迪库斯：《德国债法总论》，杜景林、卢谌译，法律出版社2004年版，第53页。

承认法律对当事人行为所体现出的意思所作出的推定，是大规模定型化交易快速、便捷要求的客观体现。在这类行为中，意思表示依然存在，只不过是通过其实际行为外在化了。而出于保护交易安全和消费者权利的需要，一般情况下不得通过举证推翻这种推定，但这并未否认意思表示在法律行为中的重要性。

按照传统民法理论的观点，可以将意思表示细分为五个要素，即目的意思、效果意思、表示意思、行为意思、表示行为。目的意思是指明民事行为具体内容的意思要素，它是意思表示据以成立的基础。效果意思是指当事人欲使其目的意思发生法律上效力的意思要素。表示意思，是指表示意思行为人认识其行为具有某种法律上意义。例如，打电话表示订货，对其行为法律意义具有认知，可认为具有表示意思，如果在拍卖场所不知交易规则，向友人举手示意，则因为不具有表示意思而不构成竞买行为。表示意思与效果意思不尽相同，前者实质是对某种事实的认知，后者是行为人追求某种效果的意志，如甲给乙 1 万元购买乙的摩托车，但误写为 10 万元，其真实的效果意思与表示意思发生不一致。所谓行为意思，是指行为人自觉地从事某项行为的意思。[38] 例如，在路边招呼出租车，行为人的招呼行为所具有的自觉性，表明其具有行为意思。但某人被麻醉而失去知觉，他人将其手指按指纹在文书上，其行为不具有行为意思。表示行为是指行为人将其内在的目的意思和效果意思以一定方式表现于外部，为行为相对人所了解的行为要素。

也有许多学者认为，采用五项要素过于烦琐，学说上往往进行取舍和整合。如有学者认为意思表示仅包括效果意思和表示行为两个要素。也有人认为包括目的意思、效果意思和表示行为。[39] 这些看法都不无道理，笔者认为，意思表示从大的方面来说，大致可分为两大类：

一是主观要件。主观要件是指行为意思、表示意思和效果意思。行为意思是指表意人有意作出表示的意思，如果在身体受到强制或梦游状态下所作出的表示行为就没有行为意思。表示意思指的是表意人希望其行

---

[38] 王泽鉴：《民法总则》，中国政法大学出版社 2001 年版，第 336 页。

[39] 董安生：《民事法律行为》，中国人民大学出版社 1994 年版，第 227～235 页。

为构成表示,或者至少意识到其行为已经满足表示的事实构成。[40] 德国法中最为著名的教科书案例就是“特里尔葡萄酒拍卖案”(der Fall der Trierer Weinversteigerung),该案中,在一个葡萄酒拍卖会上,某人举手招呼他的一个朋友,但他却不知道举手就意味着出价的惯例,此时就可以认为,他不具有表示意思,因此他的行为不构成意思表示。[41] 所谓效果意思,是指意思表示人欲使其表示内容引起法律上效力的意思,是当事人所追求的使其发生法律拘束力的意图。在一些国家的法律中,效果意思又称为效力意思、法效意思、设立法律关系的意图。合同法中所称的缔约目的或订立合同的目的,其中也包含了效果意思。它是行为人追求设立、变更、终止民事法律关系的意图,反映了法律行为不同于其他行为如事实行为的特征。目的意思和效果意思共同构成了意思表示的主观要件。[42]

二是客观要件,就是指表示行为。所谓表示行为,是指行为人将其内在意思以一定的方式表示于外部,并足以为外界所客观理解的要素。换言之,是指表意人将效果意思表现于外部之行为。[43] 或者说,表示行为是指行为人将其内在意思以一定方式表现于外部,并足以为外界所客观理解的行为要素。[44] 德国法理论将表示行为具体分为两个方面,一是意思表示的发出,即表意人必须完成了一切为使意思表示生效所必需的行为。在无须受领的意思表示的情况下,只要表意人完成了表示行为即可认为表示行为的发出,在需要受领的情况下,意思表示还必须针对特定受领人发出。在对话人之间的口头意思表示,表意人必须向相对人发出,在非对话人之间的意思表示,表意人必须将意思表示寄送给相对人。二是意思

---

[40] [德]弗卢梅:《法律行为论》,迟颖译,法律出版社 2013 年版,第 53 页。

[41] Vgl. Flume, Allgemeiner Teil des Bürgerlichen Rechts, Bd. 2, Das Rechtsgeschäft, 1992, S. 47; Brox/Walker, Allgemeiner Teil des BGB, Aufl. 33, 2009, Rn. 85.

[42] 目的意思和效果意思非常难以区分,因此,有学者认为,效果意思已经包含了目的意思,而没有必要再独立出来,台湾地区和德国的许多学者就把目的意思排除出意思表示的构成要素,将目的意思和效果意思等同视之。参见郑玉波:《民法总则》,中国政法大学出版社 2003 年版,第 332 页。

[43] 郑玉波:《民法总则》,台湾三民书局 1959 年版,第 244 页;另参见刘清波:《民法概论》,开明书店 1979 年版,第 99 页。

[44] 董安生:《民事法律行为》,中国人民大学出版社 1994 年版,第 227、231、233 页。

表示的到达。如果意思表示是相对于他人且需要受领而发出的,相对人为非对话人,则意思表示到达相对人时生效。德国联邦法院认为,如果一封信件"以交易中通常之方式,进入相对人或另一个代理相对人受领信件的人之实际处分权范围,并且该相对人或另一个人具有可知悉的可能性",[45]即为到达。

应当承认,意思表示与法律行为的关系很难区分。《德国民法典》第三章的标题为"法律行为"。但是在第三章中,立法者却不断地混用"法律行为"和"意思表示"的概念,例如,第111条规定的是"法律行为的无效",第125条、第134条、第138条以下诸条都使用的是"法律行为",而第116~124条使用的是"意思表示"。《德国民法典》的立法理由书中写道:"就常规而言,意思表示与法律行为为同义之表达方式。使用意思表示者,乃侧重于意思表达之本身过程,或者乃由于某项意思表示仅是某项法律行为事实构成之组成部分而已。"[46]据此,有不少学者认为,法律行为与意思表示是不能分开的,意思表示就是法律行为。但笔者认为,这一观点并不妥当,意思表示与法律行为尽管有密切的联系,但仍然存在明显的区别,主要表现为如下几点:

第一,意思表示只能是单一的意思表示,而法律行为则可能包含一个或多个意思表示,这就是说,与意思表示的概念相比较,法律行为包含的内容更为广泛。法律行为可以仅由一个意思表示构成,这通常是指一些单方的行为,如代理权的授予、追认权的行使、设立遗嘱等。也可以是多个意思表示构成,这就是双方或多方的法律行为。[47] 拉伦茨指出:"我们所称的'法律行为'并不是指单个的意思表示本身,如买受人和出卖人的意思表示,而是指合同双方当事人之间根据两个意思表示所进行的相互行为。只有通过合同这种一致的行为,才能产生法律后果。合同也不仅仅是

---

[45] [德]迪特尔·梅迪库斯:《德国民法总论》,邵建东译,法律出版社2000年版,第210页。

[46] [德]迪特尔·梅迪库斯:《德国民法总论》,邵建东译,法律出版社2000年版,第190页。

[47] Tuhr, Der Allgemeine Teil des Deutschen Burgerlichen Rechts, zweiter Band, erste Halfte, Verlag von Duncker & Humblot: Munchen und Leipzig, 1914, S. 54.

两个意思表示的相加之和。由于两个意思表示在内容上相互关联,因此合同是一个有意义的二重行为。"[48]合同的成立必须具有两个意思表示,即要约承诺才能成立,其中任何一项意思表示不能成立则法律行为不能成立。法律行为还可以由多方意思表示构成。例如公司章程行为,它不仅需要各方作出意思表示,还需要遵循有关的表决程序和规则,例如要按照少数服从多数原则进行表决。

第二,法律行为与意思表示的成立要件是不同的。关于法律行为的一般成立要件,学界通说认为包括当事人、意思表示与标的,这三者构成一个整体,因为既然存在意思表示,则必然有其表意人存在,而意思表示也必然有其欲发生的法律行为的标的,因此当事人的意思表示是一个整体,既包括意思表示主体,也包括意思表示的标的。但法律行为的成立要件是不同的,除了当事人的意思表示之外,还可能存在法定的或约定的特殊成立要件。例如法律规定必须要以订立书面形式或登记、审批,或当事人可特别约定公证的形式作为法律行为的特别成立要件。

第三,法律行为与意思表示的成立时间是不同的。就法律行为的成立而言,如果是单方法律行为,原则上以意思表示的作出或到达为成立;如果为双方或多方行为,则以当事人意思表示的合致为成立。而且,当事人可以自由约定其法律行为的成立条件。例如,当事人可以约定以公证为法律行为的成立要件。对一些特殊的行为,如要物行为,则根据法律的规定,不仅需要意思表示的一致,当事人之间还需要完成一定的实际交付行为才能导致法律行为成立。而意思表示的成立通常以意思表示的发出为成立条件。

第四,法律行为与意思表示的生效是不同的。根据大陆法系国家的民法,对于意思表示的生效一般应当区分是否有相对人,如果意思表示有相对人的,则意思表示一旦到达相对人就生效;如果意思表示没有相对人,则意思表示一经作出即可发生效力。但意思表示发生效力以后,并不一定产生法律行为的效力,能否产生法律行为的效力,还要看该意思表示是

---

[48] [德]卡尔·拉伦茨:《德国民法通论》(下册),王晓晔等译,法律出版社2003年版,第427页。

否符合法律行为的生效要件。[49] 单纯的意思表示可能并不直接构成法律行为的意思表示,不一定能够产生当事人预期的法律效果,但法律行为一般要产生当事人预期的效果。例如,要约并非单方法律行为,而只是要约人的意思表示,要约的拘束力主要是使承诺人取得承诺的资格,而不能发生要约人所预期的法律效果,即成立合同。即使是承诺,也只是一种意思表示,但不能构成一个完整的法律行为,因为承诺发出以后,可能因实质性地变更要约而构成反要约。也可能因承诺迟延等原因而不能导致合同成立。所以,它们尽管是一种意思表示,但由于不能必然产生当事人预期的法律效果,所以不是法律行为。

第五,法律行为的解释与意思表示的解释是不同的。对意思表示的解释,可以从狭义和广义两个方面来理解,如果从广义上理解,则意思表示的解释包括了法律行为的解释,法律行为的解释不过是意思表示的解释的主要形态。从狭义上理解,意思表示的解释是除法律行为之外的各种意思表示的解释。如果按照狭义理解,它和法律行为的解释确实有一定的区别。意思表示的解释以探求当事人的真实意思为目的。它注重的是意思的真实性,而法律行为的解释不一定强调意思的真实。法律行为的解释要客观化,有关法律行为的解释规则更加宽泛,例如诚信原则的采用,使得法律行为的解释更加客观化。可见法律行为的解释不一定要探究当事人的真意,一些专门适用于交易的解释规则,如适用交易习惯的解释,就不适用于意思表示的解释。近百年来,表示主义取得明显优势,其目的在于侧重保护相对人的信赖和交易安全,其结果是法律行为的解释方面越来越注重表示主义,[50]而不强调探究当事人的内心真意。

正确区分意思表示与法律行为,对于准确理解法律行为的内涵、意义都具有十分重要的意义。

---

[49] 陈卫佐:《德国民法总论》,法律出版社2007年版,第161页。

[50] 参见常鹏翱:“法律行为解释与解释规则”,载《中国社会科学院研究生院学报》2007年第6期。

四、在总则中设立法律行为制度的必要性

在民法典总则编制定过程中,学者对是否应规定法律行为制度存在着不同意见。赞成者认为,我国《民法通则》中已经对法律行为作出了规定,法律行为的概念已经为法官和民众所接受,应该继续保留这一概念,从实践来看,法律行为制度的设立对法律的适用起到了重要作用,应当继续予以保留。反对设立法律行为制度的主要理由是:法律行为制度主要适用于合同关系,它是以合同为对象而抽象出来的概念,由于我国合同法对有关合同法总则的规定已经十分详尽,再设立法律行为制度,必然与合同法总则规定发生重复;我国未采纳物权行为概念,因此法律行为适用范围已经十分狭窄;许多大陆法系国家民法中也没有这一概念,这主要是德国民法中的特有概念,因此认为不应采纳这一概念。笔者赞成设立法律行为制度,主要理由如下:

(一)法律行为制度是实现私法自治的工具

德国学者海因·科茨指出,"私法最重要的特点莫过于个人自治或其自我发展的权利。契约自由为一般行为自由的组成部分……"[51]意思自治又称私法自治,是指"各个主体根据他的意志自主形成法律关系的原则",或者是"对通过表达意思产生或消灭法律后果这种可能性的法律承认"。[52]法律行为制度作为实现私法自治的工具的作用方面表现为:

首先,法律行为制度的设立解释了私法自治的根本精神。法律行为解释了为什么能够产生、变更和终止法律关系是基于当事人的意愿。对某些行为,法律允许当事人通过其以民事法律关系发生变动为目的的意思表示来引起民事法律关系发生、变更或消灭,只要当事人的意思符合法定的条件,就可以实现当事人的目的,依法发生当事人所期望的法律后果。

---

[51] [德]罗伯特·霍恩等:《德国民商法导论》,楚建译,中国大百科全书出版社 1996 年版,第 90 页。

[52] [德]梅迪库斯:《德国民法总论》,邵建东译,法律出版社 2000 年版,第 142 页。

对于另一部分行为,法律则根本不考虑当事人的目的,只要该行为发生,即发生法律所规定的法律后果。前者即传统民法所言的法律行为,后者则是传统民法所言的事实行为。

其次,法律行为制度为意思自治原则提供了基本的空间,符合市场经济的内在要求。一方面,法律行为制度进一步解释了为什么民法规范以任意性规范为主要类型。任意性规范,是可以由当事人通过约定而加以排除的规范。任意性规范的功能在于当事人可以以其约定优先于法律规范而适用。如此可以极大地发挥当事人的积极性与主动性。法律行为在本质上就是允许当事人通过其意思表示决定其相互间的权利义务关系,并由其意思表示变更、消灭其相互关系。这正是市场经济内在要求在法律上的表现。另一方面,在民法典的总则编确认私法自治原则,必须通过法律行为制度加以落实。私法自治原则是民事主体根据他的意志自主形成法律关系的原则,是对通过表达意思产生或消灭法律后果这种可能性的法律承认。私法自治原则具体体现为结社自由、所有权神圣、合同自由、婚姻自由、家庭自治、遗嘱自由以及过错责任等民法的基本理念。私法自治原则强调私人相互间的法律关系应取决于个人的自由意思,从而给民事主体提供了一种受法律保护的自由,使民事主体获得自主决定的可能性。而法律行为制度充分体现了民法精神或私法精神,承认个人有独立的人格,承认个人为法的主体,承认个人生活中有一部分是不可干预的,即使国家在未经个人许可时也不得干预个人生活的这一部分。[53]

在现代市场经济条件下,由于市场经济的要求以及法律传统、道德观念、人权观念的影响,各国法律在绝对权的保护上,通常都是采用法定主义的模式予以调整。而引起绝对权的变动的法律事实中,事实和事实行为的法律效果都是由法律直接规定的,因此,这部分内容也没有当事人实现意思自治的空间。但是,即使如此,在绝对权的设定以及变动过程中,法律行为制度依然具有广泛的适用范围。

最后,法律行为制度为建立有限的服务型政府奠定了基础。现代市场

---

[53] 谢怀栻:“从德国民法一百周年说到中国的民法典问题”,载《中外法学》2001 年第 1 期。

经济条件下,政府应当是有限的服务型政府,政府的行为应当局限于法律的授权范围内,凡是涉及社会成员私人生活的领域,只要不涉及公共利益、公共道德和他人的利益,都应当交给任意法来处理,即允许社会中私人之间的财产关系、人身关系应当由私人依据其自己的意思加以创设、变更或消灭。这些内容体现在法律中,就需要明确强行法的控制范围,对于本属于私人之间的事务应当更多地交给其自行处理。既然意思自治主要体现在法律行为制度中,因此,民法作为市场经济的基本法,有必要在总则中规定法律行为制度,充分体现法律行为以及意思自治在整个民商法体系或者整个市场经济法律体系中的重要位置,从而合理界定国家干预与意思自治的界限,为实现建立有限政府的行政体制改革奠定坚实的法律基础。

(二)法律行为制度整合了民法的体系

在19世纪末,经过了数十年的法典论战后,《德国民法典》的起草者采纳了由潘德克顿学派所提出的民法典体系,这即是今天所说的五编制的"德国式"模式。作为潘德克顿学派结晶的《德国民法典》,具有概念精密清晰,用语简练明确,体系严谨完整等诸多优点,虽历经百年社会变迁,仍不愧为一部伟大优秀的民法典。"德意志编别法创设总则编之一举,意义甚为重大,当时德国法律学者皆认为,对各种法律关系共同事项,另有谋设一般的共同规定之必要。"[54]而总则编的形成主要原因是因为潘德克顿学派,通过解释罗马法而形成了法律行为的概念,从而使得物权法中的物权行为、合同中的合同行为、遗嘱中的遗嘱行为、婚姻中的婚姻行为等行为都通过法律行为获得了一个共同的规则。法律行为是各种分则中的行为提取公因式形式(vor die Klammer ziehen)的结果。由于法律行为的设定使得代理也能够成为总则中的规则而存在。也就是说,潘德克顿学派因为设立了完整的法律行为制度,而构建了一个完整的民法典总则的体系结构。

我国学术界大多数学者都认为,民法典应当设立总则。通过设立总则

---

[54] 陈棋炎:《亲属、继承法基本问题》,台湾三民书局1980年版,第3页。

才能使民法典更富有体系感。总则中如果缺少法律行为的规定,则代理制度也不能在总则中作出规定,而因为缺乏对行为的抽象,对客体的抽象也变得没有必要,这就使总则只剩下主体制度,从而在民法典中就只需要保留人法,而不必要设立大总则。许多大陆法系国家的民法典都只有人法,而没有总则,这在很大程度上是因为其没有采纳法律行为制度造成的。

我们必须要看到,法律行为制度在总则中具有举足轻重的地位。因为民法总则应当以主体、客体、行为、责任来构建,通过这一体系展示了民法的基本逻辑关系。这就必须以法律行为制度为基础。从逻辑体系上看,行为能力确定的是意思能力,而法律行为确立的是意思表示。法律行为制度是代理制度的前提和基础,因为代理是指在本人不能作出意思表示时,如何由他人代理从事意思表示。如果民法典总则中有代理而无法律行为,就缺乏代理的前提。从主体到代理,中间缺乏一个环节。取消法律行为制度以后,代理制度将不能在总则中规定,而只能在合同法中规定,将代理放在合同中规定将导致体系上的矛盾,例如我国《合同法》将间接代理置于委托合同中,而关于表见代理、无效代理则放在总则中。但事实上指定代理与合同并没有发生关系,而代理权的授予与委托合同也是有区别的,所以在合同中规定是不妥当的。

如果没有法律行为制度,那么民法的各个部分是散乱的,很难形成民法的总则,总则部分最多只能包括一个主体制度。正是由于法律行为制度的设立,使得散见在民法各个部分的杂乱无章的表意行为的共性抽象出来,从而形成了一个统一的制度。例如,遗嘱和合同行为存在着质的区别:后者为交易行为,前者为单方行为。但两者还是存在着许多共同之处,可以将其共同之处抽象出来。所以,法律行为制度是民法总则中的不可或缺的内容。

(三)法律行为制度的设立有助于民法的完善

《民法通则》已经对法律行为制度作出了规定,该概念已经为大家所普遍接受,而且这种制度安排也没有表现出体系上的缺陷。如果没有充分的理由从根本上否定它,就不必取消该制度。经过十多年的实践证明,

《民法通则》关于法律行为制度的规定具有重要意义。它不仅建立了民法的基本制度,也为后来市场经济的发展提供了良好的法制环境。具体来说,具有如下意义:

第一,它有助于法官、学者和民众正确理解民法的制度,尤其是债法中的各项制度,具有制度解读功能。法律行为将各种以意思表示为核心的行为作出统一规定,避免了立法的重复,实现了立法的简约。例如,在法律行为制度中规定了法律行为的生效要件、无效或可撤销的原因、法律行为的解释等,那么在有关单方行为、遗嘱等的规定中就没有必要对此作重复规定。法律行为制度最典型地体现了提取公因式方式的立法模式的优点。

第二,它为法官依据《民法通则》的总则性规定弥补法律漏洞、解决新型案件提供了基础。法律行为是高度抽象化的产物,它把合同、遗嘱等抽象化为法律行为制度,并通过法律行为的成立、生效要件,体现了国家对民事主体行为的预见,体现了一种价值判断。从审判实践来看,法律行为制度也已经成为民事的裁判规则。法官常常要引用法律行为制度的规定作为判案的依据。如果取消法律行为制度,将使法官适用法律发生一定的困难。

第三,它宣示了民法的基本价值和精神,体现了民法的人本主义的精神和私法自治的理念。法律行为制度已经成为了我国民法的重要组成部分,除非有充分的理由,我们只能继承和发扬这一制度,而不能轻言放弃。法治本身是一个渐进的过程,也是一个长期积累的过程,现行立法中成熟的经验,我们都应当继续保留,对法律行为制度的取舍也应当采取这一态度。

第四,法律行为制度是高度抽象化的产物,它把合同、遗嘱等抽象化为法律行为,并通过规定法律行为的成立、生效要件,既充分贯彻了意思自治原则,又体现了国家对民事行为的必要的控制和干预。

(四)法律行为制度具有较为广泛的适用范围

如前所述,法律行为制度作为总则中的一项重要制度,是因为该制度能够广泛适用于民法分则的各个部分,也只有这样才能体现民法典总则作为总则的价值。然而，有一些学者认为，由于我国物权法中不承认物权行为理论，且因为我国不承认婚姻、收养为合同行为，因此法律行为制度主要适用于合同关系中，这样法律行为主要适用于合同而不适用于其他关系，该制度不具有总则的意义，只需要在合同法总则中作出具体的规定，就完全可以实现法律行为的功能。因此，在总则中规定法律行为制度是不必要的。笔者不赞成这一看法，主要原因是法律行为适用范围仍然十分广泛，具有普遍的工具性意义。法律行为的适用范围十分广泛，具体体现在：

第一，法律行为在物权法中具有一定的适用空间。尽管在我国物权法中，我们不承认物权行为理论，也不承认物权行为独立性、无因性，但并不意味着物权法中就不能适用法律行为制度，这主要是因为：一方面，物权法中存在许多设立他物权的合同。例如，抵押权设立合同、质押合同、出典合同、国有土地使用权出让合同、地役权设立合同，它们仍然是产生民事权利义务关系的行为，它们不仅可以适用合同法总则的规定，也可以适用民法总则中法律行为的规定。另一方面，物权法中有关所有权权能的分离、侵害相邻权获得补偿、共有物的分割等，也会通过合同的方式来完成。这些行为也可以适用法律行为的规定。如果在总则中不设立法律行为制度，那么在物权法中就有必要规定这些行为适用合同法规定的准用条款，从而使法律的规定非常烦琐。

第二，合同法总则不能完全代替法律行为的规定。尽管法律行为是对合同法总则高度抽象的产物，但合同法总则不能完全代替法律行为。主要是因为：一方面，就合同而言，除了有名合同之外，法律行为对于无名合同具有适用的意义。如企业内部承包，不适用合同法，但亦可适用法律行为制度。由于法律行为制度较之于合同的规则更为抽象，所以它具有更为广泛的适用范围。另一方面，尽管法律行为制度主要适用于交易关系，但在我国社会生活中，单方法律行为广泛存在，如悬赏广告等。由于其也属于当事人以变动法律关系为目的的意思表示，也应当适用法律行为制度的规则。此外，大量的多方法律行为，特别是章程行为，还要遵守一些订立章程的规则、程序，这些都不宜完全适用合同法的规定，但可以适用民法典总则中关于法律行为的规定。法律行为制度作为对合同、遗嘱等行为高度概括的制度,不仅具有较为广泛的适用范围,而且也为新的法律行为留下适用的规则。

第三,法律行为制度可以适用于婚姻、遗嘱、收养等身份关系。遗嘱行为是一种典型的单方法律行为,完全可以适用法律行为制度关于法律行为成立、效力等方面的一般规定。至于婚姻行为,我国现行立法不承认婚姻为合同,在当事人通过合意创设身份关系的过程中,尤其是创设婚姻关系过程中,由于其主要体现的是行为人的感情因素,对此很难设定一定的行为标准来加以判断,因此,法律不应也不能对这一过程进行调整,否则,就意味着国家对个人私生活领域的过分干预。因此,对这一过程中行为的调整应当通过道德规范来进行。我国婚姻法不承认婚约的效力。我国《合同法》第2条明确规定,婚姻、继承、收养不适用合同法的规定,但这并不完全排斥法律行为的适用,在婚姻收养领域,至少有如下行为可以适用法律行为制度:一是无效婚姻和可撤销婚姻的问题,在没有明确规定的情况下,可以参照适用有关法律行为的规定;二是夫妻财产约定的问题,完全可以适用法律行为的有关规定;三是离婚协议,尤其是离婚时双方对有关财产的分割等事项的约定;四是有关收养协议;五是遗赠扶养协议;六是委托监护等。由此可见,就身份上的行为而言,尽管法律行为制度主要适用于财产关系,但对于亲属、继承方面的双方行为,由于其也是以意思表示的合致为核心,关于其意思表示的形成与解释、其成立及效力也可以适用法律行为的规定,如收养协议的效力可以根据法律行为规则判断。对于继承法上的遗嘱行为,显然不能适用合同法。

第四,在人格权和知识产权制度中,也可以适用法律行为制度。人格权法中,虽然人格权不能移转,但随着社会经济的发展,肖像权的使用权等人格权的利用权的转让日渐增加,对此也可适用法律行为制度加以调整。知识产权法等法律中也涉及一些法律行为,如有关专利权或著作权的转让、许可等合同。

第五,与商法的协调。我国实行民商合一,商事特别法要适用总则的规定。商法中涉及大量的法律行为的问题,如公司的设立过程中公司股东或发起人之间的协议关系等，对其成立、效力、解释等内容商法中一般不做规定，这就需要到民法总则中寻找依据。如果不规定法律行为，将会使商法中的很多问题缺乏规范。

五、关于法律行为制度内容的构架

民法总则中的法律行为制度应当如何建构，取决于我国民法典中有关总则的规定、是否设立债法总则以及合同法总则的内容。因此，必须深入探讨法律行为制度与这些相关制度的关系，下面笔者逐一加以论述。

（一）法律行为制度在民法总则中的地位

既然总则以主体、客体、行为等法律关系的要素来构建其内容，那么法律行为就应当是在民事主体、民事法律关系客体的规定之后，在民事权利以及民事责任之前加以规定。法律行为制度是否应当包括代理的内容？按照《民法通则》的体例，民事法律行为是与代理并列规定在第四章，这种体例表明了《民法通则》的起草者认识到了法律行为制度与代理之间的关系。因为法律行为的核心是意思表示，而代理制度主要解决的是他人代为意思表示的问题，它是民事主体实施民事法律行为的延伸与辅助。所以代理与法律行为制度是不可分割的。但是，代理毕竟是民法中的一项独立制度，完全将其纳入法律行为制度之中也是不妥当的。笔者认为，民法总则中应当首先规定法律行为制度，然后再规定代理制度。

（二）法律行为制度与债法总则的关系

笔者认为，未来民法典中应当设立债法总则。如果设立了债法总则，就必须要处理好债法总则与法律行为制度之间的关系。首先，法律行为制度与债法总则的内容是存在区别的，法律行为制度主要规定的是意思表示、法律行为的成立、效力等问题，而债法总则主要规定的是债的发生原因、债的效力等内容。但是我们必须看到法律行为制度与债法总则之间具有密切联系性。一方面，债法总则中主要适用于合同的一些规则会与法律行为制度重复；另一方面，有关债的转让、变更、抵销、消灭等制度也必须通过法律行为制度加以实现。还要看到,债的履行大多是一种事实行为,但也有些是采取法律行为的方式,例如,委托合同中受托人需要以订立合同的方式履行义务,协议抵销、协议解除合同以及通过票据进行支付的票据行为等也是法律行为。这就表明了债法总则和法律行为制度具有十分密切的联系。

因此,我们可以通过合理地设计法律行为制度与债法制度的内容,防止出现相互重复与矛盾的规定。笔者认为,未来制定民法典时可以从以下几方面加以考虑:

首先,法律行为制度中主要规定的是意思表示、法律行为的概念、法律行为的成立、法律行为的效力、附条件的法律行为、附期限的法律行为等内容,而债法总则中主要规定的是债的发生原因、标的、种类、效力、变更、保全、转让和消灭等。尤其需要强调的是,债法总则中可以对债的发生原因作出规定,但不必对合同之债的成立、生效以及无效、可撤销等问题作出具体规定。有关意思表示与法律行为的解释可以放在总则中加以规定,债法总则中无须对解释的问题作出规定。

其次,凡是要适用法律行为制度的内容,就无须在债法总则中加以规定,例如,解除协议有效成立的判断标准、免除债务的意思必须到达对方时生效等内容完全可以适用法律行为的规定,无须在债法总则中重复规定。

最后,关于单方法律行为发生的债主要在法律行为中加以规定,而不必要在债法中加以规定。单方法律行为与双方法律行为在债法总则中都属于债的发生原因,但是在债法总则中无须对其成立与生效等问题作出规定,应当统一由民法总则中的法律行为制度加以规定。例如,我国台湾地区“民法”将合同法总则的内容规定在债法通则即债法总则的“债之发生”中。但就债法总则来看,主要在债的发生原因上才会涉及法律行为制度,而且主要是明确债可因合同及单方允诺发生即可,因此债法总则中不需规定法律行为制度的内容。我国台湾地区“民法典”这方面的做法不值得仿效。

(三)法律行为制度与合同法总则的关系

法律行为制度与合同法总则之间的关系最为密切,因为法律行为制度本身就是对合同进行高度抽象后的产物，其绝大多数规定都是以合同作为适用对象的。所以，要设计一套完整的法律行为制度就必须正确处理其与合同法总则之间的关系。从原则上说，既然我国合同法中已经规定了一套非常完备的合同总则，因此没有必要在合同法总则之外再规定较为完备与详尽的法律行为制度。我们没有必要像《德国民法典》的总则那样，将法律行为制度规定得十分详尽，否则，难免出现叠床架屋的现象，导致法律行为制度与其他制度的重复。《德国民法典》将合同的成立制度放在法律行为中，而非在债法总则中加以规定，其目的也是为了避免这种重复现象。考虑到我国合同法已经规定了完整的总则，适用的效果也比较好，总则的规定也比较完备，所以应当继续保留。在安排两者之间的关系方面，笔者认为可以从以下几点加以考虑：

第一，有关意思表示的概念、构成要件、效力规则应当在法律行为制度中做出规定，而合同法不能对此做出规定。

第二，有关合同的成立问题涉及要约与承诺制度的详细规定，不仅技术性很强而且程序性很强，其主要适用范围是合同，因此应当在合同法总则中加以规定，但关于法律行为成立与生效的一般规则由于不仅涉及合同而且还涉及其他法律行为，所以可以在法律行为中加以规定。

关于法律行为的效力与合同效力的规定也应当有所区别。合同的生效条件和遗嘱的生效条件不完全相同。合同和遗嘱尽管都是法律行为，要符合法律行为的一般生效要件，但各具不同的特殊要件。再如，在行为人欠缺行为能力时，如限制行为能力人订立的合同属于效力待定的合同，而限制行为能力人订立的遗嘱则属于无效遗嘱。因此两者的无效条件也是不一样的。如果只是在合同法总则中规定合同行为的效力问题，则对于其他法律行为还要一一进行规定，过于重复和烦琐，也影响了法律行为规则的完整性。因为，法律行为制度的目的就在于对合乎或者至少不违背国家意志的当事人自由变动法律关系的意思加以认可并赋予法律上的效力，如果没有在法律行为中规定效力问题，就很难实现这一目的。

第三，有关单方法律行为和多方法律行为的规则应当在法律行为制度中而不能在合同法中规定。就合同而言，我国合同法对合同的成立、效力、履行等内容已经进行了比较完备的规定,在实践中也取得了比较好的效果。但是,应当看到,我国合同法所适用的领域不包括身份关系中的双方法律行为,也无法涵盖单方法律行为,因此,对其中的一些共通性的内容应当置于民法总则的法律行为制度中规定,而仅适用于合同关系的内容或主要适用于合同关系的内容则应规定在合同法总则中。

第四,关于法律行为的解释和合同的解释应当分开。法律行为既可以规定对法律行为的解释也可以规定对意思表示的解释。法律行为制度可以对各种解释的规则作出全面规定。但合同法主要则规定格式合同的解释,以及根据交易习惯解释合同的规则。有关意思表示和法律行为的解释问题,可以在法律行为中规定一般规则,而合同法可以针对合同的解释作出具体规定,二者不可代替。例如,合同可以根据交易习惯来解释,这些不能适用于一般的法律行为的解释。因为交易习惯主要适用于合同关系,而不能广泛适用于各种非合同的法律行为。

笔者认为,我国民法典总则应当保留法律行为的基本概念和制度,但该制度的内容应当简化。主要规定法律行为的概念、法律行为成立和生效的一般规则、各种单方及多方法律行为、附条件或期限的法律行为。至于各种具体的法律行为成立、生效要件、特殊的效力控制规则,如合同的成立与生效、格式条款的无效和可撤销、合同免责条款的特殊规制等,则不宜在法律行为制度中加以规定。

第二编 人格权制度

民商法研究(第六辑)
第 125 ~149 页

论人格权制度在未来中国民法典中的地位*

引言

人格权制度是有关对生命健康、名誉、肖像、隐私等人格利益加以确认并保护的法律制度。作为 20 世纪初特别是第二次世界大战以来形成发展的一项新型民事法律制度,人格权制度在《法国民法典》与《德国民法典》中并不占有十分重要的地位。然而,随着一百多年来人类社会经济文化的发展和法治的进步,人格权的重要意义日益凸显,其类型与具体内容都得到了极大的丰富。在我国当前制定民法典的情况下,如何认识人格权制度在民法典中的位置,引起学者极大的争论。目前主要有赞成人格权独立成编与反对人格权独立成编两种观点。反对人格权独立成编的学者的理由主要有三点:一是我国属于大陆法系,然而在大陆法系尤其是在《德国民法典》中人格权制度并不具有独立的地位;二是人格权制度与人格制度不可分离,因此应当包括在民事主体制度当中;三是人格权只有在受

---

* 原载《法学研究》2003 年第 2 期。

到侵害时才有意义,因此可以在侵权行为法中加以规定。这些观点都具有一定的合理性,但是笔者认为,人格权制度的独立成编不仅是出于丰富与完善民法典体系的需要,也是为了满足我国建设社会主义市场经济过程中充分保障民事主体人格利益的迫切要求。鉴于该问题涉及诸多民法理论与实践问题,本文拟对人格权应否独立成编问题谈几点看法。

一、人格权制度独立成编是丰富与完善民法典体系的需要

所谓民法典的体系,是调整平等主体之间的关系的、具有内在有机联系的规则体系,也可以说是将民法的各项规则有机地组合在民法典中的逻辑体系。科学的民法典体系并非一蹴而就,朝夕之间形成的,而需经过漫长的历史演进。早在罗马法时代,罗马法学家盖尤斯在其《法学阶梯》一书中就提出一种民法典的编纂体例,该体例将罗马市民法划分为人法、物法和诉讼法三部分,该体系为优帝编纂罗马法大全时所采用,后人将其称为“罗马式”。至《法国民法典》编纂时,虽然罗马式的体例被完全采纳,但是立法者将诉讼法从民法典中分离出去,保留了人法和物法的结构,同时将物法进一步分为财产法与财产权的取得方法。在19世纪末,经过了数十年的法典论战,《德国民法典》的起草者采纳了由潘德克顿学派所提出的民法典体系,该体系将民法典分为:总则、物权、债权、亲属及继承五编,也就是今天所谓的五编制的“德国式”模式。日本在继受德国模式时改变了债权法和物权法的顺序,但是基本采纳了五编制的模式。而20世纪90年代完成的《荷兰民法典》在体例上又有重大的改变,法典的起草者巧妙地将法国法模式和德国法模式结合起来,同时又吸收了英美法系的经验,创建了民法典的八编模式。尤其值得注意的是,该法典在债权和物权之上设立了财产权总则,并改造了德国法的总则模式。该法典在颁布之后,得到了包括德国在内的许多国家民法学者的广泛好评。1994年颁布的《俄罗斯民法典》在体系上也有了许多新的发展,例如将债法划分为两编加以规定,在债法总则中分别规定债的一般规定与合同的一般规定,

并在总则中的民事权利客体部分规定了知识产权制度。由此表明，民法典体系并非先验的，一成不变的，而是随着社会政治经济文化的发展而变化的体系。

应当承认，中国自清末变法以来，基本上被纳入了大陆法的体系，在近代中国的民事立法以及民法学说中也大量吸收了大陆法尤其是德国法的概念与制度。对此旧中国民法学家梅仲协先生曾精辟地指出："现行民法采德国立法例者十之六七，瑞士立法例十之三四，而法日苏联之成规，亦尝撷一二。"①无论是过去还是现在，从民事立法的内容来看，我国立法确实大量借鉴了德国法的经验，这是毫无疑问的。然而，这是否意味着我们在 21 世纪制定民法典时还需要僵化到一成不变地继承《德国民法典》的五编制体例呢？结合人格权制度在民法典中的地位，不少学者认为，既然人格权制度在德国模式中并没有其独立的地位，我国民法典将人格权独立成编缺乏先例，无异于标新立异。笔者不敢苟同此种观点。

诚然，我们在制定民法典的时候，应当注重大陆法系尤其是德国法的经验，但是借鉴并非意味着照搬照抄。如前所述，民法典的体系本身是一个开放的、发展的体系，它与一国的政治经济文化环境等因素息息相关。一百多年前德国注释法学派所形成的《德国民法典》体系是符合当时德国社会经济需要的，但是它并不完全符合当前我国社会经济的需要，如果无视我国现实情况而仍然延续《德国民法典》的结构，则无异于削足适履。如果这样，民法的发展又从何谈起？诚然，制定民法典肯定要借鉴外国立法的先进经验，但这绝不意味着要完全照搬其他国家或地区的经验。正如哈佛大学著名比较法学家 Arthur von Mehren 所言，《德国民法典》的历史功绩是卓越的，但现在看来缺少时代感。从萨维尼到今天，纵跨百年，沧桑巨变。完全照搬一百多年前的民法体系，甚至将该体系作为一个终极模式，不进行任何改变，显然是不科学的。人类已经进入了 21 世纪，一百多年来社会的发展对法律的发展也提出了更高的要求，人文精神和人权保护也应在民法中得到更充分的体现。而人格权在民法典中独立成

① 梅仲协：《民法要义》，中国政法大学出版社 1998 年版，初版序言。

编,正是适应丰富和发展民法典体系的需要,也符合民法典体系发展的科学规律。

首先,人格权本身是近代社会人权运动的产物,在《德国民法典》制定的时候,尽管已经提出人格权的概念,但是仅仅是对人格利益能否上升为一种私法上的权利并获得私法救济进行理论上的争论与探索。德国著名的民法学者耶林曾经呼吁将人格利益作为无形财产加以保护,但他并没有提出完整的人格权理论。② 《德国民法典》制定之初,由于并未有成型的人格权概念与理论,因此立法者无法将其在法典中明确加以规定。③ 从更深层次的原因来看,德国法之所以在法典中没有规定独立的人格权制度,主要是因为当时社会中尚未产生发达的人格关系。因为当时的社会关系比较简单,而且人权运动发展水平也比较低。④ 德国法院在实务中也认识到法典的这一欠缺,德国法官靠解释德国战后基本法原则形成了保障人格权的一系列判例就创设出了一般人格权的概念,所以德国的人格权制度除了以宪法为依据外,⑤大量的是以司法判例的形式体现的。⑥ 像德国这种严守法典传统的国家,适用最高法院判例保护人格权,其实也是不得已而为之的做法。德国学者冯·巴尔指出,"《德国民法典》第 823 条第 2 款曾经是欧洲独一无二的一条规定,也是允许对个人名誉提供侵权行为法保护的唯一规定,个人名誉没有包含在《德国民法典》第 823 条第 1 款的保护之中。由于《德国民法典》没有与《奥地利民法典》第 1330 条类似的条文,只能引用第 823 条第 2 款才对污辱和诽谤请求赔偿开辟了道路。但是 1954 年德国联邦法院作出判决,认定对人格尊严、自治、隐私的权利是《德国民法典》第 823 条第 1 款的权利,但此以后很快又作出判决认定对违反此种权利造成的非物质损失予以赔偿"。⑦ 由此表明,德国的立法

---

② 龙显铭编著:《私法上人格权之保护》,中华书局 1937 年版,第 13 页。

③ MünchKomm/Rixecker, Anhang zu § 12 Das Allgemeine Persönlichkeitsrecht, Rn .1.

④ Vgl. RGZ 69,401,403 – Nietzsche – Briefe.

⑤ MünchKomm/Rixecker, Anhang zu § 12 Das Allgemeine Persönlichkeitsrecht, Rn .2.

⑥ Bamberger/Roth/Bamberger, § 12, Rn. 96.

⑦ [德]克里斯蒂安·冯·巴尔:《欧洲比较侵权行为法》(上),张新宝译,法律出版社 2001 年版,第 47 页。

与司法者已经意识到了人格权制度在内容与体系上的不完善，而且正在通过判例等方法加以弥补。

其次，《德国民法典》不规定人格权制度在体系上存在着相当大的缺陷。人格权制度在未来《德国民法典》中的地位是不明确的。《德国民法典》也没有使人格权制度成为一套体系。许多学者认为，按照德国民法的债法模式，侵害人格利益产生损害赔偿之债，并可以由债法加以调整。因此人格权制度可以纳入债法当中。事实上，债法对人格权进行的规范并不全面，因为在债法中无法形成对人格权的确认，也无法为新型人格权的产生提供空间。尤其是侵害人格权并不只是单纯产生一个债的关系，除此之外还有赔礼道歉、恢复名誉等多种责任形式。显然，由于债在本质上只是一种以财产给付为内容的请求关系，而赔礼道歉、恢复名誉等多种责任形式无法为该种请求关系所容纳，因此不属于债法的内容。而这些责任形式又是对人格权加以保护的十分重要且行之有效的保护方式。可见，旧的《德国民法典》债法模式已经不能容纳人格权的内容，我们在立法过程中也没有必要囿于明显不合乎实际的陈旧的东西。事实上，《德国民法典》中没单独规定人格权，正反映了它的历史局限性。

在人类已经进入 21 世纪的今天，我们要从中国的实际情况出发制定一部具有中国特色的民法典，就不应当完全照搬《德国民法典》的经验，而应当重视在借鉴的基础上进行创新。民法是社会经济生活在法律上的反映，民法典更是一国生活方式的总结和体现。我国要制定一部反映中国现实生活、面向 21 世纪的新的民法典，就必须在体系结构上与我们这个时代的精神相契合，既要继承优良的传统，又要结合现实有所创新、有所发展。当然，创新不是一个简单的口号，更不能为了标新立异而“创新”，任何创新都必须与客观规律相符、具有足够的科学理论的支持。人格权的独立成编不仅具有足够的理论支持和重大的实践意义，而且从民法典的体系结构来看，完全符合民法典体系的发展规律，并对民法典体系的丰富和完善具有十分重要的作用，主要表现在：

第一，人格权独立成编是符合民法典体系结构的内在逻辑的。

传统大陆法系民法典不存在独立的人格权编，本身是有缺陷的。因为民法本质上是权利法,民法分则体系完全是按照民事权利体系构建起来的。从民法权利体系的角度来看,人格权应该在其中占有重要的位置。民事权利主要包括人身权与财产权两大部分,而人身权主要是以人格权为主。财产权分为物权与债权,而物权和债权都是独立成编的,而在传统大陆法系民法典中,对人格权的重视显然不够,即没有让其单独成编,其规则或是在主体制度中予以规定,或是散见于侵权规则之中,这就造成了一种体系失调的缺陷,表现在:一方面,人格权制度是与财产权制度相对应的,而财产权制度已在民法中形成债权、物权的独立编章,但对于人格权而言却并无体系化的规则,这显然是不协调的。传统民法过分注重财产权制度,未将人格权作为一项独立的制度,甚至对人格权规定得极为"简略",这本身反映了传统民法存在着一种"重物轻人"的不合理现象。⑧ 另一方面,由于人格权没有单独成编,不能突出其作为民事基本权利的属性。在民法中与财产权相平行的另一大类权利是人身权,其中包括人格权。人格权作为民事主体维护主体的独立人格所应当具有的生命健康、人格尊严、人身自由以及姓名、肖像、名誉、隐私等各种权利,乃是人身权的主要组成部分。人身权与财产权构成民法中的两类基本权利,规范这两类权利的制度构成民法的两大支柱。其他一些民事权利,或者包含在这两类权利之中,或者是这两类权利结合的产物(如知识产权、继承权等)。如果人格权不能单独成编,知识产权等含有人格权内容的权利也很难在民法典中确立其应有的地位。由于在民法体系中,是以权利性质的不同来作为区分各编的基本标准的,所以人格权单独成编是法典逻辑性和体系性的要求。⑨

第二,从民法的调整对象来看,人格权理所当然应当独立成编。

民法主要调整平等主体之间的财产关系和人身关系,这一点不仅得到了立法的确认,而且已经成为学界的共识。财产关系和人身关系是两类基本的社会关系,财产关系因民法的调整而表现为各类财产权,而人身关

---

⑧ Schwab/Löhnig, Einführung in das Zivilrecht, Rn. 42.

⑨ 曹险峰、田园:"人格权法与中国民法典的制定",载《法制与社会发展》2002年第3期。

系作为与人身相联系并以人身为内容的关系主要包括人格关系和身份关系，在民法上表现为人格权和身份权。民事主体作为市民社会的参与者，也会形成各种人格关系，此种人与人之间的社会关系理所当然应当成为民法的重要调整对象。然而迄今为止，大陆法系民法设置了单独的婚姻家庭编调整身份关系，同时设定了财产权编（物权编和债权编）来调整财产关系，但一直缺乏完整的人格权编调整人格关系，这就使得民法的内容和体系与其调整对象并不完全吻合。

第三，人格权独立成编，并不会造成原有体系的不和谐，相反是原有体系的完整展开。

如前所述，民法典的分则体系是按照民事权利结构构建的。将人格权确认为一项独立的权利，其实还是在按权利体系构建整个民法典的体系，可以说将其独立既继受了既有的权利体系，又是对这一体系的适当发展。即使从《德国民法典》模式来看，根据许多学者的看法，该模式实质上是按照法律关系的模式构建的体系，在总则中以主体、客体、行为构建总则的体系，在分则中以权利类型构建。总则中的内容加上分则中的权利，就构成了注释法学派精心构建的一个体系。因此即使借鉴德国法的体系，应当说人格权的独立成编也不会妨碍这一体系的和谐，相反实际上丰富了这一体系。也就是说，将人格权编作为分则各编之首，其与总则的制度相结合仍然可以按照主体、客体、行为、权利而形成完整的依照法律关系模式构建的体系。

第四，一旦侵权法独立成编，也就必然在体系上要求人格权独立成编。

在民法典的制定过程中，我国民法学者大多主张，将侵权行为法独立成编，在民法典中集中规定侵害各种民事权利的侵权责任。具体而言，侵权责任不仅仅是包括侵害物权所形成的责任，还应当包括侵害知识产权、侵害人格权以及在特殊情况下侵害债权的责任。侵权责任，说到底旨在保护各项民事权利，这就需要首先在民法典的分则中具体规定各项民事权利，然后再集中规定侵权的民事责任，从而才能形成权利与责任的逻辑结合和体系一致。如果民法典还是一如既往地仅仅规定物权、知识产权等权利而不对人格权进行体系化的规定，显然使侵权行为法编对人格权的保护缺乏前提和基础。如果侵权行为法仍然像传统的大陆法系的国家的侵权法那样,对侵害人格权的行为和责任不做重点规定,则侵权法独立成编的意义就大打折扣,它也就不是一个真正意义上的完整的侵权法。并且,大陆法系民法典如德国也不完全是在总则中规定人格权,在侵权法中也有人格权的内容,但是,与其在侵权中进行反向规定,还不如单独集中地对人格权进行规定。

第五,人格权独立成编是我国民事立法宝贵经验的总结。

1986 年的《民法通则》在民事权利一章(第五章)中单设了人身权利一节(第四节),这是一个重大的体系突破。笔者认为《民法通则》关于民事权利一章的规定为我国未来民法典整个分则体系的构建奠定了基础。在"人身权"一节中,《民法通则》用 8 个条文的篇幅对人身权作出了较为系统和集中的规定。在"公民"和"法人"(第二章、第三章)、"民事责任"(第六章)中,都有许多涉及对人身权的确认和保护的规定。在一个基本法中,规定如此众多的人格权条文,这在世界各国民事立法中是罕见的。尤其值得注意的是,《民法通则》将人身权与物权、债权、知识产权相并列地作出规定,这在各国民事立法中也是前所未有的,此种体系本身意味着我国民事立法已将人格权制度与其他法律制度相并列,从而为人格权法在民法典中的独立成编提供了足够的立法根据。《民法通则》所确立的体系,是其他国家的民法典难以比拟的立法成果,是已经被实践所证明了的先进的立法经验,也是为民法学者所普遍认可的科学体系。既然《民法通则》关于民事权利的规定已经构建了一种前所未有的新的体系,并已经对我国民事司法实践与民法理论都产生了深远的影响,我们没有任何理由抛弃这种宝贵的经验。任何国家法制的发展都是长期实践积累的结果,法制的现代化也是一个渐进累积的过程,无法一蹴而就,因此在制定中国民法典时,对现行民事立法的宝贵经验,如果没有充足的正当的理由就不应当抛弃,相反应当继续加以保留。这就决定了我们应当在民法典的制定中将人格权独立成编。

二、人格权制度不能为主体制度所涵盖

在民法典制定过程中，一些学者之所以反对将人格权独立成编，一个非常重要的理由是，人格权与人格制度不可分离，因此，人格权应当为民法典总则中的主体制度所涵盖，[⑩]例如，有学者认为，人格权与人格相始终，不可须臾分离，人格不消灭，人格权不消灭。人格权单独设编，世界上没有先例，无论法国式民法典和德国式民法典，人格权均与自然人一并规定。人格权不是对于身外之物、身外之人的权利，而是主体对存在于自身的权利，人格权因出生而当然发生，因死亡而当然消灭，因此与人格不可分离。[⑪] 还有学者甚至认为，人格权说到底还是主体资格问题，在《民法通则》中规定民事主体的权利，已经体现了其重要性，如将其独立为一编，只能导致法典体系的混乱。[⑫] 应当承认，这种观点确实具有一定的合理性，它代表了传统民法理论的主张，例如，我国台湾地区已故著名民法学者史尚宽先生等均持此种观点。[⑬] 我国台湾地区著名学者王泽鉴先生也认为，人格包括能力、自由及人格关系。人、权利能力及权利主体构成三位一体，不可分割。[⑭] 这种观点的合理性在于强调了人格利益对于人格实现的重要性，且符合许多国家的立法状况。例如，《瑞士民法典》就是在第一编人法中针对有关自然人的主体资格问题首先规定了有关自然人的权利能力和行为能力，然后规定人格权的保护，从而将人格权完全置于主体制度中予以规定。

应当看到，人格权与主体资格确实有着十分密切的联系，一方面，有关自然人的生命、身体、自由、健康等人格权确实是自然人与生俱来的，是维

---

⑩ 梁慧星："中华人民共和国民法典大纲(草案)总说明"，载梁慧星主编：《民商法论丛》(第13卷)，法律出版社1999年版。

⑪ 梁慧星："民法典不应单独设立人格权编"，载《法制日报》2002年8月4日。

⑫ 刘士国："论中国民法典的体系"，载《法制与社会发展》2000年第3期。

⑬ 史尚宽：《民法总论》，中国政法大学出版社2000年版，第86页。

⑭ 王泽鉴：《民法总则》，中国政法大学出版社2001年版，第124页。

持自然人主体资格所必备的权利,任何自然人一旦不享有这些人格权,则其作为主体资格的存在也毫无意义。正如我国台湾地区学者王伯琦所言,"人格权为构成人格不可或缺之权利,如生命、身体、名誉、自由、姓名等是"。⑮ 郑玉波先生也认为:"人格权者,乃存在于权利人自己人格之权利,申言之,即吾人与其人格之不分离的关系所享有之社会的利益,而受法律保护者是也。例如生命、身体、自由、贞操、名誉、肖像、姓名、信用等权利均属之。"⑯另一方面,保障人格权实现,就是要充分尊重个人的尊严与价值,促进个人自主性人格的释放,实现个人必要的自由,这本身是实现个人人格的方式。这就是马斯洛所说的高级需要在法律上的表现。正如台湾地区学者苏俊雄指出的,现代法律"诚应透过各个人抽象的人格(Persönlichkeit),而进一步着眼于有贫富、强弱、贤愚之具体人类(Mensch)。保障其生存能力,发挥其既有主体、且具有社会性之存在意义"。⑰ 民法的人格权制度通过对一般人格权和具体人格权的保护,确认主体对其人格利益享有一种排斥他人非法干涉和侵害的力量,同时也赋予个人享有一种与一切"轻视人、蔑视人、使人不成其为人"的违法行为作斗争的武器。民法对于人身自由和人格尊严的保护,确认了个人的共同价值,并能鼓励个人以自己的意志支配自己的人身活动,自主地从事各项正当交往,对维护个人的尊严、培育个人的独立性具有重要的意义。

认为人格与人格权不可分离、人格权应该为主体制度所涵盖的观点,至少在理论上存在着两方面的缺陷:一方面,此种观点未能将权利与主体资格在法律上作出区分。众所周知,人格作为主体资格与具体的权利是两个完全不同的概念。同样,人格权与作为主体资格的人格是两个不同的范畴,不能相互混淆。所谓人格,是指在民事法律关系中享有民事权利、承担民事义务的资格,而人格权则是为了保证民事主体的独立人格所必须享有的权利。人格权是以人格利益作为其内容的,人格利益包括自然人依法享有的生命、健康、名誉、姓名、人身自由、隐私、婚姻自主等人格

---

⑮ 王伯琦:《民法总则》,台湾 1994 年自版,第 57 页。

⑯ 郑玉波:《民法总则》,台湾 1998 年自版,第 96 页。

⑰ 苏俊雄:《契约法原理及其适用》,台湾中华书局 1978 年版,第 71 页。

利益,法人和其他组织依法享有的名称、名誉、信用、荣誉等人格利益。它和作为主体资格的人格不是同一概念。另一方面,此种观点未能解释人格利益是否能够作为权利,并应当受到侵权法的保护。早在20世纪初,人格权概念刚开始形成的时候,大陆法学者就对人格权是否能够形成权利进行过激烈的争论,反对人格权成为独立的权利的理由在于生命、身体、自由等权利是人所自然享有的,属于天赋人权,法律虽然可以限制其范围,但不可剥夺自然人个人对此种权利的享有,因此生命、身体、自由等人格利益实际上是人格的组成部分。人本身为权利的主体,如果将人格利益确认为权利,这实际上是将生命、身体等视为权利客体。如果承认这些利益为权利客体,则将承认每个人享有自杀的权利。⑱ 赞成人格权能够成为权利的主要理由认为,人格和人格权是两个不同的概念,"此等学者将吾人自然享有之生命、身体、自由与法律保护之生命、身体、自由相混同,将自然的能力与法律上之力相混同,实属错误。生命权、身体权、自由权等人格权,非直接支配自己之生命、身体、自由等人格之全部或一部之权利,此等权利之内容,在不被他人侵害,而享受生命、身体之安全、活动之自由。其所谓自杀之权利,系因误认人格权为直接支配人格之全部或一部之权利,所生之谬论"。⑲ 人格权要能够受到侵权法的保护,首先,必须要使这种权利与主体资格相分离,如果人格利益不能形成独立的权利,仍然为主体资格的一部分,则一旦其受到侵害,侵权法就不能予以保护,则受害人遭受的损害就不能得到补救,因此人格权受到保护的前提是必须与人格相分离。其次,主体资格本身只是强调了一种人格的平等和作为民事主体的能力,但其本身不涉及被侵害的问题。人格受到侵害就只能是具体的人格权受到侵害,而不是人格受到侵害,因为现代民法中贯彻主体平等的基本原则,不存在人格减等人格受限制的情况。

即使从人格权的性质和特点来看,笔者认为,将人格权放在主体制度中也是不合适的,甚至是与其性质相背离的。其原因在于:

1. 人格权作为一种权利类型,其应当置于分则中加以规定。诚如我国

⑱ 龙显铭编著:《私法上人格权之保护》,中华书局1937年版,第2页。

⑲ 龙显铭编著:《私法上人格权之保护》,中华书局1937年版,第2页。

一些学者所言,人格(法律人格)作为一种主体性资格,是主体享有一切财产权利和人身权利的前提,从这一点上讲,人格既不属于财产权,也不属于人身权,而是凌驾于二者之上的统摄性范畴,它理应纳入民法典总则;而人格权仅仅是主体对自己的生命、健康、姓名、名誉等事实人格利益所享有一种民事权利,它和身份权、财产权一样,只不过是人格(法律人格)得以实现和保障的一个方面,从这个意义上讲,人格权是具体的民法典分则的内容,将其纳入民法典总则显然不符合总则的统摄性要求。[20] 没有人格(能力)就不能成为法律上的主体,当然不能享有人格权。但人格只是提供了一种享有权利的法律上的可能性,并不意味着主体已享有实际权益。所以人格的独立和平等,要通过对人格权的充分保障才能实现。对人格权的侵害不仅涉及对人格的损害,而且会造成对公民的人身利益甚至是财产利益的损害。因此,需要首先在分则中确认公民法人所享有的各项人格权,然后通过侵权制度对各项侵害人格权的行为予以救济,这是符合人格权作为民事权利的性质的。

2. 主体制度无法调整各种具体的人格关系,具体的人格关系只能通过人格权制度予以调整。无论是公民还是法人,作为一个平等的人格进入市民社会,就会与他人形成财产、人格及身份上的联系,对这种人格关系显然不是主体制度所能够调整的,主体资格是产生人格关系的前提和基础,但产生具体的人格关系还要依据具体的法律事实,包括人的出生、法律行为等。某人实施了侵权行为对他人人格利益造成侵害,进而产生了侵害人格权的责任,这些显然也不是主体制度所能解决的内容。

3. 人格权的专属性并非意味着其与主体资格是合二为一的。上述主张人格与人格权等同的观点其本意是为了突出人格权的极端重要性,并强调人格权的固有性和专属性。应当承认,绝大多数人格权是与人身不可分离的权利,但强调人格权的专属性,即强调人格权不得转让、抛弃、继承,并不意味着人格权本身与权利能力是完全不可分割的。权利的专属性与主体资格是两个不同的问题。即使强调生命、健康、自由为主体所当

---

[20] 李中原:“潘德克顿体系的解释、完善与中国民法典体系的构建”,载陈小君主编:《私法研究》(第2辑),中国政法大学出版社2002年版。

然固有，也并不意味着这些权利就等同于主体资格。更何况，人格权本身是一个开放的、发展的体系，近几十年来，人格权得到了广泛的发展，许多新的人格权不再像生命、健康、自由等权利那样具有强烈的专属性和固有性，而可以与主体依法发生适当分离。这主要表现在：第一，近几十年来，人格权出现了“商品化”的趋势。某些人格权或权能可以转让，最典型的是法人的名称权。公民的肖像使用权依法也可以转让，从肖像权中分离出来的形象权等也被许多国家的法律所确认。在加拿大、美国以及其他一些英美法系国家，将一些人格权称为“公众形象权”（publicity rights），此种权利常常被界定为具有财产权性质的权利，[21]除了生命、健康、自由等权利之外，几乎所有的人格权都可以商品化。基于人格权的某些内容，有些权能可以转让，并可以出于经济目的加以使用。当这些权利受到侵害时，受害人可以主张财产损害赔偿。这一变化表明了，人格权与人格的关系已渐渐发生分离，仅仅以生命、健康、自由来解释人格权显然是不妥当的。第二，隐私权的发展使其在内涵上越来越丰富。隐私权的概念产生于20世纪初，一百多年来隐私权不仅以最初受法律保护的某种人格利益为内容，此种权利的内涵也在不断扩张，它不仅包括个人的秘密不受非法披露，也包括个人的生活安宁、内心的宁静不受他人的非法干扰。隐私权的内涵十分广泛，例如，美国著名的侵权法学者威廉·普罗瑟列举了经典的四项侵犯隐私权的情况，即侵犯原告的隐居或独处，或侵犯他的私人事务；当众揭露能够置原告于尴尬境地的私事；所进行的宣传将置原告于公众的误解之中；为了被告自身的利益而盗用原告的姓名或肖像。[22] 隐私权中有关私人生活的秘密、私人生活空间、生命信息、身体隐私、生活安宁等许多方面的内容，较之于生命健康而言，与主体资格的关系并不是十分的密切，隐私权的内容并不绝对是主体所固有的和专属的。第三，一些新的人格利益和人格权出现，使人格权与主体资格发生了明显的分离。例如，在日本判例中出现了“宗教上的宁静权、作为环境的人格权（包括通风、采

---

[21] Michael Henry ed, *International Privacy, Publicity and Personality Laws*, Reed Elsevier (UK), 2001, p. 88.

[22] William Prosser, Privacy, 48 *Cal. L. Rev.* 383 (1960).

光、道路通行等)”,在欧洲出现了所谓的“形象代言人权利”,甚至一个人的声音、笔迹、舞台的形象等都可以受到人格权的保护,这些人格权显然在与主体资格有密切关系的人格权之间存在着明显的区别,这就表明人格权制度的发展已经不仅仅限于与主体资格有密切联系的人格权,越来越多地包括了与社会环境有关的人格利益,当这些利益受到侵害时,也要受到特殊救济。因此我们在考虑人格权与人格的关系时不能仅仅从生命、健康、自由等传统权利来考虑,而应当从人格权的整体发展来考虑其性质及其与人格之间的关系。

4. 如果将人格权在主体制度中作出规定,在立法技术上也存在问题。因为人格权不仅自然人可以享有,法人和其他组织也可以享有,如果在自然人和法人中分别规定人格权,不仅不能将人格权规定得比较详细,而且这种分别规定的方法存在着一个固有的缺陷,即不能对人格权规定一般的原则,尤其是不能设定一般人格权的概念,这在体系上是不合理的。

5. 人格权也不完全是所谓的天赋人权。主张人格权与人格不可分离的依据之一是,人格权在性质上乃是天赋人权,与生俱来,因此,与人格不可分离。应当看到,许多公民的人格权是与生俱来的,但它并不是天赋人权,而具有一定的法定性。因为若无法律的确认和保护,人格利益是不能成为主体实际享有的民事权利的。天赋人权最初是资产阶级在反封建的过程中所提出的一项政治口号,自始至终它的内涵和外延都在不断地发展着,并不十分确定。由于各国法律对人格利益保护的范围、方式等是不同的,因此也就不存在所谓超阶级、超社会的天赋人权。例如,在《民法通则》确认人格权之前,我国几千年来从来在法律上未确认人格权的概念,也不存在所谓的天赋人权。“十年浩劫”期间,公民的人格权受到了严重的践踏,表明了人格权只有依法确认并受到法律的保护,才真正形成权利。在《民法通则》确认人格权以后,人格权的保护日益受到充分的重视,主体的人格权得到了确实的保障。这些都表明不存在着所谓的天赋人权,而只存在具体法定的权利。这种权利不是抽象地自然地产生的,而是法律确认的。还要看到,传统意义上的天赋人权不仅包括了人格权的内容,而且也包括了财产权的内容,如果将财产权也作为与生俱来的天赋人权,显然是与民法的基本原则不相符合的。

三、人格权制度不能为侵权行为法所替代

从许多国家人格权制度发展的历史来看,先是人格利益受到侵害之后,由于受到侵权法的保护,此种人格利益才逐渐上升为一种独立的人格权。例如,《德国民法典》在其总则部分仅对姓名权作出一条规定,而在侵权行为部分,该法对生命权、身体权、健康权、自由权、信用权、贞操权都进行了保护(第823条、第824条、第825条)。值得注意的是,德国法关于人格权的规定,除了对姓名权的内容作出了规定以外,其他都只是对侵害特定的人格权的责任的规定。可见,德国法主要是将人格权作为侵权法的保障对象加以规定的。在英美法系国家中,没有人格权制度,对这类权利是通过请求权来保护的,如英美法系法律中没有规定名誉权,而是在侵权法中,用"毁损名誉权请求权"来保护名誉权利益,制裁侵犯名誉的行为。美国法中的隐私权与名誉权制度都是包含在侵权行为法中的。因此,人格权与侵权法的关系确实非常密切。这种关系很容易使人误认为,只要规定完善的侵权行为法就完全无须规定独立的人格权制度。近年来我国制定民法典的过程中,也确实有些学者持此种观点。他们认为,人格权是一种特殊的权利,此种权利只有在权利受到侵害的情况下才有意义,在没有受到损害的情况下,人格权的存在是没有意义的;人格权本身的性质在于主体对本身的权利,而非主体对他人的权利。例如,有学者认为人格权"不是主体的外部关系,不是主体与他主体之间的关系,不是人与人之间的关系。所以,不能成为'人格权关系'或者'人格关系'。仅在人格权受侵害时,才发生权利人与加害人之间的关系,即侵权损害赔偿关系,属于债权关系"。[23] 这种观点的合理性在于其承认了许多人格权是主体对自身的人格利益所享有的权利,但这并不意味着,人格权不能单独成编,而应

---

[23] 梁慧星:"民法典不应单独设立人格权编",载《法制日报》2002年8月4日。

为侵权行为法所替代。

笔者认为这一观点不完全妥当。尽管许多人格权,如生命健康权,只有在受到侵害的时候,权利人才可能向他人主张权利。但这并不是说,所有的人格权都只是在受到侵害的情况下才有意义。例如肖像权,权利人可以享有肖像的使用权、对肖像的支配权以及排斥他人对肖像的侵害的权利。即使在没有受到侵害的情况下,也可以将部分权利转让给他人,以获得一定的利益。这就表明了肖像权在未受侵害之前,权利人不仅可以实际享有该权利,而且可以转让其权能并获取一定的利益。所以,人格权并非都是在受到侵害的情况下才有意义。从法律上看,民事权利之所以不同于公法上的权利,在于其都有一定的救济措施,也只有在能够对某种权利的侵害实行救济的情况下,此种权利才能真正具备民事权利的属性,然而这并不意味着人格权只有在受到侵害的情况下才具有意义。

诚然,对于人格权在遭受侵害的情况下的救济,最终要靠侵权法来实现。所谓侵权行为法,是指有关侵权行为的定义、种类、对侵权行为进行制裁以及对侵权损害后果予以补救的民事法律规范的总称。人格权法与侵权行为法的关系十分密切。一方面,对人格权的侵害在性质上都是一种侵权行为,除加害人已触犯刑律构成犯罪以外,受害人主要通过侵权行为法获得补救;另一方面,许多人格利益(如隐私权等)是在立法缺乏规定的情况下,通过适用侵权行为法的规定对这些利益实行保护而确立的。而人格权范围的扩大也扩张了侵权行为法保护的范围,尤其是因为侵害人格权所产生的精神损害赔偿责任,也极大地丰富了侵权法中损害赔偿的内容。但不能因此否定人格权法独立成编的意义,更不意味着侵权法能够替代人格权法。主要理由在于:

第一,侵权行为法不具有确认权利的功能。法定的民事权利都是一种公示的民事权利,它通过法律对民事权利的确认,不仅使民事主体明确知道自己享有何种民事权利,以及权利的内容,同时通过权利的确认也明确了主体权利的范围,从而也就界定了人们行为自由的界限。所以在民法上确立各种民事权利,意义是十分重大的。然而,对权利的确认制度是不能通过责任制度来代替的,责任只是侵害权利的后果,它是以权利的存在为前提的。由于侵权行为法本身不能确认某种权利,因此对人格权的确认仍然应由人格权法来完成。尤其是现代社会应受法律保护的人格利益的范围日益扩大,如果人格权法不对此作出集中的、明确的规定,而要由法官根据侵权行为的规定来决定哪些人格利益应予保护,则将会使作为主体最基本的民事权益的人格利益难以得到稳定的、周密的保护。公民和法人的人格权不管是一般人格权还是各项具体人格权,都具有较为丰富和复杂的权利内容。例如,名誉权的内容不同于肖像权的内容,而公民的姓名权与法人的名称权的内容也不完全相同。公民、法人所享有的各项人格权内容是不能通过侵权行为法加以确认的,而必须在人格权法中具体规定。如果这些权利以及权利内容都必须由侵权法来确立,还必然会产生另外一个难题,即为什么对各种人格利益进行保护?由谁来评判保护的标准和尺度?在何种情况下构成正当行使权利,何种情况下构成权利滥用等,这些问题显然不是侵权法所能解决的。另外,如果侵权法可以替代人格权法的确认功能,那么侵权法也可以替代物权法的确权功能,因此物权法也没有独立存在的必要,而可以包含在侵权法中,这显然是不能成立的。

第二,严格地说,人格权不完全受侵权法的保护,也要受到合同法的保护。例如,如果在合同中约定侵害他人人格权条款或者损害他人人格尊严、人身自由的条款,此类条款就应当被宣告无效。所以可以这么说,包含了严重侵害他人人格权的条款的合同都违反了公序良俗,都应当被宣告无效。再如,有关人格权的转让也需要通过合同来进行。所以人格权不仅仅受侵权法的保护,而且在其他法律制度中也有体现。另外,对于人格权保护的形式,不限于侵权损害赔偿,还包括停止侵害、排除妨害、恢复名誉、赔礼道歉等。这些责任形式本质上不是债的关系,但对于权利人在遭受侵害以后的补救是十分必要的。例如,某个国家机关在市场上抽取某项产品,发现该产品不合格,然后召开新闻发布会,宣告某厂制造的某产品不合格。但事实上该产品并非该企业所制造,而是他人假冒的。在这种情况下,该企业请求法院发布停止侵害令,制止媒体的广泛的传播,这显然是必要的。

第三,法律规定在侵害人格权以后所产生的停止侵害、排除妨碍、恢复名誉、赔礼道歉等责任形式是由人格权的支配性和排他性所决定的。这本身是人格权的排他效力的体现,所以首先要在人格权制度中规定人格权的类型和效力,然后才有必要在侵权法中规定人格权的保护方式。尤其应当看到,侵权行为法关注的主要是在各种权利和利益受到侵害的情况下如何救济的问题,其主要规定各种侵权行为的构成要件、加害人应当承担的责任形式及范围问题,不可能对人格权的类型及其效力作出全面的、正面的规定。即使在那些对权利进行列举的民法典中,如《德国民法典》第823条第1款,也不是正面规定人格权利,而是对受侵害的人格利益提供一种救济。因此,指望通过侵权行为法的扩张来强化对人格权的保护是不可能的。

第四,通过人格权制度具体列举公民、法人所具体享有的各项人格权,可以起到权利宣示的作用。这对于强化人格权的保护十分必要。在民法典中直接列举各种人格权,确认法律保护的人格利益,不仅使侵权法明确了保护的权利对象,而且通过列举的方式,可以使广大公民明确其应享有的并应受法律保护的人格权,这种功能是侵权法难以企及的。1986年的《民法通则》之所以受到国内的广泛好评,被称为权利宣言,乃是因为它具体列举了各项民事权利,尤其是具体列举了人格权。该法对人格权的列举具有划时代的进步意义,回想"文化大革命"中藐视、践踏人权的种种丑恶行径,《民法通则》明确了"人之所以为人"的基本人格权,使得民事主体可以用法律武器同一切侵犯人格权的行为作斗争,这真是一个翻天覆地的变化。《民法通则》颁布后,人们才意识到伤害、杀人等行为不仅构成犯罪,而且在民事上构成了对他人生命健康的损害,这种损害可以获得私法上的救济;几十年来甚至几千年来人们第一次知道,作为社会中的人,我们依法享有名誉、肖像等人格权利,这就是确认权利的重大意义。而确认权利的功能是责任制度所不可替代的。从这个意义上讲,侵权制度不能取代独立的人格权制度。

单独设立人格权编,即使是宣言式的规则而非裁判规则,在法律上也是有意义的。因为并非所有的民法规则都是裁判规则。民法在某种程度具有确定行为规则的作用。法律上所规定的权利，实际上就有确定行为规则的作用。任何人在从事某种行为的时候，应当知道自己行使某种合法的权利是合法的行为，而不法侵害他人的行为则属于非法的行为。所以通过单独设立人格权编，确认各项人格权也具有确定行为规则的作用。

设立独立的人格权编是否会与侵权编相重复，是一个值得研究的问题。笔者认为，这个问题可以通过运用立法技术来解决。一方面，某些与人身联系特别密切的人格权，如生命健康权，因为在侵权的情况下涉及诸多的赔偿规则问题，可以在人格权制度中简单规定生命健康权之后，再在侵权制度中具体规定各种侵害生命健康权的行为类型及法律后果，人格权制度不必过多涉及；另一方面，对其他的人格权，可以在人格权制度中具体规定其权利的概念、内容，权利的行使、效力以及对他人妨碍行为的禁止等内容，对侵害的类型及法律后果则可以在侵权编作出规定。这就需要在制定人格权法和侵权行为法时对两者的内容做通盘的考虑，确定各自的范围，以防止重复性规定，并消除两者之间的冲突和矛盾。

四、人格权独立成编是人格权自身发展的需要

虽然目前各国民法典中尚无人格权独立成编的先例，但这是由这些法典制定之时的社会经济发展水平不高和人格权理念尚未发达的客观环境所决定的。如前所述，在大陆法系的经典法典《法国民法典》、《德国民法典》制定时，尚未形成完整的人格权制度和理论，拿破仑法典中根本没有提到人格权问题，尽管在《德国民法典》中也确认了几项具体人格权，但由当时社会经济状况所决定，人格权尚未真正成型，人格权的观念、理念也并不发达，这两大法典制定时更多考虑的仍然是财产权问题而非人格权问题。在这一方面，《德国民法典》较《法国民法典》已有进步，但其相较于后来的《瑞士民法典》和一些新近制定的民法却又是相对落后的。如《瑞士民法典》第28条规定：“人格关系受不当之侵害者，得请求法院除去其侵害。关于损害赔偿，或给付慰抚金之请求，仅于法律就其事件有规定

时,始得以诉提起之。”该条被认为是对人格权作出一般性规定的开端。

然而,20世纪以来,尤其是第二次世界大战以后,社会经济生活发生了巨大的变化。现代民法理论中,人格权保护已经置于更重要的地位,表现在:一方面,各种新型的人格利益被上升为人格权并受到法律严格的保护。除了姓名权、肖像权、名誉权、生命健康权等权利以外,现代人格权还包括自然人的隐私权等。总之,具体人格权的外延在不断扩大。现代城市化生活所带来的“个人情报的泄露、窥视私生活、窃听电话、强迫信教、侵害个人生活秘密权、性方面的干扰以及其他的危害人格权及人性的城市生活现状必须加以改善”。㉔ 工业化的发展,各种噪音、粉尘等不可量物的侵害,使个人田园牧歌式的生活安宁被严重破坏。从而使自然人的环境权、休息权具有了前所未有的意义,因此国外不少判例将这些内容都上升到人格权的高度加以保护,而近来外国学说与判例又在探索所谓“谈话权”和“尊重个人感情权”,认为谈话由声音、语调、节奏等形成,足以成为人格的标志。㉕ 这些都造成了人格利益的极大扩张。因此,人格权制度法条较少、设立专编不和谐的诘难是值得商榷的。另一方面,一般人格权观念得到了立法与司法的承认与保护。本来,德国民法并未就人格权作一般性的原则规定,而仅于侵权行为章中规定个别人格权,承认其为应受保护的法益,但是为适用对人格权保护的需要,第二次世界大战后德国联邦最高法院根据基本法关于保障人格自由发展的规定,发展出一般人格权,并纳入其民法第823条第1款的绝对权利中予以保护。㉖ 此种理论相继为许多大陆法系国家或地区的民事立法所沿袭,如我国台湾地区判例和学说也广泛承认了一般人格权的理论。人格权制度在近几十年来急剧发展的原因主要在于:

第一,两次人类社会的世界大战,尤其是第二次世界大战,对世界各国人民造成了极大的伤害,战争带来的生灵涂炭导致战后世界各国人民权利意识与法治观念的觉醒,人们越来越强调对作为社会个体的公民之间

㉔ [日]北川善太郎:《日本民法体系》,李毅多等译,科学出版社1995年版,第48页。

㉕ 姚辉:《民法的精神》,法律出版社1999年版,第161页。

㉖ E. J. Cohn, *Manual of German Law*, Vol. 1, London, 1968, pp. 155, 165.

的平等、人格尊严不受侵犯以及人身自由的保护。这就极大地促使了20世纪中叶的世界各国人权运动的巨大发展。面对轰轰烈烈的人权运动，各国立法都强化了对人格权的保护，因为人格权是人权的重要内容。

第二，随着现代化进程的发展，人们认识到现代化的核心应当是以人为本，人格尊严、人身价值和人格完整，应该置于比财产权更重要的位置，它们是最高的法益。财产是个人的，但人是属于社会的，人身安全、人的尊严等涉及社会利益。这正如《美国侵权法重述》第85节所言，"人类生命和肢体的价值不仅属于他个人，而且属于整个社会。因此其价值高于土地占有者的利益"。土地占有人没有权利对进入土地的人和干预他动产的人使用暴力，侵犯他的生命和伤害他的身体，除非侵入者威胁土地占有人的生命或者严重损害其身体。现代化的过程是人的全面发展和全面完善的过程，现代化始终伴随着权利的扩张和对权利的充分保护。同样，法律的现代化的重要标志也正是表现在对权利的充分确认和保障方面，以及对人的终极关怀方面。对人格权的保护就是实现这种终极关怀的重要途径。

第三，人类科学技术的突飞猛进使人格利益的范围、表现形式以及保护方式在不断发展。20世纪是一个人类科学技术突飞猛进的时代，现代网络通信技术、计算机技术、生物工程技术等高科技的发展对自然经济状态下的罗马法中产生的民商法以及风车水磨时代的19世纪产生的民商法的挑战无疑是革命性的。随着现代信息技术的发展，在保护信息与计算机网络的同时，也提出了关于隐私权保护的新问题。生物科技的发展使研究机构可以从人的一根头发中了解到人体的全貌，高科技的发展而产生的高倍望远镜、针孔摄像机、透视照相机等，都对个人的身体隐私和生活隐私造成了极大的威胁。尽管隐私成了现代社会最重要的一项权利，但网络技术的发展对隐私权等人格权的侵害变得愈发的容易，且损害后果也更为严重，从而在世界范围内引起各国学者对隐私权保护的极大关注。克隆技术的发展也使得人们对生命权和身体权的保护又产生了新的认识。凡此种种，都说明了现代科技与人格权有着不可分割的关系。

我们正在制定的民法典，是一部应当适应21世纪需要的法典，所面临的挑战是前所未有的，与《德国民法典》、《法国民法典》制定时绝不可同日而语。一方面，现代化进程中以及高科技发展过程中所提出的人格权保护问题，例如，对个人生活情报的收集和泄露、对个人身体隐私的窥探、对于生命信息和遗传基因的保护、对环境权的保护等，都是我们所必须面临的新的课题；另一方面，市场经济的发展所引发的有关信用、商誉、姓名的许可使用以及名称的转让、形象设计权的产生等都是我们在人格权制度中必须加以解决的问题。此外，随着我国法制建设的发展以及对于公民的人权保护的扩张，出现了各种新的人格利益。如对于通过造型艺术获得的形象的保护、对于死者姓名和名誉的保护、对于遗体的保护、对于具有人格纪念意义的物品的保护等，都需要在人格权法中有所反映。所以我们的人格权法不应当是一种简单列举式的规定，而应当是将各种应当受到法律保护的人格利益尽量予以确认，这将会使人格权制度的内容较为复杂。

人格权法在民法中的相对独立，不仅有助于完善民法的内在体系，而且也能在民法上建立一套完整的人格权法体系。从我国《民法通则》的规定来看，目前主要确定了几项具体人格权，包括：生命健康权、姓名权、名称权、肖像权、名誉权和婚姻自主权。这些内容尚不能构成完整的人格权法体系：一是具体人格权的规定较为简略，已经列举的人格权并不完备，一些比较重要且发展已经比较成熟的具体人格权，如隐私权、身体权，没有体现在立法中；二是欠缺一般人格权的规定。一般人格权是由法律采取高度概括的方式，而赋予公民和法人享有的以具有集合性特点的人格利益为内容的人格权。它不仅具有兜底条款的作用，而且为法官判断何种人格利益应当受法律保护提供了判断标准。我国《民法通则》是以列举各种具体人格权的方式来实现对人格权的保护的，这难以适应对不断涌现的各种新类型的人格利益进行保护的需求，通过人格权法的单独成编，构建以一般人格权和具体人格权为体系的人格权法内容，将实践中已经较为成熟而且应当上升为权利的各种具体人格权作出全面的列举和规定，是十分必要的。在规定人格权时也应当对各种人格权的内容、行使方式、对他人妨害权利行使的排除等作出规定。人格权独立成编，特别是通过建立一般人格权这种框架性权利,将为随着社会发展而出现的需要法律保护的新型人格利益上升为独立的权利形态提供充分的空间,形成一种开放的人格权法体系,不断扩大人格权保障的范围。人格权制度发展至今,其内容已相当丰富,并且事实上人格权和人格利益是一个开放的体系,随着人类社会的进步和科技的发达,其外延将不断扩大。尤其是对人格权的保护,还涉及伦理道德问题,如医院是否应当对病人负有及时救治的责任,对生命权的保护涉及克隆、安乐死的政策的问题、对生命健康权和隐私权也涉及对于基因的采集和转基因应用的政策问题。随着社会的发展,人们对这些问题的认识不断改变,对于这些问题的规范也处于一个动态的发展过程,对于已经成熟的一些经验我们需要做出明确规定,而对于一些短期内社会难以达成共识的问题,需要在法律中预留出一定的成长空间或者做有限度的法律保护。对这些较为丰富复杂且具有开放性特点的人格权内容,只有在独立成编的情况下才能在法律上得到充分的确认和保护。

一些学者认为,人格权的内容太少,单独设编有损于民法典的形式美。[27] 在民法典的制定中,关于其结构设计的目标是多元的,法律适用的便利、结构符合学理的逻辑、结构的匀称和美感,甚至内容与结构的相称都是必须加以考虑的因素。人格权独立成编不符合形式美的要求。[28] 笔者认为这种观点是值得商榷的,因为,民法典体例的编排首先需要考虑的是民法典的规定如何因应社会生活的需要,尤其是我国目前进一步加强和规范人格权保护的迫切需要。其次,民法典体系的设定需要考虑各项民事法律制度彼此之间的逻辑性,而不完全是其形式的美感,当然也要考虑民法典的形式美问题,换言之,就逻辑性与因形式上的美感而生的协调性之间,首先需要考虑的是逻辑问题,只有在不损害逻辑的情况下,才可以顾及形式美的问题。最后,人格权发展至今,其内容已经较为丰富,从技术上也具备了独立成编的可能性。

还需要强调的是,我国目前正在制定民法典,应当贯彻以人为本,充分

㉗ 徐国栋编:《中国民法典起草思路论战》,中国政法大学出版社 2001 年版,第 328 页。

㉘ 薛军:“论未来中国民法典债法编的结构设计”,载《法商研究》2001 年第 3 期。

注重对个人人格尊严、人身自由的尊重与保护的精神。尤其在我们这个有着几千年不尊重个人人格封建传统的国家,对人的关注与保护愈发重要。而民法是权利法,体现了对个人权利的保障。民法又是人法,以对人的终极关怀为使命。如果在民法中再设立独立的人格权编,进一步对人格权予以全面的确认与保护,并确认民事主体对其人格利益享有一种排斥他人非法干涉和侵害的力量,同时也赋予个人享有一项同一切“轻视人、蔑视人,使人不成其为人”的违法行为作斗争的武器,这必将对我国民主与法制建设产生极其重要的影响。人格权独立成编将在法律上确认一种价值取向,即人格权应当置于各种民事权利之首,当人格利益与财产利益发生冲突时应优先保护人格利益。“人格较之财产尤为重要,其应受保护殊无疑义”,[29]之所以采取此种价值取向,是因为人格权保障了人的尊严与人身的不受侵犯,也保障了个人身体与精神活动的权利,而人的尊严与人身自由是实现主体其他民事权利的前提与基础,也是实现个人人格的最直接的途径。[30] 人格权较之于财产权,更有助于实现人格价值,它大多是主体所固有的,与人的民事主体资格的享有相伴始终的。从人格权与财产权的关系来看,人格权本身是获得财产的前提,当生命、健康、自由都无法得到充分保护的时候,即使拥有万贯家财又有何用?所以,在民法中人格尊严、人身价值和人格完整应该置于比财产权更重要的位置,它们是最高的法益。

最后需要指出的是,我们说的人格权相对独立是指,人格权制度既不应当被包括在民事主体制度当中,也不应为侵权行为法所替代,而应成为与物权法、债与合同法、侵权行为法等相平行的一项民事法律。唯其如此,方能充分发挥人格权法和其他法律的作用,并促使人格权法不断发展和完善。

---

[29] 黄立:《民法总则》,中国政法大学出版社2002年版,第91页。

[30] 黄立:《民法总则》,中国政法大学出版社2002年版,第90~91页。

五、结语

民法典体系本身处于一个动态的、发展的过程。诚如日本民法学家北川教授所言:“民法的现代图像极富有变化,且内容复杂。古典的民法图像以其抽象的概念和制度成为自我完结的学问体系,而民法的现代图像则很难从这种学问的体系来把握。”[31]作为近几十年来产生和发展出来的一项新制度,人格权制度很难在传统民法典体系中找到适当的地位,这是完全可以理解的。但是,我们绝不能从一种“自我完结的学问体系”出发,来考虑人格权法在现代民法中的地位问题。在我国民法典的制定过程中,人格权独立成编将是我国民法面向21世纪所作的创新,也是中国民法典成为新世纪民法典不可或缺的重要举措,它完全符合我国民主法制建设与社会经济文化发展的要求。

㉛ [日]北川善太郎:《日本民法体系》,李毅多译,科学出版社1995年版,第115页。

民商法研究(第六辑)
第150~165页

公众人物人格权的限制和保护*

公众人物(public figure)是指在社会生活中具有一定知名度的人,大致包括:政府公职人员;公益组织领导人;文艺界、娱乐界、体育界的"明星";文学家、科学家、知名学者、劳动模范等知名人士。公众人物的概念起源于美国,1964年沙利文诉《纽约时报》一案中首先确立了"公共官员"的概念。[①] 我国法律中本来没有公众人物的概念,在许多侵犯名誉权的案件中,对于政府官员、演艺明星公众人物的诉讼往往依据民法的名誉权的一般理论,判决新闻报道者败诉,如杨殿庆侵犯他人名誉权案等。[②] 2002年范志毅诉文汇新民联合报业集团侵犯名誉权案,首次在判决书上提出公众人物的概念。该案在人格权领域堪称一个里程碑式的判

---

* 原载《中州学刊》2005年第2期。

① See New York Times v. Sullivan, 376 U. S . 25 (1964).

② 1999年11月4日,大连轻化工研究所杨殿庆在大连万港大酒店就餐,认为物价偏高,反映到大连中山区物价检查所。检查所核实后认定价格偏高,罚款5000元,返还杨30元。所领导向某报记者透露,酒店老板认识市政府某领导秘书,该秘书过问罚款一事,检查所对罚款很难执行。杨知道后,11月17日在大连电台热线直播节目反映此事,认为该秘书干扰执法,给市政府抹黑。播出第二天,该秘书以名誉侵权起诉。2000年5月,大连西岗区人民法院判杨侵权,向该秘书道歉并赔偿6000元精神损失费。2000年11月二审法院维持原判。参见石树仁:"公众人物与舆论监督成本",载《法制日报》2001年5月14日。

例,对于公众人物概念的确立具有重要意义。以后在我国司法实践中已有一些案例审判中运用公众人物的理论。该理论在学术界引起了广泛的探讨。据此,笔者拟就该问题谈一点看法。

一、据以研究的案例

案例一:范志毅诉文汇新民联合报业集团侵犯名誉权案

2002 年 6 月 16 日,文汇新民联合报业集团在其出版发行的《东方体育日报》上刊出题名《中哥战传闻范志毅涉嫌赌球》的报道,随后于 6 月 17 日、19 日又对该事件进行了连续报道,刊登了对范志毅父亲的采访及范志毅没有赌球的声明;最后于 6 月 21 日以《真相大白:范志毅没有涉嫌赌球》为题,为整个事件撰写了编后文章。同年 7 月,范志毅以《东方体育日报》在 2002 年 6 月 16 日刊登的《中哥战传闻范志毅涉嫌赌球》侵害名誉权为由,起诉到上海市静安区人民法院,要求被告向他公开赔礼道歉,并赔偿精神损失费人民币 5 万元。

2002 年 12 月 18 日下午,上海市静安区人民法院在审理范志毅诉文汇新民联合报业集团侵犯名誉权案中,一审判决:(1)原告范志毅要求被告文汇新民联合报业集团赔礼道歉的诉讼请求,不予支持。(2)原告范志毅要求被告文汇新民联合报业集团赔偿精神损失费人民币 5 万元的诉讼请求,不予支持。(3)案件受理费人民币 2110 元,由原告范志毅承担。该判决书首次使用了“公众人物”概念,明确阐述:“即使原告认为争议的报道点名道姓称其涉嫌赌球有损其名誉,但作为公众人物的原告,对媒体在行使正当舆论监督的过程中,可能造成的轻微损害应当予以容忍与理解。”

案例二:臧天朔诉北京网蛙数字音乐技术有限公司等侵害名誉权、人格权、肖像权纠纷案③

2000 年年底,北京一家名为“网蛙”的网站评出了所谓“国内歌坛十大

---

③ 曾宪义等主编:《中国审判案例要览》(2003 年卷),中国人民大学出版社 2004 年版,第 299~303 页。

丑星"引来一片非议,这家网站列出了包括那英、刘欢、朴树、崔健、高枫、田震等30名国内著名歌星在内的一份候选名单,让网民投票选举。结果蔡国庆、韦唯、臧天朔等歌星都榜上有名,众歌星对此一片哗然。原告臧天朔遂提起诉讼,要求北京网蛙数字音乐技术有限公司和广州网易计算机系统有限公司停止侵害,在《新华社通稿》、《音乐生活报》、《北京青年报》、《北京晚报》、《北京晨报》、《南方周末》等报刊和网蛙、网易、新浪和搜狐等网站上就二被告侵害臧天朔的人格权、名誉权和肖像权的行为公开赔礼道歉、消除影响,判令二被告赔偿因此给臧天朔造成的经济损失人民币65万元,赔偿精神损失20万元,承担臧天朔为此案支付的律师费10万元和公证费1500元。

北京市朝阳区人民法院经公开审理查明:原告臧天朔在国内歌坛是有一定知名度的歌手,虽然属社会关注的公众人物,但其仍是社会中的一般自然人,享有的合法权益同样受到法律的保护。被告北京网蛙数字音乐技术有限公司和广州网易计算机系统有限公司在经营过程中,未告知原告臧天朔并征得其本人同意,擅自将原告臧天朔列为"国内歌坛十大丑星评选"活动的候选人之一,在"评丑"的前提下,还加配了涉及原告臧天朔人身的调侃性文字,让网民发表评选意见,并根据网民的选票,最终给原告臧天朔冠以了"国内歌坛十大丑星第三名"的称谓。原告臧天朔因此受到他人无端干扰,产生不安和痛苦,已经超越了其作为公众人物的正常承载范畴,属正常的内心感受。二被告的行为侵犯了原告臧天朔作为社会一般人的应受尊重的权利,构成了对原告臧天朔人格尊严的侵害。二被告在上述"评丑"活动中,使用的虽是原告臧天朔的公开演出照片,但二被告既未经原告臧天朔本人同意,更不是对原告臧天朔的社会活动进行报道或评论,且"评丑"活动客观上提高了网民对二被告网站的点击率,在一定程度上,是以营利为目的的经营性行为,已构成了对原告臧天朔肖像权的侵害。被告网蛙公司所称的使用已公开的照片不构成肖像侵权的抗辩主张,不是法律规定的阻却肖像违法的事由,法院不予采纳。原告臧天朔未提供充分证据证明二被告的行为确已造成其社会评价降低的法律后果。因此,其所称的二被告侵害名誉权的诉讼主张,该院不予认定和支持。故判决:被告北京网蛙数字音乐技术有限公司和被告广州网易计算机系统有限公司停止侵权行为,赔礼道歉,并一次性赔偿原告臧天朔经济损失人民币1500元,精神抚慰金人民币2万元。被告不服,提起上诉。北京市第二中级人民法院判决驳回上诉,维持原判。

二、公众人物的概念和分类

公众人物的概念滥觞于1964年一起在美国传媒史上具有里程碑意义的案例——沙利文诉《纽约时报》案,在该案中,美国联邦最高法院的布伦南大法官首次提出了"公共官员"(public offcial)的概念,他认为,"公共官员的问题辩论应当是无拘束、热烈和完全公开的,可以对政府和公共官员进行猛烈、辛辣、令人不快的尖锐攻击"。[④] 对于此案,多数专家认为,个人的隐私权利益必然会不可避免地与公众获得消息的利益相冲突,某些公众人物,例如某些政府官员必须牺牲他们的隐私并且至少部分地使他自己的生活暴露于公众的眼光之下,这是他们取得权力必须付出的代价。《纽约时报》案中虽然只产生了"公共官员"的概念,但实际上已形成了公众人物的概念。3年以后,在巴茨案件中,法院提出了公众人物的概念。首席大法官沃伦对公众人物的概念界定为:"公众人物是指其在关系到公共问题和公共事件的观点与行为上涉及公民的程度,常常与政府官员对于相同问题和事件的态度和行为上涉及公民的程度相当。"[⑤]本案的判决虽然没有明确界定什么是公众人物,但实际上法院认为公众人物都涉及公共利益。[⑥] 在以后的案件中,法院又进一步解释对公众人物的诽谤要采用实际恶意标准,对非公众人物要采用过错标准,有关过错的标准完全由各州具体确定。公众人物完全适用于诽谤的案件,但以后随着隐私的发

---

④ New York Times Co. v. Sullivan,376 U. S. 254 (1964).

⑤ Curdis Publishing Co. v. Butt 3, 388 U. S. 130(1967) and A 680 cited Pre 33v.

⑥ Curtis Publishing Co. v. Butts, 388 U. S. 130 (1967).

展,也逐渐发展到侵害隐私的案件。⑦

公众人物并不是一个政治概念,而是一个为了保护言论自由、限制名誉权和隐私权而创设的概念,它更多地运用在诽谤法和隐私法中。按照美国有些判例的分类,公众人物可以包括三类人:一是在政府机关担任重要公职的人员。一些案例中,法官将其称为"完全目的的公众人物"(public figure for all purpose),此类人拥有极大的权力和影响,如吉米·卡特等人,他们的活动、言行都关系到公众的知情权问题,对他们的隐私、名誉应作必要的限制。在一些案例中,法院认为,这些人在社会事务中具有特别出众的作用,他们都是一些著名的、有影响的人,所以必须要由其举证证明侵害人具有实际恶意或重大过失,才能对其名誉损害进行补救。⑧但这并不是说,所有的公众人物的隐私都不应得到法律的保护,如果某人的职位过低,也没有必要作为公职人员对待。按照西方的传统,高官无隐私,只有高官的隐私权才受到限制。二是自愿的公众人物(public figures voluntarily),也称为"有限目的的公众人物"(limited purpose public figure),即指影星、歌星、体育明星等公众人物。⑨ 这些人的行为涉及公众的兴趣和娱乐生活,这种公众兴趣虽然不是公共利益,但涉及公众的利益,因此在法律上也有必要从维护大众的利益考虑对其名誉、隐私等人格利益进行限制。三是非自愿的公众人物(public figures involuntarily),是指某些人本身不是公众人物,不会引起公众兴趣,更不会涉及公共利益,但因为某些事件的发生而偶然卷入其中从而成为"公众人物"。偶然的公众人物具有暂时性,随着这些事件的"降温",这些公众人物又回归到普通人物的行列了。在美国法中,"公众人物可以是偶然的,他们由于莫名的运气偶然地卷入某公共事件,这些人通常是很少的"。⑩ 当然,公众人物作为一个抽象的概念,其内涵和外延具有一定的模糊性,即便在美国,关于公

---

⑦ Eric Walker: Defamation Law: Public Figure—Who Are They? 45 *Baylor L. Rev.* 955.

⑧ Gertz v. Robert Welch, Inc., 418 U. S. 323 (1974).

⑨ Eric Walker: Defamation Law: Public Figure—Who Are They? 45 *Baylor L. Rev.* 955.

⑩ Damerson v. Washington Magazine, inc., 779F. 2d 736(D. C. Cir. 1985).

众人物和非公众人物的标准仍然是模糊不清的。[11] 至今美国判例对其所作的解释也各不相同。例如,在某些情况下,医生作为职业者并不属于公众人物,但如果他对卫生管理署作证证明某个药品有危险,也可能被作为公众人物对待。[12]

公众人物在人格权的保护上有其自身的特点,适用不同的规则,与非公众人物的区别主要表现在以下三方面:

第一,公众人物是一个特有的概念,其只能是自然人,而且仅是指担任社会公职和具有社会影响的自然人,法人不能成为公众人物。应当看到,一些政府机关、社会团体的名誉权受到限制,但对这些团体不能认为其人格权受到限制而认为其属于公众人物。因为一方面,公众人物只能是个人;另一方面,隐私、肖像等作为公众人物受到限制的主要人格权利,本身只能为自然人所享有,而不能由法人享有。法人即使具有知名度,也只能说其信用较好,这和公共利益没有什么联系。

第二,公众人物具有公共性。此处所说的公共性,是指公众人物或者担任公共职务,或者在社会公共生活中具有较高的知名度,因此,对于公众人物而言,其身上存在着社会公共利益和社会公众的兴趣,公众人物包括因特殊才能、成就、经历或其他特殊原因而为公众熟知的重要社会人物。在一些特殊的领域、行业,有一些著名的人士,如商贾名流,他们的言行也引起了公众的广泛关注,公众也对他们的财产、婚姻家庭等情况有浓厚的兴趣,对于公职人员或知情人士而言,其言行品德往往关系到社会公共利益。[13] 由于公众对其存在着一种强烈的利益,所以与非公众人物不同,无论公众人物是否愿意,法律基于维护公共利益或满足公众的知情权以及加强社会监督的需要等考虑,都有必要对公众人物的某些人格权作出必要的限制。

第三,公众人物的概念常常与大众传媒联系在一起。因为一方面,公

---

⑪ Gerald G. Ashdown, of Public Figures and Public Interest —The Libel Law Conundrum, in 25 *Wm. & Mary L. Rev.* 940 – 941 (1983—1984).

⑫ Eric Walker: Defamation Law: Public Figure—Who Are They? 45 *Baylor L. Rev.* 955.

⑬ 丁晓燕:“论对新闻名誉侵权案件中对公众人物的反向倾斜保护”,载《人民司法》2004年第4期。

众人物本身就是随着大众传媒的发展而出现的一种社会现象,对公众人物人格权的利用也主要发生在大众传媒报道时;另一方面,公众人物一般比非公众人物更接近媒体,因而有能力在遭受侵害之后通过在媒体上陈述哪些是虚假的哪些是真实的来减轻损害。尽管在诽谤案中涉及公众人物时也要证明有过错,但其标准显然是非常严格的,因为由媒体证明其所披露事实的真实性是非常困难的,将会导致妨碍言论自由。从这个意义上讲,在美国法中产生公众人物的概念并对公众人物的隐私、名誉等权利作适当的限制在很大程度上是为了维护言论自由,例如,在美国法上对公众人物适用实际恶意的标准,但对非公众人物则不能适用这一标准。⑭

如前所述,关于公众人物的分类,在美国法中有所谓完全目的、有限目的及非自愿的公众人物的分法。这些分类标准大多是从实际案例的判决需要出发而形成的,并不完全符合逻辑,也不一定精确,更毋论普遍适用于各国。从我国的实际情况出发,笔者认为可以将公众人物分为两类:一是政治公众人物,主要指政府公职人员等国家官员。二是社会公众人物,主要包括:公益组织领导人;文艺界、娱乐界、体育界的"明星";文学家、科学家、知名学者、劳动模范等知名人士。这种分类的意义在于:前者更多地涉及国家利益、公共利益和舆论监督的问题;后者则是因为其具有一定的知名度而在社会生活中引人注目,主要涉及公众兴趣的问题。

至于固有的公众人物和偶然的公众人物的划分,并不十分科学。在我国没有必要采用偶然的公众人物这一概念,主要理由在于:第一,对于哪一些人士应当属于偶然的公众人物本身缺乏准确的判断标准,而在很大程度上取决于法官的个人判断。例如,在美国某个案例中,原告的妻子跳楼自杀,被告正好拍摄到其跳楼的瞬间,并将其作为新闻来披露,法院认为原告的妻子在跳楼的一瞬间成为了公众人物,因此被告的行为并不构成侵权。⑮ 自然本案的判决受到了一些质疑,依据 Powell 大法官在 Gertz 案中的见解,局部性公众人物是"自愿"地投入公共争议中,原则上没有

⑭ Friderick Schauer, Public Figures, in 25 *Wm. & Mary L. Rev.* 906 (1983—1984).

⑮ Metter v. Los Angeles Examiner, 35 Cal. App. 2d 304, 95 P. 2d 491 (Dist. Ct. App. 1939).

“不自愿”的公众人物。[16] 可见，偶然的公众人物概念本身即给予了法官过大的自由确定公众人物的权利，这显然不尽正确。第二，偶然的公众人物本身是普通公民，尽管他们在卷入某个争议事件中时引发了公众兴趣，也只能说该事件涉及了公共利益和公共兴趣，而对于该事件的报道，则不应当扩张到对有关个人隐私等方面的利益进行限制。如果按照偶然的公众人物这一概念的提法，孙志刚、齐玉苓等应当属于偶然的公众人物，某人生了三胞胎或某人中了体育彩票而成为大家关注的焦点也应当属于偶然的公众人物，那么势必要适用公众人物的标准而对这些人的人格权利进行一定程度的限制，这显然是不妥当的。

三、公众人物人格权的限制

公众人物概念的产生在很大程度上是为了对其人格权的限制提供合理性，美国沙利文诉《纽约时报》案中首次确立“公共官员”的概念，即为了对公众人物的人格权提供合理的限制。我国近年来出现的涉及公众人物的案例中，也都提出了对公众人物的人格权限制问题。[17] 笔者认为，对公众人物的人格权应当作适当的限制，理由如下：

第一，维护社会公共利益和满足公众兴趣的需要。一方面，公众人物尤其是政治家等，其财产状况、言行举止以及他们所从事的活动常常关系到公共利益，理应满足公众的知情权以强化对其的社会舆论监督。阳光是最佳的防腐剂，对公众人物的隐私权进行必要的限制，对于反腐倡廉也是有意义的。[18] 因为对公众人物尤其是政治家等，其财产状况、个人行为等都不同程度地涉及公众的利益，需要强化社会对其必要的监督，就必须要满足公众的知情权，使得公众了解其有关情况。另一方面，公众对国家

---

⑯ Gertz v. Robert Welch, Inc., 418 U.S. 323, 351 (1974).

⑰ 曾宪义等主编:《中国审判案例要览》(2002 年卷)，中国人民大学出版社 2004 年版，第 441 页。

⑱ 丁晓燕:“论对新闻名誉侵权案件中对公众人物的反向倾斜保护”，载《人民司法》2004 年第 4 期。

高级公务人员或社会知名人士在心理上非常关注并有了解、知情的愿望。公众人物的某些隐私问题成为“新闻事件”并由此可被自由陈述。[19] 所谓“高官无隐私”,“公职人员”的隐私权、名誉权受限制,公众对于与公众人物的公开活动及其公开表示的内容有关的隐私的报道所涉及的全部事实都具有合法的知情权。[20] 正如恩格斯所指出的,“个人隐私应受法律保护,但当个人私事甚至隐私与最重要的公共利益发生联系的时候,个人的私事就已经不是一般意义的私事,而属于政治的一部分,它应成为新闻报道不可回避的内容”。[21]

第二,协调舆论监督权和人格权保护的需要。在二者发生冲突的时候,应当侧重于保护舆论监督的权利,因为舆论监督的权利毕竟关系到公共利益的维护。[22] 正如法院在2002年范志毅诉文汇新民联合报业集团侵犯名誉权案的判决书中所宣称的:“即使原告认为争议的报道点名道姓称其涉嫌赌球有损其名誉,但作为公众人物的原告,对媒体在行使正当舆论监督的过程中,可能造成的轻微损害应当予以容忍与理解。”在中国新闻舆论监督机制仍不健全,舆论监督的作用发挥不够的背景下,为了加强社会主义民主建设和反腐倡廉工作,为了对新闻工作者所从事的正当的舆论监督实行特殊保护,以鼓励新闻工作者大胆行使舆论监督权利,尤其需要对公众人物的人格权作出必要的限制。[23] 更何况,公众人物较之普通人,有更多的机会和条件接触新闻媒体,从而澄清事实,为自己辩护。

第三,保障公民知情权的需要。知情权与隐私权是相对应的概念,要限制公众人物的隐私,在很大程度上就是要满足公众的知情权。保障公民知情权的最重要手段,是要保障公民能够最大限度地从新闻媒体中获取真实信息的自由。在许多情况下,公民的知情权会涉及社会公共利益,

---

⑲ C Bigot, Protection des droits de la personnalite et liberte de l' information, Dalloz, 1998, Chronique, p. 238.

⑳ H De Page, Traite elementaire de droit civil beige, Tome Ⅱ, Les Personnes, volume I, par J-P Masson, Brussels, Bruylant, 1990, p. 57.

㉑ 《马克思恩格斯全集》(第18卷),人民出版社1964年版,第591页。

㉒ 王军:“舆论监督与公众人物名誉权保护”,载《法学杂志》2005年第1期。

㉓ 丁晓燕:“论对新闻名誉侵权案件中对公众人物的反向倾斜保护”,载《人民司法》2004年第4期。

如对突发的传染病进行及时报道能够有效地提请人们加强警惕,有效地控制传染病的传播扩散;而对一些公众人物的财产等隐私依法予以披露,使公众得以了解,也有助于反腐倡廉等。公众人物享有特殊地位、声誉或者职权,其也应当负担接受民众监督的义务。所以满足公民的知情权的需要,在某些方面也可以说是满足社会成员的共同利益的需要。

对公众人物人格权的限制的对象主要包括人格权中的精神性人格权,而对物质性的人格权,如生命、健康等,是不能限制的。对于精神性的人格权中与生命健康权关系密切的人格权,例如关于身体隐私权,虽然也属于精神性人格权,但是也不得任意限制,允许他人随便披露。并且,虽然公众人物的人格权受到适当的限制,但并非公众人物的所有人格权都不受法律保护,对其人格权的限制仅限于与公共领域、公众兴趣相关,或者应当受到公众监督的部分。通常受到限制的人格权主要包括如下几种:

一是名誉权。名誉是一种褒义性的社会评价,公众人物的名誉权涉及公共利益,因而社会公众对公众人物的议论和评价属正常现象,即便偶有疏漏,也不能认定为侵权。新闻报道和评论中所述的事实真实,定性准确,但遣词造句不当,甚至个别言辞有夸大现象,只要作者主观上出于善意,并无侮辱和诽谤的故意,就不应将其认定为侵权。

二是隐私权。在精神性的人格权中,公众人物的人格权的限制主要体现在隐私权的限制上,法谚所谓"高官无隐私"也在一定程度上表明这一点。例如,披露公众人物的财产状况、婚姻家庭状况、个人家庭出身等。但并非所有的隐私都应当受到限制,例如,身体的隐私、住宅的隐私、通信秘密等都不应当受到他人的干扰。不过,迄今为止,各国关于公众人物隐私权究竟应当受到何种限制,"谁构成了公众人物以及在何种程度上公众人物放弃了隐私权的保护还没有形成定论"。㉔

三是肖像权。公众人物出席某些场所尤其是公众场所时,如果确实是出于舆论监督或满足公众兴趣的需要等,即使没有取得公众人物的同意而公开其肖像也是合法的。一些著名政治家出席社会活动的肖像构成社

㉔ Michael Henry ed. ,*International Privacy, Publicity and Personality Laws*, Reed Elsevier (UK), 2001, p.278.

会新闻的组成部分,一些明星的肖像常常可以作为新闻满足公众的兴趣。必要的情况下刊载公众人物的肖像也是大众传播媒介应尽的社会责任,因此大众传播媒介使用公众人物的肖像时,即使未征得本人同意,也不构成对本人肖像权的侵害,例如陈铎、李振盛诉中远威药业有限公司侵犯肖像权纠纷案。㉕

四是姓名权。公众人物被他人在一定范围内合理使用其姓名,不能以此主张侵权。姓名是人格的外在标志,是主体进行各种社会活动的符号。媒体对公众人物进行报道时,不可避免地要使用公众人物的姓名,社会公众也正是通过公众人物的姓名来知晓、关注、议论和评价公众人物的,因此,公众人物的姓名权应当受到必要的限制。当然,公众人物的姓名具有巨大的广告价值,能够为商家带来经济价值,如果商家对公众人物的姓名进行商业化利用,则不应当属于合理使用的范围。

在对公众人物的人格权进行限制时,要区分媒体与非媒体对公众人物人格权的利用。原则上,从保护舆论监督的目的出发,对正当的舆论监督应当予以适当的保护。在此我们虽然没有必要采纳美国"实际恶意"的原则,但是也应当考虑对正当的舆论监督予以政策性的倾斜保护。对涉及公众人物的新闻报道,如本文所讨论的范志毅名誉权案,应当对公众人物的人格权予以适当的限制。对非媒体对于公众人物人格权的合理使用,虽然没有必要考虑新闻自由和舆论监督的问题,但也有保护言论自由的必要,应当考虑到社会公众言论自由与公众人物人格权的冲突,在具体个案中考量各方利益的平衡。

四、公众人物人格权的保护

公众人物的人格权应当受到限制,但这并非意味着某人一旦成为公众人物,其人格权就不应当受到保护。基于公共利益的限制必须针对那些

㉕ 钱卫清:"陈铎、李振盛诉中远威药业有限公司侵犯肖像权案评析",载王利明主编:《判解研究》(2001年第2辑),人民法院出版社2001年版。

确实涉及社会全体成员利益的人格权，而不能盗用公共利益之名任意限制个人的隐私权。例如，对于官员的信息披露并不意味着其家庭、婚姻等私人生活可以完全在公众面前曝光。公众人物的人格权只是基于公共利益和公众兴趣的需要而在他人合理使用的范围内受到必要的限制，但并不意味着其人格权被完全剥夺，从而对任何人以任何方式所从事的侵权行为都不能主张其人格权。笔者认为，在如下的情况下对公众人物人格权的妨害应当构成侵权：

1. 对纯粹私人领域的侵害。对公众人物的隐私作出限制符合公共利益和公众兴趣的需要，在一定程度上也是符合公众人物本身的意愿的。对明星等自愿的公众人物而言，常常推定其默许媒体对其私生活进行报道，这是其本身的社会角色决定的。但是笔者认为，公众人物并非绝对被排除在隐私权的保护之外。例如，身体的隐私是私人生活中最私密、最敏感的领域，擅自暴露他人的身体隐私，如披露他人的裸体照片，不仅会使他人隐私权遭受损害，而且会对他人的名誉造成损害，因此即使是知名人士，其人格中最隐秘的部分也会受到保护。[26] 无论采取何种手段，未经他人同意暴露他人身体隐私，构成侵害隐私权。所以，公众人物与社会政治利益、公共利益、公共兴趣完全无关的事务，应当受到保护。例如，一个公务员的健康状况，就其是否影响工作而言，事关公共利益；但他的私生活细节，如怪僻嗜好、正常的婚恋、夫妻两性生活等则与公益无关。又如影视歌星因求高知名度而自愿暴露于镁光灯下，应当对其肖像权等人格权作出一定的限制，同时，由于影视歌星等常常被青少年奉为偶像，其言行举止对青少年具有较大的影响，所以有必要在一定程度上限制其隐私权。但这并非意味着其家庭的正常生活可以受到不正当的骚扰、妨害等。在法国，巴黎法院在宣判向公众透露摩纳哥王子私人地址一案中，认为，“住所属于隐私的范围……未经授权复制在个人私有住宅中拍摄的照片……

---

[26] Michael Henry, *International Privacy, Publicity and Personality Laws*, London: Butterworth, 2001, p. 44.

侵犯了该人的隐私权”。[27]私人住址作为一种私人信息也应当受到隐私权的保护。在我国曾经就媒体是否可以披露明星的家庭住址发生过争论,笔者认为,非法暴露个人的家庭住址,即使是暴露明星的家庭住址,也已经超出对公众人物隐私权的限制范畴,构成对隐私权的侵害。

2. 对公众人物私人空间的侵害。凡是私人支配的空间场所,无论是有形的,还是虚拟的,都属于个人隐私的范畴。空间隐私除个人合法占有的房屋之外,还包括私人合法支配的空间,例如,更衣室、电话厅等,此处之住宅,不仅指法定住所,也包括临时居住、栖身之处,如栖身的房间、工人临时居住的工棚、无房户居住的办公室等。在私人空间中,住宅空间具有尤为重要的意义。住宅是个人所享有的隐私的重要组成部分。正如英国法学家提出的法谚所说,“隐私止于屋门之前”,“住宅是个人的城堡”(a man's house is his castle)。[28] 在古老的法律中,住宅是人们遮风避雨的场所。在习惯法中,即使是债权人也不得闯入债务人的房屋讨债,而只能等在屋外讨债。《汉谟拉比法典》第21条也有禁止他人非法闯入住宅的规定。[29] 公众人物对其私人空间也享有隐私权,任何人未经其许可,不得擅自闯入公众人物的私人所有的、合法占有的房屋以及其他空间,也不得非法采用红外线对室内进行非法扫描,用高倍望远镜探测、长焦距拍照等窥视个人空间,否则,也构成对公众人物隐私权的侵害。

3. 为了商业目的而利用公众人物的肖像、隐私等将构成侵权。对于公众人物的肖像、隐私的公开必须具有正当的理由,[30]因为公众人物的人格权未经授权不得用于广告或其他营利性活动,这已经成为各国所承认的通例。人格权主要是一种精神权利而非财产权,一些人格权特别是生命权、健康权、名誉权等具有强烈的固有性,其与人格本身密不可分,不能将

---

[27] Michael Henry ed., *International Privacy, Publicity and Personality Laws*, Reed Elsevier (UK), 2001, p. 136.

[28] Michael Henry ed., *International Privacy, Publicity and Personality Laws*, Reed Elsevier (UK), 2001, p. 14.

[29] Richard G. Turkington & Anita, L. Allen: *Privacy*(Second Edition), West Group, 2002, p. 9.

[30] Michael Henry ed., *International Privacy, Publicity and Personality Laws*, p. 137.

该种人格权与主体分离而进行财产性利用,但某些人格权,主要是姓名、肖像等标识性人格权,具有在特定条件下与主体人格相分离,从而进行商业化利用的可能性。其原因在于,随着市场经济的发展,广告宣传对于商品销售具有重要的推广作用,而名人的肖像、姓名有助于提高商品知名度,增强商品的号召力,形成巨大的名人效应。但名人的姓名、肖像所包含的经济价值并不是先天所具有的,只有经过后天的努力、创造性的劳动和经营才能获得之。[31] 因此对公众人物而言,即使可以基于公共利益和满足公众兴趣的需要而公开其姓名或肖像等,也不能未经其同意就利用其姓名、肖像等牟取非法利益,否则,也构成对公众人物人格权的侵害。

4. 恶意侵害他人名誉权、隐私权等人格权,严重贬损他人人格尊严。虽然公众人物的人格权受到限制,对公众人物的肖像、名誉和隐私允许他人进行合理使用。但是,此种合理使用只能限于使用人是为了维护公众利益和满足公众兴趣,在这种情况下,即使使用人因主观上存在某种程度的过失而疏于审查核实,也可免于承担责任。而如果使用人主观上存在恶意,明知所报道的并非事实而故意加害他人,恶意贬损他人人格尊严,则不得援引公众人物的理由予以抗辩。因为在此情况下,行为人的行为已经超出了公众利益的界限,属于基于个人目的的恶意加害行为,故应当由行为人承担责任。[32]

五、对上述案例的简单评述

应该说,本文开头所引述的两个案例完整地展现了我国司法实践中对公众人物人格权限制与保护两方面的真实图景,也对我国法院审理类似案件具有相当示范性的借鉴意义。从理论上对这两个案例进行评述,并结合域外法的考察必将有助于我们对同类问题的理性判断。

---

[31] 赖国钦:“形象宣传权之研究”,台湾中国文化大学法律学研究所1999年硕士学位论文,第155页。

[32] 侯健:《舆论监督与名誉权问题研究》,北京大学出版社2001年版,第92页。

案例一是我国第一个提出公众人物概念的案例,范志毅作为一个球星属于社会公众人物,尤其本案发生之时其在国内足坛的人气极高,球迷对其足球运动生活及个人私生活都给予非常高的关注度,因此媒体对于其个人训练、比赛以及个人生活进行报道都是为了迎合公众的兴趣。从这个意义上说,作为球星的范志毅的人格权会受到一定的限制,否则媒体无法对其做广泛全面的报道以满足公众的兴趣。而就本案来看,被告《东方体育日报》报道的内容不仅涉及公众兴趣的问题,还事关社会和公众利益。众所周知,中国足坛的假球现象一直受到公众质疑,尤其是当中国足球队第一次打进世界杯,国家队与哥斯达黎加队进行世界杯决赛阶段第一场比赛时,当然受到全国乃至世界各地球迷的关注。球迷对该场比赛所展示出来的球队实力及比赛结果表示关心乃至质疑,都是正当的。被告所作的有关报道,不仅满足了公众的兴趣,也是对球队和球员所实施的舆论监督。被告《东方体育日报》上刊出题名《中哥战传闻范志毅涉嫌赌球》的报道,是对在中国国家队的国际比赛中范志毅的表现及背后的原因所作出的分析,这一场国际性比赛本身涉及国家荣誉,对于有幸参与其中的每一个足球队员,媒体都有舆论监督的权利。因此从这个角度来看,《东方体育日报》的报道并不为过,尤其从被告后续的一系列报道并最终以《真相大白:范志毅没有涉嫌赌球》对整个事情的来龙去脉做了详尽的报道来看,也很难看出其具有主观恶意。同时媒体这些完整的报道也充分地满足了广大球迷的知情权。在涉及公众利益和公众兴趣的情况下,像范志毅这样的球星的名誉权应当受到限制。从这个角度来看,法院的判决很好地把握了对公众人物进行舆论监督和人格权保护的平衡。

案例二提出了公众人物的人格权也应该受到保护的问题。在本案中,原告臧天朔作为一名职业歌手,因一曲“朋友”而成为全国知名的歌手,无疑应该属于公众人物的范畴。作为一名公众人物,尤其是一名在影视娱乐圈有一定知名度的人,公众对其具有浓厚的兴趣。被告在未征得其同意的情况下组织“国内歌坛十大丑星评选”活动候选人,刊载了其照片,此种行为若针对一般人而言,无疑侵犯了其人格权,但对于像臧天朔这样的公众人物而言,既然其人格权应当限制,所以其不能仅以此为由而主张人格权受到侵害。一审法院以原告臧天朔未提供充分证据证明二被告的行为确已造成其社会评价降低的法律后果为由,并没有支持原告关于二被告侵害名誉权的诉讼主张。笔者认为法院的这一判决有一定的道理。但本案的关键并不在于被告的社会评价是否降低;而在于其作为公众人物的人格权是否应当受到限制。如前所述,即使是公众人物,其人格权也并非完全不受到保护,如果以营利为目的使用公众人物的人格特征,便超出了限制的范畴。本案中比较明显的侵权行为是对原告臧天朔肖像的营利性使用,构成了对原告肖像权这一人格权的侵害。二被告在上述"评丑"活动中,使用的虽是原告臧天朔的公开演出照片,但二被告既未经原告臧天朔本人同意,更不是对原告臧天朔的社会活动进行报道或评论,且二被告的行为客观上属于是以营利为目的的经营性行为,这些事实已然构成了对原告臧天朔肖像权的侵害。因此法院基于这一事由判决二被告承担一定的损害赔偿责任是合理的。案例二给我们的启示是,对于公众人物的人格权究竟应该作出哪些方面的限制,尤其是当此种利用系出于营利目的时,应如何对公众人物加以保障。这一问题目前仍然是我国立法和司法解释中的空白。而在国外,例如美国,已经形成了一套所谓的"公开权"制度,对名人人格权进行商业利用时予以严格保护。且二被告利用原告的肖像等人格利益的行为客观上属于是以营利为目的的行为,即使只具有涉及公众人物的人格权的性质,也构成对原告人格权的侵害。

第三编 | 物权制度

民商法研究(第六辑)
第169~183页

我国物权法体系的新发展*

物权法体系是指物权法依据一定的逻辑结构所构成的制度和规范体系。我国物权法建立的物权体系结构是在物权的分类基础上形成的,即通过将物权区分为所有权、用益物权和担保物权,并在此基础上构建了物权法体系。我国物权法体系具有鲜明的中国特色和时代特征,较之大陆法系其他国家的物权法体系,具有一些新的发展。

一、当代物权法体系的发展趋势

当代物权法适应社会经济变化,在体系上具有新的演变,主要体现在如下几个方面:

(一)当代物权法并不局限于以不动产为中心

动产和不动产的区分源于1804年《法国民法典》。该法典直接宣称:一切财产皆为动产,或者不动产。近代物权法不仅严格区分不动产和动产,而且,以不动产作为其规范的中心。因为在《法国民法典》制定的时代,当时主要还是农业社会,当时主要的社会财富是土地和房屋,相对于不动产而言,动产的价值相对较小。

---

* 本文作于1990年,2007年修改。

但是,在现代社会中,物权法仅仅以不动产为核心来确立其体系已经越来越不符合社会发展的需要了。

首先,随着现代科学技术的发展,动产的价值在现代社会越来越大,无论是在交换价值还是使用价值上,动产都具有越来越重要的地位,例如汽车、航空器、船舶等其价值远远超过了许多不动产。① 尤其是现代社会已经进入了所谓的“消费社会”,动产的形态和价值的不断上升,成为社会经济中的一个显著的现象。动产与不动产在价值上的差异逐渐消失,是财产发展的一种趋势。② 一方面,科学技术手段的迅速发展,大量新型的动产财富被创造出来,例如,航空器、计算机软件等;另一方面,“消费社会”中对于休闲产品(譬如说赛马、赛车、游艇等)、艺术收藏品的需求,处于持久的增长态势。因此,完全以不动产为中心构建物权法的体系是不适应社会发展的需求的。正因如此,当代物权法越来越注重动产的归属和利用的调整。

其次,现代社会中动产与不动产的区分在很大程度上越来越模糊。一些所谓的“第三类”财产的出现,使得传统的二分格局显得越来越尴尬和不合时宜。譬如,对于某些形态的集合财产,它是动产、不动产甚至还包括无形财产的总括和集合,显然很难将它硬性地归入动产或者不动产之中。还有,随着所谓财富的“非物质化”、“去物质化”,纯粹以价值形态而存在的无形财产大量出现,它们也很难简单地归入传统的动产和不动产之中。③

最后,动产和不动产所适用的法律规则出现了交错,传统上适用于某一类财产的规则如今也越来越多地适用到另一类财产。譬如,抵押在最初只能适用于不动产,而动产采用质押的方式,这就是所谓“动产质押—不动产抵押”的二分法模式,但现代物权法中抵押制度也越来越多地适用于动产;传统上登记只是不动产权属变动规则,现在某些特殊的动产也适

---

① 参见《法国民法典》第516条。

② 尹田:《法国物权法》,法律出版社1998年版,第80页。

③ 关于“新财产”,详见徐国栋:“现代的新财产分类及其启示”,载《广西大学学报》2005年第6期。

用登记规则。又如,善意取得制度最初是以动产为中心而建立的,而随着登记功能的变迁和登记模式的发展,不动产善意取得也成为可能,我国《物权法》就确立了不动产善意取得制度。由此可知,物权法如果仍然是仅仅以不动产为中心来建立体系和确定法律规则的话,将与现实社会发生脱节,不符合社会发展的需要。

(二)物权客体出现扩张趋势

随着社会的发展和人类生产力和创造力的提高,一些新型财富形式不断产生。由于这些新的财产类型的出现,物权客体的范围也相应扩张,这就需要物权法不断扩大其适用范围,确认和保护一些新型的财产形式。具体来说,物权客体的扩张主要表现在如下几个方面:第一,由于市场经济的发展和经济全球化的加速,导致了资源在更大范围内的有效流动从而能够对资源实现更为有效的利用,相应地出现了一些新型的无形财富形式。例如,知识产权、商业秘密、商号、商誉、计算机软件、空间权、经营特许以及客户信息、经营网络等都成为社会中重要的无形财产。有价证券所代表的权利具有十分重要的价值。正如英国学者詹克斯所说的:“由于工业的逐渐发展和商业活动的更大发展,终于创造了另外一种和最初的形态完全不同的动产;这种动产的价值并不取决于它的自然性质,而是取决于它的法律性质。如果把一张一百生丁的票据看作是一个自然界中的对象,那么它可能值不了什么;如果把它看作是某个有钱人的付款保证,那么它就可能值一百法郎。债券、股票、保险证券以及其他许多系争财产和作为债务要求权对象的财产,都和上述情况一样。”④第二,一些公法意义上的财产也越来越多地成为无形财产。例如,政府补贴、福利资助、特许权、营业许可、许可证、频道、排污权、收费权、航道经营权等。⑤ 第三,随着网络时代的到来,计算机软件、网络的虚拟财产等也可以成为重要的财产。第四,在现代社会,由于人口激增、经济快速发展以及城市化的日益加快,导致不可再生的土地资源越来越稀缺,决定了人类对土地的

④ [英]詹克斯:《英国法》,转引自[俄]弗莱西茨:《为垄断资本服务的资产阶级民法》,中国人民大学出版社 1956 年版,第 16~17 页。

⑤ 宁红丽:“私法上‘物’的概念的扩张”,载《北方法学》2007 年第 3 期。

利用逐步从平面转向立体,空间的利用与开发也就越来越重要。因此,地上和地下空间也成为重要的财产,出现了空间权、空间役权等制度,这些都是新的财产形式。物权客体的范围不断扩大,对无形财产调整的范围也在不断扩大。第五,各种资源也大量成为物权的客体。比如无线电频谱资源、海域使用权等。我国物权法就在建设用地使用权中规定了空间权,并将“海域”、“无线电频谱”纳入物的概念之中,这对于有效地利用空间等资源具有重要的意义。

(三)物权法定主义(numerus clausus)的缓和

物权法定主义是指哪些权利属于物权,哪些不是物权,要由物权法和其他法律规定。物权必须由法律设定,不得由当事人随意创设。⑥ 物权法定原则是物权法奉行的一项基本原则,该原则在19世纪各国制定民法典时都已获得共识,该原则不仅有利于维护财产秩序、促进交易,同时对物权法体系的建构也产生了重要影响。然而严格的物权法定限制了当事人的意思自治,坚持严格的物权法定主义,显然过于僵化,使物权法不能很好地适应市场经济不断变化发展的需要。⑦ 从两大法系物权法的发展来看,物权法定原则在现代民法中出现了缓和的趋势。一方面,适应社会经济发展的需要,对物权类型的封闭列举逐渐突破,法院在物权创设方面的作用越来越突出。例如,德国学者也承认,现代经济生活实际上已经要求对该原则予以多方面的突破,典型者为让与担保、期待权和担保土地债务。⑧ 因此,有德国学者甚至认为,实际上物权法定原则在动产物权上已经被废弃了。⑨ 法国最高法院晚近以来的判例认为,基于法定物权而创设的某些新型的权利可以具有物权的性质和效力,其中尤其是基于役权、所有权或者用益权而创设的新的权利(如狩猎权、相邻不动产的标界),可能

---

⑥ MuechKomm/Gaier, Einleitung des Sachenrechts, Rn. 11.

⑦ Hansmann/Kraakman 31 Journal of Legal Studies 373 - 420 (2002); AKKERMANS, The Principle of Numerus Clausus in European Property Law, Intersentia 2008.

⑧ MuechKomm/Gaier, Einleitung des Sachenrechts, Rn. 11.

⑨ Hans Josef Wieling, Sachenrecht, Band I, Springer, 2006, S. 25 f.

会具有物权的性质和效力。[10] 另一方面,物权的内容出现缓和化的趋向。实行物权法定旨在限制当事人在创设物权以及确定物权内容等方面的自治,但一般不会限制市场主体的行为自由,而且,由于该原则旨在维护交易安全和秩序,保护第三人的利益,因此最终是为了使交易当事人获得更为广泛的自由。正如一些法国学者指出,实际上问题并不在于当事人是否可以自由地创设法律所没有规定的物权,而在于对于当事人创设的新的权利的定性及其法律后果的认定。[11] 此外,在担保物权领域,随着交易的发展,担保物权的类型层出不穷,出现了许多新的担保方式,因此,许多国家通过在习惯中承认了动产让与担保等方式,然后在立法中加以规定,这也表明,物权法定主义呈现出缓和的趋势。

(四)物权法加强了对自然资源的调整

资源即为"资产、资财的来源",[12]所谓资源,《辞海》的解释是"资财的来源,一般指天然的财源"。所谓自然资源,按照1992年联合国开发署的定义,是指"在一定时间和条件下,能够产生经济价值以提高人类当前和未来福利的自然环境因素的总称"。[13] 传统的物权法并不调整自然资源,也不调整自然资源以外的其他资源。自然资源的归属和利用是由公法和特别法调整的。但现代社会,不仅各种传统的自然资源,如土地、水资源、石油、矿产等因日益稀缺而凸显出其更大的战略意义,而且随着科学技术手段的提高,人们的活动范围不断扩大,资源也越来越受到物权法的调整。因而物权法必须对这些自然资源的归属与合理利用加以调整。[14] 物

---

[10] See Cass. civ. 3e, 22 juin 1976, Bull. civ. III, n280; Cass. civ. 3e, 18 jinv, 1984, Bull. civ. III, n356; V. Philippe Malaurie, Laurent Aynès, Droit civil, Les biens. Defrénois, 2003, pp. 85–86.

[11] V. Philippe Malaurie, Laurent Aynès, Droit civil, Les biens. Defrénois, 2003, pp. 85–86.

[12] 上海辞书学会编:《辞海》(中卷),上海辞书出版社1994年版。

[13] 蒋运龙编:《自然资源学原理》,科学出版社2000年版,第39页。

[14] 例如,有的国家规定基于公共利益,国家可以利用私人所有的土地的地下一定深度的空间;某些国家甚至规定,土地所有权地下若干米之下的空间归国家所有。另外,在西方国家,法律因越来越强调对于环境和生态的保护,从而对自然资源的利用行为设定一些新的限制,这尤其体现在与国计民生有重大关系的领域。例如,根据有些国家的立法,对于土地的利用必须要符合环境保护的要求;禁止对于某些土地的闲置或者抛荒;对于某些私人房屋或者建筑,如果其构成国家文化遗产,则其利用和处分将受到公法规范的限制。

权法在用益物权制度中,也加强了对自然资源的调整:一方面,用益物权的客体范围得以扩大,海域权、探矿权、采矿权等被纳入物权法调整范畴,这也符合国际范围内物权法的发展趋势;⑮另一方面,从调整方式上看,除了直接确认自然资源的归属之外,还通过对财产权利行使的限制来对自然资源进行规制。尤其是在西方发达国家,因越来越强调对于环境和生态的保护,从而对自然资源的利用设定一些新的限制,这尤其体现在与国计民生有重大关系的领域。例如,土地利用必须要符合环境保护的要求,禁止闲置或者抛荒某些土地;对于某些私人房屋或者建筑,如果其构成国家文化遗产,则其利用和处分将受到某些公法规范的限制。⑯

(五)担保物权的体系发生了重大变化,出现了大量的新型担保物权

基于担保物权在担保债权的实现、保障金融安全、促进商品流通和资金融通方面的重要功能,各国法律都十分重视担保物权制度的构建,从发展趋势来看,担保物权朝着逐步扩大担保物、担保标的的范围、降低担保设立费用、提高担保物的利用效率、减少担保物的执行成本等方向发展。一方面,动产担保的作用日益增强。在相当长一段时间内,动产担保仅仅限于质押、留置等以移转担保物占有为要件的担保方式,这种方式没有充分发挥动产的使用价值,因此这种担保方式的使用频率也不高。晚近以来,动产担保由于以下两个因素重新焕发了生机,具体来说:一是动产财产价值的增强。随着生产力的日益提高,大型企业每天都生产出大批量的动产,比如汽车制造厂每天都可以生产出成千上万的汽车,它的价值总量是巨大的。科技越发达、技术越进步,动产的价值就越重要。比如说,宇宙飞船的价值究竟有多大,甚至很难估量。计算机软件的开发使软件具有重要的财产价值。二是动产担保方式也发生了重大变化。动产抵押和其他以动产作担保的形式越来越多,作用越来越突出。尤其是动产抵押方式的产生,大大促进了动产使用价值和交换价值的同时实现。在比较法上,动产担保也受到重视和广泛运用,例如,《美国统一商法典》第九编“担保制度”确立并强化了权利质押。又如,《魁北克民法典》也承认各

⑮ 参见《法国民法典》第598条,《意大利民法典》第987条。

⑯ 石佳友:“物权法中环境保护之考虑”,载《法学》2008年第3期。

种非移转占有的动产担保物权。另一方面,担保类型越来越多,如浮动担保、电网收费权担保、高速公路收费权抵押、最高额抵押、财团抵押等。日本修改和制定了一系列新的特别法规,确立了抵押证券、让渡担保、所有权保留、债权让渡、抵销预约、代理受领、保险担保、担保信托等非传统担保形式。[17]《美洲国家组织动产担保交易示范法》确立了应收账款担保。此外,公示制度也在不断发展,例如,在动产担保中,美国、加拿大和受其影响的许多国家采用互联网的方式对动产担保进行公示,即在互联网上将债务人的姓名予以公开,只要查到了债务人就可以大概地了解债务的情况。电子登记方式因成本低、查阅方便、适用范围广等特点而得到广泛采用。据资料显示,在一些整体经济实力和电子信息化程度远比我们低的国家,都采用了电子登记方式,并在实践中取得了良好的效果。

二、我国物权法体系的新发展

我国《物权法》并没有采纳设立财产法总则的做法,但我国《物权法》广泛借鉴了国外最新立法经验和理论研究成果,并从中国实际出发,在体系上有许多创新和重大发展。

(一)所有权制度的新发展

所有权制度是物权制度中的核心内容,其反映了一个国家的经济体制和基本经济制度。所有权是所有人对其物享有的独占的支配权,它包含了占有、使用、收益和处分四项权能,因而是权利内容完整的物权。传统大陆法系国家是以个人所有权作为中心构建物权法体系,但我国《物权法》从我国以公有制为主体,多种所有制并存的基本经济制度出发,采纳了所有化的类型化方法,分别规定了国家所有权、集体所有权和私人所有权,并对之进行平等保护。这本身就是对传统大陆法系国家物权法体系的重大突破。在所有权体系方面,还具有如下几个方面的特点:

---

⑰ 梁慧星:“日本现代担保法制及其对我国制订担保法的启示”,载梁慧星主编:《民商法论丛》(第3卷),法律出版社1995年版,第80页及以下。

第一,在国家所有权制度中,采取抽象概括和具体列举相结合的方式,详细规定了各类国家所有权的类型和客体。一方面,《物权法》采取抽象概括的方式,全面确认了国家所有权的客体范围。《物权法》第 45 条规定:“法律规定属于国家所有的财产,属于国家所有即全民所有。”这就采取了抽象概括式的条款确认了国家所有权的客体。将凡是法律规定为国家所有的财产,都纳入国家所有权的客体范围。另一方面,《物权法》具体列举了各类国有财产的类型,包括矿藏、水流、海域、城市的土地、森林、山岭、草原、无线电频谱资源、野生动物资源、文物等。《物权法》关于国有财产的列举是较为详尽的,不仅规定了专属于国家所有的财产,而且规定了非专属于国家所有的财产;不仅规定了国家机关支配的国有财产所有权,而且规定了企事业单位支配的国有财产的所有权。这些财产大体上可以分为资源性国有财产、行政事业性国有财产和经营性的国有财产。这样既能够确立自然资源的归属,而且有利于区分国家财产和集体财产,并能够区分其类型分别授权规定不同的权能状况。

第二,《物权法》明确了农村集体所有权的归属。该法第 59 条将集体所有权规定为“本集体成员集体所有”,这就明确了集体所有权是集体成员共同支配、共同管理、共享收益的权利。所谓本集体经济组织成员所有,是指本集体成员集体所有,而并不意味着集体所有就是集体成员共有。因为成员集体所有是一种公有,它和共有在法律上有极大差别。之所以要强调是集体组织成员公有,一方面是为了强调集体成员对集体财产享有共同的支配权、平等的民主管理权和共同的收益权。集体的财产只有在法律上确认为成员集体所有,才能密切集体成员和财产之间的关系,防止集体组织的负责人滥用集体的名义侵吞集体财产或者损害集体成员的利益。涉及成员重大利益的事项,必须要经过成员集体决定。另一方面,《物权法》明确农村集体财产属于成员集体所有,有助于明确成员的权利。

第三,在“所有权”编中,为了强化对公民房屋所有权的保护,专设第六章规定了业主的建筑物区分所有权。不仅详细列举了业主所享有的各项权利,并且对业主行使权利的程序作出了规定。在建筑物区分所有权制度中,物权法充分贯彻了业主自治的原则。这在大陆法系国家物权法体系中也具有创新意义。

第四,《物权法》在所有权体系的规定上保持开放性。《物权法》第4条规定:"国家、集体、私人的物权和其他权利人的物权受法律保护,任何单位和个人不得侵犯。"所谓"其他权利人的物权",包括国家、集体和私人所有权之外的所有权。例如,在我国,社会团体种类很多,包括人民群众团体、社会公益团体、文艺团体、学术研究团体、宗教团体等。这些财产很多是前三种类型所无法包括的。[18] 其财产很难按照所有制而被归属到哪一类之中,因此该条规定其他权利人的物权,从而使所有权制度保持了一定的开放性。

(二)注重动产物权的确认和保护

传统的物权法基本上以不动产为核心,物权法规则的主体是不动产法。我国《物权法》适应现代物权立法的发展趋势,充分考虑到了动产和不动产的发展变化,在以不动产作为规范重心的前提下,也强调了对动产物权取得和变动的规范。尤其是突破了动产与不动产的界限,规定了各种资源的归属和利用问题,使物权法的体系获得了新的发展。这特别表现在:首先,物权法针对某些动产物权的变动,原则上以交付作为物权变动的要件,但是也适用不动产物权变动的登记规则,以登记作为对抗要件。例如,《物权法》第24条规定:"船舶、航空器和机动车等物权的设立、变更、转让和消灭,未经登记,不得对抗善意第三人。"其次,《物权法》为了适应整个物权体系在未来发展的趋势,突破了传统上用益物权都只是在不动产上设立的规则。《物权法》第117条规定:"用益物权人对他人所有的不动产或者动产,依法享有占有、使用和收益的权利。"这就承认了在动产之上也可以设立用益物权。最后,物权法还规定了大量的动产担保物权,依据《物权法》第180条,生产设备、原材料、半成品、产品、交通运输工具等动产都可以实行抵押。该法第181条还规定了浮动抵押。再如,《物权法》对于动产抵押以及动产浮动抵押也采取登记的方式,但实行的是登

---

[18] 刘保玉:《物权法学》,中国法制出版社2007年版,第165页。

记对抗主义。尤其需要指出的是,《物权法》第180条规定,法律、行政法规未禁止抵押的其他财产都可以抵押。这就极大地扩张了抵押财产的范围。在质押范围方面,物权法强化了权利质押的内容,规定了应收账款质押、可以转让的基金份额、股权等都可以质押。由此表明,我国《物权法》在担保物权中实际上已经突破了传统大陆法系国家的做法,在物权体系方面具有新的发展。《物权法》突破动产、不动产划分的限制,在体系的构造上不是封闭的,而是开放的。这就使得《物权法》不仅能够适应社会生活的需要,而且,能够适应未来社会变动的需要。这些都是对传统大陆法系物权法体系的重大突破。

(三)将自然资源纳入物权法的调整范围

如前所述,传统大陆法系民法并不调整因自然资源所产生的民事关系。但现代物权法越来越注重对各类自然资源的归属和利用的调整,且资源的范围日益宽泛,例如,资源不仅仅包括土地和自然资源,还包括遗传资源、生物资源等。我国《物权法》也适应强化资源与环境保护的发展趋势而作出了新的规定。就我国而言,所有的自然资源都属于公有财产,绝大部分自然资源都属于国家所有。但在对自然资源的利用过程中,出现了很多乱挖滥采、对自然资源的破坏性利用的情况,如何在维护人与自然的和谐、保护生态环境的前提下,有效率地利用自然资源,显得十分重要。此外,未来我国要走新型工业化的道路,经济的发展要从粗放型转向集约型,对自然资源的合理有效的利用更加需要采取法律的方式加以调整,因此《物权法》中需要规定对自然资源实行有偿利用原则,并确立合理的利用制度。在现代社会,由于人口激增、经济快速发展以及日益加快的城市化,导致了不可再生的土地资源越来越稀缺,这就决定了人类对土地的利用需要逐步从平面利用向立体利用发展,因而《物权法》必须对这些自然资源的归属与合理利用加以调整。例如,有的国家规定基于公共利益,国家可以利用私人所有的土地的地下一定深度的空间;某些国家甚至规定,土地所有权地下若干米之下的空间归国家所有。

我国《物权法》确认了矿藏、水流、海域、野生动植物资源、无线电频谱资源、空间等的归属,这对于实现对资源合理而有效的利用和保护生态环境是非常必要的。这些自然资源不是纯粹的有体物，其中也有一些属于无形财产，而资源是很难纳入动产和不动产之中的。该法第136条还规定了空间的利用权，即建设用地使用权的分层设立，这些都使得其规范的内容范围不限于不动产，还包括其他财产，内容极为丰富。随着海洋技术的发展，海域可以通过技术手段进行区分，并进行排他性利用，因此，在用益物权中，《物权法》也规定了海域使用权、探矿权、采矿权、取水权和使用水域、滩涂从事养殖、捕捞的权利，都可以作为用益物权受到保护。

（四）用益物权体系的新发展

构建我国用益物权制度不仅要借鉴国外经验，更重要的是从中国的实际情况出发，注意吸收我国人民群众的实践智慧以及司法实务的优秀经验成果，在此基础上建立一整套具有中国特色的、符合中国国情的用益物权制度。例如，农村土地承包经营权和建设用地使用权已经成为我国民众普遍接受的约定俗成的概念，不宜采用永佃权或地上权的概念来代替，即使采用也很难为人们所接受。凡是实践中出现的对不动产各种不违反法律规定的使用、利用形态都应进行认真的整理和清理，需要物权法加以规范的，应确认为一种用益物权加以规范。

我国《物权法》确定的几种典型的用益物权包括：土地承包经营权，建设用地使用权，宅基地使用权，地役权。我国《物权法》对于用益物权体系的发展，主要是为了适应物尽其用和保护环境的需要，确立了一些新的用益物权和准用益物权。一是在建设用地使用权中，承认了地上、地下空间可以设置建设用地使用权。二是规定地役权可以在建筑物和用益物权之上设立。三是规定了海域使用权、探矿权、采矿权、取水权和使用水域、滩涂从事养殖、捕捞的权利，这些权利又被称为准用益物权。四是用益物权的客体不仅仅限于不动产，还包括动产以及空间等资源。这些都是对用益物权体系的重大发展。

（五）担保物权体系的新发展

我国担保物权制度，是随着改革开放和市场经济体制的建立和完善而逐步建立起来的。新中国成立后，因为实行高度集中的计划经济体制，在这种背景下，担保制度难以生存和发展。但随着改革开放的推行和商品经济的发展,银行逐渐开展担保业务,因而1986年的《民法通则》第89条规定了几种典型的担保形式,包括抵押和保证等。但是,《民法通则》并没有明确承认抵押权为担保物权。在市场经济体制下,担保物权的地位和作用日益突出,法律对担保制度作出全面而详细的规范越显重要。有鉴于此,我国于1995年颁布了《担保法》。《担保法》实际上是将各种担保类型统一规定,对担保制度进行了重大完善,起到了为市场经济"保驾护航"的作用。但是,由于《担保法》制定之时,我国担保制度在理论上还不够成熟,担保的实践也还不尽丰富,所以,《担保法》并没有明确承认抵押权、质权、留置权等担保物权的物权性质,且担保制度的内容和体系也不够完善。例如,《担保法》第35条规定,抵押人所担保的债权不得超出其抵押物的价值。这就在一定程度上限制了超额抵押和重复抵押,不利于担保财产的最大化利用。⑲ 为了适应我国市场经济改革和发展的需要,进一步促进融资、完善担保物权制度,我国《物权法》对担保物权制度作了更为科学合理的规定。这主要表现在如下几个方面:

第一,深化了对担保功能的认识。在《物权法》中,是否应该规定新的担保形式,首先涉及对担保功能的认识问题。担保物权具有"安全"和"效率"的双重功能,二者之间有内在的冲突和张力:一方面,担保物权制度的重要功能在于保障债权的安全,保证债权在到期后能够得到清偿和实现,这是担保物权本身的"安全"价值;另一方面,担保物权又需要为当事人提供尽可能多的融资途径,为当事人获取融资提供尽可能多的制度选择,这是担保物权的"效率"价值。而在"安全"和"效率"这两个基本功能之间,显然是存在着一定冲突的:如果强调安全价值的优先意义,就必须要对当事人自发的制度创新活动予以必要的限制,要强调法定主义作为调整的基本手段;而如果强调效率本身是优先目标,那么就应当允许当事人具有更大的制度创新空间,许可当事人在创设物权及确定物权内容方面发挥更大的作用。我国《物权法》兼顾了两个方面的功能,为了保证当事人获得尽可能多的融资途径,规定了正在建造的建筑物的抵押、动产浮动担

---

⑲ 何志:《担保法审判实务研究》,人民法院出版社2002年版,第242页。

保、基金份额质押、应收账款质押等，扩大了担保财产的范围，增加了新的担保方式，这些都适应了担保物权国际化发展趋势。

第二，我国《物权法》扩大了担保财产的范围，对当事人设定担保提供了更多的选择手段。当事人选择担保的余地越大，越表明这种制度更符合社会发展的需要。具体来说，一是扩大了抵押标的物的范围。例如，允许在正在建造的建筑物等之上可以设定抵押；《物权法》第180条第1款第7项强调，法律、行政法规未禁止抵押的其他财产，都可以抵押。二是规定了浮动担保制度。《物权法》规定，经当事人书面协议，企业、个体工商户、农业生产经营者可以将现有的以及将有的生产设备、原材料、半成品和产品抵押。三是《物权法》规定了基金份额可以质押。四是《物权法》规定了应收账款可以质押。《物权法》还扩大了抵押中抵押物的范围。例如，《物权法》第180条第1款第7项中规定的"法律、行政法规未禁止抵押的其他财产"，使得抵押权的类型在严格的物权法定主义的模式下，具有一定程度的开放性。

第三，《物权法》对《担保法》中的若干不合理的规定作了修改和完善。我国《物权法》制定过程中，适应了担保制度国际化发展趋势，在担保物权的类型、设立和实现等诸多方面对《担保法》作了修改和完善。例如，《担保法》第28条规定："同一债权既有保证又有物的担保的，保证人对物的担保以外的债权承担保证责任。"而《物权法》对《担保法》确立的"物保优于人保"规则作了必要的修改。根据《物权法》第176条的规定，当事人首先应当订立协议，如果没有约定或约定不明的，债务人自己提供物的担保的，债务人应当首先就该物的担保承担责任；第三人提供物的担保的，债权人可以就物的担保主张优先受偿，也可以要求保证人承担保证责任。再如，《担保法》没有严格区分合同的效力与物权的效力，其在第41条规定"应当办理抵押物登记，抵押合同自登记之日起生效"。而《物权法》严格区分了登记的效力与合同的效力，登记只是影响物权的设立和变动，但不影响合同的效力。[20]

---

⑳ 王君、郭林将："论担保物权的完善"，载《新学术》2007年第3期。

第四,有效地协调了"法定主义"和"意定主义"两种基本调整手段的关系,赋予了当事人在担保物权的创设、担保范围、担保的实现等方面更多的意思自治空间。物权法定主义的优势在于为当事人提供一套固定、成熟和安全的担保物权体系,供其自由选择。但是,其不足在于:法定主义会限制当事人的制度创新,妨碍人们的自主创造和对资源的最有效利用。根据《物权法》第180条第1款第7项的规定,对于抵押物的范围,法律并未加以限制性规定,反而采取了开放性立法体例,因而各种新的财产只要具备了合适的公示方法,均可设定抵押,这从一定程度上缓和了严格的法定主义所带来的僵化和刚性。例如,在动产担保设定方面,动产是采取抵押还是质押,可以由当事人选择。在物权法定原则下,《物权法》赋予当事人在担保物权体系内予以自由选择的权利。此外,《物权法》还增加了一些新的规则,例如区分动产抵押和其他财产的抵押,对不动产抵押实行登记要件主义,而对动产抵押实行登记对抗主义。

第五,简化了担保物权的实现程序,降低了担保物权的实现成本。现代担保物权制度发展的一个趋势就是简化担保物权的实现程序,降低担保物权的实现成本。根据《物权法》第195条的规定,实现抵押权必须由抵押权人与抵押人之间达成协议,以抵押财产折价、拍卖或变卖该抵押财产所得的价款优先受偿。如果一方不执行协议,显然应当承担相应的违约责任。在协议未能履行的情况下,抵押权人可以不再要求法院审理主合同,而直接就该协议依据非诉讼程序作出裁定,然后依据此裁定强制执行。依据《物权法》第195条第2款,在当事人就抵押权的实现方式没有达成协议的情况下,抵押权人可以直接请求法院拍卖或变卖抵押财产。[21]

(六)进一步强化了民商合一体制

长期以来,民商分立抑或民商合一是我国民法典制定中的重大争议问题,《物权法》的制定使民商合一的思想得以进一步巩固。第一,《物权法》确立了统一的登记制度,其并没有区分民法和商法,而是适用于所有的民商事领域。尤其是在登记效力方面,并没有区分民事和商事活动,而设立

---

[21] 王君、郭林将:"论担保物权的完善",载《新学术》2007年第3期。

了统一的登记效力规则。例如,在证券登记方面,因为没有商事特别法,所以,应当准用《物权法》的相关规则。按照《物权法》第 16 条的规定,“不动产登记簿是物权归属和内容的根据”。因此,当事人就证券归属发生争议时,也应当准用该条规定,即以相关登记簿上的记载确定证券权利人,除非有相反证据。第二,在用益物权制度中,《物权法》贯彻了物尽其用、禁止权利滥用等原则,这实际上体现了传统商法的基本理念。第三,在所有权制度方面,《物权法》也包含了传统商法的规则。例如,善意取得制度就可以统一适用于商事交易领域。《物权法》规定的私人所有权实际上包括对于股票、债券等的权利,因此,对公司的财产权的确认、行使、股票的发行与股票权利的行使,对作为商品所有权的票据的保护等,仍然适用物权法的相关规定。㉒第四,没有区分民事主体和商事主体,而采用了统一的物权主体概念。《物权法》不仅规定了公民个人的财产权,而且规定了企业的财产权。该法第 68 条规定:“企业法人对其不动产和动产依照法律、行政法规以及章程享有占有、使用、收益和处分的权利。企业法人以外的法人,对其不动产和动产的权利,适用有关法律、行政法规以及章程的规定。”该法第 69 条规定:“社会团体依法所有的不动产和动产,受法律保护。”第五,《物权法》确立了统一担保制度,该担保制度不仅适用于民事关系,而且适用于商事关系。例如,该法第 231 条规定:“债权人留置的动产,应当与债权属于同一法律关系,但企业之间留置的除外。”该条实际上将民事留置权和商事留置权作了统一规定。有学者主张,在民法物权之外,还存在商法上的物权,包括独立的商事所有权、商事留置权、商事质权等商事物权。㉓ 但从我国《物权法》担保物权部分的规定来看,并没有区分所谓民事物权和商事物权。此外,《物权法》在规定统一适用于所有民商事关系的物权制度时,也为商事特别法的制度设计预留了空间。例如,该法第 172 条第 1 款规定:“设立担保物权,应当依照本法和其他法律的规定订立担保合同。担保合同是主债权债务合同的从合同。主债权债务合同无效,担保合同无效,但法律另有规定的除外。”该条实际上为商事领域独立担保制度的发展提供了空间。

㉒ 范健等:《商法论》,高等教育出版社 2003 年版,第 110 页。

㉓ 范健:“物权:一个商法命题”,载《财产法暨经济法》2005 年创刊号。

民商法研究(第六辑)
第 184 ~200 页

平等保护原则:中国《物权法》的鲜明特色*

所谓物权法上的平等保护原则,是指物权的主体在法律地位上是平等的,其享有的所有权和其他物权在受到侵害以后,应当受到物权法的平等保护。平等保护是物权法的首要原则,也是制定物权法的指导思想。平等保护原则充分体现了我国市场经济体制的社会主义的特色,因为在西方国家,物权法以维护私有财产为其主要功能,所以没有必要对所有权按照主体进行类型化,并在此基础上提出平等保护的问题。但是,在我国,由于实行的是以公有制为主体、多种所有制共同发展的基本经济制度,因此在法律中尤其是物权法中确立平等保护原则对维护社会主义基本经济制度具有重要意义。

一、平等保护原则完全符合我国宪法

物权是一定财产关系在法律上的表现,物权法作为调整平等主体之间的财产归属和利用关系的法律,

---

* 原载《法学家》2007 年第 1 期。

必须确认和体现一国宪法所确认的基本经济制度。一方面，物权法必须在宪法的框架内调整财产的归属与利用关系，“物权制度有关一国的经济，势不能不采取一贯的政策，以为社会的准绳”。① 也就是说，物权法必须采用宪法所确定的政策作为其基本规则设计和体系构建的指导思想。另一方面，物权法也必须反映一个国家的所有制关系形态。正如德国法学家鲍尔所指出的，“作为法律制度一部分的物权法，包含着人类对财务进行支配的根本规则。而该规则之构成，又取决于一个国家宪法制度所确立的基本决策。与此同时，国家的经济制度，也是建立在该基本决策之上，并将其予以具体化”。② 正因如此，物权法才具有浓厚的固有法和本土性的色彩。我国物权法作为调整平等主体之间财产归属和利用的法律，是宪法所确立的基本经济制度在民法上的表现，也是宪法中保护各类财产权利法律规则的具体化。因此，物权法必须体现宪法的精神，符合宪法的要求。

物权法作为基本财产法，必须反映宪法的所有制关系。西方国家的物权法以保护私有财产权作为其基本的功能，③而我国物权法虽然也具有保护私有财产权的功能，但它对财产权的保护不是单一的。在我国社会主义初级阶段，由于多种所有制形式的存在，因而我国物权法必须确认平等保护原则，反映基本经济制度的要求和维护多种所有制的需要，平等保护国家、集体和个人的财产。物权法草案中确立的平等保护原则，正是宪法所确立的基本经济制度在物权法上的具体体现，也是对宪法的基本精神的反映。

之所以说平等保护原则完全符合我国宪法，是由于该原则符合我国宪法所确立的社会主义基本经济制度。我国是社会主义国家，按照《宪法》第 6 条的规定，我国目前处于社会主义初级阶段，在所有制形态上实行公有制为主体、多种所有制经济共同发展的基本经济制度。因此，“以公有制为主体，多种所有制并存”构成我国的基本经济制度，物权法的平等保

① 郑玉波：《民法物权》，台湾三民书局 1986 年版，第 15 页。
② ［德］鲍尔，施蒂尔纳：《德国物权法》（上），张双根译，法律出版社 2004 年版，第 3 页。
③ J. L. de Los Mozos, Estudio obsbre Derecho de los bienes , Madrid, 1991, p. 54.

护原则正是对这种基本经济制度的充分反映和具体体现。

首先,“以公有制为主体,多种所有制并存”的基本经济制度在内容上包括了各种所有制形式之间的平等,并不意味着不同所有制之间存在高低差别。所谓“以公有制为主体”,主要是强调各种公有制对国计民生、经济安全以及政府实现宏观调控等方面的基础性作用及其对国民经济的重要影响,也是为了保证生产关系的社会主义属性。笔者个人理解,“主体”的本意更多的是强调公有制对经济关系的影响力和对经济生活的基础性作用。比如说,对关系到国民经济命脉的钢铁、交通、汽车、能源等大型产业实行共有制,有利于保证基本的经济制度和属性,保护国家的经济安全和实现政府的调控能力。只有保证公有制的主体性的作用,才能保证社会主义的方向。上述宪法条款虽然在措辞上存在着主体和非主体的差别,但只能理解为各种所有制在国民经济中的作用是有差异的,而不能理解为各种所有制的法律地位是不平等的,不是说公有制为主体就意味着公有制处于优越的法律地位,其他所有制处于次要的法律地位。正是因为在宪法上,多种所有制在法律地位上是平等的,因而决定了物权法草案需要规定对各类所有权的平等保护原则。

其次,平等保护完全符合宪法关于以公有制为主体的规定。一种观点认为,不同的所有制形式在国民经济中的地位和作用是不同的,因为《宪法》第12条(社会主义的公共财产神圣不可侵犯)和第13条(公民的合法的私有财产不受侵犯)是社会主义初级阶段我国的核心条款和关键条款,两者并不能是平等和同等的,否则不能表明我国物权法和西方国家物权法的区别。有观点认为物权法坚持平等保护原则,与宪法的相关规定是不符合的。笔者认为这种观点是对宪法的误解。现行《宪法》第12条的规定,作为一条宣示性的条款是具有其合理性的,在1982年制定该条的时候,针对“文革”期间一些人大搞“打、砸、抢”,破坏公共财产的现象,在宪法中宣示公共财产的神圣性是必要的。作出这种规定,从强化国家主权的角度,也有一定的道理。因为一些国有自然资源与国家主权具有密切的联系,有必要从强化国家主权的角度宣示公共财产的神圣性。但这一条的规定显然不是对基本经济制度的规定,不能因为存在“神圣”两个字就认为《宪法》所确认的各种所有制是不平等的，更不能从“神圣”两个字就引申出要对国有财产优先保护，而对私人财产另眼看待。还应指出的是，《宪法》第12条的规定并不是关于我国社会主义基本经济制度的规定，《宪法》第6条关于“以公有制为主体，多种所有制并存”的规定才是对基本经济制度的规定。

再次，宪法关于基本经济制度的规定强调多种所有制的共同发展，而共同发展的基础和前提就是平等保护。一方面，按照《宪法》第6条的规定，我国目前处于社会主义初级阶段，在所有制形态上实行公有制为主体、多种所有制经济共同发展的基本经济制度。《宪法》虽然规定了国有经济是国民经济的主导力量，但同时维护多种所有制的共同发展。根据这样一种所有制所采取的战略取向，就是我们不是搞私有化，而是实行多元化，鼓励和保护多种所有制的共同发展。这就是我国社会主义初级阶段社会主义所有制的基本特点。既然要实行多种经济成分的共同发展，就要对其他经济成分给予同等保护。所以，强调物权法对不同所有制的平等保护，这也是对宪法同等保护各种所有制成分唯一符合逻辑的解释。没有平等保护就难以有共同发展，失去了共同发展，平等保护也就失去了其存在的应有的目的。另一方面，只有通过物权法规定平等保护的原则，才能巩固社会主义初级阶段的基本经济制度，排除各种“左”的和“右”的干扰，坚定社会主义改革开放的正确方向。宪法规定多种所有制经济共同发展，也是对社会主义初级阶段经济发展规律的总结。实践证明，只有努力促进多种所有制经济共同发展，才能巩固社会主义的基本经济制度。从长远来看，物权法之所以要确认平等保护原则，就是要使多种所有制共同发展成为我国的一项基本国策长期存在。通过平等保护，促进多种所有制共同发展，才能真正发挥物权法在维护社会主义基本经济制度方面的作用。

最后，平等保护与产业政策等方面的差异并不矛盾。应当承认，在我国，不同的所有制在公共资源配置、市场准入、银行贷款等方面有所区别，对不同的类型的企业，国家在税收、信贷、市场准入和用人指标等方面确实存在一些政策上的差异，对一些国有企业在贷款上确实存在倾斜。对关系国家安全和国民经济命脉的重要行业和关键领域,必须确保国有经济的控制力,但这些区别与平等保护原则并不矛盾。物权法是私法,它确立的是财产的归属和利用,而国家的宏观调控政策以及关于市场准入等方面的特别规定,其属于公法调整的范畴,而不属于物权法的内容。事实上,各国在产业政策上针对不同的领域和不同的主体都存在着一定的差异,但这并不影响对私有财产的平等与统一的保护。另一方面,产业政策的差异主要影响的是财产的取得,而并不影响对已经取得某一财产权的民事主体之间的平等保护,物权法的平等保护原则涉及的是民事主体取得财产权之后的平等保护问题。这些差异主要体现在它们取得财产之前的差异,在取得财产以后,法律对它们的财产当然要给予平等的保护。物权法并不涉及有关取得财产的优惠的调整,也不应该介入政策性优惠的领域。从物权法角度出发,具有不同来源和不同性质的财产,一旦确定其具有确定的归属之后,它们在交易关系中,就应该适用同一法律规则。

之所以说平等保护原则完全符合我国宪法,是由于我国宪法不仅确立了多种所有制形式,而且规定了对所有权的平等保护。宪法本身对财产的保护,就贯彻了平等原则的要求。例如,现行《宪法》虽然规定了“社会主义公有财产神圣不可侵犯”,但同时又规定了“公民的合法的私有财产不受侵犯”。“国家依照法律规定保护公民的私有财产权和继承权。”④宪法强调对国有财产的保护,但是,宪法对各类财产规定的实际保护规则,并没有差别。尤其应当看到对各类财产权的平等保护是国家的义务。例如,“宪法修正案”第21条规定:“国家保护个体经济、私营经济等非公有制经济的合法的权利和利益。国家鼓励、支持和引导非公有制经济的发展,并对非公有制经济依法实行监督和管理。”该条实际上明确了国家负有对非公有制经济的保护义务,国家机关在行使各自的职权过程中负有保护非公有制经济的合法的权利和利益不受侵害的义务。所以,按照我国宪法学者的一致看法,从宪法本身的内涵来看,实际上也体现了平等保护的精神。⑤ 而物权法的平等原则,只不过是宪法平等原则在物权法中的具体表现。

---

④ 参见《宪法》第12条、第13条。

⑤ 韩大元:“由物权法的争论想到的若干宪法问题”,载《法学》2006年第3期。

之所以说平等保护原则是符合宪法的，也是由于对各类财产的平等保护符合宪法平等保护的精神。法律面前人人平等，是基本的法律原则，也是基本的宪法原则。1789年法国《人权宣言》第6条就宣称，“法律对于所有人，无论是施行保护或处罚都是一样的”。我国《宪法》第33条第2款规定：“中华人民共和国公民在法律面前一律平等。”一般认为，宪法中的平等既是一种基本权利，又是一项宪法原则。因为“宪法意义上的平等概念，是一种以宪法规范的平等价值为基础，在宪法效力中体现平等的内涵”。⑥ 所谓“法律面前的平等”或“法律上的平等”这一类的宪法规范，对于国家一方而言，即可表述为“平等原则”，而对于个人一方而言，即可表述为平等权。⑦ 法律面前人人平等，其中也包括了财产权的平等。一方面，既然法律面前人人平等包括权利的平等，财产权作为公民基本权利的一种，依据平等原则，必然应该与公共财产一起受到平等的保护；另一方面，财产权作为主体的基本权利，对于保障其主体资格的实现也具有重要意义。财产不平等就谈不上主体的平等，尤其是对企业而言，企业与其财产是不可分割的，企业财产是企业生存和发展的血脉。从一定意义上讲，企业本身甚至是为一定目的而存在的财产。在一些企业买卖中，企业本身也是当作财产来作为交易的对象的。如果财产不平等，这也就意味着企业作为主体是不平等的，势必会动摇法治社会的根基。在我国，已经将“依法治国、建设社会主义法治国家”写入宪法，而法治国家的特点就是要对各类主体进行平等保护。从某种程度上来讲，不仅仅是所有制形式本身要求平等保护，而且各类财产权要求平等保护，法治社会的根基就是对所有社会主体都要平等对待，是构建法治社会的必然要求。

二、平等保护是建立和完善社会主义市场经济体制的必然要求

准确、全面地理解社会主义基本经济制度，必须要看到，我国的基本经

---

⑥ 胡锦光、韩大元：《中国宪法》，法律出版社2004年版，第223页。

⑦ 林来梵：《从宪法规范到规范宪法》，法律出版社2001年版，第111页。

济制度除了公有制为主体、多种经济形式共同发展这一面之外，还包括另一面，就是我国实行的是社会主义市场经济体制。我国《宪法》明确规定“国家实行社会主义市场经济”，这也是对我国社会主义基本经济制度的完整表述。只有将这两方面结合起来，才能完整、全面地理解与认识我国宪法对基本经济制度的规定。

党的十六届三中全会报告指出，要建立和完善社会主义市场经济体制，就必须“保障所有市场主体的平等法律地位和发展权利”。据此，作为调整财产归属和利用关系的物权法，应当把保障一切市场主体的平等法律地位和发展权利作为其基本的任务和目标之一，为此，《物权法》就必须要确立平等保护原则，保障所有参与市场经济活动的主体的平等地位，确立起点的平等，使得每一主体能够进行平等的交易和公平的竞争，最终促进社会主义市场经济的繁荣与发展。

第一，坚持平等保护，才能为市场经济提供基本的产权制度框架。平等保护原则是由我国社会主义市场经济的性质所决定的。所谓市场，是由无数的每天重复发生的纷繁复杂的交易所构成。交易的最基本的要素就是财产权和合同，因为交易要求以交易主体各自享有财产权为前提，并以财产权的转移为交易追求的目的。因而产权的构建是市场的基本规则，但作为市场经济规则的产权制度，必须建立在平等保护的基础上。因为一方面，市场经济天然要求平等，交易本身就是以平等为前提，以平等为基础。否认了平等保护，就等于否定了交易当事人的平等地位，否认了市场经济的性质。另一方面，市场经济天然要求市场竞争主体是平等的，只有平等才能实现竞争的平等。任何企业无论公私和大小，都必须在同一起跑线上平等竞争，并适用同一法律规则，承担相同的责任。这样才能真正促进市场经济的发展。而平等地位需要通过物权法的平等保护来实现。如果对不同所有制给予不同的保护，就没有所有制上的平等和法律上的平等。这必然导致国有企业和非国有企业在法律上的不平等，国有企业必然享有一定的法律特权，而这和我们要建立的市场经济体制的内在要求是完全不相符合的。没有平等保护，便不可能存在一套公平、公正的财产权制度。

第二,平等保护是构建市场经济秩序的基础。在市场经济条件下,交易主体是平等的,利益目标是多元的,资源的配置也具有高度的流动性,市场主体都从自己的利益最大化出发,各自追求自身的利益,这样就会使市场经济的运行交织着各种矛盾、冲突。因此,必然要求通过法律手段从宏观以及微观上对各个主体之间的行为加以协调与规范,以维护市场经济的法律秩序。而通过物权法确立平等保护物权的原则,有助于维护公正的市场秩序,为市场经济的建立与发展确立基本的条件。物权法确认的平等保护原则,充分鼓励市场主体广泛深入地从事市场交易活动,展开公平竞争。即使国家作为民事主体,以国有资产为基础,参与各类民事活动,如发行国债、发行国库券、对外担保等,国家也应该和其他民事主体处于平等地位,并遵守民法调整民事活动的一般规则。国家从整体上作为民事主体的时候,和其他民事主体都是平等的,同样,国有企业、国家控股参股的公司参与民事活动时,与其他民事主体之间也应该是平等的,不能对其支配的国有财产设置一些特殊的保护规则,否则就限制了此类市场主体在市场竞争中的积极性和创造力,最终不利于国有资产的增值、保值。在我国现行民事立法尤其是民事基本法——《民法通则》上,强调民事主体在民事活动中一律平等,这就意味着只要是从事民事活动,无论民事主体的具体形态是什么,都要平等地遵守相同的游戏规则。否则,其所从事的民事活动就不能称为民事活动,这类主体也没有资格被称为民事主体。

第三,平等保护是市场主体平等发展的条件。在市场经济条件下,财产保护的平等不仅为市场主体从事市场交易和公平交易创造了前提,而且也为各类所有制企业的共同发展提供了条件。新中国成立以后,在一段时期内采取高度集中的计划经济体制,实行“一大二公”的政策,公有制经济和非公有制经济并不存在平等的关系,这就严重压抑了非公有制经济的发展。财产保护的不平等就意味着不同的企业在法律地位上存在差异,甚至对一些企业实行明显的歧视性待遇,这就会严重地损害企业的生存和发展。只有在改革开放以后,国家建立了市场经济体制,促进各类所有制经济共同发展,我国改革开放的实践表明,正是因为我们坚持了各种所有制“平等保护、共同发展”的方针,最大限度地挖掘了社会主义公有制的潜力,调动了亿万人民创造财富的积极性,从而使中国经济二十多年能够保持高速发展,综合国力得到迅速提升。中国社会主义市场经济的特色也正在于此。可以说,正是在政策法律上对不同所有制经济实行平等保护,才使我国的经济持续、健康、快速发展,社会财富迅速增长,综合国力大幅提升,广大人民群众的生活水平得到极大提高。只有通过平等保护,才能为市场主体的平等发展创造基本条件。

受到平等保护的权利是各类市场主体赖以生存和发展所应当享有的一项基本权利。一方面,财产的平等意味着企业的平等。企业作为进行市场活动的主体,其赖以生存的基础就是对一定财产的支配和控制,而市场的交易行为在相当大的程度上就体现为企业对一定财产的处分,如果对于财产不能进行平等的保护,企业之间的法律地位不平等,市场交易根本无法进行。如果将各类财产根据其财产归属主体的不同,区别对待,实际上就是将市场主体划分成不同等级,这就根本无法实现市场主体之间的平等竞争,平等发展也就根本无从谈起。另一方面,平等保护意味着要遵守共同的财产规则。当前,衡量一个国家或地区的经济体制是否是市场经济,关键看市场是否在资源的优化配置中发挥基础性作用,而其中一个重要的标志就是市场主体的法律地位是否平等,是否遵循同样的游戏规则,规范市场经济的民商法体系是否建立和健全。维护市场经济的基本法律规则,如反垄断法、反不正当竞争法等,都旨在维护和保障市场主体之间的平等地位,而物权法则是通过对各类财产的平等对待和一体保护,来实现市场主体之间的平等。这种平等对待要求各类市场主体在享有并行使财产权,以及在其权利遭受侵害的情况下都要遵循共同的规则,这也是市场经济的内在要求。如果作为市场经济基本法的物权法摒弃了平等保护原则,对不同财产进行不平等的对待和保护,就很难证明我国真正实行的是社会主义市场经济体制。⑧

第四,平等保护是市场经济繁荣和经济增长的动力与源泉。美国法学

---

⑧ 郝铁川:“物权法草案‘违宪’问题之我见”,载《法学》2006年第8期。

家庞德有一句名言，即“在商业时代里，财富多半是由许诺组成的”，⑨既然合同构成财富的主要内容，它天然地就要求在市场主体之间存在着平等关系，而财产的归属是进行交易行为的前提条件，这就要求在物权法上对各类财产的主体要进行平等保护。只有确认市场主体之间的平等，才能建立一个有效的激励机制，使市场经济的主体具有足够的动力参与市场经济活动，促使经济的繁荣与发展。平等保护原则不仅要求强调对公有财产的保护，而且也要求将个人财产权的保护置于相当重要的位置。财富是由芸芸众生创造的，充分释放个人创造财富的潜力，是搞活经济、迅速提高我国综合国力的基础。古人说，“有恒产者有恒心”，如果缺乏对私有财产权平等、充分的保护，则人们对财产权利的实现和利益的享有都将是不确定的，从而也就不会形成所谓的“恒产”，也很难使人们产生投资的信心、置产的愿望和创业的动力。通过物权法强化对这些财产的平等保护，才能鼓励亿万人民群众创造财富、爱护财富、合法致富。如果我们对各类财产采取区别对待的办法，对私有财产“低看一眼”，甚至采取杀富济贫的办法，公民不敢置产创业，企业不敢做大做强，就会出现许多财富的大量浪费、资产大量外流现象，民穷国弱，整个中华民族的伟大复兴就无从谈起。

三、平等保护原则适用于所有类型的国有财产

物权法的平等保护原则，作为确认财产归属和利用，尤其是对财产进行保护的规则，不仅可以适用于已经进入交易领域的财产，而且也可以适用于那些没有进入交易领域的财产，即使对国有财产来说也不例外。有一种观点认为，各类市场主体的财产并不一定都会进入市场交易领域，所以物权法对财产的平等保护，不一定与市场经济存在着必然的联系。由于许多国有财产并不进入交易领域，因此物权法的平等保护原则对国有

⑨ ［英］P. S. 阿蒂亚：《合同法概论》，程正康译，法律出版社1982年版，第3页。

财产关系的适用范围是有限的。

应当承认,物权法确立的平等保护原则与市场经济的内在要求有着密切联系,它首先是作为市场经济的基本规则存在的,对市场经济的发展发挥重要作用。这并不是说,平等保护原则仅仅只是调整进入交易领域的财产关系,也适用于大量没有进入交易领域的财产关系。一方面,平等保护原则作为物权法的基本原则不仅是反映市场经济的内在要求,它也是对社会主义基本经济制度的反映。我国基本经济制度的内涵已经包含了对所有制在法律地位上平等对待的要求,因此,物权法的平等保护原则就不仅仅是与交易关系相联系,其适用的范围是十分宽泛的。任何类型的财产关系不管是否进入交易领域,客观上都要求在物权法上平等对待,在其财产权遭到侵害时受到物权法平等保护。物权法作为调整财产关系的基本法,并不仅仅只是规范交易关系,也不仅仅是调整与交易相关的财产权,而应当确认和保护各类财产权,如果平等保护原则不能适用于各类财产,那么,这与物权法作为财产法的基本属性也是不符合的。另一方面,任何类型的财产,在有关财产归属和利用的规则上,都不可能不受物权法的调整。财产如果不受物权法的调整,就意味着它不是一种财产,正如布拉曼特所言:“准确地说,财产导致了民法的产生,没有财产就没有法律和政府。”⑩而只要受物权法的调整,就必须适用物权法的规则。因为任何财产归根结底都是民事权利的客体。在财产被侵害的情况下,只有采取民法的方法,才能获得充分的救济。

从实践来看,确实有一些国有财产并不进入交易领域,如许多国家机关、事业单位占有的国有财产,并不发生财产的移转,对这些财产是否可以不适用市场经济的平等保护原则?笔者认为,平等保护原则适用于各种类型的财产,同样也适用于所有类型的国有财产。因为任何类型的国有财产不管其是否进入交易领域,都要适用平等保护原则。这是因为:

第一,任何类型的国有财产都要在法律上表现为一种财产权利,对这种权利必须通过物权法来确认。也就是说,国有财产本身仍然是一种民

---

⑩ 布拉曼特(Blamenteld)主编:《在人类经济中的财产》,伊利诺伊1974年英文版,第4页。

事权利，或者说是一种私法上的权利，尽管国有财产在财产的管理、监督，以及国有财产的行使等方面都具有浓厚的行政色彩，甚至在很多情况下国家的所有权和行政权并没有严格地区分开。但当国有财产作为一种财产权利表现的时候，它只能以民事权利的形式表现出来。如果国有财产属于公法确认而非物权法确认的权利，它就不是真正意义上的财产权利。而物权法在确认国有财产权的时候，必须要将国有财产权和其他财产权同等对待，承认其平等的地位。所以，即使没有进入交易领域的财产，仍然是财产的一种类型。不进入交易领域的财产，可能要受到多个部门法的限制，但这并不意味着其就具有优越于其他财产的地位。即便是国有自然资源，它们虽然具有十分重要的战略地位，甚至关系到国家主权，但它们仍然要适用民法的财产规则。我们也很难设想去设计一种让其具有优越地位的法律规则。当然，我们可以在物权法上根据其自身特性设计一些例外规定，比如说，关于国家对自然资源的所有权，不用办理登记就可以享有，但这些规定并不说明其具有优越地位。国有财产即使不进入交易领域，它也要适用民法的规则。

物权法基于平等保护原则，确立国有财产权制度，将成为我国国有资产监督管理制度建立的基础。当前，我国立法机关已经将国有资产法的立法提到了议事日程，国有资产法将对国有资产的监督、保护作出更为具体、更富可操作性的规定[11]。但国有资产法也必须要坚持物权法的平等保护原则。相对于国有资产法而言，物权法是基本法。物权法要保护国有资产，但它更要平等保护各类财产，所以物权法不是单纯地保护国有财产的法律。不能将保护国有资产、防止国有资产流失的任务都加在物权法上，这显然是物权法所不能承受的。因为国有财产不过是物权的一种具体形态，严格地说，应当先通过物权法，之后才应当根据物权法确立的原则制定国有资产法，这样才能够防止法律规则之间的重复和矛盾。因为平等保护原则是物权法的基本原则，所以未来的国有资产法也应当坚持平等保护基本原则。

---

⑪ 2008年全国人民代表大会常委会已通过《中华人民共和国企业国有资产法》。

第二,国有财产的归属发生争议,必须适用物权法的平等保护原则。对那些没有进入交易领域的国有财产来说也会发生产权归属的争议。比如说,历史遗留下来的有关挂靠在集体名下实际上以个人出资的企业发生了很多产权纠纷,再如,许多个人兴办的企业,过去因为种种原因要“戴红帽”,这就往往会发生争议。当这些争议发生以后,围绕各种财产的归属的确定首先应当适用物权法的相关规定,而不能完全依据国有资产部门的规章制度来解决。因为在发生产权争议的情况下,国家和其他主体之间产生的是民事权利的冲突,当然,只能依靠民法而不能依靠行政法来解决这些冲突。而作为调整归属和利用关系的物权法,就是专门确立解决产权之诉和各种争议的规则的法律。所以,当不进入交易的国有财产与其他财产之间发生归属的争议时,只能适用物权法关于确认产权的规则来解决。另一方面,在发生争议之后,应当由司法机关居中裁判,而不能由国有资产管理部门来决定。⑫ 因为当国有财产的产权发生争议的时候,国有资产监督管理机构作为国有资产的管理者,本身属于国家所有权一方的机构,其与争议的相对方是平等的,国有资产监督管理机构不能作为裁判者负责产权的界定,而应当将此种争议交由司法程序来解决。

第三,如果国有资产遭受侵害,也只能适用物权法、侵权法等法律的规定来获得救济,无救济则无权利,救济不平等就不能保障权利的平等。在国有资产遭受侵害的情况下,对国家所有权的保护也应该与其他所有权的保护同等对待。一方面,在国家财产遭受侵害的情况下,也应当通过司法程序来解决纠纷并对国家资产提供救济。不能仅仅因为是国家财产就不受司法程序的管辖。而司法机关要对国家财产进行保护也必须遵循平等保护原则,因为这一原则是一项重要的司法原则,它为司法实践中法官正确处理各类纠纷提供了基本的法律依据。如果在国家财产遭受侵害的情况下不能与其他财产受到同等的保护,那就会造成严重的司法不公。

---

⑫ 例如,2003 年《企业国有资产监督管理暂行条例》第 30 条第 1 款规定:“国有资产监督管理机构依照国家有关规定,负责企业国有资产的产权界定、产权登记、资产评估监督、清产核资、资产统计、综合评价等基础管理工作。”此处规定国有资产监督管理机构,它可以负责企业产权界定工作,这显然是有问题的。

另一方面，在国有财产遭受侵害，进行损害赔偿时，也必须与非国有资产遭受侵害一样，适用“有多少损害，赔偿多少损失”的原则。不能说，侵害了国有财产就要多赔，侵害了个人财产就要少赔。民法上包含丰富的保护财产的方法，这些方法对国有资产的保护都是适用的。

物权法所规定的保护物权的方法，是对各类财产进行救济的最有效的方式，当然也是保护国有资产的最佳方式。例如，物权法规定了返还原物请求权，一旦有人非法占有国有资产，损公肥私，国家机关可以请求其返还，怎么可能使非法财产合法化呢？相反，如果不承认平等保护原则，最终损害的还是国家利益。也就是说，物权法、侵权法等设计的保护方法是保护国有资产不受侵害的最佳途径。民法中物权法的保护方法和债权法的保护方法，可以对动态的和静态的国有资产形成周密的保护。当国有财产进入交易的时候，它受到合同法的调整；当国有财产没有进入交易的时候，它受到物权法的调整。正是因为物权法对归属、利用以及侵害救济，都确立了非常健全的法律规则，应当让它们在国有财产保护方面发挥作用。如果国有财产不受物权法的保护，就意味着放弃了这些周到的、丰富的保护手段，反而不利于维护国有资产权利人的利益。

物权法是平等保护各类所有财产的法，而不是仅仅强调保护一类财产的特权法。平等保护原则适用于所有类型的国有资产，只会有利于国有资产的保值增值，不可能损害国有资产。新中国成立后数十年的实践已经证明对国家所有权和集体所有权提供特殊保护，不但不利于确定公有制的主体地位，反而会助长国家所有权和集体所有权的行使者在权利保护上的惰性。物权法是维护国家基本经济制度的法，是规范市场经济的法，如果规定了不平等保护的原则，则是违反法治原则的法、继续实行计划经济的法，也是完全不具有可操作性的。

四、平等保护是对所有民事主体的一体保护

物权法作为一种调整财产归属和利用关系的基本法律，其基本规则是

建立在民事主体在法律地位上一律平等的基础之上的。《民法通则》第2条关于民法调整对象的规定，就明确强调了民事主体的平等性。平等保护原则的核心，是维护各类民事主体的人格平等，无论民事主体是国家、法人、自然人，都应该受到平等的对待。就自然人而言，平等保护原则强调对所有自然人合法的个人财产进行一体的保护。无论自然人的贫富、强弱，其财产都应该受到平等对待。个别极端的观点认为，平等保护只是对富人的宝马、别墅的保护；穷人没有财产，根本不需要物权法的保护，因此物权法实际上保护的是富人。笔者认为，这种观点是不正确的，理由如下：

第一，物权法的平等保护原则，是对公民的基本人权的保护。私有财产权是公民的基本权利，它与生命权、自由权一起并称为公民的三大基本权利。一方面，私有财产权是直接关系到公民的生存权的问题，就广大人民群众所享有的私有房产权而言，一旦其遭受侵害，就可能影响到其生存问题，例如，某些地方官员打着公共利益的旗号，进行非法拆迁并且不给予合理补偿，这就使得一些老百姓的利益受到侵害。在这种情况下，强调平等保护，实际上有利于穷人利益的维护。所以，对广大民众的财产保护而言，不仅关系到其基本财产的问题，而且关系到其生存权的问题。另一方面，财产权关系到公民的人格尊严和自由，尊重和保障人权，首先要平等对待和保障私人财产所有权。物权法的平等保护原则正是为了保障公民基本权利的实现，根据宪法尊重和保障人权的要求，也需要对公民的财产权实行平等的保护。

第二，物权法的平等保护原则，是维护最广大人民群众根本利益的要求。我国自改革开放以来，随着市场经济的繁荣和发展，广大人民群众的生活水平有了极大的提高，个人拥有的财富也迅速增长。尽管存在着比较严重的贫富差距，但是财富的普遍增长是不争的事实。据最近的统计，近二十年来房屋建设工程突飞猛进，粗略推算全国住宅保有量约有220亿平方米。[13] 这客观上需要物权法对公民合法的私有财产实行平等保护。

---

⑬ 参见“建筑防水材料增长及需求预测”，载《中国建材报》2002年8月5日。

尤其是改革开放以来,广大民众通过合法经营、诚实劳动等途径积累了相当多的财富,也使我们的综合国力得到了大大的提高,人民生活水平得到了极大的改善。如果对私有财产不予以平等保护,则不仅将极大损害公民创造财富的积极性,严重阻碍生产力的发展,而且也不利于巩固改革开放的成果。平等保护就是要保护每一个公民的财产,保护广大人民群众的根本利益。尤其是,这种财产不仅是看得见、摸得着的动产和不动产,还包括9亿农民所享有的承包经营权、宅基地使用权等财产权利。这些权利都应当受到物权法的平等保护。

第三,物权法的平等保护原则,是构建和谐社会的法律保障。构建和谐社会必须以法治为中心,建设一个秩序井然、公平公正、人民的权利得到充分保障、人人能够安居乐业、和睦相处的社会,可以说和谐社会就是法治社会,只有加强法治,才能保障社会有秩序地运行,确保社会和谐稳定、国家长治久安、人民享有殷实安康的生活。这就要求必须切实保护公民的财产权利,一方面,需要发挥物权法定分止争、解决财产争议的功能;另一方面,在财产权遭受侵害的情况下,通过物权法的平等保护受到法律的救济。为维护私有财产权,物权法规定因公共利益需要对公民私有财产征收征用时,必须给予合理的补偿。这对于化解社会纠纷、缓和社会矛盾、促进社会和谐,都有着重要的现实意义。

应当承认,在我国市场经济发展过程中,贫富分化情况比较严重,贫富分化指数已经达到了警戒线,社会不公已经成为了人民群众不满情绪的重要内容。我们要构建社会主义和谐社会,就要着力消除贫困,缓解因两极分化而导致的矛盾。解决社会贫富差异的问题,关键在于建立一套完整的社会保障体系,国家通过法律、政策等方式进行公正合理的财富二次分配。但物权法通过对所有民事主体的一体保护,有利于鼓励亿万人民创造财富。物权法虽然不是直接分配财富的法律,但却是鼓励创造财富的法律。构建和谐社会,就需要鼓励更多的人富起来,实现共同富裕的伟大历史使命。而物权法正是实现这一伟大历史使命的法律工具。更具体地说,物权法所追求的是穷人数量不断减少、合法致富的人的数量不断增加,这样才能逐渐消除贫富差距,解决社会不公问题,从而真正构建社会主义和谐社会。

需要强调的是,物权法所要保护的财产只是合法的财产,而不可能是非法的财产。事实上,财产存在合法与非法之分,而财产权利不存在非法之分,因为权利本身是法律对特定主体所享有的利益的肯定评价,物权作为财产权利基本内容之一,当然不存在合法物权与非法物权之分。物权法的颁行绝不会发生所谓“非法财产合法化”的问题。按照物权法所确定的财产所有权的取得必须合法的原则,对于非法取得的财产,物权法并不会确认其具有物权,更不会有所谓赦免“原罪”的问题。非法取得的财产如果已经触犯刑法,将受到刑法的追究。即便是过去取得的,只要在刑法的追溯期内,仍然应当按照刑法追究责任,并给予没收。从物权法角度来讲,即使是非法取得的财产,没有触犯刑律,并非就永久得到物权法的保护。我国《物权法》在物权的保护一章中首先就规定“如果因为物权的归属发生争议,利害关系人可以请求确认权利”。例如,某人通过侵害国有财产获得了财产,有关国家机关可以请求重新确认财产。非法占有国有财产,有关国家机关和国有财产的权利人可以请求返还原物。

总之,平等保护原则是物权法的一项基本原则,也是我国物权法的社会主义属性的充分体现。它鲜明地体现了我国物权法的中国特色,因为西方国家物权法从保护私有制出发只是规定了抽象的所有权规则,不存在着所有权的类型化问题,因而也不存在对各类所有权平等保护的原则。只有在我国物权法上,因其要反映社会主义基本经济制度,所以,才产生了平等保护原则。只有坚持这一原则,才能坚持我国物权法的社会主义方向,坚持物权法的中国特色。

民商法研究(第六辑)
第 201 ~219 页

论物权法的价值*

在我国物权立法过程中,首先应当确定的是物权法的基本价值,物权法的基本价值体现了立法者在制定物权法过程中所奉行的基本理念与精神。物权法的基本价值同时还决定了物权法的规范功能,即物权法所应当具有的作用和应当达到的目标。毫无疑问,物权法和其他法律一样应当体现法律的秩序、自由、正义和效益等价值目标。但是,作为一种专门用于解决因自然资源的有限性与人类需求的无限性之间的矛盾、促进资源的有效利用的法律制度,物权法应具有其更独特的价值。对物权法独有价值的探讨不仅能够使人们更深刻地认识制定物权法的必要性与迫切性,而且能够使物权法的制定及将来的适用不至于偏离物权制度固有的目标。自罗马法以降,传统的大陆法系物权法的核心价值主要体现在确定物的静态归属,从而达到定分止争、界定产权的作用。随着市场经济的发展,物权法的价值也发生了相应的转化,从传统的注重对静态财产的保护而转向对动态交易安全的维护。① 物权法中的善意取得、公示公信原则等内容的确立,都体

---

* 原载《人大法律评论》2001 年卷第 2 辑。

① [日]我妻荣:《新订物权法》,罗丽译,中国法制出版社 2008 年版,第 1 页。

现了其价值的嬗变。

笔者认为,物权法主要具有以下三个方面的重要价值。下面拟对此展开初步的探讨。

一、确认和保护物权,定分止争

物权法首要的功能在于确定财产的归属,从而平息冲突与纷争,而物权法的这一功能是通过确认物权类型并对其加以保护来实现的。[②] 因为物权的本质就在于将特定物归属于某权利主体,由其直接支配,享受其利益,并排除他人对此支配领域之侵害或干预。[③] 由于资源具有稀缺性,而人类的欲望是无穷的,若不能划定各人控制财产的界限,则人类对财产的争夺不会休止,社会生活亦不能维持,于是就有将一定的财产归属于特定主体,使该主体能对归属于他的财产进行排他性支配的必要,物权制度遂应运而生。财产权之确立,可以停止人们掠夺性的经营消费活动,并减少财产权的纠纷,从而有助于人们安定地从事生产活动,增加社会的总生产量。[④] 在我国社会主义市场经济条件下,物权法的这一功能表现在以下几点:

(一)确认和保护多种所有制经济,充分发挥公有制的优越性

我国是以公有制为主体的多种经济形式并存的社会主义国家,公有制作为一种所有制关系,必须经过物权法的调整使之成为一种财产法律关系,从而明确权利归属,确定权利义务的内容,才能使公有制的优越性得到充分体现。多年来,由于物权制度不完善,造成公有财产中所有者虚位、产权界限不清等一系列问题,公有制的优越性难以发挥,生产力受到极大束缚,并导致了国有资产的严重流失,这均与社会生活中缺乏规范财产归属关系的基本民事法律规则有关。在我国,国家与国有企业的财产

---

② MünchKomm/Gaier, Einleitung, Rn. 1.

③ 梁慧星:《物权法》,法律出版社 1997 年版,第 17 页。

④ 谢哲胜:“从法律的经济论智慧财产权之保护政策”,载《法律评论》第 63 卷第 3、4 期合刊。

关系一直没有理顺,政企不分的现象大量存在,企业缺乏应有的活力,通过物权法确认企业作为独立自主、自负盈亏的法人所应有的财产权利,就能够使企业对其资产进行有效的经营管理,实现国有资产的保值和增值,防止国有资产的流失。物权法通过解决集体所有权的主体、内容及权利的行使问题,通过对集体所有权的合理规范,使集体所有制经济的优越性能够得到充分发挥。此外,物权法还确认一系列保护物权的规则,从而能够保护国家财产和集体财产不受侵犯。

(二)一体确认国家、集体以及个人所有权,对各类财产权实行平等保护

物权法不仅强调对公有财产的保护,而且也将对个人财产所有权的保护置于相当重要的地位,对各类财产实行一体确认、平等保护。在我国,由于受到旧的意识形态的影响,国家所有权历来被置于优先保护的地位,而个人所有权却受到极大的限制甚至歧视。这一状况直接阻碍了社会经济的发展,也影响了广大人民群众创造财富积极性的发挥。当前,某些个人资金的外流以及某些过度的挥霍浪费与个人财产权没有得到充分的保护就存在一定的关系。因此,物权法对公有财产和个人财产实行平等保护,将有助于人们将一定的消费资金投入生产领域,满足社会投资的需要,促进市场经济的发展。

(三)通过对物权的确认和保护,鼓励、刺激人们努力创造财富,从而促进社会财富的增长

法律本身虽不能直接创造财富,但是可以通过确认和保护财产来鼓励财富的创造。法律的这一功能,主要就是通过物权法来发挥的。古人说,有恒产才能有恒心。如果缺乏完备的物权法,不能形成一整套对财产予以确认和保护的完整规则,则人们对财产权利的实现和利益的享有都将是不确定的,就不会形成所谓的恒产,也很难使人们产生投资的信心、置产的愿望和创业的动力。诚如波斯纳所言,产权制度确立的根本意义在于创造和保护人类有效使用资源的诱因。[⑤] 因此,物权法对各类物权的确

⑤ [美]波斯纳:《法律的经济分析》(上),蒋兆康译、林毅夫校,中国大百科全书出版社1997年版,第40页。

认和保护将会造成一种激励机制,调动人民创造、积累和爱护财产的积极性,促进社会经济的发展。物权法对财产的保护表现在以下方面:

1. 物权请求权。虽然在物权受到侵害的情况下,可以运用侵权法的保护方法来保护物权,但物权请求权这一物权法上的保护方法却具有不可替代的功能。它在是否适用过错责任、消灭时效以及责任构成要件等方面与侵权请求权存在差异,⑥其是对物权的有效保护方法。它不需要像侵权责任一样证明加害人的过错,而且,所有物返还请求权的适用没有时效的限制。所以,这是一种比侵权责任更加有效、便捷的保护物权的方法。

2. 取得时效。取得时效是指无权利人以行使所有权或其他财产权的意思,公然、和平地继续占有他人的财产,经过法定期间即依法取得该财产所有权或其他财产权的制度。虽然取得时效制度与保护真正权利关系的法律目的不符,但它作为一种建立在尊重事实状态的基础上的强制性配置物权的手段,有助于确定当事人之间的法律关系,避免冲突与争议。如果没有取得时效制度,那么许多产权必然处于不确定的状态。⑦ 尤其是我国社会正处于转型时期,许多财产关系归属不清,经常发生纠纷,农村中因为土地边界等问题甚至发生严重的械斗。如果设定了取得时效制度,就会大大减少纠纷,有利于社会稳定。更何况,无权利人以所有人的意思公然、和平地继续占有他人的物并经过相当长的期间后,人们常常会相信这种占有与真实的权利关系相符,从而与之建立各种法律关系。如果将这些已建立起来的法律关系推翻,势必造成社会经济和法律秩序的混乱。因此,取得时效制度的建立还有助于尊重社会既存的新秩序。⑧

3. 建筑物区分所有权。所谓建筑物区分所有权,是指将一栋建筑物在结构上区分为由各个所有人独自使有的专有部分和由多个所有人共同使用的共有部分,每一所有人享有的对其专有部分的专有权、共有权和共同管理权。随着工商业的繁荣以及伴随而至的城市化进程的加速,人们对

---

⑥ 王利明:《物权法论》,中国政法大学出版社 1998 年版,第 182 ~ 184 页。

⑦ 张玉敏、田平安:“应当尽快建立取得时效制度”,载《中外法学》1990 年第 3 期。

⑧ 谢哲胜:“不动产所有权取得时效之客体立法政策之探讨”,载《法学评论》第 60 卷第 9、10 期合刊。

建筑面积增长的需求与土地的有限性之间的矛盾越来越突出,使得建筑物不断向多层高空发展,一栋建筑物分为不同的部分或单元由不同的主体享有的现象越来越普遍。由于建筑物内部产权主体日益多样化以及他们之间的关系越来越复杂,从而带来了诸多容易引发主体间冲突的问题,如建筑物究竟是属于一人所有、数人共有还是应由各人分别所有;共用的楼梯、楼道以及厕所应如何维护、修缮等。在这种情况下,建筑物区分所有权制度的建立有助于协调各主体之间的相互关系,解决产权纠纷。

4. 一物一权主义。一物之上只能设定一个所有权,不能允许互不相容的数个物权在一物之上并存⑨,这从根本上说是出于权利界定、定分止争的需要。权利界定就需要明确某个特定物的最终归属;某物归某人所有,就不能归他人所有,即使是所有权权能发生分离,但最终也要回复到所有权人手中。所有权是一种最终的支配权,决定了所有权的规则只能是一物一权,即一物之上只能存在一个所有权,而不能是多重所有。如果一物之上可以并存多项所有权,则难以确定物的真正归属,容易发生各种产权纠纷。实践中因一物上并存数个物权而发生的物权冲突主要表现在如下几个方面:

第一,建筑物的法定优先权和抵押权之间的冲突。我国《合同法》第286条规定,发包人逾期不支付价款的,除按照建设工程的性质不宜折价、拍卖的以外,承包人可以与发包人协议将该工程依法拍卖。建设工程的价款就该工程折价或者拍卖的价款优先受偿。据此承包人享有对建筑工程的法定优先权,但如果发包人事先已将建筑工程抵押给他人,则在此情况下,就会发生法定优先权与抵押权的冲突问题。如我国法律将职工工资的取得、税收的取得等作为先取特权加以规定,也存在着先取特权与法定抵押权的冲突问题。

第二,空间利用权与土地使用权及房屋所有权的冲突。房屋之上所形成的空间越来越具有商业价值,对该空间的权利是应该属于房屋所有权人还是土地使用权人?如果属于房屋所有权人,则在建筑物区分所有的

⑨ [日]我妻荣:《新订物权法》,罗丽译,中国法制出版社2008年版,第11页。

情况下,究竟应该属于哪一个专有部分的所有人所有?这些问题在实践中经常发生纠纷。

第三,动产抵押权与法定留置权的冲突。在动产抵押的情况下,由于抵押权不以占有的移转为要件,所以在抵押权设定以后,抵押人继续占有抵押物。此时,抵押人有可能将该已经设定抵押的财产交给他人搬运、修理等,因不能支付费用而产生留置权。抵押权人与留置权人在行使权利时就会发生冲突。

在发生上述物权冲突的情况下,可以通过在物权法中确立一系列的解决物权冲突规则的方法,使物的支配状态趋于正常,从而稳定社会秩序。如土地使用权人将土地使用权与建筑物分开转让后,土地使用权的受让人与建筑物的所有人分属不同的主体,这就有可能发生土地使用人基于其土地使用权要求建筑物所有人拆除建筑物或建筑物所有人基于其建筑物所有权禁止土地使用人使用土地的现象。通过在物权法中规定土地使用权人与建筑物所有权人之间形成法定关系,即将土地上的建筑作为土地的负担,土地使用权人必须将土地使用权租借给建筑物所有人使用,就能解决上述冲突,稳定社会秩序。

二、支持、促进交易,保障交易安全

物权法不仅是确认和保护所有制关系的法律,而且也是规范市场经济的基本法律规则。物权法的制定是我国市场经济得以发展、繁荣的不可或缺的要素,也是建立我国社会主义市场经济秩序的迫切需要。物权法对我国市场经济的重要作用是通过其所具有的支持、保障与促进交易顺利进行的功能来实现的,这主要表现在以下几个方面:

(一)确认物权形态,为交易的进行提供前提

市场概念的核心是交换。[⑩] 在表面上,交换似乎是物与物或物与货币

⑩ 汪丁丁:《经济发展与制度创新》,上海人民出版社1995年版,第121页。

的交换，即物或货币从一个市场主体移转到另一个市场主体，但实质上，交换是物或货币上权利的交换，也就是说，交换是物权在市场主体间的移转，而交换得以发生的基本前提是交易主体对标的物拥有物权。在具体的交换过程中，如果没有交易主体拥有物权的事实以及交易双方对彼此物权的尊重，交易是不可能发生的。物权法通过确认各种具体的物权形态，并予以切实的保障，从而为交易的顺利进行奠定了基础。诚如学者所言，有赖于巩固财产归属、定分止争，基于信赖的商品交换方能成为现实。[11] 从经济秩序的角度而言，市场秩序包括财产归属秩序和财产流通秩序。没有稳定的财产归属秩序，财产流通秩序也将难以维持。物权法属于财产归属法，以调整财产归属关系为使命，旨在实现财产归属秩序。债权法属于财产流通法，以调整财产流通关系为使命，旨在实现财产流通秩序。因此，以达致财产归属秩序为其目标之一的物权法的制定将会为建立良好的财产流通秩序提供可靠的法律基础。

（二）确立物权变动的规则，规范交易主体如何取得物权、实现其交易目的

如前所述，交换实际上就是基于交易主体的自由意思而发生的物权移转，或者说交易过程实际上就是物权变动过程。对一个正常的交易而言，它以某一交易主体享有某一物权为起点，至另一交易主体取得该物权而结束。在这一完整的交易过程中，不仅合同法将要发挥作用，而且物权法也要发挥其功能。物权法对交易过程的规范主要是通过确立物权变动的规则来实现的。在交易过程中，交易主体双方必然要利用买卖、赠与等合同形式，但这些合同仅为发生债的关系的协议，并不发生物权变动（即交易主体取得物权从而实现交易目的）的效果。欲发生物权变动的效果，尚需依物权法的规定践行一定的公示方法，即动产需交付、不动产需登记。[12] 由此可见，物权法不仅通过确认物权变动规则从而确立交易的起点和终点，而且通过规定完结交易的条件影响交易的过程。物权法对交易过程

---

⑪ 姚辉：《民法的精神》，法律出版社1999年版，第92页。

⑫ 彭诚信："我国物权变动理论的立法选择（上）"，载《法律科学》（西北政法学院学报）2000年第1期。

的干预在采物权形式主义的物权变动模式的国家表现得更为明显。根据德国法,实现交易目的即发生物权变动的直接依据并不是合同法所调整的买卖、赠与等合同,而是物权法所规定的物权行为。一个完整的交易过程要受到合同法与物权法的共同调整,仅合同法不能毕其功于一役。物权法对交易的影响由此可见一斑。

在我国的司法实践中,广泛存在着一种将登记作为不动产买卖合同生效要件的做法,也就是说,在以不动产为标的物的买卖合同签订以后,如果未办理登记,则买卖合同归于无效。此种做法并不妥当。因为这样使得许多交易被无端地取消,并不符合鼓励交易的原则。因此,物权法明确物权变动的规则,将公示方法作为物权变动的生效要件而非作为其原因的买卖、赠与等合同的生效要件,实际上还能起到鼓励交易的作用。

(三)确立公示公信原则、善意取得制度,保护交易安全

法律上的安全分为静的安全与动的安全,静的安全又称所有的或享有的安全,是指法律对主体已经享有的既定利益加以保护,使其免受他人任意侵夺。动的安全又称交易安全,是指法律对主体取得利益的行为加以保护,使其合理期待能够得到法律上的实现⑬。法律对交易安全的保护往往是通过对善意无过失的交易者的保护来实现的,其目的在于促进财产流通、实现社会整体效益。一般认为,债权制度旨在确保动的安全,物权制度则在于实现静的安全⑭。实际上,物权法亦有维护交易秩序、保护动的安全的功能,物权法的这一功能主要通过公示公信原则以及善意取得制度表现出来的。

公示原则(Publizitätsprinzip; Offenkundigkeit)是指物权的各种变动以一种外部可知悉的方式予以公开,使第三人知道。⑮ 物权具有绝对性和排他性,如果一物上已成立物权,则在该物上不能再设立与之不相容的物权。因此,如果物上的物权状况不存在可由外界查悉的征象,则第三人难免会遭受不测的损害。通过一种公开的方式将物上的物权状况表示出

---

⑬ 参见郑玉波:《民商法问题研究》(一),台湾三民书局1991年版,第415页。

⑭ 王家福主编:《民法债权》,法律出版社1991年版,第3页。

⑮ MünchKomm/Gaier, Einleitung, Rn. 22.

来,第三人从外部即可认识到物权的存在,从而依其意思决定是否从事交易,则第三人的利益即可得到保护,而第三人利益实际上正是市场经济的交易秩序的化身,社会整体的正常的经济秩序就是由一个个第三人连接起来的,[16]保护第三人就可消除交易中的风险、减少交易中的权利纠纷,从而维护交易的正常秩序。公信原则与公示原则具有密切的联系,公信原则实际上是赋予公示的内容以公信力,没有公信原则,如不赋予公示以公信力,则公示的作用必将大大地降低。公信原则的内容主要包括两个方面:一是登记记载的权利人或占有动产的人,在法律上只能推定其为真正的权利人。[17] 二是任何人因为相信登记记载的权利或占有表彰的权利而与权利人从事了移转该权利的交易,该项交易应当受到保护。[18] 例如,甲进行了权利登记,即使事后发现登记有错误,但甲将该登记的权利出让给乙时,乙并不知道登记有错误,他信赖登记的内容是合法、真实的,因此与甲订立合同买卖该房产,虽然以后发现了登记内容有错误,甲和乙之间的交易也应当是有效的,并应受到物权法的保护,乙也能够合法取得对该房屋的所有权。由于公信可产生一种推定的权利,因此一方面第三人不必费时费力地调查物权的真实情况,从而降低交易费用,提高交易效率;另一方面,第三人与推定的物权人为交易时,不必担心发生权利冲突,特别是在物权移转后不必担心第三人追夺,从而使交易秩序与交易安全得以维护。

作为物权法上的一种维护交易安全的重要法律措施,善意取得制度实际上是通过阻止原权利人物权的追及效力而使善意第三人取得动产所有权。[19] 由于此项制度的存在,第三人在交易的过程中不必费时费力地调查交易相对人财产的来源,担心其为无权处分人从而使自己取得的所有权为他人所追夺。

由此可见,物权法并不是置身于交易关系之外的,其诸多制度都是直接服务于交易关系的。当前,市场交易中存在的一些混乱现象,确与物权

---

⑯ 孙宪忠:“物权法基本范畴及主要制度的反思”(下),载《中国法学》1999 年第 6 期。

⑰ MünchKomm/Kohler, § 891, Rn. 2 ff.

⑱ MünchKomm/Kohler, § 892, Rn. 2.

⑲ 侯海军:“我国民法建立‘善意取得’制度”,载《法学》1993 年第 11 期。

法不完善有关。例如,在商品房买卖中,由于登记制度不健全,一些消费者在购买商品房时,无法通过查阅不动产登记,了解该房屋是否已经设定抵押或者出售等情况,从而在交易中上当受骗和蒙受巨大的损害。极少数不法行为人将一物数卖,或以已经出售的财产作抵押,骗取他人财产,甚至从事金融欺诈行为,造成经济秩序混乱,社会信用降低。因此,物权法的建立和完善对于维护交易安全,整治市场秩序具有重要的作用。

三、增进财产利用效益,实现物尽其用

现代物权法以效益作为重要的目标。根据经济分析法学派的观点,所有的法律规范和制度都是以有效地利用资源、最大限度地增加社会财富为目的,法律制度设计的重要目的在于促进资源的优化配置,实现帕累托最优。尽管将效益的目标扩张于所有的法律部门的观点,其合理性诚值得商榷,但其作为物权法立法中应确立的基本价值却依然十分必要。作为一种解决因资源的有限性与需求的无限性而引发的紧张关系的法律手段,物权法的功能不仅仅在于界定财产归属、明晰产权从而达到定分止争、实现社会秩序的效果,更在于使有限的自然资源的效益得到充分发挥,从而更好地满足人类的需求。无论是从物权法自身的演变来看,还是从制度构造来看,物权法都以充分发挥资源的经济社会效益作为其追求的目标。

(一)物权法从"归属到利用"或从"所有到利用"的历史演变过程体现了物尽其用的基本价值

在资本主义早期,财产权以意志理论为基础,财产被认为是个人自由意志的表现,是其自由的外在领域。作为一种重要的财产权,所有权完全由个人享有,受个人意志支配,为个人利益服务。它不仅不应受到任何的干预和限制,而且应对之予以绝对的保护。此种绝对性被推崇到极致的所有权观念固然有助于促成资本主义市场经济的形成与发展,但是它必然会引发个人利益与他人利益及社会利益的冲突,导致资源闲置、阻碍大

规模经济建设,甚至会引发个人滥用所有权损害他人及社会利益的现象。[20] 因此,各国纷纷采取私法或公法上的措施予以矫正,即强调所有权的行使应兼顾他人或社会利益,甚至所有人须负一定的社会义务,从而使所有权的绝对性受到限制,这一现象被称为"所有权的社会化"。[21] 在传统民法中,土地上下的空间被认为是上地所有权的自然延伸,土地所有权的范围"上达天寰,下至地心",也就是说,土地所有权人对自己的土地,以地表为中心而享有上下垂直的支配力。如《法国民法典》第 522 条规定,"土地所有权并包含该土地上空和地下的所有权"。相应地,任何对地表或地表上下权利的介入都构成对土地所有权的侵犯。这种绝对的所有权就使得在地上架设空中电缆或高压电线、飞机在空中飞行、修建地铁或其他地下设施遇到极大的障碍。此种做法显然不能实现物尽其用,同时还构成对社会公共利益的妨害。于是法国开始采取一系列措施对这种绝对的所有权进行限制。至 1900 年的《德国民法典》第 905 条则在规定土地所有权的范围包括地表、地上与地下三部分的同时,还规定"所有人对于他人在地下或高空所为的干涉,无任何利益者不得禁止"。这种相对的土地所有权就使得土地的经济社会效益能得到较充分的发挥。

自物权制度产生以来,人类社会就形成了两种各具特色的物权体系,即以"所有"为中心的罗马法物权体系和以"利用"为中心的日耳曼法物权体系。罗马法物权体系由于受个人主义思想的影响,强调所有而非利用;而日耳曼法物权体系受团体主义的影响,强调利用而非所有。[22] 罗马法以所有为中心的物权体系由于适应了早期资本主义经济发展的需要,因而为大多数资本主义国家所接受。在这种物权体系下,物权法注重保护所有权本体的完整性,强调对所有人享有的各项权能进行全面保护。此时,物由所有人进行现实的支配并由其自己利用,从而导致权利主体对物的所有关系和利用关系趋于一致。然而,所有权仅意味着权利主体对财产的支配、控制状态获得了法律的确认和保障,这一确认本身并不意味着一

---

[20] 参见林刚:"物权理论:从所有向利用的转变",载《现代法学》1994 年第 1 期。

[21] 梁慧星主编:《中国物权法研究》,法律出版社 1998 年版,第 5 页。

[22] 史尚宽:《物权法论》,中国政法大学出版社 2000 年版,第 1 ~7 页。

定能实现物尽其用、促进社会财富的增长。欲使资源最大限度地发挥其效用,就必须由最能有效利用资源的人来利用资源。根据经济分析法学派的观点,在判断财产权制度是否有效率的三个标准中,一个重要的标准就是财产权具有可转让性。[23] 因为如果财产权具有可转让性,就意味着资源能够流向最能有效利用该资源的主体,从而实现资源的优化配置。在财产只能由所有人利用的情形下,由于所有人不一定就是财产的最佳利用人,从而并不一定能做到物尽其用。由此产生了所有权权能分离的必要性,即所有人在保留所有权的前提下,将所有权的部分权能分离给他人。而非所有人则可以利用所有人的财产组织生产经营,物的效益由此得到充分发挥。与这一现象相伴随的,实际上就是物权法从“归属到利用”或从“所有到利用”的转变过程。由此可见,现代物权法除具有界定财产归属、明晰产权的功能外,其重心已表现为最大限度地发挥资源的效用,以获得最佳的经济社会效益。[24]

(二)现代物权法在体现效益价值方面所展现的若干新趋势

现代各国物权法十分重视对物的充分有效的利用,使财产最大限度地达到物尽其用的状态,物尽其用的效益价值已经成为物权法的重要价值。因此,现代物权法也表现出若干新的发展趋势:

一是所有权权能分离更加复杂。例如,所有权和经营权实行了广泛的分离,在不动产所有权权能的基础上也分离出越来越多的权利,这些都表明了对物的利用价值日益提高。例如,一块土地之上的所有权人可以将其关于土地的使用权出让给他人,这种出让既可以是整体出让,也可以是期限利益的出让,从而使不动产得到了更有效率的利用。

二是在不动产之上物权的类型越来越多,对物的利用更有效率。法律鼓励当事人设立更多的互不矛盾的物权,从而使主体能够更充分、有效地利用资源。只要这些物权之间并不发生冲突和矛盾,一块土地之上可以

---

[23] 高德步:《产权与增长:论法律制度的效率》,中国人民大学出版社 1999 年版,第 83 页。

[24] 马俊驹、尹梅:“论物权法的发展与我国物权法体系的完善”,载《武汉大学学报》(哲社版)1996 年第 5 期。

设定多种物权。土地之下可以形成空间利用权,地下资源的开采权、利用权;土地之上可以设定地上权、空间的利用权等,土地所有权本身还可以用于抵押。物上的权利状态越来越复杂。

三是强化用益物权的功能,充分保证对物的利用,尽可能提高物的使用效率。随着社会形态,从农业社会逐步过渡为工业化时代,用益物权的内容发生了深刻的变化,用益物权制度发挥了崭新的功能。用益物权本身能够在土地和自然资源等的利用过程中引入市场机制,实现资源的最有效配置,让最有条件和能力的主体利用有限的资源。正如有学者指出,“拥有不动产所有权者未必加以利用,不加以利用,则无法提供产品和服务供人们所需,所以,法律必须鼓励人们去利用不动产加以生产,因为利用权人才是真正利用不动产以生产产品或服务之人,而所有权人并非直接利用不动产之人,因此,利用权之保障应优于所有权而受保障。”㉕在市场经济条件下,土地不动产的利用价值越来越强调效益性,用益物权在社会生活中的作用日益凸显。

四是物权的证券化趋向越来越显著。物权的证券化主要体现在不动产的证券化上。所谓不动产证券化,即指将不动产上的财产权变成证券形态,更具体地说,是将对土地及建筑物的财产权,由直接支配的物权关系,转变为具有债权特性的证券形态,使原来流通性不强的土地及建筑物财产权转化为流通性较强的证券。主要有如下几种形态:第一,将不动产的价值形态分成若干份额,以证券的形式对外出售。第二,美国的土地信托操作模式。在这种模式中,开发商购买一块生地(raw land),租给一家由该开发业者组成的公司,并将该土地所有权通过信托移转给一位受托人,依据信托契约,受托人发行土地信托受益凭证,而由委托人(开发商)销售该受益凭证,受益凭证代表对土地所有权(信托财产)之受益权,由销售受益凭证所得的资金,用来改良土地。受托人收取租金,负有给付受益凭证持有人固定报酬之义务,并将剩余租金用来买回受益凭证,使而使开发商土地权利之上的负担最终被消除。㉖ 第三,抵押权以证券化的形式转

㉕ 谢哲胜:《财产法专题研究》,台湾三民书局1995年版,第140页。

㉖ 谢哲胜:“不动产证券化之研究”,载《台大法学论丛》第27卷第1期。

让。在抵押权设定以后,因为抵押权常常由银行所有,银行可以将抵押权转移给一投资公司,投资公司以抵押权所具有的权益发行证券。物权的证券化使物权和债权的关系更为密切,这就是说,物权不仅仅是权利人对物所享有的独占的支配权,而且物权可以作为一项可交易的财产,以具有债权特点的证券形式在社会上进行流通。[27] 当然,证券化使得对物的利用更有效率。

五是所有权的期限化。所谓所有权的期限化,又称为有期产权,它是通过有期共享(tiempo compartido)购买定式合同产生的一种不动产权形式。这种定式合同赋予购买人在事先确定的期限内排他性地使用特定不动产的权能;通常是由许多人长期或短期相继和轮换使用同一不动产,且这种权利可以在生前或死后转让。[28] 例如,某人希望在夏天固定在某个海滨城市度假,需要固定地在夏天使用该城市的某个别墅,这样,他就可以购买该别墅7月至9月的所有权,从而形成了所谓的有期限的所有权。在该期限内,他享有对其产权的绝对的支配权,任何人占用其财产,他都可以以所有人的身份请求排除侵害。在这种制度下,时间对权利的享有起到了限制作用,也就是说,每个权利人只是在既定的时间内享有独占的支配权。此种所有权的产生,是现代社会因资源的相对稀缺而需要对资源进行更有效的利用的产物。从现实来看,此种制度通常是与旅游、度假、休闲联系在一起的。特别是在旅游圈中出现的轮换度假(intercambio vacationl)体制,使有期产权人可以轮换不同的地方,享用相应期限的不动产及设施的使用权,颇具吸引力。[29] 一些国家,如葡萄牙,已经通过立法承认其为有期物权。

总之,现代各国物权法已经逐渐地放弃了传统的注重对物的实体支配、注重财产的归属转而注重对物的多样态利用、注重财产的价值形态,对物的有效利用已经成为物权法的一项基本原则,这些规则也是人类生活经验的总结,应当为我国物权法所借鉴。在我国物权立法中确立效益

---

[27] 刘剑文、杨汉平主编:《私有财产法律保护》,法律出版社2000年版,第159页。

[28] 高富平:《物权法原论》(上),中国法制出版社2001年版,第3页。

[29] 高富平:《物权法原论》(上),中国法制出版社2001年版,第3页。

原则应注意如下问题:

第一,清晰界定产权,鼓励当事人设立越来越多但互不矛盾的物权形态。市场经济是通过资源的优化配置而实现效益目标的,资源应当如何优化配置,不仅取决于资源的占有量,更重要的是要有一套资源配置规则,这种规则主要是通过确定财产的所有权归属,明确财产所有权的主体,从而为资源的交易提供法律前提。只有清晰地界定产权才能为有效率的利用财产创造前提、奠定基础。同时,物权法还可以通过他物权的规则确定资源在交易中的流转,从而有助于实现资源的优化配置。这就是要允许当事人设立越来越多的互不矛盾的物权,从而促进财产的动态利用。㉚ 我国台湾地区学者谢哲胜教授指出:"财产权之指定首先可以停止人们掠夺性的活动,并减少财产权之纠纷,此即物权法定主义之精髓所在,此有助于人们安定地从事生产活动,增加社会之总生产量……藉由自由市场之运作,使资源达到最高的使用效率,生产出更多的产品和服务,以满足大多数国民生活所需,此符合国民之最大利益,亦是财产权所欲达成之功能。"㉛为了充分利用资源,充分发挥财产的效用,吸引更多的主体利用资源,在一物之上需要设立越来越多的物权形态。我国物权立法应当尽可能地确认和保护各项用益物权。凡是实践中出现的对不动产各种不违反法律规定的使用、利用形态都应进行认真的整理和清理,需要物权法加以规范并应进行确认。

第二,完善相邻关系制度,有效地协调权利人之间对不动产的利用关系,减少权利行使中的冲突成本。由于土地绵延无垠的存在,从而土地所有人因土地相互毗邻而发生联系非常常见。本来各相邻不动产所有人基于所有权对其不动产可自由使用、收益,但各人如仅注重自己的权利而不顾他人的权利,必将导致利益冲突,不仅不能使不动产物尽其用,且有害于社会利益。因此,法律就相邻不动产所有权的行使作一定程度的干预,要求不动产所有人应为相邻不动产所有人行使权利提供必要的便利,容

㉚ 吕来明:"从归属到利用",载《法学研究》1991 年第 6 期;林刚:"物权理论:从所有向利用的转变",载《现代法学》1994 年第 1 期。

㉛ 谢哲胜:《财产法专题研究》,台湾三民书局 1995 年版,第 116 页。

忍来自邻人的轻微损害。从相邻不动产所有人的角度来看,他在行使对不动产的权利时可要求不动产所有人提供便利,从而能够对其不动产进行充分的利用,使其经济社会效益得到最大限度的发挥。[32] 在相邻关系制度中,最能体现物权法追求效益目标的是越界相邻关系。土地所有人建筑房屋时逾越疆界的,其行为构成侵权行为,侵犯了邻地所有人的物权。但是,大多数国家的物权法此时并未允许邻地所有人行使物权请求权,据以请求拆除越界的房屋并交还占有的土地。从这些国家的规定来看,大体上是赋予被越界的土地所有人请求赔偿的权利,而未规定其可以请求变更或移去房屋的权利,也就是说,被越界的土地所有人有容忍邻地所有人使用其土地的义务。如意大利民法即允许越界建筑人保有完整的房屋,但其要赔偿所占用土地价值的2倍;德国民法则要求越界人支付永久性的租金或买下越界部分的土地;而在美国,根据许多州采纳的"自愿地役"原则,法院只会要求越界建筑人支付象征性的损害赔偿。[33] 这些立法显然是考虑到越界建筑的施工必然花费了成本,并且越界建筑既已建成,若将之拆除,不但以前的建筑成本白费,更损害了建筑物的利用价值,而且还要支出拆除建筑物的费用,这样在经济上极不合理。因此,通过课以邻地所有人容忍义务,可保障建筑物的经济价值,防止财产的损失和浪费。

在完善相邻关系制度时必须区分相邻关系与地役权制度。如果相邻的不动产所有人与使用人之间在行使权利的过程中一方需要另一方为自己不动产权利行使提供便利,而这种便利已经超出了人们维持正常的生产生活所需要的最基本的便利,且因此会给提供便利的一方造成损害,则双方之间的关系可以通过地役权制度加以调整,即双方可以通过达成协议明确权利的负担以及补偿问题,从而使对不动产的利用更有效率。

第三,设立添附制度,解决物权在归属问题上产生的纠纷。在解决物和物之间因混同引发的权利归属纠纷时,添附制度具有物权请求权制度

---

[32] 郑重、余红举:"相邻权问题初探",载《中国法学》1990年第1期。

[33] 王文宇等:"从经济观点论保障财产权的方式——以财产法则与补偿法则为中心",载《法学丛刊》第174期。

所不可替代的功能。本来,如果某人使用他人的物进行加工装修或发生混合,就构成对他人物权的侵害,权利人可行使物权请求权请求返还原物,从而恢复对原物的占有,但是在许多情况下,因物和物之间发生混合和附和,权利人不能行使物权请求权。因为一方面,如果以他人财产进行加工、装修和发生添附,不能拆除或者拆除将会造成很大的损失时,如果一定要他人拆除,从而取回原物,不仅违反了民法的公平和诚信原则,也违反了效率原则。这样,就需要通过添附制度解决财产的归属,而不应适用物权请求权。例如,未经他人同意而使用该他人的大理石作为房屋的地基,或者未经他人的同意以他人的木材制成房梁,如果要返还原物,将会使房屋严重受损,甚至倒塌。另一方面,即使财产发生混同后能够拆除,但财产被他人装修或者加工的人,考虑到拆除以后有可能会损害其财产或者认为该物对其没有利用价值,也就可能不请求返还原物,而要求赔偿损失。还要看到,在物与物发生混合的情况下,法律上使物的价值较高的一方取得对添附物的所有权,也有利于最有效率地利用资源。通过添附制度解决其归属问题,而不是使原权利人行使物权请求权,实际上体现了效率原则。因此,作为一种维护物的经济价值的法律技术,添附制度有助于充分发挥物的效益,避免造成财产的损失和浪费。

第四,允许、鼓励多重抵押,最充分地利用物的交换价值。法律允许甚至鼓励抵押人将其抵押物设立多重抵押。由于抵押权本质上是一种价值权,即以抵押物的价值优先受偿的权利,而抵押物的价值又是可以分割的,因此抵押人完全可以将其抵押物的价值分开而设立多重抵押。多重抵押的存在不仅为融资开辟了更广阔的渠道,而且也使抵押物的价值得到充分的利用。如果一个抵押物的价值远远超过了一个被担保的债权的价值,但只能为该债权提供担保而不能为其他债权提供担保,事实上就造成了抵押物交换价值的浪费。所以,对房地抵押的情形,在明确地上建筑物所有权与土地使用权应当结合的情况下,如果当事人存在着特别约定且能通过登记明确地表示出权利分离状态,那么就应当允许当事人将房屋与土地使用权分别抵押。

第五,完善土地使用权制度,解决土地使用权与房屋所有权的冲突。

在我国,由于土地使用权是有期限的,而房屋所有权是无期限限制的,因此在土地使用权年限届满时就会因国家收回土地使用权而发生土地使用权与房屋所有权的冲突。解决此冲突的一个比较妥当的办法就是:在土地使用权年限即将届满时允许使用者申请延期,只有在土地使用者未申请延期或者申请延期但依法律规定未获批准时,土地使用权才由国家无偿收回。土地使用权人已经在土地上建造了建筑物和附着物,如果其愿意延长土地使用权的期限,则表明这些建筑物和附随物对其有继续利用的价值;如果不允许其延期而由他人取得土地使用权,则因这些建筑物和附随物对该他人并不一定具有继续利用的价值,这样就会造成财产的损失和浪费。即使就土地的利用来说,原土地使用权人欲利用该土地作某种用途,已经将土地的利用列入了规划或在土地之下铺设了有关的设施,如果由他人取得该土地使用权,该他人以后若将该土地改作其他用途,则会改变规划使土地原有设施不能继续加以利用,从而也不利于对土地的有效利用。此外,在出让年限届满以后,如果不允许土地使用人延期,随着土地使用权逐渐临近届满的期限,那么由于地上建筑物和附着物将很快随土地使用权返还给国家,土地使用人在地上建造的建筑物和其他设施的价值必然会不断降低,这不利于使用权人在该土地上进行长期的投资。如土地使用人在土地上建造了工厂或其他物业,由于土地使用权出让年限即将到来,就会促使土地使用权人在建造各种物业以后,从事各种短期行为。所以,这种土地使用权和房屋所有权的矛盾和冲突不利于土地使用人对土地进行长远投资,并且当土地使用人需要在土地之上作重大投资而自己财力有限时,尤其在经过若干年以后需要广泛吸收他人投资时,由于土地使用权的有限性,特别是随着期限的不断临近,必然会妨碍他人对土地的投资,也不利于投资者在一定期限的土地使用权之上作重大投资。据此笔者认为,应当在土地使用权到期后允许使用权人将使用权展期。如果使用权人不愿意展期则应当回复原状。

第六,确立空间利用权制度,有效地利用地上与地下的空间。所谓空间利用权,是指对于地上和地下的空间依法进行利用的权利。空间利用权制度并不是因法律对土地所有人权利的限制而产生的,其产生的主要原因是:在现代社会,由于人们为了不断开发和利用空间,从而使空间具有了独立的经济价值,空间权需要成为一项独立的财产权利[34]。对空间的开发、利用通常称为对土地的立体利用,它包括两个方面:一是对地表上面空间的利用,如通过架设高架桥而形成连接两幢大楼的走廊,在楼顶平台上设置建筑物的附属物甚至建造建筑物,利用楼顶上空设置广告塔、架设高压电线、空中电缆等。二是对地表下面的空间的利用,如开设地下商店、地下停车场,铺设地下管道、电线、电话线等。由于空间具有一定的经济价值,权利人可以在地上空中或地下之地中的空间里具有独立的支配力,因而与传统土地所有权之以地表为中心而有上下垂直的支配力不同。[35] 近些年来,由于空中走廊、空中花园、地下铁路、地下商场等建筑物不断兴起,使得空间不再仅仅是土地的附属物,而是具有特定价值形态的物。尤其是空间权本身可以作为一项独立的财产权而与土地所有权、使用权发生分离,如土地使用权人可允许他人在自己的屋顶平台上架设广告塔,或允许他人在自己使用的土地之下建造地下停车场,因而空间利用权作为一项独立权利的价值日益凸显。目前,由于我国城市土地资源的有限性与城市发展的需要之间矛盾的日益扩大,对土地的需求日益紧张,加强对地下空间和地上空间的利用十分必要。但是由于现行立法对于空间利用权未作出规定,实践中出现了空间资源被大量浪费的情形。因此,在立法上确立空间利用权,将会极大地促进对空间资源的有效利用。

㉞ 石少侠、王宪森:"土地空间权若干问题探析",载《政治与法律》1994 年第 1 期。

㉟ 温丰文:"空间权之法理",载台湾《法令月刊》第 39 卷第 3 期。

民商法研究(第六辑)
第220~241页

添附制度若干问题探讨*

所谓添附(accessio),是指不同所有人的物结合在一起而形成不可分离的物或具有新物性质的物。① 添附制度是大陆法系国家物权法中所规定的取得财产权的重要的方法和制度。物权法中的添附制度作为取得所有权的方法,是罗马法以来所公认的原则。它对于增进财富,提高效率,促进物尽其用,减少交易成本具有重要的作用。② 但由于长期以来我国物权立法不完善,法律上一直未明确承认添附制度,所以在实务中极少采取添附规则解决纠纷。在物权法的制定过程中,对设立添附制度的必要性以及该制度与侵权行为法之间的关系等问题存在不同的观点和认识。为此,笔者将不揣浅陋,拟对于添附制度中的若干基本问题进行一些探讨。

一、添附制度设立的必要性

在添附的情况下,由于财产密切结合在一起,将添附的财产加以分离,在事实上不可能或者很困难,

---

* 原载《法学评论》2006年第1期。

① 谢在全:《民法物权论》(上册),台湾2003年自版,第505页。

② 谢在全:《民法物权论》(上册),台湾2003年自版,第505页。

对于这一事实在法律上如何解决，则涉及是否需要设立添附制度的问题。在我国物权立法中，对于是否设立添附制度的问题，存在三种不同的看法：

1. 否定说。此种观点认为，任何人利用他人财产进行添附，无论是基于善意还是恶意，都构成对他人财产所有权的侵害。因此，财产被添附的一方都有权主张物权请求权排除妨害，并要求对方赔偿损失。从这个意义上说，不存在所谓添附的问题，也不需要重新确权。添附制度可以被侵权行为制度所替代。在我国司法实践中，对于有关添附的纠纷并没有适用真正的添附规则，基本上都是适用侵权损害赔偿的规则来解决纠纷，因而没有必要在物权法中另外设立添附制度解决此种问题，因为无论是基于善意还是恶意，都未得到他人许可，或者利用他人财产事后未得到他人追认，所以都构成侵权，权利人有权要求拆除添附物，恢复原状。

2. 肯定说。此种观点认为，添附制度具有实际的必要性。为发挥物的利用价值，兼顾当事人的利益公平，在物权法中应根据添附的不同情形对添附物的所有权归属进行规定。所以，有必要通过添附制度确立产权的归属。③ 社会经济生活中大量的附合、混合及加工问题需要法院裁判，由于我国没有明确的添附制度的规定，法院往往借口法无规定而拒绝裁判，致使法律对社会关系的调整留下了相当大的空白地带，因此需要建立完整的添附制度。④

3. 折中说。此种观点认为，添附制度虽有其设立的必要性，但发生添附以后，首先应当确认是否构成侵权，如果符合侵权的要件，就排除添附的适用，如果不构成侵权，或者被添附的一方没有提出侵权的情况下，就需要通过双方协议确定产权的归属，或者根据添附的规则加以处理。

最高人民法院《关于贯彻执行〈中华人民共和国民法通则〉若干问题的意见》第86条规定："非产权人在使用他人的财产上增添附属物，财产所有人同意增添，并就财产返还时附属物如何处理有约定的，按约定办

---

③ 中国政法大学物权法立法课题组："关于《民法草案物权法编》制订"，载《政法论坛》2003年第1期。

④ 梁慧星主编：《中国物权法研究》(上)，法律出版社1998年版，第533页。

理;没有约定又协商不成,能够拆除的,可以责令拆除;不能拆除的,也可以折价归财产所有人;造成财产所有人损失的,应当负赔偿责任。”该解释实际上包含了三方面含义:第一,该解释将添附制度规定为任意法,即当事人通过约定可以排除添附规则的适用,在发生添附的情况下,一旦当事人已经事先作出约定,便不再适用添附规则,当事人的约定具有优先效力。第二,在当事人没有约定的情况下,首先考虑适用侵权规则,也就是说,法官要首先确定是否构成侵权,如果当事人同意则可以通过约定解决产权的归属和责任的承担,如果没有约定,则依照侵权处理。第三,如果对添附物无法拆除,可以适用添附规则,通过将财产折价归财产所有人,而造成财产所有人损失的,应当由添附另一方负赔偿责任。可见,添附制度在我国适用范围非常狭窄。据此可见,我国司法实践实际上采纳了折中说的观点。

笔者认为,我国物权法应当规定添附制度,主要有如下几个方面的理由:

第一,完善物权变动制度的需要。采纳添附制度是自罗马法以来各国通行的做法。物权法中的添附制度作为一种取得所有权的方法,为罗马法以来的各国物权法所公认。尽管各国因为社会经济制度、历史文化差异等原因而使添附制度的具体内容各不相同,其适用范围也有所差异,但是,从比较法的角度来看,大陆法系国家在民法典物权编中都规定了添附制度,英美法虽然没有民法典,但其财产法中也存在添附制度,这实际上表明,一部完善的物权法应当规定独立的添附制度。毫无疑问,添附制度作为一种物权变动的方法,其存在价值是毋庸置疑的。作为取得所有权的基本方法之一,添附是一种基本的民事制度,故不应当由司法解释所创设,因此应当在物权法中作出规定。

第二,确定产权归属的需要。添附制度有利于确定财产归属,维护社会秩序的稳定。添附制度是一物一权原则的具体体现。在添附的情况下,由于财产密切结合在一起,使附合的财产分离在事实上不可能或者很困难,因此有必要运用添附规则确认添附物的归属,使添附物在形态上继续存在，[5]而不能对添附物恢复原状或加以分离。因此有必要在法律上使因添附而结合的物成为一物，并以单一所有权的形式出现，而不允许当事人强行分离和请求恢复原状。添附本质上只是通过一定的规则确定添附物的归属，所以，它实际上是一种确认产权的规则，与物权法的基本价值相吻合。物权法的一个重要价值取向即在于减少权属复杂状态，明晰产权，这集中在一物一权原则中，添附制度体现了该基本原则。此外，在破产的情况下，如果出现了添附的纠纷，更需要在法律上确认添附物的归属。如果将添附物的归属确认为某人享有，其便享有取回权，如果归属于债务人，该添附物就属于破产财产，由破产管理人依据破产规则在债权人之间平均分配。

第三，促进物尽其用、提高物的使用效率的需要。在添附的情况下，要恢复原状往往在事实上已不可能，因此，从增进财富、充分发挥物的效用的原则出发，须承认添附可以取得所有权。[6] 从而维护经济价值，避免财产的损失浪费，并维护财产的秩序。现代各国民法规定添附制度，很大程度上是因为在产生添附物以后，由一人取得物的所有权，而不允许恢复原状，能够使添附物为社会经济利益而继续存在。[7]

第四，有效处理添附纠纷的需要。在现实生活中，往往发生大量涉及附合、混合以及加工的问题，并不时诉请法院要求裁判，而法院往往借口法律没有具体规定而拒绝裁判。[8] 如果没有添附制度，就有可能发生产权不明情况，法官将难以找到合适的根据，从而解决不同所有人的物结合在一起时新物的归属问题。事实上，添附制度具有其独立存在的价值。违约请求权、侵权行为和不当得利请求权并不能解决添附情况下的财产归属问题，如果没有添附制度，就无法对产权的归属进行确认，在归属不能确认的情况下，也不能适用物权请求权和不当得利请求权。确立添附制度也有利于解决实务中存在的一些产权纠纷。在实践中，因为没有添附制

---

⑤ 温世扬等:《物权法通论》，人民法院出版社 2005 年版，第 329 页。

⑥ 谢在全:《民法物权论》(上册)，台湾 2003 年自版，第 505 页。

⑦ 陈华彬:《物权法研究》，国家行政学院出版社 1998 年版，第 455 页。

⑧ 陈华彬:《物权法研究》，国家行政学院出版社 1998 年版，第 455 页。

度,被迫通过侵权制度和不当得利制度来解决相关案件,但此种方法显然具有缺陷,往往不能够起到确认权属的目的。

否定说认为添附可以由侵权制度所替代,此种看法是不妥当的。添附行为并非都构成侵权。因为一方面,从实践来看,添附是一种客观存在的现象,其发生的原因较为复杂,基于违约或侵权,甚至基于合法行为也可以发生添附,某些添附也可以基于客观事件而发生。如甲乙丙三方订立合同,约定对房屋进行装修,添附的结果完全基于合法行为造成的,不存在所谓违约和侵权的问题。由于添附是基于各种原因引起的,未必与侵权行为必然联系在一起,所以需要通过法律制度对添附物的归属进行重新确认。再如,一方向另一方基于合同交付标的物,另一方对标的物进行了改进,但在合同被宣告无效之后,标的物所有权不发生移转,即发生添附问题,或者在所有权保留中买受人对出卖人保留所有权的标的物进行改良,这些行为都未必构成违约和侵权。所以,添附是基于各种原因引起的,未必与侵权行为必然联系在一起,所以需要法律制度对添附物的归属进行重新确认。另一方面,违约请求权、侵权行为和不当得利请求权并不能解决所有添附情况下的财产归属问题,如果没有添附制度,就无法对产权的归属进行确认,在归属不能确认的情况下,也不能适用物权请求权和不当得利请求权。

折中说虽有一定道理,但是也存在明显的缺陷,主要理由在于:第一,添附制度在性质上不能理解成一种任意性的规范,此种观点认为在发生添附以后首先看是否构成侵权,以及必须在双方协议的情况下才能适用添附。事实上,绝大多数情况下当事人事先很难对添附物的归属作出约定,在发生添附之后,必须要对添附物的产权归属在法律上作出安排。通过制度化的安排可以节省当事人进行协商的成本,正因如此,通说认为有关添附的规则具有强制性质,属于强行性规定,⑨设立添附制度的目的就是不允许当事人要求恢复原状,使添附物能够为社会经济利益而继续存在。甚至有学者认为,如果当事人事先存在着恢复原状的特约可以被认

---

⑨ 谢在全:《民法物权论》(上册),台湾2003年自版,第507页注1。

为违反公序良俗而应该被宣告无效。[10] 此处所说的强行性规范是指确定添附归属的规则,该规则禁止当事人在发生添附之后请求恢复原状和要求返还原物。因为添附是基于鼓励创造和维护财产使用效率而对社会财富进行的强制性的分配。[11] 第二,在发生添附并产生了添附物之后,也不能简单地适用侵权的规则。最高人民法院上述解释规定"没有约定又协商不成,能够拆除的,可以责令拆除",这在经济上并不一定合理,也是违背添附制度本意的。实际上,在添附的情况下,很多是可以拆除的,但法律从经济效益考虑和维护现有的秩序,并不允许当事人拆除,因为在可以利用的情况下,将添附的财产强行拆除,必然造成社会财产的损失和浪费,所以,法律为维护添附物所有权的单一化,使这种规则具有强行性的效力,甚至不允许当事人随意变更。[12] 例如,对装修的物并非不能拆除,但在许多情况下简单地拆除在经济上是极不合理的。如果依照最高人民法院的上述解释而进行拆除,显然是不合理的。因为拆除已装修的材料将会造成巨大的浪费。所以在添附的情况下,应考虑的是,如果添附物不容易拆开,就应保持其结合状态,而不应强行拆除。[13] 更何况在其他添附情形下,如混合和加工等,并不存在责令拆除适用的可能。第三,添附规则因事后没有达成协议而不适用。根据最高人民法院上述解释,添附规则是在事后不能达成协议的情况下才有适用余地。应当承认,在发生添附之后,如果当事人能够通过约定作出安排,这的确是一种有效率的产权安排,但并不能因为当事人对添附物的归属进行约定而否定添附制度。如果双方同时愿意或者都不愿意获得添附物的所有权,则双方很难达成协议,因此,在法律上规定了添附制度之后,即使在当事人协商未果的情况下,该制度也可以作为一种裁判规范确定添附物的权利归属。

---

⑩ 姚瑞光:《民法物权论》,中国台湾地区 1988 年版,第 114 页。台湾学者苏永钦则认为此种规则主要在于奖励创造经济价值,笔者认为,添附的归属主要是一个效率的问题,当事人约定恢复原状是不利于效率,似乎与公共利益本身无关。

⑪ 谢在全:《民法物权论》(上),台湾 1997 年版,第 507 页。

⑫ 谢在全:《民法物权论》(上),台湾 1997 年版,第 294 页。

⑬ 吕玉宝:"论对装修他人房屋形成附合物的处理",载万鄂湘主编:《物权法理论与适用》,人民法院出版社 2005 年版,第 79 页。

总之,笔者认为,添附制度的设置有其必要性和合理性,此类纠纷在实践中大量存在,需要物权法确认添附制度解决产权纠纷和利益归属的问题。与物权请求权、侵权、不当得利等其他制度不同,添附并不完全考虑如何恢复物权人对财产的圆满支配,而主要考虑如何确定物的归属。当然,在例外的情况下,如果发生了添附以后,产权关系不受到影响,而双方没有提出确权的问题,也可以不适用添附的规则。但在一般情况下,如果没有添附制度,就无法对产权的归属进行确认,也就无法对纠纷进行准确的处理。在归属不能确认的情况下,适用物权请求权和不当得利请求权都会发生一定的困难。因此,添附制度不能为侵权请求权、物权请求权和不当得利返还请求权制度所替代,而必须在物权法中建立独立的添附制度。

二、添附与侵权责任的相互关系

添附制度属于物权法的组成部分,与侵权责任法一样都是民法的组成部分,且都具有保护财产权的作用。民法对财产权的保护是一个完整的体系,其中物权法以确认物权以及物权的特有保护方法来保护物权,而添附制度作为确认权利的重要规则,是保护财产权的前提。侵权责任法是制裁侵权行为并对受害人予以补救的法律,它是通过损害赔偿的方法来保护权利的,它以所有权人权利状态明确为适用前提。正是因为二者都具有保护财产权的功能,因此添附与侵权的关系非常密切。在实践中,凡是未经他人同意而利用他人的财产,进行加工,或因利用发生物的混合、附合等情况时,如果因此形成了新的物,则既构成了添附,同时往往也构成对他人财产权的侵害。但一方未经他人同意而利用他人财产时,则既要确认财产权的归属,又要保护被侵害的权利,因此就导致了添附与侵权之间错综复杂的关系。就二者的关系来说,大致有三种情形:

1. 仅构成侵权责任而不存在添附的情形。因为构成添附必须要有新的物的产生,添附包括附合、混合和加工三种形态,这三种情况都会发生不同的所有人的财产相互结合的状态。所以如果未经他人同意利用他人财产，只是导致了对财产权的侵害或者财产本身的损害（甚至也可能没有导致财产的损害），而并没有产生新的物，此时仅构成侵权而不存在添附。

2. 既构成添附又构成侵权的情形。添附与侵权的关系非常密切，未经他人同意而利用他人的财产，进行加工，或因利用发生物的混合、附合等，都有可能构成对他人财产权的侵害。许多添附的情况同时也可能构成侵权行为。可以说，只要不是出于被添附人意愿的添附，都有发生侵权的可能。即如学者所言，因添附而丧失权利，受有损害者，除不当得利请求权外，尚有损害赔偿请求权。⑭ 由于未经他人同意而利用财产，可能同时构成添附和侵权。

3. 仅构成添附但不存在侵权的情形。这主要出现在合同关系中，因为违反合同、合同无效、合同解除、条件不成就等原因而发生的。具体来说，因合同而发生的添附，主要有如下几种情形：第一，因违约发生添附。例如，承租人在租赁出租人的房屋以后，未经出租人的同意而对房屋进行改造、加工或装修，从而违反了租赁合同的规定。在实践中，许多装修是基于合同的合法装修，所以即使发生添附也不可能存在侵权，因为侵权责任以过错和损害为构成要件，而未经他人同意而利用他人之物，或者行为人可能没有过错，或者没有现实的损害，因而仅发生添附而不存在侵权的问题。第二，因合同无效或撤销而发生添附。例如，一方对另一方的财产进行错误装修，另一方以最大误解为由请求撤销合同，在合同被撤销之后，对因错误装修而形成的财产就发生添附的问题。再如，建筑承包合同被宣告无效之后对建筑物归属的处理，实际上就涉及添附的问题。通常，一方向另一方基于合同交付标的物，另一方对标的物进行了改进，但在合同被宣告无效之后，标的物所有权不发生移转，这就需要根据添附制度来解决。第三，因合同解除而发生添附。例如，三方订立合资经营酒店的合同，在合同中约定对房屋进行装修，但因为出现了不可抗力的事由，导致合同被解除，此时房屋已经装修完毕，需要对房屋的产权归属依据添附规

---

⑭ 王泽鉴：《民法物权·通则·所有权》，中国政法大学出版社 2001 年版，第 311 页。

则予以确认。在此情况下,添附的结果是完全基于合法行为造成的,不存在所谓违约和侵权的问题。第四,因法律行为条件不成就而发生添附。例如,分期付款买卖合同不成就以后对已经加工的标的物的返还,或者在所有权保留中买受人对出卖人保留所有权的标的物进行改良,这些都涉及添附问题。

在上述情形中,添附的发生可能与合同有关,但这并不意味着添附可以由合同法上的制度来解决。一方面,添附制度是不能为合同法所规定的,因为添附既可能发生在有合同关系的当事人之间(如承租人在出租人的财产上装修),也可能发生在没有合同关系的当事人之间,这就表明添附问题不能由合同法解决。另一方面,即便发生在合同当事人之间,添附先要解决所有权的归属,这属于物权法的问题而不属合同法的范畴。合同中如果对添附物的归属有明确约定的,当然可以适用合同的约定,但合同当事人没有对添附物归属作出约定,则需要由添附制度解决。即便发生在合同当事人之间,添附先要解决所有权的归属,这属于物权法的问题而不属合同法的范畴。还要看到,即便因合同发生添附,添附也涉及物权请求权、不当得利返还请求权等诸多请求权,这些请求权的适用也不能通过合同法来解决。

这些情形也表明以侵权责任替代添附的观点不能成立,因为添附发生的原因非常复杂,并非都是基于非法行为产生的。正是因为不能以侵权代替添附,因此不能否定添附制度设置的必要性。有学者认为,添附制度在实践中极少发生,法律上没有必要为了一些极少例外情况而设立一项独立制度。笔者认为,添附纠纷在实践中是大量存在的,只不过由于现行法律没有规定添附制度,因此对该类案件并没有通过添附而是采用侵权、不当得利等规则加以处理的。正是因为添附规则具有其独特性,因此有必要在物权法中设立独立的添附制度。

笔者认为,即使在侵权与添附发生竞合的情况下,因为二者具有不同的功能与价值,所以依据不同的规则处理会产生不同的结果。所以,在既发生侵权又构成添附时,也不一定适用侵权责任的有关规则。具体来说:

第一,功能不同。侵权责任以过错为前提,以损害赔偿作为其主要形式。物的所有人在其财产被他人用于加工、装修、改造以后,添附人的行为可能已经构成侵权,所有人有权基于侵权行为而要求赔偿损失。但损害赔偿只是使权利人遭受的财产损失获得补救,其本身并不能解决财产被他人添附以后所形成的物的权利归属问题,也不能替代添附制度物尽其用的功能。而添附制度的首要目的在于确定财产归属,维护社会秩序的稳定。在添附的情况下,由于财产密切结合在一起,将附合的财产分离在事实上不可能或者很困难,因此有必要运用添附规则确认添附物的归属,使添附物在形态上继续存在,而不能对添附物恢复原状或加以分离。因添附而结合的物有必要在法律上使其成为一物,并以单一所有权的形式出现,不允许当事人强行分离和请求恢复原状。因此,添附只是通过一定的规则确定添附物的所有权归属,它本质上是一种确认产权的规则。⑮

第二,旨在实现的价值不同。侵权法作为保护权利的法律,主要体现的是通过保护受害人的权益、制裁不法行为人来实现公平正义的价值,并维护社会正常的生产和生活秩序。但由于侵权法主要是保护权利的法律,而不是财产和交易的规则,因此它一般不体现物尽其用的效益的原则。但作为一种专门用于解决因自然资源的有效利用的法律制度,添附独有的价值就在于促进物的有效利用。添附制度也要反映公平正义的价值,但它更强调促进物尽其用,提高物的使用效率。在添附的情况下,要恢复原状往往在事实上已不可能,因此,从增进财富、充分发挥物的效用的原则出发,须承认添附可以取得所有权。⑯ 使该添附物继续维持,也有利于维护经济价值,避免财产的损失浪费。例如,在一方对他人进行了错误的装修以后,如果将已经结合在一起的装修材料硬性地进行分拆,重新各归其主,那么将在客观上存在严重困难,必将损坏已有装修材料的使用价值。

第三,适用的条件不同。添附制度的适用前提是发生了附合、加工、混合等事实而产生了新的物,从而有必要确认物的产权归属。而在确认权利归属时,其首要的价值取向在于物尽其用而非公平正义的考虑,所以在

---

⑮ 谢在全:《民法物权论》(上册),台湾三民书局2003年版,第505页。

⑯ 谢在全:《民法物权论》(上册),台湾三民书局2003年版,第505页。

确认添附物的归属时,添附一方的主观状态并不是考虑的主要因素。但一般侵权责任是过错责任,应当考虑行为人是否具有过错。此外,由于侵权责任主要采用损害赔偿的责任形式,因此,也以损害的实际发生为必要,但添附制度则并不需要考虑有无损害的发生。因此,侵权责任不能替代添附制度,添附制度甚至在一定程度上比侵权行为应当优先考虑。

第四,适用范围不同。添附是基于各种原因引起的,未必与侵权行为必然联系在一起,所以需要法律制度对添附物的归属进行重新确认。即便是因为侵权行为发生的添附,也不一定要适用侵权的有关规则。受害人也不得以请求恢复原状而强行拆除添附物。⑰ 例如,《法国民法典》第554条规定:"土地所有权人用不属受害人也不得以请求权于其本人的材料进行建筑、栽种或工程者,应当偿还按支付日计算的材料的价款;如有必要,得被判处损害赔偿;但是,材料所有权人不得拆除此种材料。"

正是因为二者具有上述区别,因而应允许权利人在此两种制度之间作出选择,而不一定非得根据侵权责任来处理。这就是说,在因侵权发生添附时,既可以适用侵权的规则,也可以适用添附的规则,此时可以考虑允许受害人进行选择。如果其选择侵权,可以要求排除妨害、赔偿损失。如果选择添附,则可以请求重新确认产权,但对所获得的价值应当依不当得利予以返还。例如,某人使用他人的物进行加工、改造、装修从而发生添附,构成对他人物权的不法妨害,则权利人有权请求返还原物、恢复原状。⑱

三、添附制度与物权请求权、不当得利请求权以及违约的关系

添附制度与物权请求权、不当得利请求权以及违约请求权存在着密切的关系,在适用中可能发生混淆,需要分别予以讨论。

---

⑰ 谢在全:《民法物权论》(上册),台湾三民书局2003年版,第505页。

⑱ 王泽鉴:《民法物权·通则·所有权》,中国政法大学出版社2001年版,第311页。

（一）添附制度与物权请求权

如果某人使用他人的物进行加工、改造、装修而发生添附，构成对他人物权的不法妨害，则权利人有权请求返还原物、恢复原状。若因添附取得所有权，其客观价值不符合受益人的主观利益者，在具备侵权行为或无权占有的要件时，所有人得请求回复原状或除去妨害。[19] 但在许多情况下，物和物之间发生添附以后，权利人是无法行使物权请求权的，其原因在于：一方面，添附本身正是在不同所有人之间的财产发生附合、混合等情况时，由于返还原物或恢复原状都在事实上不可能或在经济上不合理，此时，从效率原则出发，应当重新确认添附的财产的归属，也就是说，在许多情况下，物权人在事实上已不可能行使物权请求权，这就有必要确认添附制度，以弥补物权请求权的不足。另一方面，在发生添附的情况下，即使物被添附后能够拆除，但物的所有人考虑到拆除以后，有可能会损害其财产或者其认为该物对其没有利用价值的，他也可能不请求返还原物，而要求赔偿损失，在此情况下，也需要通过添附制度解决权利的归属问题。所以，物权的请求权不能代替添附制度。

（二）添附制度与不当得利返还请求权

在适用添附制度以后，如果确认添附物归一方所有，那么该当事人因获得的添附物的价值增值，此种利益的取得没有法律上的根据，所以也构成不当得利，应当发生向另一方返还价值的效果。如果不同的所有人的财产互相结合而发生添附，一方可能会从添附中获得利益。例如，利用某人的财产进行加工，从中获得利益。这种获利因为没有法律上的根据，也构成不当得利，在此情况下受害人即可以请求获利人返还不当得利。由此可见，添附制度不能为不当得利返还请求权所替代。

关于在添附情况下受害人能否基于不当得利而请求受益人返还利益，在学说上存在着不同的看法。一种观点认为，受害人可以基于不当得利提出请求。如史尚宽先生认为，受益人的获利是否具有法律上的原因应从法律规定的目的加以考察，“因附合、混合、加工之所有权取得，法律上

---

⑲ 王泽鉴：《民法物权·通则·所有权》，中国政法大学出版社2001年版，第311页。

以一个物上不容有两个所有权之并存,亦不以其共有为适当,便宜上以之属于一方,并非以财产价值移转为目的,故仍许其发生不当得利之请求权”。[20] 另一种观点认为,在添附的情况下,原物权人负有听任添附物由他人支配的义务,这在法律上有明确的规定。[21] 因此,获利人所获得的利益不能称为不当得利,[22]否则将会混淆不当得利制度的基本原则。这两种观点都有一定道理。相对来说,笔者认为,第二种观点更为合理,因为既然根据一物一权规则,只能由一方享有所有权而不能使原物的所有权人仍然对原物享有所有权或对新的财产享有所有权,那么根据添附所取得财产所有权的一方取得财产所有权就是有法律根据的。但从公平原则考虑,受害人虽不能对原物或新的财产主张所有权,但其毕竟因添附而遭受了损害,受害人从添附中获得了利益,双方的利益是不平衡的,因此受益人应当对受害人给予适当的补偿,以维护当事人之间利益的平衡。

(三)添附制度与违约请求权

添附也可能因合同而产生。如在依据合同发生错误装修添附的情况下,添附与当事人之间的合同关系具有密切关系。此时,也可能产生违约责任,例如,承租人在租赁出租人的房屋以后,未经出租人的同意而对房屋进行改造、加工或装修,从而违反了租赁合同的规定。那么合同责任是否因此就可以代替添附制度呢?笔者认为,两者具有不同功能,不能相互代替。其原因在于:一方面,添附既可能发生在有合同关系的当事人之间(如承租人在出租人的财产上装修),也可能发生在没有合同关系的当事人之间。这就表明添附问题不能由合同法解决。另一方面,即便发生在合同当事人之间,添附先要解决所有权的归属,这属于物权法的问题而不属合同法的范畴。合同中如果对添附物的归属有明确约定的,当然可以适用合同的约定,但合同当事人没有对添附物归属作出约定的,则需要由物权法规定。当然,在对添附制度与违约制度作出区分时,也要注意两者之间的交错适用。如承租人未经出租人的同意而对承租的房屋进行改造,

---

[20] 史尚宽:《债法总论》,台湾 1957 年版,第 79 页。

[21] 参见《德国民法典》第 951 条。

[22] 苏永钦:《民法经济法论文集》(1),台湾 1988 年版,第 282 页。

既可能构成违约,又要适用添附规则。

四、关于动产和不动产附合规则的适用

添附包括附合、混合和加工三种形态。所谓附合(Verbindung),是指不同所有人的两个或两个以上的有形物相结合,而交易上认为一物的状态。[23] 附合可以因为自然的或人为的原因而形成,既可是因为动产和不动产所有人实施的行为造成的,也可是因为第三人的原因发生的。此种添附的特点在于:第一,动产成为不动产或其他动产的组成部分,[24]或者说成为不动产或其他动产的重要成分。如果安装之物没有成为主要组成部分,则依然保留原来的所有权。[25] 第二,此种附合具有固定性,也就是说,这种附合不是暂时的,而是固定存在的。按照传统民法的观点,即动产此时构成了不动产的重要成分。第三,在社会经济观念上,已将相互结合的两个物视为一个物。[26] 例如,装修到不动产以后,按照社会一般的观念,作为动产的装修材料实际上已经丧失了其独立性。一般来说,两个物已经成为一物。例如,土地上未完成的搭建物,属于多种建筑材料的组合,各物不丧失独立性,因而不应视为不动产的附合物。

在附合的情况下,将发生物权法上和债权法上的双重法律效果。从物权法的效果来看,由于动产和不动产都分别属于不同的所有人所有,这就需要对附合物的所有权归属在法律上予以确定。一般而言,因为不动产具有稳定不动、价值巨大、显而易见等特性,各国法律都认为由不动产吸附动产。[27] 早在罗马法中,由于考虑到土地价值的重要性,注重土地的吸附作用,确立了地上建筑物依附于土地的规则。这一规则也来自于自然

㉓ 梁慧星主编:《中国物权法研究》(上),法律出版社 1998 年版,第 533 页。

㉔ MünchKomm/Füller, § 946, Rn. 6; MünchKomm/Füller, § 947, Rn. 4.

㉕ [德]曼弗雷德·沃尔夫:《物权法》,吴越、李大雪译,法律出版社 2002 年版,第 302 页。

㉖ MünchKomm/Füller, § 946, Rn. 6; MünchKomm/Füller, § 947, Rn. 5.

㉗ 陈华彬:《物权法研究》,国家行政学院出版社 1998 年版,第 456 页。

法,“根据自然法,地面上的物品添附于地皮”。[28] 罗马法曾用“添附”的理论解释土地与建筑物的关系。罗马法的规定对大陆法系民法产生了重大影响。传统民法理论认为,如果发生了动产与不动产的附合,一般而言,应当由不动产所有人取得附合物的所有权。

就一般财产的附合而言,其在物权法上的效果包括如下几个方面:第一,动产所有权的灭失,[29]由于在附合以后,动产成为不动产的重要部分,如砖瓦、木板附合于房屋之中,与不动产结合成为新的财产,因而动产的所有人不能再就该附合在不动产之上的动产主张自己的物权,所以,在发生附合之后,动产的所有权被不动产所有权所吸纳,附合也构成动产所有权灭失的一个原因。第二,不动产所有人即时取得动产的所有权,该所有权的取得直接来源于法律的规定,不以原动产所有权人的意志为转移,[30]体现了添附制度的强行性,[31]在学理上将其视为所有权的原始取得。[32] 在我国审判实践中,对于未经他人同意而对他人房屋进行装修的,由于装修材料已经与房屋形成一个整体,如果房屋所有人愿意接受该装修,应将附合物判给房屋所有人所有。即使装修人出于恶意,材料所有人也不得请求拆毁房屋、取走材料。[33] 在新的财产应归不动产所有人所有以后,动产所有权发生消灭,动产所有人只能取得与其动产价值相当的补偿。第三,此种物权上的效果还体现为不动产物权客体的变化,表现为不动产物权增加了客体范围,不动产物权权能及于该被附合的动产部分。

笔者认为,在动产和不动产附合的情况下,由不动产所有人取得添附物的所有权只是一项原则,该原则并非没有例外,简单地认为在动产附合于不动产时由不动产所有权人取得所有权,这一规则在现代社会并不一定合理。笔者认为,适用这一规则应当有三点例外:

---

[28] [意]彼德罗·彭梵得:《罗马法教科书》,中国政法大学出版社 1992 年版,第 203 页。

[29] MünchKomm/Füller, § 946, Rn. 10.

[30] MünchKomm/Füller, § 946, Rn. 10.

[31] MünchKomm/Füller, § 946, Rn. 13.

[32] 谢在全:《民法物权论》(上册),台湾 2003 年自版,第 511 页。

[33] 吕玉宝:“论对装修他人房屋形成附合物的处理”,载万鄂湘主编:《物权法理论与适用》,人民法院出版社 2005 年版,第 86 页。

1. 如果动产的价值明显高于不动产的价值，则应根据具体情况确认产权的归属。在古代社会，主要的财产是土地、房屋，不动产的价值明显高于动产的价值，在此情况下动产附合于不动产由不动产所有权人取得所有权，是合理的。但是在现代社会，在不动产、动产附合的状态下，不动产价值也可能高于动产的价值。但也可能存在相反的情况。例如，甲为某国家机关，乙为某外商独资企业，丙为某中方企业。三方合资兴办一个中外合资企业，经营酒店。在投资合同中约定，待酒店筹建完毕之日起甲将其已经建好并已经登记在其名下的楼宇出资，并办理过户手续于该新设企业。但是在公司筹建完毕之前，因国家"党政机关不得办公司"的政策，甲决定退出，并与另外两方达成协议退出。由于在此之前，乙和丙已经对该楼宇进行了装修工程，并添加了管道、线路、家具等辅助设施，于是乙和丙提出，甲退出以后应当对该楼宇重新确权，即将楼房所有权确认为三方共有，或者确认为新设公司所有。但甲认为，公司并没有正式登记注册，该楼的产权也没有办理登记过户，所以，该楼的所有权仍然归属于原所有权人甲，甲同意可以向乙和丙适当补偿装修费用。乙和丙提出，该装修为豪华装修，其装修价值已经高出房屋本身的价值，因此，应当重新确认房屋的所有权。投资各方就此发生纠纷，遂诉至法院。本案究竟应当适用物权确认请求权还是适用添附制度来解决。在该案中，甲乙丙在进行豪华装修时，装修的费用如果远远超出了不动产本身的价值，使得动产的价值可能高于不动产的价值，这样适用动产添附于不动产的规则，未必合理。此种情况对传统民法规则形成挑战。但考虑到房屋确实登记在甲的名下，完全确认为乙丙所有，也不合理。此时，结合个案具体情况，考量添附关系中各方当事人的利益，完全适用动产添附于不动产的规则可能在个案中导致显失公平。笔者认为，在此情况下应当成立共有关系，根据所添附财产的价值确定共有份额。由此可见，在动产与不动产添附的情况下，完全照搬罗马法以来的不动产吸附动产的规则可能有所不足，根据我国现实情况，在具体个案中进行确权，才能合理地平衡当事人的利益关系。在此情况下，不能僵化地适用不动产吸附动产的规则，而应当由法官在个案中根据具体情形，衡量利益的轻重，参照动产附合的规则，通过共有关系等方式解决纠纷。

2. 在恶意添附的情况下，所有人拒绝接受对其没有利益或不附合其需求的添附物。问题在于，在未经他人许可进行添附，甚至是恶意添附的情况下，如果不动产所有人拒绝接受添附物的所有权归属，要求必须拆除被添附的动产，在此情况下，是否应该支持不动产所有人的主张？对此存在两种不同的观点：一种观点认为，添附规则是一种强行性的确权规则，该制度的适用不以当事人的主观状态为前提，无论是善意还是恶意都不影响适用添附制度。[34] 另一种观点认为，应该区分善意和恶意的附合，善意的附合由各原所有权人共有合成物；恶意的附合则贯彻保护无辜者、惩罚恶意者的原则。法院具体的做法有两种，一种是将全部合成物的所有权归属给无辜者，另一种则要求恶意者负举证责任，恶意者应当对合成物中的那一部分财产属于自己负举证责任。[35] 笔者认为，尽管添附制度原则上属于强行性的规定，但并非不考虑例外的情况，在恶意添附的情况下，如果添附物对被添附人确实具有客观的利益，应当将该动产的所有权归属于不动产所有权人。正是从此种意义上说，添附制度具有强行性，在添附物客观上对被添附人具有利益的情况下，不考虑主观状态，严格适用添附制度所规定的确权规则。假如在添附物有利于不动产所有权人的情况下，允许被添附人不接受该添附物，有可能发生被添附人恶意要求拆除，毁坏添附物，或者以此种方式压低返还价格，不仅将造成整个社会财富的浪费，而且也会给添附人带来重大损失。当然，在返还被添附物的价值时，应当考虑添附人的恶意情况来确定返还的数额。

但是，在添附价值客观上没有给被添附人带来利益，或者他有足够的理由认为，添附物无法满足其个人的需求，甚至对其有害无利，在此情况下，绝对不能强迫被添附人接受该添附物，否则将违反民法的基本价值。民法不保护恶意，在恶意侵害他人所有权的情况下，一律不能获得法律的保护。所以，在恶意添附的情况下，如果不动产所有人拒绝接受装修物，不能强行令其接受被添附物，实际上法律也不承认所谓的“强迫得利”。

---

[34] 谢在全：《民法物权论》（上册），台湾三民书局2003年版，第511页。

[35] 温世扬等：《物权法通论》，人民法院出版社2005年版，第329页。

例如,未经他人同意进行错误的装修,因装修发生的添附,尽管在客观上有可能使房屋的价值增值,但因为通常装修是与个人审美情趣和偏好相关联的,具有很强的主观性,如果房屋所有人有足够的理由认为装修的结果完全违背其意愿,完全不合其审美情趣和个人要求,甚至成为一种损害,在此情况下,所有权人基于其房屋所有权主张排除妨害,要求存在过错的添附人拆除其装修材料,将其房屋恢复原状,并非没有道理。如果法律不支持所有人的主张,将产生不全面保护所有权的法律后果,甚至可能纵容恶意添附人从中获得非法利益。所以,笔者认为,对恶意添附制度是否应当要求被添附人接受添附物,要考虑添附物是否客观上对其有利,或者该添附物是否符合其要求。

3. 添附人主动愿意取回其添附的动产,恢复财产原状。尽管从经济效率上看,在动产附合不动产的情况下,保留添附物的价值有利于发挥物的效用,但是按照民法的意思自治原则,对财产的处分原则上要尊重当事人的意志,如果添附人自己愿意承担费用,取回添附物,而对对方也不造成损害,法律应当尊重当事人的意愿,不必对其进行干涉。

附合在债权法上的效果是丧失动产所有权的人有权基于不当得利而请求返还添附物的价值。法律规定添附物为不动产所有人所有,通常是基于效率等方面的考虑,但所有人取得所有权,也应当付出一定的代价,受损害的人不能无端地丧失利益。因此,因附合丧失权利的动产所有人有权基于不当得利请求取得添附物所有权的人返还不当得利。[36] 例如,《德国民法典》第 951 条规定:“因第 946 条至第 950 条的规定而丧失权利的人,可以根据关于返还不当得利的规定,向因权利变更而受利益的人要求赔偿,而不得要求恢复原状。此外,受害人基于侵权行为所产生的损害赔偿义务的规定以及关于偿还费用和关于取回设备的权利的规定不受影响。在第 946 条、第 947 条规定的情况下,即使附合不是由主物的占有人所为,仍按关于占有人对所有权人的取回权的规定允许其取回。”

---

[36] MünchKomm/Füller, § 951, Rn. 23.

五、以添附确定权利归属的适用规则

添附制度旨在解决一些因为添附物产生而导致添附物产权不明的问题，确认添附物的归属，不仅能解决因添附发生的纠纷，也能够为物权请求权、不当得利请求权的发生提供基础。重新确定财产的归属应当考虑如下原则：

1. 效率原则。确定添附物的归属首先要考虑的就是效率原则，也就是说，在发生添附的情况下，因为相互结合的两个物不能拆除或者这种拆除在经济上不合理，这样就不可能通过物权请求权或其他请求权来解决，而需要根据效率原则确定所有权的归属。例如，利用他人的基石盖成房屋的地基，即使行为人从事该添附行为是出于恶意，也不能一概责令行为人必须拆除房屋，返还该块基石。因为拆除房屋地基的任何一部分，都会影响到整栋建筑物的安全，甚至迫使整栋建筑物重建，这将给建筑人造成极大损失。毕竟基石与房屋相比，房屋的价值要远远超过基石，所以从效率上考虑就不能要求行为人必须返还原物，而只能责令其赔偿损失。

在实际确定添附物的归属时，要充分考虑对物的利用效率。具体来说：第一，在恶意添附的情况下，如果动产的价值客观上有利于被添附的不动产的所有人，则不动产所有人应当接受添附物的所有权，而不能请求予以拆除。第二，未经他人的同意进行加工、装修等，通常要考虑两个物之间的价值，一般来说应当由价值大的物的所有人取得物权。法律上之所以确定这样的规则，主要是考虑到价值更大的物的所有人更愿意取得物的所有权，也更能有效率地利用该物。如果是动产与不动产之间的添附，则在通常情形之下，因为不动产的价值大都大于动产，所以应由不动产的所有人取得添附物的所有权。第三，利用他人之物进行加工、装修等，如果利用过程中，投入了较大的人力，该人力价值明显高于被利用之物的价值（如利用他人的普通的一块木头雕刻成工艺品），应当考虑将财产归属于投入人力较大的一方。因为添附物价值中的大部分是由加工人投入的人力价值而形成的,由于取得所有权可以鼓励人们创造财富,更何况这种添附物对于添附行为人是有用的,而对被添附物的所有人不一定有用。所以,由被添附物的所有人取得所有权无法体现效率原则。在这一点上,笔者不完全赞成利用他人材料加工成物应确定物归属于材料人的所谓材料人主义。

2. 诚信原则。如果恶意利用他人财产而发生添附,能够拆除的,拆除以后不影响财产的价值的,被利用物的所有人要求返还原物,应当将该物予以拆除,由利用该物的人予以返还。但如果拆除该物确有可能损害物的价值,或者拆除对物的所有人并无任何利益,从诚信原则的角度和效率原则考虑,不应当予以拆除。

在根据添附规则确定财产归属时,原则上不考虑当事人的主观状态,都应当适用法定的添附规则。首先是要确定添附物是否能够拆除、能否恢复原状,如果不能拆除或恢复原状,则无论行为人是善意还是恶意都要根据添附规则来确认添附物的归属问题。当然,我们说不考虑善意和恶意,并非没有例外,即在动产与不动产附合的情况下,如果确实出现恶意添附,所有人拒绝接受对其没有利益或不符合其需求的添附物,则应当允许所有人请求恢复原状。不过,在确认所有权归属之后,就价值补偿问题涉及债权法上的法律效果,应当适当考虑添附行为人的主观心理状态。具体表现在:

第一,在恶意进行动产和不动产添附的情况下,如果不动产所有人拒绝接受对其没有利益或不符合其需求的添附物,要求动产所有人予以拆除,在此情况下,可以认为不动产所有人并未取得利益,故不因此使其负担不当得利的返还责任。例如,在恶意进行房屋装修的情况下,房屋所有人认为装修不符合房屋的使用目的,可以认为,其所受的利益不存在。[37]

第二,如果是恶意添附,则在确定赔偿责任时,不仅要使恶意添附人赔偿现有财产的损失,而且要赔偿因财产被恶意添附造成的其他损失,如因购买木材、瓷砖所支付的交通费用。当然,在对被添附的物予以赔偿以

---

[37] 吕玉宝:"论对装修他人房屋形成附合物的处理",载万鄂湘主编:《物权法理论与适用》,人民法院出版社2005年版,第86页。

后,原则上不应当再要求返还原物,因为赔偿已经形成对原物的替代,这不过是一种价值上的替换。在恶意添附的情况下,如果添附的财产能够拆除,并因拆除而给被添附的物的所有人造成损失,恶意添附人应当赔偿全部的损失。

第三,在恶意添附的情况下,如果添附的财产被拆除后有可能会给恶意添附人造成一定的损失,只要这种损失并不太大,也应当拆除。当然,在拆除时拆除人必须依据通常的方法进行拆除,尽可能避免给添附行为人造成过大的损失。

3. 公平原则。公平原则主要体现在如下几个方面:(1)在将添附物归属于一方以后,应当依据公平原则要求该方对另一方遭受的损失做出补偿。尤其是在损失不能准确确定的情形之下,只能根据公平原则进行补偿。(2)在恶意添附的情况下,如果添附物客观上有利于被添附人,也应遵循公平原则,不能使添附人的经济负担过重。(3)如果多个所有人的财产因为自然原因或第三人的原因结合在一起,而两项财产的价值大体相等,又不能依据善意或恶意等因素确定添附物的归属,则可以依据公平原则通过共有的方式确认物权状态。(4)因合同的履行而发生添附,在合同终止后,当事人各方都没有过错,对添附物的处理,应当根据公平原则对添附物的归属加以处理。例如,在我国审判实践中,依据合同进行的装修,在各方都没有过错的情况下,应当由房屋所有人取得所有权,然后对附合物进行评估,给予动产所有人适当的补偿。㊳

六、结语

添附制度是各国物权法中的一项确认产权的重要规则,也是物权变动的一种重要规则。我国物权法作为一部调整财产关系的基本法,不能对该规则置之不理,弃之不用,否则大量的有关添附的纠纷将不能得到公正

㊳ 梁慧星主编:《中国物权法研究》(上),法律出版社 1998 年版,第 533 页。

的解决。添附制度不能为侵权请求权、物权请求权和不当得利返还请求权制度所替代，尤其是在现代社会财产形态多元化、产权明确化的背景下，添附制度的存在价值、适用的空间，以及与物权请求权、侵权行为等其他制度的关系协调，都成为当前物权立法中的争议问题。确认添附制度并完善添附规则应当是我国物权法制定过程中的一项重要内容。设立添附制度，也有助于民法的财产权保护体系的完善。

民商法研究(第六辑)
第242~255页

水资源使用权研究*

一、水权和水资源利用权

水被称为"人类生命的焦点"、"人类生存的生命线与经济发展、社会进步的生命线",它是一种既具有经济价值又具有生态环境价值的极为宝贵的自然资源。中国是一个水资源短缺的国家,目前,我国人均水资源量仅为世界人均水平的1/4,局部地区人均水资源量远远低于世界人均水平,水资源很可能成为21世纪中国最为稀缺的自然资源。随着社会经济的进一步发展,水资源短缺的矛盾将更加突出。当今中国在水资源方面面临着三大严重问题:洪涝灾害、干旱缺水、水环境恶化。① 从发展趋势来讲,随着社会经济的进一步发展,水资源短缺的基本矛盾将会更加突出,水资源短缺已经成为我国经济和社会发展的严重制约因

---

* 本文作于1997年,2007年修改。

① 汪恕诚:"水权和水市场——谈实现水资源优化配置的经济手段",载《水电能源科学》第19卷第1期。

素。我国水资源不足的矛盾突出表现在城市。② 如何有效地节约、保护、利用水资源是一个涉及资源、环境、经济、科技、法律等不同方面的综合性问题。在民法上,通过确认和保护对水资源的使用和利用权利,最大限度地发挥水资源的经济效益,从而实现水资源可持续利用的终极目标,保护环境和生态的平衡,是十分必要的。③

水权是指公民、法人依法取得的对国家和集体所有的水资源而享有的开采、利用、开发、排污等各项权利的总称。水权的客体是水资源,所谓"水资源",依据1977年联合国教科文组织的定义,"应该指可利用或有可能被利用的水源。这个水源,应具有足够的数量和可用的质量,并能够在某一地点为满足某种用途而可被利用"。④ 从生态学上讲,水资源应该包括淡水和海水,但由于就目前的科学技术而言,海水还没有办法真正被人类利用。因此,在各国关于水资源的立法中,海水资源及其环境一般不包括在水资源法的范围内,而是被列入海洋法或国际环境法的调整对象。例如,《西班牙水法》第一部分第一章第二节就规定,"除本法中另有特殊规定处外,西班牙国有水产业应包括以下各组成部分:(1)内陆水,包括地表水和可恢复的地下水,不论其恢复时间的长短;(2)连续的或不连续的自然河流的河床;(3)湖泊和池塘的基底,以及公共河道上的地表水库的库盆;(4)地下含水层,就可资利用的水资源而言"。⑤ 美国关于水权的各州立法也仅针对地表水(指存在于湖泊、河流和溪流中的水体)与地下水

---

② 目前我国的粮食产量能够保障12.5亿人口的粮食安全。到2030年,我国人口将发展到16亿,到那时,我们可以在农业用水总量不增加的情况下,保障16亿人口的粮食安全。但随着我国社会经济的进一步发展,淡水需求总量还将会有较大增加,这主要是工业用水和生活用水的增加。到2030年,工业用水约需增加1000亿立方米,生活用水将由现在的200多亿立方米增加到500多亿立方米。据专家论证,未来中国淡水资源需求的增加量主要表现在工业用水、生活用水方面,说穿了就是表现在城市用水上。参见汪恕诚:"水权和水市场——谈实现水资源优化配置的经济手段",载《水电能源科学》第19卷第1期。

③ [美]里昂德·伯顿、[新西兰]克里斯·库克林:"新西兰水资源管理与环境管理政策改革",杜群译,载《外国法译评》1998年第4期;王凤春:"美国联邦政府自然资源管理与市场手段的应用",载《中国人口·资源与环境》1999年第4期。

④ 转引自汪恕诚:"水权和水市场——谈实现水资源优化配置的经济手段",载《水电能源科学》第19卷第1期。

⑤ 参见中华人民共和国水利部网站,http://www.mwr.gov.cn/zwzc/zcfg/.

（指存在于地下水流域、含水层以及其他在地面以下发现的水体）。[6] 在法国水资源立法中，水资源包括地表水和地下水，地表水又可分为公共水域、私人水域和混合水道（水权属于国家，而河床则属于岸边地主的河道）三种。[7]《中华人民共和国水法》（以下简称《水法》）第2条规定："本法所称水资源，是指地表水和地下水。"其适用范围仅包括地表水和地下水，不包括海水。根据《水法》第3条的规定，"水资源属于国家所有，即全民所有。农业集体经济组织所有的水塘、水库中的水，属于集体所有"。可见，在我国，水资源主要为国家所有，但农业集体经济组织对其所有的水塘、水库中的水，也享有所有权。

应当看到，水资源作为一种特殊的自然资源，具有不同于民法上一般财产的诸多特性。在民法上界定水权的客体范围并对各种水资源的利用权进行确认和保护是比较困难的。这主要是由水权客体的特殊性所决定的，主要表现在：一方面，因为水通常是液体，通过流动、蒸发、渗透，在水圈中循环。水的流动性导致测量和跟踪水资源的特定部分非常困难。在现有技术条件下，很难规定水圈中某部分水属于某人所有；即使规定，也无法保证这部分水不被别人使用。由于这种物理特性，水属于经济学中所说的排他成本很高的资源，要确立和保护水资源的专有财产权不仅非常困难，而且成本很高。从经济特性来看，过去学者一般认为水资源具有不可专有性，而且水利设施提供的服务在传统上具有公共物品的属性。[8] 尽管在现代社会，水资源可以在技术上为其确定法律上的归属，但严格地界定水资源的排他性，经济上的成本是比较高的。另一方面，水资源还有独特的地域特征，以流域或水文地质单元构成一个统一体，每个流域的水资源是一个完整的水系，各种类型的水不断运动、相互转化，例如，水可以从上游向下游流动，地表水和地下水可以相互转化。尽管水的物理属性决定了确定水权的客体、水权的排他性等在法律上有一定的困难，但随着

---

⑥ 参见崔建远："水权与民法理论及物权法典的制定"，载《法学研究》2002年第3期。

⑦ 参见裴丽萍："论水资源法律调整模式及其变迁"，载《法学家》2007年第2期。

⑧ ［美］保罗·萨缪尔森等：《经济学》（第16版），萧琛译，华夏出版社1999年版，第33页。

技术的发展,可以确定一定水量的、一定地域或一定范围的水可以成为权利的客体,水权的享有者可以对一定水量的一定地域或一定范围的水享有权利。该权利一旦依法取得,就应受到法律的保护。

由于水资源以流域为整体的特征,客观上要求流域统一管理、统一水量调度协调供水、灌溉、防洪、水能发电、环境保护等相互之间的矛盾。目前世界上许多国家都强调对水资源实行统一管理,⑨因此,建立一套适合我国国情的调整水资源的法律制度,不仅是一个私法问题,也是一个公法问题。正是由于这一原因,"水权"绝非一范围十分明确、内涵清晰的单纯的民事权利。⑩ 由于对水权内容的认识存在分歧,因此,在我国,目前对何谓"水权"的界定存在最广义、广义、狭义、最狭义四种观点:

1. 最广义的观点认为,水权是水资源所有权以及由所有权派生出的其他权利的总和。它包括"水资源所有权、使用权以及其他相关权。在使用权中,根据使用权目的、使用内容、使用对象的不同,分为用水权(水量使用权)、排污权(水自净能力的使用权)、水面使用权、水能使用权、水温使用权、航道占用权等多种权利。为利用水资源,用水户还必须从水域和地下取水,这种行为必须经过特许,因此取水权是水资源开发利用过程中必不可少的相关权利。另外,用水户通过购买商品水也获得了商品水使用的权利,是为商品水权"。⑪ 此种观点将各种意义上的水权都纳入其中,在概念的理解上十分宽泛。

2. 广义的观点认为,"水权是指水资源稀缺条件下人们有关水资源的权利的总和(包括自己或他人受益或受损的权利),其最终可以归结为水资源的所有权、经营权和使用权"。⑫ 因此水权不仅包括所有权,还包括在

---

⑨ 胡鞍钢、王亚华:"转型期水资源配置的公共政策:准市场和政治民主协商",载《中国软科学》2000 年第 5 期。

⑩ 有的学者在论文中也指出了这一点,参见裴丽萍:"水权制度初论",载中国民商法律网(http://www.civillaw.com.cn)。

⑪ 熊向阳:"水权的法律和经济内涵分析",载中国水信息网(http://www.hwcc.com.cn)。

⑫ 姜文来:"关于水权的几点认识"(在水权制度建设研讨会上的发言),载中国水信息网(http://www.hwcc.com.cn);许学强:"改革现行分配体制,建立科学有效的水权体系",载《海河水利》2001 年第 2 期。

水资源之上形成的他物权。

3. 狭义的观点认为,所谓水权,“最简单的说法是水资源的所有权和使用权。有的文章还把经营权写进去,笔者认为只有在有了使用权的前提下,才能谈经营权,水权最主要的内容是所有权和使用权。按照我国的《水法》,水的所有权属于国家。我们研究的重点是水的使用权问题”。⑬

4. 最狭义的观点认为,水权是一种长期独占水资源使用权的权利,是水资源所有权与使用权分离的结果,是一项建立在水资源国家或公众所有的基础上的他物权,是在法律约束下形成的、受一定条件限制的用益权。⑭ 此种观点认为水权并不包括对水资源的所有权。

我们所说的水权是一个特定的概念,是从民事权利的角度来加以考虑的,是与公民、法人的权益密切联系在一起的。⑮ 在这些权利遭受侵害的情况下,应当对其提供充分的民事补救,以充分保护其享有的水权。尽管公民、法人在开发、节约、利用水资源过程中,政府主管部门可以对这种权利进行统一的规划、调节和限制,但这并不意味着水权在性质上已经转化为一种行政权力,或者意味着水权包括了民事权利与行政权力两部分。水权的主体只限于公民、法人等民事主体,至于国家所享有的规划、管理等各项权力,应当由特别法规定,不应当属于水权的范畴,如果这种权力遭受侵害也不应当提供任何民事上的救济。

水权尽管是一种民事权利,但对水资源进行统一管理的必要性又决定了水权要受到较多的行政权力的限制。一方面,没有经过法律法规授权的水资源行政主管机关的行政许可或进行相关登记,公民、法人或其他组织不得随意开发水资源、利用水资源或排放污水;另一方面,公民、法人在实际行使水权的过程中也要受到来自于行政权的限制。民事主体在享有和行使水权的同时,也要对社会和国家负有一定的义务,行政机关依据法律法规的授权对水资源加以管理,可以实现国家对水资源的开发、节约、

---

⑬ 汪恕诚:“水权和水市场——谈实现水资源优化配置的经济手段”,载《水电能源科学》第19卷第1期;黄河、王丽霞:“水资源的不可专有性与水权”,载中国水信息网(http://www.hwcc.com.cn)。

⑭ 刘斌、杨国华、王磊:“水权制度与我国水管理”,载中国水利网2001年5月6日。

⑮ 崔建远:“水权与民法理论及物权法典的制定”,载《法学研究》2002年第3期。

利用、保护的宏观调控,维护社会公共利益,从长远来看,这是对作为民事权利的取水权等物权最有效的保障。[16] 因为水权要受到行政权力的限制,所以水权要受到特别法的调整。正是从这个意义上讲,水权属于特别法上的物权。

作为民事权利的水权,实际上是各种权利的集合,其具体可以包括如下几类:第一,水资源的所有权。我国《宪法》第9条规定:“矿藏、水流、森林、山岭、草原、荒地、滩涂等自然资源属于国家所有,即全民所有。”《水法》第3条也规定,“水资源属于国家所有。水资源的所有权由国务院代表国家行使。农村集体经济组织的水塘和由农村集体经济组织修建管理的水库中的水,归各该农村集体经济组织使用”。据此,我国水资源的所有权现状是:从整体上说,我国水资源的所有权属于国家,但有例外,即农业集体经济组织所有的水塘、水库中的水(水资源中的部分水体)属于集体所有。这种情况和我国森林资源、草原资源等自然资源的所有权状况相类似。第二,水资源使用权,包括取水权、水流使用权、水流变更权等。这些权利都属于特别法上的物权。第三,对水资源的开发权。为了鼓励和支持公民、法人开发和利用水资源,因开发和利用水资源所享有的权利,受到法律的保护。第四,水资源利用中形成的相邻权或地役权。它表现在相邻的两个不动产所有人和使用人之间,为了一方对另一方提供便利,而依据法律和合同的规定所形成的权利义务关系。当然,这种相邻的范围十分广泛,不仅包括两个相邻的不动产人之间,还包括因用水发生的上下游地区之间等的权利义务关系。由于在上述各种权利中最重要的一种民事权利是对水资源的利用权,因此,我们将对这种权利进行专门探讨。

二、水资源利用权的内涵与外延

所谓“水资源利用权”,是指公民、法人或者其他组织依照法律规定,

---

⑯ 崔建远:“水权与民法理论及物权法典的制定”,载《法学研究》2002年第3期。

开采、使用地下水、地上水以满足生产、生活需要的民事权利。[17] 水资源利用权是水权民事权利中一种非常重要的权利。

如上所述,国家对我国的水资源享有所有权,农业集体经济组织对其所有的水塘、水库中的水(即部分水体)享有所有权,他们可以对其进行占有、使用、收益和处分,即国家对水资源,农业集体经济组织对其所有的水塘、水库的水(即部分水体)享有占有权、使用权、收益权和处分权四项权能。完整的所有权一般包括占有、使用、收益、处分四项基本权能。一般而言,这四项权能常与所有人结合在一起,但由于人类社会资源的稀缺性以及市场经济发展的需要,加之所有权中的每项权能具有的相对独立性,在实际生活中,为合理配置资源,使资源配置处于最优状态,所有权的四项权能在不使所有人丧失对财产的所有权的情形下,经常能根据法律规定或所有人的意志与所有人发生或长或短期限的分离。而他物权制度特别是用益物权的权利人在取得这些权能后,就可以对标的物进行占有、使用、收益甚至某种程度的处分。同理,正是由于国家所有的水资源所有权中的权能分离,才产生了水资源利用权。

水资源利用权的客体是水资源。按照民法对于动产的界定,水权的客体——水资源,应该属于民法上的动产。但是,它又区别于民法上一般的动产。一方面,水一般以土地为载体而存在,与土地不可分离;另一方面,它一般以液态形式存在,具有流动性,难以特定化。因此,按照传统民法理论,它不能作为物权的客体。因此,在确定具体的水权客体时,必须采用一定的技术手段使其特定化。作为水权客体的水在形式上是作为集合物而存在的。水资源利用权的特点在于:

1. 水资源利用权是在对水资源的利用过程中产生的权利,水资源的利用权并不因为使用人取得了土地使用权而改变其归属。由于在我国,水资源属于国家或集体所有,即属于公共财产,而公民和法人只能享有对水资源的利用权,即使公民和法人取得了某块土地的使用权,也不能对该土

---

⑰ 在笔者主持的中国物权法草案建议稿于第三章“用益物权”第七节“特许物权”中专门规定了取水权。

地地表和地下的水资源享有所有权。[18]

2. 水资源利用权属于一种特别法上的物权。由于水资源是一种关系整个人类社会存亡的重要社会公共资源,它是服务于公众利益的,是为整个国家服务的。因此,在物权法对其作出了概括性的确认以后,还需要水法、水资源法、环境保护法等对有关水资源利用权取得的程序、水资源利用权的具体内容、权利的转让与消灭等作出具体的规定。正是因为水资源利用权主要由有关的特别法作出规定的,所以它不是一般的物权,而是一种特别法上的物权。当然,它也具有物权的排他效力、优先效力、追及效力以及物权请求权等效力内容。[19] 由于特别法也对此种物权作出了规定,在法律适用上应当首先适用特别法的规定;在其没有规定时,才适用民事普通法(包括《民法通则》、《合同法》以及《物权法》)。所以,它是一种依据民事特别法而产生的特殊物权。

3. 对于水资源利用权的内容和权利行使的限制。由于水资源直接关系到国计民生,决定着国家稳定和经济增长的重大问题,所以即使在公民、法人取得了水资源利用权以后,国家仍然应当继续保持对水资源利用的严格管理,从而对水资源利用权的内容及行使作出严格的限制。[20] 民事主体在经过法律法规授权的行政机关的行政许可的前提下方能享有开发、利用自然资源的权利。即便在民事主体取得了水资源利用权以后,国家出于维护社会公共利益的需要,也可以对水资源的利用作出必要的调整。当然,在调整以后应当给利用权人以适当补偿。对于水资源利用权作出严格的限制,是保障社会公共利益的重要措施。

4. 水资源所有权不可转让,但水资源利用权可以转让。由政府代表国家行使的水资源所有权具有不可转让的特点,水资源因之成为一种禁止流通物,不能在市场上自由流转。如果水资源所有人根本无法通过市场交易去追求和获得水资源的最大价值,水资源的市场配置亦将难以进行。

---

⑱ 如《英国水资源法》规定水属于国家所有;日本的《河川法》规定河流属于公共财产;我国台湾地区"水利法"第2条规定:"水为天然资源,属于国家所有,不因人民取得土地所有权而受影响。"

⑲ 王利明:《物权法论》,中国政法大学出版社1998年版,第1章第5节"物权的效力"。

⑳ 崔建远:"水权与民法理论及物权法典的制定",载《法学研究》2002年第3期。

因此,国家可以将其水资源的利用权转让给公民、法人享有;一旦国家的水资源利用权授权他人行使或对水资源进行使用,则也应当允许利用权人将其权利进行转让。否则,就难以通过市场的方式最大限度地发挥水资源的利用效益。实际上,水资源的利用权的转让在实践中已经存在,据报道,"我国第一笔水权交易在浙江成交。位于浙中盆地的义乌市出资两亿元向毗邻的东阳市买下了约五千万立方水资源的永久使用权。这笔交易协议开创了中国水权制度改革的先河"。[21]

5. 水资源利用权的具体权利内容包括:

一是取水权,即公民、法人或者其他组织依照法律规定,开采、使用地下水、地上水以满足生产、生活需要的权利。取水权人应当合理利用水资源,不得违法开采、使用地下水和地上水资源。通过办理特许手续后获得的取水权,具有从水域和地下取水的权利。取水行为本身不必然造成对水资源的量和质的影响,因此取水权的获得以缴纳对取水的管理费用为成本。取水权的行使应遵循法律法规有关对取水地点、取水量、取水方式等多方面的约定的约束,违反规定取水的,有关行政机关可吊销取水权。同时,取水权的获得者也有权对政府提出对取水权权益受到保障的要求。

二是水流使用权。水源地、沟渠及其他水流地所有权人,可以自由使用水流,但不得违反他人利益和社会利益,尤其应注意不得污染环境、破坏生态平衡。在我国,须遵守《水法》第 32 条的规定,即除为家庭生活少量用水外,须经政府许可。

三是水流变更权。水流变更主要是指变更河流的宽度及河流改道,水流变更权的产生过去主要是基于传统习惯,但由于水流变更对周围环境,尤其是下游用水有较大影响,所以现在发达国家均规定,水流变更须经政府批准,若因水流变更损害周围环境或者造成下游土地所有权人的经济损失,则受害人有权请求恢复原状、赔偿损失。

最后需要指出的是,水资源利用权不同于"用水权"。笔者认为,用水

---

[21] 参见《经济日报》2001 年 2 月 27 日第 5 版。

权本身是水资源利用权的一项内容，而不能完全等同于水资源利用权。同时，笔者认为，用水权的概念并不是一个科学的概念，因为就“用”这个字的汉语语义而言，用水权的外延相当宽泛，表现形式也多种多样，无论是航运、渔业养殖、灌溉、水力发电、取水、城镇工业生活供水等，只要涉及对水的运用的方面都可以说是用水权的表现形式。正是由于用水权这个概念外延比较宽泛，因而我们不赞成采用“用水权”这个概念。

三、水资源利用权与其他物权的关系

（一）水资源利用权与土地所有权或使用权的关系

由于水资源利用权人在以水资源作为使用、收益对象时，一般要涉及土地的使用。如为取水方便，就需要使用引水设施经由地的土地；另外，土地使用人在对土地进行使用、收益时，也需要对土地占有范围内的地表水或者地下水进行支配和利用。所以，水资源利用权与土地所有权或土地使用权的关系十分密切。

从水资源利用权与土地所有权或使用权的关系来看，世界各国存在这样几种立法模式：第一种是水资源利用权归属于土地所有权人。例如，在英国，无论是对地表水还是地下水，使用水的权利都归地表水岸边的土地占有者享有，或归地下含水层的土地占有者享有。[22] 但汲取的水量不得超过1000加仑，或是汲取使用水累计抽水量不得超过1000加仑；且水只用于土地占有者的家庭使用，或提取地表水用于农业甚至绿化，不需要事前取得许可证便可使用。依据《法国民法典》第552条的规定，“土地所有权包括该地上及地下的所有权”。因此，每一个土地所有者拥有提取自己土地下地下水的权利。使用者依据土地权，可获得水的使用权。

第二种是水资源利用权与土地所有权相分离的立法模式。也就是说，土地所有权可以归私人所有，但水资源所有权（包括使用权）只能属于国

---

[22] 参见蔡守秋：“国外水资源保护立法研究”，载《环境资源法论丛》，法律出版社2003年版第3卷第217页。

有。例如,1985年《西班牙水法》第一部分“国有水产业”第一章“国有水产业的组成部分”第二节就明确规定,除法律另有特殊规定外,内陆水,包括地表水和可恢复的地下水,不论其恢复时间的长短;连续的或不连续的自然河流的河床;湖泊和池塘的基底,以及公共河道上的地表水库的库盆;地下含水层,就可资利用的水资源而言,都属于西班牙的国有水产业。

我国实行土地公有制,土地只能归属于国家或集体所有。但是,土地所有权和水资源利用权的关系是比较复杂的。如果国家作为土地所有人直接行使水资源利用权时,土地所有权和水资源利用权的主体是同一的。如果集体经济组织在行使对其所有的水塘、水库所占有的土地的所有权时,同时行使对水塘、水库中的水的利用权,土地所有权和水资源利用权的主体也是同一的。但集体经济组织享有对其土地的所有权,并不一定对其土地之下的水资源当然享有所有权。由此可见,土地所有权和水资源利用权有时是相分离的。所以,集体对其土地之下的水资源也不能随意开发、使用,必须要服从政府的统一管理。

需要讨论的是,水资源利用权与土地使用权的关系问题,也就是说,土地使用权人在对土地进行开发利用的过程中,对土地占有范围内的地表水或者地下水是否当然享有水资源利用权?如果国家将其土地使用权转让给他人,并不意味着水资源利用权随着土地使用权的转让而转让。因为一方面,既然在我国土地使用权和水资源利用权是两种不同的权利,分别由不同的法律予以调整,那么,取得土地使用权并不当然取得水资源利用权。要取得一定范围内的土地使用权和水资源利用权,必须分别依照土地法和水法规定的方式和程序办理相关手续,在权利的内容、期限、行使方式等方面也都应有不同。举例而言,如果某土地使用权人仅取得以房地产开发为目的的国有土地使用权,那么,他不得以任何方式抽取、使用此土地之下的地下水。若他需要抽取、使用地下水,则必须依法取得相应的水资源利用权。土地使用权应以行使水资源利用权的需要为限,并且在水资源利用权移转、抵押时,其水体所占范围内的土地所有权也应当随同移转。当然,如果水资源利用权不需以占有一定的土地面积为前提行使,则水资源利用权人自然无须取得土地使用权。如果水资源利用权人为行使水资源利用权的方便而需要占用邻近的土地时,则涉及地役权问题,应依照相应法律的规定另行取得土地使用权。另一方面,尽管土地使用权和水资源利用权的客体有着密切的联系,即水资源是依存于土地的,不可与土地完全分开,但从技术上可以将两者区别开,作为不同的权利客体。

当水资源利用权人取得特定水域面积的使用收益权时,是否当然取得其水体覆盖范围下土地的使用权?一种观点认为,由于水权的行使与土地不可分离,因此,应该使水权人在取得水权的同时取得相应范围内的土地使用权。[23] 但笔者认为,尽管水资源与土地不可分离,水资源利用权人在取得利用权的同时事实上也能够对水资源所占用的土地取得占有的权利,但这并不意味着他当然取得土地使用权,更不能放弃水资源利用权而获取水资源所占用的土地的使用权。因为我国水资源十分短缺,不允许水资源利用权人在取得了利用权以后,不对水资源进行有效的利用,而将水塘、湖泊、沟渠等填平,以作土地利用。否则,将造成水资源的严重浪费,而且也会破坏生态环境。所以,水资源利用权的取得并不意味着当然取得其水体覆盖范围下土地的使用权。当然,如果水资源利用权人转让其水资源利用权或以之做抵押时,其水体覆盖范围内的土地占用权也应当随同移转。

(二)水资源利用权与水面(域)使用权的关系

水资源利用权是对水资源本身的利用,而不是对水面的利用。在有些学者的论述中认为,利用水面进行养殖或从事捕捞作业的权利也属于对水资源的利用权,即水资源利用权的范畴。[24] 笔者认为,这种观点是不妥的,水资源利用权主要是指对水资源本身的利用,如饮用、灌溉等,而水面(域)使用权更强调对一定水域空间的利用,与水资源利用权存在明显区别,利用水面进行养殖的权利不属于水资源利用权,而是不同于水资源利用权的另一种特别法上的物权,即养殖权。最近修改过的《渔业法》第11

---

[23] 裴丽萍:"水权制度初论",载《中国法学》2001年第2期。

[24] 熊向阳:"水权的法律和经济内涵分析",载中国水信息网(http://www.hwcc.com.cn)。

条规定:国家对水域利用进行统一规划,确定可以用于养殖业的水域和滩涂。单位和个人使用国家规划确定用于养殖业的全民所有的水域、滩涂的,使用者应当向县级以上地方人民政府渔业行政主管部门提出申请,由本级人民政府核发养殖证,许可其使用该水域、滩涂从事养殖生产。在水面从事捕捞作业的权利也是一种独立于水资源利用权的特别法上的物权,被称为"捕捞权",这些权利都不应属于水资源利用权的范畴。

我国《民法通则》第81条确认了对水面的使用权。该条规定:"国家所有的森林、山岭、草原、荒地、滩涂、水面等自然资源,可以依法由全民所有制单位使用,也可以依法确定由集体所有制单位使用,国家保护它的使用、收益的权利;使用单位有管理、保护、合理利用的义务……公民、集体依法对集体所有的或者国家所有由集体使用的森林、山岭、草原、荒地、滩涂、水面的承包经营权,受法律保护……"根据以上规定,全民所有制单位和集体所有制单位依法对国家所有的水面享有使用权,同时负有管理、保护、合理利用的义务,水面的所有权仍属于国家;公民、集体依法享有对集体所有的或国家所有由集体使用的水面的承包经营权。笔者认为,该条并没有概括水资源利用权,因为它只限于利用水面来从事各种生产经营活动,而并不包括取水等利用水资源的情况。所以,不能说《民法通则》第81条已经对水资源利用权作出了规定,仍然需要物权法和有关特别法对水资源利用权作出专门的规定。

四、水资源利用权的取得、转让与消灭

水资源利用权作为一种特别法上的物权,在取得和设定的程序上具有特殊性。国外许多国家颁布特别法对该项权利的取得条件与程序、权利的内容、权利的行使及其消灭等方面作出了具体的规定。例如,在英国,除了政府所规定的获得使用水的权利外,任何人不得从管水当局管辖范围内的任何水源提水、取水。但如果使用人已经持有经管水当局批准的许可证并且按照许可证上的条款进行提水、取水,或提取地表水是用于农

业甚至浇绿化地，则不需要事前取得许可证便可使用。在澳大利亚，依据1989年《维多利亚州水法》（Victorian Water Act 1989）规定，州政府对河道内的水和所有地下水拥有使用和控制的权力。[25] 农户对河道外的水有使用的权利，同时有从流经其土地的河道内为家庭生活和家禽饮用而取水的权利。抽取地下水和地表水都需申请，取得许可（licences）。正是因为水资源利用权的取得需要经过行政审批程序，所以在物权法中很难对其作出全面具体的规定，因为毕竟物权法在性质上是私法、普通法，不可能过多地涉及行政性质的规范，因此该权利的取得还需要由特别法加以详细规定。

依据我国《水法》的规定，水资源利用权的取得原则上必须经过行政主管机关的许可。我国现行《水法》第48条规定，直接从地下或者江河、湖泊取水的实行取水许可制度，须经水资源所有权人（国家）的批准。但《水法》第48条也规定了不需要取得许可的例外情形，即为家庭生活、零星散养、圈养畜禽等少量用水的行为。

水资源利用权的取得与转让还必须进行登记。只有通过登记才能将水资源利用权的取得、移转等对外公示，使第三人能够知悉权利的设定和移转。笔者认为，由于行政的审批和登记在不同的机关进行，将造成重复审查和重复收费的问题，因此审批和登记的机关应当统一。国家水资源行政主管机关在许可登记过程中，有权审查合同主体、合同内容，使用途径及其对水体正常功能的影响，等等。对不符合水资源规划、总量分配和生态保护要求等强制性规定的合同不予登记或者变更、撤销其已登记之水权。对经审查合格的合同，则予以登记、公告并发给其水权证，赋予其依照合同约定享有开发利用水资源的权利和资格。[26]

---

[25] 参见李代鑫、叶寿仁：“澳大利亚的水资源管理及水权交易”，载《中国水利》2001年第6期。

[26] 裴丽萍：“水权制度初论”，载《中国法学》2001年第2期。

民商法研究(第六辑)
第256~273页

试论抵押物转让的限制

一、问题的提出

新宇公司于2006年计划以2500元/吨的价格从国外某公司购买20万吨氧化铝,因资金周转遇到困难,便将其已经购买的10万吨氧化铝作为抵押,向银行借款5000万,还款期限为2年。当年年底,因为氧化铝价格上涨,新宇公司准备将已抵押的10万吨氧化铝出售给大成公司,双方签订了转让意向书,并在意向书中约定,由大成公司在一个月内将价款5500万支付给银行以还清新宇公司借款的本息。在新宇公司向银行提出还款计划后,银行认为,提前还款打乱了其经营计划,因此拒绝接受大成公司的还款。此后,因氧化铝价格持续上涨,新宇公司在未经银行同意的情况下,将该10万吨氧化铝转让给了晋城公司,晋城公司在购买该批氧化铝时对该批货物已经设定抵押的情况不知情,其已经支付价款并受让该批货物。银行知道该交易后,以新宇公司的转让行为未经其同意为由,主张宣告该转让无效。

在本案中,涉及如下几个问题需要讨论。第一,已经设定抵押的财产能否自由转让?第二,未经抵押权人的同意,抵押人转让抵押财产会产生怎样的法律后果?第三,第三人自愿代抵押人清偿债务以消除抵押的,抵押权人能否拒绝?第四,未经抵押权人同意,抵押人转让抵押财产,受让人如何取得无负担的所有权,又如何保护抵押权人的利益?上述问题都因抵押财产的转让而产生,由于我国《物权法》第191条对抵押人擅自转让抵押财产的规定仍然不清晰,因而在适用中经常发生争议。笔者认为,这些问题涉及抵押权人、抵押人以及第三人的利益保护,如何在抵押财产流转过程中实现上述各方当事人利益的平衡,即既要保障抵押权人的权利,又要兼顾抵押人的利益以及交易安全和效率,殊值探讨。

二、抵押财产的转让应当受到限制

所谓抵押财产的转让,是指抵押人在抵押期间内将抵押财产转让给他人。抵押权设定之后,从所有权归属来看,抵押财产仍然归属于抵押人,但抵押人对抵押财产的处分权应当受到一定的限制。原则上,如果抵押权人同意转让抵押财产,并主张就获得的价款优先受偿,按照私法自治原则,只要不损害其他人的利益,法律应当尊重当事人的意思,允许抵押财产的转让。但问题在于,在未经抵押权人同意的情况下,抵押人是否可以转让抵押财产?对此,存在两种不同的观点,即自由转让说和限制转让说。这两种观点的主要区别在于,在抵押权设定后,抵押人转让抵押财产是否必须取得抵押权人的同意。事实上,这两种观点都已经被我国立法所采纳,下文对这两种观点分别评述。

(一)对自由转让说的评析

自由转让说认为,抵押财产的转让不需要取得抵押权人的同意,因为抵押权为支配抵押财产交换价值的权利,对于抵押人实施的不影响抵押财产交换价值的处分或用益行为,没有干涉的必要。[①] 也就是说,抵押权只是一种变价权,它并不会禁止对抵押财产转让。[②] 抵押权作为物权的一种,依附于主债权,存续于抵押财产之上,只要承认抵押权具有物权的绝对效力,就应该肯定抵押财产的自由转让。此种学说又可以分为两种:一是行使追及权说。此种观点认为,即使没有经过抵押权人的同意,抵押人

① 邹海林、常敏:《债权担保的方式和应用》,法律出版社1998年版,第151页。

② Vgl. Westermann/Gursky/Eickmann, Sachenrecht, 2011, S. 762.

也可以转让抵押财产，抵押人转让抵押财产时，既不需要通知抵押权人，也不受其他限制。但在抵押财产转让之后，基于抵押权的追及效力，抵押权人可以追及抵押财产行使抵押权。最高人民法院《关于适用〈中华人民共和国担保法〉若干问题的解释》（以下简称《担保法司法解释》）第67条规定："抵押权存续期间，抵押人转让抵押财产未通知抵押权人或者未告知受让人的，如果抵押财产已经登记的，抵押权人仍可以行使抵押权。"可见该规定采纳了行使追及权说。[③] 二是通知告知生效说。这种观点认为，即使没有经过抵押权人的同意，抵押人也可以转让抵押财产，但抵押人应当通知抵押权人，并告知买受人，转让行为在通知抵押权人后生效。我国《担保法》第49条规定："抵押期间，抵押人转让已办理登记的抵押财产的，应当通知抵押权人并告知受让人转让物已经抵押的情况；抵押人未通知抵押权人或者未告知受让人的，转让行为无效。"由此可见，我国《担保法》在抵押财产转让方面采纳了通知告知生效说。

笔者认为，自由转让说确有一定的道理。首先，从比较法来看，各国大多采自由转让说，即使未经抵押权人同意，抵押人也可以自由转让抵押财产。[④] 但抵押人在转让抵押财产时，受让人没有承担抵押人的抵押债务的，抵押权继续存续于抵押财产本身，受让人必须对此予以忍受。[⑤] 其次，自由转让说尊重了抵押人对抵押财产的处分权，符合物权的基本特征。因为在抵押权设定后，抵押人仍是抵押财产的所有权人，对抵押财产仍享有处分权。再次，自由转让说有利于鼓励交易、促进物尽其用，即在抵押权设定之后，允许抵押人自由转让，有利于所有权人对抵押财产的充分利用，充分发挥物的使用价值，提高物的利用效率。通过允许抵押人自由转让抵押财产，也有利于促进财产的流转。例如，在前例中，在氧化铝价格持续上涨的情况下，如果抵押人不及时将其转让，一旦价格下跌，抵押人将蒙受重大损失，由于此类货物的价格时常处于波动状态，允许抵押财产

---

③ 许明月："论中国担保物权制度的现代化"，载《安徽警官职业学院学报》2004年第6期。

④ Vgl. Westermann/Gursky/Eickmann, Sachenrecht, 2011, S. 762.

⑤ Vgl. Andreas Kiontke, Die Veräußerung eines belasteten Grundstücks unter Anrechnung auf den Kaufpreis, GRIN Verlag, 2006, S. 21.

自由转让有利于实现该抵押财产的价值。

不过，自由转让说也有不足之处，即允许抵押财产的自由流转，也可能损害抵押权人的利益。一方面，在我国社会诚信体系不健全的情况下，允许抵押人自由转让抵押财产可能不利于保护抵押权人的利益，因为抵押人可能以较低的价格转让抵押财产，或者在转让后不以所获得的价款清偿，这有可能侵害抵押权人的利益。⑥ 虽然抵押权人可以行使追及权，但由于动产抵押权的设定无须办理登记，因而第三人对抵押权的设定并不知情，所以可能善意取得抵押财产所有权，并导致抵押权消灭。另一方面，即便第三人对抵押权的设定知情，抵押财产的转让也可能导致抵押权人行使抵押权的成本增加。例如，就不动产而言，在受让人取得房屋所有权后，如果其已经对房屋进行了一定的改建、改造等活动，将可能使得抵押权人实现抵押权的成本过于高昂。此外，抵押财产自由转让也可能损害第三人利益。例如，在房屋买卖关系中，如果允许抵押人自由转让抵押财产，开发商可能将在建工程抵押，在没有解除抵押时就将房屋转让，这就有可能侵害期房买受人的利益。即使事后宣告转让合同无效，转让的财产也可能难以恢复原状，并可能因此产生一系列纠纷。⑦

（二）对限制转让说的评析

限制转让说认为，为了保障抵押权人的利益，防止欺诈行为，未经抵押权人的同意，抵押人不能转让抵押财产。《物权法》第 191 条第 2 款规定："抵押期间，抵押人未经抵押权人同意，不得转让抵押财产，但受让人代为清偿债务消灭抵押权的除外。"从反面解释来看，《物权法》要求抵押人转让抵押物应当征得抵押权人的同意，从这个意义上说，《物权法》采取了限制转让说。采纳该观点的主要理由在于，一方面有利于强化对抵押权人利益的保护。因为如果允许抵押财产自由转让，而在抵押人不将转让的价款用于债务清偿的情形下，受让人往往又没有足够的财产来清偿抵押人的债务，此时如果宣告转让无效，抵押财产也难以追回，这对抵押权人的保护极为不利。⑧

---

⑥ 胡康生主编：《中华人民共和国物权法释义》，法律出版社 2007 年版，第 418 页。

⑦ 王胜明主编：《中华人民共和国物权法解读》，中国法制出版社 2007 年版，第 414 页。

⑧ 姚红主编：《中华人民共和国物权法精解》，人民出版社 2007 年版，第 337 页。

另一方面有利于防止欺诈,维护交易安全和秩序。我国社会目前正处于转型时期,信用体系尚不健全,实践中一些抵押人在设定抵押权后擅自转让抵押财产,从而使得抵押权人的债权失去保障,影响抵押权制度担保功能的发挥。因此,《物权法》限制抵押财产流转的立场符合我国的国情,具有一定的合理性。例如,房地产开发商以在建工程向银行进行抵押贷款,然后再进行商品房预售,如果承认抵押权的追及效力就意味着,抵押权人在开发商不能清偿到期债务时可以将房屋拍卖或变卖从而实现抵押权,而预售商品房可能已经被业主购买,这就有可能会发生欺诈。⑨ 此外,在动产抵押的情形,尤其需要通过限制转让的规则保护当事人权益。由于动产未经登记就可以设立抵押权,因其缺乏公示效果不能对抗第三人,这就更需要对抵押人转让抵押财产进行限制,以免抵押权人和第三人的利益遭受损害。例如,在前例中,氧化铝价格持续上涨,如果债务人未经抵押权人同意,就将该氧化铝转让,由于该抵押权并没有办理登记,第三人因符合善意取得而取得所有权,抵押权人也无法行使追及权,但抵押人在取得转让价款后,并没有用于清偿债务,此时,抵押权人的利益将难以得到保障。

《物权法》的上述规定确有一定的合理性,但也有弊端。一方面,这一规则不利于物尽其用。如前所述,自由转让说的最大优点在于提高物的利用效率,加速财产流转,相应地,限制转让说的缺点在于,其可能不利于抵押财产的充分利用。因为抵押财产纷繁复杂,种类很多,大量的财产在设置抵押之后,仍然需要进行利用。而抵押人又暂时不需要利用或者没有能力利用,此时就应当允许转让抵押财产,以充分发挥抵押财产的效益。如果转让抵押财产必须经抵押权人的同意,则将使抵押人错失交易良机,影响抵押财产价值的实现。另一方面,限制转让说如果没有涤除权制度予以配套,则可能导致抵押权人的权利滥用。在前例中,在抵押设定之后,氧化铝的价格持续上涨,在新宇公司向银行提出还款计划后,银行认为提前还款打乱了其经营计划,因此拒绝接受大成公司的还款。虽然银行的主张有一定的道理,但在一定程度上属于滥用权利,毕竟在第三人愿意

⑨ 姚红主编:《中华人民共和国物权法精解》,人民出版社2007年版,第337页。

代抵押人还本付息的情形下，银行的利益并不会遭受损害，而银行拒绝接受还款，将导致抵押人无法将抵押财产及时变现，使其利益受损。因此，此种做法可能影响资源的优化配置，并在一定程度上损害抵押人的利益。

应当看到，由于《物权法》的规定在后，且《物权法》立法的主要目的在于完善物权制度，因此，《物权法》的规定已经修改了《担保法》和相关司法解释的规定，按照新法优于旧法的原则，应当优先适用《物权法》的规则。从尊重现行法的角度出发，应维护《物权法》第 191 条第 2 款的正当性和效力，即采纳限制转让说。但与此同时，应通过法律解释的方法以及相应的配套制度予以完善，从而在保护抵押权人利益的同时，兼顾抵押人和第三人的利益。一是应将《物权法》第 191 条第 2 款放在《物权法》的大框架里予以体系解释，确认抵押人仍然是抵押财产所有人的法律地位，确保其订立合同的自由，即允许他自由转让抵押财产，即便未经抵押权人同意，也只是导致抵押财产所有权不能发生变动，但转让合同的效力不受影响，从而有利于充分保障抵押人的利益，有利于进一步发挥物的经济效用，实现效率最大化。二是应全面正确地理解《物权法》第 191 条第 2 款，允许第三人通过行使涤除权而消除抵押权状态，⑩以保护交易安全。三是允许受让抵押财产的第三人在符合善意取得构成要件的情况下取得抵押财产的所有权。当然，为保护抵押权人的利益，抵押人必须将转让抵押财产所取得的价款用于清偿债务。上述制度构成了一个完整的体系，是为了实现抵押财产流转制度中各种利益的平衡而设置的规则体系，这在一定程度上可以弥补限制转让说的弊端，从而有效平衡各方当事人的利益。

三、擅自转让抵押财产的法律后果

《物权法》第 191 条第 2 款明确规定："抵押期间，抵押人未经抵押权人同意，不得转让抵押财产。"那么，抵押人未经抵押权人同意擅自转让抵押财产会产生何种法律后果，就值得探讨。如前所述，为克服限制转让说

---

⑩ 参见《法国民法典》第 2179 ~ 2180 条、《瑞士民法典》第 828 条。

的弊端,有必要通过法律解释的方法,对擅自转让抵押财产的法律效果作出合理解释,以正确地适用《物权法》的上述规定。

笔者认为,为了有效平衡抵押权人、抵押人和受让人的利益,较妥当的办法是依据《物权法》第15条关于区分原则(即区分合同效力和物权变动的效力)的规定进行处理。《物权法》第15条规定:“当事人之间订立有关设立、变更、转让和消灭不动产物权的合同,除法律另有规定或者合同另有约定外,自合同成立时生效;未办理物权登记的,不影响合同效力。”据此可以有效兼顾上述三方当事人的利益。一方面,区分原则的本意是物权不发生变动,不影响合同的效力,但从解释上来看,在抵押财产转让的情形,即使转让合同有效,物权也可能不发生变动,这也可以有效保障抵押权人的权利,防止抵押权因为抵押人的转让行为而受到不利影响。实践证明,这也是对抵押权最为有效的保护方法。而对受让人而言,也并非不公,因为在抵押权已经办理登记的情形,受让人有义务查询抵押财产的权利状况,在法律上应当知道该财产上存在抵押权负担,如果其仍然同抵押人订立该转让合同,表明其本身并非善意,使其无法取得抵押财产所有权也并非不妥。另一方面,区分原则也可对受让人提供保护,在抵押财产转让的情形,依据区分原则,即使抵押财产所有权不发生变动,也不影响抵押财产转让合同的效力,受让人可以请求抵押人承担违约责任,尤其是当事人已经在转让合同中约定违约金等违约责任时,适用该违约责任能够对其提供有效救济。还要看到,承认转让合同继续有效,也在一定程度上兼顾了抵押人的利益,因为如果抵押财产的转让对受让人有利且能充分发挥物的效用,则抵押人可以通过提前清偿债务或者另行提供担保的方式消除抵押权,因此,承认抵押财产转让合同有效,有利于抵押人对抵押财产的充分利用。依据区分原则,抵押人擅自转让抵押财产会在物权变动和合同效力方面产生不同的后果。

(一)抵押财产的权属不发生变动

抵押人转让抵押财产未经抵押权人许可,不符合《物权法》所规定的物权有效变动的条件,因此,不能产生权属移转的效力。在物权法上,物权变动必须依法进行,所谓物权的变动,是指物权的设立、变更、转让和消灭。在市场经济社会,最为常见的就是基于双方法律行为即合同而进行的物权变动，不仅要求当事人之间达成的合同合法有效，而且必须依法进行，符合法定的物权变动要件。未经抵押权人同意，抵押人转让抵押财产的，并不符合物权变动的法定条件。其原因在于，一方面，从物权的角度观察，在抵押权设定后，抵押人虽然享有对抵押财产的所有权，但其处分权受到了一定的限制，所有权已经存在一定的负担，因而抵押人不得自由转让其抵押财产。如果允许抵押人擅自转让抵押财产，可能增加抵押权人的权利行使成本；而且在受让人再次转让抵押财产的情形，可能使抵押权归于消灭。另一方面，在抵押权已经登记的情形下，受让人应当查明抵押财产的权利状态，如果受让人应当查明而没有查明的，此时没有必要承认其取得物权。尤其应当看到，在抵押权已经登记的情况下，如果允许抵押人擅自转让抵押物，则抵押权登记制度将形同虚设，抵押登记的公信力也会受到极大的削弱。还应当看到，在标的物已经设定抵押权的前提下，如果允许抵押人擅自转让抵押物，可能影响抵押权人抵押权的实现，这反过来又会影响抵押权制度功能的发挥，并从根本上影响交易效率和交易秩序。

在抵押财产的流转没有经抵押权人同意的情况下，物权变动虽然不发生效力，但在如下情形中存在例外。第一，依据《物权法》第 191 条第 2 款的但书，受让人可以通过行使涤除权去除物上的抵押权负担。此时，受让人可以通过代位清偿的方式消除抵押权，以取得抵押财产的所有权。第二，就动产抵押而言，依据《物权法》第 188 条的规定，动产抵押采取登记对抗主义，第三人可能基于善意取得而取得没有负担的所有权，原抵押权可能因此而消灭。[11] 第三，就动产浮动抵押而言，根据《物权法》第 181 条的规定，在动产浮动抵押设定之后、财产结晶之前，抵押人仍可自由转让抵押财产，此时，转让行为都是有效的，并可以发生物权的变动。但依据物权变动的一般原理，抵押人必须已经将抵押财产交付给买受人或已经办理了登记，否则，即便买受人已经支付了全部的价款，在法律上仍然只是债权人。[12] 此时的交付既包括现实交付，也包括简易交付，但不包括占

---

⑪ 梅夏英、高圣平：《物权法教程》，中国人民大学出版社 2007 年版，第 436 页。

⑫ 程啸："担保物权"，载王利明等：《中国物权法教程》，人民法院出版社 2007 年版，第 490 页。

有改定和指示交付。

如果没有经过抵押权人的同意而转让抵押财产,抵押权人能否行使追及权?许多学者之所以赞成自由转让抵押财产,就是认为抵押权人可以通过行使追及权来保障其权益。依许多国家法律规定,任何物权都具有追及的效力,抵押权也不例外。已经登记的抵押财产转让给他人的,抵押权人可以依据追及效力得到救济。⑬ 只有赋予抵押权追及的效力,才能充分保障抵押权人的利益。只不过为了保护抵押权人,法律也有必要严格限制抵押财产的转让,这在一定程度上也限制了抵押权人的追及权。⑭ 笔者认为,抵押权人的追及权意味着在第三人取得抵押财产所有权的情况下,抵押权依然存在,抵押权人仍然可以就属于第三人的抵押财产实现抵押权,因此,抵押权人追及权的行使隐含了两个前提条件,一是抵押财产的所有权发生了变动,二是抵押权仍然存在于抵押财产之上。如前所述,依据《物权法》第191条第2款的规定,抵押人未经抵押权人擅自转让抵押财产的,抵押财产的所有权不发生变动,此时,不存在适用抵押权追及效力的条件。因此,在限制转让说的前提下,不需要赋予抵押权追及效力。当然,在动产抵押的情形,应当区分两种情形:如果受让人明知标的物上抵押权的存在而仍受让该财产的,无法善意取得抵押财产所有权,抵押人到期未清偿债务的,抵押权人仍可就抵押财产行使抵押权;如果受让人受让标的物时不知有抵押权存在的,可以善意取得该抵押财产的所有权,此时,抵押权将归于消灭。

(二)不影响抵押财产转让合同的效力

在抵押财产转让的情形,抵押财产所有权不发生变动并不意味着当事人之间抵押财产转让合同当然无效。根据《物权法》第15条的规定,应当区分物权变动的效力与债权合同的效力。即便不发生物权变动的效力,也不影响债权合同的效力。《物权法》第15条是抵押财产转让合同有效的法律依据。需要指出的是,依据《物权法》第15条的规定,该条并没有采纳物权行为理论,我国立法和实务也历来不承认物权行为理论,尤其是未承认独立的物权契约的存在。该原则主要采纳的是债权形式主义,因

---

⑬ 参见《法国民法典》第2114条、《意大利民法典》第2808条、《瑞士民法典》第832条等。

⑭ 参见张万彬:“浅议抵押人对抵押财产的转让权”,载《金融经济》2007年第10期。

为在因法律行为发生物权变动的情况下，只存在一个合同，即债权合同。由于物权行为理论以物权契约的认可为基础，因此，也就需要认可物权行为的独立性和无因性。而我国法上区分原则不认可物权契约的存在，也就不可能进而认可物权行为的独立性和无因性。在区分原则下，债权合同不仅具有设定当事人之间债权、债务关系的意义，而且也是物权变动的原因，债权合同无效或者被撤销，物权变动也将失去依据；但在物权行为理论的情形，债权合同并不直接引起物权的变动，而只是作为引起物权变动的原因存在，只要物权合同有效，债权合同无效或者被撤销，都不影响物权变动的效力。根据《物权法》第 15 条，除非法律有特别规定或者合同另有约定，抵押财产转让合同一经成立，只要在内容上不违反法律的强行性规定和公序良俗，由于该合同并不必然导致抵押财产物权变动，因此，即便未经抵押权人同意，该合同仍可发生效力。

问题在于，违背《物权法》第 191 条第 2 款，是否会因违背强行性规定而无效？对此还应进一步明确该规范的性质。若该规范是效力性强行性规范，即不仅要取缔违反的行为，对违反者加以制裁，而且对其行为在私法上的效力也加以否认的规范，那么，抵押财产转让合同无效。[15] 若该规范是一般性的管理规范，即法律要求当事人应当遵守，而不得通过约定加以改变的规范，违反该规定并不导致合同无效。笔者认为，将《物权法》第 191 条第 2 款界定为管理性的强制性规范，有利于贯彻合同严守原则，保护交易安全。主要理由在于：第一，从交易的标的物来看，抵押虽然是物上负担，但该负担并不导致转让合同在性质上变为非法合同。因为从该条规定的立法目的来看，就是要保障抵押权人的利益，而该立法目的通过不发生物权效力就足以实现，而转让合同主要涉及抵押人和受让人之间的利益，与上述立法目的之间并无直接关联，如果也使得转让合同无效，也不符合立法目的。从该规定的立法目的来看，其主要为了保护抵押权

---

⑮ 也有学者认为其可以包括五种类型：(1)训示规定，若不具备并非无效，仅有提示作用者；(2)效力规定，若未按规定为之，则无效；(3)证据规定；(4)取缔规定，违反之所签合同依然有效；(5)转换规定，本应为无效，但法律另有转换成某一效果的规定。参见林诚二：《民法总则讲义》(下册)，台湾瑞兴图书股份有限公司 1995 年版，第 15 页。

人的抵押权,维护交易安全,而不是为了否定抵押物转让合同的效力。第二,抵押物的转让,原则上并不直接涉及公共利益,因为多数抵押都经过登记,此时,即便抵押财产转让合同有效,受让人也无法依据该合同取得抵押财产所有权。在抵押权未办理登记的情况下,则转让可能会损害抵押权人的利益,但这通常也不会损害公共利益。第三,将该规定作为管理性的强制性规范,有利于贯彻合同严守原则,保护交易安全。因为承认当事人之间债权合同的效力,抵押人作为转让人因不能使受让人依据合同约定取得物权,将构成违约,第三人有权请求其承担违约责任。如果因抵押权人同意或者不同意来决定合同的效力,即合同的效力完全由抵押权人决定,这也不利于维护交易安全。第四,从实践来看,认定该转让合同仍然有效,有利于防止社会财富的浪费。如果宣告转让合同无效,可能需要采用恢复原状等责任形式,在这一过程中可能会导致财产的损失和浪费。

严格地说,抵押财产转让合同只是当事人之间的一种合意,其效力也应当适用法律行为有效的一般要件,符合该条件的法律行为即可生效,合同也因此有效。⑯ 抵押财产转让合同仍然有效对于保护第三人的利益,维护交易安全具有重要意义:在抵押人未经抵押权人同意转让抵押财产的情形,如果一概认定抵押财产转让合同无效,可能不利于保护第三人的利益。尤其是在动产抵押的情形,抵押权的设定不以登记为必要,第三人在订立合同时无法查明抵押财产已经登记的情形,如果一概认定抵押财产转让合同无效,第三人既无法取得抵押财产所有权,也无法依据抵押财产转让合同请求抵押人承担违约责任,显然不利于维护交易安全。另外,肯定抵押财产转让合同的效力,也有利于维护合同的效力。因为抵押财产转让合同也是合同的一种类型,只要符合合同成立的法定要件,其即应当依法有效。如前所述,《物权法》关于抵押财产流转的规定并非效力性强行性规范,即便未经抵押权人同意,抵押财产转让合同也不会因此无效。因此,认定抵押财产转让合同的效力,也有利于维护合同的效力。

依据《物权法》第191条的规定,所谓“不得转让”应从如下方面理解:

---

⑯ 尹田:《物权法》,北京大学出版社2013年版,第536页。

一方面,此处所说的“转让”限于以买卖等方式处分抵押财产的所有权,并不包括以抵押财产的剩余价值再次设定抵押。在抵押权设定之后,抵押人虽然对抵押财产享有所有权,但是其对抵押财产的处分权已经受到了严格限制。抵押人不能随意转让该财产,否则将可能导致抵押落空,严重损害抵押权人的利益。当然,在抵押权人同意的情形,抵押人也可以转让抵押财产。另一方面,禁止抵押人转让的应当是抵押财产,而不应当包括不属于抵押财产的新增建筑物。因为从《物权法》第200条规定来看,其允许抵押人在建设用地上新增加建筑物,并将新增建筑物转让。

还要明确的是,经过抵押权人同意,抵押人可以转让抵押财产,这并不意味着抵押权人默示地放弃了其抵押权,此时抵押人并不能随意处分抵押物转让价款,而必须提前清偿债务或者提存,这也是抵押权物上代位性的表现。

综上所述,在前述案例中,新宇公司在未经银行同意的情况下,将已经设定抵押的10万吨氧化铝转让给了晋城公司,虽违反了《物权法》第191条的规定,但该转让合同仍然是有效的,只不过抵押权的效力在不适用善意取得的情况下不受影响。

四、涤除权的行使无需抵押权人的同意

认定抵押财产转让合同有效,有利于受让人依法行使涤除权。依据《物权法》第191条第2款但书规定:“但受让人代为清偿债务消灭抵押权的除外。”对于该条是否已经规定了涤除权以及如何确定涤除权的效力,学界仍有争议。笔者认为,为克服限制转让说的弊端,有必要从体系解释方法和目的解释方法着手,对该规定作出准确解释,以正确适用《物权法》。

笔者认为,《物权法》的上述规定已确立了涤除权制度。从目的解释来看,该条规定旨在创设涤除权,以弥补限制转让说的不足。所谓涤除权,就是指发生抵押财产转让的情况时,抵押财产的受让人向抵押权人支付一定的代价以消灭抵押权,在抵押权人接受受让人的要求后,抵押权消灭。⑰ 涤

⑰ [日]近江幸治:《担保物权法》,祝娅等译,法律出版社2000年版,第174页。

除权的规定实际上是为了保护第三人的利益而设定的,是指抵押财产取得人有权向抵押权人提供与抵押财产的价值相当的金钱或为债务人清偿债务,使抵押权消灭的制度。根据该项制度,第三人只需向抵押权人清偿相当于抵押财产取得金额的代价,便可以除去抵押权。⑱《物权法》的上述规定源自最高人民法院《担保法司法解释》第67条:“取得抵押财产所有权的受让人,可以代替债务人清偿其全部债务,使抵押权消灭。”经过多年的实践检验发现,其能够有效地保护善意第三人的利益,维护交易安全,因而《物权法》在总结司法经验的基础上规定了该制度。在前述案例中,新宇公司准备将已抵押的10万吨氧化铝出售给大成公司,双方签订了转让意向书,双方在意向书中约定,由大成公司在一个月内将价款5500万支付给银行以还清新宇公司借款的本息。此时大成公司实际上已享有涤除权,如果由大成公司提出向银行还清新宇公司借款的本息,这实际上就是在行使涤除权。涤除权是抵押财产的受让人享有的权利,对此种权利受让人可以行使,也可以放弃。但涤除的请求必须在抵押权实现之前提出,且必须要由受让人向抵押权人提出。⑲ 从体系解释来看,该条规定与限制转让说构成了一个整体,能够弥补限制转让说的不足。

《物权法》第191条的规定已承认了抵押财产买受人的涤除权。受让人知道抵押权存在的,无法依据善意取得的规定取得标的物所有权,但受让人可以依法行使涤除权消灭抵押权,从而取得抵押财产的所有权。依据《物权法》第191条第2款的但书,涤除的条件是代为清偿债务,一旦该条件为抵押权人所接受,则抵押权消灭。第三人行使涤除权,必须代为清偿债务,以消灭抵押权。因此,涤除金额必须达到能够消灭债务的数额。虽然涤除权与代为清偿债务有一定的相似性,但并不完全相同。二者的区别主要在于:首先,涤除权只能由抵押财产的受让人享有并行使,但代为清偿可以由任何第三人实施。其次,涤除权只是对抵押权产生影响,代为清偿虽然会间接地导致抵押权消灭的效果,但并非直接以抵押权消灭为目的。而代为清偿的目的在于消灭特定债务。最后,涤除权一旦行使,

---

⑱ 赵林青:“涤除权制度之我见”,载《甘肃政法学院学报》2006年第5期。

⑲ 许明月:“抵押财产转让的立法模式选择与制度安排”,载《现代法学》2006年第2期。

抵押权人必须接受。而第三人代为清偿,债权人有权予以拒绝。[20] 涤除的效果是标的物上的抵押权消灭,且在抵押权消灭过程中的不利后果由抵押权人承担。一旦行使涤除权,则抵押财产归第三人即受让人所有,债权因清偿而消灭,抵押权基于从属性也自然消灭。

问题在于,当受让人提出代为清偿债务的请求、主张涤除之后,抵押权人是否可以予以拒绝?新宇公司准备将已抵押的10万吨氧化铝出售给大成公司,双方签订了转让意向书,双方在意向书中约定,由大成公司在一个月内将价款5500万支付给银行以还清新宇公司借款的本息。后在新宇公司向银行提出还款计划后,银行认为提前还款打乱了其经营计划,因此拒绝接受大成公司的还款。那么,银行是否有权拒绝大成公司的还款?笔者认为,第三人行使涤除权时无需征得抵押权人的同意,主要理由在于以下几个方面。

第一,要求第三人在行使涤除权时须征得抵押权人同意,不符合涤除权设立的目的。涤除权设立的目的主要包括:一是保护第三人利益。在抵押财产的交易中,第三人取得的财产之上存在负担。而通过赋予涤除权,可以使得第三人取得完整的所有权,避免其利益遭受损害。涤除权制度实际上是第三人通过代位清偿而享有一种对抗抵押权人的权利。[21] 只要受让人提出涤除的请求,抵押权人就不能拒绝,否则就难以实现立法目的。涤除权主要是为了使第三人在符合一定条件下取得抵押财产的所有权,并实现鼓励交易的目的而设定。二是促进财产的流转。通过涤除权制度的设计,第三人可以"涤除"物之上的抵押权,这在一定程度上可以使得第三人更愿意购买抵押财产,从而有利于财产的流转。由于抵押权属于担保物权的一种,其主要是为了担保债权的实现而设定的,抵押权人关心的是债权的实现和债权不能实现时抵押财产变卖的价值。因此,如果第三人愿意行使涤除权而取得抵押财产所有权,这对于抵押权人的利益并无损害,相反,能够实现抵押权人的目的。既然物权法已经承认了涤除权,该规定在性质上即属于强制性规定。如果第三人行使涤除权时须征得抵押权人同意,则可能使该规则形同虚设。

---

[20] 许明月:"抵押财产转让的立法模式选择与制度安排",载《现代法学》2006年第2期。

[21] 赵林青:"涤除权制度之我见",载《甘肃政法学院学报》2006年第5期。

第二,如果第三人行使涤除权时须征得抵押权人同意,这可能导致抵押权人滥用抵押权。在我国采限制流转模式的背景下,抵押财产的转让必须取得抵押权人的同意。而如果抵押权人滥用其同意权,则抵押人和第三人的利益都无法得到保障。例如,在前述案例中,由大成公司在一个月内将价款5500万支付给银行以还清新宇公司借款的本息。在此情况下,银行的利益已经得到了保障而没有其他的损失,依据诚信原则其不应无理拒绝。涤除权制度的本意,就在于赋予标的物受让人有效地对抗抵押权人同意权的权利,避免抵押权人的权利滥用。

第三,赋予抵押权人以拒绝权,超出了抵押权的制度目的。抵押权作为债的担保制度之一,目的就在于保障主债权的实现。抵押权人若能够通过标的物受让人涤除权的行使而实现其债权,便已经实现了抵押权的目的。超出此范围的权利行使,已非抵押权的内容。抵押权的设定是为了保障债权的实现,如果抵押财产受让人选择行使涤除权,可以使抵押权人的债权获得实现,因此,就没有必要赋予抵押权人拒绝抵押财产买受人行使涤除权的权利,否则将可能影响抵押财产的正常流转。

第四,如果赋予抵押权人拒绝第三人行使涤除权的权利,在法律制度设计上,为了保障抵押人对标的物的处分权,维护交易安全和效率,需要在法律上为抵押权人设定一定的义务,如抵押权人应当及时拍卖抵押财产、确保抵押财产拍卖价格高于或不得低于出价的义务,在拍卖价格低于受让人出价时,抵押权人应负有按照受让人出价购买抵押财产的义务,并应当承担拍卖的有关费用,㉒如果无人购买该抵押财产,则抵押权人必须以该增价自行买下抵押财产。㉓ 但这样可能导致法律制度的设计过于复杂。

从比较法上来看,凡是承认涤除权制度的法律,都认为涤除权是抵押财产受让人所享有的一项权利。如《日本民法典》第378条规定:"购买了抵押不动产所有权或地上权的第三人,应抵押权人请求清偿其代价后,抵押权因该第三人而消灭。"在第三人取得抵押财产所有权时,应当允许其选择承受抵押权还是选择行使涤除权以消除抵押权状态。而正是因为涤除权是抵押

㉒ 许明月:"抵押财产转让的立法模式选择与制度安排",载《现代法学》2006年第2期。

㉓ 罗思荣、梅瑞琦:"抵押权追及效力理论之重构",载《法学家》2006年第2期。

财产受让人所享有的一项权利，所以其可以选择是否行使此种权利。[24] 涤除权作为一种权利，受让人可以行使，也可以放弃。当受让人放弃行使这一权利时，抵押权人便可以按照正常的程序行使抵押权。正是因为涤除权是抵押财产受让人所享有的一项权利，抵押财产受让人可以选择是否行使，所以其行使涤除权时也无须取得抵押权人的同意。[25] 同时，涤除权有助于抵押财产经济价值的充分实现，并且不会损害抵押权人的利益，因为涤除权的行使必须由受让人代为清偿从而使债务消灭，因此抵押权人的利益得到保障，基于利益权衡的考虑，行使涤除权无需取得抵押权人的同意。

总之，依据《物权法》的规定，涤除权应属于受让人所享有的一项法定权利，在受让人主张行使涤除权时，抵押权人不得拒绝。在前例中，在新宇公司向银行提出还款计划后，银行不得以提前还款打乱了其经营计划为由，拒绝接受大成公司的还款。

五、抵押财产的善意取得

我国《物权法》采限制转让说，不可避免地会遇到以下法律难题：在抵押人未经抵押权人的同意转让抵押财产的，第三人可能在符合善意取得的条件下，依据《物权法》第 106 条而取得标的物所有权，此时如何保护抵押权人的利益？抵押人未经抵押权人同意转让抵押财产的，虽然不发生物权变动的效力，但如果符合善意取得的条件，第三人也可以受让抵押财产，而抵押权因善意取得而消灭，转让人（即抵押人）在转让中获得的价款也没有用于清偿债务，则抵押权人必然蒙受损害。

应当看到，在抵押财产是不动产的情形，根据《物权法》第 187 条，抵押权的设立必须登记，这就要求抵押财产也应登记，否则就不可能有抵押权登记。“四荒”土地之上的承包经营权的抵押，也同样采登记对抗主义。这也意味着受让人在受让土地承包经营权时，没有查询登记簿的义务，受让人因此有善意不知情的可能，只要符合《物权法》第 106 条第 1 款的要

---

[24] 赵林青：“涤除权制度之我见”，载《甘肃政法学院学报》2006 年第 5 期。

[25] 许明月：“抵押财产转让的立法模式选择与制度安排”，载《现代法学》2006 年第 2 期。

件,受让人可善意取得“四荒”土地承包经营权。[26] 不过,因为受让人取得该权利未经登记,该权利人不得对抗善意第三人,也即不能对抗既有的抵押权,抵押权在此时仍然存在。当然,若抵押人伪造抵押权人同意抵押财产转让的文书或其他证明文件,则不妨碍受让人的善意取得。但是,对以登记为物权变动要件的不动产权利,因为登记的公示已向第三人公开了抵押权存在的信息,第三人则无法善意取得抵押财产。由此也可知抵押人的处分权受到限制,第三人只要从抵押人处受让抵押财产,就构成对抵押人无权处分的明知,也即恶意,从而无法善意取得。

但在抵押财产是动产的情形,根据《物权法》第188、189条的规定,动产抵押权的设定并不需要办理登记,买受人也无法通过登记了解其物上负担,这使善意取得具有了可能。在前例中,当事人以氧化铝为标的设定抵押权的,并没有办理登记,因此在转让时,第三人可能并不了解有关抵押权设定的事实,即处于善意的状态。一旦受让人善意取得抵押财产,根据《物权法》第108条的规定,就会使动产之上的抵押权归于消灭。

《物权法》第191条虽然确定了抵押物的限制转让规则,但抵押权可能因抵押财产的善意取得而归于消灭,这可能不利于抵押权人利益的保护,为弥补该缺陷,可通过法律解释的方式使抵押权人对转让人所获得的价款享有优先受偿的权利。依据该条第1款规定:“抵押期间,抵押人经抵押权人同意转让抵押财产的,应当将转让所得的价款向抵押权人提前清偿债务或者提存。转让的价款超过债权数额的部分归抵押人所有,不足部分由债务人清偿。”依据该条规定,抵押人在经抵押权人同意转让抵押财产的,抵押权人有权就所得价款主张优先受偿权,主要理由在于:一方面,抵押权本身就是物权,其应当具有物上代位的效力。抵押权是价值权,基于抵押权的物上代位性,其效力可及于抵押财产的变形物。[27] 虽然抵押财产的形态发生改变,但是,抵押权仍然应当在新的财产之上产生效力。这就是说,在抵押人转让抵押财产之后,抵押人通过转让获得了价金,

---

[26] 李延荣、李艳科:“关于‘四荒’土地承包经营权流转问题的探讨”,载《法学杂志》2011年第5期。

[27] 崔建远:《物权:规范与学说》(下册),清华大学出版社2011年版,第793页。

抵押权人有权就该价金主张优先受偿。另一方面，从设定抵押权的目的来看，抵押权主要是为了担保债权的实现，抵押人在未经抵押权人同意转让抵押财产的情况下，抵押权人的债权可能失去抵押权的保障。因此，抵押人应当将转让所得用于提前清偿债务或提存[28]。该条所规定的抵押权人的优先受偿权主要适用于抵押权人同意抵押物转让的情形，在抵押人未经抵押权人同意转让抵押财产，且抵押财产因受让人善意而取得所有权的情况下，若抵押权人又不能对价款主张任何权利，则抵押权人将面临巨大的风险。此时，为保障抵押权人抵押权的实现，应当类推适用《物权法》第191条第1款的规定，赋予抵押权人优先受偿权，即在抵押人未经许可转让抵押财产的情形，抵押权人有权就抵押人转让抵押财产所获得的价款优先受偿，以实现双方之间的利益平衡。如果抵押人转让抵押财产所获得的价款不足以清偿抵押债务的，抵押权人仍有权请求抵押人清偿剩余债务。

此外，在符合善意取得的情形下，抵押权已经消灭，但如果抵押人没有将取得的价款用于清偿债务，将很难保障抵押权人的利益。因此，在抵押财产流转中，应当对善意取得的适用设置一定的限制，即抵押人取得的价款必须用于清偿债务，甚至若价款未支付，抵押权人亦可取得对价款请求权的权利。但是若价款已经被挪作他用或有关价款已被消耗殆尽，则抵押权人便不应享有额外的保护，因为抵押权不过是从属于主债权的权利，抵押财产消灭后，抵押权人虽然可对代位物主张权利，但若该代位物（价款）已消失或被挪作他用，则抵押权人所享有的物权将不复存在，抵押权人只能对债务人主张债权。这样一来，可以最大限度地尊重善意取得制度的立法目的，保护交易安全，维持第三人的合理预期。因此，在上述案例中，新宇公司在未经银行同意的情况下，将该10万吨氧化铝转让给了晋城公司，晋城公司在购买该批氧化铝时并不知道其已经设定抵押，已经支付价款并已经受让该批货物，符合善意取得的要件，受让人可以善意取得该抵押财产的所有权，且依据《物权法》第108条，在善意取得该批货物所有权之后，该货物之上的抵押权因此消灭。

---

[28] 杜东亚、廖焕国："论抵押物流转的制度安排"，载《湖南社会科学》2011年第4期。

民商法研究(第六辑)
第 274 ~303 页

动产让与担保若干问题研究*

市场经济是信用经济,而债权的担保则是保障债权的实现、维护市场信用的重要制度,“为了债权的担保而奋斗是市场经济的必然现象”。① 随着交易的发展,传统的担保方式如抵押、质押,已无法完全满足市场经济发展的需要。为了更充分地保护债权,促进资金融通,防范金融风险,同时保证物尽其用,大量非典型的权利移转型担保涌现出来,其中最具特色、应用最为广泛且理论上争议最多者莫过于让与担保制度。

一、让与担保概述

(一)让与担保的概念和特征

按照许多学者的看法,动产让与担保的起源有二:一是罗马法上的 Fiducia;二是日耳曼法上的 Treuhand。Fiducia 是基于罗马市民法在让与所有权时所附加在握取行为(mancipatio)或者法庭让与(in iure cessio)等要

---

* 原载《岳麓法学评论》第 3 卷。

① 王泽鉴:“动产担保制度与经济发展——台湾动产担保交易法制定施行 30 年的经验”,载梁慧星主编:《民商法论丛》(第 2 卷),法律出版社 1994 年版,第 97 页。

式行为上的一种当事人之间的约束,其以受让人在将来一定条件成就时必须将标的物所有权返还给让与人为内容。[②] Treuhand 起先是作为一种遗嘱手段出现,后来才逐步地发展为一种担保手段。[③] 德国法中的动产让与担保(Sicherungsübereignung)主要就是由罗马法上的 Fiducia 发展而来,同时在学说中也可以散见以日耳曼法上传统为依据的理论。[④]

让与担保有广义、狭义之分。广义上的让与担保,包括买卖式担保与让与式担保。买卖式担保,是指以买卖形式进行信用的授予,给予信用者即债权人并无请求返还价金的权利,但接受信用者即债务人却享有通过支付价金而请求返还自己让与给债权人的标的物的权利的一种担保形式。[⑤] 这种担保形式在日本民法上称为卖渡担保。狭义上的让与担保,是指债务人或第三人为担保债务人的债务,将担保标的物的权利事先移转给担保权人,在债务清偿后,标的物的权利应返还给债务人或第三人,当债务人不履行债务时,担保权人可以就该标的物受偿的一种担保形式。

让与担保区别于其他担保方式,具有如下法律特征:

第一,以当事人之间事先存在的债权债务关系为基础。让与担保作为一种债权担保方式,必须以被担保债权的存在为其前提。如果被担保的债权不成立或无效,则让与担保也应无效。[⑥] 这一点是让与担保区别于所有权保留、附条件买卖、回赎等制度的主要特征。例如,所有权保留制度虽然也是对买卖价金的担保,但在订立附条件买卖合同之前,还不存在价金债权,价金债权和所有权保留都是由所有权保留合同产生的。所有权保留多用于分期付款,而让与担保多用于贷款。[⑦] 正是因为让与担保必须以被担保的债权存在为前提,且必须从属于被担保的债权,因此让与担保

---

② Oertmann, Die Fiducia Im Romischen Privatrecht: Eine Rechtsgeschichtliche Untersuchung, 1890, S. 3. 转引自王闯:《让与担保法律制度研究》,法律出版社 2000 年版,第 60 页。

③ 王闯:《让与担保法律制度研究》,法律出版社 2000 年版,第 64 页。

④ 王闯:《让与担保法律制度研究》,法律出版社 2000 年版,第 71 页。

⑤ 史尚宽:《物权法论》,中国政法大学出版社 2000 年版,第 423 页。

⑥ 谢在全:《民法物权论》,中国政法大学出版社 1999 年版,第 910 页。

⑦ 王泽鉴:"动产担保制度与经济发展——台湾动产担保交易法制定施行 30 年的经验",载梁慧星主编:《民商法论丛》(第 2 卷),法律出版社 1994 年版,第 113 页。

具有从属性。

让与担保的从属性表现在,让与担保不得与被担保的债权相分离,主债权的效力直接影响到让与担保的效力。当主债权被转让时,只要当事人之间没有特别约定,让与担保也将随之而发生移转;随着被担保的债权消灭,让与担保也消灭。⑧ 当然,关于从属性问题在理论上还存在争议,德国法采纳抽象性原则(Abstraktionsprinzip),认为担保的所有权与质权不同,没有从属性(Akzessorietät),⑨被担保债权与所有权可以独立移转、设质或扣押。⑩ 就是否承认让与担保的从属性问题而言,笔者认为,首先必须肯定让与担保具有从属性的特征,这是由让与担保制度的目的与功能所决定的。当然在承认让与担保具有从属性的前提下,也应看到例外的存在,如对未来债权的让与担保,虽然债权本身尚未真正形成,但此时可以设定让与担保,因此让与担保在例外的情形下可以独立于被担保的债权。

第二,事先移转担保物的权利。这在德国法上被称为动产物权让与的合意(Einigung)。⑪ 当事人事先移转担保物的权利,通常是所有权,而担保权人通常是债权人。⑫ 让与担保正是以移转所有权的方式达到担保债权的目的,因为具有所有权移转的事实,债权人就标的物享有所有权,具有物权的支配性、对世性、排他性、优先性、追及性、物上请求权等效力。当债务不履行时,债权人可以基于所有权优先受偿。因为担保目的的限制,这种所有权移转的本旨并不在于享有所有权的利益而在于担保债权实现。⑬

---

⑧ [日]道垣内弘人:"日本民法的展开:判例形成的法——让与担保",段匡、杨永庄译,载梁慧星主编:《民商法论丛》(第15卷),法律出版社2000年版,第455页。

⑨ MünchKomm/Oechsler, Anhang zu §§ 929 – 936 Sicherungseigentum-Sicherungsübereignung, Rn. 8.

⑩ 史尚宽:《物权法论》,中国政法大学出版社2000年版,第431页;孙宪忠:《德国当代物权法》,法律出版社1995年版,第341页。

⑪ MünchKomm/Oechsler, Anhang zu §§ 929 – 936 Sicherungseigentum-Sicherungsübereignung, Rn. 4.

⑫ 谢在全:《民法物权论》,中国政法大学出版社1999年版,第896页。

⑬ 梁慧星主编:《中国物权法研究》,法律出版社1998年版,第1062~1063页。

事先移转担保物的权利，也是让与担保与一般的担保物权的区别之所在。因为一般担保物权的设立只是使担保物权人享有优先受偿的权利，而通常让与担保则是担保权人事先享有了对标的物的所有权。这就使这种担保方式极类似于流质契约。近年来，在实践中出现了开发商向他人借款，同时，双方又签订了一份商品房买卖合同，约定如果到期不能履行还款义务，就履行商品房买卖合同，交付房屋，抵偿借款。这种交易被学者称为"后让与担保"，此种担保与让与担保的不同之处在于，它并没有事先移转担保物的权利。⑭

第三，不以移转占有为必要。基于交易安全的需要，传统的担保物权的设定须以公示为成立要件，例如抵押必须登记，出质必须移转质物的占有，且法律强行规定不得以占有改定方式设定质权。让与担保方式也旨在设定一种担保物权，但在现行承认让与担保制度的国家中，对此种担保物权的设立却仅须移转所有权，而不以移转占有为必要。也就是说，不要求完成一定的公示要件，仅通过当事人之间的约定就可以设定一种担保物权。由于所有权的移转必须要通过法定的方式才能完成，尤其是动产所有权必须要通过实际交付才能发生转移，而在动产让与担保中不需要通过实际交付而只需当事人之间的约定就可以发生所有权的转移，这就不符合物权变动的一般原则，这也是其备受非议的主要原因。

有学者认为，让与担保是指行为人或者第三人为担保债务人的债务，将担保标的物的权利移转给担保权人，如果债务清偿后，标的物应返还给债务人或第三人；如果债务不履行的情况下，担保权人得就该标的物受偿的担保形式。⑮ 笔者认为，既然让与担保不一定要求移转占有，所以，在债务清偿前不必将标的物的实际占有移转给债权人；债务在清偿后，担保权人更不必将担保物返还给债务人或第三人。

第四，客体主要限于动产。⑯ 动产让与担保，顾名思义就是动产上设

---

⑭ 参见杨立新："后让与担保：一个正在形成的习惯法担保物权"，载《中国法学》2013 年第 3 期。

⑮ 谢在全：《民法物权论》，台湾 1991 年自版，第 441 页。

⑯ MünchKomm/Oechsler, Anhang zu §§ 929 – 936 Sicherungseigentum-Sicherungsübereignung, Rn. 11.

立的一种担保。所以,动产让与担保一般只是在动产之上设立。对不动产来说,因为实行登记制度,通过登记即可完成公示而不必移转占有,这样就不会影响物的利用,所以就不必采用让与担保形式。

应当看到,随着担保制度的发展,动产抵押和权利质等新型担保在一定程度上扩张了担保标的范围。而让与担保既然是当事人以合同的方式设定的,其客体范围也逐渐变得灵活、广泛,在一些国家,让与担保的客体原则上包括一切可以移转的财产,如动产、不动产、他物权、债权、知识产权、股东权、证券权利、集合物、集合债权、财产综合体(如企业财产),以及尚未形成权利的财产利益(如在建房屋),等等。客体的广泛性增强了债务人的融资能力,弥补了传统物权担保的不足,即所谓"使法律上不能担保的标的物实现担保化是让渡担保的一个重要机能"。⑰ 当然,如果将让与担保的客体扩张到不动产等财产,则将可能造成让与担保制度的功能与抵押等其他担保制度的冲突,使整个担保制度的体系失调、功能紊乱。

第五,让与担保是一种非典型担保。典型担保是以民法上规定的抵押权、质权、留置权等法定他物权类型设定的担保。让与担保不是成文法规定的法定物权类型,相反,此种方式主要是通过判例、学说肯定其合法性从而确立起来的新型担保方式。它是当事人意思自治的产物,其产生也是对物权法定主义的一种冲击,所以学者也将这种担保方式称为非典型担保。⑱

(二)让与担保的性质

让与担保主要是通过当事人之间的合意而设立的担保,因此关于这种担保的性质究竟是一种合同关系还是一种物权关系,在学理上一直存在着争论。关于让与担保的性质(也称为让与担保的法律构成),有日本学者归纳为六种:(1)信托让渡说;(2)授权说;(3)二段物权变动说;(4)期

⑰ [日]米仓明:《让渡担保》,转引自顾长浩:"论日本的让渡担保制度",载梁慧星主编:《民商法论丛》(第10卷),法律出版社1998年版,第521页。

⑱ 综合各国非典型担保的发展来看,非典型担保还包括所有权保留、担保转让(德国依其民法典第398条发展而来)、卖渡担保、回赎、再买卖预约、临时登记担保(代物偿还约定)等多种方式。这些非典型担保有些本非物权制度(如再买卖预约),有的甚至不具有担保的法律本质(如回赎),"但因其具有内在的担保机能,故被用作专门的担保手段"。参见[日]近江幸治:《担保物权法》,祝娅、王卫军、房兆融译,法律出版社2000年版,第10页。

待权说;(5)抵押权说;(6)担保权说。[19] 有关信托让渡说的问题,笔者将在下文中探讨。“授权说”认为,让与担保的设定只是将担保物的变价或处分权授予给债权人,标的物的所有权仍然归设定人所有。虽然让与担保权人是外观上的所有权人,但是,当事人之间并没有真正转移所有权的意思。“二段物权说”认为,在让与担保的设定中发生了两阶段的物权变动:一是标的物的所有权首先由设定人转移于担保权人;二是担保权人在拥有标的物的担保权能的同时,将所有权扣除该担保权能之后所残存的权利再转让给设定人。“期待权说”认为,在让与担保中,标的物的所有权只是附解除条件地转移给了债权人,在被担保的债权得到清偿以后,债权人所取得的标的物又复归于设定人,因此设定人享有以回复担保物所有权为内容的物权的期待权。“抵押权说”认为,债权人在让与担保的标的物之上所享有的权利与一般抵押权没有本质区别。担保权说认为,让与担保权人享有的权利在性质上为担保权,它既可以是债权也可以是物权,如果是物权就必须具有与担保权相适应的公示方法。[20] 上述观点从根本上大致可分为所有权构成和担保权构成两大阵营:所有权构成的代表学说为信托行为说(日本称之为信托让渡);担保权构成的代表学说为新型的担保权说。后者已在日本居主流地位。[21]

在德国,其判例和通说都采所有权构成中的信托行为说,所以,让与担保在实务上又通称为信托的让与担保,[22] 具有信托的拘束力(treuhänderische Bindung),在体系上是所有权的一种特殊形式。[23] 所谓“信托”,是指当事人为达成一定之经济目的,而做成超过其目的法律关系

---

⑲ [日]伊藤进川:“权利让渡担保立法论”,载《法律时报》1995年第66卷第2号。

⑳ 参见陈祥健:“让与担保法律构成再论析”,载《东南学术》2005年第2期。

㉑ 顾长浩:“论日本的让渡担保制度”,载梁慧星主编:《民商法论丛》(第10卷),法律出版社1998年版,第538页;王闯:《让与担保法律制度研究》,法律出版社2000年版,第434页。

㉒ 史尚宽:《物权法论》,中国政法大学出版社2000年版,第424页;谢在全:《民法物权论》,中国政法大学出版社1999年版,第897页;梁慧星主编:《中国物权法研究》,法律出版社1998年版,第1061页;孙宪忠:《德国当代物权法》,法律出版社1995年版,第341页。

㉓ MünchKomm/Oechsler, Anhang zu §§ 929 – 936 Sicherungseigentum-Sicherungsübereignung, Rn. 1.

之法律行为。[24] 这就是说,让与担保只是一种基于信托约定而产生的包含债权债务的所有权移转关系,而非设定某种质权、抵押权或创设某种新型的担保物权。就内部关系而言,受托人负有依信托约定的移转目的而行使所有权的义务,但这种义务仅发生债的效力,受托人违反信托义务处分标的物的行为,亦属完全有效,唯对信托人应负赔偿责任。[25] 作为信托行为的让与担保所形成的权利构造为:债权人享有所有权而设定人享有债权,以设定人的债权约束债权人的所有权。

信托行为说具有一定的积极意义,表现在:一方面,传统学说认为让与担保是一种通谋的虚伪表示,而此种学说承认让与担保是一种合法有效的信托行为,从而否定了虚伪表示的说法;另一方面,由于信托让与担保只是一种债的关系,而没有创设新的物权,[26]因此没有承认让与担保是一种新型的物权,从而维护了物权法定原则。然而信托行为过于注重意思自治而忽视物权法定主义的规制,以致过于偏向保护债权人,导致当事人间利益显著失衡。其主要根据在于:

第一,该学说认为债权人违约处分标的物,第三人主观上有恶意,其处分也属有效,设定人只能向债权人主张损害赔偿;债权人破产,设定人无取回权;而设定人破产时,担保标的不计入设定人的破产财产,债权人得随时取回。这些都不利于保护债务人的利益,以及其他无担保债权人的利益。

第二,该学说无法解释实行时清算义务的来源,该义务只能由当事人约定,而不能以法定义务规制,势必导致当事人可以设立非清算的让与担保,从而使让与担保具有流质契约的特点。

第三,该学说认为让与担保本质上是一种契约关系,不需要有一种公示方法,从而导致"无公示担保"的流行。

第四,该学说认为让与担保不具有从属性,独立于担保债权,可以分别转让,这不仅导致权利关系的复杂化,而且极易产生欺诈行为。该学说认

---

[24] 王泽鉴:《民法总则》,中国政法大学出版社2001年版,第368页。

[25] 梅仲协:《民法要义》,中国政法大学出版社1998年版,第96~97页。

[26] 陈英志:"让与担保制度论",载《河北法学》1998年第2期。

为，债权无效不影响让与担保的效力，仅依不当得利返还，[27]不能适用物上请求权，这可能对设定人（返还权人）的利益状态造成重大影响。

笔者认为，我国不宜采纳信托行为说及其代表的所有权构成理论，而应当大胆突破陈规，进行理论创新与制度创新，采担保权说，肯定让与担保作为一种独立的新型担保物权的合法地位，并及时借助立法予以有效规制，克服其公示性的缺陷和流质契约化的弊端。

动产让与担保作为一种新型的担保形式，如果仅仅是在当事人之间产生效力，不涉及第三人的利益，那么立法可以允许当事人通过合同自由安排，合同法也可以调整这种关系，但问题在于，动产让与担保涉及第三人利益，尤其涉及债务人的其他债权人的利益。因为债务人一旦设定让与担保之后，该财产所有权直接移转给该债权人，即担保权人，那么其他债权人就不可能就该担保物再受偿，在债务人没有其他财产用于清偿债务的情况下，其他债权人的利益就会受到影响。因此，在法律上不能将让与担保仅仅界定为一种债的关系，允许当事人依契约自由原则任意创设，否则势必导致第三人受到不测的风险，影响社会经济秩序。

如果认为动产让与担保对经济有一定积极作用，需要在法律上予以承认，则必须承认其物权性，并受到物权法的调整。其必要性在于：一方面，可以明确要求让与担保的设定必须公示，否定无公示担保的存在，不应允许当事人通过占有改定的方式设定让与担保。通过公示明确担保物、担保债权的数额，并使第三人得以查阅，这样才能从根本上维护第三人的利益和保护交易安全；另一方面，通过物权法定原则禁止当事人设定流质契约，在物权的内容上课以当事人的清算义务，使清算程序法定化，从而能够努力克服动产让与担保的缺陷，发挥该制度应有的功能。

二、动产让与担保制度设立的必要性

国外的判例和学说对让与担保合法性的承认经历了一个曲折的过程，

㉗ 史尚宽：《物权法论》，中国政法大学出版社2000年版，第427页。

在克服了"虚伪表示"、"违反非占有质禁止"、"变相的流质契约"、"违反物权法定主义"等理论困惑以后,[28]通过信托行为理论、物权法定主义缓和说及公序良俗对暴利行为的规制,逐步实现了让与担保制度的合法化。[29]让与担保制度终于获得判例法的承认,并且在实践中普遍采用的原因在于,它具有传统担保物权无法比拟的优势,符合财产的债权化、财产的担保化,"担保权逐渐由以使用价值为目的过渡到以交换价值为目的"的发展趋势。[30] 具体表现在如下三方面:

(一)债务人可以继续占有、使用担保财产,[31]克服了传统质权必须移转占有的缺陷

动产让与担保制度产生的重要原因是为了克服传统的质押制度的缺陷,因为动产让与担保制度设立的根本原因就在于以动产出质必须移转质物的占有,这样质物将不能被使用,从而不利于充分发挥物的效益。例如,债务人要以其机器设备出质,就必须移转占有,但机器设备的移转占有造成了使用效率的低下和财产的损失浪费,表现在:一是债务人的机器设备只有债务人本身才能使用和利用,而其他人一般无法使用和利用,一旦移转占有,这些机器设备就必然闲置,就不可能再发挥这些机器设备的利用价值;二是这些机器设备移转占有之后,债权人还需额外花费一笔保管费用,尤其是在现代社会,被担保的债权往往是银行的贷款,债权人大多是银行,而银行由于其自身的特点不可能对机器设备进行有效的占有和管理,也不具有管理的能力;三是机器设备一旦闲置,不仅不能产生新的价值,而且会因闲置缺乏保养而折旧以及因技术发展而使其进一步贬值。因此产生了动产让与担保制度以克服上述弊病。在采用让与担保的情况下,债务人以自己的动产设立担保后,因为不必移转动产的占有,从

---

[28] MünchKomm/Oechsler, Anhang zu § § 929 – 936 Sicherungseigentum-Sicherungsübereignung, Rn. 3.

[29] [日]我妻荣:《新订担保物权法》,岩波书店昭和56年版,第563页。

[30] [日]我妻荣:《债权在近代法中的优越地位》,王书江、张雷译,中国大百科全书出版社1999年版,第三章"财产的债权化"。

[31] MünchKomm/Oechsler, Anhang zu § § 929 – 936 Sicherungseigentum-Sicherungsübereignung, Rn. 2.

而使自己可以继续占有和使用其动产，这就可以继续发挥财产的使用和利用价值。[32] 从债权人角度来说，由于债权人对标的物并不直接占有，而仅间接占有，所以对标的物不负保管义务，不必支付管理费用，这也更符合作为债权人的特点。

（二）债务人可以增强其融资信用，扩大其融资能力[33]

根据物权法定原则，担保物权的设定、类型、内容及公示方法都是由法律明确规定的，例如我国《物权法》、《担保法》对抵押、质押、留置的客体范围都作了明确的规定，但是，在实践中，许多集合物整体作为担保客体较之于其分解为单个的独立物用于担保更能体现其交换价值。所谓集合物，是指各个物并不丧失其独立存在的价值，但它们结合成为具有独立价值的一体，如商店里的全部商品、工厂里的全部机械设备。集合物作为担保的客体首先来自于立法的障碍，同时也是违反一物一权原则的。因为在集合物中各个物并没有丧失其事实上的独立性，它们形成为集合物也并没有损害其各自的经济价值，既然各个物并没有丧失其个性，即使在各个物形成集合物的情况下，所有人依然可以对单个物进行支配。所以许多学者认为，事实上的集合物，除法律另有规定外，不得单独为物权的客体，否则，必然破坏一物一权主义。所以，过去集合物作为抵押的现象较少。然而，这又会在一定程度上影响融资，因为单个物价值较小，特别是就动产而言，单个的动产价值不大，只有作为集合物才是有价值的。让与担保克服了传统担保物权客体范围的法定性和一物一权主义的不足，特别表现在集合财产（如库存产品、营业等）的担保上，尤其便利中小企业灵活便捷地担保融资。

（三）债权人在债务人不履行债务时可以直接实现担保权[34]

动产让与担保需要通过事先移转所有权的方式达到担保债权的目的，如果债务人不能清偿债务，债权人就可以直接获得该担保物的所有

---

[32] ［日］柚木馨编辑：《注释民法》（第9卷），有斐阁1981年版，第319页。

[33] MünchKomm/Oechsler, Anhang zu §§ 929 - 936 Sicherungseigentum-Sicherungsübereignung, Rn. 2.

[34] MünchKomm/Oechsler, Anhang zu §§ 929 - 936 Sicherungseigentum-Sicherungsübereignung, Rn. 2.

权,此种特点对债权人常常是有利的。一是债权人可以在债务人不清偿债务时直接获得所有权,而不需要经过拍卖和变卖的程序,从而使其节省一定的交易费用。二是在拍卖过程中,由于各方面的原因,将可能使标的物的价值与市价存在相当大的差距,尽管拍卖价格被低估的风险首先应当由债务人来承担,但对担保权人来说,也可能要承担不能使其债务完全受偿的风险。这一原因也决定了让与担保制度日益受到了债权人的青睐。

此外,让与担保的优点还在于,让与担保权人以所有权人的名义保有担保物并且优先受偿,排他效力更为强大,其效力处于优先顺位,债权人能受到更为充分的保护。

有一利必有一弊,让与担保具有巨大的优越性的同时也隐含着内在的风险,自其产生以来,学者对此种担保方式也提出了许多批评。有人认为此种方式实际上是一种通谋虚伪的意思表示,因为债务人将标的物的所有权移转给担保权人,仅仅只是一种形式,实际上并没有移转标的物所有权的意思,所以双方所实施的是通谋的、虚假的行为。[35] 也有人认为,让与担保是一种不移转占有的动产让与,等于动产抵押,为脱法行为。[36] 还有人认为,让与担保在设定时,标的物的所有权已经移转给担保权人,实际上是一种流质契约,因此是违法的。笔者认为,让与担保所急需克服如下两点缺陷:

1. 让与担保不存在一种有效的公示方法,主要体现在四个方面:一是由于客体的广泛性,很难建立统一的公示方式。二是由于占有改定导致的权利与占有相分离,占有人(债务人、设定人)就动产而言具有权利的外观,极易诱发无权处分的发生。三是由于外观与目的相背离,内在的担保目的缺乏有效的公示手段以制约担保权人的所有权,担保权人可以通过行使所有权任意处分标的物,设定人的权利不经公示无法对抗第三人。四是由于让与担保特别是动产让与担保的隐蔽性和优先性,致使债务人的其他债权人特别是无担保债权人处于极其不利的被动地位。在高额的

---

[35] 谢在全:《民法物权论》,台湾1991年版,第445页。

[36] 史尚宽:《物权法论》,中国政法大学出版社2000年版,第424页。

融资贷款中，一旦债务人破产，便没有多少剩余财产保留给无担保债权人以供分配，不利于保护一般债权人。[37]

2. 让与担保由于实现上的直接性容易诱发暴利行为，沦为变相的流质契约，对债务人显著不公。让与担保因债务人不能清偿债务时，担保物的所有权便不能赎回，因此，某些当事人很容易利用该形式作为变相的高利贷牟取暴利。且流质契约缩减债务人的责任财产，对于债务人的一般债权人的受偿也甚为不利。

以上法律特征决定了让与担保很难纳入传统的担保方式，因此，在我国要采纳动产让与担保的方式必须要在法律上寻找到一种有效的机制，克服上述动产让与担保所具有的缺陷。否则，采用这种担保方式，虽然对社会能够产生一定的经济上的作用，但也会对交易安全和秩序产生负面作用。至于此种方式是否为一种通谋虚伪的意思表示的问题，并不重要，正如史尚宽所指出的，“让与担保，虽有主张其为虚伪表示，然让与担保所有权于内外关系，均发生移转，债权人不过负有不违反信托的约款之债权的义务，其效力乃为当事人之所欲，并非虚伪表示”。[38]

从比较法上来看，迄今为止，让与担保虽然一直为判例与学说所承认，但各国民法典并没有将其作为一种担保物权加以规定。从立法层面来看，让与担保的认可无非采取两种方式，即法定化与习惯法[39]。笔者认为，采取习惯法的方式，有助于通过司法实践逐渐发展完善让与担保制度，并使得制度本身具有弹性。但是，这一方式也使得让与担保本身的规则具有一定的不确定性，也可能对法的安定性和司法的统一产生不利影响。而法定化的方式，虽然难免会导致规则的僵化，但是，也有助于实现规则的明晰，不仅有利于当事人明确其权利，而且有利于保持法官裁判的统一。

---

[37] 参见台湾大学法律研究所吴光明博士学位论文：《动产让与担保制度之研究》。

[38] 史尚宽：《物权法论》，中国政法大学出版社2000年版，第424页。

[39] 参见姚辉、刘生亮：“让与担保规制模式的立法论阐释”，载《法学家》2006年第6期。

三、关于公示缺陷的克服

物权作为一种对世权,具有强烈的排他性和优先性,因此,物权的设定和变动直接关系到第三人的利益和交易的安全。为了防止第三人遭受损害,保障交易的安全和秩序,除法律有特别规定的情况以外,物权的设定和变动必须予以公示,通过公示使物权秩序透明化,使第三人知道物权设定、移转的情况。

然而,动产让与担保方式迄今为止尚未找到一种合适的公示方法,这不仅是因为动产让与担保的客体极为广泛,很难找到统一的公示方法,而且是因为动产让与担保的客体主要是动产,动产又很难采用登记的方式。因为动产的生产在现代社会中往往是以大规模、集约化、标准化来进行的,成批成批的动产制造出来以后,使得每一个动产难以具有与其他的动产相区别的特定性。例如,一台"海尔"29 英寸的电视机,每天可以有同样型号的成千上万的电视机出厂,仅仅凭型号是很难使其特定化。这就使动产的登记变得十分困难。由于动产让与担保不能找到一种适当的公示方法,因此产生了如下的弊端:

一是易发无权处分行为。由于不能统一地公示,权利的变动及其存在的负担,对第三人都处于不透明状态,而且因为权利与占有相分离、手段与目的相背离的特点,让与担保极易诱发大量的无权处分和违约行为,损害当事人间的信赖关系并危及交易安全。就债权人而言,标的物为债务人所占有乃是让与担保之常态,倘若债务人有失诚信而擅自处分标的物,则担保权人便有丧失其担保之危险。[40] 由于担保的标的物没有移转占有,第三人很难知道交易的动产已经设立动产让与担保,且已移转所有权,第三人在受让标的物时也面临受到权利人追夺的风险。

二是易发多次设立动产让与担保。在债务人设定第一个动产让与担

---

[40] 王闯:《让与担保法律制度研究》,法律出版社 2000 年版,第 36 页。

保之后，由于当事人之间只是通过合同设定担保方式，而合同又具有不公开性，这样他人并不知道当事人之间已经设定了动产让与担保。如果在设定一个动产让与担保之后，债务人又在该动产之上设立数个动产让与担保，这必然会引发债务清偿的纠纷，危害交易的安全和秩序。

三是易发利用动产让与担保的方式逃避债务。在设立动产让与担保的情况下，设立人与债权人之间常常存在一种通谋的行为，即设立人将标的物的权利移转于担保人仅仅属于形式，实质上并没有移转标的物权利的意思，因此，属于双方通谋而为虚伪移转所有权的意思表示。[41] 这极容易导致债务人利用此种方式逃避债务。例如，甲拖欠他人债务达数百万元，甲有一辆汽车为乙设立动产让与担保，尽管乙对甲的债权仅有几万元，但因事先移转所有权则事实上使其他债权人无法对该汽车优先受偿。

关于是否进行统一动产让与担保登记的问题，历来存在很大争议。德国学者 Karin 认为："登记制度使小心翼翼的'潜在贷款人'有可能得到有关债务人财产上负担的可能情报，从登记簿上，贷款人可以得到所有担保债权人的姓名地址；必要时，借助债务人，也可以得到有关债务人的进一步情报。"[42]日本有学者主张，在登记实务中，以"让与担保"作为原因的所有权移转登记是可能的。[43] 只有专门的让与担保登记才能准确地反映担保财产上的多重权利的实际状态，同时宣示设定人的权利，从而强化设定人的地位，有效地制约标的物的名义所有人，并能够对抗交易第三人。登记制度也有利于避免债权人冲突，控制信用风险。登记制度使债务人的财务状况公开，第三人能够准确地判断交易风险，决定是否继续交易，从而避免相关的交易风险。这样有助于避免因为让与担保的隐秘性而导致的"破产之破产"的现象。[44]《美国统一商法典》（U. C. C.）就动产担保采

---

[41] 谢在全：《民法物权论》（下册），台湾三民书局 1995 年版，第 445 页。

[42] Karin Milger, Mobiliarsicherheiten im deutschen und US – amerikanischen Recht, S. 126.

[43] ［日］近江幸治：《担保物权法》，祝娅、王卫军、房兆融译，法律出版社 2000 年版，第 253 页。而大多数国家和地区由于传统登记制度与非典型担保的差异，让与担保只能在登记簿上代以买卖的原因而为登记。

[44] 吴光明："从美国 U. C. C. 第九章之 Secured Transactions 看让与担保"，载《中兴法学》1992 年第 4 期。

登记对抗主义,认为动产让与担保非经登记不得对抗第三人。我国台湾地区"动产交易担保法"借鉴美国模式,采书面登记对抗主义,其第5条规定:"动产担保交易,应以书面订立契约,非经登记不得对抗第三人。"奥地利1920年制定了关于动产担保的特别法,为了对当事人之间的关系予以明确并向第三者公示,实行"Verzeichnis"及"Liste"两种登记制度。[45] 德国1925年也企图将让与担保转换为登记质权,主张让与担保须经公开登记才发生效力。但受到工商界的强烈抵制,尤为贷款行业以及诸多贷款人所反对,1937年德国学者Lehmann主张贷款交易整体改革,提出让与担保应公开化。[46] 战后直到现在,德国不乏学者要求登记制度,研究美国登记体系在德国贷款担保法上的可行性。[47] 但目前德国的让与担保仍以"无公示担保"为主。

笔者认为,对于动产让与担保设立统一登记制度具有一定的合理性,登记是一种最完整的公示方法,通过登记确可以将让与担保设定和移转的信息向社会全面公开,从而有可能努力减少让与担保制度因为公示性缺乏而存在的缺陷。动产让与担保采用登记的困难在于:一是登记制度主要适用于不动产,因为不动产具有固定性、不可移动性、特定性等特点,这样一旦通过登记就可以正确披露出某个不动产之上设定和移转物权的信息。然而对动产来说,因其大多都是大规模、标准化生产出来的货物,某一件货物与另一件货物之间可能没有实质性的差异,因此不具有特定性的特点,各个货物彼此之间可以相互替代。这就决定了登记很难表彰出某一动产的特性。例如,一台同一品牌的电脑很容易为另一台同一品牌的电脑所替代。二是动产让与担保适用的对象大多是一种集合物,而集合物总是处于一种动态的生产和交易过程,其价值本身处于不确定的状态。即使集合物能够通过登记予以表彰,但登记并不能帮助确定担保物所具有的价值。三是因为动产让与担保通常是以企业的财产作为担保

---

[45] Arwed Koch, *Der Warenkredit der Banken und seine Sicherstellung*, G. Fischer, S. 121 ff.

[46] Lehmann, *Reform der Kreditsicherung an Fährnis und Forderungen*, 1937.

[47] 吴光明:"从美国U. C. C. 第九章之Secured Transactions看让与担保",载《中兴法学》1992年第4期。

的客体的，因此登记制度有可能暴露债务人的财务状况，从而遏制让与担保的适用，妨害信用流通。此外，第三人在交易时需要根据不同标的物到不同登记机关查询，无疑增加了交易成本，不利于鼓励交易。

笔者认为，动产让与担保必须要有一种法定的强制性的公示方法，不能允许当事人自由决定是否采用公示方法，也不能允许当事人仅仅通过相互之间的合同来设定动产让与担保。因为我国目前市场经济发育仍然不够成熟，交易秩序依然混乱，市场信用还未真正建立起来，如果允许当事人自由通过合同设立动产让与担保，将可能纵容欺诈以及当事人就同一财产设立多个动产让与担保的行为，其结果将使动产让与担保给社会经济带来一定的负面作用。这就有必要在法律上建立一种强制性的公示方法，要求当事人必须通过公示才能设定动产让与担保。[48] 但是考虑到动产让与担保客体的复杂性和多样性，对动产让与担保的公示方法不可强求一律，而可以在法律上采取多种公示方法。具体来说，可以包括如下几种：

一是登记。对某些已经建立起登记制度的财产可以采用登记的方法进行公示。例如，汽车、知识产权、股票等设立动产让与担保的，可以办理登记手续。登记制度可以弥补占有公示性不足的缺陷，有助于克服动产让与担保占有与权利相分离的弊病，从而防止无权处分的发生，稳定当事人间的关系，保护交易第三人。[49] 登记较之占有等其他公示方法更具优越性，在动产登记制度确立之后，登记已成为让与担保最典型的公示方法。但是，登记制度适用于动产让与担保的范围仍然是有限的，其无论如何扩张也不足以涵盖让与担保客体的全部，如债权、家庭用品等小型动产、形成中的财产等无法登记的财产。还有票据等财产权利有自身的公示方法，不可能采用整齐划一的登记制度。

随着互联网的发展，在网上登记日益成为一种重要的公示方法。动产让与担保应当设立专门的登记机关，在办理登记的过程中，应当在登记簿上注明“让与担保”。只有通过在登记簿上记载让与担保，才能对抗第三

---

[48] 余能斌、侯向磊：“我国动产担保登记制度的缺陷与完善”，载《法学》2001年第5期。

[49] 赵转：“关于动产抵押公示制度的法律思考”，载《河北法学》2000年第4期。

人,并有助于维护交易安全。有学者认为,让与担保权的登记应当借鉴美国法的经验,采用通知登记的方式[50]。在这种方式中,登记的不是担保合同或其复本,而只是一个通知,这一登记并不要求记载很多内容,而仅记载在所陈述的担保物上设有担保权益。通过通知登记,仅仅使得第三人知道担保权的存在。如果第三人需要知道详细而具体的信息时,还需要借助于辅助性的债务报告和担保清单制度,由债务人向担保权人请求对第三人披露登记中所没有包含的担保协议的详细内容。[51] 笔者认为,此种方法有助于简化登记程序,不过,其需要相关制度的配合才能发挥作用。

二是票据权利以背书交付为公示;存单、仓单、提单等权利以权利凭证的交付为公示;股权以在证券登记机关登记或记载公司股东名册为公示;等等。

三是在机器设备上标注。我国台湾地区"动产担保交易法施行细则"第16条设有"登记机关应于登记之标的物之显著部分烙印或贴标签以资区别"的规定。在设备上打刻注明已设定动产让与担保,也可以起到公示效果。

关于某些特殊的财产,如集合物、集合债权、财产综合体、正在形成中的财产权益,如何公示?笔者认为,可以比照集合物抵押、财团抵押、浮动担保等制度处理:特定的集合物应当制作抵押财产目录表并予以登记;不特定的集合物,如库存商品等,其标的物处于流动状态,存在着特定化和公示上的难题,可以确定特定的空间并为特定标识公示,或进行通知、公告;集合债权如债务人为同一人,以通知为公示,如债务人为数人,则以分别通知或公告方式为公示;财产综合体概括地为让与担保时,如营业的转让等,应类推浮动担保的规定,办理登记并通知、公告利害关系人,当特定事由发生时使担保财产特定化从而转化为特定担保;尚未形成法律权利的财产法益,如在建房屋、分期付款买卖中的期待权等,可以借助预告登

---

[50] 参见梁慧星主编:《中国物权法草案建议稿:条文、说明、理由与立法例》,社会科学文献出版社2000年版,第780页。

[51] 参见向逢春:"动产让与担保公示问题研究",载《求索》2013年第5期。

记的方式公示。[52]

四是让与担保合同必须以书面方式订立，且必须公证，始得生效。如德国学者 Lehmann 认为，书面形式可以证实让与担保契约订定之时刻。欧洲共同市场破产公约草案规定，如果让与担保契约以单纯书面约定时，让与担保之提供担保人将可产生破产上取回效力。[53]

由于让与担保的客体范围极为广泛，决定了其公示方法必然是多元的，而非一元的。鉴于我国已确立了动产抵押、权利质等制度，其客体范围覆盖了相当部分的财产，其公示方法在构造和功能上具有同质性，故应当类推适用于让与担保制度。

此外，还可以引入公证制度、权利证书制度、财产目录表制度以及推行权利证券化，以提单、仓单、票据等证券手段实现财产的公示和支配力的保留。[54] 总之，让与担保需要建立一个以登记为中心，多种公示方法并存的综合的多元的公示体系，才足以克服其公示性不足的缺陷。

四、关于流质契约的禁止

动产让与担保制度一直受到学者的批评，其中一个重要原因在于该制度极类似于流质契约。所谓流质契约（Befriedigungsabreden），是指抵押人和抵押权人事先约定，在债务清偿期届满而抵押权人未受清偿时，抵押物的所有权移转给抵押权人所有。[55] 我国《担保法》严格禁止流质契约，该法第 40 条规定："订立抵押合同时，抵押权人和抵押人在合同中不得约定在债务履行期届满抵押权人未受清偿时，抵押物的所有权转移为债权人所

[52] 关于权利保护的准备登记，德国法称预告登记及异议登记，瑞士法分债权预登记、处分权限制和暂时登记，日本法称假登记及预登记等，这些制度对于让与担保公示具有重要意义。

[53] 参见台湾大学法律研究所吴光明博士学位论文"动产让与担保制度之研究"。

[54] ［日］我妻荣：《债权在近代法中的优越地位》第 3 章"财产的债权化"第 3 节"动产的债权化"，王书江、张雷译，中国大百科全书出版社 1999 年版。

[55] MünchKomm/Eickmann, § 1149, Rn. 1.

有。"《物权法》第186条也有类似规定。法律禁止设立流质契约的主要目的在于保护抵押人,防止抵押权人乘人之危获取暴利,从而既可以公平地维护债务人的利益,也有利于保护其他债权人的利益。因为担保物若是通过市场进行拍卖或变卖,通过变价以后,由担保权人优先受偿,有剩余的可由其他债权人受偿,但如果标的物所有权转归担保权人所有,其他债权人则丧失了受偿的机会。在法律上,有关禁止流质契约的规定属于强行性规范,当事人不得通过协议加以改变。

就动产让与担保而言,让与担保的"私的实行"是非典型担保的一个重要特点。所谓"私的实行"方式是相对于"公的实行"方式而言,其主要特征在于完全根据契约自由原则,由当事人之间的协商合意来确定,而不必借助国家权力,通过法定的公开方式和程序进行标的物的拍卖处分。[56]就债权人如何受到清偿,动产让与担保可以分为清算型与非清算型两类。在非清算型让与担保中,当事人通过订立合同排除清算程序,在债务人不履行债务时,不就担保财产与债权之间的差额进行清算,该标的物所有权事先归债权人所有。这实际上使债务人或第三人将担保标的物的权利事先移转给债权人,所以,非清算型让与担保就是一种变相的流质契约。[57]此种做法极为容易导致债权人利用债务人的急需而牟取暴利,将设立动产让与担保作为一种高利贷的方式。

笔者认为,为了避免非清算型的让与担保变为流质契约,法律应当从如下两个方面对让与担保进行规制。

(一)通过法定主义模式使清算程序法定化

如果我国物权立法要承认让与担保的合法性,必须废除或禁止非清算型让与担保,也就是说,物权法应当规定当事人在设立动产让与担保时不得约定事项或事后移转担保物的所有权给担保权人,而必须使清算程序法定化,当事人应当负有清算义务。"二战"后,日本判例与学说经过多年的努力,承认了让与担保,并通过判例逐步在假登记担保权以及让渡担保

---

[56] 顾长浩:"论日本的让渡担保制度",载梁慧星主编:《民商法论丛》(第10卷),法律出版社1998年版,第526页。

[57] 李永军:"论破产程序中的取回权",载《比较法研究》1995年第2期。

权的实行方式方面确立了“清算原则”，学者称之为“在让渡担保权的实行方式上逐步从非清算型向清算型转变”。[58] 日本学者认为，判例最为努力地给让与担保以合理的担保内容，不用说是确立了清算义务和赎回权。[59] 尽管清算义务本属让与担保当事人间的约定义务，但现在日益有法定化的趋势，并为司法实践所普遍承认。

日本的经验值得我国立法借鉴，清算义务的确立，消除了让与担保的流质契约的倾向，并对当事人设立的动产让与担保契约进行了有效的规制。这就是说，在物权法上应当将清算程序作为法定的必经程序，担保权人负有法定的清算义务，当债务履行期届满，债权人应向债务人发出清算通知，对标的物进行变卖或折价。如果实行变卖，由债权人变卖标的物，以所得价款优先受偿，余额返还；如果实行折价，则双方协商折价，差额返还。

在规定清算程序的同时，还应规定债务人的回赎权的问题。赎回权是指从债务人不履行债务时起的一段期间内，债务人享有清偿债务赎回担保财产的权利。赎回权期间的终止标志，如果实行拍卖、变卖的，以标的物权利移转给第三人为准；如果实行折价的，以折价完毕支付清算金（价值差额）为准。在此期间内，担保财产的权利尚未发生终局的变动，赋予债务人赎回的机会，当事人双方各得其所，既有利于实现担保的目的，又稳定了既有的归属关系。

（二）通过法律行为制度对流质契约效力进行控制

如果当事人通过合同设立了非清算让与担保，其效力如何，学理上有不同见解。肯定说认为，流质禁止旨在防止债权人乘债务人之窘迫，以图暴利。而让与担保约定排除清算程序，旨在避免拍卖程序的烦琐严苛之弊端，以便利融资。禁止流质契约的规定只适用于质权而不能适用于其他形态的担保物权，禁止流质契约在根本上是一项错误的立法。[60] 否定说

---

[58] 顾长浩：“论日本的让渡担保制度”，载梁慧星主编：《民商法论丛》（第10卷），法律出版社1998年版，第526～528页。

[59] ［日］道垣内弘人：“日本民法的展开：判例形成的法——让与担保”，段匡、杨永庄译，载梁慧星主编：《民商法论丛》（第15卷），法律出版社2000年版，第463页。

[60] ［日］米仓明：《让渡担保之研究》，有斐阁昭和55年日文版，第57页。

认为,流质契约禁止为法律强行性规定,且其内容违反公序良俗,自当无效。各国民法无不对暴利行为严加控制。

笔者认为,我国《担保法》第40条及《物权法》第186条关于禁止流质契约的规定是必要的。一方面,该规定体现了民法的公平原则,有利于保护债务人。债务人因为一时的急需而需要借款,债权人就利用债务人的急需,以类似高利贷的形式订立流质契约,这对债务人是不公平的。另一方面,也有利于保护其他债权人。因为如果担保物的价值大大高于被担保债权的价值,则在进行拍卖、变卖以后,被担保债权的债权人优先受偿,也会有剩余的价值由债务人的其他债权人受偿。但如果不进入拍卖、变卖程序,而由债权人直接取走担保物,则对于其他债权人是不利的。所以,一旦在法律上规定了法定的清算程序,当事人设立的非清算型的让与担保就违反了法律的强行性规定,因此该约定是无效的。应当注意的是,流质条款的无效并不直接导致让与担保合同的无效,否则不利于正常的交易秩序和信用秩序的形成。违反公序良俗无效,系针对流质约定无效而言,而非让与担保全部无效,原债权债务及让与担保合同不因流质约定的无效而无效。[61] 因为一旦整个合同被宣告无效,不但当事人双方应相互返还,被担保的债权也处于无担保的状态,不利于鼓励交易和保障债权。

对于一些特殊的动产让与担保,如果法律没有规定清算义务,让与担保中的流质条款的效力可以通过法律行为制度予以规制,如以乘人之危和显失公平为由请求撤销,或通过公序良俗原则进行规制。当然,乘人之危和显失公平要受主观要件(一方具有利用他方急迫、轻率、无经验的故意)和当事人行使权利与否的限制,例如,受害人可能由于举证困难或迫于继续合作等现实因素而放弃主张撤销权。此时则需要法官在裁判过程中运用公序良俗原则予以干预,依职权审查让与担保行为的合法性,以有效地实现实质的公正。公共秩序谓为国家社会之存在及其发展所必要的一般秩序;善良风俗谓为社会国家之存在及其发展所必要之一般道德。[62]

---

[61] 刘春堂先生关于信托占有流质契约的论述。刘春堂:《动产担保交易法研究》,台湾三民书局1999年版,第266页。

[62] 史尚宽:《民法总论》,中国政法大学出版社2000年版,第334~335页。

公序良俗的规定性质上为一般条款,授权法官针对具体案件进行价值补充,以求获得判决的社会妥当性。其作用在于弥补强行性和禁止性规定之不足,以禁止现行法上未作禁止规定的事项。[63] 以外国公序良俗适用的案例类型来看,在许多情况下,信贷担保行为可能构成违反善良风俗的行为,如设定过度担保(Übersicherung)、危害其他债权人(Gläubigergefährdung)以及束缚债务人(Schuldnerknebelung)。[64]

禁止当事人设立非清算型的让与担保不仅有利于保护债务人,而且有利于保护其他无担保的债权人,这些债权人在了解到当事人设立了动产让与担保之后,可以请求法院宣告其无效,也可以依债的保全制度,主张撤销权,撤销其恶意低价处分行为,还可以依破产法上的撤销权,撤销其让与担保的恶意处分行为。总之,在承认动产让与担保的同时,也应当注重对于非担保人的其他债权人的保护。

五、按揭与让与担保

按揭与让与担保的关系十分密切,有人认为,从现代大陆法的观念来看,mortgage 与让与担保并无二致,所以日本学者将 mortgage 翻译成让与担保。[65] 我国台湾地区也有学者认为,mortgage 之本意为让与担保,目的在移转财产担保债务之清偿。[66] 有人甚至认为,按揭不过是让与担保的一种形式。正因如此,一些学者要求在物权法中设立动产让与担保制度,对按揭和让与担保作统一规定,理由是"许多地方已在房屋分期付款买卖中采用所谓的按揭担保,所发生纠纷因缺乏法律规则而难以裁决,因此有在物权法上规定的必要。如果物权法不作规定,将造成法律

---

[63] 梁慧星:"市场经济与公序良俗原则",载梁慧星主编:《民商法论丛》(第1卷),法律出版社1994年版,第52页。

[64] [德]迪特尔·梅迪库斯:《德国民法总论》,邵建东译,法律出版社2000年版,第522页。

[65] 许明月:《抵押权制度研究》,法律出版社1998年版,第47页。

[66] 刘得宽:《民法诸问题与新展望》,台湾三民书局1980年版,第397页。

与实践脱节,且实践得不到法律的规范引导,也于维护经济秩序和法律秩序不利”。[67] 也就是说,由于按揭的广泛采用,立法应当对此作出规定。但是,为何按揭的广泛使用,就一定需要设立让与担保制度呢?这是我们必须回答的问题。

笔者认为,鉴于按揭概念在实践中的使用比较混乱,因此,有必要弄清按揭概念的真正含义,并在此基础上厘清英美法上的按揭和大陆法上的让与担保的关系、我国实践中的按揭和让与担保之异同,然后才能决定在物权法设立让与担保制度后按揭的存废等问题。

按揭一语,转译自英语“mortgage”。“按”在广东话中有“押”、“抵押”、“压住不动”的意义。我国客家人常称“抵押”为“按”。[68] 康熙字典对“押”的解释是:“(又集韵)按也,一曰管拘也。”我国古代就有“质、押、典、当、按”等担保形式,其中,“按”主要在广东等南方省区使用,一般介于当、押之间,类似于质。[69]“揭”是英语 mortgage 后半部分“gage”的粤语音译。在英美法中,mortgage 由古语 mort 和 gage 复合构成,mort 源于拉丁语 mortum,意为“永久、永远”,gage 意为“质押、担保”,二者合在一起,便有“永久质、死担保”的含义。[70] 澳大利亚学者 E. A. Francis 指出,mortgage 是一种法律上财产或可以在衡平法上执行的动产或不动产的让与(conveyance)、转让(transfer)、授予(assignment),其目的是为了担保一定的款项支付,或给定的金钱债务的履行。香港学者何美欢教授认为,按揭是以合同构成担保,按揭给予受按揭人一项在担保物上的权益,而这项权益在按揭人清偿义务时要转还予按揭人的。[71] 我国大陆的按揭,通常仅限于商品房按揭,包括现房按揭和期房按揭(楼花按揭)。现房按揭,是指按揭人(购房人)为担保债务履行将其房屋的产权证书由房产开发商交付于

---

[67] 梁慧星主编:《中国物权法草案建议稿》,社会科学文献出版社 2000 年版,第 776 页。

[68] 戴炎辉:“吾国近世抵押权论”,载郑玉波主编:《民法物权论文选辑》(下),五南图书出版公司 1984 年版,第 527 ~528 页。

[69] 曲彦斌主编:《中国典当手册》,辽宁人民出版社 1998 年版,第 1121 页。

[70] Cheshire and Burn's, *Modern Law of Real Property*, 13th. ed. by E. H. Burn, Butterworths, 1982, p. 617.

[71] 何美欢:《香港担保法》(上册),北京大学出版社 1995 年版,第 181 页。

按揭权人（贷款银行）占有，以该产权证书所载明的房屋产权作担保（并由房产商作保证人）向银行贷款，于其偿还贷款后，取回其产权证书，于其不能偿还贷款时，将其产权证书所载明的房屋进行变价，或者由保证人即售房者向银行回购该房屋，以所得价款让银行优先受偿。期房按揭，是指在商品房建筑期间，预购人（按揭人）将其与开发商签订的《商品房预售合同》交于银行占有，并以此合同项下的权益作担保（并由商品房预售人作保证人）向银行贷款，于其依约清偿银行贷款的本息后，将该预售合同从银行处赎回，于其不能依约清偿银行贷款的本息时，由银行取得该预售合同项下的权益以清偿预购人对银行的欠款，或者由保证人承担保证责任。综合起来，按揭是指不能或不愿一次性支付房款的购房人将其与房产商的房地产买卖合同项下的权益抵押给银行，或将其因与房产商之买卖合同而取得的房地产权益抵押给银行，按揭银行贷款给购房人，并以购房人名义将款项交由房产商支付价款，若购房者到期不能还本付息，按揭银行将按揭财产变价并优先受偿，或由售房者（保证人）将该房屋回购，并用回购款偿付银行本息的一种担保方式。

关于按揭的性质，有抵押说、[72]准抵押说、[73]权利质说、[74]让与担保说[75]等。笔者认为，对于按揭的性质应具体问题具体分析。在现房按揭中，如果房产商与购房人之间没有所有权保留之约定，购房人实际上是以自己的房屋所有权作抵押向银行贷款，此时的按揭权性质应为抵押权；如果房产商与购房人之间订有所有权保留和分期付款条款，则在房款付清前，购房人尚未取得所有权，其仅取得一种特殊的法律地位，即于特定条件满足时，取得标的物的所有权。买受人的这种法律地位，有学者称之为期待

---

[72] 程力："楼宇按揭对我国抵押权制度理论发展的影响"，载马原主编：《房地产案件新问题与判解研究》，人民法院出版社1997年版，第15～16页。

[73] 吴传华："商品房预售中的按揭及其法律思考"，载马原主编：《房地产案件新问题与判解研究》，人民法院出版社1997年版，第48～49页。

[74] 刘晋："楼花按揭的理论研究与法律调整"，载马原主编：《房地产案件新问题与判解研究》，人民法院出版社1997年版，第6页。

[75] 王闯：《让与担保法律制度研究》，法律出版社2000年版，第131页。

权。[76] 因而这种以不动产物权的期待权为标的抵押,即权利抵押,可准用民法关于抵押的规定,应定性为准抵押。

关于期房按揭,由于房屋尚未建成,不具有物的独立性,也不能特定化。根据物权客体特定原则之要求,期房购买人尚无法享有物权或其他物权性权益,仅拥有一种基于合同的债权请求权。当然,在经过预售合同登记以后,买受人可享有物权,可以对抗第三人,但在此种权利之上所设定的担保只能是权利质。需注意的是,根据《城市房地产抵押管理办法》第34条第2款的规定,在商品房竣工且抵押人领取房地产权属证书后,须重新办理抵押登记,从而使得权利质押转化为房地产抵押。可见,按揭担保在不同的情形下具有不同的性质,我们应当在具体法律关系中进行把握。

为了进一步明确按揭的性质,加深对按揭与让与担保二者关系的认识,特对按揭与让与担保作如下比较。

按揭与让与担保的共同之处表现在:

第一,二者的起因和过程有相同之处。二者都是由于交易发展的需要,在交易习惯中逐步确立,并最终为判例所承认。大陆法上的让与担保的确立,以1880年10月德国帝国法院"为担保目的之买卖"的判例为标志。[77] 在我国,按揭作为一种担保形式,是在实践当中逐步发展起来的,并未获得立法的正式承认。可以说,按揭和让与担保都是非典型担保形式,而不是法律正式确认的形式。

第二,都具有担保的目的和功能。按揭与让与担保的设立目的都是为了担保债权的清偿。按揭是为了担保银行债权通过合同而设立的,Nottingham爵士曾一语道破按揭的本质:"根据自然正义和衡平,按揭权人的权利主要是对于借款的权利,其对于土地的权利仅仅是该借款的一种担保。"[78]动产让与担保也是通过合同来设立的,表面上,它是通过合同来

---

[76] 王轶:"所有权保留制度研究",载梁慧星主编:《民商法论丛》(第6卷),法律出版社1999年版,第610页。

[77] 王闯:《让与担保法律制度研究》,法律出版社2000年版,第77页。

[78] Thornboroutgh v. Baker(1675)3 Swan 628 at 630.

移转标的物的所有权,实际上,它同样是一种保障债权实现的担保方式。不仅如此,在法律效果上,二者实际上也都起着担保的作用。

第三,都有利于充分发挥担保物的效用。在现房按揭的情形下,债务人不仅可以继续占有房屋,而且可以对房屋进行现实的利用,如自住或出租,以充分发挥房屋的利用效率。而动产让与担保设立的原因之一,在很大程度上就是为了克服动产质权需要移转占有之缺陷,使动产在设定担保后仍然可以由债务人继续占有、使用,以充分发挥动产的效用。

第四,都伴随着某种权利的移转。在严格的普通法意义上,mortgage乃是给按揭权人(mortgagee)在受让的不动产上取得普通法之权源(title)之一种附条件让与或被限制之让与。[79] 在我国期房按揭中,预购人(按揭人)将其与开发商签订的《商品房预售合同》交于银行占有,并以此合同项下的权益作担保(并由商品房预售人作保证人)向银行贷款,于其依约清偿银行贷款的本息后,将该预售合同从银行处赎回,于其不能依约清偿银行贷款的本息时,由银行取得该预售合同项下的权益以清偿预购人对银行的欠款,或者由保证人承担保证责任。这与大陆法上的让与担保的构成极为相似。在动产让与担保的情况下,设定人事先要移转所有权和其他物权。债务人尽管仍然占有标的物,但实际上该标的物的所有权已经发生了移转。

唯应注意的是,为公平起见,因应对流质契约禁止之要求,两大法系无不在实行方式上发生过重大变革。[80] 英美法主要是通过衡平法的干预和成文法的规制实现的,特别是近代以来,以英国1925年财产法为标志终于确立了按揭担保的登记制度和清算程序,英美法的按揭在形态上则向大陆法的抵押靠拢;而大陆法则通过裁判中暴利行为和公序良俗条款的适用,以及法定清算义务的生成,促使流质型让与担保向清算型让与担保转化。

此外,随着登记制度的完善和对流质契约的规制,两者都相继产生了

---

[79] 刘得宽:《民法诸问题与新展望》,台湾三民书局1980年版,第376页。

[80] 美国法上按揭的实行方式有四种:(1)严格的消灭债务人之回赎权;(2)司法机关主持之拍卖程序;(3)当事人所主持之拍卖程序;(4)其他各州或法院所准许的特殊实行方法。其中第一种承袭普通法旧制,因有流质契约之嫌而受到严格限制。参见刘得宽:《民法诸问题与新展望》,台湾三民书局1980年版,第392~393页。

公示化和法定化的趋势。

按揭与让与担保的主要区别在于:

第一,适用范围不同。按揭是由格兰维尔式担保经过死质、普通法权原转移担保、衡平法权原转移担保、登记与清算原则导入发展而来的。[81]让与担保是由罗马法上的信托和日耳曼法的所有质、新质发展而来的。我国改革开放以来,由于特定的历史原因和社会条件,英美法的按揭通过香港的辐射渐次传来,实践中盛行的楼花按揭等制度即是借鉴香港的经验在房地产交易中逐渐形成的。但我国并不具备英美法的传统和相关制度支持,房地产按揭只能借助我国固有的法律资源和制度条件建立。在我国,按揭的适用范围较为狭窄,主要适用于房屋买卖关系。按揭贷款,根据当事人的特约,只能用于支付购房价款,它体现了按揭当事人通过合同将抵押贷款与不动产买卖紧密结合的交易特征。

而让与担保作为一种纯粹的担保方式,在国外,其适用范围极其广泛,几乎可以适用于各种交易方式,其所担保的债权也几乎无任何限制。当然,我国目前在实践中采用较少。

第二,客体范围不同。按揭标的虽不排斥动产,但通常以不动产为主。让与担保的标的虽以动产为主,但不动产、债权以及其他一切在法律上可让与的权益均无不可。仅就动产而言,让与担保的客体范围也较按揭广泛。

第三,法律关系的复杂程度不同。香港特区的按揭法律关系较大陆地区简单。在香港的房屋按揭中,银行与房产商不存在任何关系,房屋按揭仅限于购房人与银行之间;而在大陆的按揭中,房产商不仅介入按揭关系

[81] 在早期的英国法中,土地按揭更类似于一种不动产流质权,对于债务人十分不利。自查尔斯一世开始,按揭制度便受到来自衡平法的干预。衡平法的介入主要是针对将丧失土地作为按揭人未能清偿债务的惩罚的规则,其核心在于赋予按揭人以衡平法上的赎回权。1925 年英国财产法对按揭担保制度进行了革命性的变革,其最重要的有两点:一是引进大陆法中的登记制度,规定除将权利证书进行交存外,所有按揭担保的设定均须进行登记。二是废除按揭权人的赎回权取消请求权,对按揭权实行变价主义和清算主义,在债务人不履行债务时,债权人只能申请对按揭财产实行拍卖,或通过其他方式对按揭财产进行变价,只有在按揭财产不能实现变价时,法院才将按揭财产判与按揭权人。按揭的历史沿革可参见许明月:《抵押权制度研究》,法律出版社 1998 年版,第 48~51 页;王闯:《让与担保法律制度研究》,法律出版社 2000 年版,第 103~111 页。

而且居于重要地位。这是由我国社会经济发展程度、企业资信、个人信用等实际情况决定的。

我国大陆的按揭并非仅局限于担保，而是担保和不动产交易紧密结合的一种复杂的交易方式，涉及三方当事人之间的数个法律关系：一是购房人（按揭人）与房产商之间的房屋买卖合同（一般包含有所有权保留和分期付款条款）法律关系；二是购房人（按揭人）与银行之间的贷款合同法律关系；三是按揭人与银行之间的以所购房屋或合同项下权益为标的之担保合同（一般包含保险条款和房屋买卖合同及权利证书移转占有条款）法律关系；四是购房人与银行之间就划拨资金给房产商的委托合同法律关系；五是房产商与银行之间为保证清偿贷款的保证合同法律关系；六是房产商与银行之间的因按揭人不能偿付本息而按原房价的一定比例回购按揭房屋的回购合同法律关系。

让与担保所包括的法律关系与我国香港特区的按揭法律关系的复杂程度相当，但比我国大陆的按揭法律关系要简单得多。让与担保法律关系实际上仅指让与担保设定人（债务人或第三人）与让与担保权人（债权人）之间的担保法律关系。当然，其可能还内含着另外两个法律关系，即形式上的担保标的物买卖关系和标的物租回关系。

第四，有无登记制度不同。我国规定的按揭登记只能是抵押登记或预告登记，而不可能是让与担保登记。让与担保是在大陆法法定担保物权体系之外，为克服法定担保之弊端，由当事人以订立合同的方式设立，并且在受到正统理论长期歧视后，才最终经判例法承认而成为最具活力的非典型担保方式。动产让与担保迄今为止仍然没有找到一种理想的公示方法。这是其没有成为法定物权的一个重要原因。

第五，是否涉及第三人不同。按揭关系是以买卖、贷款、担保为轴心，数个合同结合在一起，三方当事人相互制约而形成的多重法律关系。当事人之间所订立的按揭贷款合同，究其实质，可以界定为以房屋买卖为原因，且有第三人（房产商）参加进来，按揭人（购房者）与按揭权人（银行）

通过契约联立的方式形成的一种新型交易类型。所谓契约联立(Vertragsverbindungen),[82]是指数个契约不失其个性而相结合,[83]可分为单纯外观的结合和具有一定依存关系的结合。[84] 按揭依其性质应为具有一定依存关系的结合。可见,我国的按揭是当事人通过契约自由,充分运用抵押、保证、回购等多种制度工具,将不动产买卖、贷款、担保紧密结合而创设的一种新型交易方式,而非一种单一的担保物权类型。我国按揭关系有第三人通过回购及保证约款加入进来,而让与担保不具备这种特征。

在我国的按揭中,按揭房屋的所有权事实上并没有发生事先移转,因此,在性质上,按揭并非就是一种让与担保。

通过比较,还可以看出,按揭更符合我国国情,表现在:一方面,由于没有事先转让所有权,银行并不享有对标的物的所有权,因此,其不能随便处分担保标的物,从而可以避免很多纠纷。这显然比让与担保事先移转所有权的方式更为合理。另一方面,由于房产商只有在贷款人还本付息后才能为之办理产权证,或者在办理产权证之后将该证书交由银行占有,待到购房人全部偿还贷款之后才将证书交付给购房人,这样在按揭银行、购房人以及房产商之间形成了一个非常均衡的相互制约与互动关系。这既能对购房人本身形成一种有效的制约,督促其按时还款,同时也能有效地防止银行、房产商随意处分房屋,危害购房人的利益。此外,房产商的保证和回购,也更有利于保障债权,维护信用秩序。而让与担保由银行取得房屋产权,其实未必对银行有利,实践中银行存在大量呆账坏账,取得的担保房屋特别是福利房、微利房不仅积压在手难以变现,而且还需支付大笔楼宇维护费用。房产商回购条款则不仅使债权人有效避免了变现风险,而且有利于细化分工、提高效率,即银行得以摆脱房产的包袱而专事经营货币业务,房产商经营房产业务的能力也得以充分发挥。因此,笔者认为,这种由我国实践中发展出来的交易方式显然比让与担保制度要更为优越。

---

[82] MünchKomm/Emmerich, § 311, Rn. 31.

[83] 史尚宽:《债法总论》,中国政法大学出版社2000年版,第11页。

[84] 王泽鉴:《债法原理》(第1册),中国政法大学出版社2001年版,第111页。

问题在于，如果我国解决了让与担保的公示方式和流质契约问题，建立起完善的让与担保制度，按揭制度的命运会如何？有人主张，我国应当建立统一的让与担保制度，取消房地产按揭制度而使其为让与担保制度所涵盖。[85] 笔者认为，让与担保与英美法的按揭（mortgage）具有相当的制度功能，引入大陆法的让与担保，自无英美法的按揭（mortgage）存在之必要，mortgage仅在我国香港地区发挥其作用足矣。而我国实践发展出的按揭制度虽然与让与担保在功能上有所交叠，但作为一种特殊的房地产交易融资担保方式自有其独特的个性，其实两者不分轩轾，各有利弊，如果先入为主地以让与担保的模式规范按揭关系，对在实践中活跃的按揭活动采取一概禁止的态度，则未免削足适履。按揭是当事人意思自治和交易习惯的产物，因此不妨在缔造让与担保制度的同时，留给当事人充分的选择余地，因为每个人都是自己利益的最佳判断者和守护者，会选择最适合自己的法律工具实现目的，好的法律也不应当越俎代庖，强加于人。至于按揭在实践中产生的一些问题，如银行通过格式条款使按揭人处于不利地位等，完全可以通过合同法、消费者权益保护法、司法裁量等制度来控制，而无须因噎废食，非以让与担保取代按揭不可。因此，按揭与让与担保在我国作为两个新生的担保方式，有其各自发展的空间，完全可以并行不悖，其背后则凸显出法定主义与意思自治两种调整模式的沟通与互动。

当然，也有观点认为，按揭应当法定化为一种新型的担保物权形式，在我国建立独立的“按揭权”制度。[86] 笔者认为，如上所述，我国的按揭本来就是抵押等既有的担保方式与其他合同关系组合而成，只是一种契约联立而已，其优越性也正在于契约的灵活性，尚无必要固定化、类型化为一种独立的新型担保物权。否则，任何非典型担保、非典型契约（无名契约）、契约联立都将应当被类型化为某种新型的典型契约（有名契约）、典型物权，则立法者不胜其烦，当事人的合同自由也将于无形中被剥夺殆尽。

---

[85] 王闯：《让与担保法律制度研究》，法律出版社2000年版，第448页。

[86] 黄志明、张琦：“论按揭的法律地位”，载《法学家》2001年第3期；宁教铭、陈群峰：“房地产按揭权法律性质探析”，载《河北法学》2001年第3期。

第四编 | 债和合同制度

民商法研究(第六辑)
第307~325页

试论合同法的新发展*

社会的变迁终究要导致法律的发展。美国学者霍贝尔指出:“法是一个动态的发展过程,在这个过程中,解决问题的方法很少是永久不变的。”①合同法作为调整各类交易关系的法律,“对于市场起着极大的支撑作用”,②同时也随着市场经济的发展而不断演化和发展。本文拟对当代合同法的发展谈几点看法。

一、从形式正义走向实质正义

合同正义,是指合同法应当保障合同当事人在平等自愿的基础上缔约和履约,并保障合同的内容体现公平、诚实信用的要求。千百年来,许多学者认为,“契约即正义”,因为契约意味着当事人要基于其合意移转财产,它是对暴力侵夺、武力侵占财物及各种野蛮行径的否定,是对交易秩序的确定。例如,罗尔斯在其《正义论》一书中指出,契约的安排体现了一种正义,契约

---

* 原载《江海学刊》2003年第2期。

① [美]E. A. 霍贝尔:《初民的法律》,周勇译,中国社会科学出版社1993年版,第314页。

② 琼斯等:《合同法》,美国1972年版,序言。

的原则就是“作为公平的正义”,它“正是构成了一个组织良好的人类联合的基本条件”。[③] 18世纪至19世纪的理性主义哲学认为,自由意志可以自然导向正义和公正。这一观点对许多大陆法的民法学者也产生了影响。许多学者认为,合同自由能够自然地保证双方当事人所为给付的合理和平衡。当事人如果在协商中不能获得自己认为是平衡的条件,就可以不再协商,而另外去寻找订约伙伴。[④] 因而合同自由与合同正义是不矛盾的。所以,18世纪至19世纪的近代民法在合同法中十分强调形式的正义而非实质的正义。所谓形式的正义即强调当事人必须依法订约,并严格遵守合同,从而实现契约的形式正义,至于订约当事人实际上是否存在着平等、一方是否利用了自己的优势或者对方的急需等与对方订约,或者履行合同时是否因一定的情势变化而使合同的履行显失公平等,均不予考虑。因此,近代民法极为强调合同自由,极力排斥国家对合同的干预。合同自由被奉为民法的三大原则,在民法中具有重要的地位。

然而,自20世纪以来,社会经济结构发生巨变,社会组织空前复杂庞大,垄断加剧,社会生产和消费大规模化,公用事业飞速发展,消费者、劳动者等弱势群体保护的问题凸显出来,由于市场经济的高度发展造成了民事主体之间在交易过程中的实质平等成为一个严重的问题。也就是说,一面是越来越多经济实力极为雄厚的大型企业、跨国公司,另一面是非常弱小的广大消费者和劳动者。尽管他们在订立合同时在形式上是平等的,但其谈判能力在实质上是不平等的。因此,实质正义受到越来越多的重视。正如有些学者指出,自20世纪以来,由于“发生了深刻变化的社会经济生活条件,迫使20世纪的法官、学者和立法者正视当事人间经济地位不平等的现实,抛弃形式正义而追求实现实质正义”。[⑤] 现代社会由于贫富差别的扩大、大公司的兴起以及消费者权益保护的迫切需要等,对维护合同的实质正义提出了迫切要求。这就导致了在合同法上出现了一些

---

③ [美]罗尔斯:《正义论》,何怀宏等译,中国社会科学出版社1988年版,第5页。

④ 尹田:《法国现代合同法》,法律出版社1995年版,第24页。

⑤ 梁慧星:“从近代民法到现代民法”,载《民商法论丛》(第7卷),法律出版社1997年版,第242页。

新的变化，例如，基于诚实信用等一般条款大量的附随义务衍生出来，以及侵权法在现代社会的扩张，传统的以当事人意思自治为核心的古典合同法理论在当代受到很大冲击。美国学者吉尔莫在《契约的死亡》一文中指出，允诺不得反悔原则和信赖利益的保护导致英美法传统对价理论的衰落，以对价为中心的契约理论的崩溃导致契约法向侵权法融合，大量的当事人约定之外的义务引入契约关系，“责任爆炸”使古典的契约法面目全非。此外，公共政策对契约法进行系统性掠夺，劳动法、反托拉斯法、保险法、商业规制和社会福利立法把原本属于契约法范畴的许多交易和境况，都划归到自己的调整范围。⑥ 针对现代社会合同关系发生巨变的现实，美国学者麦克尼尔提出了著名的关系契约理论，该理论继承了富勒的信赖利益保护学说，以法社会学的视角，分析了社会中现实存在的活的契约关系，认为社会关系本身存在其内在秩序，现代契约法要做的就是怎样将这种社会秩序赋予法的效力。⑦ 日本学者内田贵则在其《契约的再生》一文中对所谓的契约的死亡现象进行了反思，并以日本社会为样本分析了关系契约理论。

具体说来，合同法追求实质正义的努力，主要体现在以下几个方面：

第一，附随义务的产生。所谓附随义务，是指合同当事人依据诚实信用原则所产生的，根据合同的性质、目的和交易习惯所应当承担的通知、协助、保密等义务，由于此种义务是附随于主给付义务的，因此，称为附随义务。相对于给付义务而言，附随义务只是附随的，但这并不意味着附随义务是不重要的。相反，在很多情况下，违反附随义务将会给另一方造成重大损害，甚至可构成根本违约。如不告知产品的使用方法，将使买受人蒙受重大损害。附随义务不是由当事人在合同中明确约定的义务，而是依据诚实信用（Bona Fide，Bonne Foi，Good Faith）原则产生的，或者说，是诚信原则的具体体现。附随义务不仅仅是表现在合同的履行过程中，而且在合同成立以前以及合同终止以后，都会发生附随义务。附随义务的

⑥ [美]吉尔莫：“契约的死亡”，载梁慧星主编：《民商法论丛》（第3卷），法律出版社1995年版，第279页以下。

⑦ 傅静坤：《二十世纪契约法》，法律出版社1997年版，第55页。

产生实际上是在合同法领域中进一步强化了商业道德,并使这种道德以法定的合同义务的形式表现出来。这对于维护合同的实质正义起到了十分有益的作用。

第二,对格式条款的限制。格式条款的产生和发展是20世纪合同法发展的重要标志之一。19世纪中叶以来,由于垄断的加剧和公用事业的发展,现代大型企业为降低及控制生产成本,减少交易费用,往往预先设计一定的合同条款,对众多的交易相对人适用相同的交易条件,从而使格式条款日渐普及,进而大量流行。⑧ 至20世纪,由于科学技术的高度发展、垄断组织的蓬勃兴起,尤其是某些企业的服务交易行为(如银行、保险、运送等)频繁程度与日俱增,格式条款的适用范围日益广泛,已成为当代合同法中的一个重要发展趋向。格式条款的产生具有其经济上的必然性,它反映了现代化的生产经营活动的高速度、低耗费、高效益的特点。格式条款的采用可以使订约基础明确、费用节省、时间节约,从而大大降低了交易费用。但格式条款的的广泛运用,对合同的基本原则,即契约的自由原则产生了巨大的冲击。⑨ 到20世纪中叶,各国立法和判例大都高度重视对格式条款的规制,以色列、瑞典、英国、德国等更是单行立法,对格式条款施以种种限制,韩国、我国台湾地区等均在消费者保护法中设专节予以明定,其他国家如法国、意大利、荷兰、美国、日本等国因其一般法典已有相关或类似规定,而不再单独立法,仅是通过司法手段予以控制。有学者甚至认为,对格式条款进行限制,已经成为各国合同法上的重要课题之一,也是当今合同法发展的重要趋势。⑩

第三,合同相对性的突破。合同的相对性,或称债的相对性,是债或合同制度的奠基石,也是合同制度与民法中其他制度区别的重要标准。然而现代合同法已经突破了合同相对性原则,主要表现在以下几个方面:一是为了强化对消费者的保护,使合同关系之外的人对合同当事人承担责

---

⑧ 詹森林:"定型化约款之基础概念及其效力之规范",载《法学丛刊》第158期,第143页。另参见杜军著:《格式合同研究》,群众出版社2001年版,第15页。

⑨ [英]P. S. 阿狄亚:《合同法导论》,赵旭东等译,法律出版社2002年版,第14~26页。

⑩ Charles L. Knapp, Nathan M. Crystal: *Problems in Contract Law Cases and Matria*. s (Third Edition), Little, Brown and Company, 1986, p. 621.

任以及使合同当事人对合同关系之外的人承担责任。例如,在产品责任领域,为加强对消费者的保护,法国法承认消费者可享有“直接诉权”,对与其无合同关系的生产者、销售者提起诉讼。而德国法则承认了“附保护第三人作用的契约”以加强对消费者的保护。二是为了加强对债权人的保护,大陆法系国家广泛承认了第三人利益契约和债的保全制度。例如,《法国民法典》第 1121 条规定:“人们为自己与他人订立契约时,或对他人赠与财产时,亦得订立为第三人利益的条款,作为该契约或赠与的条件。如果第三人声明愿意享受此条款的利益时,为第三人利益订立契约的人不得予以取消。”此即为关于第三人利益契约的规定。此后的《日本民法典》、我国台湾地区“民法典”和我国《合同法》等也都规定了第三人利益契约。另外,法国、日本、我国台湾地区和我国民法也都规定了债的保全制度。三是赋予某些债权以物权的效力,使债权可以对抗第三人。例如,确认买卖不破租赁等规则,以加强对承租人的保护。

第四,对消费者权益保护的加强。民法在保护消费者权益的过程中一直占据着重要地位。在商品经济尚不发达的条件下,生产者为手工业者或者小作坊主,他们在经济上并不占据显著优越地位。在 15 世纪至 18 世纪期间,由于倡导自由放任主义和契约自由原则,因而在商人和消费者之间适用“买者当心”原则。[11] 直至 19 世纪初,法庭对商人与消费者之间签订的合同均采取不干预的态度。然而自 19 世纪以来,随着市场经济的发展,大公司、大企业对生产和经营的垄断不断加强。这些庞然大物般的大企业拥有强大的经济实力,消费者与其相比,在交换关系中明显处于弱者的地位。在科学技术、营销手段日新月异的情况下,消费者对商品缺乏足够的了解,缺少有关商品的可靠信息,同时又为各种宣传媒介的虚假信息所困扰,因而极易受到损害。20 世纪五六十年代,伴随着西方国家的经济繁荣,爆发了消费者权利运动。与此同时,各国立法都加强了对消费者的保护。[12] 对格式条款和免责条款的限制、强制缔约规则的建立等都是对消

---

[11] 参见苏号朋:“论契约自由兴起的历史背景及其价值”,载《法律科学》1999 年第 5 期。

[12] 参见钱玉文:“消费者的确立与演变——制度变迁视角的解读”,载《现代法学》2010 年第 1 期。

费者保护的措施。在邮购买卖、访问买卖、无要约寄送中,考虑到消费者可能是于未慎重或者匆促间所为的交易行为,基于公平的考量,各国多赋予消费者以后悔权。甚至对一些特殊合同的形式的特殊要求,以及将不正当影响作为合同撤销的原因等都是为了加强对消费者的保护。[13]

第五,对于劳工保护的加强。一方面,为了加强对劳工的保护,一些国家的法律对于雇佣合同规定了一系列限制性的规则,如最低工资标准、资方解除合同的限制及相应的补偿、对格式条款和免责条款的限制等。这就在一定程度上保障了作为弱势群体的劳工的利益。[14] 而在拉美国家,如巴西、哥伦比亚等,只要劳动合同终止(不管劳资哪方提出),雇主都要支付解雇费。另一方面,许多国家法律还普遍承认了集体合同的效力,这使得集体合同在西方的作用日益突出,国际劳工组织也制定了关于集体合同的公约和建议书,使之成为劳工争取权益的重要措施和手段。在签订劳动合同时,单个劳动者因是弱者而不足以同用人单位抗衡,这样就难免违心地接受用人单位的不合理条件,由工会代表全体劳动者签订集体合同,就可以改善在劳动关系中单个劳动者的地位,便于双方平等协商。

还需要指出,现代社会基于保障人权的需要,侵权法所保护的权利范围越来越大,主要表现在人格权、身份权和知识产权等更全面地受到侵权法的周密保护。人类进入20世纪后,由于科学、技术和管理知识在生产和社会发展中的作用与日俱增,知识产权成为侵权法扩张最快的领域,尤其是侵权法的范围从权利保护到一般法益保护的扩大,促使侵权法与合同法的交错和相互渗透。一方面,第三人侵害债权的产生,侵权法向债权保护的扩张使两者发生密切的联系;另一方面,一些特殊的侵权行为,如产品责任、医疗事故、专家责任等大量出现,而合同义务也因为大量的非约定义务的衍生而日趋扩张,从而导致违约责任和侵权责任竞合的现象大量涌现。正因如此,有学者认为,"契约关系似乎已经开始向外延伸到与侵权法上的一般关系(不特定的人对特定义务的违反,而在契约关系中则

---

[13] Epstein, Gregory Kalven, *Cases and Materials on Torts*, little Brown and Company, Introduction, 1984, p. 1262.

[14] 詹森林:《民事法理与判决研究》,中国政法大学出版社2002年版,第413页。

表现为特定的人对非以合同为基础的义务的违反）难以截然区分的程度，从而使合同之债与侵权之债之间的壁垒行将解体，并使19世纪精心构筑起来的完整而封闭的契约法体系摇摇欲坠。有人说，契约法不是正在走向死亡，就是将"被吞噬在侵权法的古老而常新的范畴中去"。⑮ 当然这种说法未免有些夸张，但侵权法与合同法的交错和相互渗透的现象却是合同法发展的一个重要趋向，它对于保障民事主体的合法权益提供了全面补救的手段。

二、对合同自由的限制趋势

德国学者海因·科茨等指出："私法最重要的特点莫过于个人自治或其自我发展的权利。契约自由为一般行为自由的组成部分……是一种灵活的工具，它不断进行自我调节，以适用于新的目标。它也是自由经济不可或缺的一个特征。它使私人企业成为可能，并鼓励人们负责任地建立经济关系。因此，契约自由在整个私法领域具有重要的核心地位。"⑯意思自治是私法的基本原则，也是私法与公法相区别的主要特征。正是因为私法充分体现了意思自治原则，才能赋予市场主体享有在法定范围内的广泛的行为自由，并使市场主体能够按照自己的意志从事各种交易和创造财富的行为。在此基础上，财富得到不断的增长，市场经济才能逐渐繁荣。私法自治原则在合同中的具体体现就是合同自由原则。因此，合同自由原则是合同法中最基本的原则，也是鼓励交易、促进市场经济发展的必要条件。

然而，自20世纪以来，由于资本主义自由竞争不断走向垄断，资本主义社会发生了世界性的危机，凯恩斯主义的经济政策应运而生。凯恩斯主义的基本经济观点是，承认资本主义制度存在着失业、分配不均等缺

⑮ 傅静坤：《二十世纪契约法》，法律出版社1997年版，第1页。

⑯ ［德］罗伯特·霍恩、海因·科茨、汉斯·莱塞：《德国民商法导论》，楚建译，中国大百科全书出版社1996年版，第90页。

陷,认为自由主义的经济理论和经济政策是产生危机的原因,主张政府应加强对经济生活的干预。在两次世界大战以后,一些主要资本主义国家在其经济政策中相继采纳了凯恩斯主义,以扩大政府职能,加强对经济的全面干预。在法律领域,合同自由原则因国家干预经济的加强而受到越来越多的限制,因此,对合同自由的限制成为20世纪以来合同法发展的一个重要趋向。

概言之,对合同自由的限制主要体现在如下几方面:

第一,意思主义的衰落。19世纪大陆法系合同法深受德国理性主义哲学的影响,采纳的是意思主义理论。该理论认为,意思表示的实质在于明确行为人的内心意思,表示行为只不过是实现行为人意思自治的手段。然而自19世纪末期以来,国家对社会生活的干预不断加强,因此意思主义逐渐衰落,表示主义理论应运而生。根据表示主义理论,法律行为的本质不是行为人的内心意思,而是行为人表示的意思,在确定行为人的真实意图时,不能仅仅局限于对当事人真实的内心意思的探讨,而应当特别重视其外部的表示行为。《德国民法典》就采取了表示主义,该法第157条规定,"契约的解释,应当遵守诚实和信用的原则,并考虑交易上的安全"。

自20世纪以来,大陆法系的民法更注重意思表示的客观意义,即外在表示的客观内容,在合同解释方面出现客观化的趋势以及对一些特殊交易必须符合形式要件的要求。[17] 另外,大陆法系各国还普遍赋予法官极大的自由裁量权,对合同自由进行干预,德国法形成了"审判官形成权"(Richterliches Gestaltungsrecht),"使法律能针对个人经济与社会力量不可松散之结合,给予衡平,借此行使契约之规范,保护经济地位弱者之生存基础。这种法理殆为自然法思想之实现,以求法律之社会妥当性(社会正义)之具体化者。审判官形成权之承认委以法院,在衡平原则下,具有契约内容改订之权,较一般情势变更原则,更进一步"。[18] 法官自由裁量权的扩大,使其可以根据公平和善意的观念来干预当事人的合同关系,调整当事人之间的合同内容。应当指出,基于合同自由原则,当事人仍然具有广

---

[17] 宋耀江:"论合同的解释",载《现代法学》2000年第2期。

[18] 苏俊雄:《契约原理及其适用》,台湾中华书局1978年版,第24~25页。

泛的权利通过其合意调整其关系，在合同条款没有作出规定，或者约定不明的情况下，法官虽然可以通过合同的解释填补合同的空白，但在合同中，这种解释不得明显违反当事人的意志，不得与当事人的约定相违背。

第二，对合同缔结的强制。古典的合同理论认为，合同自由意味着不得给当事人强加任何订立合同的义务，无论是在立法中还是在司法中，都不得给当事人强加此种义务，否则是违背合同自由原则的。[19] 而现代合同理论已经改变了这种看法，强制订约义务成为现代合同法发展的一个重要趋势。[20] 强制缔约又称为契约缔结之强制，或强制性合同，是指在若干特殊之情形，个人或企业负有应相对人之请求与其订立合同的义务，即对相对人之要约非有正当理由不得拒绝承诺。这就是德国法所提到的强制契约（Zwangsvertrag）或契约缔结之强制（Kontrahierungszwang）。[21]

在大陆法系国家，公共承运人，供电、水、气等具有垄断性的公用事业部门均不能拒绝消费者或者客户的要约。这主要是由于这些部门居于垄断地位，如果使他们与一般的商品或服务提供者一样享有承诺的权利，那么，一旦消费者的要约被拒绝，要约人将无法从它处获得服务或商品，其需求得不到满足，生活得不到保障。因此，为保护消费者利益而确立了居于独占地位的公用事业部门的强制缔约义务。在英美法系，也有同样的规定。如在美国，法律出于反垄断、保护正当的竞争、反种族歧视等目的，也规定了强制订约义务。[22] 我国法律也有相关规定。例如，我国《合同法》第 289 条规定，“从事公共运输的承运人不得拒绝旅客、托运人通常、合理的运输要求”。《电力法》第 26 条第 1 款规定：“供电营业区内的供电营业机构，对本营业区内的用户有按照国家规定供电的义务，不得违反国家规定对其营业区内申请用电的单位和个人拒绝供电。”

---

[19] Friedrich Kessler and Edith Fine, Culpain Contrhendo, Bargaining in Good Faith, and Freedom of Contract: A Comparative Study, 77 *Harvard Law Rev*. 1964, p. 409.

[20] 2F. Hanrper, F. James & O. Grary, Law of Torts, 6. 13 (2d ed. 1986). Turner, The Definition of Agreement Under the Sherman Act: Conscious Parallelism and Refusals to Deal, 75 *Harvard, L. Rev*. 655, 689 (1962).

[21] 郑玉波主编：《民法总则论文选辑》，五南图书出版公司 1984 年版，第 137 页。

[22] Fansworth on Contract, p. 203.

第三,对于合同形式的必要限制。古代法律普遍注重合同的形式,而忽视合同的内容,合同如果不采取一定的形式,将导致合同不能成立。但随着交易的发展,现代合同法越来越注重交易形式的简化、实用、经济、方便,从而在合同形式的选择上不再具有重视书面、轻视口头的倾向,而是根据实际需要,对有些合同规定为书面,对有些合同规定为口头。[23] 正如海因·克茨指出的,“在欧洲所有国家的法律中,都有关于在缺少特别形式时使某种合同无效的规则。这种规则一般被视为例外规则,一般原则不要求具有特别形式。实际上,在大多数国家的民法典中,这一原则都是很明确的”。[24] “今天对于我们来说不言自明的是,合同不应该要求具有任何特定形式,即使是口头合同也是可履行的,这一点已经得到广泛的认可。”[25]对于合同形式,法律大都允许当事人自由选择。当事人自由选择合同的形式已经成为了合同自由的重要组成部分。但这是否意味着合同形式在现代法中越来越不重要了呢?事实并非如此,正如《德国民法典》的立法理由书所言,“遵循某种形式之必要性,可给当事人产生某种交易性之气氛,可唤醒其法律意识,促使其三思,并确保其作出之决定之严肃性。此外,遵守形式可明确行为之法律性质,仿佛硬币上之印纹,将完整的法律意思刻印在行为上面,并使法律行为之完成确定无疑。最后,遵守形式还可永久性保全法律行为存在及内容之证据,并且亦可减少或者缩短、简化诉讼程序”。[26] 尽管现代合同法重视交易的简捷和迅速,但同时也重视交易的秩序和安全,这就需要对合同的形式作出一些特定的要求,以督促人们正确、谨慎地缔约。尤其是由于许多合同涉及国家利益和社会公共利益,法律需要通过形式要件的特别要求对这些利益进行特殊保护。此外,现代合同法基于保护消费者和弱者的利益的考虑,也对某些合同提出

---

[23] 苏惠祥主编:《中国当代合同法论》,吉林大学出版社 1992 年版,第 91 页。

[24] [德]海因·克茨:《欧洲合同法》(上卷),周忠海等译,法律出版社 2001 年版,第 112 页。

[25] [德]海因·克茨:《欧洲合同法》(上卷),周忠海等译,法律出版社 2001 年版,第 113 页。

[26] [德]迪特尔·梅迪库斯:《德国民法总论》,邵建东译,法律出版社 2001 年版,第 461 页。

了书面形式的要求。在最近的几十年里,在消费者信贷合同、住房租赁合同、全包度假合同、培训合同等合同中越来越要求采取书面形式,形式上的要求又一次升温。有些学者将此种现象称为“形式主义的复兴”(renaissance de formalisme)。[27]

第四,默示条款的产生。英美合同法认为,除了双方曾明示之条款外,契约之内容亦可能自其已有之内容衍生出其他条款,或经习惯或经法律或经法院之推论而成,此即所谓默示条款。[28] 默示条款可分为:事实上的默示条款、法定的默示条款和习惯上的默示条款。默示条款是英美合同法自19世纪末期以来发展的一项制度,该制度突破了法官不得为当事人订立合同的原则,通过法官行使自由裁量权将大量的当事人约定之外的义务引入合同关系之中,从而达到平衡当事人之间权利义务的目的,在一定程度上限制契约自由,维护合同正义。特别是某些法定的默示条款不得为当事人约定所排除,从而对不公平条款进行必要的限制,以保护合同关系中的弱者。默示条款的产生对合同自由形成了极大的挑战,而且给予法官很大的自由裁量权。

此外,许多西方国家颁布一些强制性法规,例如,为了限制垄断、平抑物价、维护竞争秩序,西方国家制定了很多反垄断和维护自由竞争的法律,这些法律本身就是对合同自由的限制。同时,法律还指定或专门设立具有准司法性质的行政机关,对合同进行监督、管理和控制,[29]如设立公正交易委员会,以维护公正交易,设立反垄断机构,以维护自由竞争等。所有这些都是限制合同自由的措施。

三、科学技术的突飞猛进对合同法提出的挑战

20世纪是人类科学技术突飞猛进的时代,现代网络通信技术、计算机

---

[27] [德]海因·克茨:《欧洲合同法》(上卷),周忠海等译,法律出版社2001年版,第114页。

[28] 杨桢:《英美契约法论》,北京大学出版社1997年版,第286页。

[29] 王家福主编:《民法债权》,法律出版社1991年版,第270页。

技术、生物工程技术等高科技的发展对风车水磨时代的19世纪的民商法,甚至是自然经济状态下的罗马法中产生的民商法的挑战无疑是革命性的。这些挑战的一个突出表现就是电子商务的发展对合同法的冲击。

随着网络的迅速发展,电子商务成为未来贸易方式发展方向的代表,[30]其前景十分广阔,而电子商务交易也对合同法的规则形成了挑战。这主要表现在电子数据交换和电子邮件是否可以作为书面形式,以电子数据交换和电子邮件订约在要约、承诺等规则上是否有所改变,以及如何完成电子签名,如何对电子商务中的格式条款进行限制等方面。许多国家制定了专门的有关电子商务的法律规则,以调整当事人在利用网络从事订约的行为。也有一些国家修订合同法中合同订立的规则,以及扩大合同书面形式的范围,从而将电子商务交易纳入合同法调整的范围。我国《合同法》在"合同的订立"一章中对此也作出了相应的规定。

电子商务的发展也对消费者的保护提出了更高的要求,正如经合组织(OECD)《关于电子商务中消费者保护指南的建议》所言:"全球性的网络环境对每一个国家或其法律制度解决电子商务中消费者保护问题的能力提出了挑战。"[31]从合同法的角度来看,因电子商务的发展,也必然要求在合同法中进一步强化对消费者的保护。这主要表现在如下几个方面:

第一,在缔约过程中,法律要求出卖人对消费者负有完全的披露义务,在订立合同之前必须在"互联网"上就出售的产品对消费者作出说明。例如,欧盟《关于内部市场中与电子商务有关的若干法律问题的指令》明确规定,各成员国在其国内立法中须规定,除当事方均为专业人员且另有约定以外,服务供应商应在合同缔结之前明确无误地对电子合同的缔结方式给予解释说明。而欧盟《远程契约指令》(Directive97/7/EC)第4条第1款更进一步规定,经营者在通过互联网与消费者订立合同时,有告知消费者以下信息的义务,即经营者的名称、地址、买卖条件,而买卖条件的内容

---

[30] 甚至有许多学者认为,在2010年前,通过计算机谈判与缔结商贸合同可能成为国际通例。

[31] 经合组织《关于电子商务中消费者保护指南的建议》,参见上海信息化办公室编译:《国内外信息化政策法规选编》,中国法制出版社2001年版,第99页。

必须列明所提供商品或服务的主要特质、税款、运费(如适用)、付款方式、运送方式、要约与价格之有效期间、解除权的相关内容等。即使法律对出卖人的披露义务未作出相应的规定,依据诚信原则出卖人也应该负有此种义务。[32]

第二,在缔约过程中,如果交易的一方为消费者,对消费者的承诺规则有所改变,即消费者对通过网络购买的商品或接受的服务必须明示同意,仅仅只是默示表示同意不能认为消费者已经做出承诺。例如,美国《全球与全国商务电子签名法》第101条中规定,使用电子记录向消费者提供交易信息,必须得到消费者的明示同意,而且其前提是:必须事先向消费者充分说明消费者所享有的各项权利以及消费者撤销同意的权利、条件和后果等;消费者确实获得了调取与保存电子记录的说明与能力;有关调取或保存电子记录的任何变化都应通知消费者,在发生变化的情况下,消费者享有无条件撤销同意的权利。[33] 如果没有获得消费者明示的承诺,销售商或提供服务的一方不能主张合同已经成立。

第三,关于合同解除规则也有所变化。如果通过网络交易的一方为消费者,消费者通过"互联网"正式订立合同之后,即使其已接受所订购的商品也可以在一个特定期间内撤回该合同。如果消费者在订立合同后对其约定的服务不再感兴趣,在一定期限内也有单方面解除合同的权利。例如,法国1988年7月6日的法律规定,"远程买受人有权在收到其订货后7天之内,将其购买的商品退还给出卖人并要求退回货款等"。欧盟的有关法律规定:"自接到货物之后7天之内,或服务协议签订之后7天内,消费者有权行使反悔权,无偿退回商品。"[34]法律规定退货期或反悔期的原因在于:一方面,在普通购物中,消费者能够直接见到实物,但在网上购物时,因为消费者无法看到商品的实物,只能根据在网上提供有关商品的信息来选购商品。由于网上购物既不能与消费者面对面谈判,又不能见到

---

[32] Directive 97/7/EC, Art. 4.

[33] 美国《全球与全国商务电子签名法》,参见阚凯力、张楚主编:《外国电子商务法》,北京邮电大学出版社2001年版,第2~4页。

[34] 欧盟1997年5月20日"关于远距离销售的指令"第6条。

实物,极容易受到生产者在网上做出的各种广告的误导。因为多媒体形式的电子商务广告更符合客户的视听感受,虚假广告更容易达到以假乱真的效果。[35] 如果不允许消费者退货,很难防止欺诈。规定退货期有利于消费者全面了解商品的性能与质量,也有利于防止欺诈。另一方面,这也充分保障交易双方的信息对称。因为消费者在实际获得实物以前,他并不能占有商品,因此无法了解商品完整的信息,而经营者则实际占有着商品,对商品信息有充分的了解。这样双方对商品信息的占有是不对称的。允许有一个合理的退货期的目的就是使消费者充分了解商品的性能并最终做出是否选购的决定。由于法律规定了退货期和反悔期,使得通过网络订立的合同在合同解除规则方面有一定的变化,即赋予了消费者在一定期限内的单方解除合同的权利。

第四,对格式条款进行严格的规范和限制。随着电子商务的发展,交易主体急剧增加,交易范围日趋扩大,有关合同纠纷也在不断增加。在订立电子合同中,由于当事人没有进行面对面谈判,合同的内容很难准确确定。即使采用EDI形式,也只是对主要条款作出了规定,不可能对电子商务所涉及的所有法律问题,如法律适用、诉讼管辖、纠纷解决方式等作出规定。更何况在使用互联网订约的情况下,本身就没有示范性的合同,内容也不规范,很容易发生纠纷。特别是一些网络经营者经常规定一些不公平的格式条款而迫使对方接受。对于这些格式条款,消费者只能接受或者拒绝,而不能讨价还价。这种格式化的条款有的是采用俱乐部章程的形式,有的是采用顾客须知的方式,还有的是采用网站规则的形式出现。因此,需要通过立法对电子商务中的格式条款作出必要的规定。正如一些学者所指出的,成文法可以在广泛的领域中确立稳定的电子商务法律关系,从而使参加电子商务的各类团体及个人在进行电子商务活动之前就对其行为的法律后果作出准确的估计并对该后果的有效性、安全性

---

[35] 赵廷光等:“电子商务安全的几点刑法对策”,载国家信息化办公室:《电子商务立法论文集》,第99页。

给予充分信赖。[36]

四、诚实信用原则的发展对合同法的影响

20世纪以来，诚信原则在大陆法系国家民法中得到迅速发展，已经成为合同法中至高无上的帝王条款。1907年《瑞士民法典》在第2条明确宣称："任何人都必须诚实、信用地行使权利并履行义务"，该规定确定了现代合同法的最高原则。此后，日本等国家的民法典也纷纷效仿。诚信原则的确立不仅打破了以意思自治和合同自由为中心的封闭的合同体系，同时"带动了其他如'情势不变条款'、'交易基础消灭'和'权利滥用'等一系列新的一般条款的确定，从而以一般条款作为一个整体，把利益衡量原则带入了私法的理论和（更重要的）实践当中，对立法、法律解释和司法起了不可低估的作用。"[37]

在美国，将诚信原则作为履行义务的标准确定下来始于1933年的一个案例。在该案中，法官认为，"在每个合同中均有一项默示的条款，即各方当事人均不得从事毁灭、侵害另一方当事人获得合同的成果，这意味着在任何一项合同中，均包括诚实信用（good faith）和正当交易（fair dealing）的默示条款"。[38] 在以后的一些案例中，也都涉及诚信原则的运用。[39] 美国《统一商法典》第1—203条规定："本法所涉及的任何合同和义务，在其履行或执行中均负有诚信之义务。"在该条的正式评论中称，根据该条，诚信原则贯穿于整个统一商法典。在《统一商法典》第2—103条的规定中又对诚信原则作了具体解释："对商人而言，诚信系指忠于事实真相，遵守公平买卖之合理商业准则。"根据该法第1—102条，依诚信原则所产生的义务，属于法定的强行性规范，当事人不得通过其协议加以改变。由此可

---

[36] 陈凌："电子商务若干法律问题研究"，载国家信息化办公室：《电子商务立法论文集》，第99页。

[37] 傅静坤：《二十世纪契约法》，法律出版社1996年版，第16页。

[38] Kirke La Shelle Co. v. Paul Armstreng Co. 263 N. Y. 79, 188 N. E 163(1933).

[39] Westem Oil & Fuel Co. v. Kemp, 245 F2d 633(8th Cir, 1957).

见,在英美法中,尤其是在合同法中,诚信原则也是一项重要的原则。

具体说来,诚信原则对合同法的影响主要体现在如下几个方面:

第一,合同义务的扩张。诚信原则作为基本原则的采用,不仅表明道德和伦理的规范在民法中得到了更高的重视,而且也表现在通过适用诚信原则而扩大了合同义务的内容,这主要表现在从诚信原则中产生的附随义务有助于在商业交易中强化商业道德和商业信用,同时通过诚信原则的适用而强化了国家对私法关系的干预。

第二,情事变更原则的产生。《德国民法典》在制定时坚持了"合同必须严守"的原则,认为合同缔结以后,一方或双方当事人所享受的权利或承担的义务非依法律的规定,不得变更或解除。尽管在《德国民法典》公布之前,普鲁士普通法已包括了部分有关"情事变更原则问题"的立法,且在司法实践中采纳了这一原则,但《德国民法典》却明确排斥了情势变更原则。然而,《德国民法典》排斥情势变更原则的观点在第一次世界大战以后受到了挑战。当时德国经济陷入困境,货币大幅度贬值,货物奇缺,物价暴涨,这样,因为物价飞涨引起了许多经济上履行不能的问题,而《德国民法典》又明确排除了经济上的履行不能。为此法院从实际需要出发,一方面充分发挥法律解释的功能,通过对现有法律规则(如给付不能、意思表示错误、瑕疵担保等)进行扩大解释或类推解释,以暂时解决情势变更原则所要解决的问题;另一方面,德国法院在借鉴学者关于"情势变更"理论的基础上,创设了所谓"法律行为基础"制度,成为近60年来德国民事实务上处理一切情势变更原则问题的固定法律依据。同时,在第二次世界大战以后,德国也颁布了一系列特别立法,如《第三次紧急租税命令》、《抵押权及其他请求权增额评价法》、《第三次新订金钱性质法》、《法官协助契约法》等,这些特别立法都涉及情势变更原则。特别是1952年的《法官协助契约法》明确规定:对于1948年6月21日前(币制改革以前)发生的债务关系,由法官协助合同当事人成立一项新协议,如不能成立协议时,则直接通过裁判来代替当事人所订立的合同。[40] 2002年1月1

---

[40] 梁慧星:《中国民法经济法诸问题》,中国法制出版社1999年版,第213~214页。

日，德国颁布了《债法现代化法》，对民法典债编部分作出了重大修改，新法第275条第2款已经明确采纳了情势变更原则。

第三，缔约过失责任的发展。缔约过失责任（culpa in contrahendo, fault in negotiating）制度的产生和发展是19世纪下半叶尤其是20世纪以来债法发展的一个重要表现。耶林的缔约过失学说也对现代大陆法系许多国家的立法和判例产生了较大的影响。在某些国家，法官通过判例法对缔约阶段的当事人加强了保护。也有些国家通过立法明确采纳了缔约过失理论，如《德国民法典》第311条第2款，《希腊民法典》则明确规定，在缔约阶段，当事人应遵循诚实信用原则，因一方的过失而使契约未成立应负损害赔偿之责。[41] 缔约过失责任理论对意大利民法典的制定也是不无影响的，该法典第1337条对“谈判和签约前的责任”规定为：“在谈判和缔结契约的过程中，双方当事人应当根据诚信原则进行之。”第1338条规定：“知道或者应当知道契约无效原因存在的一方，没有将其通知另一方，则该方要为此就对方在契约有效期内基于信赖、没有过错而遭受的损失承担赔偿责任。”该规定实际上一般性地肯定了缔约过失责任。《欧盟合同法原则》在第二章“合同的成立”中的第三节专门规定了“磋商责任”，其中第2—301条“悖于诚信的磋商”集中表达了缔约过失责任，即“1. 当事人磋商自由，对没有达成合意不负责任。2. 但如果一方当事人所为磋商或终止磋商有悖于诚信原则，及公平交易的，对于另一方因此所受损失负责。3. 尤其是，一方无与对方达成合意的真实意思而与对方当事人从事磋商或继续进行磋商，则为有悖于诚实信用”。

第四，合同解释的客观化。在大陆法系国家，随着国家对社会经济干预的不断加强，意思自治和合同自由逐步受到限制，合同的解释也逐渐客观化，诚信原则逐渐成为解释合同的重要规则。这就呈现出了一种社会化的倾向。例如，《德国民法典》从交易安全考虑，采取了表示主义，该法第157条规定，“契约的解释，应当遵守诚实和信用的原则，并考虑交易上的安全”。至20世纪以来，大陆法系的民法更注重意思表示的客观化，即

---

[41] 《希腊民法典》第197条、第198条。

外在表示的客观内容,也就是说,依据诚信原则对合同进行解释。尤其是对格式条款的解释,法官不仅可以依据诚信原则宣告条款是否合法,而且可以通过平衡当事人之间的利益来确定格式条款应有的含义,所以依据诚信原则对格式条款进行解释已经成为了一种对格式条款进行司法控制的重要手段。

五、经济全球化对合同法的影响

近几十年来对合同法影响最为深远的原因乃是经济的全球化。随着市场经济的全球化和相伴而来的跨国公司在这种市场上的经营,20世纪以来,特别是冷战结束之后,世界市场的格局逐步形成,经济趋同化快速发展。在经济日益全球化的条件下,作为交易的共同规则的合同法以及有关保险、票据等方面的规则日益国际化,两大法系的相应规则正逐渐融合。这就产生了走向相对统一的合同法运动。正如美国学者夏皮罗指出的,“随着市场的全球化和相伴而来的跨国公司在这种市场上的经营,就产生了走向相对统一的全球化契约法和商法的一些活动”。[42] 经济全球化对合同法的影响主要表现在三个方面:

第一,两大法系规则的相互渗透和相互借鉴。在现代市场经济条件下,交易越来越需要规则的统一性,这样才能减少因制度的不统一而造成的交易成本,降低交易费用,这就要求合同法在世界范围内逐渐统一。传统上两大法系在合同规则上存在诸多差异,但是为了适应市场经济全球化的发展,其具体规则相互融和、相互接近,甚至走向统一。一方面,英美法借鉴大陆法的理论。例如,英美法历来认为合同是一种允诺,而并没有重视其合意的本质,近几十年来其也借鉴大陆法合同的概念,强调合同的本质是合意。另一方面,大陆法也借鉴英美法的经验,例如,关于预期违约等制度。尤其是两大法系在许多规则上出现相同之处,例如,对于要约

---

[42] 转引自沈宗灵:“评‘法律全球化’理论”,载《人民日报》1999年12月11日,第6版。

的非实质性的变更并不构成反要约，对此两大法系的发展趋势是相同的。

第二，合同法呈现出国际化的趋势。市场经济是开放的经济，它要求消除对市场的分割、垄断、不正当竞争等现象，使各类市场成为统一的而不是分割的市场。各类市场主体能够在统一的市场中平等地从事各种交易活动，同时市场经济要求促使国内市场和国际市场的接轨，促进市场经济的高度发展和财富的迅速增长。由此决定了作为市场经济基本法的合同法，不仅应反映国内统一市场需要而形成一套统一规则，同时也应该与国际惯例相衔接。近几十年来，合同法的国际化已成为法律发展的重要趋向。例如，1980 年的《联合国国际货物销售合同公约》的制定，熔两大法系的合同法规则于一炉，初步实现了合同法具体规则的统一。1994 年，国际统一私法协会组织制定了《国际商事合同通则》，其尽可能地兼容了不同文化背景和不同法系的一些通用的法律原则，同时还总结和吸收了国际商事活动中广为适用的惯例和规则，其适用范围比《联合国国际货物销售合同公约》更为广泛。《国际商事合同通则》的制定更表明了合同法的国际化是完全可能的。

第三，格式条款的广泛适用。德国教授霍恩在其题为《法律的比较研究及法律全球化》的报告中指出："业已形成的全球市场需要清晰而可靠的合同法以及参与国际法制的保护，国际商务本身也提出了统一的法制模型，如标准条款和标准合同。国内立法机关的比较法研究和法律移植工作、欧洲共同体的立法模式以及联合国及其他政策制定机构的世界范围内的立法为法律全球化创造着丰富的条件，国际公约、作为法学研究一部分的比较法研究以及关于法律规划或规则体系的比较法研究方法事实上已经成为了法律全球化的标志。"㊸格式合同在许多跨国公司以及同一行业的公司和企业之间得到了广泛运用，也是经济全球化的表现。如 1919 年的"德国海上保险约款"就是由德国海上保险公司、海上贸易关系团体及保险契约者保护所协商制定的标准合同。

㊸ 转引自罗豪才："经济全球化与法制建设"，载《求是》2000 年第 23 期。

民商法研究(第六辑)
第326~356页

论利益第三人合同*

一、利益第三人合同是合同相对性的例外

所谓利益第三人合同(Vertrag zugunsten Dritter),又称为利他合同、第三人取得债权的合同或为第三人利益订立的合同,它是指合同当事人约定由一方向合同关系外第三人为给付,该第三人即因之取得直接请求给付权利的合同。① 此种合同中,订立合同的双方当事人常常被称为"立约人"。由于此类合同中的第三人仅享受权利而不承担义务,因此此类合同又被称为"第三人利益合同",第三人也常常被称为"受益人"。② 第三人既可为自然人,也可为法人,但第三人在行使权利时应有权利能力。

利益第三人合同的产生是合同法的重要发展,此类合同的显著特点就在于,其在一定程度上突破了合同的相对性,根据合同相对性的原则,只有合同当事人才能享有基于合同所产生的权利,并承担根据合同所

---

* 本文作于1995年,1999年修改。

① MünchKomm/Gottwald, § 328, Rn. 3.

② 张家勇:《为第三人利益的合同的制度构造》,法律出版社2007年版,第16页。

产生的义务，当事人一方只能向对方行使权利并要求其承担义务，不能请求第三人承担合同上的义务，第三人也不得向合同当事人主张合同上的权利和承担合同上的义务。从这个意义上说，合同不具有对第三人的拘束力。而利益第三人合同已经一定程度上突破了合同相对性的原则，这主要表现在：

1. 在利益第三人合同中，第三人不是订约当事人，却能够依据合同享有接受债务人的履行和请求其履行的权利，[③]从这个意义上说，第三人也是受益人。从原则上讲，利益第三人享有的权利是根据合同当事人的意愿而创设的，合同当事人有权通过利益第三人合同，自主的为第三方创设权利。[④] 第三人享有的利益在合同中的体现是多方面的，例如，在货物运输合同中，如果托运人与收货人不一致，则收货人作为利益第三人享有接受货物的权利。然而第三人虽然在利益第三人合同中享有利益，但并不参与合同的订立，他并不是合同所明确规定的债权人。

诚然，债权人之所以使第三人享有一定的利益，必然有一定的原因存在，但这种原因并不限于对价。在利益第三人合同中，第三人虽然基于合同要享有一定的利益，却并不向合同当事人支付一定的对价，或向债权人作出补偿。由于第三人利益合同发生于债权人与债务人之间，依债权人与债务人的合意而成立，因此发生于债权人与第三人之间的对价关系对第三人利益合同的成立毫无影响。只要第三人利益合同依法成立，债务人即应向第三人为给付，第三人即取得直接请求给付的权利。[⑤] 因此，债权人与债务人订立第三人利益合同时无须表明对价关系。对价关系不存在时，债务人不得以对价关系不存在为由拒绝给付。尤其是债权人和第三人之间的关系并不一定要在利益第三人合同中表现出来。利益第三人合同之所以称为“利他”，就是表明第三人享有利益是不一定必须支付对价的。

2. 利益第三人合同中的第三人享有独立的请求权，即第三人尽管只享

---

③ MünchKomm/Gottwald, § 328, Rn. 25.

④ 张玉卿主编：《国际商事合同通则 2004》，中国商务出版社 2005 年版，第 37 页。

⑤ MünchKomm/Gottwald, § 328, Rn. 3.

有权利不享有义务,但一旦由当事人指定成为利益第三人合同中的第三人,他就享有独立的请求权。[⑥] 因此,一旦债务人没有向第三人履行或履行不适当,第三人有权以自己的名义直接向债务人提出请求。由此可见,利益第三人合同不仅对第三人产生约束力,而且也使缔约当事人以外的第三人也享有合同权利。在此需要讨论的是,在利益第三人合同订立之后,合同明确规定向第三人履行,债权人可否再要求债务人直接向其履行?大陆法一般认为,第三人权利的确定限制了受约人通过立约人的履行直接获取给付的利益的权利,只有在向第三人给付的义务消灭后,受约人才可以请求向自己履行给付。[⑦] 笔者认为,在利益第三人合同订立之后,债权人直接要求债务人向其履行给付是不恰当的。简单地说,利益第三人合同是合同当事人双方对合同履行方式的特殊约定,即债务人并不向债权人直接履行而是向第三人履行合同义务,如果债权人要求债务人向其直接履行,债务人有权予以拒绝。

由于第三人虽然不是合同当事人却享有独立的请求权,所以在学理上一些学者认为第三人也享有债权,但其与债权人之间并不形成连带的债权关系,而只是形成为类似连带债权的关系或非连带债权关系。[⑧] 笔者认为,第三人虽然享有合同上的利益,也享有独立的合同上的请求权,但它和合同的债权人所享有的债权仍然是有区别的。受益人享有的债权并不包括债权人所享有的全部权能,而主要限于给付的请求权,第三人取得的权利不应当包括代位权、撤销权。毕竟第三人不是合同当事人,不能完全享有合同当事人的权利。

3. 第三人只享受权利,不承担合同义务。根据民法的一般规则,任何人未经他人同意,不应为他人设定义务,擅自为第三人设定义务的合同是无效的。正是因为利益第三人合同只是使第三人享受权利并获得利益,此种合同才受到法律的确认。在利益第三人合同中,第三人仅仅享受合

---

⑥ MünchKomm/Gottwald, § 328, Rn. 28.

⑦ 张家勇:《为第三人利益的合同的制度构造》,法律出版社 2007 年版,第 320 页。

⑧ 史尚宽:《债法总论》,台湾版第 599 页;赖上林:“保险受益人法律地位之研究”,载《法学丛刊》第 181 期。

同利益，因此第三人又被称为受益人。一般来说，受益人应当在合同订立时加以确定，但双方当事人也可以在合同订立之后选定受益人。[⑨] 受益人不仅可以接受债务人的履行，而且在债务人不履行时向其请求履行，但受益人可以放弃其被受益的权利。在受益人决定是否接受该利益之前，合同当事人可以修改或者撤销受益人所受的利益；一旦受益人决定接受利益，合同当事人对相关利益不得作出修改或撤销。[⑩] 需要指出的是，第三人享有的受益权是受合同当事人指定的，只能由特定人享有，不能任意移转和继承。如果第三人将利益转让给他人，则与合同规定相违背，因而是无效的。

不过，利益第三人合同的订立，事先无须通知或征得第三人的同意。因为此合同让第三人享有的是纯粹利益，所以第三人本人对此利益接受与否，并不会损害其自身的利益，所以合同的成立无须第三人同意。合同一经成立，该第三人如不拒绝，便可独立享受权利。如果第三人拒绝接受权利，则利益第三人合同不能成立，合同所设定的权利由为第三人利益订约的当事人自己享有。第三人接受权利以后，有权请求债务人向其作出履行，同时债权人也可以请求债务人向其作出履行。如果债务人不履行义务，第三人和债权人均可以请求其承担责任。

第三人享有的受益权是受合同当事人指定的，只能由特定人享有，不能任意移转和继承。有人认为，第三人与债权人之间的关系旨在确定第三人受益的原因，如果此原因不存在，第三人构成不当得利，但第三人的请求权能否移转，则应视该请求权的性质而定。如果具有可让与性，则第三人应可以转让，即使债权人与第三人之间有禁止转让的特约，也不影响转让的效力。只是第三人对债权人应负违约责任而已。因此第三人的请求权能否移转，不能一概而论。笔者认为，此种观点是值得商榷的。因为合同当事人指定某个第三人为利益第三人，往往是基于他们之间有某种利益关系、信用关系或身份关系。合同中的利益本来应当由合同当事人享有，但当事人之所以将该利益确定由第三人享有，就是基于这些关系的

⑨ 参见《国际商事合同通则》第 5.2.2 条。

⑩ 参见《国际商事合同通则》第 5.2.2 条。

考虑。如果第三人将该利益转让给他人,则是违反当事人的利益和意志的。而且由于合同明确规定是由某个特定第三人享有该利益,如果该第三人将利益转让给他人,则与合同规定相违背,且债权人也很难追究利益第三人的违约责任。所以,如果第三人转让其受益权,合同的任何一方当事人都有权根据合同拒绝利益的受让人所提出的请求。

利益第三人合同的产生,使合同不仅在当事人之间产生了拘束力,而且对第三人也发生了效力,这就在一定程度上突破了合同相对性的规则。然而,这种突破并没有根本改变合同相对性规则,因为这种合同只是为第三人设定权利而不是为第三人设定义务。相反,利益第三人合同的设立,真正使合同更充分地实现了合同当事人尤其是债权人的意志和利益。债权人直接通过其与债务人之间的合同,向第三人提供某种利益,直接由债务人向第三人作出履行,而不是与债务人与第三人分别订立合同或分别作出履行的方式来完成,这就可以减少交易费用,更好地实现债权人的意志和利益。我国《合同法》设置利益第三人合同的目的,重在承认此类合同的有效性,以及第三人对债务人享有一定的权利,使该第三人从合同中获得利益。[11]

利益第三人合同与意思自治原则也具有相当深刻的联系。从历史发展的角度来看,可以说意思自治原则在利益第三人合同的产生中既扮演了阻碍物的角色又发挥了催化剂的作用。意思自治原则,固然是指在私法关系中个人可自由地为意思表示,不受他人干涉,但是个人因自己的意思表示而受拘束,而且此表意人只受自己意思表示而不受他人意思表示的拘束亦为其题中应有之义。因此,由于合同在本质上只不过是特定主体自由意思的合致,从而只有表示了此种合意的主体即当事人才受其约束,而合同当事人以外的第三人并非合同所涉意思表示的表意人,所以他并不受合同的拘束,从而不得主张合同上的权利负担合同上的义务。由此看来,债的相对性只不过是意思自治原则的一个“副产品”,由意思自治原则必然会引申出债的相对性规则。前已述及,在罗马法上,债的相对性

---

⑪ 崔建远:“为第三人利益合同的规格论”,载《政治与法律》2008年第1期。

是阻碍利益第三人合同产生的原因之一，因此毋宁说正是意思自治原则限制了利益第三人合同在古罗马的生成。然而，自近代以降，随着利益第三人合同在事实上的频繁发生、确认第三人权利已成为必然的情况下，为了寻求构建利益第三人合同制度的理论基础，深受自然法影响的大陆法系学者们又将目光投向了意思自治原则，⑫在他们看来，“合同法律后果的本质和范围应当由合同当事人的意愿来决定——这一观点至今尚有很强的力量：如果双方当事人真的愿意授予第三人一项诉讼权利，他们完全可以这么做”。⑬ 也就是说，作为当事人意思自治的体现，当事人完全可以依其意思为第三人设定权利。不仅如此，“合同实际当事人有共同意图本身，也足以为第三人创设权利”。⑭ 因此，在第三人取得权利的条件问题上，大陆法系的许多国家逐渐放弃了除当事人意思外的其他限制性条件。如《法国民法典》第1121条将被允诺人对允诺人进行了附条件的赠与或得到了一种履行义务中的利益作为使第三人受益的约定条款有效的要件，然而，对这些条件法院已很久弃之不用了，唯一的问题就是当事人双方是否意图给予第三人诉讼权利。在德国，在对第三人取得权利是否须以其为受益的表示为要件这一问题进行长期争论后，立法者最终并未规定当事人有使第三人取得权利意思外的其他要件。⑮ 可以说，当事人的意思自治是近代以来利益第三人合同制度得以建立的根据和源泉，利益第三人合同又与意思自治原则获得了统　。

二、我国《合同法》已确认了利益第三人合同

根据合同相对性规则，只有合同当事人才能够享有合同约定的权利，

---

⑫ 学者一般认为，事实上的需要及契约的自由原则是近代第三人利益合同产生的两个原因。参见王泽鉴：《民法学说与判例研究》（二），中国政法大学出版社1998年版，第33页。邱聪智：《民法债编通则》，瑞明彩色印刷有限公司1993年版，第166页。

⑬ ［德］海因·克茨：《欧洲合同法》（上），周忠海等译，法律出版社2001年版，第357页。

⑭ ［德］海因·克茨：《欧洲合同法》（上），周忠海等译，法律出版社2001年版，第360页。

⑮ Medicus/Lorenz, Schuldrecht I, Rn. 812.

并且承担合同约定的义务。罗马法中确立了“任何人不能够为他人立约”(alteri stipulari nemo potest)、“缔约行为应该在要约人和受约人之间达成”(inter stipulantem et promittentem negotium comtrahitur)的规则。因为在罗马法中,债的约束关系所具有的人身性的特征,不允许让一个未直接参与法律关系之缔结的人受到该法律关系的约束。⑯ 后来,随着罗马社会经济关系的发展和财产关系的复杂化,才出现了“为第三人利益订立的合同无效”原则的例外情况,即当缔约人与第三人有利害关系时,更确切地说当向第三人所为的给付为缔约人本来应承担的给付时,合同当事人为第三人利益缔约是有效的,第三人亦享有诉权。⑰ 根据一些学者的考证,在欧洲,最早承认利益第三人合同效力的立法可以追溯至1348年西班牙阿芳索十一世为Alcala de Henarez辖区的立法。该立法首次明确承认,契约当事人可以通过契约有效地赋予第三人以权利。⑱

在《法国民法典》制定时,由于其起草人波蒂埃坚持罗马法的上述规则,认为立约当事人只能为自己立约,因为“协议除了在当事人之间生效之外别无效力,这是一项原则,因此他们不能为非合同当事人的第三人取得任何权利”。⑲ 受此影响,《法国民法典》并没有对利益第三人合同作出规定,但《法国民法典》第1121条通过规定合同相对性的两种例外,实际在一定程度上确认了利益第三人合同。德国在19世纪接受了第三人在合同中具有权利的观念,⑳在民法典的起草过程中,起草人温德夏伊德等赞成利益第三人合同,因此《德国民法典》对利益第三人合同作出了较为完整的规定,首先,《德国民法典》在第二编“债的关系法”第二章中单设一节集中规定了利益第三人合同问题。也就是说,《德国民法典》是将利益第三人合同放在债的总则中,而不是将它作为一个具体的合同来规定的。

---

⑯ 薛军:“利他合同的基本理论问题”,载《法学研究》2006年第4期。

⑰ 陈朝壁:《罗马法原理》(上册),商务印书馆1936年版,第197页。另参见[意]彼德罗·彭梵得:《罗马法教科书》,黄风译,中国政法大学出版社1992年版,第313页。

⑱ 薛军:“利他合同的基本理论问题”,载《法学研究》2006年第4期。

⑲ Pothier, *Treatise on the law of obligations or contracts*, trans. by Wiliam David Evans, Vol. I. ,1826, p. 29.

⑳ [德]海因·克茨:《欧洲合同法》(上卷),周忠海等译,法律出版社2001年版,第336页。

其次,在该节中也规定了“第三人拒绝享受权利”(第333条)、“债务人对第三人的抗辩”(第334条)、“受约人的要求权”(第335条)。《商事合同通则》第5.2.1条规定了第三方受益的合同:(1)合同当事人(允诺人和受诺人)可通过明示或默示协议将权利授予第三方(受益人)。(2)受益人对允诺人权利的存在以及内容,由当事人之间的协议确定,并受该协议项下的任何条件或其他限制性规定的约束。

英美法中也存在着利益第三人合同的概念。在英国,虽然在1677年的达顿诉普尔案中法官即坚持了第三人对允诺人的权利主张,[21]从而确立了为赠与受益人的合同,然而以后的判例却转而坚持严格的对价原理,并于1861年退德尔诉阿特金斯案中确立了近代意义上的合同相对性理论,[22]这就限制了利益第三人合同在英国的发展。1937年英国法律委员会曾经尝试进行改革,并在其“关于《欺诈法案》和对价原理的报告”中提出,“当合同以明示条款说明将其中的利益转让于第三人时,该第三人可以自己的名义请求履行合同,并享受合同的任一当事方可以享有的抗辩权”。但是改革并未奏效,实践中没有一例案件应用这一主张。[23] 但自20世纪中期以来,是否应在利益第三人合同中赋予第三人相应的合同权利,法院的态度也处于摇摆不定的状态。[24] 直到1996年英格兰和威尔士法律委员会提出《合同法〈第三人保护原则〉》的议案草案,再次建议“使缔约人较容易的将要求强制履行合同的权利赋予合同外的第三人成为可能”,并于1999年11月11日由英国议会通过实施后,第三人权利保护问题才真正

㉑ Dutton v. Poole (1677) 83 Eng. Rep. 523 (K. B). 据学者考证,尽管“达顿诉普尔案”是英国最为著名的判例之一,但是,在这之前,最早于1597年就已经出现大量的有关此类赠与和受益的案例。在“达顿诉普尔案”之前有一个更早的判例 Bourne v. Mason[(1669) 86 Eng. Rep. 5(K. B)],在该案中,赠与人与受益人之间也存在某些特殊的关系。这也是英国法上最早的一个或一批有关赠与的判例之一。

㉒ Tweddle v. Atkinson (1861),1 B& S 393,121 ER 762.

㉓ 傅静坤:《二十世纪契约法》,法律出版社1996年版,第156页。

㉔ Lawrence A. Cunningham, *The Common Law as Iterative Process: a Preliminary Inquiry*, (2006). Boston College Law School,2006,p. 754.

在立法上得到解决。[25]

在美国,1859 年的劳伦斯诉福克斯案即承认了第三人诉权,以后判例逐渐确立了利益第三人合同,[26]1932 年,美国《第一次合同法重述》正式确立了利益第三人合同,并将第三人区分为债权受益人与赠与受益人,但不包括意外受益人。后来随着社会的发展,第三方受益人逐渐超出了债权受益人与赠与受益人的范围,因此 1980 年《第二次合同法重述》在保留意外受益人的基础上,取消了赠与受益人与债权受益人的划分,而使用了有意的受益人(或意向中的受益人)这一涵盖性更广的概念,以概括所有从他人合同中直接取得权利的受益人。因此根据该法律的规定,只要是当事人双方的意思表示中包含使第三人从中受益的成分,该第三人就成为可以直接请求履行其允诺的受益人。不仅如此,基于一种事实和正义的考虑,美国的法律在将第三人纳入合同条款的保护方面越走越远。这主要体现在对任意第三人在合同中权益的保护方面。对任意第三人的保护,包括对系列合同中的第三人的保护以及对消费性合同和公益合同中第三人的保护。

我国《合同法》第 64 条规定,"当事人约定由债务人向第三人履行债务的,债务人未向第三人履行债务或者履行债务不符合约定,应当向债权人承担违约责任"。第 65 条规定:"当事人约定由第三人向债权人履行债务的,第三人不履行债务或履行债务不符合约定,债务人应当向债权人承担违约责任。"对这两条规定的性质是否是对涉他合同的规定,学者之间存在两种截然不同的看法。一种观点认为,"以上两条规定确立了合同履行中,债务人向第三人履行债务的规则以及第三人向债权人履行债务的规则,这就是通常所说的涉他合同"。[27] 另一种观点认为,"表面观之,我国《合同法》的规定与前述'由第三人给付之契约'及'向第三人给付之契约'完全相同,但仔细检查有关理论和其他国家及地区的立法例,即可发

---

[25] 斯蒂芬·戈文:"英国法律委员会合同〈第三人权利〉议案草案和海上货物运输",张明远译,载《外国法译评》2000 年第 1 期。

[26] Lawrence v. Fox. Court of Appeals of New York December Term, 1859. 20 NY 268.

[27] 冉昊:"论涉他合同",载《山东法学》1999 年第 4 期。

现,我国《合同法》的规定与之存在天渊之别”。[28] 笔者认为,《合同法》第64条和第65条结合起来可以认为构成利益第三人合同制度。可以说这两个条款是从不同的方面分别确定了利益第三人合同的制度。仔细分析《合同法》的规定可见,该法第64条和第65条借鉴了我国台湾地区“民法”第268条及第269条的规定从而确立了利益第三人合同制度,但与大陆法的有关规定又不完全相同。大陆法系各国民法所建构的利益第三人合同制度不仅需要严格的适用要件,而且具有明确的法律效果。在构成要件上除当事人约定向第三人为给付外,当事人尚须有使第三人取得直接请求权的意思。在法律效果上,第三人除可直接请求债务人为给付外,亦可于债务人不给付时向其主张违约责任,并且债权人也享有请求债务人向第三人为给付的权利。而我国《合同法》仅规定债务人于不向第三人履行或不适当履行时应向债权人承担违约责任,并未赋予第三人任何独立的法律地位。为此可以将《合同法》第64条的规定解释为,第三人享有直接请求权,否则,该规定的目的就无法实现。所以,将其解释为对利益第三人合同的规定也不无道理。

三、利益第三人合同是一种独立的合同类型

利益第三人合同是一种独立的合同类型,[29]具有自身的特殊性,其可以广泛适用于买卖、赠与、租赁等各种固有的合同类型。在上述合同类型中,当事人均可为第三人利益作出约定,从而使第三人直接取得请求给付的权利,由此成立利益第三人合同。与普通合同相比较,利益第三人合同的特殊性在于使合同关系外的第三人取得债权。利益第三人合同是一种独立的合同类型,不能为其他合同类型所替代。

(一)利益第三人合同和信托

从广义上说,只要合同为第三人设定权利,都可以成为一种广义的利

---

[28] 尹田:“论涉他契约”,载《法学研究》2001年第1期。

[29] MünchKomm/Gottwald, § 328,Rn.4.

益第三人合同,他益的信托合同也是一种特殊的利益第三人合同。在信托合同订立时,受益人并不参与合同的订立,但可以根据信托合同对受托人请求给付信托财产的收益,如果受托人违反信托,不向受益人支付此种利益,受益人有权要求受托人承担民事责任。从这些特征来看,与利益第三人合同是基本相似的,因此从广义上说,可以将他益的信托合同归入到利益第三人合同的范畴。

但从狭义上来说,信托合同是特别法上规定的利益第三人合同,与一般的利益第三人合同还是有区别的。这种区别主要表现在:第一,设立信托,包括以合同、遗嘱或其他行为设立,而不局限于合同的方式。《信托法》第8条规定,书面形式包括信托、遗嘱或者法律、行政法规规定的其他书面文件等。而普通的利益第三人合同,只限于合同的方式。第二,关于第三人权利的性质和内容不同。信托受益人的受益权,有学者认为不仅仅是一种合同债权,同时还具有某种物权的性质。[30]《信托法》第48条也规定受益人的信托受益权可以依法转让和继承,这也与一般的利益第三人合同的第三人所享有的受益权不同。一般的利益第三人合同中,第三人享有的受益权只是一种基于合同的权利,一般不能够移转和继承。第三,利益第三人合同的第三人如不接受合同利益,视为自始未取得权利,且在第三人未表示接受前,合同当事人可以变更或废止合同。而在信托中,受益人若拒绝接受信托财产的收益,只是视为放弃财产权,而不视为自始未取得权利,信托仍然存续。所以在信托关系中,即使受益人不接受,委托人和受托人也不得因此而撤销信托。[31] 第四,当受托人违反信托合同的约定,而处分信托的财产,且相对人不是善意第三人时,信托受益人对此交易享有撤销权。而在利益第三人合同中,第三人一般不享有撤销合同的权利。

(二)利益第三人合同与保险合同

以第三人为受益人的保险合同可视为一种特别法上的利益第三人合同。一些学者认为,“第三人利益契约通常多用于保险契约,尤其是人寿

---

[30] 赖源河、王志诚:《现代信托法论》,五南图书出版公司2001年版,第82页。

[31] 周小明:《信托制度比较法研究》,法律出版社1996年版,第24页。

保险”。[32] 在英美法上，人寿保险属于第三人为受赠受益人类型的涉他合同。[33] 著名合同法学者科宾先生认为，人寿保险单的受益人，当他不是作为被保险人出现在背书保险单上时，他通常是一个受赠受益人，既不受合同相对性的拘束，也没有给予对价的要求，受益人的权利在一般的合同诉讼中就可以得到强制执行。[34] 我国也有学者认为，以第三人为受益人的保险合同就是这类合同（涉他合同）的代表。并且在特别法上应当承认第三人直接享有合同权利，即根据《保险法》，保险合同的受益人可以以自己的名义起诉保险人或被保险人。[35] 但保险合同与一般的利益第三人合同也有许多差异，主要表现在：第一，保险合同类型众多，未必都能涉及第三人。如通常的财产保险及人身保险中的健康保险、伤害保险，人寿保险中的生存保险中，利益第三人合同一般主要体现在人寿保险中的死亡保险合同上，因为死亡保险依其性质必须有受益的第三人。第二，保险合同受益人虽然原则上不受限制，但有时法律基于某种特定考虑，明确规定只有对被保险人有保险利益的人才可成为受益人，无保险利益的人即使被指定为受益人，也无权请求给付保险金。[36] 而一般的利益第三人合同的受益人没有这种保险利益方面的限制，可以由合同当事人任意指定。第三，保险合同受益人除合同当事人外还受到保险关系中的被保险人的影响，如受益人的指定、变更都必须被保险人同意。而一般利益第三人合同不存在如此复杂的法律关系。第四，保险合同还受到特别法规范的调整，如最大诚信原则、保险利益原则、受益人的撤销制度，等等。

（三）利益第三人合同和运输合同

运输合同是承运人将旅客或货物从起运地点运输到约定地点，旅客、托运人或者收货人支付票款或者运输费用的合同。运输合同分为客运合

---

[32] 王泽鉴：《不当得利》，中国政法大学出版社2001年版，第86页。

[33] 苏号鹏主编：《美国商法——制度、判例与问题》，中国法制出版社2000年版，第126、127页。

[34] ［美］A. L. 科宾：《科宾论合同》（下册），王卫国、徐国栋等译，中国大百科全书出版社1998年版，第203页。

[35] 杨丽君：“论英美法合同相对性原则”，载梁慧星主编：《民商法论丛》（第12卷），法律出版社1999年版，第451、452页。

[36] 李玉泉：《保险法》，法律出版社1997年版，第205页。

同和货运合同两类,其中收货人为第三人的货运合同属于为第三人利益订立的合同。虽然收货人未参与签订合同,但合同所产生的领取货物的权利转由收货人享有,承运人必须按照合同规定向收货人交付货物。[37] 我国《合同法》还为收货人设定了一些义务,如即时提取货物的义务、检验货物的义务、支付运费的义务等,这些义务在性质上是法定的,而非约定的。[38] 因此,收货人负担义务并不影响货运合同的涉他合同的性质。从我国实务来看,在托运人与受货人不一致的情况下,一旦合同规定第三人为收货人,则在运输人将货物运送到目的地后,收货人就有权请求运输人交付货物。但如果收货人为托运人,则此类合同不属于利于第三人合同。

根据《德国商法典》第434条的规定,托运人将物品交付于运送人后,收货人与承运人间即发生债之关系,得对之为保全必要之一切处分,且货物运达目的地,并经收货人请求交付后,收货人并取得处分权。我国台湾地区"民法"第644条规定:"运送货物达到目的地,并经受货人请求交付后,受货人取得托运人因运送契约所产生之权利。"根据解释,在运送物没有到达目的地以前,受货人不能取得其权利,即便已经把货物送达到目的地,在没有交付以前,受货人也不能取得其权利。[39] 据此,一些台湾学者认为,此时收货人对运输人权利的取得是以货物达到并经收货人提出请求为条件的,与其"民法"利益第三人合同中因合同成立第三人取得直接请求权不同,所以,运输合同不属于利益第三人合同。笔者认为,这一观点不影响运输合同成为利益第三人合同。首先,我国现行法上并无此明文规定。其次,从我国实务来看,在托运人与收货人不一致的情况下,一旦合同规定第三人为收货人,则在运输人将货物运送到目的地,收货人就有权请求运输人交付货物。

---

[37] 孙林:《运输合同》,法律出版社1999年版,第24页。

[38] 张代恩:《运输合同·保管合同·仓储合同》,中国法制出版社1999年版,第75页。严格地说,收货人一般并不支付运费,而由托运人支付。我国《合同法》第292条规定"收货人……应当支付运输费用",似乎是针对承运人签发提单的情况下,收货人应根据提单上所载之费用进行支付。倘是由托运人填写之托运单,通常并无运费之记载。另外,《合同法》第309条倒是规定了收货人逾期提货,应支付保管费,否则,承运人有留置权。

[39] 吴庚等编:《月旦六法全书》,台湾元照出版有限公司2001年版,第150页。

（四）利益第三人合同与并存的债务承担

并存的债务承担，又称债务加入，是指原债务人并未脱离债的关系而由第三人加入债的关系，与债务人共同向同一债权人承担债务的债务承担。在并存的债务承担情况下，债务人将部分债务转移给承担人但并不退出其与债权人之间的债的关系，承担人依其与债务人的债务承担合同，加入债的关系，与原债务人共同对债权人承担债务。此时，作为债务承担合同外第三人的债权人因此取得对承担人的债权，从而可请求承担人向其履行债务。正是基于这个原因，许多学者主张并存的债务承担属于利益第三人合同。[40] 但是实际上，在债务承担中，债务人并不能请求承担人径向债权人为给付。而在利益第三人合同中，债权人则可请求债务人向第三人为给付，从而两制度并不相同。[41]

四、利益第三人合同的成立要件

利益第三人合同的成立除了债权人与债务人之间的基础合同有效成立外，还需要具备以下要件：

（一）债权人与债务人必须达成合法有效的利益第三人合同，[42]并在合同中约定由债务人向第三人为给付

第三人基于利益第三人合同而取得利益，首先必须要求债权人与债务人必须达成合法有效的利益第三人合同，如果合同是无效、可撤销的或根本不成立，则不可能使第三人取得利益。在利益第三人合同中必须约定债务人向第三人作出给付，给付的种类一般没有限制，作为不作为均无不可。如出租人为承租人利益与邻居约定半夜不奏乐，债务人承担的即为不作为义务。[43]

---

[40] 史尚宽：《债法总论》，中国政法大学出版社2000年版，第619页；戴修瓒：《民法债编总论》，台湾三民书局1993年版，第306页。

[41] 孙森焱：《民法债编总论》，台湾三民书局1986年版，第610页。

[42] MünchKomm/Gottwald，§ 328，Rn. 4.

[43] 戴修瓒：《民法债编总论》，台湾三民书局1993年版，第304页。

债权人与债务人并未约定由债务人向第三人为给付,而是约定由债务人免除第三人对其所欠债务是否可构成利益第三人合同?一些学者认为此种约定也是使第三人享受利益,因此是有效的,[44]但也有学者主张第三人债务的免除并非对债务人取得债权之后果,因此此时不构成利益第三人合同。[45] 但笔者认为,约定由债务人免除第三人对其所欠债务,实际上是使第三人取得一定的利益,第三人也因债权人与债务人的此种约定取得债权,只是其内容较为特殊,在利益衡量上,约定免除第三人债务与使第三人取得债权对第三人与债务人利益的影响并无不同。所以笔者认为,此种约定也不应当影响利益第三人合同的合法成立。

在利益第三人合同中,当事人约定由债务人向第三人作出给付时,第三人也应当向债务人作出对待给付,此种约定是否有效,学者有不同的看法。一种观点认为,使第三人取得债权的部分,应当有效,而使第三人负担债务的部分则应为无效。如果两方面的内容密不可分,则应当使整个合同归于无效。另一种观点认为,即使利益第三人合同中约定第三人向债务人承担债务,按合同自由原则也应当是合法有效的,更何况第三人在决定是否接受利益第三人合同所设定的利益时,有权接受也有权予以拒绝。如果第三人认为,约定的义务对其不利,也可以拒绝接受整个利益。[46]笔者认为,首先应当对权利义务的内容进行比较,如果义务与权利相比较属于特别轻微,甚至是为享受权利所必须承担的一些伴随性义务,如第三人要清扫场地准备随时受领债务人的履行,此时不影响此合同属利益第三人合同,但是如果义务与权利相比较,具有对价关系甚至义务人行使权利所获得利益比其承担义务所受不利要小,则此时即使第三人接受了此种权利,利益第三人合同在性质上也发生了改变,也就是说该合同已经不再是利益第三人合同,第三人也不是利益第三人,而成为合同当事人。例如,甲向银行借款100万元,其中50万元支付货款,另50万元作为其子公司丙购买设备而用,合同明确规定,两个企业分别向银行还款。银行将50

---

[44] 戴修瓒:《民法债编总论》,台湾三民书局1993年版,第304页

[45] 孙森炎:《民法债编总论》,台湾三民书局1986年版,第610页。

[46] 戴修瓒:《民法债编总论》,台湾三民书局1993年版,第304页。

万元分别给两企业入账，但是丙在使用后拒绝偿还，其理由为他没有参与缔约，它只是利益第三人合同中的第三人，他只享有权利不应承担义务。在本案中，丙没有参加合同的订立，在订约的时候，他不是以合同当事人的身份出现，但是由于合同中明确规定了第三人的权利义务，特别是规定了他在接受贷款的同时应当负有偿还的义务。从本案来看，他明知该合同条款的存在，并以其实际接受履行的行为而成为合同的实际当事人。所以他已经不再是利益第三人而转化为真正的合同当事人。

值得注意的是，即使一般合同中为第三人设定了义务，也不能认为该约定是当然无效的，因为这样的约定并不违反法律中的强行性规范。尽管在一般情况下，合同当事人并不能为第三人设定义务，但在合同中如果当事人为第三人在设定权利的同时也设定了义务，在此情况下，并不能认为合同当事人仅仅是为第三人设定义务，法律之所以禁止当事人为第三人设定义务，是因为这种约定对第三人是不利的，但在合同为第三人同时设定权利和义务的情况下，并不一定完全对第三人不利。按照合同自由原则，此种合同条款是否对第三人不利应当由第三人自己决定。利益第三人合同制度中有一项重要规则，允许第三人决定是否接受权利，如果第三人认为当事人设定的义务对其不利，他可以拒绝接受，这就决定合同当事人既为第三人设定权利又设定义务一般不会当然损害当事人利益。

（二）债权人与债务人约定使第三人对债务人直接取得债权

依大陆法系各国民法，利益第三人契约可以分为真正的利他契约（der echte Vertrag zungsten Dritter）和非真正的利他契约（又称为第三人而授权之契约，der ermächtigende Vertrag zugunsten Dritter）。两类合同的区别主要表现在是否使第三人直接取得对债务人的债权。[47] 一般来说，当事人在合同中特别约定直接使第三人取得债权，此种合同称为真正的利益第三人合同。所以，关于利益第三人合同的规定或理论上的通说认为，当事人除约定向第三人为给付外，还须有使第三人对债务人取得直接请求权的特约，才构成真正的利益第三人合同。例如，依据《德国民法典》第 328 条第

---

[47] MünchKomm/Gottwald, § 328, Rn. 9.

2款的规定,要考虑合同的目的等因素,确定合同当事人是否有使第三人直接取得请求权的意思。[48] 可见,在德国法上,利益第三人合同的构成,原则上以当事人有使第三人直接取得请求权的特约为要件。在日本与我国台湾地区,通说均认为,当事人间需有使第三人取得直接向债务人请求给付之约定,才构成利益第三人合同。[49] 如果当事人仅约定向第三人给付,而不约定使第三人对债务人取得直接请求给付的权利,不构成利益第三人合同,仅构成不真正的或不纯正的利益第三人合同。

第三人为什么能够取得债权人的债权,在学理上对此存在不同的观点,主要有如下几种学说:(1)权利让与说。这种观点认为,利益第三人合同的成立包括两个阶段:一是当事人通过订立合同而取得权利;二是债权人将其获得的权利转让给第三人。这样,利益第三人合同其实是由两个合同组合而成,一个是当事人间的合同,另一个是债权人与第三人间权利让与的合同。可见此说未摆脱合同相对性原则的束缚。(2)代理说。此种观点认为,利益第三人合同乃当事人之一方代理第三人订立的合同。实际上利益第三人合同的当事人并不以第三人的名义订立合同,且其合同的效力仅及于当事人之间,与代理显然不同。[50] (3)权利直接产生说。此说认为,第三人在合同中的权利是直接产生的。[51] 笔者赞成第三种观点,之所以第三人获得请求权,主要是因为合同中对第三人的请求权作出了明确的规定。[52] 正是因为合同规定,使第三人直接享有合同的权利,至于第三人是否享受合同的利益,可以由当事人自由约定。

---

[48] 参见《德国民法典》第328条第2款。

[49] [日]星野英一:《日本民法概论IV(契约)》,姚荣涛译,刘玉中校,五南图书出版公司1998年版,第57页。郑玉波:《民法债编总论》,台湾三民书局1985年版,第392页。孙森炎:《民法债编总则》,台湾三民书局1986年版,第604页。当然在我国台湾地区也有多数学者主张,第三人利益合同的构成,无须当事人间有使第三人取得直接请求权的特约;除法律另有规定或当事人另有约定外,只须合同当事人约定向第三人给付即可构成第三人利益合同。参见林信和:"民法债编一九九九年修正之评论",载《华冈法粹》第27期。

[50] 孙森焱:《民法债编总论》,台湾三民书局1986年版,第606页。

[51] 孙森焱:《民法债编总论》,台湾三民书局1986年版,第606页。

[52] MünchKomm/Gottwald, § 328, Rn. 3.

（三）第三人明确表示接受合同所为其设定的利益

利益第三人合同要发生效力还必须要第三人明确表示接受合同为其设定的利益，这就是说，尽管合同当事人通过设定利益第三人合同为第三人设定了利益，但不能强迫第三人接受合同中设定的利益，[53]如果第三人拒绝接受该利益，[54]则利益第三人合同就不能当然生效。根据《日本民法典》第537条第2款，只有在第三人向债务人表示享受契约利益的意思时，第三人的利益才能发生。但根据德国民法和瑞士债法的有关规定，第三人接受权利的表示，只是产生第三人权利确定的效果，即使第三人不知当事人为其设定了权利，或第三人是无行为能力人，第三人都可以取得权利。[55] 我国台湾地区"民法"第269条规定，第三人的权利随着利益第三人合同的生效即可以取得，但其效力的确定则要根据其是否表示接受该权利而定，在此情况下合同当事人必须变更或撤销其约定的利益第三人合同。[56] 所谓变更，即使合同继续有效但应当将合同中为第三人设定利益的条款予以取消，所谓撤销即使整个合同宣告无效。[57]

第三人接受权利的意思表示可以采取明示的方式也可以采取默示的方式。依各国立法规定及学者的一致见解，使第三人取得权利的意思并不以明示为限。"创设为第三人可以执行的权利无须十分明确：如果有充足的根据从双方当事人明示的内容中，从交易的目的中，从条件的其他情况中推论出这一点就足够了。"[58]但第三人拒绝接受权利的意思表示应当向债务人作出，为债务人所了解。

需要注意的是，第三人取得的权利是否仅以债权为限，即是否还包括物权？对此问题的回答往往因物权变动模式的不同而存在差异，在采物权意思主义的国家，如德国与我国台湾地区，由于物权合意外，尚需践行

---

[53] MünchKomm/Gottwald, § 328, Rn. 1.

[54] MünchKomm/Gottwald, § 333, Rn. 1.

[55] ［日］我妻荣：《新订债法总论》，王燚译，中国法制出版社2008年版，第501页。

[56] 我国台湾地区"民法"第269条第2项规定，第三人对于前项契约，未表示其享受利益之表示前，当事人得变更其契约或撤销之。

[57] MünchKomm/Gottwald, § 328, Rn. 35.

[58] ［德］海因·克茨：《欧洲合同法》（上卷），周忠海等译，法律出版社2001年版，第361页。

交付或登记的公示方法,才发生物权变动的效果,自然不允许仅因合同当事人间的意思表示即产生使第三人取得物权的效力。因此,我国台湾地区通说认为,第三人所取得的权利仅为债权。[59] 而在采债权意思主义的国家,如法国和日本,因当事人之间的意思表示即生物权变动的效力,因此在利益第三人合同中,当事人可约定使第三人径直取得物权。[60]

(四)债权人也享有请求债务人向第三人给付的权利

在大陆法系与各国,虽有少数国家立法仅规定第三人享有请求给付的权利,[61]但大多数国家的民法规定债权人也享有请求债务人向第三人给付的权利,[62]实际上债权人是否享有此项权利正是利益第三人合同与并存的债务承担的区别之处,利益第三人合同因此需具备此项要件。

五、利益第三人合同的两种类型

(一)向第三人给付的合同

所谓向第三人给付的合同,是指合同当事人约定由一方向合同关系外第三人为给付,该第三人即因之取得直接请求给付权利的合同。根据我国《合同法》第64条的规定,"当事人约定由债务人向第三人履行债务的,债务人未向第三人履行债务或者履行债务不符合约定,应当向债权人承担违约责任"。该条实际上确立了向第三人给付合同的制度。但关于该合同是否属于利益第三人合同,有两种不同的观点。一种观点认为,该条

---

[59] 郑玉波:《民法债编总论》,台湾三民书局1985年版,第392页。孙森焱:《民法债编总论》,台湾三民书局1986年版,第609~610页。

[60] [日]星野英一:《日本民法概论IV(契约)》,姚荣涛译,刘玉中校,五南图书出版公司1998年版,第56页。戴修瓒:《民法债编总论》,台湾三民书局1993年版,第307~308页。

[61] 参见《日本民法》第537条第1款。

[62] 参见《瑞士债务法》第112条第1款;我国台湾地区"民法"第269条。

仅仅规定了不真正的为第三人利益签订的合同，而非真正利于第三人合同。[63] 所谓不真正为第三人利益签订的合同（der unechte Vertrag zugunsten Dritter），是指第三人对合同当事人不享有以给付为内容的请求权。[64] 另一种观点认为，该条确立的是真正为第三人利益签订的合同。此类合同是赋权性的合同（der berechtigende Vertrag zugunsten Dritter），即第三人对合同当事人享有以给付为内容的独立请求权；如果是真正的利益第三人合同，需要合同中明确约定，或者经由其他方式可以查明。[65] 笔者认为，根据《合同法》第64条的规定，既包括真正为第三人利益签订的合同，也包括不真正为第三人利益签订的合同。因为合同当事人约定向第三人履行，既包括第三人不能直接请求债务人给付的情况，也包括了第三人可以直接请求债务人给付。当然，关于第三人是否享有直接请求权，需要根据合同的约定具体判断。

在利益第三人合同中，向第三人给付的合同的最突出的特点在于，此种合同赋予了第三人独立的请求权，即第三人尽管只享有权利不负担义务，但一旦由当事人指定成为利益第三人合同中的第三人，他就享有独立的请求权。也就是说，一旦债务人没有向第三人履行或履行不适当，那么第三人有权以自己的名义直接向债务人提出请求。如前述，第三人虽然享有合同上的利益，也享有独立的合同上的请求权，但它和合同的债权人所享有的债权仍然是有区别的。

利益第三人合同是为第三人设定权利和利益，但第三人并不支付代价，或承担相应的义务。因此，利益第三人合同对第三人享有的权利的规定必须是明确的。但是在第三人代债权人接受履行的情况下，则合同并不需要对第三人所享有的权利和利益作出明确的规定，根据债务人的通

---

[63] 朱岩："利于第三人合同研究"，载《法律科学》2005年第5期；叶金强："第三人利益合同研究"，载《比较法研究》2001年第4期；尹田："论涉他契约"，载《法学研究》2001年第1期；薛军："'不真正利他合同'研究——以《合同法》第64条为中心而展开"，载《政治与法律》2008年第5期。

[64] ［德］梅迪库斯：《债法总论》，杜景林、卢谌译，法律出版社2006年版，第583页以下。

[65] 崔建远主编：《合同法》，法律出版社2007年版，第36页；韩世远：《合同法总论》，法律出版社2008年版，第237页。

知或指示,都可以使第三人成为债权人的辅助人。例如,原告张某为庆祝第三人李某的生日,向被告刘某订做一件玉器,该玉器为独山玉,造型为两匹奔马。在订货单上,被告应原告的要求特别注明,于 1998 年 10 月 5 日前将该玉器交付给第三人李某。张某在订约以后,便将订货情况告知李某,李某表示感谢。在订货当时,原告向被告支付了定金 1000 元,预付款 1000 元,在玉器制作完成后,被告委托赵某将该玉器送交给第三人李某,赵某在乘车途中不慎将玉器碰坏,第三人李某拒绝收货,并要求赵某重做。在本案中,合同规定债务人应当将玉器交付李某,不是对履行方法的约定。该规定实际上是给予了第三人李某一种独立的利益和权利,李某表示同意接受货物以后,合同当事人也不能再变更或撤销为第三人设定的利益条款。这就是说,对利益第三人合同而言,第三人已经依据合同产生了独立的请求权,且第三人已经明确表示接受了该项权利,则合同当事人一方或双方不得随意撤销第三人依据合同所应当享有的权利。在该案中,合同规定由债务人向第三人交付玉器,第三人接受该玉器并不仅仅是代债权人受领给付,而是具有独立地承受利益的特点。事实上,在债务人交付有瑕疵的情况下,第三人李某拒绝收货,并要求赵某重做。可见第三人已经独立地提出了请求。本案中,因为玉器被碰坏,第三人李某拒绝收货,并要求赵某重做,此种要求也是合理的。因为既然该合同是缔约当事人为当事人利益所设定的,合同缔约目的就是为了使第三人的利益得到实现,所以如果第三人提出重做的请求,该请求与第三人利益实现的目的是一致的。当然,如果第三人认为重做将造成交付的逾期,使这种礼物的交付已经没有意义,也可以不要求重做,但既然第三人提出了重做的请求,则可以认为重做仍然可以实现第三人利益,所以应当满足第三人的请求。

值得注意的是,在一般情况下,合同当事人并不能为第三人设定义务,但在合同中如果当事人为第三人在设定权利的同时也设定了义务,在此情况下,是否构成利益第三人合同值得探讨。法律之所以禁止当事人为第三人设定义务,是因为这种约定对第三人是不利的,但在合同为第三人同时设定权利和义务的情况下,并不一定完全对第三人不利,按照合同自由原则，此种合同条款是否对第三人不利应当由第三人自己决定。利益第三人合同制度中有一项重要规则，允许第三人决定是否接受权利，如果第三人认为当事人设定的义务对其不利，他可以拒绝接受，这就决定合同当事人既为第三人设定权利又设定义务一般不会当然损害当事人利益，也可以构成利益第三人合同。

（二）由第三人给付的合同

由第三人给付的合同，是指合同当事人约定，由第三人履行合同约定的义务，债务人担保第三人履行的合同。[66] 它是以担保第三人的履行为合同标的的合同。比如甲与乙约定，乙尽力促使丙为甲修理花园。《合同法》第 65 条规定："当事人约定由第三人向债权人履行债务的，第三人不履行债务或者履行债务不符合约定，债务人应当向债权人承担违约责任。"第三人并非债务关系中的主体，因此其不负义务，是否履行纯属其自由。债务人无法促使第三人提出给付时，负损害赔偿责任。第三人提出给付并非代替债务人履行或者清偿，反而债务人可以代替第三人履行。

早期罗马法严守"债权仅存在于特定人之间"的观念，清偿人只能是债务人本人。[67] 但后期的罗马法已允许第三人清偿，这就在某种程度上承认债权的财产权性质。而允许第三人清偿，就要考虑确保第三人对于债务人的求偿权。法律为此允许以第三人清偿相对消灭债权，允许清偿人代位债权人的债权及担保权。现代合同法普遍允许第三人向债权人做出清偿，甚至鼓励此种清偿。这主要是因为：一方面，第三人的代为清偿毕竟有利于债权的实现，在一般情况下对债权人和债务人都是有利的；另一方面，第三人代为清偿以后，第三人对于债务人享有追偿权，也不会损害第三人的利益。

尽管从合同的相对性原则出发，任何合同的当事人都不得为他人设定义务，即使为他人设定了此种义务也可以由第三人予以拒绝，设定的义务因此种拒绝而应无效。但也应当看到，如果在合同当事人为第三人设定

---

[66] 郑玉波：《民法债编总论》，陈荣隆修订，政法大学出版社 2004 年版，第 357 页；韩世远《合同法》，法律出版社 2008 年版，第 241 页。

[67] 陈朝璧：《罗马法原理》，法律出版社 2006 年版，第 174 页。

义务后,第三人予以同意,那么合同设定的义务依然有效。按照私法自治原则,如果合同当事人担保第三人履行债务,其就负担了尽力促成第三人履行债务的义务。这有利于债权的实现,从而也符合债权人的利益。所以对由第三人给付的合同,法律不应当予以禁止,而应当对此作出规范。正是因为这个原因,我国《合同法》承认并鼓励第三人代为清偿。《合同法》第 65 条规定:“当事人约定由第三人向债权人履行债务的,第三人不履行债务或者履行债务不符合约定,债务人应当向债权人承担违约责任。”该条规定的由第三人向债权人履行具有如下特点:

1. 第三人履行义务是依据合同的约定而产生的

合同约定的义务应当由债务人向债权人履行,这是由合同关系的相对性决定的。一方当事人选择另一方当事人作为其交易伙伴,相信对方有履行能力,通常也期待对方亲自履行,但当事人可以在合同中约定由第三人向债权人履行债务。只要当事人达成合意以后,第三人同意代为履行,就可以由第三人代为履行。《合同法》第 65 条中所说的“当事人约定”是指合同当事人的约定,即债权人和债务人之间的约定,不包括债权人与第三人以及债务人与第三人之间的约定。

《合同法》第 65 条强调通过债权人和债务人之间的约定,使第三人负履行义务,首先是因为如果当事人之间没有特别约定,第三人自愿向债权人作出履行,或者债务人请第三人向债权人作出履行,债权人在特殊情况下有权拒绝第三人履行。如果当事人之间存在着特别约定,那么第三人依据合同的约定向债权人作出履行,债权人依据合同规定不得拒绝。但在如下情形,当事人不能约定由第三人给付:

第一,依据合同的性质不得由第三人代为履行。第三人履行主要适用于金钱债务,以及交付财物的合同。如果债务本身的性质要求必须由债务人本人履行的,则不能由第三人清偿。例如演出合同、雇用合同等。当然,对此类合同,债权人明确表示同意第三人的履行的,第三人也可以履行。

第二,根据合同的约定,禁止第三人作出履行。在此情况下,不能由第三人给付。因为既然合同已经禁止,就不能再作出相反的约定。问题在于,债权人单方面表示不允许第三人代为履行,是否可以产生禁止第三人履行的效果?在日本判例中,认为可以产生这种效果。[68] 但学说对此持反对意见。笔者认为,只要第三人代为履行不违反法律、合同的规定以及合同的性质,且这种代为履行不损害债权人的利益,债权人不应当予以拒绝。

根据《合同法》第 65 条的规定,如果债权人与债务人之间达成合意,则债务人便不得拒绝第三人向债权人的履行。这一规定显然考虑到了债务人也可能在特殊情况下拒绝第三人的履行。第三人履行虽然符合债权人的利益,但不一定符合债务人的意思和利益,所以法律为了保护债务人,也允许债务人对第三人的履行提出异议。《德国民法典》规定,在债务人提出异议时,债权人对于第三人清偿有受领拒绝权。[69] 而《法国民法典》对无利害关系第三人因清偿而代位有所限制,[70]《瑞士债务法》则无任何限制。笔者认为,约定由第三人履行,在通常情况下是符合债务人利益的,但如果债务人明确反对,且认为如此将损害其利益,则第三人不得履行。如果一旦债权人与债务人之间达成合意,则债务人便不得拒绝第三人向债权人的履行。

2. 由第三人向债权人作出履行

从广义上说,第三人的各种代为履行的方式都可以看作是第三人替代履行。例如为第三人设立担保等。从狭义上讲,第三人替代履行只是指合同当事人双方约定的第三人向债权人履行。如果是通过第三人担保的方式使第三人向债权人作出履行,担保人虽然不是合同当事人,但因为其承担了保证义务,所以债权人有权向其提出请求,要求其承担保证责任。从《合同法》第 65 条规定的内容来看,主要是指由第三人直接向债权人作出履行,而不包括担保等形式。

需要指出的是,即使在合同当事人通过合同为第三人设定义务以后,第三人自愿表示接受,因为没有发生债的转让,第三人也并没有成为合同

---

[68] [日]我妻荣:《新订债权总则》,王燚译,中国法制出版社 2008 年版,第 501 页。

[69] 参见《德国民法典》第 267 条。

[70] 参见《法国民法典》第 1236 条。

当事人,从而仍然不受合同的拘束。其作出履行并不是根据合同义务作出的履行,而是一种自愿履行的行为。

3. 并没有发生债的转让

从《合同法》第65条的规定来看,主要是强调第三人替代履行与合同转让的区别,也就是在第三人替代履行的情况下,第三人由于并没有成为合同关系的主体,不是合同当事人,而只是债务人的债务履行辅助人。如果因为第三人向债权人作出的履行不适当,只能由债权人向债务人请求履行。由于在当事人约定由第三人履行的情况下,债务并没有发生转让,所以债权人不能向第三人请求履行。第三人同意履行后又反悔的,或者债务人事后征询第三人意见,第三人不同意向债权人履行的,或者第三人向债权人履行有瑕疵的,违约责任均由债务人承担。第三人不履行的,债务人可以代第三人履行;债务人不代为履行,应当赔偿损失。第三人瑕疵履行的,瑕疵责任由债务人承担。[71]

第三人基于合同约定向债权人履行债务的费用应当由谁承担?一般情况下,向第三人履行是出于合同的约定,此时,应根据合同约定处理;如果合同中没有约定,则按《合同法》第62条第6项规定的"履行费用负担不明确的,由履行义务一方负担"处理,应由债务人负担。[72]

4. 合同当事人负有担保的义务

在由第三人给付的合同中,债务人实际上要促使第三人履行约定的债务。因此,依据《合同法》第65条的规定,合同当事人负有担保第三人给付的义务,如果"第三人不履行债务或者履行债务不符合约定,债务人应当向债权人承担违约责任"。可见,通过债务人承担违约责任的规定,就可以避免因第三人给付瑕疵导致债权人利益无法得到保障。同时,这也维护了违约责任承担上的相对性,即第三人给付瑕疵,第三人并不会对债权人承担违约责任。在当事人约定由第三人给付的情况下,第三人没有履行,债权人仍然应当要求债务人履行。毕竟第三人不是合同当事人,所以,债权人不能直接要求其履行,也不能要求其承担违约责任。

---

[71] 胡康生主编:《中华人民共和国合同法释义》,法律出版社1999年版,第114~115页。

[72] 丁义军、郭华等:《新合同纠纷案件判解研究》,人民法院出版社2001年版,第402页。

六、利益第三人合同的效力

（一）对第三人的效力

利益第三人合同成立后对第三人发生的一个基本效力就是：该第三人对债务人取得直接请求给付的权利，第三人提出请求的根据在于缔约当事人之间订立的合同。但在一般情况下，第三人提出请求的前提应当是债权人未向债务人提出请求，如果债权人已提出请求，则债务人应当向债权人承担继续履行的责任。而债务人承担此种责任，最终也将使第三人的利益得到满足。因此，第三人也没有必要再继续提出请求。但如果债权人没有提出请求，第三人向债务人提出请求是合理的。

在一般情况下，第三人的请求与债权人的请求应该是一致的，但在特殊情况下，两者也可能不一致，例如债务人向第三人交付的货物不合格，债权人向债务人提出双倍返还定金并赔偿损失的请求，而第三人所要求的则是债务人重做，两者提出的请求内容并不相同，但如果要求债务人同时满足债权人和第三人的要求，实际上便会承担双重的责任，这对债务人来说也是不公平的。由此我们需要确定，在债权人与第三人的请求发生冲突的情况下，是应当优先满足债权人的请求还是第三人的请求？笔者认为，这需要根据两种请求的内容与合同目的的关系来考虑。既然该合同是缔约当事人为第三人利益所设定的，合同目的就是为了使第三人的利益得到实现，所以如果第三人提出重做的请求，该请求与第三人利益实现的目的是一致的。当然如果第三人认为重做将造成交付的逾期，使这种货物的交付已经没有意义，也可以不要求重做。但既然第三人提出了重做的请求，则可以认为重做仍然可以实现第三人利益，所以应当满足第三人的请求。对于债权人提出的请求双倍返还定金和赔偿的请求，由于是向债权人所承担的责任，第三人并没有因这种责任的承担获得利益，因此还不能充分实现该合同订立的目的。

然而，需要探讨的是，第三人的权利是在利益第三人合同依法成立时即取得,还是需要具备其他要件,也就是说,第三人权利究竟发生于何时?各国民法大都将受益的表示作为第三人取得权利的要件,即第三人未作出受益表示或作出不受益的表示的,第三人权利不发生。例如,《日本民法典》第537条第2款规定,“于前款情形,第三人的权利,于其对债务人表示享受契约利益的意思时发生”。但也有一些国家的民法规定,受益表示仅具有使已取得的权利予以确定的作用,即利益第三人合同成立之时即为第三人取得权利之时,唯在第三人作出受益表示前,其权利尚处于不确定的状态,当事人可予以变更或废弃。法国、瑞士及我国台湾地区“民法”皆采此立法例。如《法国民法典》第1121条规定:“如承认已表示欲享受契约之利益时,契约当事人不复得撤销其契约。”再如《瑞士债务法》第112条第3款规定:“此时第三人对于债务人表示欲行使其权利之意思时,债权人不得使债务人免其义务。”与此相关,在这种立法例下,当事人不作出受益的表示反而作出不受益的表示时,第三人已取得的权利应视为自始未取得权利,即溯及既往地消灭。

笔者认为,第三人的权利在利益第三人合同生效时即取得,[73]因为在第三人明确表示接受合同为其设定的权利之前,尽管合同已经产生,但作为利益第三人合同,并没有实际生效,只有在第三人表示接受该合同为其设定的利益时,此种合同才对第三人产生效力,第三人才实际取得利益第三人合同中所设定的权利。当然,在第三人明确表示接受或拒绝接受该权利之前,债权人有权撤销利益第三人合同中为第三人设定的利益,此时为第三人设定的权利应由合同当事人享有。

第三人作出受益表示后,可否于嗣后变更为不欲受益的意思表示?对此在理论上存在争论,有主张不得作出不受益的表示,[74]亦有主张非不得于事后抛弃或怠于时效内行使权利,此时债权人可主张向自己给付。[75]但通说认为,原则上第三人不得变更,但是如果经债务人同意,则可变更为

---

[73] MünchKomm/Gottwald, § 328, Rn. 3.

[74] 黄建荣:“第三人利益契约类型之探讨”(上),载《法律评论》第55卷第12期。

[75] 赖上林:“保险受益人法律地位之研究”,载《法学丛刊》2001年第181期。

不受益的表示。[76] 从域外立法例来看,一些国家和地区的法律要么规定“受益表示”,要么规定“不欲受益的表示”,[77]但我国台湾地区“民法”第269条则既规定了“受益表示”,也规定了“不欲享受收益的表示”,笔者认为,在一般情况下,作出受益表示以后,第三人不得再作出不欲受益的表示,但在特殊情况下,可以有例外。例如,当契约当事人保留变更和废止利益第三人的权利的权限时,第三人即使作出了受益表示,仍然不能使其享有的权利确定,此时应当允许第三人再作出不欲受益的表示。此外,如果征得债务人的同意,第三人也可以在作出了受益表示以后,再作出不欲受益的表示。因为在第三人表示接受权利后,债务人作为履行合同义务之人往往为向第三人履行做了必要的准备工作,如不经债务人同意,则可能使债务人遭受损害。

第三人一旦作出接受的意思表示,则第三人确定地享有独立的请求权,此种请求权是针对债务人而享有的请求权。[78] 如果因债务人不向第三人作出履行,第三人有权请求债务人承担违约责任。但在债务人不作出履行的情况下,第三人可否向债权人请求履行?有人认为,第三人除可依利益第三人合同请求债务人履行,并可于债务人不履行时请求违约损害赔偿外,还可依其与债权人之间的对价关系,向债权人请求履行。从而当债务人不向其为给付时,该第三人可对债权人行使违约损害赔偿请求权。笔者认为,债权人和债务人之间设定利益第三人合同,使第三人享受利益,其原因是多方面的,债权人将其权利给予第三人也是基于多种原因而产生的,债权人与第三人之间可能具有对价关系,也可能不具有对价关系,如纯粹是基于赠与而为第三人设定利益,合同也是有效的。然而在一般情况下,利益第三人合同中并没有确立这些原因关系和对价关系,第三人不能基于这种原因关系和对价关系向债权人提出请求。

必须指出,第三人享有的权利是债权人为特定的第三人所确定的,第

[76] 史尚宽:《债法总论》,中国政法大学出版社2000年版,第625页。

[77] 例如,日本民法第537条规定“受益表示”是第三人权利发生要件;瑞士债法第112条规定“受益表示”后债权人不得免除债务人的债务;法国民法第1121条规定“受益表示”后不得撤销契约;德国民法第333条规定“不欲受益的表示”。

[78] MünchKomm/Gottwald, § 328, Rn. 28.

三人不能将该权利随意转让给他人,但如果第三人将该权利与债权人进行抵销,仍然是合法有效的。

(二)对债权人的效力

利益第三人合同对债权人发生的基本效力是:债权人可以请求债务人向第三人为给付。由于债权人的债权与第三人的债权均依第三人利益约款而取得,故而有学者将两者均称为第三人约款债权,以别于债权人基于基本合同法律关系而得主张的原契约债权。[79] 尽管债权人的债权与第三人所享有的权利都包含了请求权的内容,但两者并不完全相同,具体表现在:一方面,第三人享有的债权中并不包括代位权、撤销权等权能,所以它是一种不完整的债权;另一方面,第三人可请求债务人向自己为给付,而债权人不能请求债务人向自己而只能请求债务人向第三人为给付。此外,当债务人不履行债务时,虽债权人与第三人均有损害赔偿请求权,但债权人与第三人的赔偿请求权在内容上亦存在差异。第三人可请求债务人赔偿其因未向自己为给付所生损害,债权人只能请求赔偿因债务人未向第三人为给付致其所生损害。

在第三人未作出接受权利的意思表示之前,债权人可以与债务人协商变更或废止为第三人设定的权利条款,[80]但在第三人作出受益表示后其权利确定,不但债权人而且债务人均不得变更或协议废止利益第三人合同,但债权人与债务人有保留此等权利的特约的除外。

第三人作出接受权利的意思表示后,债权人可否行使法定解除权?在我国台湾地区,学者有不同见解,由此形成了三种不同观点。第一为肯定说,认为债权人不必为第三人利益而剥夺自己的利益。[81] 在利益第三人合同中,虽然合同约定由第三人取得权利,但并不因此使债权人丧失其应享有的解除权,如果须经第三人同意才能行使解除权,则其解除权将形同虚设。第二为限制说,认为债权人可解除合同,但在行使解除权时应受限

---

[79] 尹章华:"论契约权利义务与第三人之法理关系",载《保险契约法专论》,第455~456页。

[80] MünchKomm/Gottwald, § 328, Rn. 35.

[81] 孙森焱:《民法债编总论》,台湾三民书局1986年版,第612页;黄茂荣:《民法裁判百选》,中国政法大学出版社2002年版,第326页。

制,以免影响第三人利益,但究竟应当如何限制,又存在先后顺序说、要件说、同意说、共同行使说等四种不同观点。[82] 第三为否定说,认为债权人不得解除合同。其中,肯定说为法国、日本、瑞士及我国台湾地区通说。[83] 笔者认为,债权人既然是合同当事人,因此应当享有合同当事人应当享有的权利,因为债务人不履行其向第三人作出履行的义务,符合《合同法》第94条所规定的法定解除的条件,则债权人应当享有法定解除权。毕竟利益第三人合同是建立在本合同基础之上的,第三人取得权利是以基本合同所确立的债权人的权利为前提的,不能因为利益第三人的条款的设立而完全剥夺债权人的基本权利。然而,承认债权人享有此种权利,必须使债权人所享有的法定解除权受一定限制,从而兼顾第三人利益。因为债权人有债务不履行事由时,第三人的给付请求权虽转化为损害赔偿请求权,但后者仅为前者之变形,保障其实现也能维护第三人的利益。若允许债权人在债务人有债务不履行事由时,予以解除,势必剥夺第三人的权利,违反了债权人与债务人使第三人受益的订约目的。[84] 因此,债权人行使法定解除权应征得第三人同意。

(三)对债务人的效力

根据利益第三人合同,债务人应当向第三人履行义务,债权人与第三人均享有请求债务人给付的权利,从而债务人负有应第三人请求或债权人请求向第三人为给付的义务。当债权人不履行债务时,应向第三人承担违约责任。

第三人虽取得独立的权利,但其权利系基于债权人与债务人之间的合同而产生,由于第三人未对其利益的取得提供对价,他在合同中所享有的权益是有条件的,即不能超出债权人的范围。因此,债务人根据合同可对抗债权人的一切抗辩均可对抗第三人。这一效力包含两方面的要求:第

---

[82] 史尚宽:《债法总论》,中国政法大学出版社2000年版,第624页;郑玉波:《民法债编总论》,台湾三民书局1985年版,第394页。

[83] 黄建荣:“第三人利益契约类型之探讨”(上),载《法律评论》第55卷第12期。戴修瓒:《民法债编总论》,台湾三民书局1993年版,第314页。

[84] 关于债权人解除权应受限制的其他理由,可参见王泽鉴:《民法学说与判例研究》(第7册),中国政法大学出版社1998年版,第162~163页。

一,债务人可援引对抗债权人的事由对抗第三人。如债务人可以在第三人提出请求时以合同不成立、合同无效、可撤销等原因提出抗辩,又如债权人未向债务人为补偿,债务人即可对第三人行使同时履行抗辩权而拒绝给付。第二,债务人所援引的债权人事由必须是由合同所发生的,即如果债务人可对抗债权人之事由非由合同所发生,则债务人不得以之对抗第三人。如债务人主张与债权人所负债务抵销,则不得对抗第三人。但是,如果是属于债务人对于第三人之抗辩则无论其是否基于合同而发生,均可对抗第三人。如甲向乙出售某动产,并与乙约定,乙应将货款给付与丙,而丙曾向乙借款,乙可对丙主张抵销。

与债权人的撤销权、约定解除权类似,在第三人权利确定后,当具有意思表示瑕疵等撤销事由,以及当事人约定的解除事由发生,债务人可行使撤销权或约定的解除权,废止合同无须第三人同意。在债权人给付迟延或第三人受领迟延时,债务人可行使法定解除权,并且由于债务人与第三人处于相对的地位,为保护债务人利益计,债务人行使解除权无须第三人同意。[85]

---

[85] 王泽鉴:《民法学说与判例研究》(第7册),中国政法大学出版社1998年版,第162页。

民商法研究(第六辑)
第357~379页

关于无效合同确认的若干问题*

无效合同是相对于有效合同而言的,是最典型的违反生效要件的合同。无效合同是指合同虽然已经成立,但主要是因其在内容上违反了法律、行政法规的强制性规定和社会公共利益而无法律效力的合同。无效合同在实践中类型较多,情况比较复杂,在合同纠纷中占据了较大的比例,因此有必要就无效合同问题进行探讨。本文拟对无效合同的确认谈几点粗浅的看法。

一、无效合同的违法性

无效合同的确认,首先遇到的问题是对违法性判断的标准问题。无效合同种类很多,但都具有违法性。无效合同的违法性表明此类合同根本不符合国家意志,因此不能使此类合同发生法律效力。合同能够产生法律拘束力,从表面上看是当事人合意的结果,但从实质上看,合同的法律约束力或合同的效力并非直接来源于当事人的意志,而是来源于法律的赋予。也就是说,因为当事人的合意符合国家的意志和社会利益,

---

* 原载《法制与社会发展》2002年第5期。

因此国家赋予当事人的意志以拘束力,要求合同当事人严格履行合同,如果当事人不履行合同,则依靠国家强制力强制当事人履行合同并承担违约责任。但如果合同不符合法律、行政法规的强制性规定以及社会公共利益,则应当被宣告无效。

违法性是无效合同的判断标准,但如何理解违法性的概念?《民法通则》第58条规定:“违反法律或者社会公共利益的”合同无效,但由于对法律的定义没有作出严格的限制,因此在实践中常常对此作出扩大解释。从广义上理解法的概念,不仅把全国人大及其常委会制定的法律包含在内,还把行政法规、地方性法规、部门规章以及地方性政府制定的各种规范性文件都作为判断合同效力的依据,甚至把有些地方的土政策都作为合同效力的判断依据。这就导致了许多有效的合同被确认为无效,造成了大量的损失与浪费,与合同法确定的鼓励交易原则是相背离的。尤其是法院在实践中不适当地扩大了无效合同的范围,以至于在实践中无效合同的数量已达到了惊人的程度。[①] 在市场经济条件下,合同法的重要目标在于尽可能地促成交易,而不是消灭交易,只有促成交易,才能促进社会财富的增长和经济的发展。而过多地宣告合同无效,将导致一些本来不应当被消灭的交易被消灭,从而不符合鼓励交易的原则。有鉴于此,《合同法》把判断合同效力的依据限制在法律和行政法规上,从而严格限制了无效合同的范围。《合同法》除列举了几类特殊的无效合同以外,特别强调无效合同为“违反法律、行政法规的强制性规定”的合同。这一定义是十分重要的,它意味着并非任何规范性文件均可导致合同无效,而只有在违反全国性法律、行政法规的情况下才应导致合同无效。同时并非违反法律、法规的任何条款均导致合同无效,只有在违反法律、行政法规的强制性而不是任意性规定的情况下才可导致合同无效,这就极大地限制了无效合同的范围。

《合同法》第52条关于“违反法律、行政法规的强制性规定”的合同无效的规定,虽然为无效合同的确认确定了一项明确的标准,但在具体适用

---

① 隋彭生:《无效经济合同的理论与实务》,中国政法大学出版社1992年版,前言。

中,还应当注意如下几点:

1. 必须违反了全国人大及其常委会制定的法律和国务院制定的行政法规,才能直接导致合同无效。最高人民法院1999年《关于适用〈合同法〉若干问题的解释(一)》第4条规定:“合同法实施以后,人民法院确认合同无效,应当以全国人大及其常委会制定的法律和国务院制定的行政法规为依据,不得以地方性法规、行政规章为依据。”其中,“法律”是指全国人民代表大会及其常务委员会制定并颁布的法律;“行政法规”是指国务院制定并颁布的规章、命令、条例等行政规范。只有违反了法律、行政法规的规定,才有可能导致合同的无效。至于地方性法规和规章,能否作为判断合同无效的依据,要根据具体情况分析。一般来说,这些规范性文件可以作为判断合同是否无效的参考,但法院不得直接援引这些文件为依据判断合同无效。在考虑地方性法规、规章能否作为判断无效的参考时,应当注意如下问题:第一,这些地方性法规和规章,是否有上位法存在。如果这些地方性法规和规章是根据上位法制定的,但上位法规定的比较原则,地方性法规和规章对上位法作出了具体规定,可以依照上位法确认合同的效力,地方性法规和规章可以作为确认合同效力的参考。第二,如果上位法授权地方或某部门作出解释,而地方性法规和规章是根据授权作出解释,那么依照上位法的授权,地方性法规和规章可以作为确认合同效力的参考。第三,如果地方性法规和规章的制定旨在保护国家和社会公共利益,而违反了地方性法规和规章将损害国家和社会公共利益,可以以损害国家和社会公共利益为由,依据合同法有关规定确认合同无效。当然,违反地方性法规和规章规定,也可能仅被处以没收违法所得、责令停产停业及罚款的行政处罚,但并不导致合同必然无效。

2. 必须是违反了法律和行政法规的强行性规定。按照一般的理解,《合同法》之所以要增加“强制性规定”这一限制,目的是要严格区分强行性规范和任意性规范。《合同法》与以往的合同立法的不同之处在于,它规定必须是违反了法律和行政法规的强行性规定,才导致合同无效。[②] 法律规范大体可分为两种——任意性规范和强行性规范。所谓任意性规范,是指当事人可以通过其约定排除其适用的规范,也就是说,任意性规范赋予了当事人一定的意思自治,允许当事人在法律规定的范围内自由作出约定,对任意性规范由当事人通过约定加以排除是合法的。所以,只有在违反强行法规的情况下才能导致合同无效。强行法规可分为强制规定与禁止规定两种。强制规定指命令当事人应为一定行为之法律规定。禁止规定指命令当事人不得为一定行为之法律规定。而禁止规定可再分为取缔规定及效力规定,前者仅系取缔违反之行为,对违反者加以制裁,以禁遏其行为,并不否认其行为之私法上效力,而违反后者则因其内容违背立法主义而应被宣告无效。[③] 根据史尚宽先生的观点,"令行"则为"强制规定";"禁止"则为"禁止规定",与其对应的是任意法(任意性规定)。如果法律行为违反强制规定或者禁止规定,但是并不导致无效的,为取缔规定。[④] 林诚二教授认为,法律规定的"应当"、"不得"可以包括五种类型:(1)训示规定,若不具备并非无效,仅有提示作用者;(2)效力规定,若未按规定为之,则无效;(3)证据规定;(4)取缔规定,违反之所签合同依然有效;(5)转换规定,本应为无效,但法律另有转换成某一效果之规定。[⑤] 从我国合同理论和实务来看,大多没有严格区分强制性规定和禁止性规定,笔者认为,作出这种区分还是必要的。法律、行政法规的强制性规定和禁止性规定是不同的,前者是指法律、行政法规要求人们必须为某种行为,而后者是指法律、行政法规要求人们不得为某种行为。

3. 必须是违反了强行性规定中的效力性规定。在我国,有学者认为,应当将强行性规范区分为效力性强行性规范和管理性强行性规范。所谓

---

② 例如,1981年的《经济合同法》第7条规定:"违反法律和国家政策、计划的合同"无效;1986年《民法通则》第58条规定:"违反法律或者社会公共利益的"合同无效;1993年的《经济合同法》第7条规定:"违反法律和行政法规的合同"无效,这些都没有提到违反强行性规定的问题。

③ 王泽鉴:《民法总则》,中国政法大学出版社2001年版,第280页。

④ 史尚宽:《民法总论》,中国政法大学出版社2000年版,第329~330页。

⑤ 林诚二:《民法总则讲义》(下),瑞兴图书股份有限公司1995年版,第15页。

效力性强行性规范,是指不仅要取缔违反的行为,对违反者加以制裁,而且对其行为在私法上的效力也加以否认。违反该规定,会导致法律行为归于无效。[⑥] 例如《合同法》第52条关于合同无效情形的规定就属于效力性强行性规范。所谓管理性强行性规范,则是指法律要求当事人应当遵守,而不得通过约定加以改变,一般的强行性规范大多属于此种类型,但违反此类规范并不必然导致行为在私法上的无效。最高人民法院《关于适用〈中华人民共和国合同法〉若干问题的解释(二)》(以下简称《合同法司法解释二》)第14条规定:"《合同法》第五十二条第(五)项规定的'强制性规定',是指效力性强制性规定。"这一规定实际上就区分了效力性强行性规范和管理性强行性规范,并区分其法律后果。区分这两类规范的主要意义在于,只有违反了效力性规定的合同才作为无效的合同,而违反了管理性规范的规定,可以由有关机关对当事人实施行政处罚,但不一定宣告合同无效。因此,通过对这两类规范的区分,可以尽可能的限制合同无效的范围,保障私法自治的实现,并促进和鼓励交易的发展。一般来说,只有违反了效力性强行性规范的合同才作为无效的合同,而违反了管理性强行性规范可以由有关机关对当事人实施行政处罚,但不一定宣告合同无效。这就需要区分违法和合同无效的概念。违法从广义上说包括了违反效力性强行性规范和管理性强行性规范的行为,但无效一般只限于违反效力性强行性规范的合同,只是违反管理性强行性规范的合同并不可能成为无效的合同。

关于形式违法问题,也值得探讨。在一般情况下,法律关于书面形式的要求是为了强化证据效力而作出的规定,书面形式是证明合同存在及其内容的证据,不具备书面形式,只是表明当事人没有足够的证据证明合同已经成立或者合同的内容。但对某些特殊合同而言,法律为避免纠纷的发生,维护交易的安全与秩序,特别规定形式要件是合同成立和生效的

---

⑥ 也有学者认为其可以包括五种类型:(1)训示规定,若不具备并非无效,仅有提示作用者;(2)效力规定,若未按规定为之,则无效;(3)证据规定;(4)取缔规定,违反之所签合同依然有效;(5)转换规定,本应为无效,但法律另有转换成某一效果的规定。参见林诚二:《民法总则讲义》(下),瑞兴图书股份有限公司1995年版,第15页。

必备要件,在此情况下,有关书面合同的效力问题,必须要根据法律对某类书面形式的要求,以及在该要求中所体现的效力规定,来具体确定合同的效力问题。首先是要确定法律、法规关于形式要件的效力是否有明确规定。例如,《担保法》第78条第1款规定:"以依法可以转让的股票出质的,出质人与质权人应当订立书面合同,并向证券登记机构办理出质登记,质押合同自登记之日起生效。"因此,违反法律形式要件的,可以认为违反了法律、行政法规的强制性规定,该合同应当被宣告无效。如果法律、法规没有作出规定,则法律关于形式要件的规定是属于成立要件还是生效要件的规定,应根据法律规定的含义及合同的性质来确定。例如,《合同法》第32条规定:"当事人采用合同书面形式订立的,自双方当事人签字或者盖章时合同成立。"可见,法律对这种合同的形式要件的规定属于成立要件而非生效要件的规定。在此情况下,当事人未根据法律的规定采用一定的形式,则合同不能成立。但有时法律规定的形式要件属于生效要件,当事人不依法采用一定形式,则已成立的合同不能生效。例如,《担保法》规定依法应登记抵押合同不登记的,则不能产生法律效力,因此形式要求属于生效要件。当然,对于不要式合同而言,可由当事人自由决定合同形式,无论采取何种形式,均不影响合同的成立和生效。

二、效力性强行性规范的判断

尽管强行性规范是当事人不得约定加以排除的规范。但并不是说,违反强行性规范合同则无效。根据否定性评价不同,强行性规定可以区分为管理性强行性规范及效力性强行性规范,前者仅系取缔违法之行为,对违法者加以制裁,以禁遏其行为,并不否认其行为在私法上的效力。[⑦] 而效力性强行性规范,是指违反该规定,会导致法律行为归于无效。但需要

⑦ 王泽鉴:《民法实例研习(民法总则)》,台湾1995年自版,第234页。

注意的是，法律规定的“应当”、“不得”，并非意味着都是效力规定。⑧

《合同法司法解释二》第14条规定：“《合同法》第五十二条第（五）项规定的‘强制性规定’，是指效力性强制性规定。”这一规定实际上采纳了理论上关于效力性强制性规定和一般的强制性规定的理论，笔者认为，这种区分是必要的，其理由主要在于：一方面，《合同法》上规定的强制性规定范围较广，如果直接以其作为认定合同无效的标准，而不加以限制，就可能使得较多的合同被认定为无效。这可能损害当事人的合同自由。有学者曾经比喻，公法中的强制性规定像躲在木马里面的雄兵一样涌进特洛伊城，摇身变成民事规范，私法自治的空间，就在这样一种调整下随着国家管制强度的增减而上下调整。⑨ 另一方面，大量的强制性规定并没有明确其对合同效力的影响，其是导致合同不成立，还是无效，还是未生效，并不明确。从法律的强行性规范来看，有的只是规定违反法律禁止性规定应受处罚，有的则明确规定违反法律的禁止性规定不仅受到处罚，还将导致合同无效。所以，如果一概地认定为无效，则不利于鼓励交易，导致财富的损失和浪费。强制性规定种类繁多，但是应当将其解释为与合同效力有关的强制性规定，即效力性强行性规范，管理性的强制性规定就不在该条的立法目的范围之内。通过限缩法律条文的文义，使法律条文的适用范围有所缩小，从而得以针对特定的法律关系。⑩ 此外，由于国家强制性规定的概念过于宽泛，如果不作限缩解释，当事人就可以选择性主张合同是否无效，对其有利时主张合同有效，对其不利时主张合同无效，这也违反了诚实信用原则。⑪ 所以，司法解释的上述规定符合我国市场经济的本质要求，有利于鼓励交易和维护经济秩序。

问题在于，如何在法律上区分效力性强行性规范和一般的强制性规

---

⑧ 有学者认为其可以包括五种类型：（1）训示规定，若不具备并非无效，仅有提示作用者；（2）效力规定，若未按规定为之，则无效；（3）证据规定；（4）取缔规定，违反之所签合同依然有效；（5）转换规定，本应为无效，但法律另有转换成某一效果的规定。参见林诚二：《民法总则讲义》（下），瑞兴图书股份有限公司1995年版，第15页。

⑨ 苏永钦：“私法自治中的国家强制”，载《中外法学》2001年第1期。

⑩ 梁慧星：《民法总论》，法律出版社2001年版，第318页。

⑪ 沈德咏、奚晓明主编：《最高人民法院关于合同法司法解释（二）理解与适用》，人民法院出版社2009年版，第107页。

范?《合同法司法解释二》第14条虽然使用了“效力性强制性规定”的表述,但仅仅从条文来看,这一区分标准还是比较模糊的,笔者认为,可以从两个方面来判断:

(一)规范性质判断

规范性质判断,就是通过考察强制性规范的性质,而认定其是否属于效力性规范。在德国法中,存在所谓“规范性质说”(Normcharaktertheorie),该理论认为,如果某个规范就其性质而言仅仅应该属于有关秩序的规定或者属于警察法规的范畴,违反该规定与其他违法行为一样都应当受到制裁,而不影响到私法上的效力,则该强制性规定便不属于效力性规范。⑫这一观点值得借鉴。从规范性质判断出发,可以采取以下标准:第一,法律法规明确规定违反禁止性规定将导致合同无效或不成立的,该规定属于效力规范。例如,关于违章建筑的出租问题,最高人民法院《关于审理城镇房屋租赁合同纠纷案件具体应用法律若干问题的解释》第3条规定:“出租人就未经批准或者未按照批准内容建设的临时建筑,与承租人订立的租赁合同无效。但在一审法庭辩论终结前经主管部门批准建设的,人民法院应当认定有效。租赁期限超过临时建筑的使用期限,超过部分无效。但在一审法庭辩论终结前经主管部门批准延长使用期限的,人民法院应当认定延长使用期限内的租赁期间有效。”因此,该规定已经非常明确地指明了相关强制性规定属于效力性规定。第二,法律法规虽没有明确规定违反禁止性规定将导致合同无效或不成立的,但违反该规定以后若使合同继续有效将损害国家利益和社会公共利益,也应当认为该规范属于效力规范。第三,法律法规虽没有明确规定违反禁止性规定将导致合同无效或不成立的,违反该规定以后若使合同继续有效并不损害国家利益和社会公共利益,而只是损害当事人的利益,在此情况下该规范就不应属于效力规范,而是一般强制性规范。例如,关于预售商品房的登记主要关系当事人的利益,法律设立该制度的目的是为了保护买受人的利益。所以要求办理预售登记的规范,应属于一般强制性规范,非效力规范。没

⑫ RGZ 1,115f.

有办理登记不应导致合同无效。一般来说，只有违反了效力性规定的合同才作为无效的合同，而违反了一般强制性的规定，可以由有关机关对当事人实施行政处罚，但不一定宣告合同无效。这就需要区分违法和合同无效的概念。违法，从广义上说包括了违反效力性和一般强制性规范的行为，但无效一般只限于违反效力性规定的合同，只有部分违反一般强制性规范的合同才有可能成为无效的合同。

（二）借助法律解释方法进行判断

借助法律解释方法进行判断，是指通过法律解释的方法，明确特定的强制性规范是否属于效力性规范。从文义上来看，如果法律条文中采用“可以”等字样的表述，可以认为该条是任意性规范，但如果法律条文采用“应当”、“禁止”、“不得”等字样来表述，则应当认为是强制性规范。但是这一理解仍然不足以区分，就某一个具体的规则而言，其究竟属于效力性强制性规定还是一般强制性规定，还需要具体分析。事实上，大量的法律条文都采取“应当”的表述，都只是一般强制性规定，甚至只是宣示性规定，而不能将其归入效力性强制性规定之中。为此，就需要借助于其他法律解释的方法进行具体的考量。这些方法主要包括如下几种：

一是目的解释规则。依据目的解释，就是要考虑法律设计该规则的目的，是为了维护公共利益，还是为了维护私人利益。史尚宽先生指出：“何者为强行规定，何者为非强行规定……应依条文之体裁及法律规定本身之目的以定之。”⑬在德国法上有规范目的说（Normzwecktheorie），这一学说认为，在判断法律行为是否有效时，应当考虑该规范的目的，如果认定该法律行为有效，将与该规定的目的相冲突，则应当否定该法律行为的效力。⑭ 该理论实际上也是从目的解释的角度出发，确定特定的强行性规范是否属于效力规范。笔者认为，目的解释实际上就是要考虑法律规范的目的是为了保护公共利益还是当事人利益，如果法律规范的目的仅仅是为了维护当事人利益，则违反该规定不能导致法律行为无效；如果法律规

⑬ 史尚宽：《民法总论》，中国政法大学出版社2000年版，第329页。

⑭ Westphal, Zivilrechtliche Vertraglsnichtigkeit wegen Verstosses gegen gewerberechtliche Verbotsgesetze, Berlin 1985, S. 60ff.

范的目的在于维护社会公共利益,则违反该规定可能导致法律行为无效。[15] 例如,法律关于采矿权转让合同应当经过特定机关批准的规定,由于采矿权的转让涉及国家资源的开发、利用,与国家利益、社会公共利益具有重要关联,因此,应当将该规定认定为效力性强制性规范。

二是体系解释。体系解释,是指以法律条文在法律体系中的地位或相关的法意来阐明法律条文的含义。例如,某一规范虽然采取"应当"的表述,但该规范在整个法律体系中都与其他的一般性强制性规定并列,这就可以作为认定其并非效力性强制性规定的基础。

三是社会学解释。这就是说,要考虑确定某一规范是效力性规范还是管理性规范,所导致的社会效果如何。所谓社会效果,就是指法律作用于社会生活所产生的社会效应。或者说,就是指法律所要实现的社会统制目的。[16] 社会效果的考量通常是在法律具有一定的滞后性时,法官通过寻求该规范的社会效果,从而追求司法目的的实现。[17] 实际上,我们所说的社会效果,就是指通过案件裁判,促进经济、文化等的发展,实现社会的稳定。例如,关于企业之间借贷合同的效力问题,我国法律对此一直没有作出明确规定。从实践来看,考虑到金融秩序的维护,长期以来都认定为无效。例如,最高人民法院《关于对企业借贷合同借款方逾期不归还借款的应如何处理问题的批复》(法复[1996]15号)规定,"企业借贷合同违反有关金融法规,属无效合同"。但是,此种规定与我国长期以来对金融的严格管控有密切关系。近年来,随着金融体制改革的深入,融资方式逐渐趋于灵活和宽松,无论在理论界还是在实务界,都积极呼吁对于企业之间的借贷不宜简单地都一律认定为无效。尤其是企业之间的相互拆借,在一定程度上也有利于企业的经营活动。许多法院对企业之间偶尔的以自有

---

⑮ 邓志伟、伍玉联:"违反强制性规定合同效力的法解释学分析",载《人大法律评论》2012年第1辑。

⑯ 杨仁寿:《法学方法论》,台湾三民书局1986年版,164页。

⑰ 李国光:"认清形势,统一认识、与时俱进,开拓创新,努力开创民商事审判工作新局面为全面建设小康社会提供司法保障"(2002年12月9日在全国法院民商事审判工作会议上的讲话)。

资金进行的借贷,在不违背法定利率范围的情况下可承认合同的效力,⑱此种观点有一定的合理性。当然,如果企业之间的借款利率过高,可以以违反国家有关利率的规定为由认定其无效。在无效后的损失计算方面,如当事人约定的利率过高,可以按同期银行贷款利率计算。对于出借企业以牟取暴利为目的而与借用企业签订的借贷合同,可以确认无效,并对当事人约定的高出法定利率的利息部分不予保护或予以收缴。⑲

三、绝对无效和相对无效

我国合同法理论中并不存在相对无效的概念,谈到合同无效一般认为是指绝对无效。这种理解是不无道理的。绝对无效确实代表了合同无效的典型类型和典型形式。笔者认为,在一般情况下,无效合同是绝对无效、当然无效,任何人都可以主张无效,法院也可以依职权审查,主动宣告无效。但这只是就无效合同的一般类型而言,即一般的合同无效都是因为违反了法律的强制性规定或公序良俗,但某些特殊的合同尽管具有违法性,但只是涉及特定第三人的利益。如果这种合同都认定为绝对的当然的无效,即允许任何第三人主张合同无效未必妥当。因为,此种合同是否损害第三人利益,只有第三人知道,其他人未必了解,而允许其他人越俎代庖,未必符合第三人的利益和意志。因此,应区分合同的绝对无效和相对无效。绝对无效和相对无效的区别主要表现在:

第一,由于无效合同具有违法性,因此对此类合同应实行国家干预。这种干预主要体现在:由法院和仲裁机构不待当事人请求合同无效,便可以主动审查合同是否具有无效的因素,如发现合同属于无效合同,便应主动地确认合同无效。正是从这个意义上说,无效合同是当然无效的。对无

---

⑱ 参见"聚焦合同法律适用问题,推动商事司法审判发展——就合同法司法实务问题访最高人民法院民二庭庭长宋晓明",载奚晓明主编:《商事审判指导》2009 年第 4 辑,人民法院出版社 2009 年版。

⑲ 山东省高级人民法院民二庭:"合同纠纷审判实践中的若干疑难问题",载《山东审判》2008 年第 3 期。

效合同的国家干预还表现在,有关国家行政机关可以对一些无效合同予以查处,追究有关无效合同当事人的行政责任。由于无效合同具有违法性,法院有权予以干预,因此法院在当事人不主张合同无效的情况下,可以依职权进行审查。例如,一方当事人主张违约,或要求变更、解除合同,而法官经过审查,认为合同具有违法性应当被宣告无效,则法院可以不需当事人请求而主动宣告合同无效,并要求恢复原状、赔偿损失,而不必要求当事人另行变更诉讼请求。因为主动审查合同的效力是法律赋予法官的权限,也是法院裁判权的范围。但是,对相对无效未说,则不必要实行严格的国家干预,也就是说,是否主张合同无效可以由当事人特别是受害人决定。例如,在合同因侵害特定第三人利益而违法的情况下,特定的第三人是具体的利害关系人,之所以应当由当事人特别是受害人主张,一方面,是因为在此类合同中,受害人是自身利益的最佳判断者和维护者,由其主张侵害其利益的合同无效最为合适;另一方面,合同具有相对性和封闭性,如允许没有利害关系的第三人任意介入到合同中去,则可能会为一些人寻衅滋事、任意诉讼、滥用诉权提供机会,不仅扰乱正常的交易秩序和合同自由,而且导致法院增加诉累,不堪重负。[20] 如《德国民法典》第135条、第136条规定的所谓相对无效的制度,即这项行为可能仅仅相对于某个特定的人才不生效力,相对于其他一切人则是发生效力的。这种情形,人们称之为“相对的不生效力(relative unwirksambelt,与绝对的不生效力相对)”。[21]

第二,无效合同具有不得履行性。就是说,当事人在订立无效合同以后,不得依据合同实际履行,也不承担不履行合同的违约责任。即使当事人在订立合同时不知该合同的内容违法(如不知合同标的物为法律禁止流转的标的物),当事人也不得履行无效合同。若允许履行,则意味着允

[20] 王洪亮:《合同法难点热点疑点理论研究》,中国人民公安大学出版社2000年版,第153页。实际上在诉讼程序中也有一个利害关系的认定问题,民诉理论上称之为诉的利益,如《德国民事诉讼法典》第256条,确定法律关系成立或不成立的诉讼,只有在原告有法律上利益时才可提起。

[21] [德]迪特尔·梅迪库斯:《德国民法总论》(中译本),法律出版社2000年版,第375页。

许当事人实施不法行为。但对于相对无效的合同来说,是否主张继续履行可以由受害人自己决定。也就是说,受害人认为合同的继续履行对其不利的,可以主张合同无效。如认为继续履行对其有利可以不主张合同无效。

第三,无效合同是绝对的、当然的无效。该合同因明显违反法律行政法规的强制性规定和公序良俗,不需要经过裁判的认定合同就是当然无效的。例如,违反法律关于禁止买卖毒品枪支弹药等的规定而订立了买卖毒品枪支弹药等的合同,这些合同当然是无效的。相对无效的合同虽然违反了有关法律和行政法规的规定,但因为此种合同损害的是特定当事人的利益,因此,是否导致合同无效需要经过当事人的请求,并经过法院的裁判予以认定。在确认之前该合同虽然已经成立但不生效。无效是当然无效的,或最终被确定无效的。但相对无效的情况下不生效,只是一种暂时的状态,它仍然存在着生效的可能性。

相对无效和可撤销的合同是极为类似的。可撤销的合同也常常被称为相对无效的合同。但毕竟两者存在着一定的区别。表现在:一方面,相对无效的合同比可撤销的合同在违法性程度上更重一些。例如,因恶意串通损害第三人的利益比因欺诈胁迫损害一方当事人的利益,其违法性更重,对前一类合同干预的可能性更大。另一方面,损害第三人的范围不同。相对无效不仅损害特定第三人的利益,而且还会对不特定第三人甚至公共利益造成损害,因此属于无效合同的范畴;而可撤销合同仅损害特定第三人的利益。

四、合同的无效和不成立

我国合同法理论素来未区分合同的成立与生效问题。从我国司法实践来看,基本上也没有严格区分合同成立与合同生效问题。表现在:一方面,我国司法实践从未采用合同成立与合同生效的不同要件,来区分合同的成立与合同的生效问题;另一方面,我国司法实践极少区分合同的不成立与无效问题,对那些不成立的合同一般均作无效合同对待。[22] 在合同不符合法律规定的生效要件时,通常要确认合同无效,而不会考虑是否存在合同不成立的问题。

合同的成立与生效通常是密切联系在一起的。当事人订立合同的目的,就是要使合同产生拘束力,从而实现合同所规定的权利和利益。如果合同不能生效,则合同等于一纸空文,当事人也就失去了订约目的。从实践来看,如果当事人依据法律的规定订立合同,合同的内容和形式都符合法律规定,则这些合同一旦成立便会自然产生法律拘束力。正如我国《合同法》第44条第1款规定:“依法成立的合同,自成立时生效。”也正是因为这一原因,我国法律和司法实践中,长期以来没有区分合同成立与生效的问题,也没有进一步区分合同的不成立和无效问题。但区分合同的成立与合同的生效具有重大意义,主要表现在,区分合同的成立与合同的生效,有助于区分合同的不成立和无效。其区别主要表现在:

第一,从两者的概念和构成要件来看,合同的不成立是指当事人未就合同的主要条款未达成合意,如未作出承诺,或未就法定的必须采取书面形式的合同达成书面的协议。而合同的无效是指合同在内容上违反了法律、行政法规的强行性规定以及公序良俗。可见,判断合同不成立和合同无效的要件显然是不同的。

第二,从合同解释方法的运用来看,由于合同的成立主要体现当事人的意志,因此在合同当事人对合同的主要条款规定有遗漏或不明确而当事人又不否认合同存在的情况下,应当允许法院通过合同解释方法,探求当事人的真实意思,确定合同的具体内容。这种解释并不意味着由法院代替当事人订立合同,而是从鼓励交易、尊重当事人意志的需要出发,通过解释合同帮助当事人将其真实意思表现出来。但是,由于合同生效制度体现了国家对合同内容的评价和干预问题,如果合同的内容不符合法律规定的生效要件,就意味着合同当事人的意志不符合国家意志,在此情况下,法院不能通过合同解释的方法促使合同生效,而只能依据合同生效

---

[22] [德]迪特尔·梅迪库斯:《德国民法总论》(中译本),法律出版社2000年版,第14页。

制度确认合同无效。由此可见,合同解释制度乃是弥补合同成立中的缺陷而产生的制度,而不在于弥补合同效力的不足。

第三,合同不成立是当事人没有达成合意,但在内容上并未违反法律的强制性规定和社会公共益,因此,合同即使未成立,但当事人已作出履行,则可以认为当事人通过实际履行行为达成了合意。换言之,尽管当事人没有就合同的主要条款达成合意,但当事人自愿作出履行的,可以认为合同已经成立。而对于无效合同来说,因其在内容上违反了法律或行政法规的强制性规定和社会公共利益,因此合同具有不得履行性。也就是说,当事人在订立无效合同以后,不得依据合同实际履行,也不承担不履行合同的违约责任。即使当事人在订立合同时不知该合同的内容违法,如不知合同标的物为法律禁止流转的标的物,当事人也不得履行无效合同。

第四,在合同不成立的情况下,如果当事人未就合同是否成立的问题在法院或仲裁机构提起诉讼或请求,而自愿接受合同的拘束,法院或仲裁机构不必主动审查合同是否已经成立。但由于无效合同具有违法性,因此对无效合同应实行国家干预的原则,无须经当事人是否主张无效,法院或仲裁机构可以主动审查合同的效力,如发现合同属于无效合同,应确认该合同无效。有关国家行政机关亦可对一些无效合同予以查处,追究无效合同当事人的行政责任。

第五,从法律后果上看,合同的不成立和无效产生的法律后果是不同的。如果合同一旦被宣告不成立,那么有过失的一方当事人则应根据缔约过失责任制度,赔偿另一方所遭受的利益的损失,如果当事人已经作出履行,则应当各自向对方返还已接受的履行。因合同成立主要涉及当事人的合意问题,因此合同不成立只产生民事责任而不产生其他的法律责任。但对于无效合同来说,因为它在性质上具有不法性,所以无效合同不仅要产生民事责任(如缔约过失责任、返还不当得利责任),而且将可能产生行政责任甚至刑事责任。正是基于此点,我们认为,我国司法实践将合同不成立等同于合同无效,是不妥当的。

五、合同无效与时效规则的适用

所谓时效,是指一定的事实状态,持续一定的期间,而发生一定法律效果的制度。[23] 在实践中,常常会出现此种情况,即合同虽然没有履行法定的方式,但合同已经得到全部或部分履行,一方当事人不愿意履行合同,便以合同无效为由,向人民法院提起诉讼,请求判令对方当事人返还财产。或者法院在审查合同效力的过程中发现合同已经履行或部分履行,但合同具有无效的因素,人民法院在审查认定合同无效的同时,发现从起诉方给付财产之次日起至提交起诉状之日止已超过两年诉讼时效期间。对于无效合同的一方当事人请求返还财产是否适用诉讼时效,在学理上一直存在不同意见:一种观点认为,合同是指违反了法律和社会公共利益,在本质上具有不法性,因此确认合同无效不应当受到时效的限制。也就是说,法院什么时候发现合同违法,什么时候都可以宣告合同无效。更何况,《民法通则》规定的诉讼时效问题仅就侵权行为而言,并不是所有民事行为都适用诉讼时效。因此,无效合同的一方当事人请求返还财产不受诉讼时效的限制。另一种观点认为,合同效力与诉讼时效是两个不同的法律概念。合同的效力虽然是由人民法院或者仲裁机关"事后"确认,但无效合同一方当事人请求返还财产仍然受到诉讼时效的限制。诉讼时效的立法意图就是督促权利人及时行使权利,维护社会财产秩序的稳定。在无效合同已经履行完毕多年的情况下,如当事人仍可以合同无效为由向人民法院起诉并由法院判决返还财产,必然会推翻已经形成的社会关系和社会秩序。

笔者认为,关于合同的无效是否应当适用诉讼时效的问题,应当区分不同情况做具体的分析。也就是说,要区分合同无效的确认与宣告无效后请求返还或赔偿损失的问题。就合同无效的确认而言,在一般情况下,

---

[23] 胡长清:《中国民法总论》,中国政法大学出版社1997年版,第349页。

对于违反法律法规的强制性规定及公序良俗的合同，确认无效不应受时间的限制，主要理由在于：

第一，合同无效的确认是对客观事实的确认，而不属于时效对权利的限制。合同无效是法律规范对合同的否定性评价，只要相应的强制性法律规范或公序良俗没有发生变化，依然对此类合同进行否定性评价，则其违法性的状态就会一直持续下去，不因单纯的时间经过而发生改变。[24] 由于违法性状态持续存在，自然对合同无效的确认不应受到诉讼时效的限制。但是，对一般的请求权而言，如果权利人不及时行使权利，权利行使之前的法律状态随着时间的经过而趋于稳定，为了保护此种法律状态及围绕其展开的其他民事法律关系和社会秩序的稳定，所以法律通过创立时效制度，对权利的行使加以时间上的限制，来稳定已经形成的社会关系和社会秩序。

第二，对合同无效的确认适用诉讼时效，不符合法律设立诉讼时效制度的目的。[25] 时效本身就体现了"法律保护勤勉者，不保护懒惰者"的原则。财产的权利人虽然享有权利，但其长期"睡眠于权利之上"，不主动行使权利，则不利于物尽其用。无论是诉讼时效还是取得时效都具有促使权利人积极行使权利从而提高物的使用效率的功能。所以，法律设立诉讼时效制度是为了督促权利人行使权利。无效则因其违反了法律或社会公共利益，不需要当事人积极主张无效，法院可以依职权主动进行审查。

第三，对合同无效的确认任何时候都可以提出，才符合社会整体的法秩序。正是因为无效本质上具有违法性，是对社会法秩序的违反，如果对这种违法行为适用诉讼时效制度，就意味着法律容忍了这种违法行为并接受了其相应的后果，这就与社会整体的法秩序背道而驰。所以，无效合同在任何时候被发现，都应当被宣告无效。如果认为确认合同无效应受时效的限制，则在一定的时间经过以后违法的合同将变成为合法的合同，违法的行为将变成合法的行为，违法的利益将变成为合法的利益，这显然是不符合立法的宗旨和目的的，也与法律秩序的形成是相矛盾的。

---

[24] 仇京荣："试论无效合同"，载《政法论坛》1992 年第 6 期。

[25] 祝传颂："论无效民事行为的法律后果"，载《河北法学》2001 年第 2 期。

从各国法律关于时效的规定来看,大都认为诉讼时效仅适用于请求权,而不适用于请求确认合同无效。请求确认合同无效属于确认之诉的范畴,在法律关系发生争议的情况下,只有先通过确认之诉确认法律关系的合法有效,才能由此种合法有效的法律关系产生相应的请求权及其他民事权利。我国《民法通则》中对诉讼时效的规定,也没有包括合同无效的确认,可见,《民法通则》的本意是否定对确认合同无效适用诉讼时效的。

但需要指出的是,对于违反法律法规的强制性规定或公序良俗的合同,确认无效不应受时间的限制,这只是就确认合同无效的一般情况而言的。如果无效合同只涉及第三人利益且在法律上须由第三人主张无效时,例如恶意串通损害第三人利益的合同等,亦应有时间限制,法院只在时效期内保护当事人的合法权利。正如有学者指出的,如果无效买卖合同只涉及第三人的利益,对第三人的合法权益构成侵害时,这类合同仍然应当认定为一般无效合同,主张合同无效应受时间限制。为保证整个社会经济秩序的稳定安全,对涉及双方当事人利益和特定第三人利益的一般无效合同,法院应考虑到时效问题。[26]

尽管无效的确认不应当适用时效,但合同在宣告无效以后,在当事人之间产生相互返还或损害赔偿的请求权应当适用时效的规定。也就是说,一旦宣告无效,已经作出履行的一方,有权请求对方返还财产或赔偿损失。对这种请求权,必须要受诉讼时效的限制。[27] 因为,一方面,请求赔偿损失应当属于债的请求权的范畴,理所当然应当适用诉讼时效。即使就返还财产的请求权而言,是属于不当得利返还请求权还是物权请求权,目前学理上仍然存在争议,如果认定其为不当得利返还请求权,自然也应当适用诉讼时效。另一方面,在合同宣告无效以后,享有返还原物、赔偿损失请求权的一方,也应当积极行使权利,权利人不能长期地等待,躺在权利上睡眠。因为一旦宣告合同无效,法律对现实中的财产关系就会进行重新调整,如果长时间不主张权利,则调整后的法律关系将趋于稳定状

㉖ 关军:《买卖法》,人民法院出版社1999年版,第80页。

㉗ 张斌、卢文道:“关于诉讼时效制度的几个问题”,载《法学》1999年第2期。

态，如果经过较长时间再重新提出，就会破坏这种秩序。所以，即使法院在判决中宣告合同无效，但并没有确定恢复原状、赔偿损失的问题，当事人也必须在确定的时间内提出。特别在一方主动提出宣告无效时，如果当时没有要求返还原物、赔偿损失，则应当在诉讼时效期限内补充提出请求。

六、合同无效与恶意抗辩

所谓恶意抗辩，是指当事人违反诚信原则，而针对对方的请求提出抗辩。恶意抗辩实际上是一种滥用抗辩权的行为，即一方当事人单独实施或与对方当事人共同实施了某种违法行为后，一旦客观情况出现了对其不利的变化，该当事人便主动以其行为违法为由，要求确认合同无效。[28]在审判实践中，对于主动承认自己违法并承认自己行为无效的做法是否应当在法律上予以肯定？例如，甲在乙银行贷款，其提供的担保是虚假的，甲在欠款到期以后，拒不向银行乙还本付息。银行在法院提起诉讼，要求其还款。甲则声称其在订约时提供了虚假的担保，已构成欺诈，要求法院确认该合同无效，并认为该合同无效后，其不应该承担偿还利息的责任。这种行为实际上就是一种恶意抗辩行为。对于此种恶意抗辩的行为如何处理，在理论上存在不同看法。一种观点认为，无效合同的固有性质决定了任何人都可主张合同无效，因此违法行为人自己提出无效也是合法的。另一种观点认为，违法行为人自己主动提出无效已经构成恶意抗辩，违法行为人的恶意的抗辩不能成立，该合同应当认定为有效，否则等于纵容了违法行为人实施的违法行为。例如，最高人民法院《关于审理建设工程施工合同纠纷案件适用法律问题的解释》第 5 条规定："承包人超越资质等级许可的业务范围签订建设工程施工合同，在建设工程竣工前取得相应资质等级，当事人请求按照无效合同处理的，不予支持。"再如，

---

[28] 崔建远主编：《合同法》，法律出版社 2000 年版，第 100 页。

最高人民法院《关于审理涉及国有土地使用权合同纠纷案件适用法律问题的解释》第8条规定:“土地使用权人作为转让方与受让方订立土地使用权转让合同后,当事人一方以双方之间未办理土地使用权变更登记手续为由,请求确认合同无效的,不予支持。”在这些条款中都明确贯彻了禁止恶意抗辩的规则。

从法律上来看,合同无效应当是当然无效,任何人均可以主张合同无效。但问题在于,一方当事人单独实施或与对方当事人共同实施了某种违法行为后,自己主动以其行为违法为由,要求确认合同无效,对这种恶意抗辩行为,完全予以支持也并不一定符合确认合同无效的目的,也不利于制裁违法的恶意抗辩的行为人。笔者认为,对当事人主动提出无效的,应当区分不同情况处理。这主要是基于以下几个方面的原因:

第一,违法行为人的行为违反了诚实信用原则。诚实信用原则是基本的商业道德,一方在订立合同时明知其行为违法,而仍然从事该行为,事后又因为合同履行对其不利,为逃避承担违约责任而主张合同无效,其行为显然有违诚实信用原则。诚如我国学者所言,因市场行情变化而使履行合同带来的不利益大于因承担合同无效责任而丧失的利益时,就会促使人们选择后者,即以合同无效为借口而逃避合同的义务,必然会助长市场经济活动中不讲信誉为追求自身利益最大化而置他人利益于不顾的现象。[29] 在比较法上,无论是大陆法系还是英美法系,作为外观主义或禁反言法理(theory of estoppel)的基本要求之一,当行为人无资格进行某种行为或没有使其行为产生某种法律后果的内心意思,但若行为人使第三人产生其有资格或有使行为产生某种后果的合理信赖,则其本人或其他相关者应对第三人负责。按照禁反言的法理,也应当尽量限制恶意抗辩行为。[30]

尤其需要指出的是,在审判实践中,某些合同当事人在发生合同纠纷以后,常常为了逃避承担合同责任而找出各种借口主张合同无效,甚至以自己从事了欺诈行为为由主张合同无效,很大程度上就是因为对恶意抗

[29] 梁慧星主编:《民商法论丛》(第6卷),法律出版社1997年版,第170页。

[30] 梁慧星:“诚实信用原则与漏洞补充”,载《法学研究》1994年第2期。

辩缺乏限制造成的。这种状况不利于强化合同必须严守和强化交易中的诚信观念。

第二,如果认可违法行为人的主张,将会纵容违法行为人的违法行为。一方在从事某种违法行为之后,因合同履行的结果对自己不利便可以主张合同无效,一旦合同履行的结果对自己有利便认为合同有效,如果这种合同无效的主张能够成立,则将会起到纵容不法行为人从事违法行为的后果。这就是说,违法行为人完全可以为所欲为,从而使合同无效制度成为其追求某种不正当甚至违法利益的手段。

第三,违背了合同无效制度设立的目的和宗旨。合同无效设立的重要目的在于制裁不法行为人,维护国家的法治秩序和社会的公共道德。如果违法行为人主动请求确认合同无效,则不仅意味着无效后的责任对违法行为人没有形成某种硬化的约束,甚至将使其获得某种不正当的利益。这就根本违背了无效制度设立的宗旨,无辜的受害人可能在法院起诉要求获得保护的时候,反而受到违法行为人的控制。这正是像一些学者所指出的,“乃是一种奇怪的法律”。[31] 如果认可违法行为人的抗辩,将会背离法律的价值取向,损害法律的权威性。

七、合同的部分无效

合同无效可以分为全部无效和部分无效。所谓全部无效,是指因内容违法而导致整个合同无效。但是,如果无效合同的某些条款可以与整个合同分开,违法的部分不影响合法的部分,则只是导致部分无效。自罗马法就有“有效部分不因无效部分而受影响”的规定。大陆法各国民法大多确认了这一原则。[32] 例如,《德国民法典》第 139 条规定:“法律行为部分无效的,在不能认为无此无效部分仍将实施法律行为时,全部法律行为无效。”《欧洲民法典草案》第 2—7:302 条规定,违反强制性规定的合同,可

---

[31] 方流芳:“从王海现象看受欺诈人的法律救济问题”,载《湘江法律评论》第 1 卷。

[32] 李永军、易军:《合同法》,中国法制出版社 2009 年版,第 196 页。

以全部或部分地宣告无效。我国《合同法》第57条规定："合同无效、被撤销或者终止的，不影响合同中独立存在的有关解决争议方法的条款的效力。"该条也确认了，在例外情况下合同可以部分无效。确立合同的部分无效，应当符合如下几个要件：

第一，合同必须限于一个单一的合同，而不应当构成数个合同。否则，就是一个分别无效的问题，而不是部分无效的问题。在认定是否构成单一的合同时，应当考虑当事人是否具有统一的意思。按照德国学者Heinrichs的看法，当事人意思的统一，是法律行为统一性的决定性标准。[33]这就是说，在认定法律行为是否具有统一性时，应当考虑当事人自己的意思。这一理论值得借鉴。

第二，合同内容具有可分性。所谓可分性，是指将无效部分分离出来，还能够使一项可以有效的行为继续存在，而且这项行为也不得与当事人的愿望相违背。[34] 例如，在合同中，格式条款可以与其他条款分开，该格式条款虽然因剥夺了消费者的主要权利而无效，但其他条款也可以继续有效。

第三，合同部分无效，不影响其他部分效力的。如果合同表面上是一个行为，实质上由若干部分组成，或在内容上可以分为若干部分，即有效部分和无效部分可以独立存在，一部分无效并不影响另一部分的效力，那么无效部分被确认无效后，有效部分继续有效。但是，如果无效部分与有效部分有牵连关系，确认部分内容无效将影响有效部分的效力，或者从行为的目的、交易的习惯以及根据诚实信用和公平原则，决定剩余的有效部分对于当事人已无意义或已不公平合理，则合同应被全部确认为无效。通常，判断剩余部分能否继续存在，主要考虑剩余部分的存在是否有意义。[35]

第四，合同部分无效须在除去无效的部分行为后，当事人能够履行剩余部分行为，在此情况下，才应发生部分无效，即部分无效不导致合同整

㉝ Palandt/Heinrichs, §139, Rn. 2.

㉞ ［德］迪特尔·梅迪库斯：《德国民法总论》，法律出版社2000年版，第384页。

㉟ 耿林：《强制规范与合同效力》，中国法制出版社2009年版，第341页。

体无效,部分无效导致整个合同履行不公平,当事人不愿意继续履行,在这种情况下应当宣告合同全部无效。

部分无效有几种典型的形态:一是量上的部分无效。例如,最高人民法院1991年公布的《关于人民法院审理借贷案件的若干问题》第6条规定:"民间借贷的利率可以适当高于银行的利率,各地人民法院可根据本地区的实际情况具体掌握,但最高不得超过银行同类贷款利率的四倍(包含利率本数)。超出此限度的,超出部分的利息不予保护。"因而,凡是超过银行贷款利率4倍的都认定为高利贷,超出部分不受保护。二是期限上的部分无效。《合同法》第214条规定:"租赁期限不得超过二十年。超过二十年的,超过部分无效。租赁期间届满,当事人可以续订租赁合同,但约定的租赁期限自续订之日起不得超过二十年。"三是部分条款的无效。这就是说,整个合同条款都无效,但是其中涉及解决争议方法的条款仍然是有效的。我国《合同法》第57条规定:"合同无效、被撤销或者终止的,不影响合同中独立存在的有关解决争议方法的条款的效力。"这就确认了此种部分无效的情形。

民商法研究(第六辑)
第380~392页

转租合同的若干问题*

一、转租合同的特征

所谓转租,是指承租人将租赁物再次出租给第三人的行为。转租既包括合法的转租,即取得了原出租人同意的转租,也包括了非法的转租,即没有取得原出租人同意的转租。在转租的情形,原租赁合同并没有终止而仍然有效,承租人仍应当依据租赁合同的约定负担承租人的义务,只不过,在承租人和次承租人之间形成了转租合同关系。转租合同具有如下几个方面的特征:

1. 转租合同与原租赁合同之间具有密切联系性。虽然与原租赁合同相比较,转租合同是相对独立的合同,但其又与原租赁合同具有密切的联系,主要表现在如下几个方面:第一,转租合同必须要以原租赁合同为前提,其在效力上应当依附于原租赁合同。如果原租赁合同无效或被撤销,则转租合同的效力也归于消灭。[①] 原租赁合同因解除等原因而终止,则转租合同

---

* 本文作于1999年。

① 苏号朋:"转租的法律结构分析",载《浙江社会科学》2007年第2期。

通常也应当终止。第二,转租合同的内容也在一定程度上依附于原租赁合同。一般情况下,转租合同的内容不得超过原租赁合同(如租赁期限、对租赁物的使用权等)。在租赁期限方面,根据最高人民法院《关于审理城镇房屋租赁合同纠纷案件具体应用法律若干问题的解释》的规定,“承租人经出租人同意将租赁房屋转租给第三人时,转租期限超过承租人剩余租赁期限的,人民法院应当认定超过部分的约定无效。但出租人与承租人另有约定的除外”。[②] 原合同对承租人使用收益方法的限制,对转租合同同样有效。而原出租人或承租人负有的维修等义务,在转租的情况下,仍然不受影响。因此,在租赁物需要维修时,次承租人有权依据转租合同请求承租人履行维修义务,再由承租人依据原租赁合同请求出租人履行维修义务。[③] 第三,转租合同的标的物必须是原租赁合同的标的物。第四,转租合同的出租人必须是原租赁合同的承租人。[④]

2. 转租合同又具有一定的相对独立性。转租合同是在承租人与次承租人之间订立的,从次承租人的角度而言,其属于转租合同中的承租人,因此,其仅向承租人负有租金支付义务,也仅仅有权请求承租人履行相应的义务。原承租人在转租合同中居于出租人地位,这是其在原租赁合同和转租合同中的不同地位的体现。而从原出租人的角度来看,其也仅对承租人享有权利和负担义务,次承租人不能对原出租人主张权利。[⑤] 这就是说,承租人和出租人的原有法律地位不变,出租人与次承租人之间不存在租赁法律关系。有人认为,次承租人可以直接将租金交付给出租人。[⑥] 笔者认为,对此如果合同没有进行约定,则次承租人不能直接向出租人交付租金。因为次承租人并没有直接与出租人签订合同,其签订合同的对方当事人是承租人。如果次承租人直接向出租人交付租金,则突破了合

---

② 最高人民法院《关于审理城镇房屋租赁合同纠纷案件司法解释的理解与适用》第15条。

③ 史尚宽:《债法各论》,中国政法大学出版社2000年版,第183页。

④ 苏号朋:“转租的法律结构分析”,载《浙江社会科学》2007年第2期。

⑤ 吴兆祥等编著:《房屋租赁、买卖合同疑难问题案例解析》,法律出版社2012年版,第253页。

⑥ 胡康生主编:《中华人民共和国合同法释义》,法律出版社1999年版,第333页。

同的相对性,而且对于承租人而言,次承租人并没有履行交付租金的义务。

3.转租并不影响原租赁合同中承租人的地位。在转租的情况下,原租赁合同仍然有效,承租人并没有退出租赁关系,他仍然对出租人享有权利和负担义务。因为这一原因,转租不同于租赁权的让与。所谓租赁权的让与,是指经出租人同意,承租人将其权利义务全部转让给第三人。转租与租赁权让与的区别主要表现在:租赁权的让与本质上是权利义务的概括移转,⑦在此情况下,承租人已经退出租赁关系,第三人取代其地位。转租行为不同于合同权利义务的转让,转租合同并没有使次承租人成为原租赁合同的当事人,这不同于承租人将其合同权利转让给第三人或者将合同权利义务概括移转给第三人的情形。⑧ 由于转租并不会导致原租赁关系的主体变化。因此,在房屋需要维修的情况下,如果是转租,次承租人可以请求承租人承担维修义务;而在租赁权转让的情况下,第三人并不能请求原承租人负担该义务。由于租赁权转让涉及主体的变化,所以,除非是出租人明确表示同意租赁权的整体转让,否则,出租人并不能将租赁权整体转让给次承租人。在未取得出租人同意的情况下,租赁权转让是无效的;而在转租的情形,没有取得出租人同意,并非当然无效,只是效力待定。⑨

二、转租必须取得出租人同意

转租行为固然改变了租赁物的占有人,但转租并非对社会不利。在实践中,转租在很多情况下可以实现物尽其用,最大限度地实现租赁物的价值。从比较法上来看,租赁合同中,对承租人是否有转租的权利,存在不

---

⑦ 邓基联主编:《房屋租赁合同纠纷》,法律出版社2010年版,第99页。

⑧ Christian von Bar and Eric Clive, Principles, *Definitions and Model Rules of European Private Law*, Vol. 3, Sellier, European Law Publishers GmbH, Munich, 2009, p. 1595.

⑨ 吴兆祥等编著:《房屋租赁、买卖合同疑难问题案例解析》,法律出版社2012年版,第251页。

同的立法例:(1)自由主义模式。此种立法模式认为,未经出租人同意,承租人可以自由转租。例如,《法国民法典》第 1717 条第 1 款规定:"承租人有转租的权利,甚至有将其租约让与他人的权利,但如在租约中禁止此种权利时,不在此限。"波兰、澳大利亚也采此立法例。[10] (2)限制主义模式。此种立法模式认为,未经出租人同意不得擅自转租。大陆法系许多国家采取了此种模式。[11] 在英国,未经出租人事实上(actual)或者表面上(ostensible)的同意,承租人不得擅自转租,当然,出租人对承租人转租的授权可以基于双方当事人所知晓的商事实践规则判断。[12] (3)区别主义模式。此种立法模式认为,应当区别不同的情形,而认定承租人的转租权。例如,依据《瑞士债务法》第 264 条和第 289 条的规定,对于使用租赁,如果无害于出租人的权利,则承租人有权转租;而对于用益租赁,承租人未得出租人的同意不得转租,但在无害于出租人的前提下,可以将租赁物的部分进行使用转租。

我国《合同法》第 224 条规定:"承租人经出租人同意,可以将租赁物转租给第三人。承租人转租的,承租人与出租人之间的租赁合同继续有效,第三人对租赁物造成损失的,承租人应当赔偿损失。承租人未经出租人同意转租的,出租人可以解除合同。"由此可见,我国立法采纳了限制主义模式。在租赁关系存续期间内,承租人负有不得擅自转租的义务,如要转租必须取得出租人的同意。法律作出此种规定的主要原因在于:

第一,擅自转租可能损害原出租人的利益。在转租的情形,虽然承租人并不脱离租赁关系,但出租人可能因此丧失对租赁物的控制,也难以了解次承租人对租赁物的使用状况。[13] 因此,擅自转租可能导致对于原出租人利益的损害。尤其是在房屋价格和租金持续上涨的情况下,承租人可

---

[10] Christian von Bar and Eric Clive, *Principles, Definitions and Model Rules of European Private Law*, Vol. 3, Sellier, European Law Publishers GmbH, Munich, 2009, p. 1595.

[11] 参见《德国民法典》第 540 条、《意大利民法典》第 1594 条第 2 款。

[12] Christian von Bar and Eric Clive, *Principles, Definitions and Model Rules of European Private Law*, Vol. 3, Sellier, European Law Publishers GmbH, Munich, 2009, p. 1595.

[13] Christian von Bar and Eric Clive, *Principles, Definitions and Model Rules of European Private Law*, Vol. 3, Sellier, European Law Publishers GmbH, Munich, 2009, pp. 1593 – 1594.

能为了获得利益而进行转租,这可能增加租赁物毁损、灭失的风险,损害出租人的利益。

第二,擅自转租违背了原租赁合同的目的。出租人可以将承租人擅自转租的行为视为未遵守租赁合同目的的行为,因为按照租赁合同,承租人只是获得了对租赁物的使用权,但在转租的情形,承租人的获利并非源于对租赁物的使用,而是通过转租这种交易行为而获利,这显然不符合当事人订立合同的目的;此外,在特定的情形,承租人的转租行为还可能与出租人的租赁交易形成竞争关系。⑭

第三,擅自转租破坏了出租人和承租人之间的信任关系。租赁虽然属于债权关系,但是,出租人和承租人之间也存在人身信任关系,出租人往往是基于对承租人的信任而与其订立租赁合同。擅自转租就破坏了此种信任关系,使得原租赁关系存在的基础受到影响。

第四,擅自转租可能影响租赁市场的秩序。我国对于房屋的租赁采取备案的制度,如果允许随意转租,则将导致国家无法对房屋租赁状况进行管理和监控,可能导致租赁市场的混乱和无序。

在我国,通常将取得了出租人同意的转租称为"合法转租",而未经出租人同意的转租被称为"非法转租"。如何界定出租人的同意?所谓同意,是出租人作出的允许承租人转租的意思表示。同意可以包括如下几个方面:一是合同中明确约定了允许承租人转租。二是合同中虽然没有约定转租事项,但是转租前取得了出租人的同意。三是转租后得到原出租人的追认。出租人也可以通过一定的行为表示其同意该转租行为,这就是说,即使出租人事先没有同意承租人的转租行为,但事后明确追认该转租合同的效力,或者出租人虽然没有明确表示追认转租合同的效力,但仍继续收取承租人支付的租金的,也可以认定为出租人以其行为对该转租合同的效力作出了追认。但出租人对承租人的转租行为没有表示异议的,能否视为追认?依据相关司法解释的规定,如果出租人知道或者应当

---

⑭ Christian von Bar and Eric Clive, *Principles, Definitions and Model Rules of European Private Law*, Vol. 3, Sellier, European Law Publishers GmbH, Munich, 2009, p. 1594.

知道承租人已经转租,超过 6 个月未提出异议,不得再主张解除合同。[15] 但如果出租人不知道也不应当知道承租人转租,也没有收取租金的,则不能一概认定出租人对转租行为作出了追认。

在长期租赁中,转租是否为承租人的一项权利?从效率上讲,在长期租赁中,承租人享有转租的权利具有积极意义。如果承租人因为客观情况的变化而无法继续使用租赁物,而且其仍应当要继续支付租赁费用,在此情形下,如果不允许承租人转租,就可能使其丧失通过租赁物获取收益并发挥租赁物价值的手段。但是,这并不意味着,在长期租赁的情形,承租人就享有了不经出租人同意而转租的权利。我国《合同法》第 224 条要求转租应当获得出租人的同意,从解释上看,所有的租赁关系都应当适用这一规定,长期租赁也不应当通过解释而排除在其适用范围之外。当然,考虑到长期租赁的特殊性,法律上应当设计相应的制度,以平衡出租人和承租人之间的利益。例如,依据《欧洲民法典草案》第 IV. B. —7:103 条的规定:如果出租人没有适当的理由而拒绝转租的,承租人有权终止租赁合同,但必须在合理期限内通知出租人。这一规定对于妥当平衡长期租赁中出租人和承租人之间的利益关系具有积极意义。当然,承租人应当在合理期限内提前通知出租人。[16]

三、未经出租人同意的转租构成无权处分

转租行为包括经同意的转租和擅自转租。所谓擅自转租,是指未经出租人同意,而将承租的商品房转租给他人。关于非法转租在法律上的效力,存在三种不同的观点:一是无效说。此种观点认为,非法转租行为是无效的,因为非法转租不仅侵害了出租人的所有权,而且也违反了与出租

---

[15] 最高人民法院《关于审理城镇房屋租赁合同纠纷案件具体应用法律若干问题的解释》第 16 条规定:"出租人知道或者应当知道承租人转租,但在六个月内未提出异议,其以承租人未经同意为由请求解除合同或者认定转租合同无效的,人民法院不予支持。"

[16] Christian von Bar and Eric Clive, *Principles, Definitions and Model Rules of European Private Law*, Vol. 3, Sellier, European Law Publishers GmbH, Munich, 2009, p. 1594.

人之间的租赁合同,因此,一旦出租人对非法转租的行为提出异议,就应该宣告该行为无效。[17] 二是有效说。此种观点认为,非法转租行为是有效的,只是不得对抗出租人。因为法律禁止转租的目的在于保护出租人的利益,但出租人可以通过行使解除租赁合同的权利以及请求承租人承担违约责任的方式来维护其利益,没有必要将转租合同宣告无效。[18] 因可归责于承租人的原因导致不能使次承租人取得租赁物的使用、收益的权利,次承租人有权向其请求承担违约责任。[19] 三是效力待定说。此种观点认为,在未经出租人同意的情况下,承租人擅自转租的,构成无权处分,应属于效力待定的行为。[20] 承租人未经出租人的同意而擅自将租赁物转租给他人,构成无权处分。虽然承租人擅自转让的只是租赁物的占有权、使用权,并非转让他人的财产所有权,但承租人擅自将其占有权、使用权转让他人,也属于非法处分他人财产所有权权能的行为。

笔者认为,在承租人擅自转租的情况下,如果认为转租合同一概有效,值得商榷。因为一方面,我国《合同法》第224条规定,承租人经出租人同意,可以将租赁物转租给第三人。从反面解释来看,转租必须经过出租人同意,如果认为转租行为都是有效的,则该条规定将形同虚设。另一方面,从所有权的内容来讲,出租人作为所有权人,有权决定对租赁物的租赁情况,如果未经其同意的转租就可以生效,则属于对其所有权的侵犯。再有,如果允许擅自转租,则不利于社会管理,例如次承租人擅自违法改装改建,或者利用房屋从事违法活动,就难以得到有效的控制和管理。

擅自转租时转租合同也并非当然无效,主要理由在于:第一,依据我国法律的相关规定,转租合同的效力取决于出租人是否解除合同。我国《合同法》第224条规定:"承租人经出租人同意,可以将租赁物转租给第三人。承租人转租的,承租人与出租人之间的租赁合同继续有效,第三人对租赁物造成损失的,承租人应当赔偿损失。承租人未经出租人同意转租

---

[17] 杜万华主编:《合同法精解与案例评析》,法律出版社1999年版,第446~447页。
[18] 邓基联主编:《房屋租赁合同纠纷》,法律出版社2010年版,第105页。
[19] 邓基联主编:《房屋租赁合同纠纷》,法律出版社2010年版,第105页。
[20] 黄松有主编:《民事审判实务问答》,法律出版社2005年版,第113页。

的，出租人可以解除合同。”依据《合同法》的上述规定，如果出租人不同意转租，则转租合同的效力是否受到影响，取决于出租人是否解除合同。如果出租人以承租人违约为由而请求解除合同，则租赁合同被解除后，承租人不再享有租赁权，自然无权将租赁权转租给他人。[21] 如果出租人不行使对租赁合同的解除权，该转租合同也继续有效。第二，转租合同仅仅涉及出租人的利益，不涉及社会公共利益，所以，不宜直接认定其为无效。从合同法的角度来看，无效合同制度的设立目的是为了制裁损害社会公共利益的行为。在擅自转租的情况下，主要是导致了出租人的利益遭受损害，一般不涉及社会公共利益，所以，不存在直接认定转租合同无效的法理基础。第三，直接认定擅自转租的合同无效，使得承租人和次承租人之间产生合同无效的民事责任，这既违反了当事人的意思，又使得法律关系复杂化。如果出租人不解除合同，出租人不得请求次承租人返还租赁物。因为既然出租人不中止租赁关系，就意味着承租人仍然享有租赁权，并享有对租赁物的占有、使用权，这也是次承租人占有、使用租赁物的权利基础，因此，出租人不解除合同的，不得请求次承租人返还租赁物。

笔者认为，擅自转租是一种效力待定行为，一方面，它符合此种合同的固有属性。在转租的情况下，承租人的行为构成对出租人财产权的无权处分。另一方面，它尊重和保护了出租人的追认权。在转租的情形，出租人享有“同意”的权利，这里所说的同意是广义上的，包括事前的同意，也包括事后的追认。如果出租人追认该行为，则合同有效，如果出租人拒绝追认，则转租行为归于无效。从我国司法实践来看，也通常采取了效力待定的做法。例如，在“柯萍萍诉阮小力房屋租赁合同纠纷案”中，法院认为，双方订立的转租合同，既未取得出租人的事先同意，也未取得出租人的事后追认，应属无效。因该合同取得的财产，应当予以返还。[22] 可见，我国司法实践也将其作为效力待定的行为对待。依据《合同法》第 51 条的规定，无权处分行为属于效力待定的法律行为，在取得出租人的追认时生

---

[21] 依日本判例及德国的学说，如果出租人不中止租赁关系，出租人仍然可以所有权为据，向次承租人主张除去妨害。

[22] 福建省厦门市湖里区人民法院(2012)湖民初字第636号。

效，如果出租人拒绝追认，则转租行为无效，但原租赁合同的效力不受影响。在次承租人没有要求出租人追认时，在出租人追认前，转租合同在承租人与次承租人之间仍然有效，次承租人向承租人交付的租金也不得请求返还。同时，鉴于擅自转租已经构成对合同义务的违反，出租人也有权在不确认转租合同无效的情况下，要求承租人承担违约责任。

依据《合同法》第224条的规定，在擅自转租的情况下，出租人可以解除租赁合同。这是因为从原租赁合同来观察，承租人未经出租人同意而转租，违反了租赁合同中的义务，尤其是考虑到擅自转租可能会给出租人造成重大损害，因而这种违约通常构成根本违约，出租人应享有解除合同的权利。例如，次承租人可能会改变租赁物的用途，采用不当的方式使用租赁物等。因此，擅自转租构成根本违约，应当允许出租人解除合同。当然，如果出租人拒绝接受转租，要求次承租人返还，则应当先解除与承租人之间的租赁合同，才能够向次承租人要求返还。在没有解除租赁合同的情况下，承租人仍有权占有、使用租赁物次承租人基于承租人与其之间的租赁合同而占有租赁物，出租人无权请求次承租人返还租赁物。因此，出租人不能要求次承租人返还租赁物。在擅自转租的情形下，即便次承租人没有过错，只要该转租行为没有取得出租人同意，出租人都有权解除合同。如果出租人解除了原租赁合同，则承租人对租赁物的占有属于无权占有，出租人有权请求承租人返还租赁物。问题在于，出租人应当基于何种请求权主张？笔者认为，在此情况下，出租人可以享有侵权请求权、物权请求权和不当得利请求权，在这三种请求权中选择一种对其最为有利的请求权而行使。[23] 在擅自转租的情形，出租人所享有的合同解除权的除斥期间是6个月。[24] 例如，在“重庆某某集团奉节县某某有限责任公司与奉节县某某大酒店有限责任公司租赁合同纠纷上诉案”中，出租人并未

---

[23] 正如有学者所指出的，即使是单纯地使用而没有通过转租获得利益，也因为此种违法的使用而使承租人减少了必要的花费（如租赁其他人的财产应花费的租金），因此也可以认为构成不当得利。参见王泽鉴：《民法债编总论 · 不当得利》，台湾1990年自版，第230页。

[24] 依据《关于审理城镇房屋租赁合同纠纷案件具体应用法律若干问题的解释》第16条的规定：“出租人知道或者应当知道承租人转租，但在六个月内未提出异议，其以承租人未经同意为由请求解除合同或者认定转租合同无效的，人民法院不予支持。”

在6个月内请求解除合同,法院认定,转租视为符合法律的规定。[25]

四、关于次承租人与出租人的关系

如前所述,可以将转租区分为合法转租与擅自转租两种情形。在这两种形态下,次承租人与出租人的关系并不完全相同。在非法转租的情形,如果出租人拒绝追认该转租合同的效力,则出租人有权解除租赁合同,请求次承租人返还租赁物,次承租人不得以其对承租人享有的权利对抗出租人。但在合法转租的情形,次承租人与出租人的关系较为复杂,有必要进行探讨。

在合法转租的情形下,次承租人取得对租赁财产的合法的占有和使用权。只要在合同有效期限内,出租人不得擅自收回租赁物,或者妨碍次承租人的占有与使用。原则上,出租人和次承租人之间并不存在合同关系。但是,在转租合同成立后,出租人对承租人所负有的房屋维修义务仍然存在。只不过,次承租人通常应当向承租人请求,再由承租人请求出租人承担维修义务。反之,出租人对于次承租人也不能随意设定义务。次承租人也只能向承租人履行支付租金等义务,也不能直接向出租人履行义务。

如果次承租人在租赁过程中造成房屋的毁损,究竟应当由次承租人向出租人承担责任,还是应当由承租人向出租人承担责任?对此,学界的观点不一。一种观点认为,在此情况下,只能由次承租人向出租人负责。[26]另一种观点认为,即使因次承租人的过失导致租赁物的损失,出租人也只能要求承租人赔偿损失。[27] 笔者认为,次承租人和承租人都应当向出租人负责,只不过,其法律基础不同。次承租人应当向出租人承担侵权责任,因为两者之间不存在合同关系;而承租人应当向出租人承担违约责任。

---

[25] 重庆市第二中级人民法院(2011)渝二中法民终字第03084号。

[26] 崔建远主编:《新合同法原理与案例评释》,吉林大学出版社1999年版,第1094页。

[27] 苏号朋:"转租的法律结构分析——兼评《合同法》第224条之不足",载《浙江社会科学》2007年第2期。

如果次承租人向承租人履行了交付租金等义务后,承租人未向出租人履行义务(如未按期缴纳租金),构成根本违约的,出租人有权解除合同。但在解除合同后,如何保护次承租人的利益?例如,原被告双方签订一份《房地产租赁合同》,约定原告将其分得的房屋出租给洪福公司,租期为10年,在合同订立后第二年,承租人又与15个小商户分别签订房地产租赁合同,合同约定,租期为9年,在这些合同订立后,承租人将这些合同送至出租人处,出租人签字表示同意。但在合同履行过程中,承租人多次收取次承租人租金后,未及时缴纳给出租人,出租人主张解除合同,收回租赁房屋。次承租人提出异议,认为出租人已经书面同意承租人的转租行为,次承租人主张继续租赁该房屋。由于承租人未及时支付租金,次承租人主张代为支付,继续履行租赁合同,出租人是否有权解除合同?对此存在不同的意见,此种情形涉及经出租人同意转租的情形下如何保护次承租人的问题。

应当看到,转租合同在承租人与次承租人之间发生效力。在因承租人过错导致租赁合同被解除时,对次承租人而言,承租人的行为构成违反转租合同,应当依据转租合同向次承租人承担违约责任。次承租人无法直接向出租人提出请求。因此,因为承租人违约导致租赁合同被解除时,次承租人不能向承租人请求返还租赁物,但可请求承租人承担违约责任。这些损失主要包括:第一,如次承租人已经对租赁房屋作出的投资、宣传、装修费用等损失,都是因承租人的行为引起,次承租人有权请求承租人赔偿该部分损失。第二,在租金不断上涨的情形下,次承租人因另外签订合同而导致的损失,也有权请求承租人赔偿。第三,商业利益损失,即因承租人的违约行为给次承租人造成的商业经营上的损失。

但是,在经出租人同意而转租的情形,如果因承租人的原因导致原租赁合同解除,是否应当允许次承租人继续租赁?上述案例主要涉及这一问题。对此存在不同观点,一种观点认为,转租合同依附于租赁合同而存在,承租人所享有的转租权源于其根据租赁合同获得的租赁权。当租赁合同终止时,承租人不再享有租赁权,因此其与第三人签订的转租合同也应随之终止。所以,如果出租人解除租赁合同,则转租合同效力也终止。

在此情形,次承租人的租赁权丧失存在基础,即便次承租人没有过错,也不得向出租人主张继续履行转租合同。[28] 另一种观点认为,转租合同虽然依附于原租赁合同,但其仍然具有相对独立性。转租合同是在租赁合同订立之后,在次承租人与承租人之间订立的,出租人并非合同当事人,其与原租赁合同是相区别的。如果出租人仅仅只是同意转租,但没有对期限条款表示同意,则次承租人不应当要求其期限利益受到保护。但如果转租合同已经载明了期限,并经出租人同意的,此时次承租人有权主张其期限利益受到保护。笔者赞成后一种观点,主要理由在于:

第一,这符合诚信原则的要求。由于出租人已经作出了允诺。如果出租人已经同意转租合同,甚至已经作出了书面同意,载明转租期限的,则应当认为,出租人已经向次承租人作出了允诺。按照禁反言的规则,出租人不得违反允诺。由于出租人解除合同是因承租人的行为而非次承租人的行为导致的,所以依据诚信原则,出租人在书面允诺同意承租人在一定期限内转租的情形,则出租人应当尊重次承租人的期限利益。如果诚信的次承租人不能获得保护,则不利于鼓励人们的守约行为。

第二,这有利于保护次承租人的生存利益。在出租人解除租赁合同的情形,转租合同的效力也可能终止,如果仅对次承租人的商业利益损失进行救济,可能不利于次承租人的充分保护,因为租赁合同还可能关系到次承租人的居住利益。由于次承租人对转租合同的效力有一定的合理期待,此种期待利益应当受到法律保护。因为居住利益属于生存利益的范畴,此处的生存利益既包括住宅承租人的居住利益,也包括不动产商业承租人的商业维持利益。在民法价值序列中,生存利益位阶较高,属于应当予以优先保护的利益类型。出租人随意转让租赁物会对承租人的生存利益造成重大影响,因此,应当对承租人的生存利益予以优先保护。[29] 同时,由于转租合同仅在次承租人与承租人之间发生效力,次承租人仅能向承

㉘ 例如,《上海市房屋租赁条例》第 32 条、《合肥市城市房屋租赁管理办法》第 31 条规定:"转租期间,原租赁合同变更、解除或终止的,转租合同也相应变更、解除或终止。"

㉙ 张双根:"买卖不破租赁",载王洪亮等主编:《中德私法研究》(第 1 卷),北京大学出版社 2006 年版,第 15 页。

租人请求损害赔偿,如果承租人无力赔偿,则次承租人很难得到充分救济。

第三,这有利于保护次承租人的合理期待。次承租人对期限利益本身有一定的合理期待,即在出租人书面允诺的情形,承租人才能够进行投资、从事装修、装饰等活动。从经济效率的角度来看,保护次承租人的合理期待具有积极意义。

因此,虽然转租合同的效力具有一定的从属性,但在出租人书面同意承租人转租行为的情形下,也应当对出租人的解除权作出一定的限制,以尽量维持转租合同的效力,从而强化对次承租人的保护。[30] 正是基于这一理念,最高人民法院《关于审理城镇房屋租赁合同纠纷案件具体应用法律若干问题的解释》第17条第1款规定:"因承租人拖欠租金,出租人请求解除合同时,次承租人请求代承租人支付欠付的租金和违约金以抗辩出租人合同解除权的,人民法院应予支持。但转租合同无效的除外。"据此,在合法转租的情况下,如果承租人拖延支付租金,次承租人有权代承租人支付租金和违约金,从而避免合同被解除。例如,甲将房屋租赁给乙,乙经甲的同意将房屋转租给丙。后甲以乙拖欠绝大部分租金为由,主张解除合同,如果次承租人丙提出愿意代乙向其支付租金,在此情形下,甲不得再行使合同解除权。这就意味着,在合法转租的情形下,次承租人代承租人支付租金同样能够使出租人的合同目的实现,出租人不得再解除合同。

---

[30] 苏号朋:"转租的法律结构分析——兼评《合同法》第224条之不足",载《浙江社会科学》2007年第2期。

民商法研究(第六辑)
第393~425页

风险负担问题探讨*

在市场经济社会,交易活动充满了风险。一般来说,风险分配主要是根据当事人之间的合同来安排的。但在当事人没有通过合同安排风险的情况下,就需要在法律上通过确立风险负担的规则来解决风险分配的问题。风险负担规则主要适用于买卖合同,正如有学者指出的:“买卖法的目的就在于把基于合同关系所产生的各种损失的风险在当事人之间进行分配。”①当然,由于风险负担不仅因买卖而发生,而且也在其他合同中产生,所以,风险负担是合同法中的共性问题,据此有必要对风险负担问题进行探讨。

一、风险负担的概念分析

风险一词,常常用来表示实际发生的或可能发生的不利益,例如投资风险、交易风险、标的物毁损灭失的风险。合同法上的风险不同于一般的风险概念。在

---

* 本文原作于1999年,后收录于《合同法新问题研究》,中国社会科学出版社2003年版。

① 冯大同:《国际货物买卖法》,对外经济贸易出版社1993年版,第132页。

古罗马,其合同法中的“风险”有多种含义,它通常意味着,合同订立以后当事人可能遭受的损失(danno eventuale)。② 例如,在合同缔结之后,即使土地全部被河水淹没,风险仍旧由买方承担。因此,取得的利益也应当属于买方。③ 此外,它也指那些与当事人的过错没有任何联系的,由法律规定或由当事人约定的风险。④ 在现代合同法中,对于风险一词存在不同的认识。一种观点认为,风险是指因当事人违约造成的损失;另一种观点认为,风险仅指不可归责于合同当事人的事由所造成的损失。笔者认为,所谓风险,又称危险,是指在双务合同中因不可归责于双方当事人的事由而造成的损失。

所谓风险负担则是指在双务合同中因不可归责于双方当事人的事由而造成的损失,应当由谁承担的制度,其不应当包括违约责任的承担问题。⑤ 问题是,风险负担中的“风险”究竟是指什么?对此,理论上存在不同的观点:有学者认为,风险仅指标的物毁损灭失的风险;也有学者认为,风险仅是价金风险;⑥还有学者认为,风险既包括标的物毁损灭失的风险,也包括价金风险。笔者认为,风险负担中的风险,既包括标的物毁损灭失的风险,也包括价金风险。人们讨论风险负担,通常是以买卖合同为基础展开的。在买卖合同中,风险主要指的是标的物或者价金的风险,这两者很难作出明显的区别。《国际货物买卖统一法公约》第96条规定:“如果

---

② [古罗马]保罗:《论萨宾》(第5编)。在买卖契约缔结之后,由于河水的冲击而使土地增加所带来的利益或是使土地减少所造成的损失均属于买方。

③ [古罗马]盖尤斯:《论行省告示》(第10编)。在圆木竖起、搬运以及重新放倒的过程中,圆木断裂的风险由承揽运输圆木的人承担。由于承揽人或承揽人雇用的人的过失造成损失的风险亦由承揽人承担。如果承揽人是按照一个最谨慎的人的方法操作的,那么,将不认为他有过失。这一原则同样适用于木桶及木料的运输承揽租赁借贷。

④ 丁玫:《罗马法契约责任》,中国政法大学出版社1998年版,第270~271页。

⑤ “在债务关系通常所谓‘危险’指两种情形:一是价金的负担,另一是给付的危险。所谓给付危险,其法律上之意义为负担此危险者,有义务使约定的给付,无论如何成为可能。且当给付变为不可能时,不管其不能是否可归责于该负有给付危险之当事人,他皆应负债务不履行的责任……所谓危险负担,乃指因不可归责于双方当事人之事由,致标的物毁损灭失时,其价金之危险,由谁负担而言。”参见黄茂荣:《买卖法》,中国政法大学出版社2002年版,第538~539页。

⑥ 黄茂荣:《买卖法》,中国政法大学出版社2002年版,第439页。

风险已转移给买方，他就应支付价金，尽管货物已经损坏或灭失。”可见该公约认为风险是指价金的风险。将风险理解为价金的风险，有一定的道理，因为标的物的风险通常伴随着价金的风险，但严格地说，价金的风险与标的物的毁损灭失的风险属于两个不同的风险。二者是从不同的角度对买受人所面临的风险进行的描述，标的物的风险强调标的物所有人面临的损毁灭失的风险。就出卖人而言，如果标的物风险由其承担，则意味着标的物风险发生后，其无法取得价金；就买受人而言，如果标的物风险由其承担，则意味着标的物风险发生后，其不但无法取得标的物，还要支付价金。因此，无论是买受人还是出卖人，都可能面临标的物风险，但是，价金的风险只发生于买受人，只有买受人在承担标的物损毁风险的同时，才需要支付价金。原则上说，买卖合同中价金的风险常常是因为标的物毁损灭失所造成的，这也是为什么在买卖合同中通常将价金风险和标的物毁损灭失风险等同讨论的缘故。因为买受人支付了价金而不能获得该标的物，这实际上就是标的物的风险。

风险负担制度的特点在于：

第一，风险负担发生在双务合同之中。所谓双务合同，是指当事人双方互负对待给付义务的合同。只有在双务合同中才会存在价金风险的问题，而在单务合同中，没有对待给付的问题，可能存在标的物毁损灭失的风险，但不会存在价金风险的问题。

第二，风险负担是因为标的物的毁损灭失而引起的。买卖合同中的价金风险通常是因为标的物的毁损灭失而引起，而标的物的毁损灭失则是由于不可归责于当事人任何一方的事由所导致的。合同法上的风险是一个特定的概念，它不同于交易中的风险概念。交易中的风险，也称商业风险，它是指当事人都会遇到各种可以预知或不可预知的损失。此种风险理所当然应当由交易当事人来承担，合同法不能保证每一个当事人都能从交易中获利，也没有必要为他们设立一些规避正常商业风险的规则。但是，风险负担规则中的风险，主要是指标的物的毁损、灭失等意外损失。所谓意外就是指因不可归责于当事人双方的原因而发生的毁损灭失。所谓毁损是指货物因碰撞、受潮、受热等原因而造成的损坏。[⑦] 当然，在买卖合同之外，也会存在一些非物上的风险，例如，演出合同中演员因意外的疾病无法出演、雇佣合同中雇员因意外交通事故丧失劳动能力等，由于我国合同法采取严格责任，在出现这些风险以后仍然要履行不能的债务人负担违约责任，因此，这些问题只是涉及实际履行责任的免除问题。所以，合同法规定的风险，主要体现为标的物的毁损、灭失等导致的实际损害。也就是说，在发生标的物的毁损、灭失的情况下，则法律要区分发生毁损灭失的原因从而确立承担损失的规则。如果这种损害是因为交易当事人一方或双方当事人的违约行为而引起的，在此情况下，应当按违约责任来处理。如果损害是非因违约而造成的，而是因为不可归责于当事人双方的原因，如自然灾害等，则将根据风险负担的规则来分配损失。

风险主要是标的物毁损灭失的风险，但又不限于价金，还包括费用和报酬的损失。例如因为承租人租赁的房屋毁损灭失造成的损失，承租人是否支付租金，这也是一种风险，但租金的风险与租赁物的毁损灭失并不是同一个问题。因为依据我国《合同法》第 231 条的规定，这两种损失都要由出租人负担，可见出租人承担两种风险。一是标的物的毁损灭失，二是租金的风险。除了上述损失以外，不应当包括有关的期待利益的损失以及违约金的支付等责任的落空，因为任何责任的被免除都不是风险负担要解决的问题，而属于违约责任的范畴。

第三，风险负担是因为不可归责于双方当事人的事由而产生损失的分配制度。

所谓不可归责于双方的原因，也就是说双方当事人没有法定或约定的原因对损害的后果负责。风险都是一种偶然的、不可预测的事件而造成的，风险的发生具有极大的不可预测性。[⑧] 对这种实际发生的风险，如果当事人在合同中明确约定无论是基于何种原因而导致标的物毁损灭失，

---

⑦ 当然在买卖合同之外，也会存在一些非物上的风险，例如演出合同中演员因意外的疾病无法出演、雇佣合同中雇员因意外交通事故丧失劳动能力等，由于我国合同法采取严格责任，在出现这些风险以后仍然要履行不能的债务人负担违约责任，这些问题只是涉及实际履行责任的免除问题。

⑧ 李永军、易军：《合同法》，中国法制出版社 2009 年版，第 454 页。

合同一方当事人(如受托人、保管人等)都要承担损害赔偿责任,则主要通过合同确定了损失和责任的分担,在此情况下就必须要依据合同来确定双方的责任,不适用风险负担的规则。如果当事人没有在合同中约定损失的分担问题,则将要发生风险的分担问题,应当依据法定规则分担风险。

所谓不可归责于双方当事人的事由,具体来说,包括两种情况:一是因不可抗力的原因导致标的物的毁损灭失,例如,因地震导致房屋倒塌,因洪水导致建筑物或农作物毁损灭失等。根据我国《合同法》第 117 条第 1 款的规定,“因不可抗力不能履行合同的,根据不可抗力的影响,部分或全部免除责任……”不可抗力的发生虽然可以导致当事人被免除合同责任,但因不可抗力而导致的标的物的毁损灭失的损失究竟应当由谁来承担,则是违约责任制度所无法解决的问题,必须要通过风险负担规则来解决。二是意外事故。所谓意外事故,就是指当事人可以预见但难以避免或克服的现象。意外事故也可能引起标的物的毁损灭失。例如,意外的大火导致建筑材料被烧毁,因为冰雹导致农作物被损坏等。我国合同责任原则上采严格责任,不承认意外事故可以成为免责的事由,但在某些情况下,合同法又针对一些特殊的合同规定了过错责任,又如,《合同法》第 265 条规定,“承揽人应当妥善保管定作人提供的材料以及完成的工作成果,因保管不善造成毁损、灭失的,应当承担损害赔偿责任”。如果确实是因为意外的火灾导致建筑材料被损坏,很难确定该损失是由承揽人的保管不善造成的,在此情况下,并不能根据合同法上述第 265 条的规定要求承揽人承担违约责任,而只能根据风险负担的原则来合理分配已经发生的损失。据此可见,在当事人没有事先约定、也不可能事后来约定损失的分配,或依据违约责任制度来追究当事人的违约责任的情况下,要依据风险负担的规则在当事人之间合理分配损失。

风险负担制度是合同法中进行损失分配的重要制度。风险负担必须以存在一定的实际损失为前提条件。在合同法中,对于因合同不能履行所造成的损失的分配,可以通过违约责任制度、缔约过失责任等制度进行分配,如果可归责于合同当事人的一方,则不能够通过风险负担制度,仅能够通过其他的制度来实现。

关于第三人原因造成标的物的毁损灭失能否作为风险?在适用严格责任的情况下,由于第三人实施某种行为造成标的物毁损灭失,大都属于可归责于债务人的事由,因此应当使债务人承担违约责任,但在特殊情况下,以违约责任采过错责任为归责原则时,债务人也可能对损害的发生没有过错,即其尽到了最大的努力和注意,仍不能避免后果的发生,依据具体情况,如果可以归入到意外事故的范畴,也应属于风险的范围。如果某事由可以排除在可归责于当事人的事由之外,则属于风险的范围。

在此还要探讨的是,风险负担与情势变更的关系问题。在英美法中常常用合同落空的制度来解决风险分配问题。在大陆法关系,也有国家采用情势变更制度解决风险的分配问题。⑨ 笔者认为,风险负担与情势变更也有一定的关联,如果标的物毁损灭失是因为情势变更,则也会有情势变更制度的适用。情势变更中所谓的风险,与标的物毁损灭失的风险不完全等同。情势变更所说的风险,主要是指在合同成立并生效以后,发生了当事人双方不可预料的交易和经济情况的变化,例如通货膨胀、货币急剧贬值等,当然从广义上也可以包括标的物的毁损灭失后,因为修复或替代的费用过于高昂而致使合同的履行对当事人明显不公平。但一般来说,情势变更所说的风险不包括标的物的毁损灭失的风险,尤其是无论合同落空还是情势变更,主要解决的是因为不可归责于双方当事人的事由,而导致合同履行明显不公平,即合同履行遇到了障碍的情形,则法律允许当事人变更和解除合同的问题。但即使允许当事人变更和解除合同,对于因不可归责于双方当事人的事由而造成的损失如何分担问题,在法律上并没有解决,仍然需要通过风险负担规则来分配损失。

二、风险负担与违约责任

风险负担与违约责任制度的关系密切。在罗马法中,风险责任又分为

⑨ 王轶:《物权变动论》,中国人民大学出版社2001年版,第334页。

一般风险责任(rischio generale)和特殊风险责任(rischio speciale)。根据债务不履行的客观事实进行归责的是一般风险责任;而根据当事人事先约定的一项或数项不取决于债务人的事件进行归责的是特别风险责任。⑩罗马法以债务人对事变不承担责任为原则,也就是说,契约责任止于事变。而且,对事变不承担责任以债务人无过错为前提,这就是罗马法的另一著名规则:意外事变无过错。⑪ 按照罗马五大法学家的解释,从买受人陷入迟延之日起,出卖人就不再对过失,而是仅对故意承担责任。⑫ 在现代大陆法国家,尽管风险负担和违约责任制度是两个不同的制度,在一般情况下,如果要适用违约责任制度,就不应适用风险负担制度。⑬ 但是,两者又有一定的联系,例如,在德国债法修改以前,风险负担的问题可以通过履行不能制度加以解决。在德国债法修改之后建立了统一的违约责任制度,修改后的债法的最大特点是将自始不能和嗣后不能同等对待,放弃了原民法典第275条第1款关于过错责任的规定,而认为履行不能可以导致实际履行责任的免除,而不能导致违约责任的免除,因此履行不能仍然要承担违约责任。⑭ 因履行不能产生的风险要适用违约责任的规定,从而使风险负担的规则的适用范围大大减少。

但是,在某些特殊的情况下,风险负担规则与违约责任可以同时并用。风险负担与违约责任制度的联系主要表现在,风险自交付之日起移转给买方,但如果买方违约,风险自交付时起就移转给买方;如果卖方违约,风险自交付时起仍然归属于卖方。⑮ 根据1980年《联合国国际货物销售合同公约》(以下简称《销售合同公约》)第66条的规定,"货物在风险移转

---

⑩ 丁玫:《罗马法契约责任》,中国政法大学出版社1998年版,第262~263页。

⑪ 丁玫:《罗马法契约责任》,中国政法大学出版社1998年版,第274~275页。

⑫ [古罗马]查士丁尼:《买卖契约》,刘家安译,中国政法大学出版社2001年版,第189页。

⑬ 施米托夫指出的,"问题的真谛在于,'风险'一词仅指承担风险责任的当事人一方必须承担货物毁坏或灭失的风险,而不得要求另一方当事人对此承担责任"。[英]施米托夫:《国际贸易法文选》,中国大百科全书出版社1993年版,第325页。

⑭ Reinhard Zimmermann, *Breach of Contract and Remedies under the New German Law of Obligations*, SAGGL CONFERENZE E SEMINARI, 48, Roma 2002, p. 11.

⑮ 李永军:《合同法原理》,中国人民公安大学出版社1999年版,第825页。

到买方承担后遗失或损坏，买方支付价款的义务并不因此解除，除非这种遗失或损坏是由于卖方的行为或不行为所造成”。可见，即使在风险已经发生转移的情况下，如果一方构成违约，也应当承担相应的责任。[16] 在违约发生以后，尽管风险是因为不可归责于当事人双方的原因发生的毁损灭失，如果确实与违约有一定的关系，那么也应当由违约方承担风险，例如因为迟延履行以后发生不可抗力，造成标的物毁损灭失，违约一方仍然应当承担风险。可见两者也有一定的内在联系。正如英国学者施米托夫所指出：“在买卖双方都未违反合同的一般情况下，风险似乎仅表现为价金风险；但在一方当事人违反合同的特殊情况下，如卖方提供了与合同不符的货物，或者买方未能接收合同项下的货物，情况就不同了。许多国际规则和国内法都规定，在这些情况下，风险应由违约方承担。这样，风险就不仅指价金风险。”[17]

我国《合同法》第 149 条规定：“标的物毁损、灭失的风险由买受人承担的，不影响因出卖人履行债务不符合约定，买受人要求其承担违约责任的权利。”出卖人的履行不符合买卖合同的约定，买受人仍然有权请求出卖人承担此等违约责任，例如，一方交付货物以后，交付发生风险移转，在交付以后因不可归责于双方的原因造成货物的毁损灭失，应当由买受人承担风险。但是，出卖人交货迟延，按照合同约定应当支付迟延履行违约金，买受人仍然可以基于违约责任要求出卖人承担违约责任。在我国合同法中，风险负担和违约责任都是对已经发生的损失进行合理的分配，而且两者在适用过程中也是相辅相承的。风险负担和违约责任都是为解决合同缔结后标的物毁损灭失的社会现象而创设的制度，[18]但是，违约责任制度和风险责任制度的适用范围是不同的。风险负担是在违约责任制度不能解决的情况下而对风险进行合理分配的方式。如果一方的行为已构成违约的，首先应当由其承担违约责任。因为违约责任体现了法律对不

---

[16] 《美国统一商法典》第 2—510 条，《销售合同公约》第 70 条，我国《合同法》第 148 条。

[17] ［英］施米托夫：《国际贸易法文选》，赵秀文选译，中国大百科全书出版社 1993 年版，第 325 页。

[18] 易军：“违约责任与风险负担”，载《法律科学》2004 年第 3 期。

履行债务行为的制裁，它是国家强制债务人履行合同债务的法律手段，是道德和法律谴责与否定违约的集中表现；而风险负担完全不具备这些品格，它是合理分配不幸损失的法律措施。[19] 所以，已经符合违约责任构成条件的，应当适用违约责任，不能适用风险负担的规则。两者的区别主要表现在：

第一，危险的发生是否可归责于双方当事人。区分违约责任和风险负担，关键是要确定一定损害的发生是否是因为当事人一方或双方的违约行为造成的，或者当事人是否具有过错，风险责任解决的只是在当事人双方都无过错的情况下，标的物发生意外的毁损灭失应当由谁来承担的问题。负担意外风险责任本身并不是一方向另一方承担的责任，而违约责任解决的是在一方违约的情况下，违约方向非违约方所应承担的责任问题。在发生意外风险的情况下，双方当事人都没有过错，但是，如果违约方已经构成违约，则已经表明其具有过错。一般来说，在适用严格责任的情况下，因为不考虑过错问题，对于一些引起标的物毁损灭失，可认定当事人没有过错的原因所引起的损害（如意外事故），仍然要当事人承担违约责任。因此，风险负担适用的范围就相对狭小，主要仅限于不可抗力导致的履行不能。但是，在例外情况下，我国合同法也采过错责任，此时，要考虑当事人的主观过错，所以对一些引起标的物毁损灭失的原因，如果当事人确实没有过错，则不应当使其承担违约责任。这样，风险负担适用的范围限度较为宽泛。例如，因为火灾等意外事故造成保管物的毁损灭失，根据严格责任，保管人仍然应承担责任，则不采用风险负担的规则来分配损失。[20] 但如果适用过错责任原则，可以认为，在发生了意外事故造成房屋毁损灭失的情况下，保管人已经尽到了保管的责任，或者说保管物的毁损灭失不是因保管人保管不善造成的，因此，保管人不应当承担违约责任。在此情况下，风险的分配不应当按照违约责任来进行。

---

[19] 崔建远："关于制定合同法的若干建议"，载《法学前沿》（第2辑），法律出版社1998年版。

[20] 《合同法》第374条规定："保管期间，因保管人保管不善造成保管物毁损、灭失的，保管人应当承担损害赔偿责任，但保管是无偿的，保管人证明自己没有重大过失的，不承担损害赔偿责任。"

第二,两者的适用范围不同。有学者认为,风险负担与违约责任具有一定的共性,即两者都发生在合同嗣后不能正常履行的场合,都是分配合同不能正常履行所致损害的法律制度。[21] 违约责任的发生除了一方违约造成履行不能之外,还可能有履行迟延、履行不适当,或根本不履行的情况,所以违约责任可以适用于一切违约领域,诸如拒绝履行、不能履行、逾期履行、不完全履行等,而风险负担仅适用于不可归责于双方当事人的原因造成标的物毁损灭失的情况。[22] 笔者认为,就适用范围而言,两者是有区别的:一方面,违约责任适用于任何类型的合同,无论是单务合同还是双务合同均可适用违约责任,而风险负担仅仅适用于双务合同;另一方面,就双务合同而言,违约责任是普遍适用的,而风险负担主要适用于交付标的物的双务合同,重点是买卖合同。意外风险责任一般并不涉及违约责任的各种形式的适用问题,而违约责任包括了损害赔偿等多种责任形式。所以,在违约责任中不应当包括意外风险的责任。

第三,两者对当事人过错的要求不同。违约责任采用严格责任和过错责任,我国合同法对于违约责任,原则上采严格责任,例外情况下也采过错责任。但对风险负担而言,因为主要是对一种不幸的损害进行合理的分配的规则,其适用的前提是损害不可归责于当事人双方或任何一方,因此对损失的分担主要是采取公平原则。

第四,是否免除实际履行的责任方面不同。在合同履行过程中,如果出现了违约的情形,是否可以免除当事人的实际履行责任,这要考虑违约责任的具体内容。而且,任何责任被免除都不是风险负担要解决的问题,而属于违约责任的范畴。这一点也是违约责任和风险负担的区别。如果标的物是特定物,在遭受毁损灭失以后,将发生实际履行的免除问题。因为对标的物毁损灭失本身的风险如何分配,如何分担,则属于风险负担的内容。

---

[21] 刘贵祥:“合同履行与风险负担制度”,载《法律适用》2000年第9期。

[22] 崔建远:“关于制定合同法的若干建议”,载《法学前沿》(第2辑),法律出版社1998年版。

三、风险移转的标准

罗马法以债务人对事变不承担责任为原则。19 世纪时的法律大都采取风险随所有权的移转而移转的规则，所有人主义的特点在于其体现了“天灾归所有人负担”(Canum Sentit domruns, Den Zufall Spurt der Herr)的古老思想。至 20 世纪，从《德国民法典》开始，大陆法系大都采纳的是交付移转风险的方法，英美法以统一商法典为代表，采纳了交付移转风险的规则。此处所谓的“风险”，主要是指标的物因不可归责于当事人的原因毁损灭失的标的物风险，而非价金风险。具体来说，各国合同法关于标的物风险分担的规则采纳如下三种标准。

(一)风险从合同订立时起移转于买方

所谓风险从合同订立时起移转于买方，是指在非因双方当事人的原因而导致标的物毁损灭失的不利后果，自合同订立时起移转于买方。早在罗马法中，针对不动产就曾经采用了合同缔结时风险就移转给买方。㉓ 1804 年的《法国民法典》第 1583 条规定：“当事人就标的物及其价金相互同意时，即使标的物尚未交付，价金尚未支付，买卖即告成立，而标的物的所有权即依法由卖方转移至买方。”该法典第 1138 条规定：“自物件应交付之日起，即使尚未现实交付，债权人即成为所有人，并负担该物件受损的风险，但如交付人迟延交付，物件受损的风险由交付人负担。”据此《法国民法典》在法典上确立了风险从合同订立时起移转于买方的规则。该规则主要适用于特定物的买卖。根据《法国民法典》第 1138 条第 2 款，风险负担原则上是与所有权相关联的，应当由所有人负担风险。㉔ 但实践中也经常采用例外原则。㉕ 瑞士债务法借鉴了法国法的经验，认为合同订立

㉓ [古罗马]查士丁尼:《买卖契约》，刘家安译，中国政法大学出版社 2001 年版，第 179 页。

㉔ 法国采用物权移转意思主义，所有权发生移转后，风险也随之转移。

㉕ Philippe Malaurie, Laurent Aynès, Pierre – Yves Gautier, Les contrats spéciaux, Defrénois, 2003, p. 194.

以后,利益及危险移转于取得人。在种类买卖中,则以分开时为准,如须发送,则以交付时为准,买卖附有停止条件者,则以条件成就时,始移转于取得人。[26] 荷兰、西班牙等也采纳了这一规则。

法国法的特点在于,风险负担移转时间点与交付之间并不发生联系,而是以买卖合同的订立作为标准。这实际上使风险负担与对物的直接支配分离。有学者认为,法国法之所以采纳风险从合同订立时起移转于买方的规则,与法国民法就物权的变动采债权意思主义有密切的关系。法国法在物权变动模式方面,采取的是债权意思说,只要双方当事人意思表示一致,标的物所有权即行转移,而标的物毁损灭失的风险也一并转移,从而使标的物毁损、灭失的风险与标的物所有权的移转相关联。[27] 风险负担从合同订立时起移转于买方,与其意思主义的物权变动模式是相吻合的,实质上仍然是由所有权人承担标的物上的意外风险,此种模式应当属于所有人主义。

笔者认为,法国民法采纳风险从缔约时移转的规则,显然是法国债权意思主义立法模式的产物。其合理性在于只要双方当事人达成合意,标的物所有权发生移转,标的物的毁损灭失的风险也相应发生移转。这种做法充分尊重了当事人的意思自由,体现了私法自治的精神。特定物的风险于合同成立时转移,可以更好地督促当事人行使权利和履行义务。因为合同一经成立,标的物的意外毁损灭失的风险同时转移至买方,买方必须及时领取标的物。[28] 否则,由于标的物不在其掌管之下,就意味着买方要承担更大的风险。特定物的买卖,从合同成立时起所有权和风险发生移转,也是为防止出卖人将一物数卖。此外,这一模式也有利于鼓励交易和使交易更为迅速达成。

然而,这一模式也存在着明显的缺陷:一方面,在合同成立以后,自合同履行期到来出卖人实际交付货物之前,标的物始终处于出卖人的占有之下,出卖人在一定程度上能够控制标的物,维持标的物的安全。在标的

㉖ 参见《瑞士债务法》185 条第 1 ~3 款。

㉗ 王轶:《物权变动论》,中国人民大学出版社 2001 年版,第 334 页。

㉘ 王轶:《物权变动论》,中国人民大学出版社 2001 年版,第 334 页。

物毁损灭失之后，是否完全是因为不可归责于双方的事由所产生的，买受人对此是难以判断的，也是难以举证的。所以，要求买受人全部承担风险的损失，确实对买受人不合理。另一方面，因为合同只是在当事人之间发生的，他人很难了解合同的生效时间，因此对第三人来说，很难从合同成立和生效时间上判断所有权的移转。出卖人在交付货物之前，仍然占有标的物，其对标的物享有一种利益，但却不承担任何风险，这显然也没有体现权利义务一致性的原则。所以，这种理论更有利于卖方而不利于买方。[29]

（二）风险随所有权移转

风险随所有权移转模式，也称为所有人主义、所有权责任原则，或物主承担风险原则，它是指标的物风险转移的时间应当与所有权转移的时间一致，即所有权转移给买受人时，风险才随之转移给买受人。在标的物转移给买受人之前，标的物风险由卖方承担。这一原则最早为罗马法所采纳。[30] 在古代法中，就有所谓“天灾归所有人负担”的法律谚语。《法国民法典》在采纳风险从合同订立时起移转于买方的同时，也采用了这一原则，《法国民法典》第 1138 条第 2 款规定：“自物件应交付之日起，即使尚未现实移交，债权人即成为所有人，并负担该物件受损的风险，但如交付人迟延交付，物件受损的风险由交付人负担。”据此，《法国民法典》对特定物的买卖规定，只要双方意思表示一致，标的物所有权即行转移，如果标的物在交付前意外灭失，作为该标的物所有人的买受人仍应向出卖人支付价款。如果是种类物的买卖，标的物所有权在合同成立之日并未转移，而是在该标的物“特定化”之时转移。只有在这时，风险才由买受人承担。[31] 法国法采纳风险从合同订立时起移转于买方的规则与其采纳风险随所有权移转的规则，从表面上看，似乎是矛盾的，但在实质上是一致的。因为按照意思主义的物权变动模式，如果标的物为特定物，则合同有效成

[29] 孙美兰：“论国际货物买卖中货物损失风险的转移”，载《民商法论丛》（第 8 卷），第 659 页。

[30] 罗马法从葡萄酒的买卖中就已经得出风险负担随着货物的交付而移转的结论。参见［古罗马］查士丁尼：《买卖契约》，刘家安译，中国政法大学出版社 2001 年版，第 169 页。

[31] 尹田：《法国现代合同法》，法律出版社 1995 年版，第 358 页。

立之时标的物所有权移转,风险当然也相应移转,正是从这个意义上我们说法国法采纳了风险从合同订立时起移转于买方的规则,不如说其采纳了风险随所有权移转的规则。[32]

在英美法中,也采纳了风险随所有权移转,英国法曾经一直坚持风险随所有权移转的原则,英国1893年的货物买卖法规定,“除另有约定者外,卖方应负责承担货物的风险,直至所有权转给买方时为止”。所有权一旦移转给买方,不论货物是否已经交付,其风险均由买方承担。英国法的规定在美国产生了极大的影响,美国本世纪初制定的统一买卖法也完全采纳了这一规则,但在后来则逐渐放弃了这一规则,转而采用交付主义规则。[33]

风险随所有权移转的规则具有其理论上的合理性,能够使风险的移转与交付发生分离,更加符合现实生活中买卖合同的履行情况。因为在现实生活中,当事人可能实际交付了标的物,但并没有发生所有权的移转,或者移转了所有权以后,标的物并没有交付。所以所有权的移转规则与风险分担的交付主义规则是不同的。所有人主义只从财产的归属上考虑风险负担,而不从财产的交付和占有上考虑风险分担,其主要根据在于:只有所有权人才对该物享有占有、使用、收益和处分的权能,才是该物的最终受益人。按照权利义务对等的原则,谁有权享受物的权利和利益,就应当承担相应的责任和风险。正是从这个意义上说,风险或利益都是基于所有权而产生的,是所有权的效力的一种表现,是从属于所有权的。[34]所以,采纳风险随所有权移转的规则,也在一定程度上体现了法律的公平合理性。

然而,所有权主义也有其固有的缺陷,主要表现在移转所有权的合同中,如买卖、互易等合同中,所有权的移转与交付可能发生分离,这就导致了完全根据所有人主义来判断风险分配确有不合理之处。一方面,占有

---

[32] 王轶:《物权变动论》,中国人民大学出版社2001年版,第341页。

[33] 徐炳:《买卖法》,经济日报出版社1991年版,第256页。

[34] 孙美兰:“论国际货物买卖中货物损失风险的转移”,载《民商法论丛》(第8卷),第659页。

人占有了所有人交付的标的物，其对实际控制的标的物因为所有权未发生移转，将不承担风险，而仍由不实际控制标的物的所有人承担风险，这对所有人确实不公平；另一方面，由于标的物在占有人控制之下，所有人也无法控制风险的发生，也很难就风险问题举证。

（三）风险随交付移转

风险随交付移转的模式，在法律上又称为交付主义，它是严格区分把风险转移与所有权转移，以物的实际交付时间为标的物风险转移的确时间标准，不论标的物所有权是否已经转移，均由标的物的实际占有者承担风险。[35] 所谓交付，是指权利人将自己占有物或所有权凭证移转其他人占有的行为。简言之，交付意味着占有移转。交付主义最早为《德国民法典》所采纳，[36]德国在2002年债法修改以后，于第446条继续保留了交付主义，但删去了原《德国民法典》第446条第2款的规定，表明德国法采用了完全的交付主义。[37] 该法第447条第1款对于寄售合同的风险负担规定为："如果应买方的要求卖方交付标的物变更原履行地的，只要卖方将标的物交付给承运人或其他执行人和机构，风险由买方承担。"德国法所采纳的交付主义模式，对大陆法系很多国家地区产生了影响。我国台湾地区"民法"借鉴了德国的规定，该法第373条规定，"买卖标的物之利益及危险，自交付时起，均由买受人承受负担，但契约另有订定者，不在此限"。

美国也采纳了交付移转风险的规则。美国法在历史上对买卖合同标的物的风险负担，曾经深受英国法的影响，一直采纳货物的风险随货物所有权的移转而移转的观点。但在《统一商法典》的起草过程中，起草人经过讨论，认为交付主义比所有人主义更为优越，因此最终放弃了所有人主

---

[35] 杨永清："买卖合同中的风险负担规则"，载《人民司法》1999年第8期。

[36] 余延满：《货物所有权的转移与风险负担的比较法研究》，武汉大学出版社2002年版，第316页。

[37] 原《德国民法典》第446条第1款规定，"买卖标的物一经交付，物的意外灭失或者意外毁损的风险即移转于买受人。自交付之时起，物的收益归属于买受人，物的负担也由买受人承担"。该条第2款规定，"土地或登记船舶或建造中的船舶的买受人在交付前作为所有人登入土地簿册、船舶登记簿或建造中的船舶的登记簿的，此种效力自登记时起发生"。

义,而采纳了交付主义。《统一商法典》第2509条规定,如果卖方为商人,则风险在买方收到货物后转移至买方;否则,风险在提示交付时转移至买方。美国统一商法典的起草者卢埃林在解释采纳交付主义规则的理由时指出:"统一商法典在货物的风险转移上完全不用所有权的概念,从而使风险转移的规范变得清楚和明确,几乎不可能产生误解。"㊳由于实行从所有人主义向交付主义的转化,使交付的概念更容易判断,这就极大地减少了有关风险负担的纠纷。㊴

应当看到,交付主义与所有人主义在许多情况下会发生重合,尤其是在动产买卖中,因交付会发生所有权的变动,所以交付主义和所有人主义可能是重合的,但交付主义与所有人主义不完全相同,这主要是因为交付与所有权的移转有可能发生分离。英国学者拉贝尔指出,"风险与所有权是两项不同的制度。它们服务于不同的利益。所有权转移的时间主要涉及当事人中的债权人的利益,而风险转移则决定买方应在何时无条件地支付价金"。㊵ 例如,不动产所有权可以在交付以后因没有登记而所有权不能发生移转,而对于特定物的买卖,双方可以在合同中约定合同订立时起所有权发生移转,但交付可以在以后任何一个时间内发生。尤其是在出卖他人之物的情况下,卖方没有买卖物的所有权,买方于买卖物所有权未移转时亦然。此间买卖物因不可归责于双方当事人的原因而毁损灭失,依据所有人主义将无法确定风险由谁负担。㊶

风险随交付移转的模式,具有其明显的合理性。交付主义与所有人主义相比较,其最大的优点在于:第一,确定了判断风险移转的明确时间标准。依据所有权移转风险,首先要确定所有权的移转时间,而所有权的移转需要借助各种标准来判断,例如在美国法中需要借助货物的特定化作为判断所有权移转的标准,而货物的特定化往往决定于卖方,所以确定所

㊳ 徐炳:《买卖法》,经济日报出版社1991年版,第257页。

㊴ 王轶:《物权变动论》,中国人民大学出版社2001年版,第346页。

㊵ 转引自[英]施米托夫:《国际贸易法文选》,赵秀文选译,中国大百科全书出版社1993年版,第329页。

㊶ 史尚宽:《债法总论》,中国政法大学出版社2000年版,第570~571页。

有权移转的具体时间很难明确判定。[42] 而交付可以成为一个准确的时点来判断风险的移转时间，所以根据交付来判断风险移转比其他标准更为简便和确定。正如有学者在分析国际货物买卖公约和统一商法典采用交付的原则的原因时指出："在无协议或其他相反规定的情况下，风险却能够由对货物提供最安全的保护的一方当事人承担。而占有或控制货物的一方当事人通常处于最能有效地保护货物免受损失的地位，并且还可以按标准保险单对建筑物以及其中的其他物品进行保险。"[43]第二，交付主义更为公平合理，因为交付后发生占有的移转，谁占有标的物谁就实际控制标的物，也就在一定程度上更便于控制风险的发生。这就是所谓"利益之所在、风险之所在"（cuius commoda，eius incommoda）的原则。由于在交付之后，买受人已经占有标的物，或者说由于交付后的标的物处于买受人的保护之下，而进入其所支配的危险范围，交付人在交付以后已不能对占有进行控制，且因为交付履行了其主要义务，因此，不应该由其承担风险。[44] 如果买卖标的物已经交付，即使未移转所有权，其利益与危险均应归买受人承受，因为标的物既然已置于买受人的管领范围，则所有权虽然未移转，仅属该物之归属问题而已，买受人既已承受该物之利益，就不能让出卖人负担危险。[45] 同时，占有标的物本身就对占有享有一定的利益，因此由占有人负担风险是公平合理的。反过来说，如果所有人在交付标的物以后仍承担风险或者在未见到货物的情况下，因为所有权已经发生移转从而要承担风险，这对所有人确实不公平。第三，从举证上也简便易行，因为在标的物发生毁损灭失以后，只有占有人便于证明损害的发生是由于风险还是过错造成的，而非占有人很难就此举证。采用交付主义也便于及时解决纠纷。第四，在某些特殊情况下，所有人主义无法适用，例如在出卖他人之物的无权处分合同中，有可能买卖双方都不是真正的所有

---

[42] 徐炳：《买卖法》，经济日报出版社1991年版，第257页。

[43] ［英］施米托夫：《国际贸易法文选》，赵秀文选译，中国大百科全书出版社1993年版，第327页。

[44] 余延满：《货物所有权的转移与风险负担的比较法研究》，武汉大学出版社2002年版，第324页。

[45] 李永军、易军：《合同法》，中国法制出版社2009年版，第455页。

权人,合同中的标的物毁损灭失的风险在合同当事人间无法分配。第五,从有利于保管货物的角度说,按照社会一般人的观念货物在谁手里,谁就较容易保护货物,相应地应当承担货物风险。货物易手,货物风险也应同时易手。[46] 交付主义能够建立有效的风险控制激励制度,占有或控制标的物的当事人通常来说能够最有效、最廉价地保护标的物免受损害,将风险分配给他有助于减轻合同损失的程度。[47]

正是由于交付主义具有所有人主义所不具备的许多优点,因此现代合同法的趋势是向交付主义规则发展。[48] 不仅许多大陆法国家相继采纳交付主义,而且在英美法国家,美国法对风险移转规则的改变,反过来对英国法也产生了影响,英国也开始接受这一新的规则。[49] 而有关国际公约也采纳了交付主义,例如,《销售合同公约》也采纳了交付移转风险的规则。该公约第67条规定,如果销售合同涉及货物的运输,但卖方没有义务在某一特定地点交货物,自货物按照销售合同交付给第一承运人以转交给买方时起,风险就移转到买方承担。如果卖方有义务在某一特定地点把货物交给承运人,在货物于该地点交付给承运人以前,风险不移转到买方承担。卖方授保留控制货物处置权的单据,并不影响风险的移转。[50] 由于公约的规定是借鉴了两大法系的经验,可以认为,它代表了法律发展的趋势。据此,施米托夫认为交付主义应"作为确定风险转移的总标准"。[51]

---

[46] 徐炳:《买卖法》,经济日报出版社1991年版,第255页。

[47] 余延满:《货物所有权的转移与风险负担的比较法研究》,武汉大学出版社2002年版,第319页。

[48] 易军、宁红丽:《合同法分则制度研究》,人民法院出版社2003年版,第47页。

[49] 徐炳:《买卖法》,经济科学出版社1991年版,第257页。

[50] 公约第69条规定:"在不属于第67条和第68条规定的情况下,从买方接收货物时起,或如果买方不在适当时间内这样做,则从货物交给它处置但他不收取货物从而违反合同时起,风险转移到买方承担。"

[51] [英]施米托夫:《国际贸易法文选》,赵秀文选译,中国大百科全书出版社1993年版,第347页。

四、我国《合同法》采用了交付主义为一般原则

严格地说，关于风险负担的一般规则主要适用于买卖合同。就买卖而言，因为它是反映商品交换的典型形式，合同法规定其他合同在法律和当事人没有明确规定时应当参照买卖合同确定其权利义务，且关于买卖合同的规定相对于合同法中的特种买卖为一般规定，所以买卖合同中有关风险负担的规定也可以说具有一般规定的特点。

我国合同法关于买卖中的风险负担的一般原则究竟应当如何确定，对此在合同法起草中一直存在着不同的观点。依据我国《民法通则》第72条规定，财产所有权从财产交付时起移转，法律另有规定或者当事人另有约定的除外。但该条并没有确立风险移转的规则。许多学者认为在合同法制定以前，我国法律实际上采取的是风险随所有权移转的规则。[52] 也有学者建议应当采纳风险随所有权移转的规则。如前所述，该观点确有一定的道理，而且在大多数场合，货物的风险随货物的交付而移转与货物的风险随货物所有权的转移的结果相同。[53] 事实上在合同法颁布之前，我国法律关于风险负担的规则并没有确立一个明确的标准。我国《合同法》正式确立了风险随交付移转的规则，该法第142条规定，"标的物毁损、灭失的风险，在标的物交付之前由出卖人承担，交付之后由买受人承担，但法律另有规定或者当事人另有约定的除外"。具体而言，标的物交付以前，风险由出卖人承担；标的物交付以后，风险由买受人承担。从这一规定可见：标的物的毁损灭失的风险，根据交付作为判断标准，当事人虽然就某些财产的买卖达成了协议，而尚未实际交付，仍不发生所有权的移转，也不发生标的物风险的移转。出卖人将标的物交付给买受人后发生标的物意外毁损、灭失，买受人应当承担标的物受毁灭失的实际损失。如果尚未

---

[52] 崔建远："关于制定合同法的若干建议"，载《法学前沿》（第2辑），法律出版社1998年版。

[53] 徐炳：《买卖法》，经济日报出版社1991年版，第256页。

支付价款的,买受人应当支付剩余的价款。于此情况,买受人实际上没有得到标的物,但是需要支付标的物的价款。不过,交付的规定属于任意性规范,当事人可以通过特别约定而排除适用这一规定。如房屋买卖合同的当事人可以约定在房屋未交付之前,标的物毁损、灭失的风险由买受人承担。

如前所述,从两大法系的立法经验来看,将风险移转与所有权移转完全分开,以交付主义取代所有权移转来确定风险移转的时间,已经成为立法发展的趋势,并为两大法系所普遍接受,也为有关的国际公约所采纳。[54]有学者认为,《德国民法典》之所以采纳风险随交付移转的理论,其原因也在于德国民法在物权变动的立法模式上,采纳了物权形式主义的变动模式,因为当事人之间单纯的合意,只能发生债的关系,而不能发生物权移转的效力。所有权必须从交付时起才能发生移转,从而使标的物的毁损灭失的风险负担也与交付密切联系在一起。[55] 这一看法有一定的道理,但严格地说,交付主义在国际上的广泛采纳,并不与物权行为理论联系在一起。我国合同法采纳交付主义是符合风险负担的现代发展趋势的。

交付通常是指现实的交付,所谓现实的交付是指动产物权的出让人将动产的占有实际地移转给受让人,由受让人直接占有该动产。简单地说,现实交付就是将物从一个人的控制转移到另一个人的控制之下,从而发生动产占有的实际移转,这是交付的一般情况。完成现实交付必须具备两个要件:一是对标的物的实际控制发生移转,即由交付的一方移转给另一方,由另一方实际控制。[56] 交付的完成重在结果,而不在过程,即必须完成实际控制的移转,只要完成这种实际控制的移转,即使没有交付的过程也应构成交付(如简易交付)。二是必须是受让人接受占有,例如交付一方将标的物置放于受让人控制的范围内,但未作通知,因此不能构成交付。当然,在特殊情况下,根据交易习惯只要一方置于另一方控制范围内也构成交付,如将信件投置于受信人的邮筒。

---

[54] 李永军、易军:《合同法》,中国法制出版社 2009 年版,第 455 页。

[55] 王轶:《物权变动论》,中国人民大学出版社 2001 年版,第 343 页。

[56] 参见王泽鉴:《民法物权:通则·所有权》(第一册),台湾三民书局 2001 年版,第 136 页。

在采用现实交付之前，标的物通常处于出让人占有之下，有关风险的移转问题是容易判断的，问题在于，在占有改定的情况下，是否可以发生标的物毁损灭失风险的移转？所谓占有改定是指转让人和受让人在转让动产物权时，如果转让人希望继续占有该动产，当事人双方可以订立合同，特别约定由转让人继续占有该动产，而受让人因此取得对标的物的间接占有以代替标的物的实际交付。[57] 占有改定的目的是要使转让人继续占有标的物，从而既符合转让人的要求又继续发挥物的效用。但出让人与受让人约定由出让人继续占有该动产以代替实际交付不具有对抗第三人的效力。[58]

在占有改定的情况下，受让人本来应当直接占有标的物，但因为占有改定将使其本应取得的直接占有转化为间接占有。所谓间接占有是指自己不直接占有某物，而基于一定的法律关系对直接占有其物的人享有返还请求权，因此对于物有间接管领力。[59] 例如，甲将其房屋出卖给乙以后，乙并没有占有该房屋，双方通过合同约定由甲继续占有并使用该房屋，乙的占有属于间接占有，而甲的占有属于直接占有。大陆法系一些国家民法规定了间接占有，从而使间接占有人也可获得占有之诉的保护。从物权法的角度来看，占有改定不具有公示的效力，因此依据占有改定而发生物权的移转很难对抗第三人。但从合同法的角度来看，占有改定虽不具有公示的效果，仍然可以导致风险的移转。因为风险的移转属于合同关系的范畴，一方因不可归责于双方的原因导致标的物毁损灭失将主要影响的是违约责任的承担、风险的分配等问题，这些问题在合同双方当事人之间可以依据法律规定予以解决，而一般不涉及第三人。所以，占有改定是否具有公示的效果，不应当影响到风险的承担问题。笔者认为，双方约定出让人继续占有之时，观念上可视为发生了标的物从出让人到受让人再从受让人到出让人的两次交付，实际上先后发生了买卖与保管或租赁

---

[57] MünchKomm /Oechsler 5. Auflage 2009, § 930, Rn 9ff..

[58] 《德国民法典》第930条规定："所有人占有动产时，让与得通过所有人与受让人约定使受让人因此取得间接占有，以代替交付。"

[59] 王泽鉴：《民法物权〈占有〉》(第2册)，台湾1995年自版，第43页。

两类合同关系,此时对这两类合同应分别适用各自的风险负担规则。

交付时必须交付单证,出卖人只有依据合同的规定和诚实信用原则,交付有关标的物的单证和资料的,才能视为交付的完成。所谓标的物的单证,一般是指提取标的物的文件如提单、仓单、所有权证书或者其他财产权证书,以及出售标的物的发票和其他相关的文件。标的物的资料是指标的物的说明书、质量检验报告、技术资料等。标的物的单证一般用于提取标的物或者证明买卖关系的存在和有效。标的物的资料一般用于说明标的物的质量、性能以及指导买受人或者相关人员掌握和使用标的物。就实际履行而言,交付有关标的物的单证和资料是十分重要的,然而,就风险的移转而言,合同法要求只要发生现实的交付即可完成风险的移转,如果出卖人未交付有关标的物的单证和资料的,由于货物已经实际交付,因此不影响风险的移转。《合同法》第147条规定,"出卖人按照约定未交付有关标的物的单证和资料的,不影响标的物毁损、灭失风险的转移"。

合同法在采纳因交付而移转所有权的规则的同时,也规定了一些特殊的风险移转规则。在一些具体的买卖合同类型中,其风险负担规则可能会偏离交付主义的一般规则。[60] 这些规则表明我国合同法虽然借鉴了《德国民法典》关于交付移转风险的规则,但与《德国民法典》的规定又不完全相同。

交付主义的规则主要适用于移转所有权的合同,它包括两个方面:一是已经移转所有权,同时标的物也已经交付的合同;二是虽然没有移转所有权但是将要移转所有权,由于标的物已经交付所以要发生风险的移转。

关于交付主义的具体适用,有如下几种情况值得研究:

(一)关于不动产的买卖

对动产来说,在大多数的情况下,交付既发生所有权的移转,也发生风险的移转,在此情况下所有权的移转与风险的移转往往是重合的。但是对于不动产来说,情况比较复杂。关于不动产的买卖中的风险负担,有三种观点,一是交付主义说。此种观点认为,不动产在风险负担规则方面不

---

[60] 李永军、易军:《合同法》,中国法制出版社2009年版,第456页。

具有特殊性，无论是动产或不动产买卖，都应以交付为风险负担的标准。二是收益权移转说，此种观点认为，在不动产所有权移转的情形，不应采纳交付主义，而应该以使用收益权是否移转来决定其风险负担的归属。因此，在已办理过户登记但未交付的情形下，应当由出卖人负担风险。[61]三是所有人主义说，此种观点认为，“所有权既已转移，标的物纵未交付，危险亦应由买受人负担，盖买受人既已取得所有权，则依‘天灾归所有人负担’之法彦，理应如是”。[62]

上述三种观点都不无道理，但笔者认为，简单地采用交付主义也不妥当，毕竟不动产买卖与动产买卖相比具有特殊性，因为一方面，不动产相对而言价值较大，所以确定标的物毁损灭失的风险对当事人影响更大；另一方面，在不动产中，交付和登记有可能是分开的。因此，在交付以后所有权可能并没有发生移转。因而，不能完全免除所有人的风险责任。例如，在房屋交付后，因买受人的原因未能办理过户手续，在此情况下，如果所有人完全不承担风险，既不符合物权法的一般原理，也不利于平衡所有人和占有人之间的利益关系。但是完全采取所有人主义，也不一定合理。不动产的买卖中，交付与所有权的移转可能会发生分离，在某些情况下（例如买受人购买了房屋但未办理登记的情况），尽管进行了交付，但不一定发生所有权的移转，而在所有权没有移转的情况下，只要发生了交付行为，就应当发生风险的移转。在交付标的物以后，尽管占有人因为没有办理登记手续，占有人还没有实际获得所有权，但毕竟其将要获得所有权，且已经实际占有并控制了标的物，理所当然应当承担风险。如果完全采用所有人主义，而所有人又不能占有和控制房屋，发生了房屋的毁损灭失之后要其承担该损失，则对其不够公平。收益权移转说就其本质而言，强调的是对标的物的占有和控制，该说认为对标的物进行了占有和控制，才能从中收益，因此，应当由能够对标的物进行收益的人负担风险。

笔者认为，关于不动产买卖原则上可以适用因交付移转风险的一般规则，但又要考虑一些特殊情况来具体确定风险承担问题。具体来说，如下

---

[61] 黄茂荣：《买卖法》，中国政法大学出版社2002年版，第445页。

[62] 郑玉波：《民法债编各论》（上册），台湾三民书局1986年版，第73页。

因素需要考虑:

第一,如果出卖人与买受人订立房屋买卖合同,已经办理了登记过户手续,但房屋没有实际的交付,在此情况下究竟应当由哪一方当事人承担风险?笔者认为,依据《物权法》的相关规定,房屋所有权的移转以登记为准,而不是以交付为准,因为我国《物权法》对于不动产物权的变动采取了登记生效主义的立法模式,当事人必须办理登记才能取得房屋所有权。如果双方已经订立了占有改定的协议,以占有改定代替了交付,此时当然应当由所有人承担风险。即使双方没有订立占有改定的协议,如果在办理登记过户手续之后,买受人将房屋仍然交给出卖人占有,可以认为买受人具有占有改定的意图,并应当推定双方形成了占有改定关系,因为买受人既然知道其已经是房屋的所有人,而且也知道出卖人是房屋的现实的占有人,其在移转所有权以后完全可以要求出卖人交付房屋,据此可以认为买受人的意图是让出卖人继续占有房屋以代替交付。所以,应当由买受人承担风险。

第二,如果出卖人与买受人订立房屋买卖合同以后,出卖人将房屋一物数卖,即将房屋先交付给了第一个买受人,但没有办理登记过户手续,然后又将房屋出卖给第二个买受人,并已经为其办理了过户登记手续,在此情况下,笔者认为问题的关键在于如何确定后一买受人与前一买受人之间是否能够推定有占有改定的意图存在,进一步说,应当以新的房屋所有人对第一买受人占有房屋的事实是否知情为标准。如果第二个买受人根本不知道第一个买受人对标的物的占有,也不能向其主张返还占有,不能认为双方之间已经形成了占有改定。据此,风险仍然应当由占有人承担。

第三,委托他人代管房屋,无论是有偿还是无偿的委托,一般应由委托人承担风险。因为在此情况下,不仅因为委托人是真正的所有权人,而且受托人完全是基于委托人的意志和授权来管理房屋,受托人只是委托人的一种延伸,其完全基于委托人的指示和交代而对房屋进行管理。所以在管理房屋的期间内发生的风险应当由委托人承担。

第四,在房屋借用的情况下,应当由出借人承担风险。因为,借用关系发生以后,并没有移转标的物的所有权而是使用权,借用的时间一般都比较短暂,借用人一般只负有维持房屋既有状态的义务,并没有负担房屋意外毁损灭失的风险负担。事实上，如果由借用人承担风险是不公平的，仍应当按照所有人主义分配标的物风险。

（二）交付地点不明情况下的风险负担

在买卖合同中，出卖人应当按照约定的时间、地点交付标的物。风险负担之适用界限为物之交付。[63] 如果交付地点不明确，则买受人不知道应当将货物交付到何处，从而难以确定其应当履行的义务，由此也将引发如何确定标的物的风险负担的问题。

在合同并没有规定交付地点的情况下，如果货物是由买受人自提的，买受人应当到出卖人的营业地提取货物，但如果由出卖人交付货物的，则首先需要确定出卖人应当采取何种方式交付。并根据交付主义分配风险。如果合同约定由出卖人代办运输的，但未约定交付地点或约定不明确的，则出卖人应当将标的物交付给第一承运人。未约定出卖人代办运输，出卖人和买受人订立合同时知道标的物在某一地点的，出卖人应当在该地点交付标的物。不知道标的物在某一地点的，应当在出卖人的营业地交付标的物。所以关键的问题在于如何确定出卖人已经完成了交付，只要能够确定出卖人已完成交付行为，就应当由买受人承担风险。

在涉及多个承运人的情况下应当如何交付？《合同法》第 145 条规定："当事人没有约定交付地点或者约定不明确，依照本法第一百四十一条第二款第一项的规定标的物需要运输的，出卖人将标的物交付给第一承运人后，标的物毁损、灭失的风险由买受人承担。"这是对涉及多个承运人的情况下，如何完成交付和移转风险的规定。也就是说，在涉及多个承运人的情况下，尽管当事人在买卖合同中对交付地点没有约定或者约定不明确，但是如果约定由出卖人运输的，以出卖人将标的物交付给第一承运人的地点作为标的物的交付地点，出卖人将标的物交付给第一承运人时认为已经完成交付，标的物风险负担自出卖人将标的物交付给第一承运人时起转移给买受人。至于第一承运人是否将标的物交付给第二承运人或是否发生交付迟延，也不影响风险的承担。

---

[63] 邱聪智：《新订债法各论》（上），中国人民大学出版社 2006 年版，第 123 页。

(三)分期付款买卖

在分期付款买卖中,出卖人先交付作为标的物的动产或不动产,待买受人支付全部价款后,标的物所有权方移转,标的物毁损灭失的风险应自交付时起移转,而非自所有权移转时起由买受人承担。[64] 分期付款买卖尽管为买卖合同的特殊类型,但也适用交付主义的一般规则,例如《意大利民法典》第1523条规定:“在保留所有权的分期付款买卖中,买受人自支付最后一期价金时起获得物的所有权,但是风险自物交付时起转移。”我国合同法对此未作出规定,但笔者认为,有关分期付款买卖人应当适用交付主义的一般规定,因为自标的物交付后,买受人便以为自己所有的意思,占有、使用、收益标的物,且为实质上所有人,并且,标的物之实质上的支配权亦因物之交付而由出卖人处移转到买受人处。[65] 如果由出卖人承担风险,则对其极不公平。因此,分期付款买卖中的风险负担应适用合同法关于买卖合同风险负担的一般规则。

(四)远程买卖

如果网络交易的一方为消费者,消费者通过“互联网”正式订立合同之后,即使其已接受所订购的商品,也可以在一个特定期间内撤回该合同。如果消费者在订立合同后对其约定的服务不再感兴趣,在一定期限内也有单方面解除合同的权利。例如,法国1988年7月6日颁布的法律规定“远程买受人有权在收到其订货后7天之内,将其购买的商品退还给出卖人并要求退还货款等”。欧盟的有关法律规定:“自接到货物之后7天之内,或服务协议签定之后7天内,消费者有权行使反悔权,无偿退回商品。”[66]借鉴国外的经验,我国《消费者权益保护法》第25条规定:“经营者采用网络、电视、电话、邮购等方式销售商品,消费者有权自收到商品之日起七日内退货,且无需说明理由。”七天时间便是退货期。法律规定退货期或反悔期的原因在于:一方面,在普通购物中,消费者能够直接见到实物,但在网上购物时,因为消费者没有看到商品的实物,只能根据网上提

---

[64] 刘贵祥:“合同履行与风险负担制度”,载《法律适用》2000年第9期。

[65] 刘得宽:《民法诸问题与新展望》,台湾三民书局1979年版,第13页。

[66] 欧盟1997年5月20日“关于远距离销售的指令”第6条。

供的有关商品的信息来选购商品。由于网上购物既不能与消费者面对面谈判,又不能见到实物,极容易受到生产者在网上作出的各种广告的误导。因为多媒体形式的电子商务广告更符合客户的视听感受,虚假广告更容易达到以假乱真的效果。[67] 如果不允许消费者退货,当发生交货不符甚至欺诈时,消费者的权益就很难得到救济。法律规定退货期,赋予消费者在该期限内退货的权利,有利于消费者全面了解商品的性能与质量,维护消费者权益。另一方面,有利于保证交易双方的信息对称。因为消费者在实际获得实物以前,他并不能占有商品,无法了解完整的商品信息。而经营者则实际占有着商品,对商品信息有充分的了解。这样双方对商品信息的占有是不对称的。规定一个合理的退货期,可以使消费者充分了解商品的性能,并借此最终决定是否购买。当然,退货期制度使得经过网络订立的合同的解除规则发生变化,即赋予了消费者在一定期限内的单方解除合同的权利。由于消费者在一定期限内具有的单方解除权,因此,标的物并没有完全实现交付,在法律上可以看作消费者代替出卖人占有商品。在退货期内,标的物风险并没有发生移转,仍然由出卖人承担风险。超过退货期,风险由买受人承担。

(五)路货买卖

所谓路货买卖,又称出售运输途中的货物,是指作为买卖的标的物的货物已经在运输途中,出卖人寻找到买受人,将该运输途中的货物出卖给买受人。[68] 此种形式的买卖在海上货物运输贸易中较为普遍,常常是出卖人将合同标的物装上开往某一地点的轮船,然后再来寻找买主,签订买卖合同。对此种形态的买卖而言,在合同订立时,由于货物已在船上或其他运输工具上,双方都难以知道货物是否已毁损灭失,也难以判断货物的毁损灭失发生在运输过程中的哪一个阶段,因此,就难以确定到底是由出卖人还是由买受人来承担风险。[69] 路货买卖与普通买卖的主要区别是标的

---

[67] 赵廷光等:“电子商务安全的几点刑法对策”,载国家信息化办公室:《电子商务立法论文集》。

[68] 李永军、易军:《合同法》,中国法制出版社2009年版,第456页。

[69] 李永军、易军:《合同法》,中国法制出版社2009年版,第456页。

物交付的时间和地点难以确定。在一般的货物买卖中,当事人常常要在合同中约定具体的交货时间和地点,即使合同未明确规定,也可以依交易习惯确定。但是在路货买卖中,交货时间和地点处于不确定状态,所以当事人也不可能在合同中作出具体的规定。根据路货买卖的特点,《销售合同公约》对路货买卖的风险转移问题作出了特别规定。该公约第68条规定:"对于在运输途中销售的货物,从合同订立时起,风险就转移到买方承担。但是情况表明有此需要,从货物交付给签发载有运输合同单据的承运人时起,风险就由买方承担。尽管如此,如果卖方在订立合同时已经知道或者理应知道货物已经遗失或损坏,而他又不将这一事实告知买方,则这种遗失或损坏应由卖方负责。"[70]这就是说,从订立合同时起,路货买卖标的物毁损、灭失的风险转移给买受人。路货买卖之所以实行特殊的风险移转原则,其主要原因在于当事人双方在订立合同时均对货物是否毁损处于未知状态,而买方往往在订立合同后获得提单、保单等商业单据,所以法律的制度设计倾向于由买方承担货物风险,因而路货买卖的风险移转时间由交付时提前至合同订立之时。[71] 我国《合同法》第144条借鉴《销售合同公约》第68条的经验,规定:"出卖人出卖交由承运人运输的在途标的物,除当事人另有约定的以外,毁损、灭失的风险自合同成立时起由买受人承担。"

笔者认为,合同法作出对路货买卖的规定实际意义并不是太大,这主要是因为路货买卖在国内极少发生,而且在买卖中规定路货买卖的风险负担问题,也使得有关风险负担的规则过于具体和烦琐,从而与其他规则的规定不协调。由于这一条规定与《销售合同公约》第68条并不完全相同,因此其适用范围应仅仅限于国内路货买卖,而对于国际货物买卖中的路货买卖,仍应当适用《销售合同公约》第68条的规定。

(六)试用买卖

所谓试用买卖,又称试验买卖,是指合同成立时出卖人将标的物交给

---

[70] 这一规定也为其他国家或地区的立法所继受,如我国澳门地区民法典第932条。

[71] 徐炳:《买卖法》,经济日报出版社1991年版,第256、260页。

买受人试用,买受人在一定期限内使用后同意购买并支付价款的买卖。[72]在试用期间,标的物因不可归责于双方当事人的事由而毁损灭失时,该风险由谁承担?对此,由于当事人已经将标的物"交付"给买受人,应如何适用交付主义?笔者认为,应根据风险是发生在买受人同意购买之前,还是同意购买之后而决定如何适用交付主义。如果买受人还没有同意购买,则由出卖人承担风险,因为此时买卖合同还没有生效,标的物的"交付"并非真正意义上的交付,不是履行合同的行为。如果买受人已经同意购买,应由买受人承担风险,此时实际上已经发生了交付,即简易交付。如果试用期届满以后,标的物发生风险,在此情况下,如果买受人没有表示是否购买,则由买受人承担风险,因为根据《合同法》第171条的规定,试用期间届满,买受人未作表示的,应视为购买。既然买受人已经购买,则由买受人承担风险。如果试用期间届满,买受人表示不愿意购买,因为买卖合同没有生效,所以,由出卖人承担风险。[73]

五、违约情况下标的物毁损、灭失的风险承担

如前所述,违约责任和风险负担规则在适用范围上不尽一致。风险负担一般是在损失不可归责于当事人双方或任何一方时发生的;而违约责任解决的是在损害可归责于当事人一方或双方时责任的承担问题。但是这两个问题又不无密切联系。在某些情况下,违约发生以后,仅仅根据违约责任不能完全解决风险的分配问题,这就需要考虑在违约情况下的风险分担问题。

(一)因买受人的原因造成标的物不能及时交付的

我国《合同法》第143条规定:"因买受人的原因致使标的物不能按照约定的期限交付的,买受人应当自违反约定之日承担标的物毁损、灭失的风险。"该条虽然规定的是因买受人的违约造成标的物的不能及时交付,

---

[72] 崔建远:《合同法》,法律出版社2007年版,第392页。

[73] 易军:《债法各论》,北京大学出版社2009年版,第62页。

但实际上是由于买受人的过错导致标的物的交付迟延,该条没有严格限制买受人构成何种违约行为导致出卖人不能及时交付因而产生风险移转的问题。笔者认为,该条所称的买受人的违约主要是指如下几种情况:第一,合同约定应当由买受人自提货物的,买受人没有在约定的期限内提取货物,使出卖人不能及时向买受人交付货物。第二,在出卖人送货的情况下,出卖人通知买受人收货以后,买受人因未做好收货的准备,致使货物不能及时地交付。但买受人拒绝收货所引起的风险移转问题,不适用该条的规定。第三,因买受人未履行其主要义务,致使出卖人行使同时履行抗辩权的,导致货物不能及时交付的。由于在上述情况下,因为买受人的原因致使出卖人不能及时交付标的物,则买受人应当承担自违反约定之日承担标的物毁损、灭失的风险。

(二)因买受人受领迟延而造成标的物不能及时交付的[74]

我国法律明确规定及时受领给付乃是债权人应负的法定义务,并将债权人迟延作为一种违约形态对待,并规定了债权人应负的违约责任。就买卖合同而言,出卖人负有及时交付标的物的义务,而买受人也依法负有及时受领标的物的义务。如买受人迟延受领,不仅应当承担违约责任,而且应当承担标的物毁损灭失的风险。我国《合同法》第146条规定:“出卖人按照约定或者依照本法第一百四十一条第二款第二项的规定将标的物置于交付地点,买受人违反约定没有收取的,标的物毁损、灭失的风险自违反约定之日起由买受人承担。”这就是说,出卖人依据合同的规定及时交付标的物以后,并已通知买受人受领,买受人无正当理由未及时受领,致使标的物受领迟延,在迟延期间发生了毁损、灭失的风险,对此风险应当由买受人承担。合同法的这一规定,不仅明确了在迟延受领的情况下风险负担的判断标准,而且也有利于督促买受人及时受领标的物,并减少纠纷的发生。

---

[74] 对于出卖人给付迟延期间标的物的风险负担问题,我国《合同法》没有作出明确规定。对此,应当借鉴世界各国或各地区,使出卖人原则上负担迟延标的物毁损灭失的风险。例如,《德国民法典》第287条规定:“债务人应对迟延期间的任何过失负责。即使在迟延期间发生意外,债务人也应对给付负责,但即使债务人及时给付仍不免发生意外的除外。”

(三)出卖人交付的标的物质量不合格

出卖人因标的物质量不符合要求,属于不适当履行的范畴。所谓不适当履行,是指债务人虽然履行了债务,但其履行在质量上不符合合同的规定。《合同法》第111条规定:“质量不符合约定的,应当按照当事人的约定承担违约责任。对违约责任没有约定或者约定不明确,依照本法第六十一条的规定仍不能确定的,受损害方根据标的的性质以及损失的大小,可以合理选择要求对方承担修理、更换、重作、退货、减少价款或者报酬等违约责任。”这就明确了在不适当履行情况下的违约责任。所以在给付有瑕疵的情况下,出卖人首先应当承担违约责任。但因为出卖人交付的货物有瑕疵,买受人拒绝收货或者解除合同,在此期间,货物因不可抗力发生毁损灭失,该风险应当由哪一方当事人承担,这是合同法必须要解决的问题。《合同法》148条规定,“因标的物质量不符合要求,致使不能实现合同目的的,买受人可以拒绝接受标的物或者解除合同。买受人拒绝接受标的物或者解除合同的,标的物毁损、灭失的风险由出卖人承担。”由此可见,有关出卖人交付的标的物质量不合格而导致标的物毁损灭失的风险承担应当具备三个条件:

第一,出卖人交付的货物在质量上不合格。例如,出卖人交付的产品不符合质量标准,或者产品在规格、包装方面不符合标准,或者不具备应当具备的使用性能。如果当事人虽然就标的物质量发生争议,但不能确定是出卖人交付的货物不合格,不适用该规定。

第二,因标的物质量不符合要求,致使不能实现合同目的的。出卖人交付的标的物不合格,情况是十分复杂的。例如交付1000公斤苹果,有5公斤烂掉,出卖人已经构成违约,但此种违约是轻微的。出卖人尽管因此要承担违约责任,但因为并没有构成根本违约,买受人不得拒绝收货或者解除合同。相反,买受人应当接受标的物,出卖人的交付导致标的物风险的转移,但是买受人在接受标的物以后可以依法请求出卖人承担违约责任。只有在出卖人交付的货物质量不符合要求,致使不能实现合同目的的,买受人才能依据《合同法》第94条的规定,拒绝收货或者解除合同,由此导致风险的发生,才能引发风险的分担问题。出卖人的履行不合格构成根本违约，表明出卖人的交付不构成真正的交付。由此产生的标的物毁损、灭失的风险应由出卖人承担。

第三，买受人拒绝接受标的物或者解除合同的。出卖人交付的标的物不符合要求，即使此种不合格已经导致买受人不能实现合同目的，也可能不一定会产生标的物的风险分担问题，因为如果出卖人交付的货物不合格，买受人有可能会接受标的物而要求出卖人承担违约责任，如请求减价或者出卖人承担其他违约责任。在此情况下，由于标的物已经交付，且买受人也已经实际接受，此时，标的物的毁损灭失风险也应当由买受人承担。但在出卖人交付标的物不合格且导致订立合同的目的不能实现时，买受人已依法享有拒绝收货和解除合同的权利，如果买受人行使该项权利，则标的物视为没有交付，在此情况下所产生的标的物毁损灭失的风险仍然应当由出卖人承担。所以，在发生根本违约的情况下，买受人拒绝受领，是风险不发生移转的前提条件。问题在于，如果出卖人交付的货物有瑕疵，买受人拒绝受领，但买受人代为临时性照管，在代为保管期间发生标的物的毁损灭失的风险的，则风险应当由谁来承担？笔者认为，由于代为保管并没有构成真正的交付，因此也不能发生风险的移转，出卖人仍然应当承担风险。

在上述情况下，风险的发生都与当事人一方的违约行为之间具有因果联系，或者因为标的物没有真正完成交付，在法律上仍然由交付的一方占有，因此，由违约方负担相应的风险也是对其违约行为的一种惩罚。需要探讨的是，在因一方根本违约导致合同解除的情形，双方应负担恢复原状的义务，但已经交付的标的物发生了毁损灭失时，应当由哪一方承担标的物毁损灭失的风险？根据修改后的德国债法，如果标的物在交付以后，如果债权人在占有标的物期间，已经尽到了像对待自己的事务那样的应尽义务（diligentia quam in suits），即则标的物毁损灭失的情形，应当由债务人负担该风险，也就是说，如果债权人交还已经受损的标的物，债务人应当向债权人支付该物的全部价值，而债权人也不再负担修复标的物等其他义务。[75] 该规则的合理性在于如果合同解除导致双方相互返还，则标的物

---

[75] Reinhard Zimmermann, *Breach of Contract and Remedies under the New German Law of Obligations*, *Saggi*, Conferenze e Seminari 48. Roma 2002, p. 43.

所有权实际上没有发生移转,由此物上的风险由相对方承担。但问题在于,该规则与交付主义是有矛盾的,因为标的物在交付之后,尽管债务人构成违约,但因为债权人已经接受并已经实际占有标的物,应当发生风险的转移,由债权人承担在占有期间的风险。笔者认为,我国合同法对此种情况仍然应当采取交付主义来确定风险的移转问题。

第五编 侵权行为制度

民商法研究(第六辑)
第429~448页

侵权行为概念之研究*

探讨侵权行为的概念并非单纯地满足学理上的要求,或者说仅是一种语义性的考察,侵权行为的概念是侵权法理论研究中首先需要解决的课题,因为侵权行为的概念涉及对侵权行为侵害对象的判断、侵权行为法所保障的权益范围的界定以及侵权责任的构成要件等多方面问题,因此如何准确界定侵权行为的概念极为重要。

一、关于侵权行为概念的两种学说

顾名思义,侵权行为是一种侵害他人权益的行为,因此侵权行为也可以称为一种侵害行为,这可以从词源学上得到一定程度的印证。在英语中,"侵权行为"一词称作"tort",来源于拉丁文"tortus",原意是指扭曲和弯曲,它也用于将某人的手臂或腿砍掉的情形。此种含义现在仍然能从德语(jemandem einen Tort an tun;Tortur)和法语(aviordu tort;faire du tortous)中找

* 原载《法学家》2003年第3期。

到,以后该词逐渐演化为错误(wrong)的意思。[①] 在法语中,tortum 和 tort 都是来源于拉丁语"delictum",其原意是"过错","罪过"。拉丁语名词 delictum 派生于动词 delinqere(偏离正确的道路),意思是一个违法、一个失误或者一个错误。中文的"侵权行为"一词"最早于清末编定《大清民律》草案时才开始应用"。[②] 但是在旧中国民法中对侵权行为的概念却缺乏明确的界定。

何谓侵权行为,各国学者一直争论不休。但总的来说,对侵权行为的概念存在着广义说与狭义说两种观点。狭义说认为,侵权行为的概念应当以过错为核心确立,也就是说,侵权行为是一种行为人实施的过错行为。在国外学者关于狭义的侵权行为的各种观点中,比较典型的有三种学说:一是过错行为说,该说从行为的角度揭示了侵权的概念。持此种观点的学者认为,侵权行为就是一种过错。英国学者福莱明指出:"侵权行为是一种民事过错,而不是违反合同,对这种过错,法院将在一种损害赔偿的诉讼形式中提供补救。"[③]莫里斯认为:"如果简单地概括侵权行为,可以说它是私法上的过错。"[④]二是违反法定义务说。该说主要是从违反法定义务的角度来界定侵权行为的概念。例如,英国著名学者温菲尔德从侵权行为与违约行为相区别的角度,给侵权行为下了一个公认为最完备的定义。他认为:"侵权行为的责任系由违反法律事先规定的义务引起,此种义务针对一般公民而言,违反此种义务的补救办法就是对未清偿的损害赔偿的诉讼。"[⑤]因而侵权行为是指违反了法律规定的、针对一般人的义务,而不是违反了由当事人自行协议所规定的、针对特定人的合同义务。三是过错责任说,该说认为过错只是导致侵权责任承担的根据。在法国,大多数学者通常根据《法国民法典》第 1382 条"任何行为使他人受损害时,因自己的过失而致行为发生之人对该他人负赔偿的责任"的规定,

① Andre Tunc, *International Encyclopedia of Comparative Law of Torts*, Introduction, J. C. B. Mohr(Paul Siebeck) Tuebingen, 1974, p. 7.

② 陈涛、高在敏:"中国古代侵权行为法例论要",载《法学研究》1995 年第 2 期。

③ Fleming, *The Law of Torts*(ed. 4 Sydney 1971), p. 1.

④ Morris, *On Torts*(Brooklyn 1953), p. 1.

⑤ Winfield and Jolwicz, *The Law of Tort*(ed. 9 London 1971), p. 77.

认为侵权行为就是一种损害赔偿的责任。⑥

广义说认为,侵权行为是产生责任的根据,但侵权行为不仅仅是指因行为人的过错而导致的侵权行为,还包括基于法律的规定而产生责任的行为。从广义上来理解,侵权责任不仅包括过错行为责任,还包括行为人依据公平原则产生的责任和无过错责任,这些责任也是法律规定所产生的。《民法通则》第106条第2款规定:"公民、法人由于过错侵害国家的、集体的财产,侵害他人财产、人身的,应当承担民事责任。"第3款规定:"没有过错,但法律规定应当承担民事责任的,应当承担民事责任。"从该规定来看,侵权责任既包括了因过错产生的责任也包括了非过错责任,可见我国《民法通则》采纳了广义的侵权行为的概念。采纳这一概念的理由主要在于:随着现代侵权行为法的发展,归责原则已经多样化,除过错责任原则以外还包括公平原则和无过错责任,而这些责任都属于侵权法上的责任,在探讨侵权行为概念的时候必须都包括这些责任。更何况由于无过错责任和公平责任体现了对受害人充分保护的侵权法基本功能,实现了侵权法公平合理地分配损失的任务,因此,从广义上理解侵权行为的概念是必要的。

笔者认为,从广义上理解侵权行为确实有一定的道理。但在我国民法中,"没有过错,但法律规定应当承担民事责任的"的情况主要是指公平责任。因为我国法律并没有承认完全的无过错责任,通常所说的无过错责任就是指严格责任,而严格责任虽然是严格的,但并非不考虑过错,它仍然要以不可抗力、受害人的过错和第三人的过错作为抗辩事由。正是因为这一原因,严格责任并非完全不考虑过错。⑦ 德国学者冯·巴尔认为,侵权行为法中可以包含严格责任,也就是说,从广义上理解考虑过错的责任也可以包括严格责任。⑧ 所以,笔者认为,《民法通则》第106条第3款

---

⑥ Andre Tunc, *International Encyclopedia of Comparative Law of Torts*, Introduction, J. C. B. Mohr (Paul Siebeck) Tuebingen, 1974, p. 9.

⑦ 王泽鉴先生认为,严格责任"虽然严格,但非绝对"。参见王泽鉴:《民法学说与判例研究》(第2册),中国政法大学出版社1998年版,第22页。

⑧ 参见[德]冯·巴尔:《欧洲比较侵权行为法》(上),张新宝译,法律出版社2002年版,第598页。

所规定的“没有过错”,主要是指公平责任。

所谓公平责任是指在当事人双方对造成损害均无过错的情况下,由人民法院根据公平的观念,在考虑当事人的财产状况及其他情况的基础上,责令加害人对受害人的财产损失给予适当补偿的一种责任形式。然而关于公平责任存在的合理性,在学术界一直存在着争议。日本学者小口彦太教授认为,《民法通则》第132条所规定的公平责任不仅妨碍了过失理论的发展,而且有导致中国侵权行为法体系解体的危险,其理由主要包括:(1)第132条的规定不是体现着市民法原理而是体现着社会法原理。市民法只是以抽象的“人”来构成法律,没有把当事人的具体情况划为其范围之内。社会法从具体的人的情况来把握问题,把救济贫者作为目的。(2)第132条的规定不是体现个人主义而是体现着集体主义,其主要目的不是为了维护当事者的权利与义务,而是起到稳定社会的作用。他认为应当将公平责任置于社会法而不是侵权法的范畴。⑨ 这种观点有一定的道理。但笔者认为,由于公平责任也是因侵权行为而发生的,主要是对侵权行为的受害人提供救济,而且承担责任的主要是侵权行为人,这与社会法上的责任存在本质区别,因此,公平责任应当属于侵权法的范畴。主张将公平责任仍然置于侵权责任中,侵权行为法的归责原则中也应当包括公平责任原则。但讨论侵权行为的概念时,可以区分侵权行为和侵权责任,也就是说,侵权行为主要是行为人基于过错而实施的行为,而侵权责任主要是指行为人基于过错或者法律上的规定而承担的一种责任,所以它既包括了过错责任也包括了公平责任。在考虑侵权行为的概念的时候,可以不考虑公平责任的问题。

二、对侵权行为概念的几点认识

笔者认为,侵权行为就是指行为人违反法定义务,由于过错侵害他人

⑨ [日]小口彦太:“日中侵权行为法的比较”,载《法制与社会发展》1999年第3期。

的人身和财产并造成损害，依法应承担民事责任的行为。具体来说，应从以下几个方面把握侵权行为的概念：

（一）侵权行为是行为人侵害他人人身和财产的行为

法律上所指的行为，是指人有意识的活动。[⑩] 对于法律上的行为概念，还可以从民法的角度依据是否具有意思表示的要素作进一步的划分，将其区分为事实行为与法律行为。侵权行为作为一种能够引起一定的民事法律后果的行为，它是承担侵权民事责任的根据。法律并不考虑行为人在实施侵权行为时，其主观上是否具有一定的意欲变动法律关系的意图以及该意图的内容，只要行为人的行为符合法定的构成要件，就直接规定其发生一定的法律效果。因此，侵权行为不具有意思表示的要素，属于一种事实行为，而不同于合同等法律行为。侵权行为是侵害他人合法权益的行为，具体来说：

第一，侵权行为是一种行为，包括作为和不作为。[⑪] 若无行为，就不能产生侵权民事责任。在通常情况下侵权行为人都直接针对受害人实施了某种积极的加害行为，但在某些情况下，不作为也是侵权行为的一种。按照荷兰最高法院在20世纪初的一个判决中的看法，“侵权行为必须被理解为是对他人之权利以作为或者不作为方式之侵犯或者以作为或不作为的方式违反制定法的义务、违反善良风俗、违反与社会日常生活相关的对他人人身和财物的必要的注意”。[⑫] 不作为侵权的情况下，承担民事责任的根据有着一定的特殊性，如19世纪德国法院认为：不作为是指行为人应当负有一种法定的作为义务而行为人未尽到此义务，不作为人的法定作为义务包括法律上确立的作为义务、先前危险行为所产生的作为义务、约定的作为义务，等等。

第二，侵权行为人的行为是行为人自己实施的行为，因此，侵权行为人应对自己的行为负责，此即民法上所谓的自己责任原则。真正的侵权行

---

⑩ MünchKomm/Wagner, § 823, Rn. 305.

⑪ MünchKomm/Wagner, § 823, Rn. 305.

⑫ 见荷兰最高法院1919年1月31日的判决，转引自[德]冯·巴尔：《欧洲比较侵权行为法》（上），张新宝译，法律出版社2002年版，第36页。

为法是在自己责任基础构建起来的,一般情况下行为人都只对自己的行为而不对他人的行为负责。在民法中,因物件致人损害、动物致人损害以及物品的逃逸致人损害等,所有人或占有人若不能依法证明其没有过错或其他法定的免责事由,亦构成侵权行为。现代侵权法也普遍承认了监护人对被监护人行为的责任、雇主对雇员行为的责任、职业培训者对受培训者和学生行为的责任,这就是学理上所说的替代责任和转承责任。这些责任也是自己责任原则的扩大。

第三,侵权行为人的行为侵害了他人的合法权益,即造成了损害。"在一定条件下,一方当事人如果没有对对方的权利和利益予以必要的尊重,无论是故意的还是过失的,他将要承担责任。"⑬仅有行为而无损害,不构成侵权行为。损害既包括物质的或金钱的损害,也包括人身伤害和死亡、精神损害。损害的存在表明侵权行为侵害了为法律所保护的权利和利益,具有一定程度的社会危害性。当然,各种侵权行为因其程度不同,所造成的后果也不完全相同,轻微的侵权行为,可能造成的损害后果微小,但无论如何,没有损害后果,并不构成侵权行为。由于侵权行为总是与损害后果相联系的,所以我国许多学者将侵权行为称为侵权损害。⑭ 只要是因为侵权所造成的各种损失,无论是直接损失还是间接损失,都应当由侵权行为人赔偿。

第四,侵权行为是承担侵权民事责任的根据。⑮ 侵权行为是一种能引起侵害人承担民事责任的法律事实,因此是承担侵权民事责任的根据。责任的根据和责任的条件是不同的。责任的根据是构成责任的条件的前提。没有根据,也就没有承担责任的法律事实,而构成责任的具体条件,在不同的情况下依据法律的规定是各不相同的。一般来说,行为人因过错而致他人损害,便具有负责任的根据,但是否必须承担责任,还要看行为人实施的侵权行为是否符合法律规定的责任条件。例如,行为人虽致

---

⑬ [德]冯·巴尔:《欧洲比较侵权行为法》(上),张新宝译,法律出版社2002年版,第6页。

⑭ 参见《中国大百科全书·法学》,中国大百科全书出版社2006年版,第472页。

⑮ MünchKomm/Wagner, § 823, Rn. 305.

他人损害,却可能因为过错轻微而被免除责任。当然,行为人因过错致人损害,被免除责任的现象只是例外情况。在传统的德国法系,侵权行为是损害赔偿之债的发生原因,即在特定的当事人之间产生一方请求另一方为金钱给付的法律关系。但是,在我国民法中,侵权行为产生的是侵权责任,侵权责任的范围远远大于损害赔偿之债,它不仅包括金钱损害赔偿责任,也包括返还原物、恢复原状、赔礼道歉,等等。侵权行为是依照民法的规定应负侵权民事责任的行为,何种行为构成侵权,并应负何种形式的侵权责任等,都是由民法规定的。我国《民法通则》专设了"民事责任"一章(第三章),设有民事责任的"一般规定"和"侵权的民事责任",我国许多单行的民事和经济法规大都规定了侵权损害赔偿责任,这些都是我们追究行为人的侵权行为责任的法律根据。

(二)侵权行为的侵害对象主要是财产权和人身权等绝对权利

侵权行为是给他人的合法权益造成损害的行为,但并不是说造成他人损害的行为都是侵权行为。任何一种侵权行为在发生以后,受害人要主张侵权损害赔偿,则必须要举证证明行为人侵害了其某种权利或利益,而这种权利和利益应是受到侵权法保护的。

侵权行为的侵害对象是特定的法益。传统侵权法保护的对象主要限于财产权,侵权法之所以以损害赔偿为其补救方式,表明其侵害对象一直限于财产权,⑯或者更确切地说,主要限于物权。自 18 世纪产生了知识产权的概念,⑰知识产权逐渐成为侵权行为法的保护对象。⑱ 人类进入 20 世纪后,科学、技术和管理知识在生产和社会发展中的作用与日俱增,知识产权成为侵权法扩张最快的领域,著作权、商标权、专利权、邻接权以及商誉、商业秘密、知名商品的原产地标识等都被纳入侵权法的保护之下,从而开创了对无体财产权及其相关人身权提供独特保护的相对独立的侵权

---

⑯ 苏永钦:《走入新世纪的私法自治》,中国政法大学出版社 2002 年版,第 302 页。

⑰ 根据我国一些学者的考证,知识产权的概念,是由瑞士人杜尔奈森(Johann Rudolf Thurneisen)首先提出。他在 1738 年于巴塞尔城提出的一篇博士学位论文中就探讨了知识产权,并称之为"智力创造的财产"。参见郭寿康主编:《知识产权法》,中共中央党校出版社 2002 年版,第 1 页。

⑱ 从法律上对著作权的保护,始于 1709 年的《安娜法令》。

法领域。侵权法保护对象方面的另一个重要发展是人格权的产生和发展。根据许多学者的考证,人格权概念最早是19世纪初期一些德国学者所提出的,在《德国民法典》制定时,人格权在学理上已经获得了广泛的关注,但《德国民法典》并没有予以采纳。[19] 自第二次世界大战以来,随着战后人权运动的发展以及对人权保护的普遍增强,人格权制度通过侵权法的保护得以建立。近几十年来,出现了许多新的人格权,例如隐私权、日照权、商事人格权等。在具体人格权之外又产生了一般人格权。人格权概念的扩张,对侵权法保护的对象提出了新的挑战。

探讨侵权行为侵害的权利对象,首先必须明确侵权法所保护的对象仅限于绝对权。因为并不是任何民事权利皆受侵权法的保护,侵权法的保护对象仅限于绝对权,即物权、人身权和知识产权。由于侵权法保障的权利都是绝对权,这种绝对权表现在它具有对抗第三人的效力,或者说这种权利和利益能够对抗来自一切不特定人的侵害,是对一切不特定人所享有的权利和利益。任何不特定的人都负有不得侵害这种权利和利益的义务。明确侵权法所保护的对象限于绝对权,有如下意义:

第一,限定了侵权法保护的范围。确定侵权法的保护范围也就是明确了侵权法的调整范围。这就是说,侵权责任保护的是当事人在合同之债这一关系之外的合法权益,主要是物权和人身权等绝对权,而合同债权主要受合同法的保护,这就区分了侵权法和合同法的调整范围。

第二,侵权法的保护对象限于绝对权,具有明确行为规则、保护人们的行为自由的功能。权利本身就是一种明确的行为规则,每个人只有正当地行使自己的权利,才有行为自由,行为的边界即是他人的权利。所谓自由止于权利,就是指每个人只有在权利范围内才享有自由,而不享有侵害他人权利的自由。反言之,某人有权做某事,任何其他人就有义务不得阻止他的行为,不得在他行为时干涉,不得使他因行为而遭受困扰。[20] 但民事权利又分为两类,一类是公开的绝对权,另一类是非公开的债权。因为

---

[19] MünchKomm/Rixecker, Anhang zu § 12 Das Allgemeine Persönlichkeitsrecht, Rn. 1.

[20] 陈舜:《权利及其维护——一种交易成本观点》,中国政法大学出版社1999年版,第43页。

绝对权利是公开的、公示的,所以它才能对权利人之外的一切人确立一种不得侵害他人权利的义务,从而能够起到行为规则的作用。“私人间追究责任势须从‘期待可能性’着眼,只有对加害于人的结果有预见可能者要求其防免,而对未防免者课以责任,才有意义。”㉑人身权、财产权都是绝对的权利,是任何人都应当知道并给予尊重的。但对于债权而言,由于具有不公开性,它仅在特定当事人之间具有拘束力。由于债权作为一种相对权,不具有公开性,因此不易为他人所知,他人并不知道某人是否享有债权,如果因其行为使得债务人不能履行债务,使债权人的债权不能实现,只能使第三人承担违约责任。由其承担侵权责任,将不适当地限制人们的行为自由。所以,侵权法以绝对权的侵害为其对象,实际上有助于维护人们的行为自由。

第三,债权所关涉的大多是民事主体的财产利益,而且通常仅仅发生在合同当事人之间。但是侵权法保护的权利尤其是人格权,是与基本的人权密切联系的,其所保护的利益是与基本的法律价值和最低限度的道德要求相联系的私人利益,如生命利益、健康利益等。这些利益尽管从形式上来看,仅与特定民事主体有关,但对于个体生命和健康的尊重与保护,维系着一个社会的基本秩序。在郑玉波先生看来,侵权行为是直接违背“社会契约”,而违约行为首先是违反“个人契约”。㉒

第四,作为侵权法保护对象的债权主要是合同债权,而合同债权受制于意思自治原则,它是基于当事人之间的约定而产生的,权利人也可以基于自己的意志抛弃转让,当债权受到侵害时主要用合同法就可以保护。而作为绝对权的人身权不能抛弃转让,因此,这些绝对权就不能采用意思自治的原则来保护,而应当采用作为强行法的侵权法保护。

需要指出的是,近几十年来,一些国家的法律确认了引诱违约、第三人侵害债权等制度,开始将第三人对债权的侵害作为侵权行为对待,㉓这是侵权法发展的一个新的趋向。侵权法对债权的保护主要原因在于,就对

㉑ 苏永钦:《走入新世纪的私法自治》,中国政法大学出版社2002年版,第304页。

㉒ 郑玉波主编:《民法债编论文选辑》,五南图书出版公司1984年版,第642页。

㉓ [美]艾泼斯坦:《侵权行为法》,利特尔布朗公司1984年英文版,第1335~1344页。

外效力来说，债权与其他民事权利一样都具有不可侵害性，如果第三人基于故意或恶意侵害该权利之后，债权人有权获得法律上的救济。在第三人故意侵害债权的情况下，第三人与债权人之间已经形成一种侵权损害赔偿关系，因此不能用合同相对性的规则来否定债权人对第三人所享有的侵权法上的权利。正如有学者所指出的："'从侵权行为法原属私权（或利益）受害救济之最基本法律设计，及以侵权行为法之成立，系以他人间之行为不得有损害或利益于第三人之结果'或'侵权行为法系在于抑制对于他人所为一切不法侵害'的立法原则而言，债权既为实体法所承认应受法律保护之一个权利类型，其于受有第三人不法侵害时，得依侵权行为法之规定，向加害人请求损害赔偿，当无疑义。"㉔然而，债权毕竟主要受合同法的保护，侵权法只是在例外情况下对其进行保护，因此在法律上不能以例外保护的存在而否认侵权法对绝对权的特别保护。

（三）侵权行为还包括侵害他人财产利益和人身利益的行为

随着现代社会的发展，侵权行为的对象范围正在逐渐扩大，受侵权行为法保护的对象除了财产权和人身权等绝对权利之外，还包括一些其他合法的人身利益和财产利益。正如一些学者所指出的："必须对侵权行为做扩张解释：侵害的'权'不仅包括民事权利，而且包括受到法律保护的利益；'行为'不仅包括加害人的行为（作为或不作为），也包括'准行为'（他人之行为、动物致人损害等）。"㉕

现代侵权法发展的趋势是侵权法保护的权益的范围不断扩张。侵权法不仅仅保护主体的权利，而且也保护其享有的合法的利益。因为权利本身是不断发展的。社会生活的发展，导致一些利益首先受到侵权法的保护，而后逐渐上升为具体的民事权利，这一过程的实现需要侵权法保持一种开放的完整的体系。这就要求"侵权法除了补偿损害这一明显的功能外，还具有确认诉权的功能，即侵权法既是补偿性的，也是补充性的"。㉖我国民事立法和司法实践也采纳了这一做法。《民法通则》第5条规定：

㉔ 朱柏松："论不法侵害他人债权之效力"（上），载《法学丛刊》1992年第145期。

㉕ 张新宝："侵权行为法的一般条款"，载《法学研究》2001年第4期。

㉖ ［德］冯·巴尔：《欧洲比较侵权行为法》（下），法律出版社2001年版，第4页。

“公民、法人的合法的民事权益受法律保护,任何组织和个人不得侵犯。”所谓民事权益受法律保护,表明法律既保护民事权利,也保护民事利益。我国司法实践中历来承认对合法利益的保护。最高人民法院《关于确定民事侵权精神损害赔偿责任若干问题的解释》(2001 年 3 月 10 日起施行),将违反社会公共利益或者社会公德侵害他人人格利益作为一种独立的侵权类型,对这类合法利益提供直接的司法保护,这表明,至少在审判实践中,法院认可了“故意以背于善良风俗之方法加损害于他人”这一责任构成。尤其是随着市场经济的发展,各种新的财产利益和人身利益都需要获得侵权法的保护。所以,《民法通则》第 5 条的规定和司法实践的做法正好反映了这样一种趋势。

侵权法保护的合法利益主要包括以下几类:

第一,一般人格利益。[27] 人格权是一个开放的、发展的体系,我国《民法通则》确认了各项具体的人格权,但这些具体人格权并不能概括各种新的人格利益,为了强化对公民人身利益的保护,侵权法需要扩大对一般人格利益的保护。在法律没有确认这些一般人格利益为人格权的情况下,它们都是属于法律保护的权利之外的利益。关于公民一般人格利益的内涵,笔者认为包括如下三项:一是人格平等。有学者主张将平等权作为具体人格权,笔者认为,平等更应当是整个人格权法乃至整个民法所贯彻的一种价值。人格权法保护的平等是指人格不受歧视的一种平等,它是一种精神利益和权利的平等,而不是一种财产上、物质上的平等。二是人格尊严。人格尊严是指公民基于自己所处的社会环境、地位、声望、工作环境、家庭关系等各种客观条件而对自己和他人的人格价值和社会价值的认识和尊重。[28] 人格尊严很大程度上是名誉权等具体人格权不能保护的法益。三是人身自由。许多学者认为自由权应该作为具体人格权,[29]但实际上自由的概念非常广泛,既包括财产自由,也包括人身自由、经济自由、

---

[27] MünchKomm/Wagner, § 823, Rn. 178 ff.

[28] 王利明等编著:《人格权法》,法律出版社 1997 年版,第 35 页。

[29] 王泽鉴:《侵权行为法》(1),中国政法大学出版社 2001 年版,第 117 ~ 120 页。我国台湾地区学者持这种观点,与其继受德国民法的体系、内容有关,《德国民法典》第 823 条就将“自由”与生命、健康等并列作为侵权法明示保护的人格权类型。

竞争自由等。人格权法保护的自由主要限于人身自由。

第二,死者人格利益。[30] 人格权作为一种民事权利只能由活着的人享有,死者的名誉、姓名、肖像等不再体现为一种权利。民事权利以利益为内容,这种利益是社会利益和个人利益的结合,一个人死亡后,他已不可能再享有实际权利中包含的个人利益,但权利中包含社会利益的因素,因此在公民死亡后,法律仍需要对这种利益进行保护。在此情况下,只能说与该死者生前有关的某些社会利益应当受法律保护,不能说该死者的某些具体民事权利应当受到法律保护。

第三,纯粹经济损失。所谓“经济上的损失”,在英语中称为“economic loss”或“pecuniary loss”,在德语中称为“reinesvermögensschäden”。此种经济上的损失有三种类型:第一种为间接致损。就是说侵害人侵害了受害人,间接对第三人造成的经济上的损害。例如,甲不慎破坏了电力公司的电线,因此导致各个用电户、工厂的损失。第二种为失去使用价值的损失。例如,某个港口边的一家公司的厂房发生倒塌的危险,为了防止倒塌用柱子支撑,由于此种支撑而导致港口部分无法使用,使某人的港口中的船只无法使用而失去使用价值,从而造成的损害。第三种为不实表示造成的损害。例如,某个商业银行的雇员因为提供了一份部分不真实的一个公司的财务情况报告,银行因此贷款给此公司,后来此公司无力清偿贷款,银行因此所受的损害。[31] 当然,也有学者对纯粹经济损失的分类提出了不同的看法。[32] 我国司法实践中并没有采用纯粹经济损失的概念,许多学者认为,纯粹经济损失所解决的问题,实际上是因果关系解决的问题,可以由法官从因果关系的角度加以判断解决。

第四, 其他某些特殊的经济利益。主要包括如下几种:违反法定的或

---

[30] MünchKomm/Wagner, § 823, Rn. 180.

[31] 潘维大:《中美侵权行为法中不实表示民事侵权责任比较研究》,瑞兴图书公司 1995 年版,第 173 页。

[32] 冯·巴尔认为,纯粹经济损失,第一是指那些涉及有代理权或没有代理权订立了合同的人的责任;第二是指那些涉及没有与他人交叉、从不受合同约束之他人的寻求或接受其重要商业信息的人;第三是指一方当事人的经济利益受到(错误)信息或他人提供的服务的负面影响,不是受到合同相对方的影响而是受到第三方的影响。参见[德]冯·巴尔:《欧洲比较侵权行为法》(上),张新宝译,法律出版社 2002 年版,第 598 页。

者约定的竞业禁止义务，造成他人损害的，行为人应当承担民事责任；盗用他人姓名、账号、密码、执照等进行交易，造成他人损害的，行为人应当承担民事责任；对交易安全负有义务的人，应当承担补充赔偿责任，但是能够证明自己没有过错的除外；故意以违反善良风俗的方式欺诈他人，致受害人损害，受害人不能通过合同法获得补救的，有权依据侵权行为法要求侵权人赔偿损失；妨害他人正常经营活动造成损害的，受害人有权请求行为人停止侵害、赔偿损失。

侵权行为法对合法利益保护的扩张，使得其作用的范围进一步扩大，同时侵权行为法的功能也在发生变化。传统上侵权行为法主要以保护权利，即对权利受侵害时的补救为其主要功能，但由于侵权行为法保护合法利益，在对合法利益保护的过程中，侵权法也产生了权利生成功能。这就是说，由于司法判例对某种权益的长时期的保护，使立法者认为此种权益有上升为权利的必要，因此，此种权益就为法律所确认，从而上升为权利。

由于保护合法利益的发展，侵权行为的概念也发生了变化，即侵权行为不仅仅是侵害了他人的合法权利，还包括对他人合法利益的侵害，所以在对侵权行为的概念进行表述时，应当将侵害的对象不仅仅限于财产权和人身权，而应当用财产和人身的概念来表述侵权行为侵害的对象。我国《民法通则》第106条规定，“公民、法人由于过错侵害国家的、集体的财产，侵害他人财产、人身的，应当承担民事责任”。尽管此处将个人的财产与国家和集体的财产截然分开，且在他人中不包括国家和集体，似乎不妥。但在该条中，将侵害的对象规定为财产、人身，而回避了财产权、人身权，这是十分必要的。《民法通则》的规定也给我们在规定侵权行为定义时，扩大侵权法对利益的保护也提供了法律上的依据。

需要指出的是，扩大侵权法对合法利益的保护，将会形成一个问题，即如何协调对合法利益的保护与对个人行为自由的维护。“不论侵权、背俗或违法，要让行为人对其行为负起民事上的责任，都须以该行为涉及某种对世规范的违反为前提，其目的就在建立此一制度最起码的期待可能性，以保留合理的行为空间。”[33]对于尚没有形成权利的利益,在法律上缺乏一种可预见性,因为人们不知道何种行为会导致对他人利益的侵害,以及造成的损害会产生什么样的后果,所以只有在故意侵害合法利益的情况下才应当承担责任。这与对权利的侵害是不同的,在法定的权利类型化以后,本身可以起到一种公示的效果,人们在实施某种行为时,应当可以合理预见到其某些行为会损害他人的利益,所以即使基于过失造成对他人权利的损害,也仍然要承担责任。当侵权法保障的范围从权利扩大到合法的利益以后,如何既要保护人们的合法权益又协调人们的行为自由,这确实是侵权法要解决的一个重要课题。笔者建议,可以从主观状态上对其限制,即只有在行为人基于故意对他人合法利益造成侵害的情况下,才能承担侵权责任。[34]

(四)一般情况下,侵权行为是行为人基于过错而实施的行为

通过对侵权行为上述词源的考查,可以发现,在欧洲大陆国家的语言中,用以指代侵权行为的单词具有惊人的相似性,[35]表现在“侵权行为”一词从产生之初就包含了过错的含义在内。[36] 因此,侵权行为常常被称为过错的行为,过错一词隐含着一个道德的(或者至少是社会意义上的)判断。它意味着某人遭受的损害是由于另外一个人的不当或不正常的行为造成的。

侵权行为必定给他人或国家、社会造成一定的损害,但造成损害并不是侵权行为的本质属性。在过错责任制度下,一个人只有在他具有过错的情况下才能对其行为造成的损害后果承担赔偿责任,但是这种责任的承担首先考虑的是当事人主观上的过错问题,过错从某种程度上起到了

---

[33] 苏永钦:《走入新世纪的私法自治》,中国政法大学出版社2002年版,第306页。

[34] Vgl. MünchKomm/Wagner, § 826, Rn. 23.

[35] 冯·巴尔指出:“tort 一词派生于拉丁词 tortus(tortuous, twisted),在中世纪法语中的 tort 已经指违反法律了,如在使用‘tortous act’时指的就是违反法律的行为。这一术语带着这一含义最终——通过法国法律语言——古老的普通法法院的语言找到了其通往英语法律术语的道路。”参见[德]冯·巴尔:《欧洲比较侵权行为法》(上卷),法律出版社2001年版,第7页。

[36] Andre Tunc, *International Incyclopedia of Comparative Law of Torts*, Introduction, J. C. B. Mohr (Paul Siebeck) Tubingen, 1974. p. 7.; Prosser and Wade, *Cases and Materials on Torts* (ed. 5 Mineola, N. Y. 1971).

对责任承担的限制作用。传统侵权法奉行的基本原则是:无过错即无责任。一个人因其有过错的主观心态而受到法律制裁,从来被认为是天经地义的。所以,《法国民法典》的起草理由书中写道,"无论损害之发生是起因于设备欠妥,或起因于选任之不当,至少需有过失,始负责任"。所以德国大法学家耶林曾谓:"使人负损害赔偿的,不是因为有损害,而是因为有过失,其道理就如同化学上之原则,使蜡烛燃烧的,不是光,而是氧,一般浅显明白。"㊲

在我国台湾地区,对侵权行为下定义时大都认为侵害他人权利必须不法才能构成侵权。如史尚宽先生认为侵权行为是"因故意或过失不法侵害他人之权利或故意以背于善良风俗之方法,加损害于他人之行为也"。㊳王泽鉴先生认为,"侵权行为,指因不法侵害他人的权益,依法律规定,应对所生损害负赔偿责任的行为"。㊴ 这类定义源于嫁接自德国的我国台湾地区"民法"的规定,强调了侵权行为的不法性。但也有学者从过错责任原则角度对侵权行为下定义,认为"侵权行为者,因故意或过失侵害他人之权利,应负损害赔偿责任之谓也"。㊵ 在《民法通则》颁布以前,我国学者大都把"不法性"作为侵权行为的基本特征。如认为"侵权行为是加害人不法侵害他人人身权或财产权的行为"。㊶ 从《民法通则》第106条第2款的规定来看,我国民法并没有采纳某些大陆法系国家如德国等的民法的规定,将"不法"、"违法"作为侵权行为的概念,而是将过错作为侵权行为的必备要件,这就意味着,侵权行为是行为人基于过错而实施的行为,过错本身包含了法律对行为人所实施的行为的否定评价,体现了社会公共规范对个别行为或事件的价值判断。违法性不应当作为侵权责任的构成要件,因为民法不可能像刑法那样实行罪刑法定,对每一种侵权行为都作出明确规定。对他人的法益实施侵害,从后果上看,都可能具有不法性,

---

㊲ 王泽鉴:《民法学说与判例研究》(第2册),中国政法大学出版社1998年版,第144~145页。

㊳ 史尚宽:《债法总论》,中国政法大学出版社2000年版,第105页。

㊴ 王泽鉴:《侵权行为法》,台湾1998年自版,第66页。

㊵ 刘清波:《民法概论》,台湾开明印书馆1979年版,第225页。

㊶ 佟柔等主编:《民法概论》,中国人民大学出版社1982年版,第305页。

但从行为本身来看,很难确定该行为与某个法律的禁止性规定相抵触。如果要将违法性作为侵权行为的概念和构成要件,势必增加了受害人的举证负担,使受害人在证明损害、过错和因果关系之外,还需要证明违法性的存在。这对于受害人来说是不合理的。在过错的概念中,不仅包括了行为人的主观状态的不正当性和应受谴责性,而且也包括了客观行为的违法性。除了一些特殊情况以外,违法性的概念可以为过错所代替。而且我们应当看到的是,一些合法行为或者不为法律所禁止的行为(如得到政府许可的排污行为、在"可忍受的限度"内对相邻土地的利用)给他人造成损害,也不是完全不承担责任的。[42]

要求行为人具有过错的原因在于:首先,人类社会发展的终极目标在于使人获得更大自由,从必然王国进入自由王国,过错责任原则极大地扩大了人的自由空间,将人们从结果责任的桎梏下加以解放。这也是符合马克思主义基本原理的。其次,从人的自由意志的角度来说,一个人行为通常是在其意志支配下从事行动的,因此,人们只有在他有过错的情形下,要求他承担侵权责任,这是符合人的自由意志的,可以避免人们在社会生活中动辄得咎。最后,从预防损害的角度来看,既然行为人对损害的发生存在过错,也就意味着其可以合理预见而且避免该损害的发生。侵权法要求人们对其过错承担责任,就能够促使其更加积极主动地尽其注意义务,努力避免损害的发生。因此,过错责任有利于预防损害的发生。

但是,自工业革命以降,工业事故大量增加,社会矛盾日益突出,传统的过错责任原则在化解纠纷方面变得不敷应用。为了强化对受害人的保护,严格责任、危险责任应运而生。[43] 这就涉及一个问题,在对侵权行为概念进行表述的时候是否仍然固守过错这一核心语词?有学者在草拟民法典侵权行为法一般条款的时候,就放弃了对"可归责性"进行界定,而仅仅规定"可归责性"是侵权行为的一个要件。[44] 笔者认为,严格责任的发展是侵权法发展的新的趋势,但严格责任是否不考虑过错呢?实际上严格责

---

[42] 张新宝:"侵权行为法的一般条款",载《法学研究》2001年第4期。

[43] MünchKomm/Wagner, Vor § 823, Rn. 16.

[44] 张新宝:"侵权行为法的一般条款",载《法学研究》2001年第4期。

任并非不考虑过错，因为在严格责任情况下，一般也要有受害人的过失、第三人的过失和不可抗力作为免责事由，而将这些因素作为免责事由，实际上是承认在具有这些免责事由时，行为人是没有过错的。正是在这种意义上，严格责任也考虑过错，所以从广义上说严格责任也要以过错为要素。当然，从过错归责上看，严格责任与过错责任仍然是有区别的。

（五）侵权行为是一种违反法定义务的行为

侵权行为侵害了主体所享有的绝对权等法益，而任何人负有使他人绝对权不受侵害的义务乃是法定义务。㊺ 侵权行为违反的这种义务是属于法定的针对一般人的注意义务，这些义务都是法定的强行性义务。侵权行为所违反的法定义务主要可以分为如下几类：一是侵权行为法所设定的任何人不得侵害他人财产和人身的普遍性的义务，即所谓"不损害他人"的义务，此种义务是针对所有人而设定的，其无时不在、无所不在。没有合法的依据或法律上的权利而侵害他人财产或人身，都违反了侵权行为法所设定的义务。这些义务，既包括了作为的义务也包括了不作为的义务，但一般都是不损害他人的不作为的义务，即不得损害他人的义务，一般人都应当负有这种义务。二是侵权法设定的具体的作为或不作为的强行性义务。如《民法通则》第 125 条规定："在公共场所、道旁或者通道上挖坑、修缮安装地下设施等，没有设置明显标志和采取安全措施造成他人损害的，施工人应当承担民事责任。"这实际上设定了一项义务，即在公共场所、道旁或者通道上挖坑、修缮安装地下设施等，应当设置明显标志和采取安全措施，否则因此给他人造成损害的，应当承担损害赔偿责任。三是侵权法之外的其他法律、法规所设定的作为或不作为的强行性义务，如有关劳动安全保护方面的法律对劳动安全保护的规定、消防法规对有关单位应当采取的消防措施的规定。这些都是强行法所规定的义务。

在侵权法中，行为人除了违反一般的不得侵害他人财产和人身的义务之外，还存在着一种作为的义务，即行为人应当尽到对特定的受害人的安全保护义务。违反保护他人的义务是指行为人因违反了在先行为所产生

㊺ MünchKomm/Wagner, § 823, Rn. 232 ff.

的保护义务、经营者在特定的经营场所对特定的顾客所负有的安全保护义务。一般安全注意义务的概念起源于德国法。在1902年10月30日的一个判决中,[46]德意志帝国最高法院通过类推适用民法典第836条的规定,确立了一般注意义务,这种注意义务以后不仅扩大适用于由物造成的各种损害,也扩大适用于由人造成的损害的责任。[47]“在德国,基于注意义务的责任是法官造法的产物。[48]任何人无论其为危险的制造者还是危险状态的维持者,都有义务采取一切必要的和适当的措施保护他人和他人的绝对权利。这一点已经在法院的长期审判实践中得到确认。”[49]在法国法中,存在着违反安全义务的责任,此种责任与德国法中的一般安全注意义务相类似。安全义务理论之所以被法国司法创设出来,最初是为了对工伤事故中的受害人提供保护,在这里,人们认为,一旦雇员在工伤事故中受到损害,他即可以要求雇主对其承担契约性损害赔偿责任,其理由在于,雇主违反了对其所承担的安全保障义务,而雇主在承担此种责任时,其过错是被推定的,无须受害人证明。[50]“安全义务作为契约一方当事人在履行契约所规定的主要义务,或者作为对另一方所承担的确保其安全的附属性义务,在各种契约关系中均普遍存在。它最初产生于运输法,但是,现在则已被拓展到各种类型的契约关系中。安全义务首先要保护另一契约方的生命和身体完整性,但亦要保护其财产的安全。”[51]比利时和卢森堡法院也确认了对某人就其监管之下的无生命之物造成他人损害的责任之推定。[52]这些经验都是值得借鉴的。

---

[46] RGZ 52,373.

[47] 温世扬等:“一般安全注意义务与中国侵权行为法”,载王利明主编:《侵权责任法研究》,人民法院出版社2003年版。

[48] MünchKomm/Wagner, § 823,Rn. 54.

[49] [德]冯·巴尔:《欧洲比较侵权行为法》(上卷),张新宝译,法律出版社2001年版,第145页。

[50] 张民安:《现代法国侵权责任制度研究》,法律出版社2003年版,第33~34页。

[51] Walter van Gerven Jermy Lever Pierre Larouche Christian von Bar Geneviève Viney, *Torts*, Hart Publishing Oxford 1998, p. 56.

[52] [德]冯·巴尔:《欧洲比较侵权行为法》(上卷),张新宝译,法律出版社2001年版,第154页。

安全保护义务首先需要解决的是义务的来源，笔者认为，该义务主要来源于两个方面：其一，因行为人实施了某种在先行为而对特定的他人产生的安全保护义务。例如，某工头拖延某农民工的工资，农民工要以跳楼抗议，当该农民工在楼上说如果工头再不给工资他就跳楼，工头说那你就跳吧，结果此人跳楼摔成重伤。笔者认为，在这个案件中由于工头拖欠农民工工资，该在先行为引发了农民工跳楼，那么当农民工要跳楼之际工头就负有保护的义务，应当主动采取行动防止农民工跳楼，而不能漠然置之，因此工头对农民工所受损害应当承担赔偿责任。其二，旅馆、饭店、银行等从事特殊经营活动的经营者，在经营的场地对于顾客的财产和人身安全负有必要的保护义务。受害人在旅馆、饭店、银行等从事特殊经营活动的场地受到损害后，应当由加害人承担民事责任。无法确认加害人或者加害人没有能力承担赔偿责任的，由对其负有安全保护义务的经营者承担补充责任，但是负有安全保障义务的责任人证明自己没有过错的除外。从事对公众开放的营业或者职业的经营者，对相关公众的安全负有相应的注意义务。如旅馆、饭店的经营者未尽必要的保护义务，致顾客人身、财产损害的，应当承担民事责任。在车站、机场、码头、商场、剧院等公众场所进行装饰、修缮等致人损害的，由施工人承担民事责任；施工人不能承担全部民事责任的，由公众场所的经营人或者使用人承担适当的民事责任。

违反安全保护义务的行为在本质上仍然是一种过错责任，也就是说，考察行为人是否违反了安全保护义务主要在于行为人是否采取了合理的措施尽到了必要的注意义务。[53] 例如，某个饭店中顾客与一个小流氓发生了口角，小流氓宣称要殴打顾客。后来流氓带人来打顾客，饭店及时报警了，但流氓还是将该顾客打伤而且还打伤了其他顾客。这里饭店是否要承担赔偿责任在于它是否尽到了安全保护义务。笔者认为，饭店已经尽到了该义务，因为此时饭店只能报警而无法采取别的保护措施。从行为人是否采取了合理的措施这个意义上说，违反安全保护义务的人具有过

---

[53] Vgl. MünchKomm/Wagner, § 823, Rn. 61.

错,但违反安全保护义务的行为又不同于一般过错行为。因为一般的过错行为都是行为直接造成了损害,两者具有直接的因果关系,而在违反安全保护义务的情形下,行为人的行为并没有直接造成损害,真正造成损害的人是实施侵害行为的不法行为人,而非违反安全保护义务的人。

保护义务概念的产生极大地丰富了侵权行为的形态,同时也使侵权行为所违反的法定义务的内涵发生变化。因为侵权行为不仅包括行为人违反了侵权行为法所设定的任何人不得侵害他人财产和人身的普遍性的义务,违反了侵权法和侵权法之外的其他法律、法规所设定的作为或不作为的强行性义务,还包括行为人违反了因其在先行为所产生的,以及依法律的特别规定而产生的对特定的受害人的安全保护义务。违反这种义务而使受害人因他人的行为遭受损害,违反义务的人也应当承担责任。由于在违反保护义务的责任中,违反保护义务的人并没有直接针对受害人实施某种侵害行为,所以此种责任也可以视为为自己行为负责的例外。

民商法研究(第六辑)
第449~480页

论侵权行为法的独立成编*

侵权行为法是否应当在民法典中独立成编,是民法典制定中的一大热点,也是确立民法典体系的主要内容。目前主要有赞成侵权行为法独立成编与反对侵权行为法独立成编的两种观点。从大陆法系的传统来看,一直将侵权行为法作为债法的一部分而将其归属于债法之中。此种模式的合理性极少受到学者的怀疑并一直被赋予高度评价。但笔者认为,现代社会发展以及民主法制建设的需要,已使侵权行为法所保障的权益范围不断拓展,其在传统债法体系中所负载的功能显然已不足以适应时代的需求。因此,侵权行为法应当从债法体系中分离出来而成为民法体系中独立的一支。侵权行为法的独立成编是完善我国民法体系的重要步骤,也是侵权行为法得以不断完善发展的重要条件。鉴于侵权行为法独立成编涉及民法典如何编撰、体系如何构建等诸多民法理论与实践问题,本文拟对该问题谈几点看法。

---

* 原载《现代法学》2003年第4期。

一、注重债的关系的个性,需要侵权法的独立成编

传统民法中的债法体系是基于债的各种发生原因建立起来的,债法规范的对象为债之关系(Schuldverhältnisse)。由于上述各种债的发生原因都在形式上产生相同的法律效果,即一方当事人可以向另一方当事人为特定的行为,此种特定人之间可以请求特定行为的法律关系,被抽象为债的关系。① 按照许多学者的理解,基于债的发生原因建立债法体系,其最突出的特点是此种模式为各种债确立了适用的一般规则。强调侵权损害赔偿之债等各种债的关系对债的一般规则的依存性,一直为长于三段论式的思想模式的大陆法系民法学家所青睐。②

然而,债的发生原因是纷繁复杂的,产生债的法律事实,既可以是事件,也可以是事实行为和法律行为。各种债的关系几乎囊括了绝大多数民事关系,这就导致了"民法债编所涉事项既然繁多、类型亦杂,则不同事项、类型之间,难免常有同异互呈之情形"。③ 在这样的体系中,"侵权行为法都未被视为一个独立的法学领域,而几乎总是被作为债权法论著或课程的一部分,这一点颇让普通法律师感到惊奇。"④所以,债法表面上富有体系性,但实际上该体系存在明显的缺陷,主要表现在:大陆法的债法体系虽然注重了各种债的关系的共性,但忽略了各种债的关系的个性。

大陆法的债法体系注重各种债的关系的共性,其体系是基于债的各种发生原因(合同、侵权行为、不当得利、无因管理)建立起来的,但也因此忽略了各种债的关系的个性。⑤ 各种债的共性在于,其都是发生在特定人之

---

① 王泽鉴:《民法学说与判例研究》(第4册),中国政法大学出版社1998年版,第85页。

② 张新宝:《中国侵权行为法》,中国社会科学出版社1995年版,第5页。

③ 邱聪智:"债各之构成及定位",载《辅仁法学》1992年第11期。

④ [德]罗伯特·霍恩等:《德国民商法导论》,楚建译,中国大百科全书出版社1997年版,第161页。

⑤ MünchKomm/Ernst, Einleitung, Rn. 2.

间的请求关系。[⑥] 王泽鉴先生曾将其称为“形式的共同性”。但由于各种债或基于法定或基于约定产生,或基于违法行为或基于非法行为产生,在很多方面表现出来的个性往往大于其共性。如侵权损害赔偿之债与合同之债相比较,二者即存在明显的区别,主要表现在:合同是商品交易的法律形式,是法律所鼓励的合法行为,只有促进合法的交易,才能促进市场经济的繁荣和社会财富的增长。由此决定了合同法的目的在于保障交易关系,鼓励交易行为,保护交易当事人的合法权益。尤其是合同法应当充分贯彻合同自由原则,[⑦]赋予交易当事人在合同的订立、履行、变更、转让、补救方式的选择等方面的广泛的行为自由,从而充分尊重当事人的意志,只要合同内容不违反法律禁止规定及所谓“公序良俗”,法律便应承认合同的效力。[⑧] 而侵权行为则是侵害他人财产、人身的行为,是法律所禁止的行为,侵权行为虽可产生债的关系,但此种债务与合同当事人自愿设立的合同之债关系是完全不同的。在侵权行为发生之后,行为人负有对受害人作出赔偿的义务,但损害赔偿也是行为人对国家所负有的责任,行为人是否愿承担责任和在多大范围内承担此种责任,不以行为人的意志为转移,因此,侵权法体现了强行性的特点。尤其应当看到,由于侵权责任由侵权法调整,而合同法调整的乃是交易关系,从而决定了两法在责任的归责方式、构成要件、责任主体、举证责任、责任方式、诉讼时效、免责条件等方面的规定上是各不相同的。因此,当某一种民事违法行为发生以后,行为人依据合同法承担违约责任,或依据侵权法承担侵权责任,在责任后果上是不同的。由此可见,侵权行为“与合同在性质、特点和适用法律上个性大于共性,同‘债’概括在一起,并没有严格的科学性”。[⑨]

传统的债法体系主要是以合同法为中心建立起来的,一部债法主要就是合同法,侵权的规范寥寥无几。债法中,侵权法的规范与合同法的规范极不成比例,内容本来极为丰富的侵权法完全被大量的甚至以上千个条

---

⑥ MünchKomm/Ernst, Einleitung, Rn. 28.

⑦ MünchKomm/Busche, Vor § 145, Rn. 1 ff.

⑧ 王家福等主编:《合同法》,中国社会科学出版社 1986 年版,第 14 页。

⑨ 王作堂等编著:《民法教程》,北京大学出版社 1983 年版,第 14 页。

文表现出的合同法规范所淹没。因此,学者在表述债法的特点时,实际上都是在表述合同法而非侵权法的特性。例如,郑玉波认为,债法为财产法、任意法、交易法。[10] 而邱聪智则认为,"债法为直接规范财产创造活动之法律规范"。[11] 这些表述虽不无道理,但都是对合同法特点的概括,它们不能反映侵权法的特性,相反,侵权法的特性与此完全不同。一方面,侵权法并不是规范交易关系的法律,也不是创造财富的法律,而是规范侵权责任关系、保护财产的法律。侵权法正是通过为财产受到损害的受害人提供补救,从而使其所受损害尽快得到恢复。所以,法国学者 Tony Weir 指出,侵权之债的规则主要起到保护财富的作用,合同之债的规则应具有创造财富的功能。[12] 我国学者沈达明也认为侵权行为法旨在保护财产,并不创造财产,而合同法给予债权人的保护将增加财产,因此合同法所处理的是财富的创造。[13] 另一方面,侵权法并不是任意法,由于侵权法所规定的责任并非不法行为人所自愿承受的,而是法律规定的侵权人必须对国家所负有的责任,所以,侵权法的规定是强行性规范。同时,侵权行为法规定了各种侵权行为,只有符合法律的规定,才可以提起侵权之诉。如果完全将侵权法当作任意法不仅不符合债权法的性质,而且忽视了国家对侵权责任关系的干预而使侵权法迷失发展方向,侵权纠纷在实践中也难以得到正确处理。[14] 由此可见,完全以合同法的属性来解释债法的规则表明了侵权法在债法体系中并未找到适当的位置。将各种不同性质的债的关系都置于债法中,至少存在如下缺陷:债的内容过于杂乱,不能使债法找到明确的、特定的规范对象。这样,虽然注重了形式的共同性,却忽略了实质的共同性,因而债的关系也呈现出纷繁复杂的状态。

债的一般规则主要适用于合同之债,并不能完全适用于侵权及其他债的形式。这并不是说要否定债的概念,只是说由债法囊括各种债的关系并不具有充分的合理性。尤其是由于债法内容只注重反映了合同法的规

---

[10] 郑玉波:《民法债编·总论》,台湾三民书局 1993 年版,第 125 页。

[11] 邱聪智:"债各之构成及定位",载《辅仁法学》1992 年第 11 期。

[12] International Encyclopedia of Comparative Law Ⅲ, chapter 1. pp. 1 – 2. chapter 12, p. 6.

[13] 沈达明编著:《英美合同法引论》,对外贸易教育出版社 1993 年版,第 88 页。

[14] 王家福等主编:《合同法》,中国社会科学出版社 1986 年版,第 15 页。

则，而忽略了侵权法的完整性，从而使侵权行为法的发展状况难以得到反映。例如，德国在民法典之外制定了大量的有关侵权行为责任的单行法规，许多重要规则难以包括在债法之中，从立法技术上看并不妥当。[15] 从性质上分析，合同行为是合法行为，侵权行为是违法行为，因此，合同法的目的是鼓励交易、增加财富，侵权法的目的是保护权利、稳定财产关系。毫无疑问，债的某些一般规则是可以适用于侵权之债的，如有关连带之债、按份之债的规定可以适用于侵权责任，担保之债也可以适用于侵权损害赔偿之债。然而，大量的债的一般规则，是针对交易关系设定的，不能直接适用于侵权责任关系。具体表现在：

1. 侵权法归入债法的一个重要原因是侵权行为产生侵权损害赔偿之债可以适用债的一般规则，但这种做法却忽视了侵权责任与合同法中违约责任的不同。违约责任允许缔约方自行约定，侵权责任则禁止当事人自行约定。从性质上看，一般债务关系主要具有补偿性，一般不具有惩罚性。而对于侵权损害赔偿而言，其不仅包括财产损害赔偿和人身伤害赔偿，而且在受害人因他人侵害人格权而蒙受精神损害的情况下，可以通过侵权之诉来获得救济，所以，侵权损害赔偿不仅具有补偿性，而且具有制裁性。

2. 违约责任赔偿范围由法律规定的可预见规则进行限制，而且允许当事人事先约定违约损害赔偿的计算方法。这样规定的原因在于，合同在本质上是交易关系的反映，允许缔约方自行约定违约责任，可以使缔约方对风险与责任进行合理预测，尽量降低风险，鼓励交易。对于侵权损害赔偿来说，则没有赔偿范围的明确限定，只要因侵权行为造成受害人的财产损失、人身伤亡、精神损害，都应由侵权行为人负责赔偿。因此，“契约法上的赔偿有别于侵权法上的赔偿。法律不要求违反契约者对其违约行为的所有后果负责，而侵权者都必须对其行为的一切后果承担责任”。[16]

---

⑮ ［德］格·霍洛赫：“德国债法改革的现状及评析”，载《中德经济法研究所年刊》1993年。

⑯ ［美］格兰特·吉尔莫：“契约的死亡”，载《民商法论丛》（第3卷），法律出版社1997年版，第207页。

3. 一般的债务可以抵销,侵权责任则不能抵销。[17] 如果允许抵销侵权之债,就意味着法律确认了侵权人所实施的侵害他人财产和人身的行为具有合法性,这显然与侵权行为的违法性质是根本不符的。

4. 违约责任可以代位行使和转让,这有利于鼓励流通,刺激财富增长;因侵权行为所生的债权是否可以转让和代位行使,应作具体分析。对于因侵害财产权所生的侵权之债来说,此种责任的转让并不违反法律和公序良俗,所以有一些国家的法律对此作出了肯定。[18] 而对于侵害人格权的损害赔偿,特别是精神损害赔偿,法律应禁止其代位行使和转让。

5. 关于免责条款的设定。对合同关系而言,根据合同自由原则,当事人可以在合同中约定免责条款以限制或免除未来的合同责任。然而对侵权责任来说,当事人不得随意设立免责条款。《合同法》第 53 条第 1 款规定,“合同中的下列免责条款无效:(一)造成对方人身伤害的;(二)因故意或重大过失造成对方财产损失的”。本条立法的一个重要理由就是更有利于保护弱者,体现民法对社会弱者的关爱。

6. 关于经济利益对责任的影响。由于合同关系乃是交易关系,因此,合同义务的确定和违约责任的认定要考虑到当事人之间的利益关系。例如,无偿保管人的注意义务显然要轻于有偿保管人的注意义务。再如,因保管人的过失导致委托人财产遭受损害,确定责任也要考虑利益关系。而对于侵权责任的认定和赔偿范围的确定来说,大都不需考虑各种利益关系。[19]

7. 关于债的履行规则,主要适用合同之债,对侵权之债是很难适用的。因为合同之债中履行的数额和具体义务是事先确定的,而侵权之债的履行数额是事先不确定的。如果双方通过协商确定,则实际上已经转化为合同之债。如果由法院判决确定,则当事人不是履行债务,而是执行法院

---

⑰ 各国民法大都规定,因故意、重大过失的侵权行为所产生的债务不得抵销。如《德国民法典》第 393 条规定,“因故意侵权行为而产生的债权,不得抵销”。

⑱ 德国 1926 年 1 月 9 日的《帝国保险条例》第 1542 条第 1 项规定了财产损害赔偿的法定移转。参见上海社会科学院所译:《德意志联邦共和国民法典》,第 218 页。

⑲ 在特殊情况下,确定侵权损害赔偿的范围可能要考虑利益关系,如在侵害知识产权中,确定行为人的责任要适当考虑行为人的盈利情况。

的判决和裁定。

有学者认为,责任是一种国家干预,强调责任就强化了国家对民事领域的干预,不能充分体现私法自治。笔者认为,民事责任本质上不同于刑事责任和行政责任,在追究民事责任的全过程,当事人有处分权,是否提起民事诉讼,变更或放弃诉讼请求,是否要求强制执行都是由受害人决定的,因此,这种责任形式实质上只不过是国家权力对当事人意思的辅助和保护,它与我们通常所言的国家通过强行性手段进行的干预完全是两回事。

二、为了对侵权行为的受害人提供充分补救,需要侵权行为法独立成编

在传统大陆法系民法中,将因侵权行为而产生的损害赔偿责任认定为损害赔偿之债,从而纳入债法的调整范围,其优点在于:因侵权行为而生之损害赔偿责任关系确实在很大程度上可以适用债法的规则,通过运用债的概念涵盖因合同、无因管理、不当得利以及侵权行为等法律事实产生的法律关系,可以在最大程度上做到对法律关系的类型化与抽象化思考,从而保证了逻辑的严密与条文的简约。

应当看到,侵权行为重要的责任方式乃是损害赔偿。“现代债权法之主要重点可说在于规范损害赔偿,同时,债权关系除因给付结果发生而消灭外,其最后解决途径,不外强制执行与损害赔偿。”[20]将侵权行为法置于债法之中,在一定意义上亦可突出损害赔偿补救方式的重要性。我们并不否认损害赔偿作为侵权责任形式的极端重要性,然而,传统民法理论大多将损害赔偿作为侵权行为的唯一责任形式,这一做法是基于这样一种考虑,即侵权行为法的主要目的在于补偿受害人遭受的损失。“侵权行为法所论及的是有关一方由于他方非法的或危险的行为引起的损害、防止

[20] 林诚二:“论债之本质与责任”,载郑玉波主编:《民法债编论文选(上)》,五南图书出版公司1984年版,第39页。

或赔偿问题。”[21]侵权行为的受害人之所以提起诉讼,乃是为了获得赔偿,因为“若被告遭受惩罚但原告并未获得任何赔偿金,那原告的报复目的是否能够满足?人们没有理由支持这种类型的侵权法体系。满足于看被告受到惩罚而不能对损害进行任何可能的补偿,获得这样一睹为快的机会与提起诉讼而耗费的时间及金钱相比,实在太不相称了。”[22]损害赔偿可以最大限度地保护受害人利益,并可以有效地遏制不法的或反社会的行为。[23] 尤其是在市场经济条件下,损害赔偿作为侵权损害补救方式的功能更为突出,法国社会学家杜尔克姆曾认为“机械形态社会”(农业社会)的法律主要是刑法或强制法,而“有机形态社会”(商品经济社会)的法律主要是赔偿法或合同法,赔偿法的着眼点是用赔偿或归还等方式处理当事人之间的利益冲突。[24]

然而,在侵权法领域,损害赔偿作为责任形式并不是万能的。德国著名民法学家耶林在其《为权利而斗争》中就曾猛烈地抨击了罗马法中广泛采用赔偿制度所存在的不合理性,他说:“罗马法官使用的金钱判决制度(Geldcondemnation)是正确评价权利侵害的理念上利益的充分手段。这一制度给我们的近代证据理论带来灾难,变成司法为防止不法而曾使用过的手段之中尤为绝望的一个。”[25]耶林的上述观点充分地表明了,损害赔偿并不是对侵权行为的受害人提供保护的唯一方法。应当看到,损害赔偿责任是针对侵害财产权而产生的责任形式,而现代民法的权利体系非常宏大,不仅包括各种财产权,还包括了形式多样的人格权,以及人格权与财产权的结合形态——知识产权。侵权行为法的保障范围也相应地在发展:从主要保护财产权向对人格权、知识产权等不断扩张发展。传统上主要适用于对财产权侵害而提供补救的损害赔偿责任,已不能完全适应侵

---

[21] 上海社会科学院法学研究所编译:《民法》,知识出版社 1981 年版,第 224 页。

[22] [美]迈克尔·D.贝勒斯:《法律的原则》,张文显等译,中国大百科全书出版社 1996 年版,第 256 页。

[23] 王家福主编:《民法债权》,法律出版社 1991 年版,第 414 页。

[24] [英]罗杰·科特威尔:《法律社会学导论》,潘大松等译,华夏出版社 1989 年版,第 85 页。

[25] 耶林:“为权利而斗争”,载《民商法论丛》(第 2 卷),法律出版社 1996 年版,第 53 页。

权法对多种民事权利保护的需要。这就在客观上需要突破单一的侵权损害赔偿之债的责任方式。多种侵权责任方式的采用，既实现了侵权行为法本身应当具有的补偿受害人的损失、制裁不法行为等多方面的功能，同时，也对遭受损害的受害人提供了充分的补救。责任形式的多样性是侵权行为法发展的必要结果，也是现代侵权行为法的一个重要特征。

损害赔偿作用的有限性最典型地表现在对人格权的侵害提供保护的场合。19 世纪末期，大陆法系许多学者曾认为，由于人格权为非财产权，因此应采取排除妨害的补救方法作为对人格权的民法保护方法。《德国民法典》在制定的过程中就有不少学者对以金钱赔偿非财产损害的观点持反对态度。[26]“二战”以后，德国仍然有不少学者对金钱赔偿持反对态度，其主要根据在于金钱赔偿使被害人的人格沦为了可交易的财产，因而是不道德的。人格利益是无价的，不是用金钱可以交易的，[27]所以德国民法对损害赔偿责任采取了恢复原状主义。[28] 所谓恢复原状，就是恢复损害事件发生以前的状态，在侵害名誉权的情况下，就是要使受害人受到损害的名誉恢复到原来的状态。[29] 德国法主要采用恢复原状而不是损害赔偿的办法，确有利于保护受害人，因为按照这一模式，“基于权利而产生的排除妨碍请求权是以客观上存在侵害权利的违法行为为其成立要件的。如果把恢复名誉的请求作为一种损害赔偿请求来考虑，就不需要加害人的故意、过失这种必要的责任要件。……这种要件的缓和对受害人的过敏反应也轻而易举地予以了保护”。[30] 而损害赔偿责任作为侵权责任的一般责任形式，应以加害人的故意或过失作为构成要件，这无疑增加了受害人的举证负担。日本流行的判例和学说曾经认为，金钱赔偿的方法可以充分保护受害人的利益，它不仅具有补偿的功能，而且具有制裁功能，金钱赔

㉖ 胡平:《精神损害赔偿制度研究》，中国政法大学出版社 2003 年版，第 2 页。

㉗ Chartier, Yves, La reparation du prejudice, 1983, 第 154 页以下。

㉘ MünchKomm/Oetker, § 249 Rn. 320 ff.

㉙ 《德国民法典》第 253 条规定:“非财产上之损害，以法律有规定者为限，得请求金钱赔偿”，而由于法典中对非财产赔偿的情况列举得不多，因此对人格权侵害的金钱赔偿适用范围极为有限。

㉚ [日]和田真一:“民法第 723 条关于名誉恢复请求权的考察”，载《立命馆法学》1991 年第 4 号。

偿的方法在很大程度上可取代恢复名誉的责任。[31] 受害人选择金钱赔偿还是恢复原状,实际上只是损害赔偿的方法问题。但是最近日本的判例学说认为,精神损害赔偿的请求与恢复原状的请求在机能上是有区别的,应该对原状恢复请求权的独立性进行再认识。例如,四宫和夫教授在谈到恢复措施的机能时说:"基于名誉侵害发生的损害,如果不消除其损害源,至少这种侵害还会持续一段时间,所以仅用金钱赔偿填补并不恰当。对被毁损的社会评价进行现实性的恢复很有必要。"也就是说,金钱赔偿并没有消除损害源,并没有对被毁损的社会评价进行现实恢复的功能。如果是这样的话,名誉恢复请求权当然应该有其独立的要件。日本甚至有一些学者如齐藤等人主张,在名誉侵害的场合首先应该考虑适用恢复名誉的请求权,而不是损害赔偿的请求权。[32]

笔者认为,在侵害人格权的情况下,即使强调损害赔偿的作用,此种方法也不能替代侵害人格权的其他的责任形式。具体来说:

第一,损害赔偿不能代替恢复名誉的补救方式。在名誉权遭受侵害的情况下,受害人所遭受的直接损失是名誉受损,受害人的社会评价降低。因名誉受损可能使受害人遭受精神损害或附带的财产损害,从而产生损害赔偿责任。但由于受害人遭受的直接损害是社会评价的降低而非财产上的损害,因此采用损害赔偿责任并不能对受害人的直接损害予以补救,只有通过采用恢复名誉这一补救方式才能使受害人遭受的直接损害得以恢复,进而消除名誉受到毁损的"损害源"。

第二,损害赔偿不能代替停止侵害的责任形式。在人格权遭受侵害的情况下,受害人可能希望行为人及时停止侵害,而并不一定要求加害人赔偿多少损失;或者受害人认为其无法证明实际遭受了多少损害,而不愿意采取损害赔偿的责任方式。因此请求停止侵害也可以实现其补救的目的。

---

[31] [日]和田真一:"民法第723条关于名誉恢复请求权的考察",载《立命馆法学》1991年第4号。

[32] [日]和田真一:"民法第723条关于名誉恢复请求权的考察",载《立命馆法学》1991年第4号。

第三，损害赔偿不能代替赔礼道歉的责任形式。赔礼道歉不只是一种道义上的责任，更是一种法律上的责任。从我国审判实践来看，大量的侵害名誉权的纠纷中受害人不要求损害赔偿，而要求加害人赔礼道歉，这表明了这一责任形式在我国司法实践中的重要性。尽管在某些案件中，法院作出责令加害人赔礼道歉的判决后，一些加害人拒绝赔礼道歉，但这并不意味着赔礼道歉就不能执行。通过法院判决的公开实际上已经起到某种程度上相应的效果，即对通过加害人进行公开的谴责和否定性评价，已经能够在一定程度上达到受害人所希望的法律补救的目的。从实践来看，我国司法实践已经找到了一些执行的手段。例如，要求行为人事先写出赔礼道歉的内容，然后作出判决，判决后再予以公开。

第四，在侵害名誉权的情况下，财产损失或精神损害并非必然的结果，或者即使存在前述损害的情况下，受害人也可能不请求加害人承担侵权损害赔偿责任，而只是要求采取恢复名誉、赔礼道歉等补救方式。对于人格权的侵害，不是简单地采用损害赔偿就能够提供救济的，损害赔偿只是其中的一种方式，不能代替其他的方式。依据我国《民法通则》第 120 条第 1 款，“公民的姓名权、肖像权、名誉权、荣誉权受到侵害的，有权要求停止侵害，恢复名誉，消除影响，赔礼道歉，并可以要求赔偿损失”。可见我国法律对人格权的侵害采取了多种责任形式。在司法实践中，注重了恢复名誉和损害赔偿的结合运用，从而有效地、充分地发挥了这些责任形式对受害人的保护和对加害人的制裁作用。

应当看到，赔礼道歉或恢复名誉的判决作出以后，可能要求加害人通过支付一定的金钱来在报刊上作出声明，予以赔礼道歉或恢复名誉，但是这是否如某些学者所说的那样，这两种责任形式已经被转换成了损害赔偿责任呢？有些学者认为，即使承认停止侵害、赔礼道歉等具有不同于损害赔偿责任的特点，但将侵权责任置于债法体系中，旨在建立一个以损害赔偿为中心的责任制度。因为在现代市场经济社会，损害赔偿才是最有效的权利补救方式。其他的方式有的并不能得到强制执行，如赔礼道歉，有的并不适合于商业社会的特点，如恢复名誉等。即便是赔礼道歉最后可能还是需要通过损害赔偿的方法予以解决，例如被告拒绝登报道歉，于是只能由法院代为登报道歉,只不过此时应当向被告要求支付登报的费用。笔者认为,这些看法是不妥当的。因为要求加害人支付一定金钱的目的并非是通过这些钱来补救受害人的损害,而是在现代文明社会中法院强制执行判决的方法。

损害赔偿作用的有限性也表现在对知识产权的侵害提供保护的场合。一方面,知识产权属于绝对权,对知识产权的侵害可采用有关对绝对权的保护方法,如停止侵害、排除妨害等;另一方面,在知识产权遭受侵害的情况下,由于对损害的证明常常比较困难,因此在许多案件中由法院颁布一项禁止加害人使用某项知识产权或禁止销售某种侵权产品的禁令,对受害人利益的保护更为有利。我国《民法通则》第118条规定:“公民、法人的著作权(版权)、专利权、商标专用权、发现权、发明权和其他科技成果权受到剽窃、篡改、假冒等侵害的,有权要求停止侵害,消除影响,赔偿损失。”我国新修改的有关知识产权的法律,根据TRIPs的有关规定,采纳了“诉前禁令”的制度,允许受害人在其知识产权受到侵害以后可以在法院正式起诉以前,要求法院对侵害人颁布停止侵害的禁令。可见,对知识产权并非采取单一的损害赔偿的方式进行保护。

即使就侵害所有权和其他物权的责任形式而言,也不应该单纯采用损害赔偿的方法。将损害赔偿作为侵权行为的唯一责任形式,也忽略了侵权损害和妨害的多样性。侵权行为必然造成损害,但损害并不一定都是能够通过金钱加以准确计算的财产损失。反之,侵权行为可能仅仅造成财产损失,但不一定造成对权利的侵害(如所谓的“纯经济损失”)。[33] 侵权行为既可能是对他人财产的实际占有,也可能是对他人财产的侵害。既可能表现为正在持续进行的损害行为,也可能表现为尚未实际发生的、将有可能出现的妨害。针对各种不同的侵权行为,应该采取不同的责任形式,例如,对正在进行的损害,采取停止侵害、排除妨害的方式,对未来可能发生的损害,宜应用消除危险的方式。

侵权责任的多样化必然对民法体系提出挑战。尽管侵权行为常常产

㉝ 王泽鉴:“产品责任现况之检讨及其发展趋势”,载《台大法学丛书》。

生侵权损害赔偿之债,但也可产生多种责任形式,而损害赔偿之外的责任形式并不是债的关系,债法并不能涵盖这些责任形式,因此债法对侵权行为法的调整便受到了限制。有人认为恢复名誉,停止侵害,赔礼道歉等责任形式主要发生在特定的当事人之间,且仍然以请求为一定行为或不为一定行为为内容,因此本质上仍然是债的关系。笔者认为,将恢复名誉、停止侵害、赔礼道歉等责任形式完全等同于债的关系是不妥当的。债权首先是一种请求权,但又不能等同于请求权:债权的内容不限于请求权,还包括其他权利;反过来,特定人之间的请求关系如物权请求权,也不一定都是债的关系。就恢复名誉、停止侵害、赔礼道歉等形式来说,尽管也是发生在特定人之间的请求关系,但并非债的关系。主要原因在于债本质上不仅仅是一种请求关系,而在于其是以财产给付为内容的请求关系。因为债权本质上是反映交易的法律形式,它要以财产给付为内容,非财产给付的请求不应包括在债的范畴里。由于恢复名誉、停止侵害、赔礼道歉等责任形式在本质上不是以财产给付为内容的,所以不属于债的关系。这就有必要通过独立成编的侵权责任制度来规定各种责任形式,而不应当将其完全纳入债法的体系当中。当侵权行为法越来越注重对各种人格利益提供补救,越来越注重适用多种责任形式对受害人的财产利益提供保护时,侵权行为法摆脱债法而独立的必要性也日益加强。从这种意义上说,侵权责任形式的多样性,是侵权行为法相对独立的重要根据。[34]

侵权行为法独立成编,就是要采用多种责任形式建立一套完整的责任体系。民法是以民事权利为核心构建的,但没有责任保障的权利本身并非真正的权利,没有完整健全的责任体系,也就没有完整健全的权利体系。权利应当成为一个完整的体系,那么对权利的补救即责任也应当成为一个完整的体系。侵权法独立成编的最大好处在于,其可以将侵害各种权利的责任形态集中加以规定,使受害人在一旦遭受侵害之后可以明确其在法律上享有的各种补救手段,并可以在各种救济手段之间进行理性的选择。这就要求我们必须突破单一的损害赔偿责任的思维模式,从

---

[34] 有一些学者认为,侵权责任的多样性也是我国《民法通则》单设民事责任制度的原因。参见佟柔:《中国民法》,法律出版社 1990 年版,第 39 页。

内容丰富的责任形式来考虑问题。另外,我国《民法通则》第134条就列举了十种民事责任,其中绝大多数可以适用于侵权行为。从审判实践来看,《民法通则》的规定具有极大的合理性并且也是行之有效的。采用多种的责任形式在我国具有现实的基础,也是我国多年来立法与司法的成功经验的总结。这已经构成了我国社会主义法治建设的宝贵财富,在没有非常充分的正当的理由之前不能仅以不合外国立法例为由而加以否定。

还应当看到,侵权行为法独立成编是符合民法发展趋势的。例如,1994年的《蒙古民法典》单设了“合同责任”和“非合同责任”作为两编单独规定,其中“非合同责任”就是侵权责任。再如,《越南民法典》在第三编“民事义务和民事合同”中,单独规定“合同外的损害赔偿责任”。可见,未来各国民法所存在的必然是大侵权法而不是大债法。

侵权法独立成编也不一定打乱民法典的体系。有人认为,侵权行为法独立成编会导致分则体系的构造不符合逻辑,因为如果总则以人—客体—行为建构,分则应当列举各种民事权利,从而使总则、分则构成一个完整的法律关系。但是,一旦侵权责任独立成编以后,分则就不是按权利排列,而是按照权利—责任来排列,这种做法不仅破坏了体系的完整性,而且也不具有一种形式美。笔者认为,民事法律关系主要应当由主体、客体、内容构成,法律行为是变动民事法律关系的主要原因,法律关系的内容主要以民事权利表现出来,而基于对民事权利保护的需要,也应当设立民事责任制度。所以,完整的法律关系的内涵,应当由主体、客体、法律行为、权利内容以及对权利保护的规则即责任制度。而整个民法典的体系应当围绕这一法律关系的内涵而展开。总则中应当重点就主体、客体、法律行为以及民事责任的一般规定来规定,而分则应当以权利以及具体的责任制度展开。因此,笔者建议我国民法总则应当以主体—客体—行为—权利保护四个方面来构架,而将侵权法置于分则的最后一编。

三、对类型复杂的侵权行为及其责任作出规定，需要侵权法独立成编

反对侵权法独立的一个主要理由，即侵权法关于过错规定的一般条款涵盖了侵权法的大部分内容，法官运用一般条款完全可以处理大部分侵权损害赔偿案件，所以，侵权法的规则应当十分抽象简练。在一般条款对侵权行为已经作出描述的情况下，无须对各种具体的侵权类型分别加以规定，[35]据此，一些学者认为，既然侵权法条款较为简单，因此没有必要在民法典中单独成编，只需将其包括在债法当中即可。

所谓一般条款，是指在成文法中居于核心地位的，成为一切侵权请求权之基础的法律规范。[36] 从大陆法系各国民法典对侵权行为的规定来看，一般条款主要是对过错归责原则的一般规定。德国著名民法学家耶林教授曾言："使人负损害赔偿的，不是因为有损害，而是因为有过失，其道理就如同化学上之原则，使蜡烛燃烧的，不是光，而是氧，一般的浅显明白。"[37]作为19世纪三大民法原则之一的过错责任原则，在法典中被确认是民法长期发展的结果，也是人类法律文明的产物。依据关于过错责任的一般规定，法官对许多侵权纠纷通过查找有无过错来判定行为人是否应当负责，尤其是随着近几十年来过失概念的客观化、过失认定标准的多样化等新发展，过错认定的一般条款更加具有弹性与包容性。其适用的范围更为广泛，从过错归责的一般规定中可以直接引申有关一般侵权行为的三项构成要件，即过错、因果关系和损害，因此，法官一般可以直接依据侵权责任一般条款确定行为人的责任。

诚然，依据一般条款确实可以解决许多普通的侵权纠纷，法官甚至可

㉟ 一些学者甚至认为，侵权法应当译为"tort law"，而不是"the law of torts"。

㊱ 张新宝："侵权行为法的一般条款"，载《法学研究》2001年第4期。

㊲ 转引自王泽鉴：《民法学说与判例研究》（第2册），中国政法大学出版社1998年版，第144～145页。

以通过扩大解释一般条款的规则,采取过失客观化、违法推定过失、举证责任倒置等方法,使许多本应由无过错原则等特殊规则解决的侵权纠纷纳入一般条款中。但试图采用一般条款来解决现代社会中的各种侵权纠纷是不现实的,也是完全不可能的。任何一般条款都不能适应变动不居的社会发展。从侵权法的发展历史来看,总体趋势是从一般条款到一般条款与具体列举并重的方向发展,这正是社会经济文化发展的必然产物。一般条款最早出现于《法国民法典》中,该法典第1384条规定:“任何行为使他人受损害时,因自己的过失而致行为发生之人,对该他人负赔偿责任。”这一规定便形成了侵权损害赔偿的一般条款,也是对过错责任的经典性规定。正如民法典起草人塔里伯所指出的:“这一条款广泛包括了所有类型的损害,并要求对损害作出赔偿。”“损害如果产生要求赔偿的权利,那么此种损害定是过错和不谨慎的结果。”[38]

法国法仅承认侵权行为的单一标准,即人们可能在不同的社会条件下因他人的过错而受到损害,但是只要存在过错、损害、因果关系,它们就只能产生一种同样的结果。[39]《法国民法典》给予法院的指导原则没有超出第1382条和第1383条(民法典第489—2条为例外)所规定的三个构成要件:过错、因果关系和损害。正是因为《法国民法典》中一般条款的规则,因此民法典关于侵权法采取了高度抽象的概括性规定,整个民法典洋洋数千条,但是关于侵权行为的规定仅为5条(第1382~1386条),在这样的立法架构下,侵权法显然没有独立成编的必要性。

我们必须要看到,《法国民法典》采用一般条款构建侵权法的结构,是当时社会经济文化发展程度下的产物。制定《法国民法典》的时代还是一个“风车水磨土路”的资本主义早期时代,社会生产力并不发达,各种生产、交通、通信工具都十分落后,这种情况下侵权行为主要是发生在个人与个人之间的单一加害与被害形态,而且各种事故损害很少。然而,到了

---

[38] Jean Limpens, *International Encyclopedia of Comparative Law*, Vol. 4, Torts, Chapter 2, Liability for One's Own Act, J. C. B. Mohr (Paul Siebeck, Tuebingen), 1975, p. 45. 按照学者的看法,一般条款最初是由法国学者多玛在17世纪创立的。

[39] Jean Limpens, *International Encyclopedia of Comparative Law*, Vol. 4, Torts, Chapter 2, Liability for One's Own Act, J. C. B. Mohr (Paul Siebeck, Tübingen), 1975, p. 44.

近一百年后，制定《德国民法典》的时候情况就发生了变化，此时社会生产力水平出现了突飞猛进的发展，火车等现代交通工具早已出现，各种事故的损害日益频繁。此外，由于各类社会组织的大量存在，侵权行为样态也不仅仅是个人与个人之间单一的加害关系，而逐渐出现了个人与组织之间人数众多的复杂侵害形态。为了适应社会发展的需要，在《德国民法典》中必须有相当数量的特殊规定。1900 年的《德国民法典》也采纳了过失责任原则，该法第 823 条第 1 款规定："因故意和过失不法侵害他人的生命、身体、健康、自由、所有权或其他权利者，负向他人赔偿因此所生损害的义务。"这一规定类似于一般条款，但又并没完全仿照《法国民法典》采取单一的概括式一般条款模式，而采取了"三个小一般条款模式"。[40]《德国民法典》除规定了对绝对权利的不法侵害责任以外，还规定了违反保护他人的法律的责任（第 823 条第 2 款）、违背善良风俗加害于他人的责任（第 826 条），以补充第 823 条的不足。德国采用列举模式，将侵害五种绝对权利作为侵权行为，此种模式实际上为具体列举各类侵权行为提供了基础与框架，所以，《德国民法典》中侵权行为的规定采取的是一般条款与具体列举相结合的思路。当然，由于在《德国民法典》中具体列举的模式仍然深受潘德克顿学派的影响，因此关于具体侵权行为的列举仍然十分简略。但是，总体上来说，从法国民法到德国民法是存在着一个从单一的一般条款到一般条款与具体列举并重的发展趋势的。

《法国民法典》第 1384 条规定对于许多国家的民法产生了影响。[41] 但是，在现代社会由于社会经济日趋复杂，单一的过错责任已不能包括各种类型的侵权行为与损害事故的责任问题，过分依赖于一般条款将导致侵权法越来越僵化，很难适应经济生活发展的需要，甚至无法处理某些新型的侵权纠纷。英国侵权法学家 John Fleming 描述道："今日工业的种种经营，交通的方式及其他所谓的'现代生活'方式的活动，迫使人类付出了生

---

[40] MünchKomm/Wagner, Vor § 823, Rn. 14.

[41] 如瑞典《赔偿法》第 1 条第 2 款："任何人发生人身上的伤害或财产上的损失，不论是故意的，还是过失的，只要不存在与本法相反的规定，就必须对损害予以救济。"芬兰《赔偿法》规定，"不论任何人对他人造成损害，不论是故意的还是过失的，只要不存在与本法相反的规定就必须对损害予以救济"。

命、肉体及资产的代价,且已达到骇人的程度。事故引起的经济损失不断消耗社会的人力和物质,而且有增无减。”[42]现代化加重了人类对物的依赖性,核辐射、环境污染和生态的破坏,以及现代文明所带来的各种副产品,各种自然力的灾难和人为的危害,都使得生存与毁灭问题严重地摆在人类面前,对人身和财产损害的赔偿问题成为社会所普遍关注的问题,这就需要以侵权行为法来对付业已发生的种种损害,为无辜的受害人提供补偿。同时,现代社会已成为风险社会,在人类生活中,无形的、不可预测的风险无处不在,随时可能造成严重灾害。[43] 因而需要借助侵权行为法遏制不法或疏忽的行为,防止各种事故的发生。现代社会还是一个信息化社会,科学技术的广泛运用和计算机的普及,在为人类生活带来更大便利的同时,也提出了对技术、智力成果、软件等的侵权法上保护的问题。可以说,现代社会生活的需求扩张了侵权行为法的内容和范围,使其正在成为一个社会正常运转所须臾不可或缺的法律体系。一方面,社会的发展造成了侵权行为的复杂化、多样化,立法者不可能采取一个简单的一般条款来涵盖丰富复杂的侵权行为的类型;另一方面,由于侵权行为类型的多样化,也导致了单一的过错原则不能适应有效补救受害人的需要,必须采用多样化的归责原则,从而出现了无过错责任与公平责任原则。这些原则作为过错责任原则适用的例外,必须在法律上对其适用的范围与类型作出明确的规定,这样就不可避免地出现大量列举性规定。

为了适应侵权法的发展需要,大陆法系国家都采取了各种措施弥补一般条款的不足。如法国逐渐制定了一系列单行的法规,对工业、交通等事故的赔偿作出了专门规定。尤其是法国法院,在司法实践中被迫采取大量的判例来确定一系列侵权法的规则或扩大对一般条款的解释。近几十年来,法国法官对《法国民法典》第 1384 条的一般条款的规定作出了十分灵活的解释,使过失的内涵及过失责任的适用范围大大拓宽。有学者认为,法国的侵权行为法主要由法官的判例和解释所组成。正如我国台湾

---

[42] John Fledng, *An Introduction to the Law of Torts*, Oxford University, p. 85.

[43] [日]北川善太郎:“关于最近之未来的法律模型”,载《民商法论丛》(第 6 卷),第 306 页。

地区学者朱柏松所指出的,在大陆法系,因侵权行为法过于原则,因此"在法学方法论上,除非其已有特殊的立法予以规范,否则,自只能期待'法官造法'予以完成,就此点而言,除可谓系侵权行为法学方法论上的一个转变外,亦可谓与英美法的判例法的法学方法论,渐趋融合的一种表现"。[44] 法国学者 Savatier 承认"《法国民法典》的某些部分已经不再是成文法,而已变成判例法了"。[45] 由于过错概念的扩大,法院即刻获得了某种权力:是法院而不是立法者在其每次的判决中决定哪种行为是构成侵权的。[46] 在德国,尽管德国法中包含了一些具体列举的规则,但是,因为这些列举仍显简略,不能适应大量变化发展的侵权法的需要,所以,自第二次世界大战以来,德国在侵权法领域加强了法官在创制法方面的作用,法院的判例也逐渐成为法的渊源。[47] 如在危险责任领域方面,德国法官在判例中创造了"社会安全义务的违反等同于过失"的规则,[48]并通过对《德国民法典》第 823 条第 1 款作扩大解释使侵权法保障的对象大大拓宽。同时,在侵权法之外不得不制定大量单行法律法规以调整因侵权发生的法律关系,最典型的有铁路法、劳工法、事故赔偿法、环境保护法、原子能损害赔偿法、产品责任法等。[49] 出现这一问题不是因为民法典不适合于容纳这些法律制度或规范,而主要是由于这些问题都是在民法典公布以后而逐渐产生、发展并成为需要法律调整的社会问题。由于在侵权法领域,大陆法一些国家通过大量的判例来弥补一般条款的不足,因此成文法传统在侵权法领域受阻,已经不能得到完全的贯彻,并在一定程度上导致了判例法与成文法的冲突。

---

[44] 朱柏松:"侵权行为理论发展之新趋势,"载《法学丛刊》1994 年第 153 期。从《日本民法典》看,主要适用一般条款,确实十分简洁,但在司法解释时却是按照德国的模式进行列举。实际上,日本是采用判例的方法来填补立法过分简略的问题。

[45] 邓衍森:"司法判例的规范理论",载《东吴法律学报》第 4 卷第 2 期。

[46] [德]克雷斯蒂安·冯·巴尔:《欧洲比较侵权行为法》(上卷),张新宝译,法律出版社 2002 年版,第 20 页。

[47] Arthur Taylor von Mehren, *The Civil Law System*, Little, Brown and Company, 1957, p. 1136.

[48] Vgl. MünchKomm/Wagner, § 823, Rn. 62.

[49] MünchKomm/Wagner, Vor § 823, Rn. 16.

20世纪以来,一些新制定的民法典在侵权行为部分更加呈现出重视具体列举各种侵权行为的趋势。例如《荷兰民法典》,就将侵权行为法单独列为一编(第六编),在该部分对各种侵权行为作出非常详尽的内容十分丰富的列举。经过社会变革之后的《俄罗斯民法典》,也对侵权行为作出了相对细密的规定。另外需要指出的是,目前正在起草的欧洲民法典,更是十分明确地将侵权行为法作为其中一编。这些都非常清楚地表明了大陆法对侵权行为法的认识是不断发展的,从一般条款到一般条款与具体列举并重,再到将侵权行为法独立成编,这是一个动态发展的过程。

总之,在现代社会,一般条款不能代替各种具体侵权行为的规定,一般条款与有关侵权行为的形态和责任的大量具体规定的结合,是侵权法发展的必然趋势。既然一般条款的模式不能构建整个侵权法,而且必须大量列举各种具体的侵权行为类型,因此,侵权法的内容是非常丰富复杂的,在此基础上独立成编也是顺理成章的。如果我们不采用一般条款与具体列举相结合的方式,仅仅通过一般条款来代替大量的具体规定,必然会出现两方面的结果。一是必须通过大量的单行法律、法规来弥补一般条款的不足,而这并不一定有利于侵权法的完善。在我国,大量单行法都涉及侵权法的内容,而且不少都超越了立法权限,许多提法极不规范,如对侵权责任采用责令赔偿,实际上已经转化为行政责任,关于不可抗力等基本法律术语也进行了不同的表述。有一些限制赔偿等带有明显部门、行业保护倾向的规范,理应废止。但也有一些特别法经过多年来的适用,已经形成了比较成熟的经验,有必要将之上升为民法典侵权法中的规定;因此,我们应当通过民法典的制定,按照侵权法独立成编的模式将那些已经成熟的有关侵权法的规则上升为法典的内容,这对于我国侵权法是十分有必要的。二是如果仅仅通过一般条款来代替大量的具体规定,这必然要借助于法院通过判例和司法解释来确立内容十分丰富和复杂的侵权法的规则。而在我国目前法官队伍整体素质仍然不高,迫切需要立法为侵权案件提供依据的情况下,这种方式显然是不适当的。

四、为保障法官处理侵权案件时正当行使自由裁量权，需要侵权法独立成编

侵权法独立成编即意味着在侵权法中对各种具体的侵权行为作出十分详尽的列举式的规定，从侵权法领域来看，就必然会出现这样的情形：即侵权法对各种侵权行为规定的越具体详尽，则司法过程中法官的自由裁量度就越小。侵权行为的列举式规定所具有的一个不容忽视的功能正是在于：通过详尽的规定侵权行为的责任主体、赔偿范围、举证责任倒置、抗辩事由等问题，确实在一定程度上限制了法官的自由裁量。相反，如果采用一般条款的规定必然会使法官在抽象的简单的一般条款掩盖之下享有巨大的自由裁量空间，对各种侵权纠纷进行自由裁量。因此，一些学者认为，侵权责任规则不能规定得过于详尽，否则会不合理限制法官的自由裁量，因为，侵权案件千差万别，如何确定过错、如何判定因果关系，如何计算损害等问题，都应属于法官自由裁量范围内的事情。倘若对各种侵权行为规定过细，法官就成了被动适用法律的机器，缺乏主动性，不利于对侵权纠纷的合理解决。所以，侵权法独立成编必然会导致对法官自由裁量权的不合理限制。笔者认为，侵权法独立成编并不会出现不合理限制法官自由裁量权的情况，相反，它正是保障法官自由裁量权合理行使的必要途经。

（一）即便在一般条款的侵权行为立法模式下，也必须由法律明确规定适用中的重要问题

在一般条款的侵权行为立法模式下，为保障该一般条款的准确适用，规范法官的自由裁量权，应当明确一般条款的具体适用条件，具体包括：

第一，损害是否具有可以补救性。人们在社会生活中，每天可能会发生各种损害，但并非各种损害都能够获得法律的补救，损害是否具有可补救性，是一个法律的基本价值判断问题。近几十年来，随着人格权的发展，对损害的概念发生了很大的变化，即损害不仅是因为侵害权利所造成的后果，而且侵害权利本身就足以构成一种损害，即便没有财产上的损

失,此类侵权行为被称为"自身可诉性"侵权行为(诉因侵权行为)。采纳这种观点的原因是"因为任何侵害都必然包含了损害,损害并不只是财产损失,当一个人的权利(如投票权)受到阻碍时,侵害本身就同时包含了损害"。[50]《奥地利民法典》第1293条对损害作了定义,即损害是指一个人在其财产、权利和人身上遭受的一切不利益。这一定义和欧洲其他一些国家法学界的观点相同。[51] 特别是在现代社会中的证券侵权行为、新闻侵权行为中,可以补救的损害是有一定的范围的限制,损害的可补救性问题主要考虑立法者的政策目标,不能完全由法官判断。例如,因为证券欺诈行为造成股民的损害,在过去一直不能获得法律的补救,这个问题完全由法官来判断是不妥的。

第二,行为人所侵害的是否为侵权法所保护的权益。随着社会经济的发展以及法治的完善,侵权法保护的范围从传统上对物权的保护扩张到对各种知识产权和各种商业利益、无形财产的保护。侵权法保护的对象,不仅限于财产和人身权利,而且包括法律尚未规定但应当由公民享有的权利(如隐私权等),以及各种尚未表现为权利的利益。例如,因他人的不正当竞争行为所遭受的损失、因他人滥用权利而造成的损失、合同成立以前要约人因他人的不正当行为所遭受的损害等,都可以依侵权法的规定而使加害人负赔偿责任。然而,侵权法并不是对于各种权利和利益都要予以保护。即使在侵权法保护的范围不断扩张的情形之下,侵权法的保护对象也不是漫无边际的,否则将严重妨碍人们的行为自由。因此,有关侵权法保护对象的问题不能完全都由法官运用自由裁量权加以判断,它更多的是各种利益价值之间的取舍,此类重大问题应交由立法者慎重决定,而非法官自由裁量。

第三,关于请求主体和责任主体的问题。在许多侵权行为中行为主体或责任主体都是单一的,但是在某些侵权行为中这两类主体可能是分离

---

[50] [德]克雷斯蒂安·冯·巴尔:《欧洲比较侵权行为法》(下卷),焦美华译,法律出版社2001年版,第12页。

[51] [德]克雷斯蒂安·冯·巴尔:《欧洲比较侵权行为法》(下卷),焦美华译,法律出版社2001年版,第6页。

的。例如，在转承责任的情形之下，责任主体并非直接实施侵权行为的主体。而在交通工具致人损害的情况下，可能涉及的是该交通工具驾驶人、占有人与所有人等多类主体。究竟应当由其中的哪一主体来承担责任，也涉及立法政策判断问题，不能完全由法官决定。

第四，关于抗辩事由与损害赔偿范围。即使是在一般侵权行为的情形之下，对抗辩事由内涵的界定、列举仍然十分必要。尤其是从损害赔偿的范围上来说，由于侵权法保护的权益范围的扩张导致了各种侵权行为的发展，各种侵权行为所造成的损害后果并不相同，如侵害名誉权不仅造成精神损害还可能造成财产损害，即便是单纯的财产损害也可能包括直接损害与间接损害，这些复杂的问题都需要由法律在一定程度上比较明确的规定，否则法官也无法行使自由裁量权。

（二）对于现代社会中兴起的各种特殊侵权行为，更加需要明确详尽的规定

现代社会，随着科学技术的广泛适用，社会生产与消费大规模化、利益关系空前复杂化，侵权行为也相应地日益复杂化。现代社会也是风险社会，由于危险活动急剧增加、事故损害大量增长，而这些意外灾害具有与以往不同的特征，造成事故的活动皆为合法而必要，这就需要在法律上通过严格责任来对受害人提供救济，并预防和克服风险的发生。作为一种法律对策，立法对于工业事故的赔偿逐渐放弃了过错责任，采用严格责任和危险责任。严格责任只有在法律有明确规定的情形下才能予以适用，由于严格责任的类型多样，需要侵权法对其进行具体列举，这就需要通过独立成编的侵权责任法对其作出规定。

（三）在一般条款之下，对特殊的侵权行为采取具体列举的方式，有助于保障法官自由裁量权的正当行使

第一，保障法律的正确适用。随着我国社会主义市场经济建设的深入进行，各种新型的侵权纠纷不断涌向法院。例如，侵害债权案件、纯粹经济损害案件、滥用权利案件、妨害邻居案件等，法院在面对这些新型侵权案件的时候出现了两种截然不同的做法：一方面，对于有些本不属于侵权行为的案件，如所谓的侵害生育权、哺乳权的案件，一些法院也给予受理并作出判决,结果侵权责任不断扩张,出现了一些学者所谓的"权利随意构造"的局面;另一方面,对于某些本应予以解决的新型侵权案件,一些法院以法律没有规定或者规定的不清楚为由拒绝受理,严重损害了当事人的合法权益。这两种情形都是与我国侵权法的规定极为简略,法官在适用法律的过程中常常缺乏依据有直接的关系。此外,如果民法典中不将侵权法单列成编,使大量的侵权法规范游离于民法典之外,将不仅会造成法官、律师都很难找到相应的规范,而且造成了一般规定与特别规定适用上的混乱。

第二,保障司法裁判的统一。由于我国法官培养渠道不统一、地域辽阔、各地习惯不同、经济发展水平各异,这都决定了对于同一类侵权的认识可能存在巨大的差异。多年来,侵权行为法的实践,表明如果对于具体问题不做具体规定而完全交由法官自由裁量,难免会出现同一类型的案件各地法院审理的结果大相径庭。例如,目前实践中各地法院对建筑物上抛掷物件致人损害的侵权责任,由于很难查找具体的行为人,结果在审判实践中形成了三种不同的处理结果:一是许多法院认为如果找不到具体的行为人,则应由受害人自行承担损失;二是一些法院认为,如果找不到具体的行为人则应当由建筑物内的全体业主承担责任;三是一些法院认为,如果找不到具体的行为人,则应当按照公平原则处理,由建筑物内的全体业主承担适当的补偿责任。笔者认为,针对同一类型案件,不同法院处理的结果相互冲突矛盾的现象的出现对于我国法制建设是不利的。法制社会的一个重要标准就是民事主体对其行为的结果能够产生一个稳定的合理的预期。因此必须要通过具体规定来维护司法裁判标准的统一性以及司法裁判的可预见性,这本身是法治的重要内容。

第三,有利于节约司法资源。如完全由法院对侵权案件的裁判行使自由裁量权,其根本前提在于法院必须在大量的判例的基础上形成了一整套侵权法的规则。与其如此,不如将我国多年来司法实践中已经形成的侵权法规则上升为法律规范,直接规定到侵权法中,这将大大有助于节约司法资源。尤其应当看到,凡是法官在一般条款之下运用自由裁量权处理侵权案件的国家,都在相当程度上承认判例的拘束力。然而,我国并没有明确法院所作出的判决的拘束力，即便是对于最高人民法院所作出的判决也是如此，这样一来，很难通过判例的形式在一般条款之下发展侵权法的具体规则。此外，我国法院判决历来缺乏说理性也使得通过判例确立侵权法规则的方法在短期内是不现实的。

第四，与我国法官队伍素质现状相符。尽管我国正在进行的司法改革取得了丰硕的成果，统一司法考试制度的确立促进了各级人民法院法官素质的提高，法律职业化的进程也正在日益加快，但由于我国法官整体的业务素质还不够高，仍然不能适应严格执法与公正司法的要求。在此情况下，完全由法官在审理侵权案件中进行自由裁量，在实践中很难保障裁判的质量。

从性质上来看，侵权法主要是裁判法，因此，具体规定各种侵权的规则，为司法裁判提供依据本身就是侵权法应有的使命。从民法典的内在结构来看，民法典既然可以对任意性的合同法进行详细规定，也有必要对于主要以强制性规范为主的侵权行为法进行细致规定，使行为人能够更明确地认识自己的行为后果，使权利人的权利界限更加清晰，从而真正保障人们的行为自由。

五、维护民法请求权内在体系的和谐，需要侵权法独立成编

侵权法独立成编必然要求对各种侵害民事权利并构成侵权行为的形态及其责任都作出全面、具体的规定，从而在此基础上构建完整的侵权行为法体系。然而，构建这样一个体系，必须要处理好侵权法与物权法的关系。

不赞成侵权法独立成编的另外一个理由在于，侵害物权将产生物权请求权，而物权请求权应当在物权法中作出规定。应当承认，物权请求权与侵权的请求权是存在区别的：一方面，物权请求权与侵权请求权具有不同的功能和目的。物权请求权的方式主要是请求原物返还、请求侵害排除和请求侵害防止，其目的在于排除物权受侵害的事实或者可能，恢复或者

保障物权的圆满状态;行使侵权请求权就是要求加害人履行损害赔偿之债,其目是为了填补物权人无法通过行使物权请求权恢复的损失,即以货币方式恢复被损害物的价值状态。另一方面,物权请求权与侵权请求权要求相对人承担责任的要件不同。例如,一般侵权行为的受害人要行使侵权行为的请求权必须适用过错责任原则。也就是说,受害人要主张权利就必须举证证明加害人具有过错,如不能证明加害人具有过错,则加害人不负侵权责任。但是如果适用物权请求权,权利人要求侵害人返还财产、停止侵害、排除妨害和恢复原状,都不需要证明相对人是否具有过错。再如,从危害后果上来看,在物权的保护中,行使侵权请求权的前提是存在损害赔偿之债,没有损害赔偿之债,就失去了行使侵权请求权的基础。损害赔偿之债要求加害人造成了受害人财产的损失才应负赔偿责任,没有损失就没有赔偿。但是物权人行使物权请求权的前提是物权遭受到侵害或者有遭受侵害的可能,而不以造成财产损失为前提。还要看到,法律对两种请求权保护的期限不同。根据我国《民法通则》第 135 条、第 136 条的规定,侵权请求权适用普通诉讼时效期间是 2 年,对于身体受到伤害要求赔偿等侵权案件适用 1 年的诉讼时效期间。但是对于包括物权请求权则不能适用上述时效的规定。正是因为两种请求权存在明显的区别,所以笔者认为不能以一种请求权代替另一种请求权。由于单纯的侵权请求权不能满足物权保护的需要,往往还要在侵权请求权中保护物权,或者以其他方式同时规定物权请求权的具体内容,这样一来不仅造成了理论体系上的混乱,也会导致适用上的困难,不利于全面、规范地保护物权。

但是,承认物权请求权的特殊性并不意味着侵权法不能对侵害物权等绝对权的侵权行为加以规定。相反,笔者认为,在物权法规定了物权请求权之后,侵权法中规定侵害物权的各种责任,更有利于正确安排侵害物权的责任体系,维护民法内在体系的和谐,对受害人提供充分的救济。主要理由在于:

第一,物权法规定了物权请求权之后,侵权法中规定侵害物权的各种责任,就表明了在侵害物权的时候会产生责任竞合的情况。责任竞合的本质是同一种行为导致多种责任形式的产生,但由于这些责任形式之间相互冲突,因此须由受害人对责任进行选择。在侵害物权的情况下,实行责任竞合较之于排斥竞合更有利于受害人。因为一方面,允许竞合实际上使受害人基于自己的意志与利益可以选择对其最为有利的责任形式提出请求或提起诉讼;另一方面,由于物权请求权和侵权请求权不能相互替代,排斥竞合实际上就否定了受害人基于不同考虑选择责任的可能性,这并不利于对受害人的充分保护。所以,通过侵权法独立成编,在侵权责任中对侵害物权的责任加以规定,有利于保护受害人,也有利于侵权法与物权法的协调。

应当看到,我国现行的民事法律规范并未建立独立的物权请求权制度,甚至没有采纳物权请求权的概念。与物权有关的民法规定主要体现在我国《民法通则》第五章第一节"财产所有权和与财产所有权有关的财产权"中。尽管在该节的有关条文中涉及了物权请求权的内容,例如,该法第 83 条提到了权利人有权要求停止侵害、排除妨害、赔偿损失等,但就整个《民法通则》而言,没有单独规定物权的保护方法,并未明确、系统地规定物权请求权制度,甚至根本就没有物权的概念。《民法通则》第六章关于"侵权的民事责任"中,采纳的是广义的侵权概念,将各种侵害物权或妨害物权的行为都视为侵权,并适用侵权请求权,要求侵害人承担侵权责任,排斥了物权请求权的适用。例如,《民法通则》第 117 条规定:"侵占国家的、集体的财产或者他人财产的,应当返还财产,不能返还财产的,应当折价赔偿。"在关于侵权的民事责任形式的规定中,《民法通则》还规定了停止侵害、排除妨害、消除危险、返还财产、恢复原状等侵权的责任形式,这些责任形式显然包含了物权请求权的内容。《民法通则》的上述规定建立了我国特有的请求权体系,即在请求权体系中不存在一种独立的物权请求权,传统的物权请求权内容已为侵权的请求权所部分包容。笔者认为,由于物上请求权与侵权请求权存在着明显的区别,无法相互取代,因此在保留《民法通则》统一侵权责任体系的同时,也应当在物权法中对物权请求权作出规定,从而更有利于保护受害人的权益。

第二,物权法规定了物权请求权之后,侵权法中规定侵害物权的各种责任并不会破坏民法内在体系的和谐。[52] 冯·巴尔指出,在大陆法系对于物权的侵害可能产生物上请求权,这主要是因为大陆法区分了绝对权和相对权,同时有关相邻关系的制度属于物权法的一部分,而不构成侵权法的内容。在普通法中,凡是侵害他人的物权都构成侵权,因为普通法并没有采纳所谓绝对权的概念,因此不存在所谓所有物的返还请求权。[53] 这种观点有一定的道理。也就是说,物权请求权设立的主要依据在于对绝对权保护的需要,但是如果认为仅仅因为物权是绝对权就应当通过物权请求权给予特别的保护,那么各种其他的绝对权甚至在将来产生的各种新型绝对权是否都需要确立特别的保护方法呢?如果回答是肯定的,那么,这些对人格权、知识产权等绝对权的侵害都需要设立特殊的保护方法,并且都要从侵权责任体系中分离出来,这样不仅割裂了侵权责任体系,而且造成整个民法体系内在失调。此外,在民法的各个权利制度中分别规定责任形式也会造成立法的重复甚至相互矛盾的现象。

第三,物权法规定了物权请求权之后,在侵权法中规定侵害物权的各种责任,十分有利于对各种新型财产利益的保护。侵权法保护的对象不仅仅限于物权,还包括各种尚未形成为物权的财产利益。由于这些财产利益尚未上升为一种物权,因此很难受到物权请求权的保护,例如,允许摆摊设点的权利、对于电话号码所享有的权利、域名权等这些权利或利益并不是完整的物权,也不适用物权请求权的保护方法,但在这些权利或利益受到侵害以后,由于侵权法保护的范围不仅有权利也有各种合法的利益,所以可以获得侵权法的保护。侵权法中规定各种侵权责任形式有助于形成保护各种新型利益的开放的体系,可以对各种利益受到侵害的受害人提供救济的根据。

有一种观点认为,在侵害物权的情况下,采用物权的请求权比侵权的请求权更为合理:例如,对于诸如返还原物的请求权而言适用两年或一年的诉讼时效将不利于保护所有人的利益,或者说不利于保护所有权人的

---

[52] Vgl. MünchKomm/Wagner, Vor § 823, Rn. 34.

[53] [德]冯·巴尔:《欧洲比较侵权行为法》(上卷),张新宝译,法律出版社2002年版,第654页。

权利;笔者认为,这种观点有一定的道理,但我们既然承认责任竞合,就已将选择权赋予了受害人,其可以自行选择;另外,有关时效的问题可以在民法总则的诉讼时效制度中对因侵害所有权而产生的诉讼时效作出特定的规定。法律可以对请求权竞合情况下的时效问题作出特殊的安排,这主要是因为选择侵权的请求权对受害人可能不利,所以从保护受害人利益的角度可以规定此时不受时效的限制,如果出现了侵权损害,都可以直接适用侵权法的规定,仅仅适用侵权行为法就可以全面解决这一纠纷。至于破产法中的取回权问题,严格地说该权利是基于权利人的所有权而产生的,因此它与是否规定物权请求权并没有直接的联系。例如,我国现行民事立法并没有确认物权的请求权,但是破产法中仍然承认取回权制度。

六、完善民事责任的救济体系,需要侵权法独立成编

将侵权行为法独立成编意味着要对侵害权益的各种形态集中规定,因此,在侵权法中首先需要通过明确侵权行为的侵害对象来界定侵权法的保护范围,并在此基础上建立侵权法内在的逻辑结构,即以类型化的侵权行为来构建一般侵权行为体系。然而,这一方法受到了一些学者的批评。按照这些学者的观点,侵权行为制度主要规定的是对侵害财产所造成的损害赔偿责任,至于对其他权利的侵害应当在民法典的其余各编分别规定。例如,侵害人格权可以在民事主体制度中规定,侵害知识产权可以在知识产权法中规定,侵害物权所产生的物上请求权可以在物权法规定。侵权损害赔偿属于债的关系,因此可以在债法中作出规定,这就没有必要再将侵权行为法独立成编。因此,从权利的内容、权利的行使,到权利受到侵害后的救济都可以在各编中分别加以规定,这就可以形成各编的完整体系。而侵权法的独立将破坏这种体系。

笔者认为,这种观点有一定道理,它提供了一种可以借鉴的立法模式。设计民法典分则体系实际上存在两种模式。第一种模式是从权利的内

容、权利的行使,到权利受到侵害后的救济都可以在一编中集中规定。第二种模式就是民法典前面各编正面规定权利的取得、内容、行使等问题,而对权利侵害的救济则在最后统一规定。笔者认为,尽管第一种模式理论上也是可行的,但是在立法技术上存在明显的缺陷:一方面,在各个权利制度中都规定对权利的救济,尤其是规定侵权的一般规则,会造成大量条文重复。例如,关于损害赔偿的规则,侵害财产权、人格权都会产生损害赔偿的问题,如果每一编都规定大量这些技术性的规则,造成严重的重复现象。如果将权利的救济集中规定,就可以把大量的具有共性的规则采用一般的规定整合起来,有利于条文简洁,节省立法成本。另一方面,许多技术性的规则不适于在民法典的各编分别规定,只有放在侵权法中规定是最为合理的,如损害赔偿的范围、计算方法、各种侵权责任的承担方式,等等。[54] 尤其是民法中有些权利的救济规则并没有成熟,如人格权和知识产权,如果各自为政,责任制度极其分散、凌乱,而且不清楚其是否适用侵权法的一般规则,如知识产权的侵害究竟适用过错责任,还是严格责任需要明确。因此,就这两种模式而言,第二种模式更加合理,它不但能够克服上述第一种模式的缺陷,还具有一些其不具有的优点,主要表现在:

第一,第二种模式有助于建立完整的体系化的侵权行为制度。在民法中,民事责任主要是两类基本责任,即违约责任和侵权责任,尽管民法分则体系中,每一项制度都可能涉及合同关系,如人格权制度中存在肖像使用转让合同、名称转让合同等,物权法中也存在土地使用权出让合同、抵押合同、质押合同,知识产权法中存在专利许可合同、商标许可合同等,但有关违约责任的规定都是在合同法中集中规定的。既然违约责任都是统一的,侵权责任理所当然更应当是统一的,而不是分散的。尤其是,侵权责任与违约责任相比较,强行性的色彩更为浓厚,如果主要以强制性规范为主的侵权行为责任都不必进行详细的集中的规定,那么合同责任这种任意性规范占主导地位的制度更没有必要详细、集中地作出规定。

第二,第一种模式不利于对受害人提供统一的救济手段或方式。应当

---

[54] 马俊驹、周瑞芳:“制定民法典的指导思想及其体系构想”,载《吉林大学社会科学学报》2001年第5期。

承认,尽管各种侵权在归责原则的适用上有特殊性,但不否认它们作为侵权都要适用一些共同的规则。例如,有关抗辩事由可以不可抗力、意外事故、正当行使权利等作为免除或减轻责任的理由;损害赔偿方面要适用共同的规则;责任形式上也有不少是共同的。例如,就侵害人格权而言,此种责任在性质上属于一般的侵权行为,它要适用侵权法的一般规则,如果在侵权行为法中规定了侵权行为的一般规则以后,人格权法中毫无必要对此作出规定。即使在人格权法对侵害人格权的各种责任形式和要件和损害赔偿都作出具体规定,也不如侵权法规定得十分完整充实,难免挂一漏万,从而不利于对受害人的保护。而一旦建立统一的侵权法,就可以在民法框架中为人们提供统一的救济模式。

第三,如果将侵害人格权、知识产权等分别纳入各编规定,会导致规则的大量重复。我国民法典所应当确立的权利体系包括:人格权、亲属权、继承权、物权、债权、知识产权,这些权利已经为各国的立法、判例和学说所普遍承认,也为我国民事立法和实践所确认。由于它们是现代社会所普遍认可的一些基本的民事权利,是民事主体参与正常的社会生活和经济交往所必备的权利,而且其内涵都已经比较成熟,因此,有必要通过民法典而非一些单行法来确认。但是如果在各个权利制度中分别规定侵权的责任,将导致大量的重复,不符合民事立法应当尽可能的简约的要求,很难解决好权利规范和责任规范之间的相互协调关系。申言之,一方面,我国民法典既然是以权利来构建分则体系,就不应在权利制度中规定大量的责任问题,在权利制度中,不可能对责任制度作出过于详尽的规定;另一方面,即使作出规定,各编之间的有关责任的规定也可能是不协调的。还要看到,权利规则要侧重于权利主体享有的权利来规定,包括主体享有的各种权利的列举、内容、对他人妨害权利的禁止和排除等。而责任主要是从侵权行为人违反义务所导致的后果上作出的规定。各编之间的有关责任的规定很难与侵权责任的一般规定相互协调。

第四,集中规定的模式将使侵权行为法成为一个开放的体系。侵权法不仅仅具有对权利受侵害时的补救功能,还具有权利生成功能。一些利益随着社会生活的发展首先受到侵权法的保护,而后逐渐上升为具体的民事权利,这就需要侵权法保持一种开放的完整的体系。而侵权法只有独立成编才能为侵权法在未来的发展提供足够的空间。例如,许多民事权利的发展是先获得了侵权法的保护,然后才逐步上升为民事权利。我国司法实践中历来承认对合法利益的保护。例如,最高人民法院《关于确定民事侵权精神损害赔偿责任若干问题的解释》将违反社会公共利益或者社会公德侵害他人人格利益作为一种独立的侵权类型,对这类合法利益提供直接的司法保护,这表明,至少在审判实践中,法院认可了“故意以背于善良风俗之方法加损害于他人”这一责任构成。尤其是随着市场经济的发展,对各种知识产权和各种商业利益、无形财产的保护也在不断加强。当某种利益尚未形成为权利的时候,必然要通过侵权法对之保护,而不可能通过具体的权利制度作出规定。这就必须要采取集中规定侵权责任的模式,而不是分散规定的模式,否则将使大量的合法利益难以获得侵权法的救济。

即使是在民法分则已经将某些民事利益上升规定为民事权利,也未必需要规定相应的侵权责任,例如,《婚姻法》规定了探视权,但并没有规定侵害探视权的相应责任,对此完全可以适用侵权法的一般规定。还应当看到,随着民法中各项新型权利的产生,如社员权等,在这些权利遭受侵害的情况下,损害赔偿责任不仅不能有效的救济受害人,而且有时几乎无法适用,因此发展出多重的责任形式才能对受害人提供全面的救济。

事实上,即使德国法将侵权法放入债法之中,它也详细列举了对各种侵害权利的救济方式,例如,《德国民法典》第823条第1款规定:“因故意或者过失不法侵害他人生命、身体、健康、自由、所有权或者其他权利者,对他人因此而产生的损害负赔偿义务。”由此表明,德国法尽管认为侵权法是债法,但是也确认了侵害各种权利应当包括在侵权法当中,而不是仅仅将侵害物权的侵权行为包括在侵权法。

民商法研究(第六辑)
第481～502页

我国侵权责任法中权利和利益的界分*

我国《侵权责任法》第2条将其保护的范围界定为民事权益,即侵权法保护的客体不仅包括债权以外的各项绝对权,也包括权利之外的利益。与第2条的规定相一致,《侵权责任法》在此后的许多条款中都采用了"民事权益"的表述。① 这种立法模式显然极大地扩张了侵权责任法的保护范围,使得该法保护的对象具有相当程度的开放性。然而,以民事权益为保护对象也使人误认为,《侵权责任法》没有严格区分权利和利益,对二者进行了没有区别的、同等的保护。对此,笔者认为,在侵权责任法中,区分权利和利益是非常重要的,其不仅关系到侵权责任具体构成要件的认定,更直接涉及对受害人保护和行为自由维护这两种利益之间的平衡。② 本文拟就侵权责任法中权利和利益的界分问题谈一些看法,以供理论界与实务界参考。

---

* 本文原作于2000年,《侵权责任法》颁布之后作出修改。

① 参见《侵权责任法》第6～7条、第23条。

② 程啸:《侵权责任法》,法律出版社2011年版,第16页。

一、侵权责任法应当既保护权利又保护法益

近代侵权责任法所救济的对象主要是权利,或者说主要是绝对权。但是,随着社会的发展,侵权责任法的保护范围日益扩张。无论是英美法系还是大陆法系,它们的侵权法都在逐渐扩张其保护的范围,不仅对权利给予保护,也对不属于权利的法益给予保护。这一过程既体现了现代法律对受害人充分救济的理念,同时,也是因为责任保险等相关制度的发展才得以实现。③

《法国民法典》第1382条规定:"任何行为使他人受损害时,因自己的过失而致行为发生之人,对该他人负赔偿责任。"该规定属于侵权法上的一般条款,它可以广泛适用于各种侵权行为,并对后世的侵权法的立法产生了重大影响。《法国民法典》第1382条实际上是"不得伤害他人"的自然法原理的成文化。④ 正如起草人塔里伯在解释《法国民法典》时所指出的:"这一条款广泛包括了所有类型的损害,并要求对损害作出赔偿。"⑤"损害如果产生要求赔偿的权利,那么此种损害是过错和不谨慎的结果。"⑥所以,受到第1382条保护的客体不限于权利,也包括纯粹经济损失等利益。例如,某职业足球运动员被他人杀害,受害人所属的足球俱乐部也可以请求侵权人赔偿因此所受的经济损失。⑦ 虽然法官在司法实践中对于损害的解释非常宽泛,但为了防止利益的保护过于泛化,法官也对损害作了适当的限制,主要采用"直接的"和"确定的"标准,来限制损害赔偿

---

③ M. Davies, The End of the Affair: Duty of Care and Liability Insurance (1989) 9 *Leg. Stud.* 967.

④ Zimmermann, Reimann (eds.), *Oxford Handbook of Comparative Law*, Oxford University Press, Oxford, 2007, p. 1007.

⑤ Jean Limpens, *International Encyclopedia of Comparative Law*, Vol. 4, Torts, Chapter 2, Liability for One's Own Act, J. C. B. Mohr (Paul Siebeck, Tuebingen), 1975, p. 45.

⑥ Andre Tunc, *International Encyclopedia of Comparative Law*, *Torts*, Introduction, J. C. B. Mohr (Paul Siebeck) Tubingen, 1974, pp. 71-72.

⑦ 王泽鉴:《侵权行为》,北京大学出版社2009年版,第41页。

的范围。⑧

从德国法的发展来看,其对于利益的保护也呈现出日益扩大的趋势。在《德国民法典》制定之时,立法者严格区分了权利和利益,并采取不同的保护模式。⑨《德国民法典》第823条第1款确立了"侵害绝对权型的侵权",仅对所有权等绝对权予以保护,而第823条第2款确立了"违反保护他人法律型的侵权",第826条确立了"背俗加害型的侵权"。较之于第823条第1款,第823条第2款和第826条的构成要件更为严格。由此可见,《德国民法典》的立法者认为,对权利以外的法益的保护,应受到比较严格的限制。正如德国学者霍恩教授在评价《德国民法典》第823条第1款的保护范围时曾写道:"《德国民法典》第三编所规定的物之所有权以及动产、不动产之上的特别权利,构成了财产秩序的核心。""按当时的一般观念,财产首先应是物之所有权(并以侵权法对其加以保护)","大量的非以物权形式存在的资产,如股票或者其他公司股份,当时很少引起民法典立法者的注意。"⑩学者一般认为,这一做法有利于充分保障一般行为自由,符合当时的经济自由主义思想。⑪ 在司法实践中,法官通过援引上述规定,以判例的方式扩张了对利益的保护。较之于第823条第1款,第823条第2款和第826条的构成要件更为严格,所以,权利以外的法益的保护受到比较严格的限制。但是,随着社会的发展,《德国民法典》所确立的规则无法满足对利益保护的需要,因此,在实践中,法官通过法律解释,甚至法官造法的方式,不断扩大对利益的保护。主要有如下几种:一是通过一般人格权(Das Allgemeine Persönlichkeitsrecht)的制度而扩张了对人格利益的保护。二是法院根据第823条第1款中的"其他权利"创设了"营业权"(Das Recht am eingerichteten und ausgeübten Gewerbebetrieb)的概念,从而保护营业利益。⑫ 三是法院在解释民法典第826条时,判例也逐渐放

⑧ 周友军:《侵权法学》,中国人民大学出版社2011年版,第19页。

⑨ MünchKomm/Wagner, § 826, Rn. 12 ff.

⑩ [德]诺伯特·霍恩:"百年民法典",载《中外法学》2001年第1期。

⑪ Brueggemeier, Deliktsrecht, Baden - Baden 1986, S. 44.

⑫ MünchKomm/Wagner, § 823, Rn. 178 ff.

松了对于“故意”要件的要求,这也有助于对利益的保护。⑬ 四是法院通过创设的“交往安全义务”(Verkehrspflichten),扩大对交易过程中当事人人身和财产利益的保护。⑭ 五是通过扩大解释善良风俗的概念,创设双重买卖、引诱违约、⑮不正当雇用⑯等制度,保护债权利益。最后还要看到的是,德国法院以法官造法的方式也在相当程度上扩大了侵权法的保护对象。⑰

在英美法上,历来就没有权利和利益的严格界分。英美侵权法保护的范围是非常宽泛的,根据许多英美法学者的观点,普通法中的侵权行为法可以分为如下几类:(1)对人身或财产的故意侵害;(2)对人身和财产的非故意侵害;(3)对人身、财物侵害的严格责任;(4)破坏名誉、对个人隐私的侵害;(5)破坏家庭关系;(6)侵害合同关系或商务关系;(7)滥用法律程序。⑱ 在这些分类中,既包括了对权利的侵害,也包括了对利益的侵害。尤其需要指出的是,英美侵权法自1932年的Donoghue v. Stevenson一案以来,⑲发展了“过失侵权”(Negligence)制度,⑳在这一制度之下,原告需要证明三项内容:一是被告存在注意义务;二是被告违反了该义务;三是被告因违反该义务而造成了损害。㉑ 过失侵权制度的涵盖范围包括隐私、纯经济损失、震惊损害等各方面利益。迄今为止,普通法学者普遍认为,过失侵权的概念具有高度的灵活性(highly flexible)和广泛的适用性(capable of general application),因此允许法官利用该制度对各种损失提供救济,这就导致了责任的扩张。正是因为这一原因,普通法系一般都采取各种措施限制这一制度的适用。㉒ 例如,英国法院通过可预见性

⑬ MünchKomm/Wagner, § 826, Rn. 23.

⑭ Mertens, Verkehrspflichten und Deliktsrecht, VersR 1980, 400.

⑮ Vgl. MünchKomm/Wagner, § 826, Rn. 144 ff.

⑯ MünchKomm/Wagner, § 826, Rn. 53.

⑰ Mertens, Verkehrspflichten und Deliktsrecht, VersR 1980, 400.

⑱ Jean Limpens, *International Encyclopedia of Comparative Law*, Vol. 4, Torts, Chapter 2, Liability for One's Own Act, J. C. B. Mohr (Paul Siebeck, Tuebingen), 1975, pp. 46 - 48.

⑲ Donoghue v Stevenson [1932] AC 56.

⑳ Markesinis and Deakin's, *Tort Law*, 6th ed., Clarendon Press, Oxford, 2008, p. 113.

㉑ Vivienne Harpwood, *Modern Tort Law*, 7th ed., Routledge - Cavendish, 2009, p. 20.

㉒ Markesinis and Deakin's, *Tort Law*, 6th ed., Clarendon Press, Oxford, 2008, p. 113.

(forseeability)关联性(proximity)及公平正义、合理性(fairness、justice、reasonableness)等方式限制其适用范围。[23]

综上所述,在比较法上,既保护权利又保护法益是侵权法发展的一个重要趋势。[24] 为了适应这一趋势,我国《侵权责任法》才以民事权益作为其保护的对象。不仅如此,《侵权责任法》第 2 条第 2 款对保护的对象进行了详细的列举。从列举的 18 项权利来看,我国《侵权责任法》保护的权利主要限于合同债权以外的绝对权。所谓绝对权,是指无须通过义务人实施一定的行为即可以实现并能对抗不特定人的权利。[25] 绝对权主要包括所有权、人身权、知识产权。侵权责任法保护的对象主要是民事权益中的绝对权,而相对权主要在特定的当事人之间发生,且缺乏公示性,故通常多不作为侵权责任法的保护范围。[26] 因为绝对权的权利人对抗的是除他以外的任何人,所以又称为对世权。从义务人的范围来看,绝对权是指义务人不确定,权利人无须经义务人实施一定行为即可实现利益的权利。"不论侵权、背俗或违法,要让行为人对其行为负起民事上的责任,都须以该行为涉及某种对世规范的违反为前提,其目的就在于建立此一制度最起码的期待可能性,以保留合理的行为空间。"[27]对于尚没有形成权利的法益,在法律上缺乏一种可预见性,人们并不知道何种行为会导致对他人法益的侵害以及将造成何种后果。所以,对侵害法益的侵权行为应当施加一定的限制,从而避免过分干涉人们的行为自由。另外,由于合同债权在性质上不是绝对权,已经受到合同法保护,故一般不应当受到侵权责任法的保护。我国侵权责任法不仅保护权利,而且对利益的保护也作出了明确规定。可以说,我国《侵权责任法》所确立的保护对象为"民事权益",这就意味着,其保护的范围既包括权利也包括利益。这本身就是我国侵权

---

[23] 王泽鉴:《侵权行为》,北京大学出版社 2009 年版,第 52 页。

[24] Jean Limpens, International Encyclopedia of Comparative Law, Vol. 4, Torts, Chapter 2, Liability for One's Own Act, J. C. B. Mohr (Paul Siebeck, Tuebingen), 1975, p. 47.

[25] 洪逊欣:《中国民法总则》,台湾 1992 年自版,第 61 页。

[26] 胡波:"中国民法典编纂体例之我见——以绝对权与相对权的二元结构为中心",载《河北法学》2007 年第 4 期。

[27] 苏永钦:《走入新世纪的私法自治》,中国政法大学出版社 2002 年版,第 306 页。

责任法的一项重要特色。

首先,《侵权责任法》之所以采取保护“民事权益”的方法来强调对利益的保护,这是我国立法经验的总结。1986年《民法通则》第5条就确立了“公民、法人的合法民事权益受法律保护”的原则。曾有学者批评该条采用“民事权益”而不是“权利”的提法,认为这与权利理论不符。但实际上,《民法通则》之所以采“权益”而非“权利”的表述,目的就在于扩张民法的保护范围,该规定的保护范围不限于权利,而扩张至某些利益,从而适应社会生活发展的需要。根据《民法通则》第106条的规定,侵权行为所侵害的对象是“财产”或“人身”,在这里,“财产”和“人身”并非仅限于财产权和人身权,还包括了未形成为权利的财产利益和人身利益。1986年2月《民法通则》(草案)(修订稿)第104条第2款曾规定:“公民、法人由于过错侵害社会公共财产,侵害他人财产、人身权利的,应当承担民事责任。”但正式颁布的《民法通则》删去了“权利”二字。我国司法实践对侵害合法利益的侵权行为也予以了制裁。例如,在“莒县酒厂诉文登酿酒厂不正当竞争纠纷案”中,法院认为,被告文登酿酒厂违背诚信原则,以仿制瓶贴装潢及压价手段竞争,属不正当竞争行为,因此应停止侵害,赔偿损失。本案中,瓶贴装潢虽未形成权利,但原告的瓶贴装潢代表了原告的白酒信誉,并能给原告带来一定的经济利益,因此应受到侵权责任法的保护。㉘

其次,以民事权益作为侵权责任法的保护对象,是全面保护受害人的需要。现代侵权法充分体现了人本主义的精神,其基本制度和规则都是适应“以保护受害人为中心”建立起来的,最大限度地体现了对人的终极关怀。《侵权责任法》第2条将保护合法权益作为侵权责任法的首要功能,实际上就是明确侵权责任法的首要功能是救济功能。㉙ 在第2条第2款对民事权益进行的列举时,《侵权责任法》把生命健康权置于各种权利之首,就体现了立法者把生命健康作为最重要的法益而予以保护的理念,

---

㉘ 参见莒县酒厂诉文登酿酒厂不正当竞争纠纷案,载《最高人民法院公报》1990年第3期。

㉙ MünchKomm/Wagner, vor § 823, Rn. 38.

体现《侵权责任法》的人文关怀。侵权责任法是私权保障法，它是在权利和法益受到侵害的情况下提供救济的法，即通过对私权提供救济的方法来保障私权的。既然侵权法是通过救济来保护私权，则其核心在于救济。现代侵权法发展的一个重要趋势是强化了对受害人的保护，凸显其救济功能。表明现代“法律所强调的重点已从承担过错转移到补偿损失”。[30]

再次，以民事权益作为侵权责任法的保护对象符合我国司法实践的需要。现行立法对于权利概括的有限性，而在现代社会，各种新型利益不断涌现，需要得到法律的保护。随着现代社会的发展，侵权责任法的保护范围正在逐渐扩大，受其保护的对象除了财产权和人身权等绝对权利之外，还包括一些合法的人身利益和财产利益。因此，“必须通过对侵权行为做扩张解释：侵害的‘权’不仅包括民事权利，而且包括受到法律保护的利益”。[31] 例如，死者人格利益、某些纯经济损失、占有利益、虚拟财产利益等，都是现代侵权责任法在发展过程中逐步承认并提供保护的。应当看到，侵权法发展的重要趋势就是，其保障权益范围的不断扩张。此种扩张主要是在利益保护方面的扩张，利益的范围也随着社会的发展而日益宽泛。[32]

最后，以民事权益作为侵权责任法的保护对象有利于保持侵权责任法的开放性。侵权责任法的总体发展趋势是从“权利保护”向“利益保护”扩张。因此，侵权责任法在权益保护范围上必须保持一定的开放性。一方面，《侵权责任法》第 2 条规定的“民事权益”本身是一个不确定概念，对社会生活现象进行了高度的概括和抽象，从而使其具有较大的包容性，能够适用于较为广泛的对象。[33] 随着社会的发展，不断出现新的民事权益。这些新型的民事权益也都要纳入侵权法的保护范围。另一方面，《侵权责任法》第 2 条第 2 款采用了“等人身、财产权益”的表述。这表明该法对保障

[30] ［德］马克西米利安·福克斯：《侵权行为法》，齐晓琨译，法律出版社 2006 年版，第 5 页。

[31] 张新宝：“侵权行为法的一般条款”，载《法学研究》2001 年第 4 期。

[32] 曹险峰：“在权利与法益之间——对侵权行为客体的解读”，载《当代法学》2005 年第 5 期。

[33] 翁岳生编：《行政法》（上册），中国法制出版社 2002 年版，第 225 页。

权益范围保持了足够的开放性。现代社会是一个风险社会,各种新的事故、损害不断出现,这都涉及侵权责任法是否提供救济的问题。从法解释学的角度来说,使用"等人身、财产权益"的表述相当于一个兜底条款。因为第2条第2款列举出来的只是典型的民事权利,现实生活中还有大量非典型的、随着社会发展而不断出现的权利和利益,都可能受到侵权责任法的保护。此外,由于扩张了对利益的保护,因此在原有的权利保护功能之外,《侵权责任法》还会具备权利的生成功能,即通过对某些利益的保护使之逐渐上升为一种权利。这就有效地保证了侵权责任法的开放性。

二、权利和法益侵害的区分标准

(一)比较法的分析

从两大法系来看,虽然都扩张了对利益的保护。但是,对于权利和利益也是有一定的界分的。这一界分的主要目的在于:一方面,强化对于一般行为自由的保障。在19世纪,侵权责任法曾以维护行为自由作为其主要功能,并因此产生了为自己行为负责的原则。该原则曾经成为民法的三大原则之一。正如有学者所指出的,侵权责任法的主要任务在于,如何构建法益保护与行为自由之间的矛盾关系。[34] 另一方面,避免对利益保护的泛化。通过界分权利和利益,并进一步区分不同的责任构成要件,可以避免利益的保护泛化。[35] 毕竟在现实生活中许多合法的利益应当受到法律的保护,但如果对权利和利益不加区分地进行保护,利益的保护就超过了其合理的边界。为此,通过区分权利和利益的不同保护标准,可以避免对个人行为自由构成过多限制,也有利于实现侵权法平衡权利保护和维护个人行为自由的功能。

---

[34] [德]马克西米利安·福克斯:《侵权行为法》(第5版),齐晓琨译,法律出版社2006年版,第4页。

[35] 于飞:"侵权法中权利与利益的区分方式",载《法学研究》2011年第4期。

大陆法系国家试图区分侵害权利和利益侵权责任的构成要件，在德国，立法者最初试图通过设置一条具有高度概括性的过错责任一般条款。《德国民法典》第一草案第 704 条第 1 款规定："因故意或过失的违法的行为或不作为给他人造成损失的，应当承担赔偿损失的责任。"㊱不过，民法典起草人为了避免给法官过于广泛的自由裁量权，㊲在过错责任原则之下，又确立了多重责任限制规则，这主要表现为明确过错责任适用的对象，即对绝对权利的不法侵害（第 823 条第 1 款）、违反保护他人之法律（第 823 条第 2 款）、违背善良风俗加损害于他人（第 826 条）等规定，从而具体限定了过错责任的适用范围。按照马克西尼司（Markesinis）的看法，这种分类实际上是建立在侵害的法益的不同类型基础上的。第 823 条第 1 款是对权利的侵害，但该权利不包括相对权。行为人是否要承担责任，取决于其是否符合如下构成要件：一是侵害了各种被列举的具体权利，即生命、身体、健康、自由、财产，或者任何其他权利；二是行为具有违法性；三是行为人必须具有过错；四是行为和损害之间具有因果关系。㊳ 而关于利益的侵害主要适用第 823 条第 2 款和第 826 条，它们是对 823 条第 1 款和 824 条的补充，它是对法律没有明文规定的法益所进行的保护。㊴ 由于《德国民法典》第 823 条所规定的保护范围过于狭窄，所以法官在司法实践中不得不扩张侵权法的保护范围，甚至通过扩张违约责任的范围（如采纳附保护第三人的合同效力、积极侵害债权等）向纯粹经济损失提供救济，这也使得权利和利益的界分变得极不清晰。㊵

《日本民法典》最初在第 709 条中，仅使用了"侵害权利"的表述。在 2004 年的《日本民法典》第 709 条修改之前，日本判例通过违法性要件扩

㊱ ［德］马克西米利安·福克斯：《侵权行为法》（第 5 版），齐晓琨译，法律出版社 2006 年版，第 3 页。

㊲ Vgl. Brox/Walker, Besonderes Schuldrecht, C. H. Beck 2008, 33. Auflage, S. 490.

㊳ B. S. Markesinis, *A Comparative Introduction to the German Law of Torts*, Third Edition, Clarendon Press, Oxford, 1994, p. 35.

㊴ Palandt and Thamas, Kommentar zum Bürgerkiches Gesetzbuch, Vertag C. H. Beck, 2003, S. 1265.

㊵ ［奥］海尔穆特·库奇奥："损害赔偿法的重新构建：欧洲经验与欧洲趋势"，载《法学家》2009 年第 3 期。

张其侵权法保护范围,即扩大到利益的保护。[41] 2004 年修改民法时,增加规定了“受法律保护的利益”。根据该条规定,“因故意或者过失侵害他人权利或者受法律保护的利益之人负有赔偿因此而造成的损失的责任”。显然,该条规定强化了对权利外利益的保护。但在实践中,对权利和利益之间的界限,也存在不少争议。通常,哪些利益受到保护,是通过判例来解释的。而以我妻荣教授和加藤教授为代表的学者提出了违法性认定的“相关关系说”,即对于违法性的判断应当根据“侵害利益的种类”和“侵害行为的形态”的相关关系来判断。[42] 加藤教授指出,“被侵害利益如果是强固的(或者被害的程度重大),侵害行为的不法性即使很小,在加害上也有违法性;而被侵害利益不是太强固(或者被害的程度不重大)的情况下,侵害行为的不法性不大,加害则没有违法性”。[43] 由此可见,日本主要是通过违法性要件来确定侵害利益的类型,及其与侵害权利的界分。

在英美法中,对于过失侵权行为通过多种标准予以限制。在 Donoghue v. Stevenson 一案中,法官就提出了“邻人标准(neighbour test)”,法官 Atkin 在该案中指出,“爱你的邻人的规则成为了法律:你不得伤害你的邻人。法律人的问题是:谁是我的邻人?其应得到一个限制性的回答。当你合理地预见到你的作为或不作为会影响到你的邻人时,应采取合理的措施,以避免损害的发生。”[44]但是,关于邻人的标准常常也引发一些争议。许多学者认为,它并没有在纯经济损失和财产损失之间作出严格的界分,而这恰恰是侵权法迫切需要解决的问题。[45] 不过,在这个判例中,不仅提出了邻人标准,而且也提出了可预见性标准。所以,后来的法官和学者在此基础上发展了可预见性规则,被告可以提出抗辩,即在事故发生之时,基于其认识是否可以预见到损害。[46] 另外,也要考虑损害发

---

[41] [日]园谷峻:《判例形成的日本新侵权行为法》,赵莉译,法律出版社 2008 年版,第 65~68 页。

[42] 于敏:《日本侵权行为法》,法律出版社 1998 年版,第 144~145 页。

[43] 转引自[日]园谷峻:《判例形成的日本新侵权行为法》,赵莉译,法律出版社 2008 年版,第 69 页。

[44] Donoghue v. Stevenson [1932] AC 56.

[45] Markesinis and Deakin's, *Tort Law*, 6th ed., Clarendon Press, Oxford, 2008, p. 115.

[46] Vivienne Harpwood, *Modern Tort Law*, 7th ed., Routledge - Cavendish, 2009, p. 134.

生的风险、损害的严重程度以及预防损害的成本。[47] 但严格来说，英美法上限制过失侵权的标准虽然较多，但主要是一种法律政策考量，而并没有对权利和利益的界分提出清晰的标准。

冯·巴尔教授主持起草的《欧洲私法共同参考框架》第2:101条第3款规定："在判断赋予损害赔偿或预防损害的权利是否公平且合理时，应参考归责基础、损害或有发生之虞的损害的性质和近因、已遭受或即将遭受损害之人的合理期待以及公共政策考虑。"[48]库奇奥教授借鉴威尔伯格教授的"动态系统论"的理论，对于受保护利益的认定，采取多标准的规则。[49] 他认为，"动态系统提供了一个替代方案：通过明确规定法官裁判时应当考量的各种重要因素，立法者可以达到非常具体化的规定目的，能够决定性地限制法官的自由裁量空间，并且也使得法官自由裁量具有可预见性，而同时又有所控制地兼顾了生活事实的多样性。"[50]在其主持起草的《欧洲侵权法原则》第2条中确立了利益保护所应考虑的多重因素，主要包括：利益的性质、利益的价值、利益的定义是否精确与明显、行为人与受害人的接近程度、责任性质、行为人的利益（尤其是该行为人行动与行使权利的自由）以及公共利益。[51] 由此可见，这两个侵权法的草案都没有提出明确的区分标准，而只是赋予法官一定的自由裁量权，综合考虑各种因素以确定是否保护利益。

（二）我国侵权责任法中权利和法益侵害的区分标准

在我国侵权责任法制定过程中，关于权利和利益的侵害是否应当严格界分，并确定明确的区分标准，一直存在不同的看法。一种观点认为：权利和利益是存在区别的，其保护的方式和构成要件应当不同。对于权利的侵害，则不需要特殊的构成要件，只要满足一般过错责任的构成要件即

---

[47] Markesinis and Deakin's, *Tort Law*, 6th Ed., Clarendon Press, Oxford, 2008, p. 235.

[48] 于敏、李昊等：《中国民法典侵权行为编规则》，社科文献出版社2012年版，第696页。

[49] ［奥］海尔穆特·库奇奥："损害赔偿法的重新构建：欧洲经验与欧洲趋势"，载《法学家》2009年第3期。

[50] ［奥］海尔穆特·库奇奥："损害赔偿法的重新构建：欧洲经验与欧洲趋势"，载《法学家》2009年第3期。

[51] European Group on Tort Law, Principles of European Tort Law: Text and Cmmentary, Springer, 2005, p. 191.

可。而对于利益的侵害,其需要特殊的构成要件,尤其是对过错程度的要求,一般应当要求行为人具有故意或重大过失。另一种观点认为:权利和利益虽然存在区别,但是,不必设定不同的构成要件,许多权利和利益本身也没有明确的界限,权利本身体现的就是利益,且权利和利益之间是相互转化的。[52] 随着社会的发展、纠纷的增多,一些利益也可能"权利化"。[53] 笔者认为,应当区分对权利的保护和对利益的保护,主要原因在于:一方面,权利都是公开的、公示的,且权利是确定他人行为自由的重要标准,故在此情况下,应采用一般的侵权责任构成要件(严格责任的情形除外)。但是,利益不是由法律事先明确规定的,也无法明确规定,其往往是由法官在新型纠纷发生后,根据个案总结提炼出来的利益种类,因此需要有不同的构成要件。另一方面,行为人在实施某种行为的时候,是否侵害了某种利益,行为人难以根据既有法律规则作出明确预判。因此,从维护行为自由的角度,需要对利益的保护,确立不同于权利侵害的构成要件,因为对利益的过度保护往往会妨碍人们的行为自由。因此,就必须要在利益的保护与对他人的行为自由之间进行有效的平衡。[54] 从维护行为自由的角度,需要对利益的保护确立不同于权利侵害的构成要件。

笔者认为,对于权利和利益的区分标准问题,首先应当以法律的规定为区分标准,凡是法律已经明确规定为权利的,除合同债权之外都属于侵权责任法的保护范围。因此,权利之外的法益,应属于利益的范围。[55] 尽管我国《侵权责任法》第 2 条第 2 款采取具体列举的方式,凡是该条列举的权利都属于侵权法的保护范围。但这并不意味着,只有第 2 条第 2 款所规定的权利才受《侵权责任法》的保护。因为该法第 2 条第 2 款本身就采

---

[52] 王胜明主编:《〈中华人民共和国侵权责任法〉解读》,中国法制出版社 2010 年版,第 10 页。

[53] 扈纪华、石宏:"侵权责任法立法情况介绍",载《人民司法(应用)》2010 年第 3 期。

[54] [奥]海尔穆特·库奇奥:"损害赔偿法的重新构建:欧洲经验与欧洲趋势",载《法学家》2009 年第 3 期。

[55] 王胜明主编:《〈中华人民共和国侵权责任法〉解读》,中国法制出版社 2010 年版,第 10 页。

取开放式列举的办法，所以，在其列举之外的绝对性权利，只要是有法律明确规定，也应属于侵权责任法的保护对象。但法律规定的权利之外的法益，则属于利益的范围。需要指出的是，虽然一般人格权已为我国司法解释所采纳，但迄今为止，法律尚没有明确确认，因此，各种新型人格权利（如个人信息权）仍然属于权利之外的利益。

问题的关键在于，如何确定侵害利益的侵权责任的构成要件？如前所述，此处所说的应受保护的利益，首先应当是私法上的利益，而不应当是公法上的利益。即便对于私法上利益的保护，也应当有适当的限制。例如，就纯粹经济损失而言，如果法律上的保护毫无限制，就可能漫无边际，过分侵害一般行为自由。1931 年，美国著名法官卡多佐曾在 Ultramates 案中提出了著名的“水闸理论”，提出一旦对纯粹经济损失放宽保护，则诉讼将像水闸泄洪一般泛滥。他认为，“如果因为轻率、不假思索之失误，未能从表面假象中发现真实，就课以过失侵权行为责任，将会使会计师面临在不特定时间中，对不特定人员负不特定责任之危险。”[56]

笔者认为，既然区分权利和利益非常重要，按照《侵权责任法》第 6 条第 1 款的规定，侵害权利时的责任构成要件为：一是行为人主观上具有过错，包括故意或过失；二是侵害的是权利即绝对权；三是存在因果关系。除了因果关系的要件外，其他两个要件上，侵害利益的责任构成要件都与侵害权利的构成要件有所不同。关于侵害利益的侵权责任构成要件，借鉴比较法上的做法，并结合我国司法实践经验，可以认为，侵害利益的构成要件应当包括如下几项：

1. 主观要件——行为人具有故意或者重大过失

这就是说，只有当行为人具有故意或者重大过失时，才应当承担侵权责任。由于尚没有形成权利的利益，在法律上缺乏一种可预见性，人们并不知道何种行为会导致对他人利益的侵害以及将造成何种后果，所以行为人侵害他人利益仅具有一般过失时，不能课以其承担侵权责任。例如，最高人民法院《关于确定民事侵权精神损害赔偿责任若干问题的解释》第

---

[56] Ultramates Corp. v. Touch, 255 N. Y. 170, 174N. E. 441 (1931). 转引自邱琦：《过失不当陈述之研究》，台湾大学法律学研究所 1992 年硕士论文，第 131 页。

1条明确规定，只有行为人以违反社会公共利益和社会公德的方式侵害他人人格尊严利益时，受害人才可以要求精神损害赔偿，行为人才应当承担责任。这就是从主观要件和行为方式上限制了人格利益的保护范围。再如，关于性骚扰，究竟侵害了什么权利，目前还存有较大争议。一般认为，性骚扰侵害的是一种人格利益，对此种利益的侵害是否构成侵权，有必要从行为人主观要件上进行限制。也就是说，关于性骚扰，通常是在行为人故意实施的情况下才能构成。

2. 客观要件限于权利外的利益

侵害利益必须是侵害绝对权以外的其他利益，其并没有类型化为民事权利。例如，河北省某法院曾将张晓杰诉辛克伟一案中的合同纠纷定性为“侵害监护权”，依侵权案件管辖，并适用《民法通则》有关侵权的规定。对此，最高人民法院在（1991）民他字第53号函复中明确给予了否定：“张晓杰与辛克伟在离婚时自愿达成的扶养子女协议并不违反法律，双方在履行该协议中发生争执，仍属于扶养子女纠纷，对此，张晓杰以‘侵害监护权’为由起诉，原一、二审人民法院以‘侵权’案件受理、审判，均属不当。”因为债权属于相对权，不具有社会公开性，第三人又无从知悉，且同一债务人的债权人有时很多，如果适用侵权责任，加害人的责任将无限扩大，不符合社会生活中损害合理分配的原则，同时也会妨碍自由的市场竞争。[57] 尽管侵权责任法对侵害合同债权不予救济，但是在特殊情况下，因第三人故意违背善良风俗而侵害债权时，侵权责任法也可以提供救济。[58]

但对于侵害利益的侵权责任客观构成要件，应当具有一定的限制，这些限制主要包括：

一是考虑利益的位阶。利益可以是有位阶的。受道德、经济和其他一些考量因素的影响，根据法律对不同人身或者财产利益提供保护力度的强弱，这些利益之间呈现出一定的位阶关系。在某一个类型的利益内部，

[57] 王泽鉴：《侵权责任法：基本理论·一般侵权行为》，台湾1998年自版，第198页。

[58] 王文钦：“论第三人侵害债权的侵权行为”，载梁慧星主编：《民商法论丛》（第6卷），法律出版社1997年版；朱晓喆：“债之相对性的突破——以第三人侵害债权为中心”，载《华东政法学院学报》1995年第3期。

也可能可以进一步区分为不同的位阶。一般来说,利益的位阶越高,侵权责任法提供保护的必要性越大,而利益的位阶越低,则受保护的必要性就相对较低。一般来说,人格利益要优越于财产利益,生存利益优先于商业利益,而生命健康等物质性人格利益要优于精神性人格利益,因此,位阶低的利益在保护上要受到更大的限制。[59]

二是考虑行为自由的保护。"不论侵权、背俗或违法,要让行为人对其行为负起民事上的责任,都须以该行为涉及某种对世规范的违反为前提,其目的就在于建立此一制度最起码的期待可能性,以保留合理的行为空间。"[60]《欧洲侵权法原则》第2条第6款所规定的,"决定利益保护范围时,应考虑行为人的利益,尤其是该行为人行动与行使权利的自由,以及公共利益"。[61] 侵权法不仅要保护民事权益,而且要保护人们的一般行为自由。如果民事利益的保护程度过高,就会使得人们动辄得咎,行为自由受到不当的限制。例如,对纯粹经济损失是否都要保护,要考虑到保护此种纯粹经济损失是否会限制行为自由,如果片面扩大某一行为引发的损害关系链条,将使行为人随时面临无尽的诉讼和责任。每个人可能因为轻微的过失,而承担巨大的损害赔偿责任,并为此而倾家荡产。

三是行为人与受害人之间的相互关系。行为人侵害他人利益,在确定行为人是否应当承担侵权责任时,应当考虑当事人之间的密切关系,以及他们之间的相互依赖性。[62] 一般而言,如果行为人与受害人关系密切,则其在行为时就应当预见到可能侵害他人利益,此时,其就应当承担侵权责任。例如,行为人与被侵害人之间关系密切,对被侵害人的人身、财产状况有充分的了解,则其对行为造成的损害结果有可能预见。如果行为人与受害人相距遥远,很难预见到损害的发生,受害人也就可能不受保护。

---

[59] 欧洲侵权法小组编著:《欧洲侵权法原则:文本与评注》,于敏等译,法律出版社2009年版,第63页。

[60] 苏永钦:《走入新世纪的私法自治》,中国政法大学出版社2002年版,第306页。

[61] European Group on Tort Law, *Principles of European Tort Law: Text and Commentary*, Springer, 2005, p. 193.

[62] 欧洲侵权法小组编著:《欧洲侵权法原则:文本与评注》,于敏等译,法律出版社2009年版,第62页。

如果行为人与受害人之间不存在密切关系,其一般不会预见到他人利益的存在,从维护个人行为自由出发,不应当课以其侵权责任。

三、侵权法保护的利益认定与种类

(一)侵权法保护的利益的认定标准

尽管《侵权责任法》要保护利益,但这并非意味着,所有的利益都应当成为该法的保护对象。笔者认为,在侵权责任法中,需要获得保护的权利外的利益应当符合如下标准:

第一,这种利益必须是私法上的利益。一般认为,侵权责任法所保护的利益仅限于私益,而不包括公法上的利益。[63] 易言之,侵权行为所侵害的权利或利益必须是特定民事主体的利益,而非社会公共利益或受公法保护的利益。

第二,这种利益具有绝对性,绝对性意味着任何第三人都必须对此种利益予以尊重,负有不得侵害的义务。利益的绝对性与绝对权的绝对性不完全相同。受侵权法保护的利益的绝对性表现在两个方面:一是具有公开性。所谓公开性,是指这种利益不限于特定当事人之间,而能够为第三人所知道和了解。因为,只有通过公示的方法向社会公开、使第三人知道,才能够使该利益产生对抗第三人的效力,使得权利人之外的一切人负有不得侵害该利益的义务,从而起到行为规则的作用。二是具有对抗第三人的效力。所谓对抗第三人,就是说这种利益可以排除任何第三人的侵害,在其遭受侵害的时候,享有此种利益的民事主体可以针对任何第三人提出主张和提起诉讼。

第三,这种利益具有合法性。侵权法保护的“利益”应限定为“合法利益”,这也就是所谓的“法益”。对于非法的利益,侵权法不应给予保护。

---

[63] 王泽鉴:《民法学说与判例研究》(2),台湾1996年自版,第218页以下;王泽鉴:《侵权责任法:基本理论·一般侵权行为》,台湾1998年自版,第97页;孙森焱:《民法债编总论》(上),台湾1979年自版,第210页。

所谓非法利益是指那些与非法行为密切相关的利益。[64] 例如,甲、乙两人都是高三学生,甲帮助乙作弊,导致甲自己的高考资格被取消,甲被迫复读一年,导致了相关的损失,如报名费、住宿费等。在该案中,甲所遭受的损失是与非法行为密切相关的利益,是不具有可救济性的损失。再如,某人被车撞伤后,不能从事某种非法交易,此种利益损失也难以受到法律保护,但其因撞伤所遭受的人身伤害则应当受到法律保护。

第四,这些利益必须具有侵权责任法上的可补救性(erstattungsfähig),也就是说,对这些利益的侵害能够通过侵权责任方式给予救济。[65] 由于侵权责任法保障的权益范围正在不断扩大,在许多法律没有规定的利益遭受侵害以后,受害人也希望寻求侵权责任法的救济,从而使侵权责任法保障范围的界定更为困难。笔者认为,在确定侵权责任法保障范围时,必须要明确侵权责任法所保护的利益是能够通过侵权责任形式提供救济的。对于侵权责任不能提供救济的利益,是不能通过侵权责任法保护的。

(二)侵权法所保护的几种典型的利益

1. 一般人格利益

所谓一般人格利益,是指由法律采取高度概括方式而赋予民事主体享有的具有集合性特点的人格利益。[66] 人格权是一个开放的、发展的体系。我国早在《民法通则》中就确认了多项具体人格权。然而,随着社会的发展,这些具体的人格权并不能概括各种新的人格利益。为了强化对公民人身利益的保护,《侵权责任法》需要扩大对一般人格利益的保护。在法律没有确认这些一般人格利益为人格权的情况下,它们都是属于法律保护的权利之外的利益。

一般人格利益应当包括如下三项内容:一是人格平等。有学者主张将平等权作为具体人格权,笔者认为,平等更应当是整个人格权法乃至整个民法所贯彻的一种价值。人格权法保护的平等是指人格不受歧视的平

---

[64] 德国联邦最高法院的一则判决认为,色情性交易契约违反善良风俗,因此无效,娼妓因被车撞伤而无法从事色情交易期间的收入损失,不属于合法利益,不得请求赔偿。至于该受害妓女的实际生活困难应由社会加以救助。参见 BGHZ,67,119。

[65] Geigel/Pardey, § 4,Rn. 1.

[66] 王利明、杨立新、姚辉编著:《人格权法》,法律出版社 1997 年版,第 23 页以下。

等,它是一种精神利益和权利的平等,而不是一种财产上、物质上的平等。二是人格尊严。人格尊严是指公民基于自己所处的社会环境、地位、声望、工作环境、家庭关系等各种客观条件而对自己和他人的人格价值和社会价值的认识和尊重。[67] 人格尊严很大程度上是名誉权等具体人格权不能保护的法益。三是人身自由。许多学者认为,自由权应该作为具体人格权,但实际上自由的概念非常广泛,既包括财产自由,也包括人身自由、经济自由、竞争自由等。但人格权法保护的自由主要限于人身自由。最高人民法院《关于确定民事侵权精神损害赔偿责任若干问题的解释》第1条第1款明确承认,自然人在"人格尊严权、人身自由权"受到侵害之后有权向人民法院起诉请求赔偿精神损害。该司法解释将违反社会公共利益或者社会公德侵害他人人格利益作为一种独立的侵权类型,对这类合法利益提供直接的司法保护。该规定为我国侵权责任法的保护范围的扩展奠定了实践基础。

2. 死者人格利益

人格权作为一种民事权利只能由活着的人享有,死者的名誉、姓名、肖像等不再属于权利,但是,民事权利以利益为内容,这种利益是社会利益和个人利益的结合,一个人死亡后,其权利能力终止,他不可能再享有实际权利中包含的个人利益,但由于权利中包含了社会利益的因素,因此,在公民死亡后,法律仍需要对这种利益进行保护。[68] 同时,侵害死者的人格利益还将导致死者的近亲属遭受财产与精神上的损害,因此对死者人格利益的保护并非对死者的保护,而只是对某些社会利益或个人利益的保护。最高人民法院《关于确定民事侵权精神损害赔偿责任若干问题的解释》第3条正是基于这一考虑而明确规定,对死者的姓名、肖像、名誉、荣誉、隐私和其他相关的人格利益进行延伸性保护,允许死者的近亲属请求精神损害赔偿。

3. 占有

在现实生活中,许多占有的状态尽管还没有形成权利,但法律从维护

---

[67] 王利明、杨立新、姚辉编著:《人格权法》,法律出版社1997年版,第35页。

[68] MünchKomm/Rixecker, Anhang zu § 12 Das Allgemeine Persönlichkeitsrecht, Rn. 32.

社会秩序和人对物的关系出发，需要对这些占有状态进行保护。如拾得遗失物和漂流物、发现埋藏物，依据法律规定，占有人应及时返还失主或上交国家，而不能据为己有，占有人也不能因其占有而获得占有权并长期占有这些物。但这是否意味着占有人的占有不受法律保护呢？显然不是。因为占有一旦形成，便应当受到法律保护，假如对上述占有人不予保护，任何人都可以凭借暴力从占有人手中侵夺其占有物，则社会经济秩序和财产秩序将遭到严重破坏，法律秩序也将荡然无存。[69] 因此，为保护占有、维护秩序，需要扩大占有的概念，即使未形成权利的占有也需获得法律的保护。占有本身并不是物权，甚至并不是一种权利，而是一种应当受到法律保护的状态，或者说是一种利益，我国《物权法》第 245 条规定了侵害占有的侵权责任，以及对占有物的返还原物请求权、排除妨害请求权和消除危险请求权。因此，占有也是受侵权法所保护的权利外的利益。

4. 纯粹经济损失

"纯经济上的损失"在英语中称为"pure economic loss"或"pure pecuniary loss"，在德语中称为"纯粹经济损害（blosse Vermögensschäden 或者 reine Vermögensschäden）"。它是指行为人的行为虽未直接侵害受害人的权利，但给受害人造成了人身伤害和有形财产损害之外的经济上损失。Robbey Bernstein 认为，"纯经济损失，就是指除了因对人身的损害和对财产的有形损害而造成的损失以外的其他经济上的损失"。该定义被认为是比较经典的定义。[70] 例如，某注册会计师就公司的资产出具了虚假的验资报告，股民因相信该报告购买该公司的股票后，股票价值大幅下跌，此时该注册会计师就造成了股民的纯经济损失。再如，某人因驾驶不当，与前车相撞，致使道路堵塞，后面的车主因为不能及时驾车出席演唱会，造成财产损失。由于纯经济损失常常表现为一种费用的损失，所以，纯经济损失也被认为是因对原告的人身和有形财产造成的实质损害而产生的费

---

[69] MünchKomm/Wagner, § 823, Rn. 157 ff.

[70] Robbey Bernstein, *Economic Loss*, 2nd ed., Sweet & Maxwell Limited, 1998, p. 2.

用损失。[71]

纯经济损失不表现为对民法上绝对权利的侵害,而是绝对权利之外的财产法益损失。在侵权法上,纯经济损失是一个日益受到关注的问题,也是侵权法中的一个新课题。尽管一些学者认为,纯经济损失所解决的问题实际上是因果关系解决的问题,可以由法官从因果关系的角度加以判断解决。[72] 但是,从侵权责任法保护对象的角度来看,它也涉及侵权责任法的保护范围是否应当扩张到纯经济损失的问题。笔者认为,原则上,纯粹经济损失是不能获得补偿的,但在例外情况下,从保护受害人的需要出发有必要对纯粹经济损失予以保护,且因果关系具有相当性或可预见性时,应当对纯经济损失提供补救。需要指出的是,虽然侵权责任法保护利益,但这种利益必须是合法利益。对非法利益造成的损害,法律是不予以补救的。因为法律体系之间必须保持统一性,如果侵权责任法对于非法利益给予补救,则会导致侵权责任法与其他法律的冲突。[73] 例如,我国法律禁止"黑出租",如果"黑出租车"司机因交通肇事而受伤,则其因无法开黑车而遭受的利润损失,是不能获得救济的。

5. 债权利益

《侵权责任法》第2条第2款列举的权利中没有包括债权。这意味着债权原则上是不受侵权法的保护的,而应当受到合同法的保护。一般来说,侵权责任法保护的对象不包括相对权,即合同债权,这一点是侵权责任法和合同法的基本区别,但是,此种区别并不是绝对的。随着现代民事责任制度的演化,尤其是违约责任和侵权责任竞合现象的发展,侵权责任法在特殊情况下也保护合同债权。根据英美侵权法,第三人故意引诱他人违约,将构成经济侵权(economic harm),并负侵权行为责任。[74] 就对外

---

[71] [美]D. W. Robertson:"义务的新领域·纯粹经济损害",刘慧译,载张新宝主编:《侵权法评论》,人民法院出版社2003年版。

[72] [美]D. W. Robertson:"义务的新领域:纯粹经济损害",刘慧译,载张新宝主编:《侵权法评论》,人民法院出版社2003年版。

[73] European Group on Tort Law, Principles of European Tort Law: Text and Commentary, Springer, 2005, p. 24.

[74] Epstein, Gregorg & Kleven, *Cases and Materials on Torts*, Little, Brown and Company, 1984, pp. 1336 - 1344.

效力来说,债权与其他民事权利一样都具有不可侵害性,当这种权利受到第三人侵害之后,债权人有权获得法律上的救济。尤其是债权也体现了债权人所享有的利益,尽管这种利益是预期的利益,但如果债务得以履行,这种利益是可以实现的。在现代社会中,这种利益已经成为一种重要的财富,所以债权也可以成为侵权行为的对象。债权作为侵权责任法保护对象的另一个重要根据在于:债权在遭受第三人侵害的情况下,如不受到侵权责任法的保护,则债权人可能难以获得有效的救济手段;同时,对于加害人来说,也难以受到法律的制裁。

需要指出的是,由于侵权法保护的权益都具有绝对性,债权仅仅在例外的情况下才能受到侵权法的保护。所谓例外,一方面,是指债权的保护原则上应当通过合同法等制度来实现,侵害债权制度应该仅作为一种辅助性的法律制度而存在;另一方面,债权受到侵权法的保护具有严格的条件限制。例如,侵害债权的行为人主观上具有故意。这就是说,侵权行为人不仅明知他人债权的存在,而且具有直接加害于他人债权的故意。对于债权人来说,他要向第三人主张侵害债权的赔偿,也必须证明第三人在实施某种行为时具有损害其债权的故意。如果他不能证明行为人具有侵害债权的故意,而仅能证明行为人具有侵害其他权利的故意(如侵害债权人的其他财产的故意),或者行为人侵害债权的主观状态为过失,行为人均无须承担侵害债权的侵权责任。将侵害债权的行为人主观上具有故意作为构成侵害债权的要件,从根本上说旨在于限定侵害债权制度的适用范围。[75] 从实践上来看,某人实施一定的行为,可能会妨碍债务人履行债务,或者不同程度地影响债权人债权的实现,但因为债权具有不公开性,行为人通常不知道他人债权的存在,或不具有侵害债权的意图,便使其负侵害债权的责任,将会严重妨害人们的行为自由,妨碍自由竞争的展开。[76] 同时,也会使大量的违约行为纳入侵害债权的范围,从而将严重混淆侵权责任和违约责任的区别。

《侵权责任法》虽未对第三人侵害合同债权的侵权责任作出明确规

---

[75] 孙森焱:《民法债编总论》(上册),法律出版社2007年版,第164页。

[76] MünchKomm/Wagner, § 826, Rn. 17.

定,但该法第2条第2款规定的“民事权益”中也包括了债权利益。不过,法院在确立第三人侵害合同债权的侵权责任时,其应当依据的是《侵权责任法》第6条第1款,而非该法第2条第2款。因为第2条第2款并非是完全法条,不包含构成要件和法律后果。从归责原则上说,侵害债权的责任仍然是过错责任,且从后果上说它仍然是侵害民事权益,只不过,其是作为特殊的利益,因此,可以看作《侵权责任法》第6条第1款所确立的过错责任适用的特殊情况。

6. 其他合法利益

由于侵权责任法保护其他合法利益在法律上难以一一列举,因此,《侵权责任法》第2条采用了“等”人身、财产权益的兜底性表述。这表明我国侵权法的保护范围具有很大的开放性,它为各种新型合法利益的保护提供了很大的空间,能够适应现代社会发展的需要。[77] 例如,对信托权、成员权、网络虚拟财产权等权益的侵害及救济,实际上是通过对合法利益的保护来实现的。在实践中,盗用他人姓名、账号、密码、执照等进行交易,造成他人损害的,行为人应当承担民事责任;妨害他人正常经营活动造成损害的,受害人有权请求行为人停止侵害、赔偿损失。在侵害利益的责任中,大多涉及纯经济损失的补偿问题。[78] 但这些合法利益的范围是在不断发展变动的,各种新的合法利益受到侵害之后,也可以受到侵权法的保护。

---

[77] 扈纪华、石宏:“侵权责任法立法情况介绍”,载《人民司法(应用)》2010年第3期。

[78] Epstein, Gregorg & Kleven, *Cases and Materials On Torts*, Little Brown Company, 1984, pp. 1336 – 1344.

民商法研究(第六辑)
第503~532页

美国惩罚性赔偿制度研究*

惩罚性损害赔偿(punitive damages),也称为惩戒性的赔偿(exemplary damages)或报复性的赔偿(vindictive damages),一般是指由法庭所作出的赔偿数额超出了实际的损害数额的赔偿,①它具有补偿、惩罚与遏制等多重功能。惩罚性赔偿作为一项集补偿、惩罚、遏制等功能于一身的制度,是美国法上固有的制度。② 自20世纪特别是第二次世界大战以来,该制度在美国产品责任法等领域得到广泛的运用,按照菲力普(Phillips)的观点,惩罚性赔偿的适用已改变了美国侵权法,③但也因此引起了很多的争议。本文拟对美国的惩罚性赔偿制度作初步的探讨。

一、惩罚性赔偿的概念和特点

惩罚性赔偿,指法院判定的具有惩罚性质的损害

---

* 原载《比较法研究》2003年第5期。

① Exemplary Damages in the Law of Torts, 70 *Harv. L. Rev.* 517, 517 (1957).

② Malzof v. United States, 112 S. Ct. 711, 715 (1992).

③ Timothy J. Phillips, The Punitive Damage Class Action: A Solution to the Problem of Multiple punishment, 1984 *U. Ill. L. Rev.* p. 153.

赔偿金不仅是对原告人的补偿,而且也是对故意加害人的惩罚。④ 美国《惩罚性赔偿示范法案》将惩罚性赔偿定义为“给予请求者的仅仅用于惩罚和威慑的金钱”。美国学者兰伯特认为,惩罚性赔偿对侵权法事故抑制功能的发挥起到了至关重要的作用。⑤ 也有学者认为,应当区分加重赔偿与惩罚性赔偿,惩罚性赔偿的目的在于惩罚与威慑,如果被告人行为恶劣,造成精神损害,就适用加重赔偿而不适用惩罚性赔偿;如果没有精神损害,而被告人的行为需予以制裁,就适用惩罚性赔偿;如果被告的行为既造成精神损害,又需要予以制裁,就要同时适用加重赔偿和惩罚性赔偿。⑥

从根本上说,惩罚性赔偿是为了弥补补偿性损害赔偿适用的不足而产生的,两者之间具有密切联系。正如有学者所指出的,“惩罚性赔偿金的目的在于补充填补性损害赔偿的吓阻漏洞”。⑦ 一方面,惩罚性赔偿以补偿性赔偿为前提,只有在符合补偿性赔偿的前提下,才有可能构成惩罚性赔偿。因此,受害人原则上不能单独请求惩罚性损害赔偿,而必须以补偿性损害赔偿的成立为前提。另一方面,惩罚性赔偿数额的确定与补偿性赔偿也有一定的关系。美国法院一般认为,任何惩罚性赔偿均应受到限制,使其与补偿性赔偿额具有某种合理的关联性,⑧这就是所谓的比例性原则(the Ratio Rule)。与补偿性赔偿相比较,惩罚性损害赔偿具有如下几个特点:

1. 目的和功能的多样性。关于惩罚性赔偿的功能,学者有各种不同的观点。例如,欧文列举惩罚性赔偿的功能为四项,即惩罚、遏制

---

④ [英]沃克编辑:《牛津法律大辞典》,北京社会与科技发展研究所译,光明日报出版社1998年版。

⑤ Thomas F. Lambert, Suing for Safety, Trial, Nov. 1983, at 48. Michael L. Rustad, How the Common Good Is Served By the Remedy of the Remedy of Punitive Damages, 64 *Tennessee Law Review*, 1997.

⑥ 王利明主编:《民法典·侵权责任法研究》,人民法院出版社2003年版,第275页。

⑦ 何建志:“惩罚性赔偿金之法理与适用”,载《台大法学论丛》2002年第31卷第3期。

⑧ See eg. Nabours v. Longview sav (Tex. 1985); Palmer v. Ted Stevens Honda Inc., 193 Cal. App. 3d 530, 238 Cal. Rpto. 363 (1987).

(deterrence)、使私人协助执法(law enforcement)、补偿。[⑨] 查普曼等人则认为,惩罚性赔偿的功能有三种,即补偿、报应(retribution)和遏制。[⑩] 事实上,惩罚性赔偿的功能主要是补偿和惩罚。补偿和惩罚功能的结合产生了遏制等其他功能。惩罚性赔偿的功能不仅在于弥补受害人的损害,而且在于惩罚和制裁严重的过错行为,通过惩罚以达到遏制不法行为的目的。在许多案件中,惩罚性赔偿主要是在补偿性损害赔偿不能有效地保护受害人和制裁不法行为人时予以适用的。

惩罚性赔偿集惩罚和补偿于一身,最能体现侵权法的个别预防(special deterrence)功能与一般预防(general deterrence)功能。一般损害赔偿主要以补偿为功能,而惩罚性赔偿还具有惩罚性功能。应该看到,现代侵权法的惩戒功能具有逐渐衰弱的趋势,这主要是因为,侵权责任最注重对受害人的补救,而不在于对行为人主观过错的制裁。尤其是责任保险损失分担制度的发展,使得侵权法惩戒功能逐渐减弱。正如一些美国学者所指出的,责任保险在增加侵权责任的赔偿功能的同时,削弱了侵权责任预防事故的功能。[⑪] 所以侵权法的一般损害赔偿虽然能够有效地填补受害人所遭受的损害,但不足以形成对不法行为的制裁,难以起到损害预防的作用。如果不法行为人具有较多的财产,对赔偿数额并不在意,则侵权法的一般损害赔偿将很难起到预防损害再次发生的功能。所以,一些美国学者如海尔顿等人认为,惩罚性赔偿就是采用利益消除的方式来遏制不法行为。通过判定惩罚性赔偿,使行为人考量成本效益,从利益机制上对其行为进行遏制,这就形成了一种最优化的遏制方式(optional deterrence)。[⑫]

2. 注重行为人的主观状态。美国学者认为,惩罚性赔偿的适用虽然以

---

⑨ David G. Oven, Punitive Damages in Products Liability Litigation, 74 *Michigan Law Review* 1257, 1287(1976).

⑩ Bruce Chapman and Michael Tebilcock, Punitive Damages: Divergence in Search of A Relationale, 40 *Alabama Law Review*, 741(1989).

⑪ 参见薛虹:"演变中的侵权责任和人身伤亡事务问题的解决",载《民商法论丛》(第5卷),法律出版社1996年版,第720页。

⑫ Keith N. Hylton, Punitive Damages and the Economic Theory of Penalties, 87 *Gerorgetown Law Journal*, 421(1998).

实际损害的发生为前提，但与一般的损害赔偿不同，惩罚性赔偿的赔偿数额并不以实际损害为限，而要考虑加害人的主观过错程度。通常，一般损害赔偿的适用并不需要区分行为人主观上是故意还是过失。换言之，行为人的主观恶性一般不会影响其赔偿的实际数额。按照完全赔偿原则，即使行为人过错程度较低，也应当对其造成的损害承担赔偿责任。但一般的损害赔偿对不法行为的遏制功能是有限的。因为在特殊情况下，行为人主观上出于恶意或者故意但其造成的损害后果并不严重，根据实际赔偿原则，行为人只需赔偿受害人少量的损失，这显然不足以遏制侵权行为的再次发生。因此，有必要依据行为人的主观过错程度对其施加惩罚性赔偿。美国惩罚性赔偿的运用通常都要求行为人主观具有恶意。例如，原告如果证明被告在实施侵权行为时具有恶意（malice）、实际的、明显的、事实上的恶意（actual，express or malice in fact），或被告具有恶劣的动机（bad motive），或被告完全不顾及原告的财产或人身安全，那么就可以考虑适用惩罚性赔偿。⑬ 美国有14个州甚至明确规定，被告必须具有恶意才能够适用惩罚性赔偿；加利福尼亚州要求更为严格，规定只有在不法行为人在胁迫、欺诈和具有恶意的情况下，才能适用惩罚性赔偿。⑭

一些美国学者通过一些经济分析的方法，表明对行为人主观状态的惩罚能够起到预防损害发生的效果。如库克（Cooker）通过建立经济模型的方式进行分析后发现，对过失侵权而言，最好通过补偿性赔偿对受害人进行补偿，而惩罚性赔偿应当仅仅适用于故意侵权行为。这主要是因为，故意侵权行为人的责任若适用补偿性赔偿会导致加害人侵权行为的成本递减，不利于对此类侵权行为的预防。因此，库克建议惩罚性损害赔偿应成为一种对加害人而言额外的成本，以阻止加害人的行为。⑮ 此种观点是有一定道理的。

3. 它具有补充补偿性损害赔偿适用不足的功能。惩罚性赔偿的数额要高于甚至大大高于补偿性损害赔偿。在许多情况下，惩罚性赔偿是在

---

⑬ 谢哲胜：《财产法专题研究》（第2卷），台湾元照出版公司1999年版，第20页。

⑭ 陈聪富："美国法上之惩罚性赔偿金制度"，载《台大法学论丛》2002年第31卷第5期。

⑮ 王成：《侵权损害赔偿的经济分析》，中国人民大学出版社2002年版，第192页。

实际损害不能准确地确定、通过补偿性赔偿难以补偿受害人遭受的损失的情况下所适用的。如果损害的数额能够准确地确定、通过补偿性赔偿已足以补偿受害人的损失的，则原则上可以不必适用惩罚性赔偿（但被告有恶意的除外）。在计算惩罚性赔偿数额时，法官和陪审团要考虑加害人所获得的利益、过错程度、经济能力等因素。如果行为人有足够的经济能力或者加害人从不法行为中获得了极大的利益时，则可能负担更重的赔偿责任。正如 Owen 所指出的，惩罚性赔偿运用的原因之一是因为被告从不法行为中获得了利益。⑯ 惩罚性赔偿的运用可以形成有效的利益机制，来刺激受害人主张权利，以制止欺诈、生产不合格的产品等不法行为。⑰由此可见，惩罚性赔偿与补偿性的损害赔偿的赔偿范围是不同的。

4. 赔偿数额的法定性。惩罚性赔偿可能给予法官和陪审团过大的自由裁量权，所以需要立法对其作出限制。美国联邦最高法院认为，在作出惩罚性赔偿的判决时，应当尽可能地尊重立法者对不法行为课以惩罚的价值判断。⑱ 因此，惩罚性赔偿的数额大多是由法律法规直接规定的，或者由法律法规对惩罚性赔偿的最高数额作出限制，以防止法官陪审团任意确定惩罚性赔偿的数额。法官和陪审团确定的数额也不得突破法律法规规定的最高限额。一般情况下，补偿性损害赔偿可以由当事人事先约定赔偿数额和范围，但当事人并不能自由约定惩罚性赔偿的数额。因为惩罚性损害赔偿是对过错行为的制裁，此种责任是对国家的责任。在某些情况下，当事人约定的赔偿数额因超过实际损害的数额而具有某些惩罚性，但这只是对惩罚性违约金的规定，而不能成为惩罚性赔偿。

二、惩罚性赔偿的历史发展

大多数学者认为，英美法中的惩罚性赔偿最初起源于 1763 年英国法

⑯ David G. Owen, Punitive Damages in Products Liability Litigation, 74 *Mich. L. Rev.* 1257, 1329 (1976).

⑰ David Luban, A Flawed Case Against Punitive Damages, 87 *GEO. L. J.* 359 (1998).

⑱ 陈聪富："美国法上之惩罚性赔偿金制度"，载《台大法学论丛》2002 年第 31 卷第 5 期。

官Lord Camden在Huckle v. Money一案中的判决。[19] 在早期英国普通法中,由于非具体损害,如精神痛苦与情绪受挫,无法以金钱计算,因此一般认为此种损害无法获得赔偿,惩罚性赔偿金制度即在于补其不足。[20] 十八九世纪,惩罚性损害赔偿主要适用于诽谤、诱奸、恶意攻击、诬告、不法侵占住宅、占有私人文件、非法拘禁等使受害人遭受名誉损失及精神痛苦的案件。18世纪曾有一个关于惩罚性损害赔偿的著名案件,在该案中,原告是一个医生,与被告发生纠纷,双方准备以枪战解决争议,后被告提议以饮酒和解,但被告在原告的酒中加入某种药物,使原告感到非常痛苦,法院判决被告承担惩罚性损害赔偿。由此可见,当时的惩罚性损害赔偿在很大程度上具有弥补受害人精神痛苦的作用。至19世纪中叶,惩罚性赔偿已被法院所普遍采纳。[21] 当时的法官认为这一制度的主要功能是惩罚被告,并对原告作出赔偿。

自20世纪以来,由于大公司和大企业的蓬勃兴起,其制造的各种不合格的商品对消费者造成了严重的损害,尽管消费者可以通过一般损害赔偿获得补救,但由于大公司资产雄厚,一般的补偿性赔偿难以遏制其为追逐赢利而制造和销售不合格甚至危险商品的行为,这就有必要通过惩罚性损害赔偿遏制不合格商品的泛滥,从而保护广大消费者的利益。因此,惩罚性损害赔偿逐渐适用于产品责任,同时赔偿的数额也在不断提高,例如,从1965年至1984年,在美国旧金山的各法院,惩罚性损害赔偿数额增加了300%。[22] 有学者认为,在过去20年,美国惩罚性赔偿的最大变化是数额的增加。1976年最高惩罚性赔偿金仅为25万美元,但在1981年的一个案件中陪审员确认为赔偿金竟高达12亿美元,上诉审确认为是350万美元。[23] 尤其是在1993年的TXO Production Corp. v. Alliance Resources

⑲ Huckle v. Money. 95 Eng. Rep. 768 C. P. 1763. 在美国则是在1784年 的 Genay v. Norris一案中最早确认了这一制度。Genay v. Norris ,1 S. C. L. 3, 1 Bay6 (1784).

⑳ 陈聪富:"美国法上之惩罚性赔偿金制度",载《台大法学论丛》2002年第31卷第5期。

㉑ David Owen, Punative Damage in Products Liability Litigation, 74 *Mich. L. Rev.* 1257 (1976).

㉒ David Owen, Punative Damage in Products Liability Litigation, 74 *Mich. L. Rev.* 1257 (1976).

㉓ Grimshaw v. Ford Motor Co. , 119 Cal. App. 3d 757, 174 Cal. Rptr. 348 (1981).

Corp.一案中,最高法院大大提高了惩罚性赔偿的数额。本案中,被告被判定的补偿性损害赔偿数额是1.9万美元,而惩罚性赔偿却是1000万美元。最高法院认为此项惩罚性赔偿金是合理的,因为上诉人的诈欺行为若成功,将可获得500万~800万美元的不当利益,高于实际损害526倍的惩罚性赔偿并不违反正当法律程序所保护的权利。[24] 但是也有一些学者认为,惩罚性损害赔偿在产品责任中的广泛运用可能妨碍经济的自由,对美国经济和科技的发展造成了不良影响。由此引发了20世纪80年代中期一场有关惩罚性赔偿合理性的争论。尽管如此,在美国,除四个州(Louisiana、Massachusetts、Nebraska、Washington)未采纳惩罚性赔偿以外,各州都已经采纳了这一制度,惩罚性赔偿已经成为美国法中一项非常牢固的制度。[25]

按照拉施泰德等人的研究,在20世纪60年代末,惩罚性赔偿极少适用于产品责任,自70年代后增长很快,但在80年代中期以后又逐渐下降。[26] 其原因在于:自80年代中期以后,美国掀起了一场针对惩罚性损害赔偿的批评运动。赞成和反对采用惩罚性赔偿者都各有其理由。有一些人主张对惩罚性赔偿制度实行改革,另一些人则反对改革。美国司法部在1995年发表的一份研究报告表明,在75个县的76,200个案件中,原告胜诉的案件仅一半,并且只是在6%的案件中,原告关于惩罚性赔偿的请求是成功的,这些案件中也只有10%的赔偿金给了原告,而惩罚性赔偿在合同和财产中的应用要高于侵权案件。在惩罚性赔偿适用的案件中,仅12%的案件中原告收到了超过1000万元的惩罚性赔偿。[27] 但这与学者所做的调查结果却并不一致,如Daniels和Martin认为,在80年代初,由陪审员裁决的25627个民事案件中仅4.9%适用了惩罚性赔

---

[24] TXO Production Corp. v. Alliance Resources, 509 U.S. 443 (1993).

[25] Malzof v. United States, 112 S. Ct. 711, 715 (1992).

[26] Michael Rustad & Thomas Koenig, The Supreme Court and Junk Social Science: Selective Distortion in Amicus Briefs, 72 *N. C. L. Rev.* 91 (1993).

[27] U. S. Dept. of Justice, Civil Jury Cases and Verdicts in Large counties (1995).

偿。[28] Abel 认为惩罚性赔偿在美国适用的并不是很普遍,大量的案件并没有采用惩罚性赔偿。[29] 也有学者认为惩罚性赔偿适用范围是十分广泛的。[30] 而 Hoffman 认为惩罚性赔偿在法官审理的案件中一般适用并不是很普遍,但在陪审员裁判的案件中适用得很广泛。[31] Posner 认为惩罚性赔偿在产品责任领域并未被滥用,因为他发现在 172 个案件中仅有 10 个适用了惩罚性赔偿。

惩罚性赔偿主要是由法官和陪审团作出的,这无疑给了法官和陪审团较大的自由裁量权,尤其是陪审团在作出惩罚性赔偿判决时,常常并没有被告知要考虑哪些要件和因素,这就使得惩罚性赔偿的适用缺乏一定的客观标准,并因此受到许多学者的批评。近几十年来,美国一些州开始确定惩罚性赔偿判决应当考虑的因素,例如堪萨斯州规定,法官在判定惩罚性赔偿数额时,应当考虑如下因素:在事件发生时,被告不法行为导致严重损害的可能性;被告对于上述可能性的知悉程度;被告因不法行为所得的利益;被告不法行为持续期间,被告是否故意隐匿其不法行为;被告对不法行为后之态度与行为;被告的财务状况;被告因该不法行为所受其他损害赔偿与惩罚的整体吓阻效果,包括被告在类似案件,对他人负担的填补性赔偿、惩罚性赔偿,及可能面临的刑事处罚。[32] 在美国联邦最高法院 1991 年审理的一个案件中,最高法院认为,惩罚性赔偿的判决,应当考虑下列因素:(1)惩罚性赔偿金与被告行为可能引起的损害或实际发生的损害之间是否合理相关;(2)被告行为的非难程度、持续期间,被告是否知悉或者隐藏不法行为以及过去相同行为是否存在及其频率;(3)被告不法行为的获利可能性、应否去除该项利益以及是否应使被告承担损害;(4)被告的财务

---

[28] Stephen Daniels & Joanne Martin, Myth and Reality in Punitive Damages, 75 *Minn. L. Rev.* 1, 31 (1990).

[29] Richard L. Abel, The Real Tort Crisis-Too Few Claims, 48 *Ohio St. L. J.* 443, 459 (1987).

[30] Thomas A. Eaton & Susette M. Talarico, A Profile of Tort Litigation in Georgia and Reflections on Tort Reform, 30 *Ga. L. Rev.* 627, 667 (1996).

[31] Mark A. Hoffman, Punitive Awards Common in Financial Cases, *Bus. Ins.*, *June* 23, 1997, p. 36.

[32] Kan. Stat. Ann. 60 - 3701(b)(1994).

状况;(5)所有诉讼成本;(6)若被告因该不法行为受有刑事处罚时,应减轻赔偿;(7)若被告因该不法行为受有其他民事赔偿责任,惩罚性赔偿金应降低。[33] 由此可见,美国法上的惩罚性赔偿的适用标准也在不断完善。

在美国,惩罚性赔偿主要适用于违约还是侵权案件?对此,看法也不一样。根据美国学者 Phillips 的调查,"自从在 Fleet v. Hollenkamp [52 Ky. 175, 13 B. Mon. 219 (1852)]一案中对产品责任实行惩罚性赔偿以来,在过去 20 年大量的惩罚性赔偿主要发生在产品责任案件中"。[34] 美国司法部的研究也表明惩罚性赔偿主要适用于合同案件,惩罚性赔偿在合同领域中的适用是侵权案件的 3 倍,在对惩罚性赔偿的 26.8 亿美元中,与侵权有关的雇用案件占 50%,[35]在 20 世纪 80 年代几乎 1/3 的适用惩罚性赔偿的案件是商业合同。[36] 美国在 20 世纪 80 年代以后,大部分惩罚性赔偿都是针对合同责任,尤其针对保险合同的保险人恶意地拒绝支付保险费;雇用合同中的雇用人恶意解雇;原告与被告之间具有某种从属关系,而被告滥用其对原告的支配和影响力,如雇主利用其支配地位而侵害其雇员的权利等。无论如何,惩罚性赔偿的运用对美国法律的影响是重大的,它明显地改变了美国侵权法。[37]

需要指出的是,美国许多法案都有关于惩罚性赔偿的规定。例如,美国著名的《谢尔曼法案》和《克莱顿法案》都有关于惩罚性赔偿的规定。美国保护消费者方面的立法如联邦消费者信用保护法、职业安全与健康法等也都规定了惩罚性损害赔偿。[38]

---

[33] Pacific Mutual Life Insurance Co. v. Haslip. 499 U. S. 7,18,23、24(1991).

[34] Timothy J. Phillips, The Punitive Damage Class Action: A Solution to the Problem of Multiple punishment,1984 *U. Ill. L. Rev*. 153.

[35] U. S. Dept. of Justice, Civil Jury Cases and Verdicts in Large Counties(1995).

[36] Timothy J. Phillips, The Punitive Damage Class Action: A Solution To The Problem of Multiple Punishment 1984 *U. Ill. L. Rev*. 153.

[37] Timothy J. Phillips, The Punitive Damage Class Action: A Solution to The Problem of Multiple Punishment, 1984 *U. Ill. L. Rev*. 153.

[38] 王立峰:"论惩罚性赔偿",载梁慧星主编:《民商法论丛》(第 15 卷),法律出版社 2000 年版,第 60 页。

三、惩罚性赔偿的功能

大陆法系民法历来认为,损害赔偿的功能在于填补受害人的损害,"损害—补救"过程是一个受损害的权利的恢复过程,"损害赔偿之最高指导原则在于赔偿被害人所受之损害,俾于赔偿之结果,有如损害事故未曾发生者然"。[39] 由于将损害赔偿的宗旨限定在补偿方面,因此排斥了惩罚性赔偿的适用。但美国的惩罚性赔偿制度的产生和发展并没有否认传统的补偿性赔偿制度的合理性,只是在一般损害赔偿制度之外而发展了一种例外的赔偿制度,这就是惩罚性赔偿制度。一般认为惩罚性赔偿具有如下三方面的功能:[40]

(一)补偿功能

惩罚性赔偿并不是独立的请求权,而是必须依附于补偿性的损害赔偿。易言之,必须要符合补偿性赔偿的构成要件,才能够请求惩罚性赔偿,假如不法行为人的行为并没有给受害人造成任何损害,则受害人不能请求惩罚性赔偿。惩罚性赔偿常常是在补偿性赔偿制度不能为受害人提供充分的补救的情况下而适用的,可见惩罚性赔偿也具有补偿功能。具体来说,主要是基于以下几个方面的考量:

第一,精神损害赔偿中计算损害的非准确性和困难性。在侵权的情况下,受害人可能遭受一定的精神损害,然而精神损害的赔偿只能考虑到各种参考系数而很难确定一个明确的标准。精神损害的基本特点在于无法以金钱价额予以计算,在许多情况下采用惩罚性赔偿来替代精神损害赔偿是必要的。这样做使法官和陪审团作出裁判时具有更明确的标准(如按照与补偿性的赔偿的比例作出惩罚性赔偿)。早期的普通法采用惩罚

---

[39] 曾世雄:《损害赔偿法原理》,1996 年 9 月修正 2 版,第 17 页。

[40] Andrew M. Kenefick, Note, The Constitutionality of Punitive Damages Under the Excessive Fines Clause of The Eighth Amendment, 85 *Mich. L. Rev.* 1699,1721 - 1722 (1987).

性赔偿,主要是因为受害人遭受了精神痛苦、情感伤害等无形的损害。[41] 例如,在1872年,New Hampshire高级法院将抚慰金(smart money)一词用于补偿精神损害甚至荣誉损失。[42] 法院确认受害人有一种权利,即受害人有权要求补偿其享受生活的权利以及人格尊严。[43] 这就表明,美国法中惩罚性赔偿的运用确与替代精神损害赔偿有关。

第二,人身伤害赔偿中计算损害的困难性。侵权行为法尽管可以对人身伤害提供补救,但在许多情况下人身伤害的损失也是很难证明的。例如,在殴打他人的情况下,受害人可能会遭受内在的生理机能的损害,而此种损害是很难举证的。正是因为这一原因,惩罚性赔偿可以给受害人在人身受到伤害的情况下提供必要的补救。英国著名法官布瑞特(Bret)认为,伤害总是导致这样的结果,即"他们并不应根据全面赔偿原则而给当事人以满额的赔偿,他们所考虑的是应根据具体情况而进行公平赔偿"。[44]

第三,费用赔偿的必要性。受害人提起诉讼以后,所支付的各种费用,特别是与诉讼有关的费用,只有通过惩罚性赔偿才能补救。[45] 某些法院认为适用惩罚性赔偿的目的是为了使原告遭受的损失获得完全的、全部的补偿。[46] 另外,如果对于受害人为进行诉讼所支出的费用,法律不能给予补偿,则可能会出现受害人"赢了官司赔了钱"的局面。然而,由于诉讼费用的损失,在侵权的实际损害中难以包括进去,因此只有通过惩罚性赔偿,才能使这一部分损失得以弥补。

---

[41] Gregory A. Williams, Note, Tuttle v. Raymond: An Excessive Restriction upon Punitive Damages Awards in Motor Vehicle Tort Cases Involving Reckless Conduct, 48 *Ohio St. L. J.* 551, 554 (1987).

[42] Michael K. Carrier, Federal Preemption of Common Law Tort Awards by the Federal Food, Drug and Cosmetic Act, 51 Food & Drug.

[43] e. g., Berry v. City of Muskogee, 900 F. 2d 1489, 1507 (10th Cir. 1990).

[44] 王立峰:"论惩罚性赔偿",载梁慧星主编:《民商法论丛》(第15卷),法律出版社2000年版,第69页。

[45] Michael Goldsmith & Mark Jay Linderman, Civil Rico Reform: The Gatekeeper Concept, 43 *Vand. L. Rev.* 735, 744 (1990).

[46] Forrest L. Tozer, Punitive Damages and Product's Liability, 39 *Ins. Couns. J.* 300, 301 (1972).

(二)制裁功能

惩罚性赔偿主要针对那些具有不法性和道德上的应受谴责性的行为而适用的。换言之,之所以适用惩罚性损害赔偿,是因为行为人具有严重的过错并应当受到惩罚,过错是惩罚的重要根据。惩罚性赔偿是实现威慑的有效工具,当然,许多美国学者认为,惩罚性赔偿应力求适度威慑(optimal deterrence)。惩罚性赔偿就是要对故意或恶意的不法行为实施惩罚,这种惩罚与补偿性损害赔偿所体现的制裁作用有所不同。尽管补偿性损害赔偿作为一种法律责任因给加害人强加了一定的经济负担从而具有一定的惩罚作用,但这种惩罚毕竟是极为有限的,其主要功能还是在于补偿。而惩罚性赔偿则通过给不法行为人强加更重的经济负担,使其承担超过实际损失以外的赔偿,来制裁不法行为。补偿性赔偿要求赔偿受害人的全部经济损失,其经济上的基础乃是一种交易。行为人造成多大的损害,赔偿多大的损害,等于以同样的财产交换损失,因此补偿性的赔偿在制裁不法行为人方面的作用是有限的。对不法行为人来说,补偿其故意行为所致的损害也如同一项交易,这样一来,补偿性的赔偿对富人难以起到制裁作用。富人只要付出一定的补偿性赔偿,即可任意为民事违法行为,将使富人享有太大的损害他人的权利,[47]只有通过惩罚性赔偿才能使被告刻骨铭心,从而达到制裁的效果。[48]

(三)遏制功能

遏制是传统上对惩罚性赔偿合理性的解释。[49] 因为补偿性赔偿是很难发挥遏制作用的。遏制可以分为一般的遏制(general deterrence)和特别的遏制(specific deterrence)。所谓一般的遏制,是指对社会一般人能够产生遏制作用;所谓特别的遏制,是指对加害人本身的威吓作用。[50] 许多学者特别强调惩罚性赔偿的一般遏制功能。正如 David Partlett 指出的,遏制与单个人的责任没有联系,遏制是指确定一个样板,使他人从该样板中吸

---

[47] Vindictive Damages, 4 Am, *Law J*. 61,66(1852).

[48] Marilyn Kroll Minzer, Robert Conason, *Damages in Tort Actions*, M. Bender, 1988, pp. 39 -40.

[49] Rebecca Dresser, Personal Identity and Punishment, 70 *B. U. L. Rev*. 395,419 (1990).

[50] 参见谢哲胜:《财产法专题研究(二)》,中国人民大学出版社 2004 年版,第 5 页。

取教训而不再从事此行为。[51] 也有人认为惩罚性赔偿的目的在于惩罚过去的过错行为(past wrongs),并“以此作为一个样板遏制未来的过错行为”(exemplifying them in order to deter future wrongs),因此“惩罚性”这个词有时也用“示范性”(exemplary)一词来代替,这就概括了惩罚性赔偿的两项功能,即制裁和遏制。制裁只是手段,遏制才是真正的目的。[52] 由于惩罚性损害赔偿具有遏制作用,因此其也能在一定程度上鼓励受害人提起损害赔偿的诉讼,从而减少私力救济,遏制不法行为的再次发生。

应当说,惩罚性赔偿作为一种极类似于罚款、罚金的责任方式,其重要作用在于其具有其他赔偿责任所不具有的遏制功能。关于惩罚性赔偿具有遏制功能的合理性,学者曾经有许多的论述。有学者从道德伦理角度论述其合理性,也有学者从社会正义角度阐述其合理性,而波斯纳等人则从经济效率的角度解释了其合理性。从经济学的观点来看,惩罚性赔偿将给不法行为人增加一种经济上的负担使其为其行为付出一定的代价,即使对那些具有足够的财产的人,惩罚性赔偿也会使其付出一定的代价,这就可以促使行为人采取较为安全的措施以防止损害的发生,或者将事故发生的危险降到最低限度。[53] 许多学者认为,惩罚性赔偿对滥用权力的大公司是“强制性的教训”。[54] 在某些情况下,受害人的主张与其实际获得的赔偿之间差距太大,赔偿的数额与其因提起诉讼而花费的时间和精力极不相称,从而不能在利益上形成一种激励机制,鼓励人们提出诉讼。如果采用惩罚性赔偿的做法,受害人为获得该笔赔偿,就会积极提起诉讼,捍卫自身的权利。从全社会范围来看,国家没有动用纳税人的一分钱,只是由不法行为人为受害人掏腰包,就可以有效地遏制不法行为的发生。因此,通过惩罚性赔偿就可以鼓励受害人为获得赔偿金而提起诉讼以揭

---

[51] David F. Partlett, Punitive Damages: Legal Hot Zones, 56 *La. L. Rev.* 781, 797 (1996).

[52] 参见谢哲胜:《财产法专题研究(二)》,中国人民大学出版社2004年版,第5页。

[53] Rober D. Cooter, Punitive Damages for Deterrence: When and How Much? 40*Ala. L. Rev.* 1143, 1148(1989).

[54] Goddard v. Grand Trunk Ry., 57 Me. 202, 222 – 224 (1869).

露不法行为并对不法行为予以遏制,[55]这也有利于阻吓未来潜在的危险和不法行为。

四、惩罚性赔偿的责任构成要件

一般来说,在美国,惩罚性赔偿责任的构成要件包括如下几项:

(一)主观过错较为严重

既然惩罚性赔偿是针对那些恶意的、在道德上具有可非难性的行为而实施的,因此,并不是所有的民事违法行为都要适用惩罚性赔偿,只有对那些行为人主观过错较为严重的情况,才能适用惩罚性赔偿。因为惩罚性赔偿制度的目的就在于制裁那些恶意的侵权行为人,所以,其在主观要件上与一般的损害赔偿责任不同,即要求行为人主观上有故意或恶意。根据一些美国判例,只有在行为人的行为是故意的、恶意的,或具有严重疏忽行为、明显不考虑他人的安全和重大过失的行为,[56]或知道或意识到损害的高度危险行为时,[57]行为人才应当承担惩罚性赔偿的责任。具体来说,惩罚性赔偿责任的主观要件包括以下几种:

1.故意,即明知自己的行为会发生损害他人的后果而故意为之,或者放任结果的发生。早期的美国法院经常对一些故意损害他人尊严,伤害他人或者恃强凌弱侵害他人权益的行为,如对妇女施以攻击、强奸和性骚扰等,适用惩罚性赔偿。近几十年来,美国许多法院在判定惩罚性赔偿时,也十分注重对故意要件的考量,如故意殴打他人,无正当的理由拘留购物者,故意欺诈他人,无故在公共场合恶毒的辱骂他人,故意殴打他人等。在一些判决中,法官常常认为惩罚性赔偿责任的责任人应具有"故

---

[55] Dobbs, Dan B. *Torts and Compensation: Personal Accountability and Social Responsibility for Injury*, West Pub. Co. 1993, p. 356.

[56] Wendy S. Kennedy, The Constitutionality of Punitive Damage Awards and Recent Proposed Legislation, 17 *J. Prod. & Toxics Liab.* 245, 249 (1995).

[57] Gerald W. Boston, Environmental Torts and Punitive Damages (Part One), 14 *J. Prod. Liab.* 1, 38 (1992).

意”（intent、willful and wanton），“有意识的不考虑”（conscious disregard）或“深思熟虑且明知”（deliberate and knowledgeable）的去从事一项行为，而该行为必然造成损害或对造成损害具有高度的可能性。[58]《侵权法重述》（第二次）第908（2）条规定，在确定惩罚性赔偿时应当考虑被告造成的或有意造成的对原告损害的性质和内容。

2. 被告具有恶意（malice）或者具有恶劣的动机。“恶意”一词在美国法中经常采用。[59] 被告具有恶意，首先是指其具有故意，同时也表明被告在动机上是恶劣的。所谓动机恶劣表明被告的动机和目的在道德上具有应受谴责性，在被告具有恶意的情况下，被告应承担惩罚性赔偿。如在Enright v. Groves，一案中，被告攻击原告并过失限制原告自由，法院认为被告轻率地不顾原告权利和感情的行为，可推论出被告具有默示的恶劣心态，从而应给付惩罚性赔偿金。在Olson v. Riddle 一案中，原告除了租金外，并就被告破坏承租房屋，请求填补和惩罚性赔偿。法院认为恶劣心态不以明示证明为限，也可从有意识地漠视他人权益推论出。美国有14个州明确规定，被告只有具有恶意才能适用惩罚性赔偿。而单纯的过失行为，不得判定惩罚性赔偿。

3. 毫不关心和不尊重他人的权利。美国有23个州规定，被告不必基于恶意，但须被告有意漠不关心、鲁莽而轻率地不尊重他人权利。[60] 有时法官使用“轻率地或有意识地不顾他人权利”（willful, wanton, reckless or with conscious disregard）或“有意识地不顾（with conscious disregard）他人权利”。[61] 美国国会在1982年制定的《产品责任法》[The Product Liability Act,（1982）Sec. 13（a）（1）]规定，如果有明确的令人信服的（clear and convincing）的证据证明损害是由于毫不顾及（reckless disregard）可能因产品的缺陷而造成损害的，应负惩罚性赔偿。行为人具有此种心态表明行为人对那些可能因产品遭受损害的人的安全具有一种漠不关心的、置之

---

[58] 参见谢哲胜：《财产法专题研究（二）》，中国人民大学出版社2004年版，第11页。

[59] 《美国侵权法重述》（第二次）第8A条。

[60] 陈聪富：“美国法上之惩罚性赔偿金制度”，载《台大法学论丛》2002年第31卷第5期。

[61] 参见谢哲胜：《财产法专题研究（二）》，中国人民大学出版社2004年版，第7页。

不理的状态。在决定是否适用惩罚性赔偿时,要考虑:(1)制造者、销售者是否意识到其产品可能会给他人造成损害;(2)是否采取了合理措施减轻了风险;(3)行为持续的时间以及产品的制造者和销售者是否隐藏了瑕疵;(4)受害人本身是否对损害的发生具有过错。[62] 也有一些州的法院认为,如果行为人的行为严重违反注意义务,即推定其轻率的不顾或漠视他人的安全。

4. 重大过失(gross negligence)。英美法一般不将过失区分为重大过失、一般过失与轻微过失,但是,在适用惩罚性赔偿时,法官有可能要考虑重大过失问题。如果行为人具有重大过失,则可能被视为故意侵权行为,并施加惩罚性赔偿。但重大过失的表述有多种方式。美国也有一些州如新墨西哥州、北卡罗来纳州等规定重大过失可以适用惩罚性赔偿。密西西比州的法律要求,只需被告行为具有重大过失或轻率、漠不关心,即可以判定此种惩罚性赔偿。不过重大过失与毫不关心、顾及他人的权利,在过错程度上要更低一些。

关于重大过失是否能够适用惩罚性赔偿,在学理上仍然存在着不同的看法,美国有些州如南卡罗莱纳州、新泽西州、佛罗里达州等,甚至禁止对重大过失(gross negligence)的行为适用惩罚性赔偿。[63] 但是另一些州实际上允许对重大过失适用惩罚性赔偿。在许多案件中,原告要证明被告具有故意在举证上遇到障碍的情况下,原告可以举证证明被告实施了轻率的、毫不顾及他人权利的行为,这种行为虽然很难完全说是故意,但也并非单纯的过失,可以说介于故意和过失之间的一种心态,也可以说在对故意和过失的心理状态难以具体确定的情况下所确定的一种心理状态,但只要符合这种心理状态,被告就应对自己的侵权行为承担惩罚性赔偿责任。

(二)行为具有不法性和道德上的应受谴责性

由于惩罚性赔偿注重惩罚,所以一般不适用于一些轻微的违反注意义

---

[62] Michael Rustad, Demystifying Punitive Damages in Products Liability Cases: A survey of a Quarter Century of Trial Verdicts: a Research Monograph, The Roscoe Pound Foundation (1991), p. 20.

[63] 谢哲胜:《财产法专题研究》(第2卷),台湾元照出版公司1999年版,第18页。

务的行为,即便这些行为造成了严重的损害后果,也不应适用。惩罚性赔偿针对的是具有不法性和道德上的应受谴责性的行为,如故意欺诈他人而致他人遭受损害,滥用权利,粗暴地捆绑他人,对他人实施暴力行为,实施性骚扰行为,不断对受害人施加严重的损害等行为。这些都表明行为人的行为具有不法性,同时也违反了公共道德,完全超过了社会容忍的限度,需要通过惩罚性损害赔偿来制裁行为人,并遏制不法行为的发生。在一些案例中,法官也常常使用"恶意"(malice)、"明知瑕疵"(had actual knowledge of defect)等字眼形容被告行为的可归责性。[64]

美国学者 Rustad 也认为惩罚性赔偿针对的是反社会行为,而对一般的过失行为并不适用。更确切地说,是在刑法难以解决问题时才适用的。[65] 在 1991 年的 Pacific Mutual Life Insurance Co. v. Hasip 一案中,最高法院提示了几项因素,作为决定是否适用惩罚性赔偿金时所要考虑的因素,其中就有被告行为的可责性因素。最高法院的法官在某些案件中也强调,只有在被告的过错较为严重的情况下才能适用。法官 O' Conner 认为惩罚性赔偿在性质上是惩罚性的,但在适用时应区分民事和刑事制裁,惩罚性赔偿应适用于被告的行为严重的情况。[66]

(三)造成损害后果

由于惩罚性损害赔偿也具有补偿的功能,所以,在适用惩罚性赔偿时,受害人必须要首先证明已经发生了实际损害,而且这种损害是被告的行为造成的。当然,原告在证明这些损害以后,法院不必再依据损害的事实确定赔偿的范围,但是如无损害则不能够适用惩罚性损害赔偿。美国《侵权法重述》第 908(2)条规定,在确定惩罚性赔偿的数额时,应考虑被告给原告造成的或希望造成的损害的性质和范围。

除上述要件之外,从美国法院判决的许多案件来看,惩罚性赔偿的适用还要考虑如下因素:(1)被告的财产情况、经济条件。鉴于被告的财产

---

[64] Wussow v. Commercial Mechanisms Inc. 97 Wis. 2d 136,293 N. 2d 906(1980).

[65] Michael L. Rustad, How the Common Good is Served by the Remedy of Punitive Damages, 64 Tennessee Law Review 793(1997).

[66] Browning Ferris Indus. of Vt. Inc. v. Kelco Disposal Inc. ,492 U. S. 257,301 (1989).

情况,惩罚性赔偿具有遏制作用、赔偿是否对原告实际遭受的损害是合理的。[67](2)被告过错的性质和影响程度,如被告行为对原告的影响、被告与原告的关系、被告的动机及对损害的后果的意识程度、被告过错行为的持续程度及被告是否企图隐藏该行为。(3)被告是否从该行为中获利。如果被告已经获利,则惩罚性赔偿的运用是否有助于遏制被告未来的行为、被告是否采取了补救措施或愿意对损害进行公正的补偿。[68] 如被告已经获利,赔偿应等于或超过其所获利益以起到遏制作用。[69](4)原告为避免损失承担的费用。(5)被告是否愿意对损害进行公正的补偿。[70]

五、惩罚性赔偿的数额限制

在20世纪70~90年代,美国惩罚性赔偿适用的总趋势是赔偿数额不断提高。尤其在关于惩罚性赔偿适用的标准并不十分明确的情况下,而赔偿的数额完全是由陪审团和法官确定,更容易出现此种趋势。当然他们在确定数额时,通常也要考虑各种因素,如被告的过错程度、被告的财产负担能力等。但在大多数案件中,被告是否应承担惩罚性赔偿责任以及应当赔偿多少并没有准确的标准。由于这些原因,不少人才主张废除惩罚性赔偿制度。[71] 即使赞成惩罚性赔偿制度的学者也认为需要对惩罚性赔偿的数额问题作出一些限制。

自20世纪80年代以来,美国不少学者主张对惩罚性赔偿制度实行改革,改革的重点之一是对惩罚性赔偿的数额进行限制。这些建议及已被采用的做法主要有如下几点:

---

[67] See Garnes v. Fleming Landfill, Inc. ,413 S. E. 2d 897 (W. Va. 1991).

[68] James R. Mckoom, Punitive Damages: State Trends and Developments , Spring, 1995, 14 Rey. Litig. 419. Also see Las Palmas Assoc. v. Las Palmas Ctr. ,1 Cal. Rptr. 2d 301,323 (1991).

[69] See Garnes v. Fleming Landfill, Inc. ,413 S. E. 2d 897 (W. Va. 1991).

[70] James R. Mckoom, Punitive Damages: State Trends and Developments , Spring, 1995 14 Rev. Litig. 419. See Las Palmas Assoc. v. Las Palmas Ctr. ,1 Cal. Rptr. 2d 301,323 (1991).

[71] Duffy, Punitive Damages: A Doctrine Which Should Be Abolished, in the Case Aganst Punitive Damages 4 (Defense Research Institute Monograph 1969).

第一,确定惩罚性赔偿的数额与补偿性赔偿数额的比例关系。

关于惩罚性赔偿数额的确定首先涉及一个问题,即法官在作出惩罚性赔偿的时候,是否首先需要作出补偿性损害赔偿数额,然后再根据补偿性损害赔偿的比例而确定惩罚性赔偿数额。对此历来存在着不同意见,一种观点认为,应当按照所谓的比例性原则(the Ratio Rule)来确定惩罚性赔偿数额。申言之,惩罚性赔偿的数额应当与补偿性的损害赔偿数额之间保持某种合理的比例关系,前者不应比后者高出太多。另一种观点认为,惩罚性赔偿适用的目的是为了惩罚严重过错的行为,而主要不是为了补偿受害人的损失,因此,惩罚性赔偿的数额与补偿性损害赔偿数额之间不应也无须保持所谓的适当比例关系。

从美国的判例来看,法院基本上还是采纳了第一种观点。尽管法院已经注意到了惩罚性赔偿与补偿性赔偿金额之间的比例,但仍然是不够的,有必要对此作出限制。因此,一些州的立法规定了惩罚性赔偿与补偿性赔偿金额之间的比例关系。如科罗拉多州规定,惩罚性赔偿不得超过补偿性赔偿的金额;康涅狄格州规定惩罚性赔偿在产品诉讼中不得超过2倍补偿性金额;佛罗里达州规定,原告如提出明确的证据以证明较高的惩罚性赔偿金额不会过高,则最高金额可以达到补偿性赔偿金额的3倍;印第安纳州规定,不得超过补偿性赔偿额的3倍或5万美元;新泽西州规定不得超过补偿性赔偿额的5倍或35万美元;北卡罗来纳州规定,不得超过补偿性赔偿额的3倍或25万美元。[72]

第二,对惩罚性赔偿的最高数额作出限制。

为防止法官和陪审团滥用裁量权,许多州已开始通过立法来限制惩罚性赔偿的最高数额,例如一些州立法对惩罚性赔偿的上限作出了规定。主要的立法例有如下几种:一是以补偿性赔偿金为基数,规定不得超过补偿性赔偿金的若干倍。如佛罗里达州规定,原告如提出明确的证据以证明较高的惩罚性赔偿金额不会过高,则最高金额可以达到补偿性赔偿金额的3倍。二是直接规定具体的最高数额。如弗吉尼亚州规定,惩罚性赔

[72] 谢哲胜:《财产法专题研究》(第2卷),台湾元照出版公司1999年版,第24页。

偿金不得超过35万美元。三是既规定不得超过惩罚性赔偿金的最高数额,也规定以补偿性的赔偿金为基数不得超过补偿性赔偿金的若干倍。例如,得克萨斯州规定惩罚性赔偿不得超过2倍财产上的损害额或25万美元加上低于75万美元非财产上的损害赔偿。[73]

第三,对原告获得惩罚性赔偿的限制。

惩罚性赔偿表现出了很强的补偿作用。然而,这一特点历来受到批评,批评者认为完全将惩罚性赔偿交给原告,使原告获得了其不应获得的金钱,这是不公正的,因此,应将全部或部分赔偿额交给政府。许多州采纳了此种观点。如尤他州规定,惩罚性赔偿超过2万美元的,其中的50%归州政府财政部门;[74]佛罗里达州规定,惩罚性赔偿的65%归原告,35%归州政府;佐治亚州规定惩罚性赔偿的75%归州政府,其余给原告;伊利诺伊州规定法官有权决定惩罚性赔偿的数额,但全部都要上交给州政府。当然,惩罚性赔偿并不是罚金,毕竟有相当一部分要给原告。但如果将惩罚性赔偿的数额都归州政府,则有两个问题需要解决:一是惩罚性赔偿的补偿性功能不能充分体现。因为惩罚性赔偿是在一般的损害赔偿不能对受害人提供充分补救的前提下而产生的,如果将惩罚性赔偿全部或部分归州政府,受害人遭受的损害仍然没有得到充分补救,从而不能实现惩罚性赔偿的补偿功能。这也可能不利于鼓励受害人提出惩罚性赔偿的要求。二是若惩罚性赔偿的数额部分和全部归政府,则会改变州政府的预算,州政府因收入增加将会增加对司法的补贴,从而无形中形成对法官和陪审员在作出惩罚性赔偿的判罚方面的刺激。由于判罚过多或者数额过大,也可能会造成对惩罚性赔偿的裁量的滥用。对此,许多学者深感忧虑。[75]

---

[73] 谢哲胜:《财产法专题研究》(第2卷),台湾元照出版公司1999年版,第24、25页。

[74] Utah Code Ann. 78 - 18 - 1(3) (1992).

[75] Paul C. Feinberg, Federal Income Taxation of Punitive Damages Awarded in Personal Injury Actions, 42 Case *W. Res. L. Rev.* 339, 355 (1992).

六、惩罚性赔偿制度合理性的争议

关于惩罚性赔偿的合理性问题，在美国的学者之间甚至法官之间历来争论激烈。20 世纪 80 年代中期以后，美国掀起了一场对惩罚性损害赔偿的批评运动，并引发了一轮对惩罚性赔偿的合理性的讨论。赞成和反对采用惩罚性赔偿者都各有其理由。以后又有许多人主张对惩罚性赔偿制度实行改革，但改革的建议也不时受到批评。下面介绍一些美国关于惩罚性赔偿的合理性的争论内容。

（一）惩罚性赔偿对社会的作用

惩罚性赔偿的产生之所以受到很多学者的青睐，一个重要原因就是，一般的损害赔偿可能无法对富人的侵权行为进行有效的惩戒。从性质上看，一般损害赔偿只具有补偿性，这种赔偿在本质上是交换关系的反映。行为人造成他人多大损害，便以相应的财产作出赔偿，实际上只是以同等数额的财产购回给他人造成的损害。但是，在贫富差距悬殊的情况下，这种赔偿可能对富人的不法行为不能形成有效的遏制，个别富人甚至毫不考虑其承担赔偿责任的后果而给他人施加损害。从这个意义上说，一般的损害赔偿可能给有钱人提供了一种致他人损害的权利。按照法律经济分析学家的观点，由于作出赔偿相应获得一种损害的权利，因此只有造成损害所承担的费用超过了损害，才能够起到对损害发生的预防作用，尤其是对那些富有的人来说，情形更是如此。在加害人和受害人之间经济实力差距悬殊，不重罚难以遏制侵权行为的情形，要实现矫正正义，应当适用惩罚性赔偿金。[76] 所以，许多学者主张只有适用惩罚性损害赔偿，通过发挥其制裁和遏制功能才有利于维护社会秩序。但这种观点受到一些学者的激烈反对。反对者认为，被告无论财力多寡，其不法行为对社会造成的损害都是一样的。刑法的处罚不考虑被告的财力，不因被告的财力而

---

[76] ［美］波斯纳:《法律的经济分析》，蒋兆康译，法律出版社 2012 年版，第 157 页。

加重处罚,民事赔偿更不应当根据原被告的贫富差距而施加不同的责任。这种根据财力作出处罚的方法也很难体现其遏制作用。例如,无论公司大小都不愿意从事高成本的行为,无论是对大公司还是对小公司施加惩罚性赔偿,所起的遏制作用都是相同的。所以,并不因为对大公司施加惩罚性赔偿就能起到遏制作用。[77]

(二)关于惩罚性赔偿的遏制功能

一般认为,惩罚性赔偿具有一般遏制和特殊遏制的功能。惩罚性赔偿在维护社会秩序方面的功能表现在直接针对主观恶性大的加害人实施惩罚,从而起到遏制不法行为的作用。如果加害人主观恶性较大,其行为具有较强的反社会性,此时适用惩罚性赔偿,可以制止不道德的、反社会的行为,[78]通过惩罚性赔偿才能恢复和维护秩序。[79] 惩罚性赔偿事实上起到了鼓励个人诉讼的作用,尤其是可以鼓励受害人对加害人提起诉讼,从而使个人基于其利益主动维护法律程序、使法律得到有效的实施。有一些学者认为,如果说补偿性赔偿有利于原告,则惩罚性赔偿有利于社会。[80]

但反对者认为,民事责任不应当具有遏制的功能,如果贯彻遏制功能实际上使得赔偿完全出于社会需要,而不是从损害出发来考虑责任,这就会使责任具有不确定性。按照桑斯登等人的看法,既然存在着刑法上的制裁和行政法上的罚款,则不应当采用惩罚性赔偿。遏制功能主要依靠行政责任和刑事责任来完成,不能通过惩罚性赔偿来替代刑事和行政责任。[81]

(三)惩罚性赔偿是否符合正当程序的问题

在美国,许多学者认为,惩罚性赔偿是违反正当程序的,其理由在于:

---

[77] 陈聪富:“美国法上之惩罚性赔偿金制度”,载《法学论丛》第31卷第5期。

[78] Peter M. Mundheim, Comment, The Desirability of Punitive Damages in Securities Arbitration: Challenges Facing the Industry Regulators in the Wake of Mastrobuono, 144 *U. Pa. L. Rev.* 197, 233 (1995).

[79] Stephen D. Sugarman, Doing Away with Tort Law, 73 *Cal. L. Rev.* 555, 660 (1985) (observing victims' and societies' need for retribution).

[80] Janet Malloy Link, When a Sting Is Overkill: An Argument for the Discharge of Punitive Damages in Bankruptcy, 94 *Colum. L. Rev.* 2724, 2740 (1994).

[81] Cass R. Sunstein, Daniel Kahneman, and David Schjade, Assessing Punitive Damages (with Notes on Cognition and Valution in Law), 107 *The Yale Law Journal*, 2071, 2084 (1998).

第一，根据美国宪法第14修正案的规定，剥夺被告的财产应当符合正当的法律程序，但惩罚性赔偿的金额多寡完全由陪审团决定，缺乏明确的标准又使被告难以预见，因此它是违反正当程序的。第二，有人认为，刑事责任具有制裁和遏制的功能，但民事责任主要是补偿，而惩罚性赔偿则混淆了这两种界限，惩罚性赔偿发挥了刑事至少是准刑事的功能，但其却适用民事诉讼程序，因此对被告缺乏一套严格的刑事程序予以保护。可以说，惩罚性赔偿的应用规避了刑事程序。[82] 第三，在要求被告支付补偿性赔偿后，还要支付惩罚性赔偿，这种对被告的重复制裁方式，严重违反了正义原则。

但是从美国联邦最高法院的判决来看，并不认为惩罚性赔偿的适用违反正当程序。例如，在 Bankers Life & Casualty Co. v. Crenshaw 一案中，上诉人保险公司主张，一审法院判决上诉人在2万美元的补偿性损害赔偿之外加上160万美元惩罚性赔偿金，应构成违宪。美国联邦最高法院的多数法官认为并不构成违宪。仅有法官 O'Conner 认为，"在决定惩罚之轻重时，赋予全然漫无目标的裁量权，显然不符合法律程序"。在1988年的 Browning-Ferris Industries of Vermont, Inc. v. Kelco Disposal, Inc. 一案中，上诉人主张，在5万美元的补偿性损害赔偿之外，加上600万美元的惩罚性赔偿显然过高，已违反宪法的正当程序的规定，但联邦最高法院多数法官认为，上诉人援引宪法第14修正案关于正当程序的规定是不恰当的，因此其请求不能支持。在 TXO Production Corp. v. Alliance Resourses 一案中，惩罚性赔偿数额超出实际损失的526倍，联邦最高法院也不认为违反正当程序。

（四）惩罚性赔偿对经济的影响

赞成采用惩罚性赔偿的学者认为，惩罚性赔偿将会对经济发展起到积极作用。首先，在产品责任中适用惩罚性赔偿，可以有效地提高产品的质量，防止危险产品投入市场损害消费者的安全。因为在现代社会，发生侵权时，若损害赔偿额太小，大公司往往极易将其计入公司成本，或由责任

---

[82] William Lloyd Prosser, *Prosser and Keeton on the Law of Torts*, West Pub. Co., 5th ed. 1984, p. 11.

保险金来支付，侵权行为也将无法制止。只有加大处罚力度，在一般损害赔偿之外，还施以高额的惩罚性赔偿金，才能遏制侵权行为的继续发生。此种情形在美国侵权法中被称为“深口袋”（deep pocket）理论。[83] 如在 Ford Pinto 一案中，福特公司知道 Pinto 的排气缸是危险的而未改造，法庭判决其承担惩罚性赔偿，而惩罚性赔偿有助于纠正和消除危险。[84] 因为如果没有惩罚性赔偿，福特公司不会主动地改进排气缸的设计，则未来发生更多和更大的事故时，其作出的赔偿不仅更大，且对消费者的危害也更大。据有的学者调查，自此案后，针对福特产品责任的诉讼极大地减少。此外，惩罚性损害赔偿的应用有利于提高产品的安全性，增强产品的竞争性，而且对外国公司的判罚也很重，并不会损害美国的利益。例如，日本本田汽车公司生产的超小型汽车因乘客座位部分设计不良，也被判 500 万美元的赔偿金。[85] 尤其应当看到，在普通法的历史上，惩罚性赔偿可以针对欺诈等行为，而惩罚欺诈和不当陈述，有利于维护社会的秩序，保护交易的安全。

然而，反对适用惩罚性赔偿的学者认为，惩罚性赔偿对经济的发展是弊大于利的，甚至会造成重大损害。表现在：第一，惩罚性赔偿的运用将会给许多企业强加过重的经济负担，甚至可能导致这些企业破产，这对经济的发展没有好处。过高的赔偿数额无疑是判处公司死刑，对小公司尤为可怕。还有一些人认为惩罚性赔偿与严格责任是一致的，因为惩罚是对过错的惩罚，公司会将惩罚转嫁给消费者。[86] 惩罚性赔偿如果不是对人身而是对商业行为作出，将会遏制经济发展，因为赔偿数额较大，受害人也希望通过起诉而获得赔偿。第二，惩罚性损害赔偿的遏制作用过大，也会妨碍人们的行为自由，这特别表现在产品责任领域，如果过多地适用惩

---

[83] Vincent R. Johnson, *Mastering Torts*, Ceroline Academic Press, 1995, p. 15.

[84] Grimshaw v. Ford Motor Co., 119 Cal. App. 3d 757, 775 – 776, 174 Cal. Rptr. 348, 360 – 361 (1981).

[85] 陈聪富：“美国惩罚性赔偿金的发展趋势”，载《台大法学论丛》2002 年第 27 卷第 1 期。

[86] Ghiardi & Kircher, Punitive Damage Recovery in Products Liability Cases, 65 *Marq. L. Rev.* 1, 47 (1982).

罚性损害赔偿,必然会使生产商不敢开发新产品和新技术,从而会影响产业的发展。正如 Owen 指出的,惩罚性赔偿的应用极易导致被滥用,对制造者滥用制裁,将危害新产品的研究和开发。[87] 第三,惩罚性赔偿也不能真正解决产品的安全问题。因为惩罚性赔偿无助于遏止危险产品的生产。许多产品的缺陷是公司事先不知道的,假如公司事先知道未来的损害,则惩罚性赔偿也许对其可能有效。

(五)对受害人的保护问题

惩罚性赔偿具有补偿的功能,如果这些赔偿数额都能够支付给受害人,无疑将对受害人的利益形成最充分、全面的保护。但由此也出现了一个争议很大的问题,即受害人获得的惩罚性赔偿,是否属于不当收入甚至是飞来的横财呢?赞成者认为,惩罚性赔偿应用的根本原因在于:一方面,受害人在遭受损害的情况下,无论是身体受到伤害还是精神受到伤害,这些损失都是难以用金钱评价的。从这个意义上说,受害人获得惩罚性赔偿完全是得到了其应该获得的赔偿。另一方面,惩罚性赔偿也有助于补偿原告的律师费等费用。还应看到,惩罚性赔偿可以形成一种利益刺激机制,有利于鼓励受害人提起诉讼。如果受害人的主张与其实际获得的赔偿之间差距太大,赔偿的数额与其因提起诉讼在时间和精力上的花费极不相称,就不能在利益上形成一种激励机制,鼓励人们提起诉讼。惩罚性赔偿制度在于鼓励被害人成为私人检察官,有助于强化司法机制,避免私力救济,且有助于生活的安宁。波斯纳认为,如果在轻微的刑事案件中,由于补偿性赔偿的数额较小或者难以证明,检察官可能不积极办案,在此情况下,若没有惩罚性赔偿制度,被害人可能会采用私力救济的方法来惩罚加害人。而如果有惩罚性赔偿制度,则受害人可以以民事诉讼的方式使加害人承担惩罚性赔偿,这既避免了私力救济的发生,也有助于社会的安宁。[88]

但反对者认为,并不是所有的原告都是弱者,都需要惩罚性赔偿,而被

---

[87] David Owen, Punative Damage in Products Liability Litigation, 74 *Mich. L. Rev.* 1257 (1976).

[88] Richand A. Posner, *Econmic Analysis of Law*, Aspen Publishers, 2011, p. 228.

告也并非都需要制裁。[89] 惩罚性赔偿的运用,如赔偿数额巨大使原告成为不当的受益者,从而增加了企业的负担和支出,影响了经济和科技的发展。实行惩罚性赔偿给被告强加了过重的经济负担,原告得到的也是其不应当获得的意外的财产,实行此种赔偿极大地鼓励了个人的诉讼,甚至滥讼行为,对社会并无益处。惩罚性赔偿是在民事案件的补偿和刑事案件的制裁和遏制之间的灰色地带,[90]它在性质上主要是惩罚而不是赔偿,是在民事诉讼中引进了一种准刑事的制裁,这对被告来说也是不公平的。[91]

反对适用惩罚性赔偿制度的学者对惩罚性赔偿的补偿功能还提出了如下批评意见:第一,陪审团和法官享有过大的裁量权力。由于惩罚性赔偿在适用中缺乏明确的标准,使陪审团和法官享有过大的裁量权,法官和陪审团完全可以自由地决定赔偿额,正如在一个案件中,一个法官给惩罚性赔偿定义为"由民事陪审团作出的旨在惩罚那些反社会的行为并遏制该行为发生的赔偿"。[92] 尤其是在陪审团审理的情况下,更缺乏明确的标准,一些陪审员对大公司有一种判处惩罚性赔偿的偏好,这就有可能导致陪审团滥用自由裁量权。在许多案件中,陪审团不是根据被告的过错以及其行为造成的实际损失来决定是否适用惩罚性赔偿和赔偿多少,而是以被告的财富为标准来决定这一问题,被告财产越多则赔偿越多,[93]这就导致了惩罚性赔偿在某些案件中被滥用。第二,不利于鼓励当事人之间达成和解。由于惩罚性赔偿给予原告过高的赔偿,不仅增加了被告的负

---

[89] Sandra L. Nunn, Casenote, The Due Process Ramifications of Punitive Damages, Continued: TXO Production Corp. v. Alliance Resources Corp., 113 S. Ct. 2711 (1993), 63 *U. Cin. L. Rev.* 1029, 1044 n. 61 (1995).

[90] James R. Mckoom, Punitive Damages: State Trends and Developments, Spring, 1995 14 *Rev. Litig.* 419.

[91] Paul M. Sykes, Marking a Road to Nowhere? Supreme Court Sets Punitive Damages Guideposts in BMW v. Gore, 75 *N. C. L. Rev.* 1084, 1085 (1997). See Comment, Criminal Safeguards and the Punitive Damages Defendant, 34 U. *Chi. L. Rev.* 408 (1967).

[92] Gertz v. Robert Welch, Inc., 418 U. S. 323, 350 (1974).

[93] Dobbs, Dan B, *Torts and Compensation: Personal Accountability and Social Responsibility for Injury*, West Pub. Co. 1993, p. 356.

担,而且因为原告对惩罚性赔偿具有强烈的期待,或者认为其完全可以获得惩罚性赔偿,从而不愿意与被告和解,这就阻碍了案件达成和解。[94] 第三,原告以及律师获得了巨额赔偿或大量的律师费。惩罚性赔偿与罚金不同,因为它是直接支付给原告而不是交给国家的,这就使原告获得了其不应获得的财产。因为赔偿的数额高出实际损失很多,从而使原告获得了意外的横财,这对被告来说也是不公平的。而在许多情况下,被告可以通过保险而获得赔偿,从而实际上是由社会公众承担了这些费用。[95]

七、结语

大陆法民法一般认为,"损害赔偿之最高指导原则在于赔偿被害人所受之损害,俾于赔偿之结果,有如损害事故未曾发生者然",[96]在这种理论下,并无惩罚性赔偿的适用余地。但现代损害赔偿法的发展,尤其是惩罚性赔偿制度的异军突起,与其说是对传统大陆法理论的颠覆,不如说是对其的修正。美国惩罚性赔偿制度,至少在如下几个方面对我们有启示:

第一,对于实质正义的维护。罗尔斯认为,实质正义是指制度的正义,形式正义只是一种手段。实际上,形式正义是平等适用于一切主体和一般情况的普遍性规则。而实质正义则只是强调对具体法律关系中的法律适用应当对象化、特定化、个别化、具体化以及符合特定目的的需求。毫无疑问,一般损害赔偿完全体现了形式正义的要求,在某些情况下也能体现实质正义的要求。一般的损害赔偿是对受害人的损害进行补救的最公正的手段。因为一般损害赔偿是反映交易关系的产物,其充分体现了民法的公平和等价有偿原则。[97] 这就是说,行为人实施一定的不法行为致他

---

[94] Thomas Koenig, Measuring the Shadow of Punitive Damages: Their Effect on Bargaining, Litigation, and Corporate Behavior, 1998 *Wis. L. Rev.* 169.

[95] Ernet C. Stiefel: U. S. Punitive Damage Awards in Germany, 39 *The American Journal of Comparative Law*, 1991, p. 784.

[96] 曾世雄:《损害赔偿法原理》,1996 年 9 月修正 2 版,第 17 页。

[97] 张驰、韩强:"民法同质补偿原则新思考",载《法学》2000 年第 3 期。

人损害,应当根据其造成的实际损失予以赔偿。造成多少损害赔偿多少损失,从经济上看实际上就是行为人通过赔偿的支出购买其给受害人造成的损害。从这一点上来看,一般的损害赔偿实际上是一种等价交换的转换形式,它充分反映了交易中的价值法则。所以,通常一般的损害赔偿是对受害人进行保护的最公正的方法和最有效的途经。然而,一般的损害赔偿毕竟不能够公正地解决各种民事违法行为所造成的损害纠纷。毕竟此种规则考虑的只是损害事实的判断,而没有考虑到在赔偿能力方面因为社会贫富差距所造成的差别,这就使它不能完全兼顾到个别情况下的实质正义。由于在许多情况下,实际损害因金钱价值计算的困难性,法律上对损害赔偿的限制以及因贫富的巨大差距导致加害人对其支付的赔偿毫不在意,这些都决定了一般的损害赔偿在许多情况下不足以弥补受害人的损失,同时也不能完全体现社会的公平和正义。[98] 所以,美国的惩罚性赔偿制度应运而生,它作为一种弥补一般损害的缺陷、实现实质正义的一种方式、方法,无疑是十分有效的。

第二,对侵权责任遏制功能的重新认识。我国民法理论普遍认为侵权法的功能主要在于补偿。尽管侵权责任作为一种民事责任也有一定的惩罚性,但这种惩罚主要体现在行为人所承担的责任是其不愿意承担的一种经济上负担或者法律强加的一种不利后果。侵权责任和刑事责任、行政责任不同,其不具有明显的制裁性,从而不能充分体现其遏制作用。[99] 遏制不法行为主要依靠刑事责任和行政责任,民事责任不能与刑法上的罚金和行政法上的罚款相混淆。但实际上,惩罚性赔偿和罚款、罚金的遏制方式是不同的,它的特点主要表现在:一是此种赔偿是因为违反民事法规而发生的,而不是因为违反刑法和行政法而发生的。二是它是因一方受害人的请求而作出的,且常常是因为补偿性赔偿的不足而发生的。三是尽管美国有一些州规定,惩罚性赔偿金要部分或全部归于政府,但在大多数州,此种赔偿金还是归属于受害人的。此种赔偿金可以形成对受害人的利益刺激机制,所以尽管惩罚性赔偿具有与罚款、罚金同样的遏制功

---

[98] 谢哲胜:《财产法专题研究》(第2卷),台湾元照出版公司1999年版,第4页。

[99] 朱凯:"惩罚性赔偿制度在侵权法中的基础及其适用",载《中国法学》2003年第3期。

能，但它具有自身的特点。由于惩罚性赔偿的运用，也使我们重新认识民法在遏制不法行为方面应当具有的重要功能。由于民事违法行为仍然是违反民事义务给受害人造成损害的行为，其常常未能进入行政和刑事领域，所以，有必要通过民事责任的方式来遏制不法行为的发生，以充分保护受害人的合法权益，维护社会生活和经济秩序。而要充分发挥民法的遏制功能，惩罚性赔偿制度的作用是不容忽视的。

第三，民事责任在鼓励私人协助执法机构执法，完善社会管理机制方面具有重要作用。法律的执行尽管是执法机关的义务，但也不能将执法仅仅看成是执法机关的事。就行政执法来说，政府获取的信息不可能是完全充分的，而是非常受限制的，它不可能对社会生活中各种违法行为都明察秋毫、了如指掌。其次，即使政府具有完全充分的获取捕捉违法行为的能力，但其用于监管的资源（人、财、物）仍是有限的。因此，政府并没有足够的能力监控一切，最好的办法是通过民事责任的方式动员广大的受害人来参与监控，利用民事赔偿的方式来惩治违法行为。惩罚性赔偿就是采用一种利益激励机制，刺激受害人向法院提起诉讼，向加害人主张赔偿。[100] 在一般的损害赔偿中，尽管也存在利益激励机制，但如果损害后果并不严重或者难以计算，此种利益激励作用就十分有限，受害人不敢轻易地主张赔偿。但是一旦采用惩罚性赔偿，就可以形成一种有效的利益刺激，形成了一股巨大的社会监控力量，甚至可以起到即时监控的作用。这是政府执法所不具有的功能，至少可以弥补行政执法的不足。

第四，由于侵权法与刑法的分离，从而产生了一个中间地带，对于那些虽然不构成犯罪，但是又具有一定程度的社会危害性的行为应当适用惩罚性赔偿。法律应当对社会上存在的各种不法行为都进行妥当的规制，规制的方法主要包括民法的方法和刑法的方法。但是由于民法的方法和刑法的方法的二元分离，使得一些不法行为并不能受到法律应有的调整。惩罚性赔偿制度补充了民法、刑法二元分离造成的法律调整“相对空白”，使得各种不法行为人都承担应负的法律责任，从而实现法律对社会的妥

---

[100] 王立峰：“关于惩罚性赔偿的一些思考——兼与《民法同质补偿原则新思考》之作者商榷”，载《法学》2000 年第 6 期。

善调整。

惩罚性赔偿制度的产生,实际上也体现了国家对损害赔偿关系这种纯粹的私法关系的干预,它最终追求的是一种实质正义。从我国实际情况来看,在侵权领域中借鉴美国惩罚性赔偿制度的经验,在例外情况下规定惩罚性赔偿仍然是必要的。但任何制度的适用都有其特定的范围,惩罚性赔偿制度也不例外。笔者认为,它主要适用于在法律上确需要对一些故意、恶意的侵权行为人予以制裁和惩罚的特殊情况,而不能替代一般损害赔偿,否则,会导致不公正的情形,会走向事物的反面。尽管惩罚性损害赔偿制度仍然存在着诸多的争议,也还需要不断深入细致的研究,但是这一制度正在也必将继续对美国域外其他国家的法律制度产生深远的影响。

民商法研究(第六辑)
第533~545页

试论产品责任中的缺陷概念*

产品责任是指产品存在缺陷而造成他人财产、人身损害,产品的生产者、销售者所应承担的侵权责任。而承担产品责任的基础和前提是产品存在缺陷。但何为缺陷,以及缺陷如何判断,历来存在争议。因而,界定缺陷概念,对于正确处理产品责任纠纷,维护交易安全和秩序都不无裨益。

一、缺陷是产品所具有的对他人的财产或人身所形成的不合理的危险

在比较法上,产品缺陷存在不同的认定标准。所谓缺陷,就是指产品不具有可合理期待的安全性,具体判断时需考虑产品的通常用途、产品的使用说明、产品的使用人等因素。① 从比较法上来看,认定缺陷的标准不完全相同,但归纳起来,主要有如下不同的标准:

---

* 本文原作于1999年,《侵权责任法》通过之后略作修改。

① 《欧共体产品责任指令》第6条第1款规定:"若某产品不能具备人们对产品合理预期的安全性能,该产品即存在缺陷,考虑到一切情形,包括:(a)对产品的说明;(b)对产品用途的合理预期;(c)将产品投入流通的时间。"第2款规定:"不能仅仅因为后来有更好的产品投入流通而认为(以前的)产品存在缺陷。"

一是不合理危险说。Prosser 等人认为产品缺陷是指不合理的危险,[②]但除食品致害等部分情况外,《侵权法重述》实际上并没有将“不合理的危险”作为一般的标准。[③] 也有观点认为,原告应当证明,当产品离开生产者时,具有不合理的安全性。不合理的安全说比不合理的危险说更为合理,因为有些产品可能不具有不合理的危险,但可能是不安全的。[④] 二是不符合消费者合理期待的标准。《欧共体产品责任指令》第 6 条采取“合理预期的标准”。欧洲许多国家都采纳了消费者合理期待标准。美国的一些法院也采纳这一标准。例如,美国加利福尼亚州法院认为,产品须存在设计上的缺陷,或者极大的可能会导致受害人的损害的缺陷,此时,生产者都应为其缺陷产品承担严格责任。判断缺陷的标准是,如果原告能够证明产品未能达到一个普通的消费者在使用该产品时合理预见的安全标准,或者假如原告能够证明产品的设计有极大的缺陷可能造成其损害,而被告未能证明在这样一种设计中不具有此种危险,就应当承担责任。[⑤] 这两种观点都从产品是否存在危险性的角度对产品缺陷进行界定,在实践中也具有可操作性。

我国《产品质量法》第 46 条规定:“本法所称缺陷,是指产品存在危及人身、他人财产安全的不合理的危险;产品有保障人体健康和人身、财产安全的国家标准、行业标准的,是指不符合该标准。”据此,学者对此有两种不同的解读:一是单一标准说。此种观点认为,该法确立了单一的缺陷的认定标准,即产品存在危及人身、他人财产安全的不合理的危险。至于保障人体健康和人身、财产安全的国家标准、行业标准,只不过是认定是否存在不合理的危险的参考因素。二是双重标准说。此种观点认为,该法

---

② 其相关条文是这样规定的:“那些将具有不合理危险的缺陷产品销售给使用者、消费者或者最终的使用者、消费者的人,应就其产品给上述这些人造成的有形损失承担责任。”参见 Frank J. Vandall, Strict Liability: Legal and Economic Analysis, Quorum Books, 1989, p. 50。

③ Frank J. Vandall, Strict Liability: Legal and Economic Analysis, Quorum Books, 1989, p. 51.

④ 许传玺主编:《侵权法重述第三版:产品责任》,肖永平等译,法律出版社 2006 年版,第 110 页。

⑤ Barker v. Lull Engg Co., 20 Cal. 3d 413, 432, 573 P. 2d 443, 455. 56, 143 Cal. Rptr. 225, 237, 38(1978).

确立了双重的缺陷认定标准，无论是产品具有不合理的危险，还是其不符合国家标准、行业标准，都可以认定缺陷的存在。笔者认为，单一标准说更值得赞同，理由主要在于：一方面，双重标准过于复杂，且容易导致两个标准之间的冲突和矛盾。例如，已经符合了国家标准，但仍然存在不合理的危险，此时是否存在产品缺陷，就存在疑问。另一方面，不宜简单地以国家标准和行业标准作为认定产品缺陷的唯一依据。国家标准和行业标准可能具有滞后性，也可能受到较多的行业利益影响，从保护消费者权益的角度考虑，不宜将其作为直接认定产品缺陷的依据。在许多情况下，即便符合了国家标准和行业标准，也可能被认定为存在缺陷。

关于缺陷的判断，笔者认为，应该从如下几方面来考虑：

首先，缺陷是一种不合理的危险。严格地说，现代社会，产品可能都会具有一定的危险，如汽车就可能给使用者带来很大的危险，电器如果不合理安装或者使用可能发生爆炸。所以，这些危险是客观存在的，但是，这并不意味着它们都存在着缺陷。在产品责任中，产品缺陷是指不合理的危险，合理与否的判断主要考虑消费者的合理预期。⑥ 如果产品具有超出消费者预期的危险，就属于不合理的危险。

需要指出的是，对"不合理的危险"的判断，应当综合各种因素进行。在比较法上，很多国家和地区对于产品缺陷的认定，都采综合认定的模式。例如，根据《欧共体产品责任指令》第6条，需要综合考虑各种因素，尤其是对产品的说明、对产品用途的合理预期、将产品投入流通的时间等。例如，雨伞的通常用途是避雨，受害人将其用于遮挡冰雹而遭受了损害，就不能据此认定产品存在缺陷。在美国，对于不合理危险的判断，产生了诸种理论：如合理替代性设计说、过失标准说、不合理安全的标准说、经济分析说等。⑦ 笔者认为，在认定不合理的危险时，主要应考虑生产者对产品的说明，尤其是对其安全性方面的说明，确定产品是否符合该说明表明的安全性。另外，产品具有不断改进、更新换代的特点，不能仅仅因

---

⑥ 吴忆萍："产品责任与产品缺陷探析"，载《现代法学》1999年第3期。

⑦ 许传玺主编：《侵权法重述第三版：产品责任》，肖永平等译，法律出版社2006年版，第61页。

为后来有更好的产品投入流通而认为以前的产品存在缺陷。通过综合考虑各种因素,可以确定产品具有的危险是否是“不合理的”,只有不合理的危险才属于缺陷,合理的危险(如白酒可以喝醉人)不构成缺陷。

其次,缺陷是对他人的财产或人身所形成的不合理的危险。产品缺陷概念的提出,是为了保障消费者的安全,而不是为了提高产品自身的效用。因此,产品缺陷就是指产品对消费者的财产或人身所形成的危险。缺陷不仅可能导致消费者在买卖合同中的履行利益的丧失,而且还造成了履行利益以外的其他利益的损害。[⑧] 另外,缺陷是一个不断发展和变动的概念,目前不认为是缺陷的,在未来有可能被认定为是缺陷,反之亦然。

最后,国家标准和行业标准是认定产品缺陷的依据之一。这就意味着,产品不符合国家标准和行业标准,应当认定为存在缺陷;但是,产品符合了该标准,并不能直接认定其不存在缺陷,还要认定其是否具有不合理的危险。缺陷是指不符合某种质量标准,判断是否存在缺陷,与“不合格”相同,只是衡量缺陷的标准更为宽泛,其不仅包括法定的质量标准,而且必须符合一般性的安全标准。[⑨] 因此,它比一般的瑕疵概念更为宽泛。从实践来看,法院往往以国家标准和行业标准作为认定产品缺陷的最低标准,如果违反该标准,就直接认定产品存在缺陷。但是,符合国家标准和行业标准的产品,也有可能被认定为存在缺陷。

二、产品缺陷不同于产品瑕疵

我国产品责任法律中设定了产品缺陷和产品瑕疵两个概念。《产品质量法》在第26条第2款使用了“瑕疵”一词,《合同法》多个条款均使用了“瑕疵”的概念。[⑩] 应当说,无论是产品瑕疵,还是产品缺陷,都表示产品本身存在质量问题,换言之,二者都表明产品不符合法定或者约定的质量

---

⑧ 杨立新:《侵权责任法》,法律出版社2010年版,第304页。

⑨ 张新宝:《中国侵权行为法》,中国社会科学出版社1998年版,第492页。

⑩ 参见《合同法》第169条、第191条、第370条、第417条。

标准。只不过,两者所表示的质量不合格在程度上或可能造成的损害后果上存在一定的差异,但两者之间没有绝对的界限,相反,二者在一定条件下可能相互转化。例如,包装裸露通常属于瑕疵,但如果产品没有进行适当的包装,可能危及他人的人身安全时,其就可能构成产品缺陷,如裸露的家具可能伤害他人。在实践中,二者间的区分并不是绝对的,因为一些瑕疵虽然较为轻微,但也会造成人身受损,此时就可能同时属于产品缺陷。例如,包装不合格的家具,其一般是合同法上的瑕疵问题,但如果因为包装不合格可能危及他人人身、财产安全时,其也属于侵权法上的产品缺陷。

瑕疵与缺陷之间的区别主要表现在:

第一,判断标准不同。一方面,产品缺陷通常表明产品质量不符合法定的标准,而产品瑕疵大多违反的是约定的质量标准。产品缺陷一般是依据法定标准进行判断的,该标准具有强行性。例如,2012 年 10 月国务院颁布的《缺陷汽车产品召回条例》,就是作为缺陷判断的强行性标准而存在的。而瑕疵主要是违反了当事人对标的物质量的约定。[11] 对于一般的产品瑕疵,法律、法规很难规定明确的判断标准,通常是根据当事人的约定而确定的。另一方面,产品缺陷大多是指产品质量不符合国家规定的质量标准,虽然不符合国家质量标准,也构成产品瑕疵,但依据《合同法》的相关规定,产品即使符合国家质量标准,但不符合当事人约定的质量标准的,也构成产品瑕疵。

第二,危险程度不同。从危险性方面看,瑕疵的危险性通常较小,换言之,许多瑕疵通常是指产品不符合约定的使用要求、目的和方法,但并不一定危及他人的人身、财产安全。例如,首饰盒的包装瑕疵通常属于是否美观的问题,并不会导致产品质量存在缺陷。而缺陷则通常意味着产品不是一般的不合格,而存在可能对他人财产和人身造成损害的不合理危险,甚至可能给他人的固有人身财产利益造成重大损害。[12]

第三,法律规范不同。瑕疵是合同法上的概念,从合同法角度来看,瑕

---

[11] 唐启光、孙加锋:"产品缺陷、产品瑕疵与产品不合格法律辨析",载《政治与法律》2001 年第 1 期。

[12] 石慧荣:"产品缺陷研究",载《法学杂志》1996 年第 4 期。

疵是指交付的标的物没有符合当事人约定或法定的质量标准。而缺陷主要是产品质量法或侵权责任法上的概念。[13] 因此,产品瑕疵主要受合同法的调整,而产品缺陷主要受侵权责任法调整。

第四,不合格的程度不同。通常而言,缺陷是更为严重的质量问题,而许多瑕疵是比较轻微的质量问题,只是轻微的不合格。只有构成严重的危险时,瑕疵才能认定为缺陷。[14] 一般来说,实践中,由于产品存在瑕疵的情形十分普遍,所以,瑕疵的适用范围比较宽泛。

第五,责任形式不同。在产品存在瑕疵的情形下,可以通过修理方式修复。例如,汽车表面某块油漆脱落,可以通过修理加以修补。而在产品存在缺陷时,则主要通过退换、召回等措施保护受害人的权益。例如,汽车的发动机出现故障,具有危险性,此时,就无法通过修理的办法加以修复,而只能退换、召回。

三、产品缺陷的典型形态

产品的缺陷种类繁多,对产品缺陷加以类型化,对于判断产品是否存在缺陷具有重要意义,从比较法上看,缺陷通常包括如下几种典型形态:

1. 制造缺陷,它是指产品在制造过程中,因质量管理等原因而出现了不符合设计要求的情形,从而导致产品存在缺陷。[15] 这就是说,产品的设计本身并无缺陷,但在产品的生产制造过程或产品的质量管理过程中,因为原材料、零配件存在缺陷,或者因装配出现错误,导致部分或单一产品具有不合理危险。例如,在生产机械设备时,因使用的钢材不符合设计的要求,该机械设备在使用中部分零件破裂,导致受害人的损害。制造缺陷

---

⑬ 张骐:“中美产品责任法中产品缺陷的比较研究”,载《法制与社会发展》1999 年第 2 期。

⑭ 奚晓明主编:《〈中华人民共和国侵权责任法〉条文理解与适用》,人民法院出版社 2010 年版,第 303 页。

⑮ 许传玺主编:《侵权法重述第三版:产品责任》,肖永平等译,法律出版社 2006 年版,第 20 页。

主要是在制造过程中产生的，产品的生产者有责任以一种良好的方式组织生产，即在这种生产方式下要求将产品具有缺陷的可能性降至最小。如果产品和其设计不符，则可以被认为具有缺陷。⑯ 确立制造缺陷的意义主要在于准确认定产品生产者的责任，即只要存在制造缺陷，则应当由生产者承担最终的产品责任。

2. 设计缺陷，即指因产品设计方案不合理而导致产品的缺陷。⑰ 产品的设计既可能是生产者委托他人设计，也可能是生产者自行设计，如果生产者自己设计，其无法向他人求偿，如果生产者委托他人设计，则可能依据合同法或侵权法向设计者求偿。设计缺陷和制造缺陷的区别在于，设计缺陷主要是指设计方案的问题，如对产品结构、配方等问题缺乏科学合理的考虑。设计缺陷会导致同批次产品都有缺陷，例如，产品配方不合理。而制造缺陷只是没有按照良好的设计方案进行制造。因制造缺陷而导致产品具有不合理的危险，通常仅有部分产品具有缺陷，但两者也可能是交叉的。例如，包装缺陷既可能是设计缺陷，也可能是制造缺陷。例如，某种危险物质本应以铁皮包装，却采用塑料包装，后来导致泄漏，就属于设计缺陷；而如果设计的包装是铁皮包装，但是，由于生产中把关不严，导致铁皮包装出现问题，最终导致危险物质的泄漏，则属于制造缺陷。

在法律上，确定设计缺陷的主要意义在于：一方面，因为设计缺陷导致同批次产品都出现缺陷，会使众多的消费者遭受损害，所以可以考虑其他类似案件中的情况来认定产品缺陷；⑱另一方面，设计缺陷的存在，也意味着生产者可以要求设计者承担相应的责任。在判断是否存在设计缺陷时，通常要以现有技术或者“业内技术发展水平”(state of the art)为标准，也就是说，产品设计是否反映了业内已经采用的最安全、最先进的技术，或者现有的技术发展，不可能提出更高的设计标准或要求。⑲ 然而，如果

---

⑯ Duncan Fairgrieve (ed), *Product Liability in Comparative Perspective*, Cambridge University Press, 2005, p. 103.

⑰ 王利明等：《中国侵权责任法教程》，人民法院出版社 2010 年版，第 530 页。

⑱ 周友军：《侵权责任法专题讲座》，人民法院出版社 2011 年版，第 490 页。

⑲ 许传玺主编：《侵权法重述第三版：产品责任》，肖永平等译，法律出版社 2006 年版，第 22 页。

被告能够证明考虑到当时的科技水平,此种缺陷不可能被发现时,也可以免责。[20] 此外,如果生产者是委托他人进行产品的设计,后来因为设计缺陷而导致损害,在此情况下,仍然应当由生产者或销售者负责。设计者并非产品责任的主体,不应当承担产品责任。但生产者在承担责任以后,有权依据其与产品设计者之间的合同关系向产品设计者追偿。

3.警示缺陷。所谓警示缺陷,是指当产品在投入流通之前,就存在固有的不合理危险时,生产者没有给予适当的说明或警示。[21] 例如,生产者应当在产品上标明,消毒剂不应误入眼睛,以免对消费者的眼睛造成伤害。如果生产者没有给予适当的警示,就构成警示缺陷。从比较法上来看,都要求生产者应当对产品在正常使用时可能发生的重大危险以及可能导致的重大危害作出警告。警示的语言应当为普通人所能理解,例如,某种药品可能具有的副作用应当清晰表述出来,而不能仅仅笼统地表示该药可能具有副作用。警示也应当处于消费者所能够注意到的位置。至于警示程度则由危险的性质和程度,以及被不当使用的可能性所决定。对于一些特殊的产品(如易燃易爆物品等),应当对其危害性等作出特别的警示。强化生产者的警示义务,对避免损害的发生是十分重要的。如果生产者采取警示措施,就可以大大减少可预见危险。[22] 必要的警示有利于指导消费者通过正确的使用,避免其导致损害。如果生产者已经发出警示,而消费者没有按照该警示进行使用,则可能认定为不当使用。

警示缺陷中的警示和产品进入流通以后的警示、召回等义务中的"警示"既有类似之处,也有不同之处。其类似之处在于:都是通过发出警示使消费者明确危险的存在,以避免危险的发生。但两者的区别在于:一方面,警示缺陷中的警示是在产品没有投入流通之前,针对产品固有的不合理危险所作的警示;而警示、召回等义务之中的"警示"是在产品投入流通之后,生产者和销售者负有的义务。另一方面,在存在警示缺陷的情况

[20] Duncan Fairgrieve (ed), *Product Liability in Comparative Perspective*, Cambridge University Press, 2005, p. 103.

[21] 杨立新:《侵权责任法》,法律出版社 2010 年版,第 306 页。

[22] Duncan Fairgrieve (ed), *Product Liability in Comparative Perspective*, Cambridge University Press, 2005, p. 103.

下,产品的生产者和销售者要承担产品责任,此种责任是严格责任;而违反警示、召回等义务之中的"警示"义务,生产者和销售者应承担过错责任。此外,警示缺陷中的警示不应当针对设计缺陷和制造缺陷,如果产品本身具有制造缺陷或设计缺陷,不可能通过警示就使其变成安全的产品,并允许其进入流通领域;而警示、召回等义务中的"警示"是针对产品的缺陷,包括制造缺陷、设计缺陷等作出警示。

4. 跟踪观察缺陷。所谓跟踪观察缺陷,是指产品投入流通以后,生产者和销售者应当继续跟踪观察,如果产品在使用中存在可能危害消费者、使用者等的危险,生产者和销售者就有义务对此种危险采取措施,以减少危险的发生。如果发现产品存在缺陷,就有必要采取警示、召回等措施。此种缺陷实际上是现代产品责任中的新类型缺陷。德国法上发展了所谓违反产品投入流通后的义务(post marketing duties)。根据该义务,产品投入流通以后,生产者应当跟踪该产品,并采取警告等措施,以消除产品的缺陷。如果没有尽到此种义务,也要承担产品责任。㉓ 我国《侵权责任法》第46条对此也有明确规定:"产品投入流通后发现存在缺陷的,生产者、销售者应当及时采取警示、召回等补救措施。未及时采取补救措施或者补救措施不力造成损害的,应当承担侵权责任。"这实际上就是明确承认了跟踪观察缺陷这一新类型的产品缺陷。在法律上确立跟踪观察缺陷的意义在于,督促生产者和销售者根据最新的科学技术发展,持续跟踪产品,保障产品的安全性。㉔ 尤其是对于发展风险,跟踪观察更具有重要意义。因为生产者和销售者可以根据最新的科学技术水平,发现原产品的危险,从而采取警示或召回等措施,以避免消费者遭受损害。㉕

关于包装缺陷是否应当作为独立的产品缺陷类型,笔者认为,包装缺陷可能涉及上述四类缺陷中的各种类型,不一定单独作为独立的产品缺陷类型。例如,包装不合格一般属于制造缺陷的问题,而产品包装时没有

㉓ Duncan Fairgrieve (ed.), *Product Liability in Comparative Perspective*, Cambridge University Press, 2005, p. 117.

㉔ 姚建军:"侵权责任法视野下产品责任问题研究",载《人民司法(应用)》2012年第5期。

㉕ 杨立新:《侵权责任法》,法律出版社2010年版,第307页。

提供说明书等则属于警示缺陷;如果产品设计时对包装的设计方案有问题,则属于设计缺陷。

区分上述四种缺陷,并非要求原告一定将其归入特定类型的缺陷。即使原告不能确切证明其缺陷的种类,只要其可以证明产品存在不合理的危险并造成了损害,就应当认为其可以请求被告承担产品责任。原告不必在任何情况下都要证明缺陷的种类。

四、应当区分缺陷产品自身的损害以及缺陷产品以外的财产损害

如前所述,比较法上大多区分了缺陷产品自身的损害和缺陷产品以外的财产损害,《产品质量法》第41条规定——产品责任中的损害是指"人身、缺陷产品以外的其他财产损害"——显然采纳了这一观点。区分缺陷产品自身的损害和缺陷产品以外的财产损害的主要理由在于:一方面,这是从合同法和侵权法所保护的利益有所区别的角度出发而进行的区分。合同法保护的利益主要是履行利益,即在债务人依据合同规定履行时,债权人从中所得到的利益。在债务人未依合同的规定履行时,债权人依合同本来应该得到的利益,因为债务人不履行或不适当履行而没有得到,这就是履行利益的损失。法律对履行利益的保护实际是为了保护合同在严格履行情况下获得的全部利益。而侵权法保护的是履行利益以外的其他利益,学理上称为固有利益或维护利益,它是指债权人享有的不受债务人和其他人侵害的现有财产和人身利益。[26] 区分这两类损害,也有利于区分合同法和侵权法所保护的不同范围,避免二者在适用中的混淆。另一方面,传统上加以区分的主要原因是竞合制度的必然要求,即针对两种不同的损害而分别适用合同责任或产品责任,允许受害人根据有关制度进行最有利的选择。

然而,我国《侵权责任法》第41条在规定产品责任的概念时,并没有重复《产品质量法》第41条的规定,尤其是没有提到"人身、缺陷产品以外的其

---

[26] 邱雪梅:"试论民法中的保护义务——'两分法'民事责任体系之反思",载《环球法律评论》2007年第5期。

他财产损害”,关于缺陷产品自身的损害是否也能通过侵权责任的产品责任加以赔偿,存在不同的理解。一种观点认为,《侵权责任法》第41条使用的是“他人损害”,而没有如同《产品质量法》第41条那样将缺陷产品自身的损害排除在外,因此,即便是缺陷产品自身的损害也能通过产品责任加以赔偿。另一种观点认为,尽管《侵权责任法》第41条使用的是“他人损害”,但是由于该法第5条规定“其他法律对侵权责任另有特别规定的,依照其规定”,而《产品质量法》属于规范产品责任的特别法,因而在赔偿的问题上仍然应当适用《产品质量法》的规定,缺陷产品自身的损害不应被包括在内。

在此需要讨论,关于损害的定义,究竟应当适用《产品质量法》还是《侵权责任法》?笔者认为,按照新法优先于旧法的规则,损害首先应当依据《侵权责任法》来确定,只要造成了他人民事权益的损害并且产生损害后果,就应当适用《侵权责任法》的规定。其次,损害在《侵权责任法》中属于基础性概念,对于此种概念的含义应当统一并且自始至终加以适用。最后,按照立法者的解释,《侵权责任法》实际上修改了《产品质量法》的上述规定,即认为损害也包括缺陷产品自身的损害。《侵权责任法》的修改是建立在充分论证的基础上的,而且,是为了强化对消费者的保护。之所以将缺陷产品自身的损害纳入产品责任保护的范围,是为了强化对消费者的保护,因为消费者可以依据侵权而主张赔偿,而无须采用竞合的方式。例如,在某个案例中汽车因为瑕疵而自燃,这就属于缺陷产品本身的损害。如果依据《产品质量法》,则消费者只能找经销商经过合同来求偿;如果可以依据产品责任,则其可以基于侵权来起诉生产商。由于在竞合的情况下,受害人进行选择相当困难,很难作出对其最有利的选择,而在产品责任中包括各类损害就不需适用竞合的规则。

《侵权责任法》第41~42条规定的损害,按照立法者的解释,“既包括缺陷产品以外的其他财产的损害,也包括缺陷产品本身的损害,这样,有利于及时、便捷地保护用户、消费者的合法权益”。[27] 这就意味着,在因产品缺陷造成损害的情况下,无论是何种损害(包括缺陷产品本身的损害),

---

[27] 全国人大常委会法制工作委员会民法室编:《中华人民共和国侵权责任法条文说明、立法理由及相关规定》,北京大学出版社2010年版,第174页。

受害人都可以请求赔偿。[28] 笔者认为,《侵权责任法》对损害进行扩大解释,将缺陷产品本身的损害包括其中是有一定合理性的。主要理由在于:第一,减少司法实践中请求权竞合的情况,充分保护受害人的利益。《合同法》122 条规定:"因当事人一方的违约行为,侵害对方人身、财产权益的,受损害方有权选择依照本法要求其承担违约责任或者依照其他法律要求其承担侵权责任。"我国实际上采用的是请求权选择竞合的理论,如果面对请求权竞合的情况,需要由受害人自己选择所提起的诉请种类,一旦选择其一,则排除其他。这种方式往往会导致当事人损害不能够获得全面的救济。例如,甲交付电视机有严重的瑕疵,乙购买以后在使用中发生爆炸,造成乙身体受伤,花费医疗费 1 万元,并且遭受了精神损失。电视机本身的价值是 1 万元,乙又遭受了 1 万元的财产损失。这样,乙的损失有两种,一是电视机本身的价值损失 1 万元,此种损失属于履行利益的损失,只能根据合同责任要求赔偿。二是因电视机爆炸造成乙身体受伤所花费的医疗费 1 万元以及乙遭受的精神损害,此种损失属于履行利益以外的损失,应当根据侵权法提供补救。如果乙基于侵权提出请求,只能就医疗费 1 万元以及精神损害要求赔偿,但不能对电视机本身的损失要求赔偿;如果乙基于合同责任要求甲赔偿损失,则只能就电视机的损失主张赔偿,而原则上不能就其身体受到伤害以及精神损害问题要求赔偿。如果受害人只能选择违约责任或者侵权责任中的一种,将使受害人遭受的全部损害无法完全获得补偿。按照完全赔偿原则,应当对受害人遭受的全部损失提供补救,而不能仅仅对一部分损失提供补偿,对另一部分损失不提供补偿,只有完全赔偿才符合法律公平正义的原则。第二,便利救济,减少诉讼成本。在侵权之诉中明确规定包括缺陷产品本身的损害,可以在一个侵权之诉中解决受害人全部的损害赔偿请求,与将损害分为合同和侵权分别起诉相比,对受害人更为简便。第三,这种做法也是我国实践经验的总结。从我国的司法实践来看,有的法院就采取此种方式来处理产品责任纠纷,也得到当事人的认可。《侵权责任法》正是在总结这一实

---

[28] 张新宝、任鸿雁:"我国产品责任制度:守成与创新(下)",载《北方法学》2012 年第 3 期。

践经验基础上，作出了采此种模式的规定。

需要指出的是，尽管《侵权责任法》第41条扩张了损害的概念，但并不意味着所有的产品缺陷都可以纳入侵权救济的范畴。尤其不能将产品的瑕疵简单等同于产品的缺陷，将其所造成的损害都纳入产品责任范围。笔者认为，《侵权责任法》扩张损害的概念，主要适用于因产品缺陷造成多种损害的情况下，受害人可不选择适用《合同法》第122条的规定，而直接依《侵权责任法》获得救济。例如，因发动机缺陷导致汽车自燃，同时导致驾驶员和车内财物的损害。此时，如果受害人只能依据《合同法》第122条索赔，将不利于受害人的保护。《侵权责任法》第41条针对的就是此种情形，扩张了损害的概念，对受害人提供更充分的保护。但这并不意味着，在损害的概念扩张以后，原有的缺陷产品自身的损害和缺陷产品以外的损害的区分是没有意义的。事实上，此种分类也是两大法系普遍认可的，这表明了其是产品责任规律的总结。尤其是《侵权责任法》扩张损害的概念的安排，并未否定《合同法》第122条所确立的竞合规则，只不过因此使受害人可以更为简便地提起侵权之诉，并通过该诉讼获得全面的救济。一般来说，如果交付产品本身不符合合同的约定，即是单纯的履行不合格的问题，应当按照合同责任处理。如果产品瑕疵仅仅是影响产品的正常使用，则只会在买受人和销售者之间引起违约责任。即使是因为产品缺陷造成损害，如果仅仅是造成了缺陷产品本身的损害，不涉及其他财产和人身损害，且仅仅是发生在销售者和受害人之间，此时基于合同责任可以为受害人提供合适的救济，不必要再寻求侵权法上的救济。在当事人双方之间有明确合同关系的存在，且损害的内容未超越合同约定的范畴，原则上仍应当适用合同责任。特别是在受害人本身是买受人的情况下，双方的合同关系是显而易见的，完全可以通过合同来救济。而且，合同法的救济完全可以保护受害人。例如，出卖人对标的物的品质提供明示担保，并且其范围也具体确定的情形。如果产品缺陷只是影响产品的正常使用，导致产品功能与效益暂时不能发挥，也应当适用违约责任处理当事人之间的法律关系。例如，因交付的机械设备不合格，导致受害人工程的停工损失，便不可以通过侵权法来主张。因为机械设备所带来的利益，是订立合同时，当事人可以预见的，属于履行利益的范畴。

第六编 | 破产法与民事证据法

民商法研究(第六辑)
第549～577页

关于制定我国破产法的若干问题*

引言

破产是指债务人无力偿债的客观事实。破产制度是指在债务人无力偿还债务的情况下,以其财产对债权人进行公平清偿的法律程序。破产法就是关于因债务人不能清偿到期债务,对其宣告破产,并由法院对其全部财产进行清理分配或进行重整、和解等方面的法律规范的总称。众所周知,市场经济就是竞争经济,企业在激烈的竞争中必须遵循优胜劣汰的规则,只有通过破产制度才能促使企业在竞争中求生存求发展。① 所以,在任何实行市场经济的国家,破产法都是非常重要的民事法律,是调整市场经济的最基本的法律规范。

制定一部新的破产法,是在新时期完善我国社会主义市场经济法律制度的重要举措。1986年全国人大常委会审议通过的《企业破产法(试行)》,对建立现代企业制度,规范企业的破产行为,保护债权人的合法权益,发挥了一定的积极作用。但是,这部法律在实施

---

* 原载《中国法学》2002年第5期。

① 王欣新:“试论破产法的调整机制与实施问题”,载《中国法学》1991年第6期。

中也出现了一些问题:一是适用范围太窄,仅适用于国有企业。对改革开放二十多年来出现的大量中外合资企业、中外合作企业、外商独资企业以及不具备法人资格的合伙企业、独资企业等同样存在着因经营失败等原因而破产的民事主体,该法均不能适用。据统计从1989年至2000年全国法院受理的破产案件共35,146件,国企破产案件为18,617件,其余为非国企案件,此外还有许多非国企的破产以及个人的破产案件,法院因为缺乏法律规定而没有受理。② 在中国加入WTO以后,相信非国企以及个人的破产案件将会日益增多,这就需要制定统一的破产法予以规范。二是该法是一部试行的法律,经过十几年的试行,其中许多内容已经明显不符合我国改革开放和市场经济发展的需要。例如,《企业破产法(试行)》规定由政府组成清算组对破产企业进行清算,这显然是计划经济的产物,不符合市场经济的要求。三是该法缺乏对许多基本的、重要的破产规则的规定,例如,重整是避免过多企业破产的有效措施和重要手段,通过重整可以使某些濒临破产但有复苏希望的企业特别是大中型企业避免破产。但《企业破产法(试行)》对此并未作具体规定。尤其因该法对破产责任规定的不完善,破产惩戒机制过于疲软,导致债务人滥用破产程序,人为制造"假破产",转移资产,逃避债务,损害债权人权益的现象屡屡发生。因此,尽快制定一部适合于各类市场经济主体的破产法十分紧迫。

一、关于破产法的适用范围

关于破产法是否应当规定个人破产,历来争议较大。一般来说,个人

---

② 2000年上海市各级人民法院受理的破产案件出现了几个引人注目的变化:一是以计划内破产案件为主的格局被打破,计划外普通破产案件占受案总数的57.4%;二是破产企业以大型国企为主的态势有所改观,包括了大型国企、小型国企、城镇集体企业、中外合资、中外合作等多种所有制企业;三是破产企业涉及行业面拓宽,涉及工业、商业、房地产业、信息业、服务业等多个行业;四是破产申请主体改变了以往债务人申请的一元化格局,出现了三例债权人申请债务人破产的案件,还出现了一例在企业特别清算程序中由清算委员会向法院申请破产的案件。参见南乔:"规范破产,上海在行动",载《人民法院报》2002年1月30日。

破产可分为两类:一是消费破产,即公民在各类消费关系中因消费借贷而发生支付不能,并被宣告破产。由于破产不仅在经营领域中存在,消费领域中也是大量存在的,因此,各国立法大都包括自然人消费破产。③ 但从中国现实情况来看,中国目前的消费信用还不发达,还没有建立一套完整的通过票据、信用卡等手段进行支付、结算的信用体系。尤其是,我国社会普遍的消费心理是“储蓄未来”而不是“透支未来”,④有关消费破产的问题在我国并不十分突出,因此,笔者认为破产法不必对此作出规定。二是个人因从事经营活动不能清偿到期债务而被宣告破产。对于此类破产,应当在破产法中作出规定,其原因在于:

第一,破产法要调整的企业包括合伙企业与个人独资企业,由于该两类企业的投资者对企业债务承担无限连带责任,企业破产势必追究到投资者个人。因此在这类企业破产以后,个人应以自己的全部财产清偿债务,如果个人财产不足以清偿其债务,他就可能面临破产的危险。从这个意义上说,如果不实行个人破产制度,这些企业也就没有办法真正实行破产,从而不能形成退出机制。

第二,对于从事经营活动的个人实行破产,也可以更加充分地发挥破产的预防功能。一方面,通过建立破产自然人的限制免责制度,强化破产责任,可以有效防止个人在大量举债以后不负责任的经营或逃避债务;另一方面,也可以使债权人及时采取预防措施,防止个人负债累累以后仍继续举债,这对于建立社会信用是十分必要的。⑤

第三,允许个人破产是实行我国对外开放政策的必然结果。在国外,破产案件大都为个人破产案件,⑥随着我国加入 WTO,跨国破产以及涉外

---

③ 李永军:“破产法制定中的主要问题”,载中国民商法律网,http://www.civillaw.com.cn。

④ 王卫国:《破产法》,人民法院出版社 1999 年版,第 194 页。

⑤ 汪世虎、李刚:“自然人破产能力研究”,载《现代法学》1999 年第 6 期。

⑥ 美国法院行政管理局 2002 年 2 月 19 日公布的统计数字显示,2001 年美国个人和企业申请破产的案件比去年增加了 19%,达到了 149.2 万多宗,并打破了 1998 年创造的 144.3 万宗的历史最高纪录。美国破产研究所常务理事塞谬尔·格达诺认为,导致破产案大幅增加的主要原因是 2001 年 3 月以来美国经济陷入衰退,加上美国消费负债达到创纪录的水平,使得更多的家庭面临财务困难而破产。参见《京华时报》2002 年 2 月 21 日。

破产的问题日益变得突出,如果我国依然排斥个人成为破产主体,则势必造成破产司法上的诸多冲突以及难以解决的难题。例如,中国公民在国外从事经营活动,有可能被宣告破产,而外国个人在中国从事生产经营或其他民事活动不能被宣告破产,这本身是不符合对等原则的。

第四,从司法实践来看,也有一些个人破产案件司法部门因缺乏法律依据而无法受理。如果破产法对此作出规定,将有利于法院对此类案件及时有效地处理。尤其是从债权人公平受偿的角度来看,破产制度不健全,债务人在资不抵债的情况下不能及时破产,必然导致强制执行中的混乱现象。例如,在债务人拖欠多个债权人债务的情况下,某些法院在执行过程中可以将债务人的财产给某一个债权人,而不给另一个债权人;也可以给某个债权人多一些财产,而给予另一个债权人少一点财产。执行中的地方保护主义现象也较为严重,外地法院到当地执行财产时会遇到重重困难。这就使债务人的资产不能在债权人之间进行公平合理的分配。执行混乱与“执行难”的问题在很大程度上与破产制度的不健全有关。如果不实行个人破产,这些问题是很难解决的。⑦

一些学者认为不能实行个人破产的原因在于,我国没有实行个人资产登记制度,很难确定个人资产。实际上有关破产人的资产应该是债权人举证的问题,如果债权人能够举证证明哪些财产是债务人的财产,则这些财产就应当用来清偿债务。至于自然人破产财产的控制和查报等问题,将随着我国诸如“存款实名制”等制度的推行而逐步得到解决。⑧

二、关于破产原因

破产原因,也称为破产界限。现行法律关于破产原因的规定并不一致,主要有三种规定方式:一是因经营管理不善,不能清偿到期债务;二是

⑦ 汤维建:“关于建立我国个人破产制度的构想(上)”,载《政法论坛》1995 年第 3 期。

⑧ 刘勇:“试论我国立法应允许自然人破产的必要性及其制度设计”,载《法学》1999 年第 8 期。

严重亏损,无力清偿到期债务;三是不能清偿到期债务。

笔者认为,以经营管理不善或严重亏损,作为破产原因的限制适用条件是不妥的。一方面,企业不能清偿到期债务的原因是多方面的,可能是经营不善的原因,也可能是因不可抗力或意外事故,以及擅自为他人担保而承担连带责任等原因造成的。从破产法的原理上讲,只要债务人不能清偿到期债务,债权人就可以申请破产,具体何种原因引起的不能清偿,是债务人自己的事情,不应成为限制债权人申请债务人破产的条件。另一方面,如果将这些条件作为破产的原因,就会限制债权人申请破产的权利,并且将可能使那些不是因为经营管理不善而造成严重亏损的、无力清偿到期债务的企业继续存在,继续举债,加剧社会债务清偿的危机。⑨ 我国之所以存在许多三角债,不能得到有效解决,也与此有关。还要看到,所谓经营不善,在实践中常常很难认定和判断,因为究竟哪些亏损是由于经营不善而造成的,也许债务人自己都不清楚,债权人和局外人更难以知道。以此作为判断标准,人为地将困境企业阻挡在破产程序之外,无助于企业摆脱困境,而只能使企业在消极等待和在无谓的消耗中坐失复兴的机会。⑩

那么能否以资不抵债作为破产原因呢?应当看到,在某些国家的破产法中,曾经将资不抵债作为特殊破产的原因,笔者认为,可以将资不抵债作为国有企业等一些特殊企业的破产原因。在某些国家的破产法中也有将资不抵债作为特殊破产原因的,例如,《日本破产法》第127条规定:"法人不能以其财产清偿其债务时,亦可对其宣告破产。前款规定,不适用于存立中的无限公司及两合公司。"⑪从我国的实际情况来看,常常未考虑国有企业资产能否清偿债务的问题,一方面,由于历史的原因,我国国有企业自有运营资金一直较少,尤其是在"拨改贷"投资体制下设立的企业,很多企业主要靠银行借贷维持运转,企业不能清偿到期债务,未必表明其资不抵债,可能只是发生暂时的支付困难。我国企业目前不能清偿到期债

---

⑨ 韩长印:"破产原因立法比较研究",载《现代法学》1998年第3期。

⑩ 王卫国:《破产法》,人民法院出版社1999年版,第197页。

⑪ [日]石川明:《日本破产法》,何勤华、周桂秋译,中国法制出版社2000年版,第270页。

务的现象比较普遍,如果都按照这一标准来衡量,则许多企业有可能都要宣告破产。另一方面,“不能清偿到期债务”究竟采用什么标准来衡量,存在分歧。现实中,有的企业掌握的现金不足,发生了暂时的支付不能,但如果将其固定资产以及各种无形资产作价,可能远远超过债务的数额。更何况,企业还可能拥有大量尚未到期的债权即将实现或应收账款即将收回,将资不抵债作为一项破产原因,这实际上给予了债务人一项抗辩权,即在其暂时遇到支付困难,而又不是资不抵债时,可以对于债权人的破产申请提出抗辩。

仅仅以资不抵债作为破产原因是不妥当的,在操作上也有困难。因为一方面,债权人无法知道债务人资金运转情况和财务状况,很难就其资不抵债举证,如果仅以资不抵债作为破产原因,事实上债权人将很难申请债务人破产;另一方面,我国许多企业包括国有商业银行等企业都不同程度的存在着自有资本不足、资产负债率较高、亏损等现实情况。造成这种情况的原因是多方面的,有体制的原因,也有政策的原因,当然也存在经营管理不善的原因。但只要这些企业支付信用良好,没有损害正常的市场交易秩序,就应当允许其继续营业。只有在企业停止支付,不能清偿到期债务,影响了交易秩序后,才应当通过破产程序解决。

据此,笔者认为,我国破产法可以考虑将“债务人不能清偿到期债务”作为破产原因,而将资不抵债作为某类企业(如国有企业)附加的破产原因。主要理由是:(1)破产法的功能体现在债务人不能清偿到期债务时,如何将破产财产在各债权人间合理分配,以保证所有债权人公平受偿。只要债务人确实无力清偿到期债务的,就可以宣告破产,从经济上说,某个企业可能把自己的数千万元资本亏损到只剩下一分钱,在经济上完全破产,但只要对外没有负债,便不会出现法律上的破产。事实上,资不抵债的现象是时常发生的,即使企业在运转良好的情况下也会发生资不抵债,例如,一些高科技企业等,但只要其能够清偿到期债务,没有理由使其宣告破产。[12] (2)减轻了债权人在提出破产清算时的举证负担。债务人只

⑫ 贾厚吉:“以不能清偿作为破产原因探究”,载《现代法学》1993 年第 6 期。

要不能清偿到期债务，债权人就有权申请其破产，而不必要证明债务人是因为何种原因而造成不能清偿到期债务，以及不能清偿债务的程度，因为由债权人就此举证，的确对债权人过于苛刻。(3)以“不能清偿到期债务”为破产原因，不附加任何前置条件，也是许多国家破产立法的通例。市场经济发达的国家的经验普遍证明了其妥当性。(4)以“不能清偿到期债务”作为破产界限，并不一定会导致破产案件大量增加，因为以此作为判断标准，并不一定意味着凡是达到该界限的企业都必须实行破产清算。在企业出现“不能清偿到期债务”时，有破产清算、和解、重整三种程序供债务人和债权人选择，如果债权人通过和解得到的利益优于破产清算，债权人出于自己的利益也会同意和解；对符合产业政策或公共利益，又有复苏希望的企业法人，国家和政府主管部门也可以通过注入资本金或申请重整等手段，使其摆脱困境，免于破产。

总之，我国破产法应当将不能清偿到期债务作为破产原因，“不能清偿到期债务”，简称为不能清偿，是指债务人对债权人请求其偿还的确定的到期债务，或者对于通过法院或仲裁机构的生效裁判所确认的债务无正当理由不予清偿。当债务人以所有方法均不能清偿债务时，即构成丧失清偿能力。如果债务人停止支付，也可以推定债务人不能清偿到期债务。⑬

三、关于破产申请

破产程序需要有关当事人提出破产申请以后才能启动。破产申请是债权人或者债务人向法院请求宣告债务人破产的意思表示。换言之，就是由债权人或债务人在债务人到期不能清偿债务时，向法院申请债务人破产的意思表示。⑭ 关于破产申请，有如下问题值得探讨：

1. 关于法院是否可以主动依职权宣告债务人破产的问题。有一些学

---

⑬ 李永军“试论破产原因”，载《政法论坛》1995年第6期。

⑭ 邹海林：《破产程序和破产法实体制度比较研究》，法律出版社1995年版，第68页。

者认为,为了保护国有资产,防止其流失,应当允许法院在审理一般民事案件的过程中,主动依职权宣告债务人破产。破产程序的启动历来就有所谓的职权主义和申请主义。职权主义是指破产宣告的作出,由法院依据职权进行,又称为干涉主义。申请主义是指法院作出的破产宣告必须根据当事人的正式申请,否则无效。[15] 有人主张我国破产法可以采取两种做法。笔者认为,破产法的主要目的既是为了实现破产财产在全体债权人之间的公平分配,也是为了使债务人获得再生的机会。破产是为了谋求公平分配的债权人的利益,或是为免责而获得再生的债务人的利益进行的,[16]破产的宣告、清算、和解、重整等体现的都是债权人和债务人的个人利益,而非社会公共利益,因此法院没有必要主动代表国家进行干预。即使对于国有企业而言,法院主动依职权宣告债务人破产,最终并不一定符合债权人或者债务人的私人利益,也会损害破产企业上级主管部门的申请整顿权,不利于挽救濒临破产的企业。[17]

2. 关于债权人提出破产申请的问题。从实践来看,债权人提出破产申请的情况较少,这主要是因为,债权人一旦提出破产申请,债务人的资产将在所有债权人之间进行公平地分配,而如果债权人申请强制执行,债权人可以就债务人的全部资产单独地申请强制执行。所以在一般情况下,如果债务人资产不足以清偿债务,债权人申请强制执行远远比申请债务人破产实行清算所获得的清偿要多。但这并不排斥在特殊情况下,债权人申请破产比申请强制执行对其更为有利,例如,在强制执行中,成为执行对象的财产被限定在个别财产上,而破产可以就债务人的全部财产要求清算。再如,债务人具有隐藏资产等欺诈行为,需要通过进入破产程序以后才能够发现。

债权人申请债务人破产是必要的,但在法律上应当对债权人申请的条件作出限制。第一,债权必须是确定的,存在争议的债权的债权人不能申请破产。第二,具有担保物权的债权人因为享有别除权,其债权的实现是

---

[15] 陈计男:《破产法论》,台湾三民书局1980年版,第18页。

[16] [日]伊藤真:《破产法》,刘荣军、鲍荣振译,中国社会科学出版社1995年版,第43页。

[17] 宋茂荣等:"析国有企业破产中的几个法律问题",载《中外法学》1993年第4期。

独立于破产程序之外的，不管破产程序是否启动，都不应当影响其债权的实现，所以，具有担保物权的债权人在没有放弃担保物权之前，不享有破产申请权。[18] 第三，如果债务人仅对某个债权人负巨额债务，该单一债权人不可申请破产。因为在此情况下，完全可以通过强制执行程序实现其债权。第四，债权数额应当达到一定的水平，如果某一个债权人享有的债权数额过低，甚至在整个债权数额中占有很小的比例，仅仅该债权人希望申请债务人破产而其他债权人并不愿意该债务人进入破产程序，在此情况下，该数额较小的债权人申请宣告债务人破产必将影响了其他债权人的利益，这显然是十分不公的。笔者认为，在此情况下，完全可以申请强制执行，而不必要申请债务人破产。第五，与债务人恶意串通，损害其他债权人利益的债权人不可申请破产。上述限制也有助于制止债权人滥用破产申请权。

3. 关于债务人提出破产。在民事诉讼程序上，债务人不能自己对于自己提起诉讼，但在破产程序上，债务人则可以对自己提出破产申请，这是破产法的一项特别的安排，也表明民事执行程序与破产程序的区别。[19] 债务人申请破产，大都是为了获得破产的保护，如希望获得免责或者重整等，既然债务人申请破产是法律赋予债务人的一项特权，因此，只有那些诚实的债务人才能享有此种权利。笔者建议，只有那些诚实守信的债务人才能申请破产，如果债务人从事一些损害债权人债权的非法行为，或者虚假出资，或者隐匿资产、涉嫌恶意逃废债，或者企业有重大财产下落不明者，不可申请破产。通过对债务人申请破产的条件作出限制，也有利于防止债务人利用破产逃避债务。[20]

需要讨论的是，债务人提出破产申请是否需要上级主管部门的同意。《企业破产法（试行）》规定：国有企业法人不能清偿债务的，未经其上级主管部门的同意，不得向人民法院提出破产申请。设立这一规定的理由是，

---

[18] 傅宏伟："论破产申请主体——兼谈我国破产立法的完善"，载《政法论丛》1996 年第 5 期。

[19] 邹海林：《破产程序和破产法实体制度比较研究》，法律出版社 1995 年版，第 77 页。

[20] 李永军："重申破产法的私法精神"，载《政法论坛》2002 年第 3 期。

国家对于国有企业仍然享有所有权,因此对国有企业破产申请必须附加上级主管部门同意的限制。笔者认为,作出这种限制是不合理的。因为一方面,在国有企业不能清偿到期债务时,如果上级主管部门不同意其申请破产,那么国有企业就不能够破产,这极不利于保护债权人利益。特别是如果国有企业的经营状况进一步恶化,不能够及时申请破产将会使债权人的损失进一步扩大。另一方面,如果上级主管部门不同意破产,国有企业则没有破产的压力,这实际上意味着国有企业作为市场主体只能进入市场而不能退出市场,这显然是不符合市场经济客观规律的,而且不利于国有企业在竞争中求生存求发展。这种规定实际上是政企不分的旧体制的产物,随着我国经济体制改革的发展,必须在根本上解决这种政府包揽企业事务的现象,使企业成为真正独立自主、自负盈亏的法人。

四、关于和解、重整和破产清算三种程序之间的关系

严格地说,现代破产法并非单纯地调整破产清算问题,还包括破产和解程序与破产重整程序,共三方面的内容。也就是说,在提出破产申请以后,将有三套程序可被用于解决破产案件。这三个方面的内容相辅相成、缺一不可。

所谓和解制度,是指破产程序开始后,债务人和债权人之间在法院的主持下,就债务人延期清偿债务、减少债务数额、进行整顿等事项达成协议,从而中止破产程序的一项制度。㉑ 和解是预防破产的一项重要法律制度,我国现行破产法也规定了和解制度,但很不完善。主要的问题在于对和解的条件限制过多,严重妨碍了债务人灵活选择和解的时机,使和解制度的作用不能得到充分的发挥。从有利于避免破产、减少财产的损失和浪费考虑,应当鼓励当事人在破产开始前或破产进行中,实行和解。这样就需要放宽对和解条件的限制。在破产程序进行以后,无论债权人还是

㉑ 邹海林:"论我国破产程序中的和解制度及其革新",载《法学研究》1994年第5期。

债务人,只要认为和解对其是有利的,都应当可以提出和解,一旦和解不成,则可以转变为清算程序。这种先和解后清算较之先清算后和解的立法模式,显然要科学、合理得多。它一方面可以使有挽救希望的企业避免破产宣告,减少企业职工失业,避免社会负担和社会动荡;另一方面,其可以避免司法资源的浪费,使破产程序不再继续进行,从而节省破产费用的支付。㉒

重整,是指就处在困境之下但可预见到能摆脱困境的企业,继续调整其利害关系人的利益,以谋求企业更生的制度。㉓ 在企业无力偿债但有复苏希望的情况下,经债权人同意,实行重整可保护企业继续经营,实现债务调整和企业整理,使企业摆脱困境,走向复兴。强调重整制度是国际上破产法发展的重要趋势,与破产清算制度相比,它的优越性在于:一方面,在重整保护期限内,债务人可以继续经营,以经营所得最终使债权人获得最大利益,避免破产清算情况下的财产损失及其他消极后果;另一方面,重整可以把债权人的妥协与营业改善、财产出让、企业兼并、资本变更等措施相结合,在债务重组的同时实现企业再建。㉔ 在重整保护期内,债务人可以继续经营,对所有的债权实行冻结,甚至享有担保物权的债权人也不能优先受偿,而必须按照重整计划清偿债务。当然,重整并不适用于所有的企业或个人。考虑到重整程序费时较长、成本较高,为合理保护债权人利益,有必要对重整程序的适用范围加以限定,笔者建议最好将其限定为有挽救希望的法人企业。破产法应当立足中国国情,借鉴国际破产立法经验,对重整的适用范围、基本程序、保护措施、计划制订和执行、防止重整程序被滥用的措施等作出规定。

问题在于如何处理清算、和解与重整这三者之间的关系?

第一种选择模式是所谓“三门进入”模式。即将清算、和解与重整三者并列,它们都统一于“破产程序”这个大概念下,在破产程序开始之初,由当事人选择适用。这种模式可以称为“三者并列选择适用主义”。具体

㉒ 陈鸣:“破产和解制度功能目标的探讨”,载《现代法学》1997 年第 4 期。

㉓ [日]石川明:《日本破产法》,何勤华、周桂秋译,中国法制出版社 2000 年版,第 9 页。

㉔ 王卫国:“论重整制度”,载《法学研究》1996 年第 1 期。

来说,当事人提出破产申请,可以同时提出和解或申请重整,也可以分别申请破产清算、和解或重整。如果当事人选择适用清算程序的,首先依清算程序进行破产清算,在此过程中,如果当事人达成和解协议,清算程序则转化为和解程序。如果单独申请重整,则可以不经过清算程序,但重整失败并具备破产原因的,经破产宣告进入破产清算程序。[25] 当事人申请和解的,和解不成,再进行破产清算;和解成功,破产程序结束。不仅如此,如果双方当事人在和解程序中有意重整,和解程序则也可转化为重整程序。[26]

第二种选择模式是所谓"两门进入"模式,即当事人一般不能单独申请和解,而只能单独申请重整和破产清算。在清算或重整程序中,当事人也可以申请和解,在和解程序中,若发生需要清算的事由,则也可转化为清算程序。

第三种选择模式是所谓"一门进入"模式。按照这一观点,无论是申请破产清算,还是和解与重整,都必须首先符合破产原因,然后到法院提出申请,在启动破产程序以后,才能分别采取破产清算、和解与重整程序。当然,对这三种程序也可以有两种组合方式:一是将清算程序前置,先清算后和解,然后再重整。这种做法姑且可称之为"清算前置主义"。我国现行《企业破产法(试行)》采取的就是这种组合方式。二是将和解前置,先和解,和解不成再清算,或者先和解,和解成功后,如有必要也可以转化为重整。这种做法为英国法所采,称为"和解前置主义"。[27] 依此立法例,和解是任何破产程序的必经程序。[28]

我国《企业破产法(试行)》规定,在债务人已发生破产原因,被债权人申请破产,且案件已为法院受理后始得开始进行和解和整顿,可见,我国立法采取的是第三种模式。笔者认为应当继续采取这种"一门进入"模式,具体来说,当事人无论是申请破产还是申请重整或和解,都必须首先

㉕ 王卫国:《破产法》,人民法院出版社 1999 年版,第 199 页。

㉖ 汤维建:《破产程序与破产立法研究》,人民法院出版社 2001 年版,第 549 页。

㉗ 邹海林:《破产程序和破产法实体制度比较研究》,法律出版社 1995 年版,第 17 页。

㉘ 汤维建:《破产程序与破产立法研究》,人民法院出版社 2001 年版,第 549 页。

具备破产原因,达到破产界限。破产清算、和解和重整所具备的条件是统一的,法院经过审查确定债务人已具备破产原因的,应当将该案作为破产案件受理,开始启动破产程序。法院接到破产申请之后,应当依法进行审查,认为符合法定条件的,作出受理破产案件的裁定。同时,要采取必要的保全措施,发出通知或公告,要求债权人在法定期限内申报债权,在法院的监督指导之下成立债权人会议,对债权进行审查确认,并讨论决定其他有关破产案件的事项。但是在启动破产程序以后,并不意味着债务人就应被宣告破产。从破产程序启动到正式宣告破产之前,应当确定一段法定的期限,在该期限内,当事人既可以申请重整也可以申请和解。和解不成,再进行破产清算;和解成功,破产程序结束。不仅如此,如果双方当事人在和解程序中申请重整,和解程序也可转化为重整程序。在破产程序启动以后,当事人如果直接选择和解程序或重整程序,则分别开始相应的程序。在和解或重整过程中,如果发现有向其他破产程序转化的条件,则可在当事人的申请下转变为其他破产程序。[29] 之所以采取"一门进入"的模式,主要理由在于:

第一,有利于法院运用统一的标准审查破产案件。如果对破产清算、和解和重整采取分别单独申请,且这三者标准不同,则不利于法院操作。有些学者建议,企业法人无论是基于已经发生的无力偿债的事实状态,还是将要发生的无力偿债的事实状态,都可以申请破产重整。这样规定体现了对企业困境"早发现、早治疗"的思想,符合重整程序拯救企业的制度目标。[30] 也就是说,重整可以在破产程序之中提出,也可以在有破产之虞时提出。但这样一来,就要确定以将要发生的无力偿债的事实状态作为申请重整的标准。但破产之虞如何判断呢?这对法院来说是十分困难的。由于重整、和解与清算都是作为破产案件来受理的,实行的是一审终局制,当事人不能上诉,一旦程序被滥用就很难被补救。所以,不能以"破产之虞"这样含糊的标准,而应当以破产原因作为法院审查破产案件是否应受理的标准。

㉙ 汤维建:《破产程序与破产立法研究》,人民法院出版社 2001 年版,第 549 页。

㉚ 王卫国:《破产法》,人民法院出版社 1999 年版,第 197 页。

第二,标准的不统一有可能会造成对债权人利益的侵害。以重整程序为例,重整对于债权人的利益影响很大,因为在重整过程中,债权即使到期也不能行使,在重整期间债权甚至担保物权都不能行使,一旦重整被滥用,将会给债权人造成巨大的损失。某些不法行为人可能在欠下巨额债务后,本来有足够财产清偿债务,但拒不履行债务而申请重整,使债务不能得到及时清偿。所以,重整还是应当符合破产原因、在进入破产程序后提出,而且在进入破产程序后,也必须要取得债权人的同意才可以实行重整。[31] 至于和解,在没有经过破产程序之前,法院没有理由也没有必要单独受理和解案件,如果债务人愿意和债权人和解,完全可以不经过破产程序直接达成一般的和解协议。

第三,采取"一门进入"的模式也没有剥夺当事人进行和解、重整的机会。在进入破产程序之后,当事人可以继续申请和解和重整,所以此种模式完全可以达到"三门进入"的效果,只不过是门槛高一些而已。但从中国实际出发,设立更高的门槛是十分必要的。

五、关于管理人制度

国外的破产法大多规定了破产财产管理人制度,我国《企业破产法(试行)》与之相似的制度为"清算组"制度,但存在很多问题。根据我国破产法,在法院受理破产案件以后到债务人被宣告破产之前,因为没有一个机构对债务人的破产财产进行管理,所以该财产事实上仍然处于债务人的管理之下,这就极容易使债务人移转财产,或者造成破产财产的损失、浪费。实践中,许多企业一旦申请破产,企业的法定代表人或其他负责人可以通过各种手段移转企业的财产,严重损害了债权人的利益。可以说,目前债权人获得清偿的比率极低确与我国破产立法没有建立破产管理人制度有关。

---

[31] 冯军:"公司重整制度与债权人的法律保护",载《武汉大学学报》(哲学社会科学版)1997 年第 5 期。

在进入破产程序以后，究竟应当由谁来管理债务人的财产，也是破产立法中争论较大的一个问题。关于破产财产的管理，有如下几种模式值得讨论：

一是由债权人通过债权人会议进行管理。一些学者认为，由于破产法最终是要实现破产财产在债权人之间的分配，在破产程序进行过程中，应当实行债权人自治的原则。[32] 破产法设立债权人会议，协调债权人方面的法律行为，对破产财产的管理、变价、分配也应当由债权人会议来决定。笔者认为，强调破产程序中的债权人自治是必要的，但对破产财产的管理则不可能由债权人会议进行。因为，一方面，债权人会议不是一个常设机构，不能经常召开，而财产管理事务多是一些日常的持续性的事务；另一方面，债权人会议常常因为人数众多，难以达成决议。尤其是对于破产财产的清算变价等技术性较强的活动，债权人未必了解，也不可能对其做出决定。

需要提及的是，我国《企业破产法（试行）》第 15 条将债权的审查权和确认权赋予了债权人会议，这是极不妥当的。因为债权人会议是由全体债权人参加的会议，但各个债权人参加会议的前提是其债权已经确定。如果由债权人会议审查债权，那么在债权没有确定的情况下，债权人是无法参加会议的，因而这一规定在实践中是根本无法操作的。事实上，对债权的审查和确定应当由法官直接操作，债权人本身并不能审查债权，他们只能向法院申报债权，由法院具体确定债权是否存在及其数额。[33]

二是由法院负责对债务人的财产进行管理。此种观点认为，既然整个破产案件都应当在法院的主持下进行，因此需要由法院负责破产财产的管理。笔者认为这一观点显然是不妥当的。破产案件毕竟是关系到当事人私人权益的纠纷，法院只是居中的裁判者，它不能介入到具体的财产的管理事务之中。尤其是破产财产管理、清算、分配问题十分复杂、繁重，甚至可能因破产债权确认、破产财产归属争议而发生诉讼，法院显然无足够的人力、时间承担这些技术性很强的复杂工作，而且发生相关诉讼时，若

㉜ 邹海林：《破产程序和破产法实体制度比较研究》，法律出版社 1995 年版，第 129 页。

㉝ 汤维建：《破产程序与破产立法研究》，人民法院出版社 2001 年版，第 240～244 页。

法院作为管理人,其地位也不便于协调。因为,此时法院本身已经成为当事人,其因管理不善造成债权人损失,可能会承担损害赔偿责任。

三是由政府指派有关人员负责清算。《企业破产法(试行)》第24条规定,清算组成员由人民法院从企业上级主管部门、政府财政部门和专业人员中指定。在实践中,清算组大多由政府各有关部门派员共同组成清算组,对破产财产进行清算分配。据此,有人认为,应当由政府指派有关人员负责对债务人财产的管理。笔者认为,现行破产法的上述规定本身是不妥当的。一方面,清算工作非常复杂,技术性较强,由政府派人员组成清算组来进行清算,未必具有相应的专业知识,其参与清算组效率较低,且加重了政府部门的工作负担;另一方面,政府参与清算以后,债权人会议对清算组根本无法行使监督权,从而使整个清算过程缺乏有效的制约机制。[34] 即使清算组违法,造成破产财产的损失、破产成本过高或侵犯了有关权利人的权利,债权人或投资者也没有办法追究清算组的责任。这也是实践中债权人害怕破产的一个重要原因。目前,已有地方因政府参与清算而引发纠纷,使政府陷入诉讼,这从某种程度上也表明政府参与清算的行为实际上是一种"越位"的行为。

大多数学者建议破产法必须改变这种由政府主持清算的做法,而应当按照国际惯例,由具有专业资格且具备相应的职业道德的律师、会计师等担任破产管理人,从事破产企业的清算。[35] 笔者赞成此种看法。如果能够建立破产管理人制度,由专门的管理人管理债务人的财产,就可以解决实践中出现的债务人的财产不能得到有效管理的问题。很多国家在破产法中设立专职的破产管理人负责破产清偿工作,以保障破产程序公正进行。例如,德国、日本等国家,法院在实务中,大多选任律师担任管理人,这些经验都值得借鉴。专门的管理人受法院指定,管理债务人的全部财产,负责财产的清算、估价、变价等工作,其应当对法院负责并报告工作,并应当接受债权人会议的监督。规定专门的破产管理人有利于提高清算的效

---

[34] 罗卫平:"破产清算机构的建立与性质",载《法学》1997年第4期。

[35] 沈贵明:"论我国破产管理人选任的立法失误及其纠正",载《郑州大学学报》(哲学社会科学版)2000年第6期。

率,降低破产的费用。同时,在破产法中通过规定破产管理人因故意或重大过失给债权人造成的损失的赔偿责任,有助于督促管理人尽职尽责地工作。[36]

关于破产管理人的选任,一些国家(如美国、加拿大等)的法律规定应当由债权人会议选任,这主要是因为这些国家的法律将破产管理人视为债权人的受托人,并彻底贯彻债权人在破产程序中的自治精神。笔者认为,破产管理人要维护债权人的利益,但其本身不是债权人的受托人,破产管理人具有自己的独立地位,不是任何一方利益的代表,因而不应由债权人选任破产管理人,而应由法院指定破产管理人。[37] 由债权人选任破产管理人的弊端在于:一方面,债权人会议人数众多,可能难以选出合适的破产管理人;另一方面,法院受理了破产案件以后,因为债权的申报和审查需要一段时间,此时还不可能立即确定债权人、召开债权人会议选任破产管理人,但破产管理人又必须开展工作。因此,一旦法院受理了破产案件,就应当指定破产财产管理人,接管债务人的财产,而不能由债务人继续占有其财产。

当然,应当看到,破产程序是为了保障债务人的资产能够在债权人之间进行公平的分配,破产程序也应当有利于债权人利益的充分实现,这就有必要加强债权人对于破产管理人的监督。因为一旦破产管理人不尽职尽责,甚至滥用职权,损失最大的仍然是债权人,因此,债权人对于管理人的监督是必要的。这种监督可以体现在多方面,如设立监督人对管理人进行监督以及如果债权人认为管理人明显不合格,则债权人会议经过一定的程序,可向法院申请更换管理人。[38]

六、关于破产人的责任

我国破产法应当将强化破产人的法律责任作为立法的重心,从而遏制

---

[36] 汤维建:“论破产管理人”,载《法商研究》1994 年第 5 期。

[37] 沈贵明:“论我国破产管理人选任的立法失误及其纠正”,载《郑州大学学报》(哲学社会科学版)2000 年第 6 期。

[38] 罗卫平:“破产清算机构的建立与性质”,载《法学》1997 年第 4 期。

目前因责任软化而造成的“假破产”等现象，制止利用破产逃废债等行为。对于因合伙企业、独资企业破产以及个人不能清偿到期债务导致个人破产的，国外许多国家法律规定，要对破产人的某些行为进行必要的限制。例如，法院应债权人的要求，为了预防破产人处分财产或者隐匿、私分财产而限制其居住，检查其来往邮件，以确保破产财产不至于流失。法院有权合法传唤破产人到庭接受法院的讯问以及债权人的提问。债务人受破产宣告以后，在公私法上享有的某些地位应当于一定期间丧失或者受限制，例如，不能担任公务员、律师、会计师、仲裁员、建筑师、证券经纪人、公司董事或者监事、无限公司的股东或者合伙人、财产管理人、遗产执行人等。借鉴国外的经验，对破产人个人的财产和人身自由实行必要的限制，对破产人进行必要的惩戒，有助于从根本上改变目前许多当事人不怕破产甚至利用破产逃废债务的状况。[39]

关于在企业破产的情况下，是否应当对其主要负责人追究法律责任的问题，学界存在着两种不同的观点。一种观点认为，企业的法定代表人并不等于企业本身，企业破产不等于个人破产，对破产企业法定代表人有破产欺诈行为的，可以追究刑事责任，但不能对其予以民事制裁。各国破产法对破产人的人身和财产自由等方面的限制主要是适用于个人破产的情况。另一种观点认为，无论破产法是否适用于个人破产，只要是因为企业法定代表人的行为导致企业不能清偿到期债务而被宣告破产，其有过错就应当承担相应法律责任。笔者认为，如果法人的法定代表人对破产有过失的，例如经营决策失误、对市场的判断错误、对公司的经营没有尽到诚实勤勉的义务等，此时应当追究法定代表人的民事责任。这种责任包括两方面：

一是对股东和投资者的责任。企业法人破产后，股东或投资者应当有权请求有过错的企业法定代表人或董事赔偿损失。在我国目前许多企业尤其是国有、集体企业中，一些经营者漠视投资者利益，私自侵吞企业财产，造成了“穷庙富方丈”的不正常现象。在破产法中建立相应的责任制

---

[39] 沈贵明：“论我国破产管理人选任的立法失误及其纠正”，载《郑州大学学报》（哲学社会科学版）2000 年第 6 期。

度，通过追究有过错的经营管理者的责任，可以有效保护投资者的利益，防止国有资产流失，制止目前企业破产而个人不承担任何责任所导致的国有资产流失。[40] 对那些虽然没有重大违法犯罪行为但因破产给债权人及国家财产造成较大损失的企业负责人，通过课以一定的法律责任，可以督促公司的法定代表人认真履行其职责，防止其滥用职权致使企业破产；也可以防止那些玩忽职守者和损公肥私者利用破产溜之大吉、逃避罪责的现象，加强对经营者的法律约束。

二是对债权人的责任。如果在企业破产的情况下，企业的法定代表人以及公司董事从事了破产欺诈、隐匿财产、逃避债务等危害债权人利益的行为，债权人在法定期间内有权通过破产管理人请求法院宣告其损害债权人利益的民事行为无效。如果公司的法定代表人从事了隐匿资产、逃避债务或从事了编制虚假账目等行为，而该法定代表人或董事同时又是股东的，可以借鉴国外的立法和司法经验，建立"揭开公司面纱"的制度，不考虑公司的法人人格和股东的有限责任，允许债权人直接要求股东承担对债权人的清偿责任。

除了承担民事责任以外，还应当对有过错的法定代表人的财产和人身实施必要的限制。从国外破产法发展的趋势来看，出现了公司破产后责任的个人化发展趋势。[41] 例如，法国1985年颁布的有关破产的法律规定，如果公司破产，债务人具有过错的，法院可以对有过失的企业领导人宣告其个人破产，或禁止其经营管理，控制企业。《日本破产法》第152条规定，有关对破产人自由的限制，准用于破产人的法定代理人、理事、准法定代理人、准理事以及经理人。[42] 我国现行立法已经对破产企业法定代表人以及董事、经理担任其他经济组织领导人的资格在一定期间内加以限制，但这还不够，笔者认为还应当借鉴国外的经验，在公法上对其作出限制，如不得担任律师、会计师、公证人等。尤其应当指出的是，对于公司的法定代表人等在公司被宣告破产后，还应对其高消费加以限制。为了防止

---

[40] 高行马："完善破产法律制度的浅思"，载《法学》1997年第2期。

[41] 沈达明等编著：《比较破产法初论》，对外贸易教育出版社1993年版，第8页。

[42] 沈达明等编著：《比较破产法初论》，对外贸易教育出版社1993年版，第308～309页。

一个破产企业的法定代表人可以在另一个企业担任法定代表人或董事，必须要通过有关媒体或互联网对已破产的企业的法定代表人或董事姓名予以公告。

如果公司的法定代表人或其他负责人从事了隐匿资产、逃避债务行为构成犯罪的，还应当追究其刑事责任。破产犯罪可能涉及两种类型的犯罪：一是企业的法定代表人或主要负责人因其玩忽职守等重大过失造成企业破产时的刑事责任；二是企业负责人在企业破产过程中有损害债权人利益的行为以及破坏破产程序进行的行为需要追究刑事责任的，例如放弃担保债权、隐匿财产等。[43] 对前一种情况，我国现行《刑法》已经有规定，而对后一种情况，即通常所说的破产犯罪，我国《刑法》中没有规定，导致了破产法中的许多规定无法得到实施。为此可以在破产法中增设破产犯罪，或者在制定破产法的同时尽快修改我国刑法中有关破产犯罪的规定。

七、关于破产人的免责问题

破产人免责，是指在破产程序终结后，对于符合法定免责条件的诚实的债务人，依法免除其未能依破产程序清偿债务的制度。换言之，在破产程序终结以后，对没有清偿的债务，破产人不再负清偿责任。免责制度主要适用于自然人破产的情况，因为法人一旦被宣告破产，随着破产程序的终结，法人的主体资格归于消灭，法人的债权人也不可能再请求法人承担清偿责任。

就自然人破产而言，各国立法有两种立法模式：一是免责主义，即认为在破产程序终结以后，应当完全免除债务人的清偿责任。免责主义起源于英国，采纳免责主义的理由是：诚实的债务人受破产宣告已遭不幸，不应当在破产程序终结后仍使其负担未清偿的债务，否则破产人永无重新开始新生活的希望，如此未免过于残酷；既然法律给予债务人破产的机

---

[43] 宋彦："完善我国的破产罚则立法"，载《法学》1994年第11期。

会,实际上也就是要债权人和债务人共同分担债务不能承受的风险。[44] 依照英国传统的法律规定,破产人可于破产宣告之后的任何时候向法院申请免责,法院于程序终结后可以指定日期审理破产人的免责申请。美国破产免责制度则采取了当然免责主义原则。由于免责制度的设立,使破产具有对债务人提供保护的功能。[45] 二是不免责主义,即认为在破产程序终结以后,不免除债务人的清偿责任,对于破产人未清偿的债务,破产人继续负清偿责任。法国破产立法认为,因债务人自身原因所造成的破产,如果免除其继续清偿的责任,对债权人有失公平,所以破产终结以后,如果有新的经济收入作为债务清偿的来源,破产人仍然以其财产清偿债务,债权人并且可依据在破产程序进行中制作的债权表,对破产人的财产申请强制执行。[46]

从各国破产立法的发展趋势来看,原先采用免责主义的英美法系国家正在逐渐放宽对破产人实施免责的范围和适用条件,一些原来对破产人持不免责主义态度的大陆法系国家的破产法,也在其立法中相继转向采用免责主义。[47] 如德国过去一直采取不免责主义,但在 1994 年德国对原破产法进行了彻底修改,并于 1999 年施行新破产法,德国新破产法第 286 条规定:债务人为自然人时,依第 287 条的规定对破产程序中未能清偿的债务免予向破产债权人负责。由此可见,实行免责主义可以说是破产法发展的一个趋向,由此也表明了破产法在市场经济新的条件下的变化。

我国《企业破产法(试行)》第 38 条规定:"破产财产分配完毕,由清算组提请人民法院终结破产程序。破产程序终结后,未得到清偿的债权不再清偿。"许多学者认为,此即我国破产法上的免责规定。但因为我国现行破产法只适用于法人,对自然人的破产问题没有作出规定,而免责的问题又是和自然人破产联系在一起的。从这个意义上说,我国现行破产法并没有采取所谓完全免责主义。

---

[44] 邹海林:《破产程序和破产法实体制度比较研究》,法律出版社 1995 年版,第 393 页。

[45] 李永军:"论破产法上的免责制度",载《政法论坛》2000 年第 1 期。

[46] 邹海林:《破产程序和破产法实体制度比较研究》,法律出版社 1995 年版,第 393 页。

[47] 江平、江帆:"论商自然人的破产能力",载《现代法学》1997 年第 4 期。

如前所述,笔者认为,正在制定的破产法应当对自然人破产以及对合伙企业和独资企业的破产问题作出规定,这就不可避免地要涉及自然人的免责问题。在我国破产法中承认自然人的免责制度的根据在于:

第一,现代破产法具有双重目标,即实现债务人的资产在全体债权人之间的公平分配和通过免除诚实的债务人的债务,使债务人获得再生的机会。[48] 破产程序主要是为债权人的利益而设定的,[49]但它也具有保护债务人的功能。因此,现代破产法由清算型程序和再建型程序构成,“由于免责程序的导入,债务人得以避免程序终结以后债权人穷追不放,而可以将破产程序作为更生的跳板加以利用”。[50] 所以,破产法既对市场主体起着无情的淘汰作用,又对市场主体发挥着有力的保障功能。它既有清算的功能,又有免责的机能。如果在破产法中不规定免责制度,就不能充分实现破产法的宗旨和目的,发挥破产法在经济生活中的应有作用。

第二,从经济上看,免除诚实的债务人的部分或者全部的债务是有效率的。因为在破产程序终结后,如果不免除诚实的债务人的债务,让债务人继续背负沉重的债务包袱,他就不可能积极参与社会经济活动,为社会和个人创造新的财富,甚至将使其再次陷入经济困境之中而不能自拔。[51] 虽然免责在一定程度上牺牲了债权人的利益,但该制度充分鼓励诚实的债务人创造财富,对于整个社会是有利的。

第三,破产免责可以说是破产制度与民事执行制度的重要区别。在民事执行中,自然人对未能还清的债务永远负有清偿责任,一旦债务人有财产时,债权人即可请求法院继续执行。而通过破产程序,债务人可以获得免责,[52]可见,免责制度是破产法的重要特点所在。

但是必须要看到,我国破产法所需要承认的免责应当是一种有限制的

---

[48] [日]伊藤真:《破产法》,刘荣军、鲍荣振译,中国社会科学出版社 1995 年版,第 299 页。

[49] [日]伊藤真:《破产法》,刘荣军、鲍荣振译,中国社会科学出版社 1995 年版,第 9 页。

[50] [日]伊藤真:《破产法》,刘荣军、鲍荣振译,中国社会科学出版社 1995 年版,第 14 页。

[51] 武俐:“自然人破产能力与我国破产立法”,载《法制与社会发展》1998 年第 6 期。

[52] 李永军:“论破产法上的免责制度”,载《政法论坛》2000 年第 1 期。

免责,而不应当是无限制的、当然的、绝对的免责。[53] 当然的、绝对的免责意味着,一旦破产程序终结,无论债务人负有多少债务,也无论债务人是否诚实守信,其所负债务都当然地被免除,这种做法显然不利于保护债权人的利益,维护市场经济的正常秩序。当然免责制度的适用会导致债务人极力追求免责利益,即使其有财产清偿债务,也会想办法移转财产逃避债务,另外,债务人在已经欠下巨额债务且明知自己不能偿还的情况下,还可能大举借债,最终通过破产免责制度获得保护,这显然只会加剧债务危机,损害市场经济秩序。实践中,许多人都把破产当作摆脱债务的一种方式,造成许多企业和个人不害怕破产,甚至想方设法破产,或主动到政府主管部门"要破产",就是因为破产后可以将债务"一风吹"。由此也表明,如果不在法律上确立一种有限制的免责制度,破产免责制度必然会被滥用。

笔者认为,我国新破产法所要建立的免责制度应当是一种有限制的免责制度,这种免责的受限制性主要表现在如下几点:

第一,我国免责制度主要适用于诚实的自然人破产的情况。所谓诚实的债务人,是指债务人不能清偿到期债务确实是因为经营失败等原因造成的,而不是因为移转财产等欺诈行为或其他不正当原因造成的,债务人在破产程序进行过程中也没有从事任何违法的或不正当的行为。对于诚实的债务人,应当通过免责制度使其获得再生的机会。[54]

第二,免责应当是一种许可免责。关于免责制度的立法例主要有两种:一为当然免责制度,即在破产程序终结以后,破产人便自动获得免责,无须提出申请而经法院许可。如果债权人提出履行的请求,免责破产人得以法律规定的免责对抗债权人,拒绝清偿债务。二为许可免责制度,即在破产程序终结以后,破产人要获得免责,必须提出申请并经法院许可。各国破产法大都规定了许可免责。笔者认为,我国破产法应当采取许可免责制度,即必须要在债务人提出申请以后,由法院严格审查该债务人是

[53] 李永军:"论破产法上的免责制度",载《政法论坛》2000年第1期。

[54] 张卫:"论建立我国自然人破产制度的必要性和立法指导思想",载《社会科学家》2002年第3期。

否是诚实守信的债务人、免责是否符合法定的条件等,而不应当使债务人自动地被免除全部清偿责任。

第三,免责的范围应当受到债务人已经履行的数额的限制。这就是说,在破产案件终结时,债权已经获得清偿的比例越高,则免责的范围应当越大。如果债务人清偿的债权比例较低,则应当使其在一定期限内继续负有清偿责任。做出这种限制的主要目的就是鼓励债务人在进入破产程序之前主动地积极地清偿债务。

第四,破产人获得免责以后,其原来承担的债务并不是绝对消灭,只是不再获得法院的强制执行,债务已经转化为自然债务。如果破产人对于已经免责的债务自愿清偿,债权人所得到的清偿利益也应当获得法律的保护。

最后需要指出的是,尽管对于企业法人可以实行完全免责主义,但应当加重其法定代表人的责任。

八、关于简易程序

简易程序在国际惯例中称“小破产”,[55]它是指对于一些破产财产较少、债权债务清楚、债权人较少的破产案件,可以通过简易程序进行审理。例如,日本现行《破产法》第十一章的“小破产”制度,法国1985年《司法重整与清算法》第二编“适用于部分企业的简单程序”等。所谓程序的简易,主要体现为审理案件的机构更为简单、程序环节和程序行为更为简化,有关公告的期限更短等。[56] 简易程序设立的目的主要是为了提高诉讼效率,节约诉讼成本。

尽管我国破产立法中并没有承认简易程序,但在司法实践中,一些法院在审理破产案件中也开始适用简易程序,但究竟简易到什么程度,各地

---

[55] [日]石川明:《日本破产法》,何勤华等译,上海社会科学院出版社1995年版,第242页。

[56] 王卫国:《破产法》,人民法院出版社1999年版,第280页。

做法不一。我国破产立法是否应当借鉴国外立法的经验,总结司法实践经验,设立简易程序,学者对此也存在着不同的看法。赞成者认为,简易程序体现了效率原则,随着破产法适用范围的扩大,一些破产财产较少、债权债务清楚、债权人较少的破产案件会逐渐增多。对这类破产案件,如果采用普通的破产程序,则难免造成时间的拖延和费用的增加。为此,在新破产法中设立简易程序,有利于提高办案效率,节省破产费用。有学者建议,简易程序一般由债权人提起,债权人一般在 20 人以下,破产数额在 200 万元以下。[57] 但笔者认为,我国破产法中暂时不应当设立简易程序,主要理由是:

第一,在国外,简易破产程序主要适用于自然人破产的情况,尤其是消费者破产的情况。但在我国历来不承认自然人破产,即使在新的破产法中,扩大破产法的适用范围,但最多只能扩大到个人从事经营活动而发生的破产,消费破产在今后相当长的时期内还不可能实行,这就决定了简易程序适用的范围是有限的。至于司法实践中有些法院对破产案件试行的简易程序,目前也是仁者见仁,智者见智,也尚未形成一套成熟的经验。

第二,就企业破产而言,即使争议数额很小,财产数额不大,债权债务清楚,但和一般民事案件相比较,并不是简易的,而是复杂的。因为一方面,破产宣告以后将导致企业作为主体的消灭,破产程序终结之时就是企业完结之时,对于决定企业主体资格是否应当存续的案件绝不应当作为简易案件对待;另一方面,在债务人进入破产程序以后,涉及多个甚至众多的债权人,需要审查债权、确定破产财产,尤其是对破产财产要进行保管、清算,并在债权人之间进行公平的分配,这都表明破产案件比一般的民事纠纷要复杂,不能作为简易的纠纷来处理。

诚然,简易程序有利于提高诉讼效率,但我们不能仅仅为了追求效率就忽略了程序的公正以及对债权人和债务人的充分保障。程序是公开的、确定的正义,法律必须要通过一套公正的程序才能得到良好的运作,任何良好的法律都要通过正当的程序才能体现其应有的价值,破产法也

---

[57] 刘海峰:“简议设立简易破产程序”,载《人民法院报》2001 年 3 月 29 日。

不例外。破产案件从申请、受理到债权的申报、调查、确定、公告、召开债权人会议、清理破产财产、对破产财产进行变价和分配等,具有复杂的程序,忽略了任何一道程序,都有可能会损害当事人的利益。例如,有学者建议:简易程序可以省略一些公告的程序,缩短债权申报期限等;[58]在简单的破产案件中,是否有必要组成债权人会议,可由人民法院视情形斟酌决定。[59] 笔者认为,这些程序是不能省略的。因为,缩短债权申报期限,有些债权就可能来不及申报,债权人利益就可能得不到保障。如果不召开债权人会议,那么债权人如何才能保障其权益呢?更何况,在债权没有申报、审查、确定之前,如何知道债权债务是简单的、清楚的?如何确定该案件应当适用简易程序呢?

第三,破产案件的特殊性还表现在一旦法院对破产案件作出裁定,便具有终局的效力,即实行一裁终局。当事人不仅不能上诉,而且也不适用审判监督程序。根据最高人民法院的司法解释,检察机关不能对人民法院作出的企业法人破产还债程序终结的裁定提出抗诉。检察机关对前述裁定提出抗诉的,人民法院应当通知其不予受理。[60] 正是由于这一原因,破产案件一旦做出裁定,即使该裁定是错误的,也不可能再有补救的机会,已经在债权人之间分配的财产也不可能恢复原状。因此破产案件绝不能作为简易的案件处理,否则一旦发生裁判错误,将会给当事人造成无法挽回的损失。

九、关于涉外破产的问题

破产的域外效力是一个存在争议的问题。目前,各国主要采用了两种立法例:

---

[58] 王卫国:《破产法》,人民法院出版社 1999 年版,第 283 页。

[59] 汤维建:《破产程序与破产立法研究》,人民法院出版社 2001 年版,第 540 页。

[60] 参见 1997 年 7 月 25 日最高人民法院《关于对企业法人破产还债程序终结的裁定的抗诉应否受理问题的批复》。

一是普及性原则(universality),或称单一破产理论(unity)。它是指一国的破产宣告,对债务人在其他国家的财产也发生法律效力。根据普遍性原则,在跨国破产中,只应该有一个破产宣告,由一个破产程序来解决世界范围内的针对债务人财产的所有求偿要求。该原则产生的理论基础在于:债权人的平等性、债务人财产的统一性,以及债务人无支付能力的普遍效果。[61] 普及性原则的合理性在于通过一个程序对债务人在世界范围内的债权债务予以彻底清算,可以保障全体债权人在世界范围内得到相对公平的清偿。但是这一原则又在一定程度上会限制司法主权。目前,推行普及主义最积极的国家是美国和英国。其推行普及主义,主要是鉴于企业活跃的跨国经营活动和显著的跨国经营业绩,有必要保护本国的经济利益。[62]

二是属地主义(territoriality),或称复式破产理论(pluralism)。它是指一国法院所做的破产宣告,其效力仅及于破产人在该国领域内的财产,对债务人在其他国家的财产不发生效力。每个国家的法院根据本国破产法,将债务人位于本国的财产分配给本国债权人,它们任命的破产管理人的权力也仅限于搜集债务人位于本国境内的财产。其他国家的财产不受本国程序的影响,它们仍应保留在破产人手中,除非它们被财产所在国的债权人扣押或在所在国开始又一次破产程序。[63] 属地主义的目的在于保护本国债权人的利益以及本国的经济秩序。[64] 日本采取的是属地主义,依据《日本破产法》第3条的规定,在日本宣告的破产,其效力仅及于破产人在日本的财产。[65]

从我国司法实践来看,目前主要采用属地主义原则,这一原则注重维护国家的司法主权,同时也在一定程度上防止了国外法院作出判决以后,到我国来执行债务人在我国的财产。但我们必须看到,这一做法也会在一定程度上限制我国的对外经济往来和对外开放。具体理由在于:

---

[61] 石静遐:《跨国破产的法律问题》,武汉大学出版社1999年版,第20~21页。
[62] 李国安:"试论破产宣告的域外效力",载《厦门大学学报》(哲社版)1996年第3期。
[63] 石静遐:《跨国破产的法律问题》,武汉大学出版社1999年版,第20页。
[64] 石静遐:《跨国破产的法律问题》,武汉大学出版社1999年版,第24页。
[65] 李国安:"试论破产宣告的域外效力",载《厦门大学学报》(哲社版)1996年第3期。

第一,属地主义原则具有封闭的、排斥国际间的经济往来和合作的倾向,属地主义容易导致对一个债务人同时产生多个破产程序的现象,它是一种保守型的立法模式。在全球经济一体化,世界经济往来越来越密切、资金在世界范围内的流动日益迅速和容易的情况下,越来越多的国家放弃了原来采用的属地主义做法,而改采有限制的普及主义的做法。1988年,国际法学家协会(International Bar Association)制定了《国际破产合作法范本》(Model International Insolvency Cooperation Act),要求各国法院相互承认外国破产管理人的权利,并依外国破产管理人的请求发布命令,将位于内国的破产财产移交给外国破产管理人,同时要求外国破产管理人在管理破产财产时应当顾及全体债权人的利益。这表明普及主义已经逐渐成为国际破产立法的发展趋势,而我国破产立法也应当考虑这一趋势。

第二,采用普及主义有利于发展中国家对外开放和吸引外资。我国已经加入 WTO,经济将进一步对外开放,如果采用普及主义,则可以适应我国对外开放、引进外资和加入 WTO 之后跨国界破产法律规范的国际性统一趋势的需要。尤其是内地与香港之间的跨界破产已经发生,两地的破产管理人和律师都迫切地希望找出解决的办法,如果固守属地主义,则无法解决一国两制下跨界破产问题。

第三,有利于保护我国的利益。近几年来我国已出现了几起涉外破产案件,如 1998 年的广东信托投资公司破产案、2000 年的广东控股集团破产案,涉及许多海外的债权人,今后涉外案件会越来越多,如果我们仍然采取属地主义,则流失出去的财产便很难收回来。尤其是在资本移转较为便利的情况下,很难控制在中国被宣告破产的债务人,其在中国的资产不被转移到国外去。例如,一些外国投资者就有可能利用各种关联交易,在国际间转移资本和财产,在破产发生时,损害中国债权人的利益。

第四,我国主要属于资本输入国,而海外投资有相当一部分投资资金是借贷资金而不是自有资金,通过银行融资进行投资十分普遍,如果实行属地主义,就会对国外的银行在中国的投资项目进行融资产生消极影响,这对中国吸引外资是没有好处的。

但应当看到,完全做到普及主义是很困难的,也没有必要。世界上大多数国家都没有采取完全的普及主义。因此,我们建议采取有限的普及主义。这就是说,如果国外或境外的法院承认我国法院的破产裁定的,我们也应当对等地予以承认。在其他国家和地区的破产管理人到我国收回破产财产时,如果我国与该国或地区之间具有协议或互惠关系,我们也可以承认其破产裁定在中国的效力。当然,是否承认外国或地区的破产裁定,首先必须要取得我国法院的许可,即法院对于外国或地区的破产裁定具有审查权,法院在审查外国或地区的破产裁定时,必须考虑该裁定是否符合我国公共利益,同时,执行该裁定是否会对我国债权人造成重大损害。如果坚持了这几点,则我国采取普及主义将使我国法院在对跨国破产问题的处理上始终处在主动的位置,而不致产生一些负面作用。[66]

十、结语

尽管破产立法在国外具有悠久的历史,但我国自古以来却并没有破产立法的传统,现实中对破产也有许多偏见。这就要求我们在制定破产法时,充分吸收与借鉴发达国家先进的破产立法经验,尊重多数国家在破产立法中所采取的通常做法。同时,我们也要立足中国国情,从实际出发,反映中国破产法的时代特征。同时,我们需要进一步完善社会保障体制,包括社会保险、再就业、医疗保险、住房等体制的改革,加快金融体制的改革,从而为破产法的实施提供良好的配套法律环境。我们希望一部能够促进市场经济健康发展、推动改革开放深入进行、符合中国国情的破产法尽快问世。

---

[66] 汤维建:《破产程序与破产立法研究》,人民法院出版社2001年版,第549页。

民商法研究(第六辑)
第578~585页

关于劳动债权与担保物权的关系*

在我国破产法制定过程中,目前争议最大的一个问题就是关于劳动债权与担保物权的关系。所谓劳动债权,是指因为企业拖欠职工工资、劳动保险费、因企业破产解除劳动合同而应支付给职工的补偿金等所发生的职工请求企业给付一定金钱的权利。因此,劳动债权可以包括三个部分:一是因企业拖欠职工工资而产生的工资支付请求权;二是因企业拖欠职工的养老保险金、失业保险金、工伤保险金、医疗保险金等社会保险费用而产生的社会保险费用请求权;三是因企业破产解除劳动合同而应支付给职工的补偿金。劳动债权的权利人是企业职工,债务人是企业。在企业进入破产程序后,有关工资及社会保险费用的请求权应当列入破产债权,由管理人列出清单并且公示。劳动债权一旦确定就应当作为破产债权而从破产财产中获得清偿。

劳动债权仍然属于民法上的债权,通常是一种无担保的债权,从比较法的角度看,尽管对于劳动债权是否享有优先于一般债权的效力,各国立法的规定并不一样,但各国立法大都从保护劳动者权益出发,将其列为法定优先权。笔者认为,从我国的实际情况来看,我

* 本文原载《法学家》2005年第2期。

国社会主义国家的性质决定了我国法律应当充分肯定和保护职工的合法权益，并且我国宪法已经确认了尊重和保障人权的原则，因此，从保护劳动者和维护人权的需要考虑，有必要使劳动债权有优先于一般债权而受偿的地位，对此无论是理论上还是实务中都是没有争议的。事实上，我国《民事诉讼法》第106条、第206条已经将劳动债权作为优先权加以规定。尽管国有企业的政策性破产已经突破了该条的规定，使劳动债权可以优先于担保债权而受偿，但这一规定对于政策性破产以外的破产企业并不适用。

在破产立法中，就劳动债权的清偿顺序问题所产生的争议的焦点在于，劳动债权是否具有优先于担保物权而优先受偿的地位。对此存在两种不同的观点。一种观点认为，劳动债权只具有优先于普通债权的地位，而不应当具有优先于担保物权的地位。劳动债权虽应优先保护，“但是，将职工债权全部放在物权担保债权之前清偿则是不妥的，而仅靠采取这一种措施解决破产企业拖欠职工债权问题更是不够的，也是不公平的”。① 另一种观点认为，应当将劳动债权置于担保物权之前，即给予其所谓的“超级优先的法律地位”。只有使其优先于抵押权，“这样才能从根本上解决破产企业职工劳动工资优先于抵押受偿的问题，从而使优先权承载起保护弱者的特殊使命”。② 这两种观点尖锐对立，可以说都不无道理。在我国目前劳动债权拖欠严重的情况下，完全采纳任何一种观点，都必将对破产程序中的相关当事人利益产生极其重大的影响，因此，有必要对该问题作深入探讨。

应当承认，将劳动债权置于担保物权之前，此种观点在我国目前的情况下确有一定的合理性。这主要是因为，一方面，我国经济仍然处于转轨时期，市场经济体制还没有真正建立，许多劳动债权拖欠问题是历史遗留问题，单纯完全依靠市场的规则来解决未必可行。例如，对未纳入政策性

---

① 王欣新：“破产立法中永远的痛——谈债权人保护与对破产企业职工保护的关系”，载《证券时报》2004年11月8日。

② 申卫星：“论优先权同其他担保物权之区别与竞合”，载《法制和社会发展》2001年第3期。

破产的国有企业，拖欠职工劳动保障费用与政府行为有密切联系，如果单纯依靠市场方式解决破产职工劳动债权清偿问题，显然对该部分职工的保护极为不利。这就必须全面考察劳动债权与抵押权的相互关系。在国外，也有许多学者认为，“在可能的情况下，应当把雇佣问题（employment）作为最优先的问题。这在转型国家尤其重要，因为社会和经济的变动往往同时也伴随着政治风险”。③ 这就是说，在社会转型期，在社会保障制度尚不健全的情况下，有必要考虑到对职工利益的保护问题。另一方面，目前从破产企业中的财产状况看，未设置物权担保的财产很少，如果担保物权全额优先，则职工劳动债权显然无法获得足够清偿。在现阶段拖欠职工劳动债权依然严重的情况下，上述做法却不利于保护劳动者的权利，也不利于维护社会稳定。

我国是社会主义国家，更应当重视保护劳动者的合法权益。但是，如果将劳动债权一律优先于担保物权清偿，虽然有可能解决短期一定范围内的社会问题，但在宏观上长远上对市场经济的规范运作可能产生不利影响，从而在根本上会影响职工的利益，具体来说：

第一，此种做法将会危害交易安全。应当看到，破产法的立法目标并不是单一的实现债权人利益的最大化，④它还负有维护交易秩序的功能。如果允许劳动债权优先于抵押权，则不利于对交易安全的保护，从而危及交易秩序。具体而言，一方面，由于目前我国社会处于转型期，整个社会的经济秩序出现了一定程度的混乱，社会信用缺失。为了增强社会信用，强化交易诚信，有必要强化担保物权的功能，因为只有抵押权等担保物权才是保障债权的最佳方法，如果担保物权都不能保障债权，就没有什么方式能有效地保障债权，就很难说有交易安全可言。如果当事人欠缺对交易的安全感，他们便不敢大胆地从事交易，这对市场经济的发展是十分有害的。另一方面，在市场经济中，抵押权需要经过公示而设定、因公示而具有公信力，保障抵押权的实现，对于维护交易安全十分必要。劳动债权

---

③ Council of Europe, *Bankruptcy and Judicial Liquidation*, Strasbourg, Council of Europe Publishing 1994, p. 1 ff.

④ 韩长印：“企业破产立法的目标及其争论”，载《中国法学》2004 年第 5 期。

虽属于优先权,但它不具有公示性,第三人不可能了解劳动债权的数额和内容。如果要将其优先于抵押权等担保物权受偿,虽在一定程度上保护了劳动者,但却损害了整个市场秩序,可谓得不偿失。

第二,此种做法将损害银行利益和金融秩序。如果劳动债权优先于抵押权受偿,对于银行利益和金融秩序可能造成一系列不良影响:首先,这种做法将会使得担保物权作为一种最基本的信用不能得到保障,这就必然会严重损害信贷担保的有效性,从而对经济生活中的信用流转产生消极影响。⑤ 其次,在银行的改制尚未最终完成之前,银行的呆坏账依然严重,如果担保物权都不能发挥应有的效力,可以想象金融体系将承受多大的风险。目前,在我国现有的银行体系中,担保是保障银行债权实现的最基本的手段,也是保障金融安全的基本措施。如果连担保物权都不能得以完全实现,势必导致银行呆坏账将会越来越多,金融秩序难以得到维护。

第三,此种做法最终也会损害企业自身的利益。如果劳动债权优先于担保物权受偿,虽然有可能强化对劳动者的保护,但此种做法将使得与此类有拖欠职工劳动债权的企业打交道的交易人无法预见、规避此类风险,直接导致其不敢与此类企业进行交易活动,则此类企业将面临更为严峻的经营困境。这样,银行势必只能在放贷之前进行调查企业是否有拖欠职工工资的情况,如果银行不能确定企业是否有拖欠职工工资的情况,它将不会轻易地放贷,这样导致企业融资更加困难。这不仅会加剧企业融资的困难,对面临资金困难的企业甚至会产生雪上加霜的后果,尤其是将来外资银行大量进入中国之后,劳动债权优先于抵押权受偿的规则,将会使许多外资银行不敢给企业贷款,融资的困难也会损害企业的持续发展,不利于我国经济的发展。⑥ 企业的发展受到了影响,最终也会损害劳动者的利益。

第四,此种做法从长远来看也会大幅增加交易成本、不利于经济发展。

---

⑤ 韩长印:“我国别除权制度改革初论”,载《南京大学法律评论》2004 年春季号。

⑥ 王欣新:“破产立法中永远的痛——谈债权人保护与对破产企业职工保护的关系”,载《证券时报》2004 年 11 月 8 日。

因为在担保物权不能发挥保障金融安全的作用之后,银行几乎难以采取其他的更有效的措施来避免其面临的风险。这样一来,势必会出现两个方面的问题:一方面,金融机构将被迫将风险计算到贷款利息中去,从而导致资金价格的提高,加大了企业的负担;另一方面,那些经营不好的企业较以往更加难以获得贷款,即使是好的企业,也会因为贷款利率的提高而加重负担。即使不允许银行提高利率,银行为了减少其风险,可能就不敢贷款,这样并不利于促进企业的发展、经济的增长。尤其是我国加入WTO后,也会对我国对外经济贸易交往产生不利影响。

第五,此种做法实际上将政策性破产的做法全面适用于所有的企业。政策性破产的核心是将应清偿债权人的财产用于归还劳动债权,安置破产企业职工。因为这种做法和市场经济运作的通常规律不甚相符,⑦所以无论是理论界还是实务部门,大都认为政策性破产只能在一定过渡时期内、限制于一定范围内采用,最终应被废止。政策性破产的核心就是在处理职工安置问题上以牺牲银行的抵押权为代价,这种做法在一定时期确实具有其必要性,但从长远来看,政策性破产应当逐渐向一般破产过渡。如果我们采取劳动债权优先于抵押权的规则,从某种程度上说,是变相地扩大了政策性破产的适用范围,这显然与我国建立市场经济体制的目标、制定符合市场经济需要的破产制度的目的不完全符合。

第六,此种做法也可能会加剧拖欠劳动债权现象。如果劳动债权全部优先于担保物权受偿,这将可能会使得不少用人单位产生一种误解,认为既然工资拖欠最终可由银行兜底负担,即可以在不涉及一般债权人利益的情况下,由银行在抵押的财产中支付劳动债权,这有可能会使企业并不急于支付职工的工资,使职工的工资久拖不清,越积越多,最终留在破产时解决,这就会进一步加剧拖欠工资的现象。还要看到,这种做法在具体操作上也会面临许多问题,由于劳动债权的数额和内容是第三人所无从得知的,一旦劳动债权可以优先于担保物权,这就有可能会助长企业虚报、假报劳动债权的行为,对这一问题,目前尚未找到一个行之有效的解

---

⑦ 孙应征主编:《破产法法律原理与实证解析》,人民法院出版社2004年版,第21页。

决办法。

第七,此种做法与国际上大多数国家的通行做法不符,并将与整个物权法的基本原则发生冲突和矛盾。因为劳动债权只是享有优先权的债权,它并非是针对特定财产而行使的权利,而只是对整个破产财产享有的优先分配的权利。从其固有性质上看,其仍然属于债权的范畴,不具有优先于担保物权而受偿的效力,而抵押权等担保物权具有优先于一般债权而受偿的效力,此种效力在破产法中表现为别除权。别除权主要是大陆法系国家采用的概念,它是指在破产程序宣告之前,就债务人的特定财产上设定了担保物权或者存在有其他特别优先权的,于债权人宣告破产之后,权利人享有就该特定财产不依照破产清算程序优先获得清偿和满足的权利。[⑧] 破产制度中别除权的理论基础就在于物权优先于债权的基本规则,[⑨]这就要求在别除权实现之后才能使优先权受偿。从大多数国家的立法例来看,各国立法的趋势赋予担保物权人享有别除权,只是在实现担保权时要由管理人来执行担保物的拍卖、变卖。[⑩] 尽管两大法系关于别除权的规定并不一致,[⑪]但从世界立法例来看,各国破产法中无一例外地规定了在破产清算时抵押权应当先于劳动债权。如果将劳动债权优先于抵押权受偿,这将与物权优先于债权这一物权法基本原则发生冲突和矛盾,从而在破产法和物权法这两个基本民事法律之间发生冲突和矛盾,市场经济的基本法律规则便出现了不和谐的现象。

总之,笔者认为,在目前情况下,绝对采用任何一种做法都不利于社会和谐稳定,也不利于我国经济长远稳定发展。对此问题实际上涉及一种长期利益与短期利益的价值冲突,也涉及在转型时期的利益冲突问题。立法应当在此复杂情况下起到协调器的作用,兼顾各方的利益,协调各种价值的冲突。笔者认为,在破产法中,劳动债权应当优先于一般债权,且劳动债权应置于各种优先权之首,但原则上劳动债权只能作为一般优先

---

⑧ 韩长印:“我国别除权制度改革初论”,载《南京大学法律评论》2004 年春季号。

⑨ 韩长印:“我国别除权制度改革初论”,载《南京大学法律评论》2004 年春季号。

⑩ 付翠英编著:《破产法比较研究》,中国人民公安大学出版社 2004 年版,第 472 页。

⑪ 在英美法中,别除权称为“有财产担保的债权”。参见汤维建:《破产程序与破产立法研究》,人民法院出版社 2001 年版,第 8 页。

权而后于担保物权实现。在特殊情况下,劳动债权可以优先于担保债权,这主要表现在如下两种情况:第一,劳动债权的拖欠在担保债权的设立当时已经公示。对劳动债权而言,因其不具有一定的公示方法,所以很难确定其内容,贷款人在贷款时,根本不可能知道债务人究竟拖欠了多少工资。但如果因为贷款人不知情而使担保物权不能优先于工资债权而实现,就不利于对债权人的保护。所以如果贷款人在设定抵押之前就已经知道拖欠工资的情况,此时可以认为贷款人自愿承担了风险,从而其债权不具有优先于工资债权的效力。《新西兰动产担保法》甚至要求劳动债权的优先顺位须以登记为条件;但在我国,此种公示通常并非是企业自己主动登记,而是指劳动部门在查处过程中发现问题予以公告。第二,企业在交易中已经向交易相对人明确告知其拖欠劳动者工资的事实,此种告知应当采用书面的形式。因为企业一旦告知,交易相对人仍然愿意与其交易,意味着交易相对人愿意自担风险。

需要指出的是,如果确实要考虑到转型时期的一些特殊问题,使社会各方共同分担社会过渡时期内的改革成本,以维护社会的稳定,并保证改革长期稳定的发展,确有必要优先保护某些劳动债权,那么也必须要对优先于担保物权而受偿的劳动债权的种类和期限加以严格限制。笔者认为,此种劳动债权只能限定在一定期限内(如半年或一年)的一般工人的工资收入,以保障职工的基本生活。但对企业高管人员超出一般职工的工资水平的部分不予优先保护。因为劳动债权本身的类型也比较复杂。在企业内部有高级管理人员,也有一般工作人员,他们的工资薪酬差别很大,其中只有一般工作人员的工资和社会保险具有维护该职工及其所抚养的家属基本生存需要的功能。如果企业破产时都一概作为优先于担保物权的优先权,就失去了保护职工基本生存权的本意。企业在破产时如果还需要保障高管人员的高薪,对债权人和职工而言都是极为不公平的。

还应当指出,对于劳动债权的保护,不应当简单地通过在破产清偿顺序中提高劳动债权在破产程序中的清偿法律地位来解决。[12] 换言之,仅仅

---

⑫ 王欣新:“破产立法中永远的痛——谈债权人保护与对破产企业职工保护的关系”,载《证券时报》2004年11月8日。

依靠破产法是难以解决拖欠工资问题的。笔者建议,除在破产法中规定劳动债权的优先权之外,还应当尽快修改和完善有关劳动立法,通过其他法律的配套以及政策调整从源头上出发解决劳动债权的保护问题。第一,在制定破产法的同时,需要进一步完善社会保障制度,尤其是养老保险、社会保险、再就业、医疗保险等制度,加大社会保险费用的追缴力度,制止拖欠甚至不交社会保险费用的行为。第二,要完善劳动立法,从制度上保障工资的足额及时发放。劳动监察部门应当加强执法力度,严厉打击拖欠职工工资的现象,追究有关责任人的责任。第三,司法部门需要进一步完善处理劳动债权纠纷解决机制,降低劳动纠纷诉讼成本。第四,应当由政府主导设立劳动保障基金,以使得那些确实没有足额财产支付劳动债权的企业职工的合法权益也能得到充分保障。例如,在我国香港是通过欠薪保障基金来对劳动债权予以保障,这种做法值得借鉴。此外,在政策上还可以考虑采取各种行之有效的措施,切实解决拖欠工资的问题,例如对于新建企业,可以通过建立健全完善的劳动保障制度,使每个企业都提供一定比例的资金,用于将来破产时难以清偿职工工资的保障;对于部分老国有企业,可以考虑由政府提供必要的经费,解决拖欠职工工资问题。

民商法研究(第六辑)
第 586 ~606 页

关于举证责任倒置的若干问题*

现代社会,随着现代化的发展及科技进步,各种事故损害赔偿、公害责任急剧发展,新型危险事项日益增多,受害人在诉讼中经常遇到举证的困难。这是因为危险事故发生的原因十分复杂,技术性强,且在发生过程中受害人常常处于无证据状态,而行为人此时却常常处于持有或垄断案件主要证据的地位。在此情况下,如果按照传统侵权法的过错责任原则和"谁主张,谁举证"的举证责任规则,确实不能为当事人的权利提供充分的救济。因此,在证据法上,举证责任倒置制度的作用逐渐扩张,适用范围越来越宽泛。举证责任倒置的运用不仅关系到诉讼权利的实现,更关系到实体权利的实现,因此,不论在证据法上还是在实体法中均有重要的意义。本文拟对此谈一点不成熟的看法。

一、举证责任倒置的概念和特征

所谓举证责任倒置,指基于法律规定,免除通常情形下本应由提出主张的一方当事人(一般是原告)就某种事由所负担的举证责任,而由他方当事人(一般是

---

* 原载《广东社会科学》2003 年第 1 期。

被告)就某种事实存在或不存在承担举证责任,如果该方当事人不能就此举证证明,则推定原告的事实主张成立的一种举证责任分配制度。[①] 在一般证据规则中,“谁主张,谁举证”是举证责任分配的一般原则,而举证责任的倒置则是这一原则的例外。“举证责任”被认为是民事诉讼领域最容易引起歧义的术语之一。英美法学者把举证责任分为提供证据责任与说服责任;德、日等大陆法系学者将举证责任分为主观的举证责任(形式的举证责任)与客观的举证责任(实质的举证责任)。学者大多认为,英美法与大陆法的这种双重区分具有相似的意义。前者一般指当事人根据辩论主义原则的要求,在诉讼中提出主张后必须向法院提供证据的义务;后者亦称证明责任、确认责任,指当事人在提供证据以后,如果没有使法官对待证事实形成内心确信,就要承担败诉的不利后果。[②]

关于举证责任倒置的提法,在理论界争论很大。一些学者认为,举证责任倒置从表面上理解是本应由对方(或己方)举证,现倒置为由己方(或对方)举证,举证责任的主体发生了对换。从逻辑上讲,倒置必须以正置为前提,但何为正置呢?法律规定应即为举证责任的正置分配,因此,实质上,仍应该认为这是正常的举证责任分配。我国理论界尚未就正置达成共识,在此情况下,自然无从谈“倒置”的问题。[③] 这种观点从举证责任倒置实质上是证明责任分配的基点出发,不无道理,但笔者认为,采用“举证责任倒置”的提法也并无不可。因为一方面,如前所述,举证责任倒置是“谁主张,谁举证”原则的例外,因此,所谓“正置”就是指“谁主张,谁举证”原则,而举证责任倒置正是相对于这一“正置”原则而提出的,是与“谁主张,谁举证”相对应的概念,二者间是相辅相成、互为补充的,构成了完整的举证责任分配体系。我国《民事诉讼法》第64条确定了“谁主张,谁举证”的一般原则。作为“谁主张,谁举证”原则的例外,举证责任倒置的情况是客观存在的。例如,最高人民法院2001年12月6日制定的《关于

---

① 叶自强:“举证责任的确定性”,载《法学研究》2001年第3期。

② [德]汉斯·普维庭:《现代证明责任问题》,吴越译,法律出版社2000年版,第35页。

③ 张卫平:“证明责任倒置辨析”,载《人民司法》2001年第8期;陈刚:《证明责任法研究》,中国人民大学出版社2000年版,第245页。

民事诉讼证据的若干规定》(以下简称《证据规定》)第2条通过对《民事诉讼法》第64条的解释确立了举证责任分配的一般规则,第4条、第7条则作为例外规定了举证责任倒置的内容,这些都是针对一般的举证责任分配原则所设立的例外规定。另一方面,举证责任倒置的提法在我国理论界和实务界约定俗成,已成通说,如果因为概念之争贸然否定,则会引起不必要的混乱。举证责任倒置的特点表现在:

1. 举证责任倒置是指提出主张的一方(或称为积极主张的一方)就某种事由不负担举证责任,而由反对的一方负担举证责任。

实行举证责任倒置,意味着原告将就某种事由(过错或因果关系等问题)不负担举证责任,而由反对的一方负担举证责任,可见其不同于举证责任的转换。④ 学界有一种观点认为,"举证责任倒置"是指举证责任的转换,即在诉讼审理进行中,承担证明责任的当事人提出本证对要件事实予以证明后,相对方基于使该项证明发生动摇的必要性所承担的提供证据责任。⑤ 笔者认为,两者是有区别的,举证责任的转换一般是指在具体诉讼中当事人提供证据责任的转移,而不涉及抽象的证明责任的分配。在诉讼中,一方提出请求,另一方提出抗辩,双方都需要对自己的主张负提供证据的责任。在举证过程中,由于这种请求或者抗辩,使提供证据的责任在当事人之间依次转换,这种情况便属于举证责任的转换,亦即举证责任的转换,是提出证据的责任在当事人间来回转移的情形。按照大陆法系学者的通说,这叫作主观的举证责任的转换,而客观的举证责任不发生转换的问题。举证责任转换是"谁主张,谁举证"原则的体现,它是由民事诉讼的特点与性质所决定的。民事诉讼有别于刑事诉讼,依据诚实信用原则,当事人间有真实诉讼义务与诉讼促进义务,⑥此等义务要求当事人对他方的主张与抗辩必须进行更进一步的主张或抗辩。这就决定了提出证据的责任,随着主张与抗辩的提出必须在当事人间转换。

---

④ 汤维建:"论民事诉讼中的举证责任倒置",载《法律适用》2002年第6期。

⑤ [日]村上博己:《证明责任的研究》,有斐阁1986年版,第44页,转引自陈刚:《证明责任法研究》,中国人民大学出版社2000年版,第246~247页。

⑥ 张卫平:《诉讼构架与程式》,清华大学出版社2000年版,第174页。

举证责任转换并没有免除任何一方举证的责任，它仍然是“谁主张，谁举证”规则的体现，它所转换的只是当事人提出证据的责任，而且，该提出证据的责任随诉讼的进行，经常是在当事人间来回转换（shifting from one party to another）。而举证责任倒置则突破了“谁主张，谁举证”规则，它免除了提出主张一方就某种事由的存在或不存在所应负担的举证责任，而将此种负担置于反对的一方身上，所以，它是法定的基本的证明责任分配的例外，因此称为“倒置”。

对“谁主张，谁举证”的原则，在实务中存在着一种误解，即认为只有原告才有举证的责任，而被告不负有任何举证的责任，这一观点显然是不对的。“谁主张，谁举证”的原则，实际上是指谁提出主张或者抗辩，谁就应当对此主张或抗辩的事实的存在进行举证。具体包括：第一，一方如果向另一方提出请求，应当就此进行举证，举证证明的对象应当是请求权存在的基础事实。在反诉案件中，反诉请求也属于此种请求，都属于本证，因而需要提出证据证明。所谓反诉是指被告依法向原告提出的独立的反请求，原告提出的诉讼称为本诉，被告提出的反请求称为反诉。由于反诉与本诉是基于同一诉讼主体间相同或不同的法律关系而发生的，有时还以同一事实为根据，且反诉的请求具有独立性、对抗性、消灭性，⑦这就使反诉与抗辩常常发生混淆。有时，反诉是广义抗辩的内容之一，如原告起诉被告欠款不还，被告主张债务抵销，这种抵销的主张实际上就是一种反诉请求。二者区分的根本标准在于：反诉可以独立成诉，而抗辩则不能独立成诉，它只能依附于某一诉讼中。在具体诉讼中，如果当事人一方仅仅是否认对方的请求，则属于抗辩而不属于反诉。否认只是加重了被否认方举证的责任，否认者并不承担任何举证的责任，但是在否认过程中，如果存在有支持否认的事实主张，对此否认所依据的事实，否认人应当有提出证据的责任。如原告主张被告欠一万元不还，被告说绝无此事，这就是否认，他不承担任何举证的责任。但是，如果被告在否认的同时，又说这个钱早已还了，对此还钱的事实，则要承担举证的责任。第二，一方提出

---

⑦ 柴发邦：《民事诉讼法学新编》，法律出版社 1992 年版，第 300 ~ 304 页。

主张以后另一方对该主张进行抗辩,应当就此抗辩承担举证的责任。在实体法中,抗辩的事由或类型很多,例如,在合同诉讼中,有债务不存在的抗辩、时效已过的抗辩等。在个案诉讼中,原告主张被告侵犯其不动产使用权,诉求停止侵害、赔偿损失,被告却主张房子是自己的。在该诉讼中,原告须对侵权行为发生的事实以及损害后果存在的事实承担提出证据的责任,被告须对房子属于自己的事实以及被告对该房子没有使用权的事实,承担提出证据的责任。

2. 在举证责任倒置中,反对的一方应当就某种事由的存在或不存在负担举证责任。民事责任,特别是侵权责任的构成要件,一般包括损害事实、因果关系和过错,这些要件事实的存在构成了决定原告是否胜诉的关键。在实行"谁主张,谁举证"的情况下,原告要承担这些要件事实的证明责任,但在实行举证责任倒置的情况下,原告则不必就这些因素的存在与否都负担举证责任,而应当由被告就某种事实存在与否承担举证责任。举证责任倒置不仅仅是指证明责任依据法律的规定发生特定分配的现象,同时还意味着,法律对反对一方所证明的事由作出严格的限定,即在实行举证责任倒置的情况下,反对的一方究竟应该反证证明什么,必须要由法律规定。⑧ 通常,由被告方证明的事实是由实体法加以明确限定的,其证明的事由主要包括两类:一是对自己没有过错的证明;二是对不具有因果关系的证明。在某些情况下,对这两个事实的证明通常是结合在一起的。例如,被告证明损害是由第三人的原因造成的,则不仅表明被告没有过错,而且同时也表明损害的发生与被告的行为之间没有因果关系。但在另一些情况下,这两个问题有可能也是相互分离的,例如,被告证明损害是因为意外事故造成的,就可以表明其主观上没有过错,从而应当被免除责任。

3. 在举证责任倒置的情况下,由被告承担证明某种事实的存在或不存在,如果其无法就此加以证明,则承担败诉的后果。举证责任倒置表面上是提供证据责任的倒置,实际上是就某种事实负有证明其存在或不存在

---

⑧ 邓代红、王映辉:"民事诉讼举证责任倒置的若干问题",载《法学评论》1993 年第 6 期。

的责任的倒置，是证明责任在当事人间如何分配的问题。[9] 然而，举证责任倒置不仅仅是对事实证明责任的分配，更重要的是对这种举证责任的分配常常直接影响到诉讼结果，即“举证责任分配之所在，乃胜诉败诉之所在”。[10] 因为一旦倒置以后，举证责任被倒置的一方负担了较重的证明义务，如果其不能够就法定的事由进行举证，便推定提出主张的一方就该事实的主张成立，这就会从整体上影响到诉讼的结果，导致被倒置的一方败诉。

败诉后果的承担表明了举证责任倒置实质上是一种证明责任的分配，证明责任是一种结果责任，解决的是在案件事实真伪不明时败诉风险的承担问题。[11] 在实体法上，对被告承担的特定的免责事实做了严格的限定，被告方对此要举证证明也有相当的难度。例如，在高度危险责任中，被告必须证明危险是由原告的故意造成的才能免责，倘被告无法就此举证则可能要败诉。这样，举证责任倒置通常是和严格责任联系在一起的，由此也进一步表明了举证责任倒置与举证责任转换的区别。

4. 在实行举证责任倒置的案件中，发动诉讼的原告一方也应当对部分事实的存在，承担一定的举证责任。在举证责任倒置的情况下，是否意味着原告不负任何举证责任，而应由被告证明一切？笔者认为，即便依据实体法的规定应适用举证责任倒置，原告也要承担就一定事实存在或不存在的举证责任。[12] 在适用严格责任的情况下，对于过错、因果关系等，根据法律规定应当由被告证明，从而免除了受害人对此事实的举证责任，而将该责任倒置给加害人一方，由其承担无法举证时的败诉风险。但其他要件事实，如加害人、损害事实等，则还应适用“谁主张，谁举证”的一般规则分配举证责任，由该事实的主张者承担举证责任。例如，在高度危险作业责任中，原告至少要证明危险是因为被告的行为造成的，而非第三人的行

---

[9] 李浩：“民事证据的若干问题——兼评最高人民法院《关于民事诉讼证据的司法解释》”，载《法学研究》2002年第3期。

[10] 参见李浩：“民事证据的若干问题——兼评最高人民法院《关于民事诉讼证据的司法解释》”，载《法学研究》2002年第3期。

[11] 赵刚、张永泉：“略论举证责任的适用条件”，载《现代法学》2000年第5期。

[12] 徐以祥：“论环境民事侵权的证明责任”，载《现代法学》2002年第5期。

为造成的,否则其诉讼连作为诉讼主体的被告一方都不能明确,怎么诉讼、对谁诉讼呢?再如,在医疗事故的举证责任倒置中,作为被告的医院一方,应当就其行为的科学性、及时性、没有过错等事实承担举证的责任,而患者应当就被告行为的危害后果事实、危害后果与被告的行为间存在因果关系等事实承担举证的责任。在举证责任倒置情形下,并非发动诉讼、提出事实主张的原告方不负任何举证的责任,而全由被告负担,原告也承担部分事实的举证责任。从实体法的角度来说,任何人主张权利都应当提出证据证明其权利的存在,从证据法的角度看,主张权利一方也应当提供相应的证据。即使法律从特定的目的出发,为加强对一些处于举证遇到障碍的特定当事人的保护,实行举证责任倒置,也只是将特定的证明事项倒置给被告一方承担,这并不是说,将所有的诉讼证明事项甚至释明事项,都交给被告承担。从性质上看,举证责任倒置实质上是基于法律规定,由原告证明 A 事实的存在,但应当由被告承担 B 事实存在或不存在的证明,被告不能证明的,推定原告的事实主张成立。

二、举证责任倒置必须法定化

探讨举证责任倒置的概念和性质,还必须要澄清这样一个问题,即举证责任倒置到底是法官自由裁量的产物,还是由法律所确定的证明责任分配制度。在学术界有一种流行的观点认为,举证责任倒置是指法官在具体的诉讼中改变了法定的证明责任分配,通过行使自由裁量权以“造法”的方式确定新的证明责任分配标准。[13] 我国许多学者也赞成此种观点,认为举证责任倒置是在具体的诉讼过程中,法官根据特定的案情所具体运用的一种举证技巧,即法官如果发现原告和证据的距离相对遥远或者基于对一定主体(通常是受害人)的特殊保护等法律原因的考虑,可以

---

⑬ [日]村上博己:《证明责任的研究》,有斐阁 1986 年版,第 44 页。转引自陈刚:《证明责任法研究》,中国人民大学出版社 2000 年版,第 246~247 页。

通过行使自由裁量权,综合当事人举证能力等因素采取举证责任倒置,⑭只有通过自由实行举证责任倒置才能保证法官正确行使裁判权并保证司法的公正。该观点对最高人民法院的司法解释产生了较大影响。根据《证据规定》第7条,“在法律没有具体规定,依本规定及其他司法解释无法确定举证责任承担时,人民法院可以根据公平原则和诚实信用原则,综合当事人举证能力等因素确定举证责任的承担”。这就是说,举证责任倒置并不一定以法律的直接规定为依据,根据具体案情的需要,法官可以根据公平原则和诚实信用原则,综合当事人举证能力等因素确定举证责任的承担,所以,举证责任倒置的采用仍然属于法官自由裁量权的范围。学者对此解释为,由于目前我国立法规定不健全,“在这种情况下,一个有良知的法官不能以无法律规定为由拒绝裁判,而是像立法者那样,为当事人创设一种‘准据法’……法官在确定举证责任分配规则的同时,也在宣示一种新的实体法规范”。⑮

笔者认为,将举证责任倒置的采用完全视为法官自由裁量权的范围的观点,是值得商榷的。举证责任倒置不仅仅是一个证据法上的证明责任分配的问题,而且与当事人在实体法上的权利义务密切相关。这主要是因为,举证责任倒置与侵权法中的严格责任在内容上是基本相通的。近代民法确立了过错责任的基本原则,无过错则无责任,根据“谁主张,谁举证”的原则,过错的事实应由主张损害赔偿的受害人负举证责任。但现代社会,随着生产力的高度发展以及科学技术的进步,危险程度不断增加,事故损害频繁发生,不仅对侵权法提出了尖锐的挑战,而且使侵权法的某些价值发生了“急剧的变化”(Abrupt Change)。⑯ 当代侵权行为法适应社会的需要获得了空前的发展,同时在侵权法和证据法上都提出了一个如何对危险责任以及事故责任中的受害人进行有效的救济和全面的保护问题,举证责任倒置正是适应这一需要而产生的。若不确认举证责任倒置

⑭ 毕玉谦:“举证责任分配体系之构建”,载《法学研究》1999年第2期。

⑮ 李国光主编:《最高人民法院〈关于民事诉讼证据的若干规定〉的理解与适用》,中国法制出版社2002年版,第105页。

⑯ Andre Tunc, *International Encyclopedia of Comparative Law*, Torts, Introduction, J. C. B. Mohr (Paul Siebeck) Tübingen, 1974, p. 3.

规定,在某些特殊的民事案件中,如环境污染案件、产品责任案件、道路交通事故等侵权纠纷案件中,可能会造成极不公正、极不合理的结果。尤其应当看到,实行举证责任倒置,由接近事故源的一方承担因果关系或过错的举证责任,也能够有效地促使举证责任被倒置的当事人一方积极采取措施,预防和控制损害的发生,从经济上看是极有效率的。从诉讼角度看,举证责任倒置的适用为法官查清案件事实真相并在此基础上作出公正的裁判提供了制度保障。在很多情况下,适用过错责任对受害人极为不利。例如,在医疗过错、公害、药害事件那样的通过高度科学性、技术性过程发生损害的场合,要外行的受害者证明损害究竟是否可能预见,预见到的危险加害者负有何种防范义务,并且确定加害者是否已尽到该义务,这些对受害者来说简直就是强人所难。在这种场合下,与作为专门的从事特定商品生产、经营的被告相比,作为受害者的原告,在科学的专门知识、理解能力上均处于劣势,不具有准备和提出证据的能力。⑰

现代民法引入了严格责任等新的归责原则。举证责任倒置是严格责任实现的途径和方式。在侵权法中,严格责任"虽然严格,但非绝对。在严格责任下,并非表示加害人就其行为所生之损害,在任何情况下均应承担责任,各国立法例多承认加害人得提出特定抗辩或免责事由"。⑱ 严格责任的严格性表现在两个方面:一是采取举证责任倒置的办法,即受害人在遭受损害以后,就行为人是否有过错或因果关系的问题,受害人不负举证责任,而将此证明负担倒置给行为人。二是对行为人反证证明的事由进行严格的限制。法律上对行为人证明自己没有过错的事由是有严格限定的,即行为人只有在证明损害是由于受害人的过错、第三人的行为和不可抗力造成的损害时才能被免除其责任。这种限制也可以说是对于"倒置"的事由的限制。正是因为实现了举证责任倒置,且对倒置的事由在法律上有严格的限制,因此责任才是严格的。从这个意义上说,严格责任与举证责任倒置是相通的,严格责任必须要通过举证责任倒置才能体现其

---

⑰ 于敏:《日本侵权行为法》,法律出版社 1998 年版,第 131 页。

⑱ 王泽鉴:《民法学说与判例研究》(第 2 册),中国政法大学出版社 1998 年版,第 161 ~ 162 页。

责任的严格性,而举证责任倒置最终的目的就是为了落实严格责任。可见,举证责任倒置关系到实体权利义务的享有和实现,且是落实严格责任的基本途径,因此,举证责任倒置不完全是一个证据法上的问题,更是一个实体法上的问题。严格责任作为过错责任的例外,必须通过法律明确规定,不能由法官自由裁量,因为举证责任的分配是当事人实体权利义务的行使与承受,如果允许法官对举证责任倒置进行自由裁量,无疑允许法官未经审判就决定当事人一方胜诉或败诉。

从国外的立法经验来看,西方国家关于民事诉讼的证明责任分配模式大致有两种:一种是主要由实体法规定举证责任分配。这种模式由于受到法律要件分类学说的影响,举证责任分配规范被认为属于实体法的内容,该观点主要流行于德国、日本等传统大陆法系国家。[19] 另一种是由实体法与诉讼法共同规定举证责任分配。此种模式除了在实体法中就具体的问题做出规定外,还在诉讼法中对举证责任的分配进行原则性的规定,如法国、葡萄牙、俄罗斯、美国等。[20] 但各国关于举证责任倒置的制度一般都是由法律确定的。比较而言,笔者认为,由于举证责任倒置主要涉及的是侵权法中的严格责任,因此就严格责任问题应当在侵权法中详细规定,其必要性在于:一方面,严格责任作为一种特殊的侵权行为责任,将其规定在侵权法中可以与其他的责任制度协调一致;另一方面,在侵权法中规定严格责任,可以将抗辩事由规定的更为详细具体。当然,也可以在民事诉讼法或者民事诉讼中设置有关举证责任倒置的条款,引导有关法官寻找相应的实体法规范。

举证责任的倒置必须由法律作出明确规定,不仅仅是要求适用举证责任倒置的情况由法律规定,而且对于证明的对象也必须要由法律明确规定。在实行举证责任倒置的情况下,被告方究竟应当举证证明什么?也就是说,究竟应当“倒什么”、“置什么”?最高人民法院 1992 年 7 月通过的《关于适用〈民事诉讼法〉若干问题的意见》第 74 条规定,以下案件可以实

---

⑲ 毕玉谦:“举证责任分配体系之构建”,载《法学研究》1999 年第 2 期。

⑳ 李国光主编:《最高人民法院〈关于民事诉讼证据的若干规定〉的理解与适用》,中国法制出版社 2002 年版,第 102、103 页。

行证明责任的倒置:(1)因产品制造方法发明专利引起的专利侵权诉讼;(2)高度危险作业致人损害的侵权诉讼;(3)因环境污染引起的损害赔偿诉讼;(4)建筑物或者其他设施以及建筑物上的搁置物、悬挂物发生倒塌、脱落、坠落致人损害的侵权诉讼;(5)饲养的动物致人损害的侵权诉讼;(6)有关法律规定由被告承担举证责任的。2001 年颁布的《证据规定》对此也有反映。这些规定非常容易给人一种误解,似乎在这些类型的案件中,要求被告对一切要件事实都负举证责任,例如在高度危险责任的情况下,有关因果关系的问题也要被告来反证,这显然是不妥当的。这对被告过于严苛,十分不公,被告不可能对案件一切情况都面面俱到地掌握、举证,并且这在司法实践中也是无法操作的。例如原告提出诉讼请求,主张损害赔偿,必须就其实际损害范围举证,如果连实际损害范围的举证责任都倒置给被告,则原告在起诉时根本无法提出诉讼请求的具体数额,也就无法发动诉讼程序,这在实践中是个荒谬的怪圈。所以笔者认为,关于何种要件事实需要举证责任倒置,十分复杂多样,不宜在民事程序法中一一列举,必须斟酌具体法律关系类型,在实体法中明确限定。最好的办法是在侵权法中对严格责任的抗辩事由做出严格限制,从而在法律上明确举证责任倒置的事由。

在我国,明确举证责任倒置必须由法律规定,具有较为现实的意义。一方面,有利于贯彻《立法法》的精神。举证责任的分配是基本民事法律制度,属于立法权事项。但在目前立法不完善的情况下,司法机关也并非完全不能填补这项法律空白,然而司法解释权对此应慎重行使。另一方面,考虑到目前我国法官整体素质并不是太高,允许法官可以根据公平原则和诚信原则实行举证责任倒置,将使法官享有极大的自由裁量的权力,使其在具体案件中可以自由分配举证责任,自由地决定倒置的内容,其结果将使当事人对司法缺少了应有的可预知性,裁判的公正很难得到保障。一旦法官不适当地行使甚至滥用其自由裁量权,其后果不堪设想。例如,在某个案件中,原告占用了单位的一间房子,长时间不予退还,后来单位多次通知他退回,他都置之不理。后来单位决定将这间房屋分给单位的另一位职工,该职工准备国庆节结婚,单位就发给了占用房屋的人在国庆节前将房屋腾空的通知,占用房屋的人在国庆节前在门上加了一把锁就出去旅游了。国庆节结束后,这个人还没有回来,单位非常着急,就让保安将锁撬开,把那个人在屋里的东西搬到单位办公室。后来,占用房屋的人就到法院起诉,声称其放在屋里的10万元丢失了,要求单位给予赔偿。在这个案件的审理中,一审法院的裁判认为应该采取举证责任倒置的办法,由被告即单位举证证明当时确实没有见到10万元。因为被告过错明显,随意撬开他人房门,且没有履行找警察和保全证据的相关手续。笔者认为,该案件实行举证责任倒置是不妥当的,这实际上给被告强加了责任。因为原告说他丢失了10万元,就要由被告反证其没有见到10万元,如果原告说自己丢失的不是10万元而是100万元甚至更多的钱,那么被告是否在不能证明其未看见这些钱时就需要承担相应的赔偿责任呢?由于被告完全是处于一种无证据证明其没有见到钱的状态,如果由被告举证反证,他是没有办法证明的,也只能承担赔偿费用。从这个案件可以看出,将举证责任倒置的权力交给法官自由裁量,一旦操作不当,就有可能给当事人强加责任。

有学者认为,由于目前我国立法很不完善,民法典尚未出台,要求法官完全依据立法实行举证责任倒置有一定的困难,在此情况下,应当适当允许法官填补立法漏洞。这种看法有一定的道理,但笔者认为,《证据规定》第7条允许各级法院法官可根据公平原则和诚实信用原则而自由裁量证明责任的分配是不够慎重的。最高人民法院应当对实施举证责任倒置的案件进行严格的限制,不能泛泛地允许各级法院都可以依据民法的基本原则来适用举证责任倒置。特别是在我国目前的国情下,法官的素质尚不理想,司法腐败时有发生,赋予法官过大的自由裁量权恐怕不利于对当事人权利的保障和司法公正的实现。笔者认为,即使允许法官对个别特殊的案件实行举证责任倒置,也必须进行严格的限制,最好是由最高人民法院制定明确的司法解释或者针对个案进行批复,不能泛泛地允许各级法院可以依据民法的基本原则实行举证责任倒置。

三、实行举证责任倒置所应当具备的条件

根据举证责任倒置必须法定化的原则,即使法院的司法解释所设定的举证责任倒置规则,在法律上也应当受到限制,也就是说,应当在法律上为司法解释所设定的规则设定条件。实行举证责任倒置,至少应当符合如下条件:

(一)实行举证责任倒置必须要有明确的法律依据

举证责任分配规则应当属于实体法规范的范畴,实体法必须包含必要的证明规则。[21] 那种割裂证据法与实体法的固有联系,认为证明规则应当完全由民事程序法规定的观点是值得商榷的。现代证明责任理论大都认为,证明责任分配规则不是脱离实体法之外的纯粹的程序法内容,而是本质上包含于实体法规范之内的。如侵权行为法中有关严格责任的具体规范包含了特殊的证明责任规范的内容,其性质不同于纯粹过错归责的侵权行为法一般条款,在很大程度上也是对举证责任倒置的规定。通常,关于举证责任倒置的规范应当由实体法和程序法共同规定,程序法或证据法可以确立一些指引性的规范,引导法官寻找相应的实体法规范。而有关举证责任倒置适用的具体情况,特别是对倒置事由的规定必须要由实体法作出明确的界定。通过对实体法规范的适用,最终完成举证责任倒置的适用。

关于举证责任倒置的法律规范具有强行性,无论当事人是否提出,法官都应予以适用。在这一点上,法官没有自由裁量的空间,而必须要适用法律的此种强行性规定。如果法律并未明确规定,则法官只能依据最高人民法院的有关司法解释来确定具体的诉讼案件中是否应适用举证责任倒置。但笔者认为,法官不能通过行使自由裁量权来随意在诉讼中决定

---

[21] 单国军:“民事举证责任倒置研究——兼谈民事举证责任的‘正置’”,载《法律适用》2002年第2期。

举证倒置。有人认为，不实行举证责任倒置便无法保护受害人利益。[22] 应当看到，在特殊案件中减轻受害人举证负担、维护其合法权益的方式并非举证责任倒置这一种，证据法中的“表见证明”法则、推定规则等也能减轻受害人的举证负担。

（二）原告就某种事由的证明出现举证障碍

证据的距离，不是物理学意义上的空间位置（准确距离长度），而是指当事人控制证据的可能性的度量。[23] 证据距离远，就说明一方当事人很难控制证据，或没有控制证据的可能性，因而他就很难得到该证据；证据距离近，就说明该当事人能够控制该证据，因而他也能够得到该证据，甚至该证据本身就为其持有或占有，如果让他举证，他就有获得或提出证据的可能性。一方无法了解另一方控制的危险领域内发生的侵权事实，他离该事实的证据距离较远，故难以举证证明，而该危险领域的控制者，他离证据的距离较近，更易于得知案件的事实真相的证据，让他承担一定的举证责任，就成为可能。[24] 主张证明责任分配盖然性说的德国学者莱纳克即认为，举证责任分配应考量举证可能性，拥有更多的举证可能性的一方当事人应负该事实的举证责任。[25] 举证的可能性，即是由证据与当事人距离的远近决定的，如果一方当事人远离证据，该证据全在另一方当事人掌握范围内，他就没有可能得到，那么，此类案件就应当由掌握该证据的一方承担举证的责任。例如，在医疗事故案件中对过错的举证问题，由于受害人根本不知道医疗过程与医疗行为，所有医疗行为的证据，包括手术记录之类的病历等证据，全在医疗者手中，他离过错证据距离较远，远不可及，他所能够举出的较近距离的证据，只能是到过该医院治疗，发生了损害后果之类事实的证据。所以，他应当对这部分事实承担举证的责任，而过错事实则由持有证据的院方承担证明责任。

---

[22] 肖建国：“论民事举证责任分配的价值蕴涵”，载《法律科学》2002 年第 3 期。

[23] 肖建国：“论民事举证责任分配的价值蕴涵”，载《法律科学》2002 年第 3 期。

[24] 参见［日］谷口安平：《程序的正义与诉讼》，王亚新、刘荣军译，中国政法大学出版社 1996 年版，第 239 页。

[25] 吴杰：“民事诉讼论证标准之基础理论研究”，西南政法大学 2003 年博士学位论文，第 193 页。

(三)根据案件的具体需要,确有必要保护受害人的利益

举证责任倒置主要是出于保护受害人权益的需要,可以说这是产生举证责任倒置的主要动因。通过举证责任倒置的形式,以实现社会公正。[26]有一种观点认为,此制度的目的在于保护弱者。笔者认为,强者弱者不是标准的证据法概念,法律(特别是民商事法)倡导民事主体平等,在证据法中,强弱只是案件信息的占有上的量与质的区分。在诉讼中,并非只要是弱者,一概应受到保护,弱者不是一个抽象的资格,强者弱者的诉讼法律地位是平等的。当受害人的权利受到侵害,相对于侵权行为人,如果他在案件信息的占有上远离案件证据,会产生举证困难或举证不能情形,他就是弱者。为了实现社会正义,对这种案件信息的贫乏者(弱者)加以保护。保护此类弱者,使其受到侵害的权利得到法律的救济与恢复,就需要通过举证责任倒置的方式来实现,而这种信息强弱的判断,一般应当由实体法律规范在具体的法律规范中确定。举证责任倒置对受害人利益的保护很大程度上是因为受害人就某种事由具有举证的障碍,法律为了减轻受害人的举证负担而采取的一种保护措施。[27]

需要探讨的是,在证据法上还存在着所谓举证妨碍(也有称为证明妨碍)的情况,汉斯·普维庭称之为"证明受阻"的情况。所谓"证明受阻",是指一方当事人因故意或者过失行为妨碍了负有证明责任的另一方提出证明,因而导致证明落空了。[28] 特别是在诸如原告不能举证,但有证据证明被告掌握了支持原告诉讼请求的证据,但被告拒不提供的情况下,是否应当实行举证责任倒置?在德国法上有两种对立的观点:一种观点认为,可以适用举证责任倒置,由妨害证明的当事人负举证责任,免除主张该事实的当事人的举证责任;另一种观点认为,应当由法官以自由心证的方法判断,妨害证明的当事人应负证据提出责任,而非举证责任。对此,德国多数学者也认为,就证明妨害的行为,应由法院采用自由心证的方法作出就个别具体情形进行适当的判断,这属于被告的证据提出责任问题,并非

---

[26] 潘牧天:"我国民事诉讼中举证责任倒置问题",载《求是学刊》1997年第3期。

[27] 常怡、张卫平、郭明忠:"民事诉讼法学的新课题(下)",载《中国法学》1987年第6期。

[28] [德]汉斯·普维庭:《现代证明责任问题》,吴越译,法律出版社2000年版,第271页。

举证责任分配的问题，在被告遗失证据时，法院应当令被告提出证据以证明其无过失。㉙ 我国也有学者认为，一方当事人有证据证明对方当事人持有某项主要证据或者关键证据而又无正当理由拒不提供，可实行举证责任倒置。还有人认为，一方举证不能，而另一方拒绝提供对自己不利的证据，甚至有可能毁灭该证据时，在此情况下应当实行举证责任的转换，由能够举证的一方举证。㉚ 笔者认为，这种情况既不属于举证责任倒置，也不属于举证责任的转换，而是属于事实推定的范畴。最高人民法院《证据规定》也采这种观点，《证据规定》第 75 条规定，“有证据证明一方当事人持有证据无正当理由拒不提供的，如果对方当事人主张该证据的内容不利于证据的持有人，可以推定该主张成立”。笔者认为，在上述证明受阻的情形下，也不能实行举证倒置。因为，按照“谁主张，谁举证”的原则，原告要提出某种主张就必须提出相应的证据加以证明，倘若原告不能举证而只是向法院声称某项关键证据在被告手中，那也只是向法院提供了一个收集证据的线索，法院据此可以要求被告向法院提供证据。被告在此情况下有义务配合法院的调查活动，但这并不意味着举证责任转移给了被告，更不能因此使被告承担败诉的后果。因为被告是否有此种证据，该证据的证明力如何，皆不明确，此时要被告负担败诉的风险将是极不公平的。

（四）被告就某种事由的存在与否具有证明的可能性

举证责任倒置尽管是实行严格责任的一种途径与方式，但并不是给被告强加不适当的责任。易言之，在实行严格责任与举证责任倒置的情况下，并非意味着被告就理所当然地、无条件地承担责任。法律仍然赋予被告可以就某种事由的存在与否进行抗辩，只要他能够提出其中的一项法定的抗辩理由，就能够被免除责任。㉛ 尤其需要指出的是，对于这种抗辩事由的确定也是考虑到被告具有证明的可能性，如果被告无法证明这些事由，法律却将该责任施加被告将是不公平的。

㉙ 叶自强：《民事证据研究》，法律出版社 1999 年版，第 171 页。

㉚ 刘琪、扶民：“当前民事损害赔偿案件的特点”，载《人民法院报》1999 年 12 月 31 日。

㉛ 鲍金桥：“论民事侵权责任原则”，载《比较法研究》1990 年第 4 期。

四、对《证据规定》的几点评述

从我国法律对举证责任倒置的规定看,《民法通则》曾经在“民事责任”一章中通过规定特殊的侵权行为责任对举证责任倒置问题作了较为详细的规定。之后,最高人民法院于1992年7月通过的《关于适用〈民事诉讼法〉若干问题的意见》第74条规定,又进一步明确了需要实行举证责任倒置的类型。2001年12月6日最高人民法院制定了《证据规定》,为了进一步完善举证责任倒置制度,《证据规定》第4条具体列举了八种举证责任倒置的情况,第5~6条进一步对合同纠纷和劳动争议中的倒置问题作出了规定。《证据规定》的上述规定较之于以前关于举证责任倒置的规定有几点变化:第一,扩大了举证责任倒置的范围,不仅将原来实体法已经规定的倒置情形在该《证据规定》中进一步作出了规定,而且还增加了因为医疗行为引起的侵权诉讼的倒置情形、有关合同纠纷中的举证责任倒置问题、劳动争议中的举证责任倒置问题等。第二,对一些特殊侵权责任中的倒置内容更加细化,并作出了界定,明确了在实行举证责任倒置的情况下,反对的一方即倒置承受者一方所应当反证证明的内容,即究竟应该“倒什么”、“置什么”,这比以前关于举证责任倒置的规定更具有可操作性。该司法解释总结了现有各级各地人民法院的证据规则的经验,弥补了现行民事诉讼法有关证据制度的缺陷。该规定作为我国民事证据法的主要渊源,其颁行对于保障司法公正、提高司法效率、推动司法改革,具有重要意义。该规定也是完善我国有关证据方面的民事实体法和程序法的重要规则。但对《证据规定》中所确立的有关举证责任倒置规则,有如下问题值得进一步讨论:

第一,关于一些特殊侵权责任的举证责任倒置问题,与实体法不一致。从实体法来看,实行举证责任倒置的主要是一些特殊侵权行为,即实行严格责任的侵权行为。倒置的目的是加重行为人的责任,限定过错责任的适用范围,从而使受害人获得更多的补救机会与可能。严格责任之所以是严格的，主要是因为法律上对行为人提出抗辩的事由进行了严格限定，从而使其难以被免除责任。一般来说，举证责任倒置应当由实体法加以规定，且主要应当限定在特殊侵权的范畴。但规则并没有将举证责任倒置完全限定在特殊侵权，例如，关于共同危险等并不属于特殊侵权的范畴。从立法政策上考虑不应当随意加重行为人的责任，因此从证据法的角度来看，这些责任是否应当适用举证责任倒置，值得研究。

第二，如何确定举证责任倒置的内容，值得探讨。如前所述，举证责任倒置是为了加重行为人的责任，对行为提出抗辩的事由，实体法上应当作出严格限定，即反对一方证明的事实是由实体法加以明确限定的，实体法设置举证责任倒置制度，根本的原因在于在某种特殊的侵权行为发生以后保护受害人的利益。但《证据规定》中有关举证责任倒置的内容的规定，仍有待于进一步的研究。例如，关于共同危险行为，《证据规定》第 4 条第 1 款第 7 项规定："因共同危险行为致人损害的侵权诉讼，由实施危险行为的人就其行为与损害结果之间不存在因果关系承担举证责任"，这是值得商榷的。因共同危险行为致人损害的侵权诉讼，实施危险行为的人不能仅仅就其行为与损害结果之间不存在因果关系就可以被免除责任，而必须要证明谁是真正的行为人方可免责。因为，一方面，如果行为人都证明自己的行为与损害结果之间不存在因果关系而被免除责任，则就没有人对其共同危险行为造成的损害后果负责，而只能由无辜的受害人承担损害后果，这对受害人来说是极不公平的；另一方面，共同危险行为人毕竟实施了共同危险行为，此种危险行为的实施使他人置于一种极有可能遭受损害的危险之中，这表明共同危险行为人是有过错的，如果其不能证明谁是真正的行为人，就应当共同对危险行为造成的后果负责。这一观点也为许多国家的判例和学说所采纳。

关于建筑物倒塌致人损害的责任。《民法通则》第 126 条规定："建筑物或者其他设施以及建筑物上的搁置物、悬挂物发生倒塌、脱落、坠落造成他人损害的，它的所有人或者管理人应当承担民事责任，但能够证明自己没有过错的除外。"《证据规定》第 4 条第 4 款照搬了上述规定，这本身并没有什么不妥之处，但问题在于：《民法通则》第 126 条的规定作为严格责任的规定是不恰当的。过错的范围非常广泛,在建筑物或者其他设施以及建筑物上的搁置物、悬挂物发生倒塌、脱落、坠落造成他人损害的,其所有人或者管理人只要能够证明自己没有过错,就可以被免除责任,如此,将显然不利于保护受害人的利益。所以,对抗辩事由,也就是举证责任倒置的内容要做进一步的限定。一般来说,只有在因不可抗力或者受害人自身原因或第三人原因造成损害时,所有人或管理人才能够被免除责任。例如,大风将墙吹倒致人损害,所有人或管理人虽然没有过错,但还要承担责任。因为大风将墙吹倒是意外事件,不是不可抗力,不能因此而使所有人或管理人被免除责任。

第三,关于医疗纠纷。《证据规定》第4条第1款第8项规定:"因医疗行为引起的侵权诉讼,由医疗机构就医疗行为与损害结果之间不存在因果关系以及不存在医疗过错承担举证责任。"笔者认为,该条规定将因果关系和过错完全倒置给医疗机构,这对于保护患者的利益是十分有利的,从这个意义上说,该规则对保护公民的合法权益具有积极的意义。但该条规定将因果关系倒置给医院,容易给人产生一种误解,似乎原告就因果关系的问题都不必要举证,而应当由被告反证证明因果关系不存在。事实上,在医疗纠纷案件中,原告到法院起诉,至少必须要证明损害行为与后果之间存在事实上的因果关系,也就是说被告的行为对原告的损害具有原因力。一方面,原告必须证明其遭受了损害;另一方面,原告必须证明该损害是被告行为引起。这一点是不能倒置的,否则,作为诉讼主体之被告资格如何确定呢?例如,在医疗事故中,原告首先要证明损害是在作为被告的医院中产生的,是在医疗过程中发生的,这样才能够在法院作为医疗纠纷案件受理。然后,由医院承担证明并非由医院行为引起损害后果,以及医院行为没有过错的责任。如此,医疗纠纷中,并非患方一概不承担证明责任。《证据规定》第4条第8款的规定容易使人产生误解,正因为如此,该规定颁布以后,在医疗服务系统引起了很大反响,社会各界众说纷纭,也与这种容易导致误解的解释不无关系。[32]

---

[32] 参见"众说纷纭医患诉讼新规",载《京华时报》2002年4月4日A12版。

第四,《证据规定》第4条第6款规定,因缺陷产品致人损害的侵权诉讼,由产品的生产者就法律规定的免责事由承担举证责任。此处仅仅只是规定了对产品责任诉讼,应当由生产者负举证责任。但事实上,产品责任不限于生产者的责任,根据《民法通则》第122条规定,产品因存在缺陷而造成他人财产或人身损害的,产品的销售者也应当承担侵权责任。受害人既可以要求生产者也可以要求销售者承担产品责任,当然,也可以要求二者共同承担责任。但在受害人选择销售者承担侵权责任时,如何确定举证责任的分配呢?按照上述规定,其本意是对于销售者不实行举证责任倒置,这显然是不恰当的,因为销售者的责任和生产者的责任并没有本质区别。

第五,关于合同纠纷中的举证问题。《证据规定》第5条第1~2款规定,"在合同纠纷案件中,主张合同关系成立并生效的一方当事人对合同订立和生效的事实承担举证责任;主张合同关系变更、解除、终止、撤销的一方当事人对引起合同关系变动的事实承担举证责任。对合同是否履行发生争议的,由负有履行义务的当事人承担举证责任"。这一观点实际上是受到了罗森贝克规范说的影响。罗森贝克认为,应当区分权利发生的规范和权利妨害的规范,对权利发生,应当由原告举证;对权利妨害,由被告举证[33]。对罗森贝克的这一理论的采纳,便形成了上述解释。笔者认为,这一解释有一定的道理,但是不完全:一方面,主张合同关系成立并生效的一方当事人对合同订立和生效的事实承担举证责任;主张合同关系变更、解除、终止、撤销的一方当事人对引起合同关系变动的事实承担举证责任。这实际上就是一个"谁主张,谁举证"的问题,这种规定从效果上看并没有太大的现实意义。另一方面,"对合同是否履行发生争议的,由负有履行义务的当事人承担举证责任"。笔者认为这一规定是值得商榷的。因为我国的合同责任并非单一的严格责任,在《合同法》中尽管总则规定了严格责任,可是分则中却有大量的条款规定了过错责任,这就决定了对不履行合同的责任很难完全实行举证责任倒置。尤其需要指出的

㉝ 参见罗森贝克:《证明责任论》,庄静华译,中国法制出版社2002年版,第104页。

是,在对合同履行发生争议的情况下,原告首先要证明自己已经履行了合同,然后再证明被告是否违反了履行义务。合同关系大多是双务有偿的,需要双方同时或异时作出履行,有履行义务的一方不履行未必就构成违约,关键在于其是否有相应的抗辩权。如果一方连自己是否履行了合同都无法证明,如何能够要求对方作出履行?因此,不能简单地说,“对合同是否履行发生争议的,由负有履行义务的当事人承担举证责任”。还应当看到,在某些特殊的情况下,如果合同规定的是不作为的义务,也不好说是应当由未履行义务的一方来承担举证责任。此时,原告本身就应当负有证明对方违反不作为义务的举证责任。

第七编 | 消费者权益保护法

民商法研究(第六辑)
第609～627页

消费者的概念及《消费者权益保护法》的调整范围*

法律以一定的社会关系为调整对象,同时,不同的法律所调整的社会关系的性质和范围是各不相同的。《消费者权益保护法》(以下简称《消法》)第2条规定,"消费者为生活消费需要购买、使用商品或者接受服务,其权益受本法保护。本法未作规定的,受其他有关法律、法规保护"。这是《消法》对消费者权益保护法的调整范围所作的界定。据此《消法》主要调整为生活消费需要购买、使用商品或者接受服务而产生的关系,或者说是一种生活消费关系。但该规定在理论上与实践中引发了不少争议。争点主要集中在下列问题上:第一,何谓消费者?第二,消费者是仅限于自然人,还是包括法人?第三,如何界定"生活消费"?除此之外,还需要在法律上明确哪些关系不属于生活消费,并应当排斥在《消法》的调整范围之外。笔者不揣鄙陋,特就有关消费者的概念及《消法》的调整范围提出若干浅见,求教于方家。

---

* 原载《政治与法律》2002年第2期。

一、关于"消费者"的概念

"消费者"的概念曾经因为王海"知假买假"的行为而在学界引发了争论,即消费者是否仅应限定在为满足自己的消费需要而购买商品或者接受服务的人?笔者认为,如果仅仅将消费者的概念限定在满足自己消费的人的范围内,这未免将"消费者"的概念理解得过于狭窄。事实上,消费者的含义比较广泛,它不仅包括为自己生活需要购买物品的人,也包括为了收藏、保存、送人等需要而购买商品,以及替家人、朋友购买物品,代理他人购买生活用品的人,消费者首先是与制造者相区别的。① 而在商品交易领域,消费者则是与商人相区别的概念,消费者购买或者接受某种商品或者服务不是为了交易,而是为了自己利用。② 例如,英国 1977 年的《货物买卖法》第 12 条就规定,作为消费者的交易是指一方当事人在与另一方从事交易时不是专门从事商业,也不能使人认为其是专门从事商业的人。澳大利亚 1923 年的《货物买卖法》第 62 条在有关消费者交易的定义中也作出了同样的规定。美国权威的《布莱克法律词典》(Black's Law Dictionary)对消费者的定义是:"所谓消费者,是指从事消费之人,亦即购买(purchase)、使用(use)、持有(maintain)以及处理(dispose)物品或服务之人","消费者是指最终产品或服务的使用人(user of the final product or service)。因此,其地位有别于生产者(manufacturer)、批发商(wholesaler)、零售商(retailer)","任何商品或服务的购买者(有别于以再贩卖为目的的购买者),在默示或明示的担保期间(duration of implied or written warranty)(或服务契约),受让该商品或服务者,均该当为消费者"。③《牛津法律辞典》也认为,消费者是指"那些购买、获得、使用各种商品和服务

---

① The Shorter Oxford English Dictionary, Vol. 1, Clarendon Press, Oxford, 1973, p. 282.

② P. S. Atiyah, The Sale of Goods, Longman Group United Kingdom, 2005, p. 99.

③ Black's Law Dictionary, St. Paul. Minn. West Publishing Co, 1990, p. 316.

（包括住房）的人”。[4] 所以，笔者认为，在市场中，所谓消费者是指非以营利为目的的购买商品或者接受服务的人。对于该定义具体说明如下：

1. 消费者是指购买商品或者接受服务的人。

消费者是在市场上购买商品或接受服务的人，这就是说，消费者既可能亲自购买商品，也可能使用和消费他人购买的商品；既可能是有关服务合同中接受服务（如住宿、运输、餐饮、食品、劳务等各种服务）的一方当事人，也可能是接受服务的非合同当事人。但必须指出的是，消费者并不能完全等同于买受人。所谓买受人，是指买卖合同中，给付价款并受领买卖标的物的一方当事人。消费者，是指以消费为目的而进行交易，取得商品或接受服务的人，[5]消费者的范围显然比买受人的范围更为宽泛。因为，一方面，根据我国《合同法》第130条的规定，买卖合同只限于对实物的买卖，因此买受人只是商品买卖中购买商品的合同一方当事人，而并不包括服务合同中接受服务的一方当事人。而消费者显然包括了服务合同中的接受服务者。另一方面，买受人都是合同的一方当事人，即亲自缔约购买商品的人，而消费者则不限于亲自缔约购买商品的人，还包括他人购买商品后，实际使用该商品的人。当然，这两个概念之间有一定的交叉，如商品买卖合同中的买受人如果是单个的个人，一般都是消费者。

消费者购买、使用商品或接受服务是否必须支付一定的对价，对此，在学理上有不同的看法。有不少学者认为，支付对价是判断消费者和非消费者的一个重要标准，看一个人或一个家庭是否是法律意义上的消费者，关键是看他有偿获得的商品或接受的服务，是否是用来满足个人或家庭物质和文化生活的需要。如果个人或家庭有偿取得的商品或接受的服务是用于消费，那么，该个人或家庭就是消费者，[6]如果没有支付一定的对价则不是消费者。笔者认为这一看法是值得商榷的。尽管在一般情况下，消费者与经营者之间发生消费关系，消费者大多需要支付一定的对价，但应指出的是，有偿方式并不是市场交易的唯一方式。换言之，在消费领域，

---

④ David M. Walker, *The Oxford Companion to Law*, Clarendon Press, Oxford, 1980, p. 282.

⑤ 林世宗：《消费者保护法之商品责任论》，台湾1996年自版，第15页。

⑥ 李凌燕：《消费信用法律研究》，法律出版社2000年版，第7页。

消费者使用和接受某种商品或接受服务时,可能并没有也不需要支付一定的对价,但这并不否定使用商品或接受服务的人是消费者。例如,经营者向消费者无偿提供商品(如免费试用产品、免费品尝饮料),以及实行附赠式的销售(如提供赠品、免费服务或以优惠价供应配件),等等。根据《合同法》第191条的规定,“赠与的财产有瑕疵的,赠与人不承担责任。附义务的赠与,赠与的财产有瑕疵的,赠与人在附义务的限度内承担与出卖人相同的责任。赠与人故意不告知瑕疵或者保证无瑕疵,造成受赠人损失的,应当承担损害赔偿责任”。因此,对这些赠品或免费服务,经营者不能被免除合同上的责任,同样,在消费者权益保护法领域,经营者仍然应当承担消法规定的诸如安全保障、质量保证、支付赔偿等法定义务,⑦而免费接受这些商品或服务的个人,作为消费者所享有的权益仍然应当受到保护。更何况,使用他人购买的商品,或者虽然接受了服务但并不是合同的当事人,即并没有支付一定的对价,也可以成为消费者。由此可见,交易形式上的有偿、无偿不是决定消费者构成要件的标准。

2. 消费者购买商品或者接受服务时非以营利为目的。

消费者购买商品或接受服务,并不是为了将这些商品转让给他人从而盈利,消费者购买使用商品或接受服务的目的主要是用于个人与家庭的消费。这就是说,一方面,购买商品和接受服务是为了个人的消费。⑧ 个人消费包括两部分:一部分是物质资料的消费;另一部分是劳务消费,即接受各种形式的服务。当然,消费者购买商品或接受服务的目的也不完全限于个人的直接消费,也可能是用于储存、欣赏或作为赠品赠送给他人,等等。另一方面,消费者购买商品或接受服务,也可能是用于家庭的或单位的消费。同时,消费者也不限于合同当事人,那些直接使用商品或接受服务的个人虽然不是合同的当事人,但也是消费者。如果不是用于个人消费,而是用于生产和经营,则不是法律上所说的消费者。

消费者这一概念是与经营者相对应的。消费者是指为生活需要购买、使用商品或者接受服务的个人;经营者是指为消费者提供其生产、销售的

⑦ 许建宇:“完善消费者立法若干基本问题研究”,载《浙江学刊》2001年第1期。

⑧ 尹田:“法国合同法对消费者权益的特殊保护”,载《外国法评译》1994年第3期。

商品或者提供服务的单位和个人。对此,国外许多国家的立法作出了明确的规定。例如,美国《联邦瑕疵担保法》(Magnuson-Moss Warranty Act)第101条第3款对消费者定义为:"(一)消费性商品的买受人(非以转售为目的);(二)商品的默示或明示的担保期限内的受让人;(三)适用商品或服务的担保条款的人。"根据解释,消费者必须是:自然人或法人为其本人、家人或家庭而直接使用商品或接受服务的人,这不同于合伙或公司是以进行商业交易,通过转售来获得商业利益为目的的。⑨ 英国1979年的《货物买卖法》第14条就规定,作为消费者的交易是指一方当事人在与另一方从事交易时不是专门从事商业,也不能使人认为其是专门从事商业的人。⑩ 由此也说明,确定消费者的概念必须严格区分消费与经营行为。

消费是由需要引起的,消费者购买商品和接受服务的目的是为了满足自己的各种需要,购买商品和接受劳务本身体现着消费者一定的经济利益的追求。⑪ 任何人只要其购买商品和接受服务的目的不是为了将商品或者服务再次转手,不是为了专门从事商品交易活动,他或她便是消费者。而他们与经营者所从事的交易都是具有消费者一方的交易。例如,购入有些商品(像粮食)后不作为生活品耗费,而作为生产资料如种子等使用,或者作为种子转售给他人,其就不是消费者而是经营者。再如,购买两套住房,并不是用于自己居住,而是等待价格上涨时出售,如果一旦转售,其就不是消费者,而成为经营者。在这些情形下,购买者虽有购买生活消费品的行为,但将商品投入经营领域,本质上已属于经营活动,因而不应当受到消费者权益保护法的调整,而只能受合同法的调整。由于在市场上,消费者只是与生产者和商人相对立的,那么,即使是明知商品有一定的瑕疵而购买的人,只要其购买商品不是为了销售,不是为了再次将其投入市场交易,我们就不应当否认其为消费者。

---

⑨ The "Magnuson-Moss Warranty-Federal Trade Commission Improvement Act", 15 U.S.C.A. 2301—2312(1975).

⑩ The Sale of Goods Act 1979. sec 14.

⑪ 徐淳厚:"试论消费者权益的保护",载《北京商学院学报》第2期。

3. 消费者是指购买商品或者接受服务的个人。

消费者作为一个特定的法律用语,它是指个人而不是指单位(包括企事业单位和其他组织体),更不包括政府。所谓消费行为,不是指单位的消费,而是指个人的消费。《消费者权益保护法》始终是与对消费者个人权益的保护联系在一起的。事实上,我国也有一些类似的规定,例如,国家标准计量局1985年6月29日颁布的国家标准《消费品使用说明总则》明确规定:"消费者是指为满足个人或家庭的生活需要而购买、使用商品或服务的个体社会成员。"⑫国际标准化组织消费者政策委员会1978年5月10日在日内瓦召开的第一届年会上把消费者一词定义为:"为个人目的购买或使用商品和服务的个体社会成员。"这些表述都将消费者界定为个人,这无疑是正确的。

我们说,消费者是指非以营利为目的的购买商品或者接受服务的人,但并非意味着消费者就一定是直接参与交易的当事人。在美国法上,根据美国《侵权行为法重述》第402A条,消费者不但包括真正消费该商品的消费者,还包括准备该商品以供消费的第三人。⑬ 事实上,消费者也不完全限于直接的交易人,也包括最终的消费者或使用者。例如,最终的消费者或使用者受到伤害,不论是否由该消费者自行购买,只要最终消费者或者使用者所受到的伤害是由制造商所生产的商品的危险造成的,消费者也可以基于产品责任要求生产者赔偿损失。据此判断某人在取得某种商品和服务时是否为消费者,不一定以该人是否支付了一定的对价为标准。

二、单位能否成为消费者

应当指出,在我国,关于消费者是仅限于自然人还是包括单位的问题,理论界与许多有关消费者权益保护的地方立法间存在重大的差异。理论

⑫ 徐国强:"对消费者主体范围的思考",载《江西法学》1996年第6期。

⑬ 例如,甲为乙开汽水瓶时,瓶子爆炸,虽然甲并未喝汽水,但是甲也是消费者。参见冯震宇等:《消费者保护法解读》,台湾月旦出版社股份有限公司1994年版,第29页。

界大多数学者认为，“所谓消费者，是指为生活消费的需要而购买商品或者接受服务的自然人”。⑭ 持该类见解的学者的主要理由是：单位并非终极消费的主体。单位作为自然人的集合体，购买商品或接受服务的目的是为了单位成员或其他有关人员的利益，归根结底自然人仍是终极消费的主体。此外，将单位列为消费者也容易滋生腐败。因为《消法》规定了“假一罚二”的惩罚性赔偿原则，如果将单位视为消费者，则可能导致单位采购人员和主管人员在索赔时在“赔偿的归己，损失的归单位”问题上做文章，最终产生腐败。⑮ 然而，我国各地的地方性消费者权益保护立法却几乎一致地认为单位也应适用消费者权益保护法。⑯ 事实上，在制定《消法》的时候，关于单位消费是否适用《消法》的问题就存在争议。当时有一种观点认为，单位也要消费，单位因消费而购买商品或接受服务时，也应受《消法》调整，以便得到更充分的保护。另一种观点认为，《消法》只适用于公民而不适用单位，单位购买商品或接受服务时可以适用《经济合同

⑭ 梁慧星：“关于消法四十九条的解释适用”，载《人民法院报》2001 年 3 月 29 日；持此类观点的文章还有：陈运雄：“论消费者的概念”，载《求索》1998 年第 4 期；肖强：“消费者权益保护三题”，载《华北电力大学学报》（社会科学版）1999 年第 3 期；许建宇：“完善消费者立法若干基本问题研究”，载《浙江学刊》2001 年第 1 期。只有少数学者如何山赞同单位也应适用《消费者权益保护法》，参见何山：“还我一个宁静的公序良俗——消费者权益保护法有关问题访谈录”，载《中国律师》1998 年第 3 期。

⑮ 陈运雄：“论消费者的概念”，载《求索》1998 年第 4 期。

⑯ 例如，《上海市保护消费者合法权益条例》第 2 条第 1 款规定，“本条例所称的消费者，是指为物质、文化生活需要购买、使用商品或者接受服务的单位和个人，其权益受国家法律、法规和本条例的保护”。《湖南省消费者权益保护条例》第 2 条规定：“本条例所称消费者，只指为生活消费需要购买、使用商品或者接受服务的单位和个人。”《江西省实施〈消费者权益保护法〉办法》第 2 条第 1 款规定，“本办法所称的消费者，是指为生活消费需要购买、使用商品或者接受服务的个人和单位”。《黑龙江省消费者权益保护条例》第 2 条第 1 款规定，“本条例所称的消费者，是指为生活消费需要而购买、使用商品或者接受服务的个人和单位”。《贵州省消费者权益保护条例》第 2 条第 1 款规定，“本条例所称消费者是指有偿获得商品和接受服务直接用于物质、文化生活需要的单位和个人”。《河南省消费者权益保护条例》第 2 条第 1 款规定，“本条例所称的消费者，是指为生活消费需要购买、使用商品或者接受服务的个人和单位”。《深圳经济特区实施〈消费者权益保护法〉办法》第 2 条第 1 款规定，“本办法所称消费者，是指为生活消费购买、使用商品或者接受服务的个人和单位”。《海南省实施〈消费者权益保护法〉办法》第 2 条前段规定，“本办法所称消费者，是指为物质、文化生活需要而购买、使用商品或者接受服务的单位和个人”。

法》。[17] 这两种观点都有一定的道理,需要在法律上作出研讨。

笔者认为,《消法》中所指的"消费者"原则上仅限于自然人,而不应当包括单位,单位因消费而购买商品或接受服务,应当受《合同法》调整,而不应当受《消法》的调整。其原因在于:

第一,从《消法》的立法宗旨来看,其是为了保护现代消费社会中的弱者而产生的。将消费者的范围局限于个体社会成员是基于对个体社会成员弱者地位的认识。《消法》之所以要对消费者给予特殊保护,主要就是因为消费者是弱者。"工业化社会孕育了一种考虑当事人之间实际存在的不平等的契约关系的新观念。立法者倾向于保护最弱者,打击最强者,保护外行,打击内行。当事人必须服从于一个被现代法学家称之为经济秩序的东西。"[18]正是因为消费者是个人而不是单位,在交易中往往处于一种弱势地位。这种弱势地位表现在,作为个人,消费者往往势单力薄,因其不是专门从事商品买卖的人,因此其与经营者相比较,通常欠缺交易的经验,或者缺乏足够的交易信息和交易的能力。还要看到,随着科学技术的发展,社会分工日益细化,新材料、新原料的不断发展和运用又掩盖了商品的瑕疵,加之各种推销、宣传、广告等手段的采用,这些都使得消费者在选购商品时,独立判断能力日益降低,甚至处于盲目的被支配状态;同时,与生产经营者相比较,消费者不仅在经济实力上差距悬殊,市场全球化和产销多层化也增加了救济消费者的困难;此外,生产经营者间的联合垄断限制了消费者的选择自由等。[19] "此时仍由近代民法从当事人地位平等的基础出发对生产经营者、消费者进行调整,而忽视两者实质上的差异,显然不合时宜。立法上的不足与局限,使人民要求国家从保护消费者的利益出发,对经济生活进行干预的呼声逐渐高涨,终于在全球范围内掀

---

[17] 何山:"还我一个宁静的公序良俗——消费者权益保护法有关问题访谈录",载《中国律师》1998 年第 3 期。

[18] [法]热拉尔·卡:《消费者权益保护》,姜依群译,商务印书馆 1997 年版,第 5 页。

[19] 参见丁彩霞:"消费者运动与近代民事立法的变革",载《内蒙古大学学报》(人文社会科学版)2000 年增刊。

起轰轰烈烈的消费者运动。”[20]因此，在现代市场经济条件下，生产者、经营者与消费者之间的关系已经发生变化，两者在交易中也不具有对等的实力，实质上成为一种支配与被支配的不平等关系。对消费者的损害不仅损害大众的利益，而且也会危害社会经济秩序，正是由于这一原因，各国立法都强化了对消费者个人的保护。

而单位并不是消费关系中的弱者，当单位与个体经营者或实力更弱的单位发生经济关系时，其甚至处于强者的地位，对单位给予特殊保护就失去理论依据。将消费者的范围规定得过宽，也必然会导致在消费者权益保护立法中出现忽视个体消费者弱势地位的倾向。[21] 因此，消费者权益保护法律为了平衡交易双方当事人的利益，有必要对作为消费者的个人进行特别保护，但没有必要对单位进行特别保护。单位如果与经营者之间出现了纠纷，双方均可以通过合同主张权利，并应当受《合同法》的保护。假如对单位的订约行为要通过《消法》进行特别保护，或者说因为单位是商品的买受人，就应当对其进行特别保护，那么，对作为商品出卖人或服务提供者的经营者来说是不公平的，也没有充分体现法律的平等保护原则。

第二，《消法》之所以将消费者确定为个人而不是单位，另一个原因在于，《消法》所确定的消费者权益，都是与个人享有的权利联系在一起的，而主要不是赋予单位所享有的权利。“消费者权利”的明确提出，是在1962年美国总统肯尼迪的国情咨文中，它包括安全的权利（the right to be safety）、知情的权利（the right to be informed）、选择的权利（the right to choose）、意见被尊重的权利（the right to be heard），以及后来由尼克松总统补充的“方便救济的权利”。它们被公认为是消费者的五项基本权利。1985年4月9日，联合国大会通过《保护消费者准则》，国际消费者联盟提出了消费者的八项权利：(1)得到必需的物质和服务借以生存的权利；(2)享有公平的价格待遇和选择的权利；(3)安全保障权；(4)获得足够资料的权利；(5)寻求咨询的权利；(6)获得公平赔偿和法律帮助的权利；(7)获

[20] 丁彩霞：“消费者运动与近代民事立法的变革”，载《内蒙古大学学报》（人文社会科学版）2000年第32卷。

[21] 陈运雄：“论消费者的概念”，载《求索》1998年第4期。

得消费者教育的权利;(8)享有健康环境的权利。㉒ 这些权利常常被称为“消费者的人权”,这表明这些权利与个人联系在一起,而不是团体所享有的权利。我国《消法》第二章对消费者权利进行了专门规定,其中包括消费者的安全权、知悉权、选择权、公平交易权、索赔权、结社权、购买使用商品和接受服务之时其人格尊严、民族风俗习惯得到尊重的权利及对商品和服务以及保护消费者权益工作进行监督的权利。㉓ 由此可见,其中许多权利都是赋予个人所享有的权利,而不涉及单位。如果将消费者的概念扩大到单位,那么与《消法》所确认和保护消费者个人权利的目的也不完全一致。

第三,《消法》中所称的消费是指个人消费,或者说是直接消费。而单位虽然也可以订立买卖合同而接受一定的商品,或订立有关服务合同而接受一定的服务,但单位本身不能直接使用某种商品或直接接受某种服务,也就是说不能从事某种生活消费。其在购买某种商品或接受某种服务以后,还是需要将这些商品或服务转化为个人的消费。正是从这个意义上说,单位可以作为商品的买受人和服务合同的订立者,但不能作为最终的消费者。社会组织和单位的“人格”是法律拟制的,它们自身不能直接进行生活消费。这些组织、单位拥有的消费品,总要以实物或劳务的形式,有偿或无偿地转归个人消费,因此,承受消费权益的主体仍然是个人。所以,消费者只是对自然人个人而言,不包括社会组织和单位。

总之,单位作为商品的买受人,服务合同的订立者,与经营者相比,根本不是处于一种弱势的地位,它和经营者之间在谈判的地位、所掌握的交易信息等各方面都是等同的,没有必要通过《消费者权益保护法》对其进行特别的保护。

三、如何界定“生活消费”

消费包括生产消费与生活消费两大类,两者都要消耗物质资料和非物

㉒ 沈晓倩:“消费者权利刍议”,载《山西经济管理干部学院学报》2000 年第 3 期。

㉓ 张献:“试析消费者权利内涵及其性质”,载《邵阳师范高等专科学校学报》2000 年第 6 期。

质资料。但不同之处在于,生产性消费的直接目的是延续和发展生产,生活性消费的直接目的是延续和发展人类自身;生产性消费是指在物质资料生产过程中的生产资料的耗费,生活性消费是指在人们生存发展过程中的生活资料的消耗;生产性消费是在生产领域进行的,而包含在生产之中的,[24]而生活性消费与人们的日常生活息息相关,它是个人与单位维持生存与发展所必需的活动。[25] 一般认为,《消法》调整的是生活消费关系,保护生活消费者的合法权益;而《产品质量法》调整的是生产消费,[26]保护的是生产消费者的合法权益。由于依据《消法》第2条前段的规定,消费者只有在为"生活消费"需要而购买、使用商品或者接受服务时,其权益才受到《消法》的保护,因此《消法》所调整的范围就是指因消费者为生活消费的需要而购买、使用商品或者接受服务而与经营者所形成的关系,也可以简称为"生活消费关系"。

如何界定"生活消费"成为确定《消法》适用范围的必备前提。实践中出现王海等人的"知假买假"行为成为引发关于确定"生活消费"的标准的争论的起因。关于"生活消费"的内涵,学者存在以下两种观点:第一种观点认为,应凭一般人的社会生活经验,即所谓的"经验法则"加以判断。例如,按照一般人的社会生活经验,一次购买、使用一部手机足矣,如果一次购买六七部手机,硬说是"为生活消费的需要",就不符合一般人的社会生活经验,因此不能认为属于"生活消费"。[27] 因此,知假买假的行为不能属于生活消费,不能适用《消法》。第二种观点认为,个人从不同角度可以作不同的分类,消费者与经营者之间的角色是会发生转换的,只要是购买生活消费品,那么不论其目的是为物质文化生活的直接消耗,还是为打假获得物质利益,都属于"生活消费"的范畴,都可以适用《消法》。[28]

---

[24] 李凌燕:《消费信用法律研究》,法律出版社2000年版,第5页。

[25] 上海市工商行政管理局编著:《上海市保护消费者合法权益条例释义与应用》,上海远东出版社1995年,第4页。

[26] 《消法》第54条规定,"农民购买、使用直接用于农业生产的生产资料,参照本法执行。"这是为强化对农民合法权益的保护而作出的例外性规定。

[27] 梁慧星:"关于消法四十九条的解释适用",载《人民法院报》2001年3月29日。

[28] 何山:"还我一个宁静的公序良俗——消费者权益保护法有关问题访谈录",载《中国律师》1998年第3期。

第一种观点与第二种观点之间的实质性差别在于,前者以购买者购买的动机与目的作为识别是否“生活消费”的标准,而后者以购买的物品是否属于生活消费品作为判断是否为“生活消费”的标准。依据前者只有购买者“购买商品或者接受服务仅仅是为了满足自己的消费需要”才能认为是“生活消费”,其才属于消费者,否则,即便购买的物品是生活消费品也不能认为是“生活消费”。依据后者,只要购买者购买的是生活消费品,其就是消费者,其购买行为就属于“生活消费”,至于购买的目的与动机则在所不论。对此,我们需要分别讨论。

(一)是否应当以购买者购买的动机与目的作为识别“生活消费”的标准

笔者认为,依据第一种观点,将生活消费仅仅理解为满足自己的消费,则将消费关系的范围理解得过于狭窄。

首先,笔者认为,消费者购买商品和接受服务的目的就是为了满足自己的各种需要,购买商品和接受劳务本身体现着消费者一定的经济利益的追求。任何人只要其购买商品和接受服务不是为了将商品或者服务再次转手,不是为了专门从事某种商品交易活动,其购买行为便是为了“生活消费”,他就是消费者。在市场中,消费者只是与生产者和商人相对立的,那么,只要其购买商品不是为了销售,不是为了再次将商品投入市场交易,我们就不应当否认其为消费者。[29] 或者说,对于“知假买假者”只要他不是一个商人或者为交易而购买的人,就应当认为他是消费者,其购买行为是为了“生活消费”需要,应当受《消法》第49条的保护。至于购买者购买的动机和目的,正如有人指出的,“凡是到商店购物的顾客,都应当被视为消费者;至于他购买的动机和目的,可能涉及道德问题,但不属于法律问题”。[30] 事实上,公民个人是否具有生活消费的主观目的正是通过“购买、使用商品或者接受服务”的客观行为表现出来的,只要此种商品或服务没有被购买人当作生产资料使用,我们即可凭上述任何一种行为(购

---

[29] 例如,英国1977年的《货物买卖法》第12条就规定,作为消费者的交易是指一方当事人在与另一方从事交易时不是专门从事商业,也不能使人认为其是专门从事商业的人。

[30] 储皖中:“打假更须用足法”,载《法制日报》1996年10月16日。

买、使用或接受)推定其具有生活消费的目的。[31]

其次,从对法律的目的解释[32]来看,立法者之所以专门进行消费者权益保护立法,其根本原因在于,维护广大消费者的权益,强化对消费者的保护,最终促使生产者、销售者在制造、销售商品时充分注意商品的质量和广大消费者的安全。而生活消费品购买者的购买意图与动机从来没有落入立法者的注意视线,消费者权益保护的规范目的也根本没有考虑这个问题。如果坚持"知假买假"者不属于消费者的观点,就没有充分体现强化对消费者保护的立法意图。因为这一观点使得消费者的概念过于狭窄,使许多假冒伪劣商品的受害者可能不能纳入消费者权益保护法的保护范围。对那些制造、销售假冒伪劣产品的人来说,其本身已经从销售行为中获得了某些利益甚至是极大的利益。毕竟销售者面对的是广大的消费者,由于并不是每一个消费者都了解其购买的商品属于假冒伪劣产品,也不是每一个消费者都愿意付出一定的时间和精力来向假冒伪劣商品的销售者主张权利,而主张权利的人越少,则这些销售者将获得更多的利益。如果不能对损害消费者利益的行为进行必要的制裁,真正使其感到法律责任的威慑力,则这些不法行为人将有可能继续从事制造、销售假冒伪劣产品的行为,最终受到损害的仍然是每一个消费者。

最后,消费者购买商品的动机是很难判断的,因为消费者在购买商品时是为了储存、欣赏、赠送还是为了自己使用等,在法律上很难确定。就知假买假的行为而言,如何才能证明知假买假者在购买商品时是知假买假?如何确定其是明知?这是任何人都难以证明的问题,除非购买者自己承认,否则他人是无从得知的。即使其自己承认,也很难说他在购买时就是明知的。因为现在的产品结构日益复杂,很多产品的技术密集性越来越强,产品的瑕疵往往是隐蔽的,不是凭肉眼检查就能知晓的。买受人即使能够凭经验判断是否属于假冒伪劣产品,但这在很多的情况下也只是一种推断,并不是最终的判断,是否属于假冒伪劣,还应当由专门的机关

---

[31] 许建宇:"完善消费者立法若干基本问题研究",载《浙江学刊》2001年第1期。

[32] 所谓目的解释,指以法律规范目的为根据,阐释法律疑义的一种解释方法。参见梁慧星:《民法解释学》,中国政法大学出版社1995年版,第226页。

进行检测。尤其应当看到,买受人买到的确实属于假冒伪劣商品,对他来说本身就是一种损害,如果在购买以后不能够退货,留在自己的手中,损害更大,因为他根本不能使用该产品,或者即使能够使用,其功能也受到限制,有的商品留在手中甚至会造成对他人的损害。所以,认为知假买假行为对知假买假者没有损害是不正确的。因而对这些所谓的"知假买假"者也应按照《消费者权益保护法》的规定加以保护。

(二)是否应当"以购买的物品属于生活消费品"作为判断是否为"生活消费"的标准

《消法》虽明确何谓"生活消费",但并未列举生活消费的类型,因此这里涉及一个法律解释的问题。在许多情况下,某些产品只能用于生产消费而不能用于生活消费,例如车床、大型吊车等只能是用于生产的。但对许多产品而言,既可能用于生产消费又可能用于生活消费,例如,钢材在私人建房时可以作为生活消费来使用,而在生产型企业,其是作为生产消费的商品。所以,简单地从购买的物品是否属于生活消费品作为判断是否为"生活消费"的标准,是不妥当的。

实际上,"生活消费"的概念在范围上是十分广泛的。"生活消费"其实就是经济学理论中所谓的"个人消费",与"生产消费"相对应,是指人们为满足个人生活需要而消费各种物质资料、精神产品,是人们生存和发展的必要条件。[33] 它首先包括吃饭、穿衣、住房以及使用日用品和交通工具等消费活动;其次包括满足人们精神文化需要的消费活动,如阅读书报杂志、看电影电视、旅游等。而生产消费则是指物质资料生产过程中生产资料和劳动力的消费。生产消费的结果就是新产品的产生,生产消费本身属于生产过程。[34] 所以,笔者认为,生活消费的概念是较为宽泛的,不能够以购买的物品是否属于生活消费品作为判断是否为"生活消费"的标准。

综上所述,笔者认为,判断是否"生活消费"不应考虑购买者的目的与动机,也不应当完全考虑其购买的产品是否属于生活消费品,判断某个人

---

[33] 刘德泉、于明泉:"论生产与消费矛盾形成的经济发展周期性",载《山东社会科学》1997 年第 2 期。

[34] 王全兴:《经济法基础理论专题研究》,中国检察出版社 2002 年版,第 428 ~ 432 页。

是否是消费者可以从如下几个方面来考虑:第一,购买、使用商品或接受服务的主体是个人还是单位;第二,是否与经营者之间形成了一种买卖合同关系或服务合同关系;第三,如果没有形成某种合同关系,是否合法地实际地使用了某种商品或接受了某种服务;第四,个人购买商品或接受服务是否为了将商品或者服务再次转手,是否是专门从事某种商品交易活动;[35]第五,购买某种商品是为了满足生活消费还是满足生产消费。

四、医疗纠纷是否适用《消法》

讨论《消法》的调整范围,还必须在法律上明确哪些关系不属于生活消费,并应当将其排除在《消法》的调整范围之外。从实践来看,医疗服务纠纷是患者投诉较多的一类服务,医疗纠纷是否可以使用《消法》的规定,对此,在学术界争议较大。关于医疗纠纷是否适用《消法》在我国一度成为《消法》实施过程中最富争议性的问题之一,主要观点有以下三种:

1. 否定说。医院、医疗卫生管理部门中几乎全部赞同该说。该说认为,医院与患者的关系不能等同于提供服务的经营者与接受服务的消费者。[36] 医疗纠纷不能适用《消法》。因为:首先,我国卫生事业是政府实行一定福利政策的社会公益事业,决定了医院不能作为一般意义上的商品经营者。医院为广大人民群众提供医疗、预防、保健、康复等项服务从来不以盈利为目的,而是社会效益第一。[37] 因此,医院不同于"经营者"。[38]

---

[35] 实际上已有学者这样认为了,例如,杨支柱先生就认为,"法院为了更好地实现《消费者权益保护法》的立法目的,不妨对第49条作出扩张解释:只要经营者存在欺诈行为,不论消费者是否知情,都应当予以双倍返还价款;凡不以转售他人为目的而购买消费品的人,都是消费者"。杨支柱:"哪一种欺诈",载《工商之友》1998年第12期。

[36] 陈栓青、王松芳:"对用消费者权益保护法处理医疗纠纷的不同见解",载《中华医院管理杂志》1999年第15卷第12期。

[37] 高虹、何忠正:"《消费者权益保护法》适用于处理医疗纠纷吗?",载《中国卫生事业管理》1998年第12期(总第126期)。

[38] 陈栓青、王松芳:"对用消费者权益保护法处理医疗纠纷的不同见解",载《中华医院管理杂志》1999年12月第15卷第12期。

其次,医疗行为是不同于适用《消法》的普通消费行为的一种特殊消费行为,因为医疗行为以治疗为目的,普通消费行为以消费为目的。[39] 医疗行为具有高科学技术性、高风险性、高服务性和高职务性等自身的特点和规律,它与买卖、消费借贷等须交付物品或金钱等一定结果的债务显然有所区别。[40] 最后,患者不是"消费者",因为医院的医疗收费仍然坚持执行政府的指令性价格,不能采取市场调节,随行就市。这种指令性价格总是低于实际成本,这就是说,患者的生命、患者的健康的价值与诊疗服务价格不统一。患者以严重违背价值规律的价格所交的费用,与其得到的诊疗服务不属于等价交换。尤其是如果医院把患者当作消费者,付多少钱,给予等价的服务,实际就降低了医生的职业责任和职业义务,患者的利益会受到损害。所以,患者不是一般的消费者,他与医院的关系不仅要寻求法律规范,更需要道德来规范。[41]

2. 肯定说。该说认为,看病、治病是人们为了生存和发展而必不可少的活动,医生、医院为人们提供的服务就是《消法》中的服务,其出售的药品也属于《消法》中的商品,况且医院提供的服务与出售的药品都是有偿的。因此,医疗纠纷不适用《消法》是没有法律根据的。[42] 尽管我国医院是公益性的事业单位,不是完全以盈利为目的的企业,但不可否认的是,医院向患者提供的是有偿服务,患者需要花钱才能享有医疗服务,这仍然是一种消费行为,只不过是一种比较特殊的消费行为。[43]

3. 折中说。该说认为,从总体上说,医患关系应适用《消法》的规定,但值得注意的是,我国当前并未把所有的医院推向市场,根据国家有关城镇医药卫生体制改革的政策,我国将实行营利和非营利医疗机构分类管理,实行不同的财政、税收和价格政策。例如后者提供的医疗服务将实行

---

[39] 姜柏生:"医疗行为与消费行为之比较分析",载《卫生软科学》2000年卷第14期。

[40] 姜柏生:"医疗行为与消费行为之比较分析",载《卫生软科学》2000年卷第14期。

[41] 陈栓青、王松芳:"对用消费者权益保护法处理医疗纠纷的不同见解",载《中华医院管理杂志》1999年12月第15卷第12期。

[42] 王岩:"消费者权益保护法实施中的几大误区",载《法学杂志》2001年第1期。

[43] 闵治奎、郭卫华主编:《中国典型消费纠纷法律分析》,中国法制出版社2000年版,第214页。

政府指导价，而不是市场调节价。由于非营利性医疗机构不具有经营者的身份，因此不能适用《消法》，而只能适用其他专项法规或有关立法的规定。[44]

对于医疗纠纷能否适用《消法》的问题，笔者比较赞成折中说，其根据在于：

第一，应当肯定医疗关系是一种医疗服务合同关系。尽管患者和医院之间并没有订立书面合同，但是不可否认医疗合同关系的存在。医院与其他商品或服务的提供者相比较没有任何实质性的差别，病患者接受医院的治疗与他从商店里购买衣服、食品没有任何实质性的差别。因此，病人接受医疗服务完全符合《消法》第2条规定的“消费者为生活消费需要而购买、使用商品或者接受服务”的情形。

虽然医院提供的医疗服务具有自身的特性，就该服务的“专业性”，以及服务或商品对患者可能具有的“危险性”而言，与其他经营者提供的商品或服务的专业性、危险性相比没有任何本质的区别，因此，将医疗行为排除在消费行为之外是没有任何理由的。固然，医疗本身具有危险性，对医生而言，从事医疗行为是一种“专业性的冒险”，可对患者而言，接受治疗何尝不是一种“危险的忍受”。既然医生身负专业知识与患者及其家属的信任，自然应当克尽职责、勤勉谨慎地履行合同义务，满足患者订立合同的目的，[45]并使消费者能够通过合理的途径获得救济。所以，笔者认为，医院与患者之间应属于平等的合同当事人之间的关系。

第二，患者符合消费者的特点。在医疗关系中，患者都是接受医疗服务的个人。他或她为医院所提供的医疗服务提供了一定的对价，尽管这种对价不一定符合市场价格，但和一般支付对价而获得服务的消费者没有本质的区别。尽管医院的医疗收费仍然坚持执行政府的指令性价格，不能采取市场调节，随行就市，但不可否认医疗关系具有有偿性。患者接受医疗服务虽不像一般服务那样获得一种身心的愉悦，但也是为了恢复身心健康，满足个人的需要。更何况，我国《消费者权益保护法》所赋予消

㊹ 许建宇：“完善消费者立法若干基本问题研究”，载《浙江学刊》2001年第1期。

㊺ 艾尔肯：“论医疗合同关系”，载《河北法学》2006年第12期。

费者所享有的权益,包括消费者的安全权、知悉权、选择权、公平交易权、索赔权、结社权、购买使用商品和接受服务之时其人格尊严、民族风俗习惯得到尊重的权利及对商品和服务以及保护消费者权益工作进行监督的权利,这些大多可以为患者所享有。所以,患者符合消费者的特点。尤其是在医患关系中,医生在整个医疗活动中处于主导和优势地位,由于医疗服务的技术含量高,信息不对称,使得患者一般处于缺少充分选择权的被动地位,其弱者身份更加突出,因此也需要对其进行特别保护。

第三,医疗单位已逐渐具有经营者的特点。应当看到,医疗行为具有高科学技术性、高风险性、高服务性和高职务性等特点,医院也不能纯粹以追求营利为目的,而且在我国现行体制下,医院带有某种福利的性质。但是随着市场经济的发展,医疗体制也在不断的改革,大部分医院已从福利性的纯事业单位逐步走上社会化、市场化和企业化运营的轨道,营利虽然不是医院的唯一目标,但也成为其维持生存的一个必不可少的目标。[46]尤其是许多私人医院的产生和发展,许多个体诊所和个体行医的涌现,其活动的主要目标是追求盈利。当然,追求盈利并不是说要放弃其救死扶伤的道德目标,两者应当是不矛盾的。所以,在市场经济条件下,医院也逐渐具有某种经营者身份。正是由于这一原因,医院与患者之间的关系也越来越具有消费关系的特点。

医疗服务需求属于公民的基本生活需求,完全符合《消法》适用于商品、服务两类消费关系的要求。患者是通过付费来获得医疗服务的,这些费用便成为医院提供医疗服务的对价,因此双方之间无疑是一种生活消费关系。将医院与患者之间的关系认定为消费关系的意义在于:一方面,明确患者作为消费者所应当享有的基本权利,如消费者的安全权、知悉权、选择权、索赔权、接受服务时其人格尊严受到尊重的权利等;另一方面,患者作为消费者在其权利受到侵害以后,特别是因为医院的重大过失引起医疗事故,造成病人的人身伤害,病人可以寻求消协等消费者团体的保护。后一个方面是非常必要的。消费者的弱者地位决定了消费者与经

---

[46] 钱玉文:"消费者概念的法律再界定",载《法学杂志》2006年第1期。

营者不具有同等的谈判地位,因此只有充分发挥社会团体的功能,才能有利于社会实质公正的实现。目前在实践中,医疗纠纷大量发生,有一些纠纷因为未得到妥善处理而引发社会矛盾。如果发挥消费者协会在调解医疗纠纷方面的作用,对维护社会稳定也是必要的。依据《消法》第 31 条的规定:"消费者协会和其他消费者组织是依法成立的对商品和服务进行社会监督的保护消费者合法权益的社会单位。"在实践中也有必要发挥消费者协会对医疗单位的监督。还要看到,因医疗事故造成病人人身伤害或精神损害的,如适用《消费者权益保护法》,采用过错推定原则,既减轻了受害人的举证责任,也有利于充分保护消费者的合法权益。

《消法》第 49 条规定:"经营者提供商品或者服务有欺诈行为的,应当按照消费者的要求增加赔偿其受到的损失,增加赔偿的金额为消费者购买商品的价款或接受服务的费用的一倍。"这一条款在我国创设了惩罚性赔偿,该规定是否适用医患关系呢? 笔者认为,尽管医患关系可以认定为一种消费关系,但并不一定要适用《消费者权益保护法》第 49 条的规定对患者的权益加以保护。一方面,《消法》第 49 条适用的对象是欺诈行为,欺诈都是一种故意行为,而对于医疗行为而言,即使出现了重大事故,在一般情况下,也不能说医生从事了故意致病人损害的行为,所以不能适用该条的规定;另一方面,这种一加一的赔偿在医疗纠纷里面没有办法确定赔偿的基数,究竟是医药费用、手术费用还是挂号费用等。还要看到,从医疗纠纷的情况来看,患者所受到的伤害并不是简单地适用第 49 条关于双倍返还的规定就可以得到补偿的,而应当寻求更有利的法律保护途径,例如通过合同的约束或者通过侵权责任等方式得到损害赔偿。当然,在特殊情况下,也不排除适用该条规定的可能,例如,病人在医院购买的药品是假药,就病人在医院购买药品时的关系而言,这是一种典型的买卖关系,所以也可以适用《消法》第 49 条的规定。

民商法研究(第六辑)
第628~642页

“银河宾馆案”评析*

一、案情简介

1998年8月23日下午2时40分左右,被害人王翰至沪参加药品交流会,入住上海银河宾馆1911客房。当日下午4时40分左右,王翰被罪犯仝瑞宝杀害于客房内。仝瑞宝还抢劫走王翰财物人民币23,000余元、港币20元及价值7140元的欧米茄牌手表一块。仝瑞宝于当日下午2时左右进入银河宾馆,4时52分离开。在此期间,宾馆未对仝瑞宝进行访客登记,亦未注意其形迹。

上海银河宾馆系涉外星级宾馆,有规范的管理制度和安全监控设施。其自行制定了《银河宾馆质量承诺细则》,内有“24小时的保安巡视,确保您的人身安全”、“若有不符合上述承诺内容,我们将立即改进并向您赔礼道歉,或奉送水果、费用打折、部分免费,直至赔偿”等内容。

1998年9月28日,被害人王翰的父母王利毅、张丽霞诉诸一审法院,请求判令上海银河宾馆赔偿其经济损失人民币798,860元(其中王翰被抢劫财物

* 原载《判解研究》2002年第4期。

28,300元、丧葬费231,793元、王利毅等为办理丧事所支出的差旅费、住宿费95,967元、对王翰生前的教育抚养费442,800元),并要求上海银河宾馆赔偿其精神损失费500,000元并向其承认错误、赔礼道歉。

一审法院审理后认为,王翰之死与财物被劫系罪犯仝瑞宝所为,宾馆在管理工作中的过失与王翰之死及财物被劫无法律上的因果关系,上海银河宾馆并非共同加害行为人,故王利毅、张丽霞要求上海银河宾馆承担侵权赔偿责任无法律依据。王翰与上海银河宾馆之间构成合同关系,双方权利义务关系应由《合同法》调整,而不能由《消费者权益保护法》来调整。上海银河宾馆未兑现其关于服务质量的承诺,应承担违约责任,违约赔偿数额按照本案的实际情况酌定。据此,一审法院判决如下:(1)上海银河宾馆于判决生效后10日内给付王利毅、张丽霞赔偿费人民币80,000元;(2)王利毅、张丽霞的其他诉讼请求不予支持。案件受理费人民币23,325.80元,由王利毅、张丽霞负担22,043.25元,上海银河宾馆负担1,282.55元。

判决后,双方当事人均不服,上诉至二审法院。二审法院认定,上海银河宾馆的过错表现在其未对仝瑞宝进行访客登记,对仝瑞宝七上七下电梯这一反常行为未进行盘查、亦未予以充分注意,对事故发生亦具有轻度之过失,因此上海银河宾馆对本案的违约赔偿数额可因此酌情降低。又据我国《合同法》之规定,违约损害赔偿之数额应以违反合同一方订立合同时预见到或者应当预见到的因违反合同可能造成的损失为限。根据本案之事实,上海银河宾馆应当预见其不履行安全保护义务的后果是住客王翰的人身伤害及财产损失。因王翰死亡而发生的丧葬费及王翰家属为处理此事支出的合理的差旅费应在上海银河宾馆的预见范围内。对于王翰随身携带的钱物,由于上海银河宾馆不能准确预见,故对被劫钱物的损失在合理范围内予以确认。故上海银河宾馆之违约赔偿范围应包括王翰死亡而发生的丧葬费、王翰家属为处理王翰丧事支出的合理差旅费及王翰个人合理的财产损失。一审法院根据违约损害赔偿的原则不支持张丽霞、王利毅关于精神损失费赔偿的请求并无不当。一审法院根据本案的事实确定上海银河宾馆承担人民币80,000元的赔偿数额亦无不当。

二审法院认定:上诉人王利毅、张丽霞要求上海银河宾馆赔偿百余万元的诉讼请求,缺乏法律依据,二审法院难以全部支持。上诉人上海银河宾馆不同意承担违约责任的上诉主张缺乏事实及法律依据,亦不予支持。原审法院判决事实清楚,程序正确,法律适用恰当,二审法院予以维持。

二、关于本案存在的争议及不同观点

第一种观点认为:被告上海银河宾馆在管理中的过错与王翰之死具有法律上的因果关系,王翰死亡的事实是由加害人的犯罪行为与上海银河宾馆的不作为行为共同造成的,上海银河宾馆应承担侵权责任、违约责任,并且因为双方构成消费关系,还应适用《消费者权益保护法》,由其承担《消费者权益保护法》上的责任。

第二种观点认为:王翰住店不是一种生活消费,不符合《消费者权益保护法》中消费者义务单一性和经营者责任单向性的特点,本案不应适用《消费者权益保护法》。银河宾馆在王翰住店过程中即便有违约行为,但其过失也不足以造成王翰死亡,宾馆的行为与王翰之死没有必然的因果关系,因而不应承担民事责任。

第三种观点认为:造成王翰死亡存在两个相互独立的行为:一是犯罪人的杀人行为;二是银河宾馆的疏忽行为。由于行为人主观上并没有共同的过错,所以只能分别追究行为人各自相应的赔偿责任。

笔者认为,欲明确是非,分清责任,须解决以下问题:

1. 王翰与银河宾馆是否构成消费关系,能否以《消费者权益保护法》作为请求的基础?

2. 被告是否构成违约行为,而对王翰被害及其财物被抢是否应当承担违约责任?合同义务是否包括保护性义务?该种保护性义务其范围到底有多大?

3. 被告是否构成侵权行为,对王翰被害及其财物被抢是否应当承担侵权责任？如要承担侵权责任，则侵权责任与违约责任之间构成何种关系？

三、对本案的几点意见

（一）关于本案是否应当适用《消费者权益保护法》的问题

原告主张本案涉及的侵权责任与合同责任是一种并列责任，且王翰作为旅客住宿是一种消费行为，应当受到《消费者权益保护法》的保护。法院认为，根据我国《消费者权益保护法》的规定，经营者提供商品或者服务，造成消费者人身伤害的，应当赔偿，但此规定仅指经营者之商品或服务直接致消费者损害之情形。而本案中，王翰之死并非上海银河宾馆提供的服务直接造成，故本案不应适用《消费者权益保护法》。笔者认为，法院的观点有一定的道理。

首先应当承认，王翰作为顾客在宾馆住宿，宾馆提供相应的服务，这显然属于一种消费行为，没有理由否定王翰是消费者。王翰作为旅客住宿是一种消费行为，其与被告之间发生了一种消费关系。《消费者权益保护法》主要调整的是一种生活消费关系，生活消费的概念实际上在范围上是十分广泛的。“生活消费”其实就是经济学理论中所谓的“个人消费”，它是与“生产消费”相对应的概念，其含义是指人们为满足个人生活需要而消费各种物质资料、精神产品，是人们生存和发展的必要条件。生活消费首先包括吃饭、穿衣、住房以及使用日用品和交通工具等消费活动；其次包括满足人们精神文化需要的消费活动，如阅读书报杂志、看电影电视、旅游等。[①] 由于依据《消费者权益保护法》第2条前段的规定，消费者只有在为“生活消费”需要而购买、使用商品或者接受服务时，其权益才受到《消费者权益保护法》的保护。因此，消费者权益保护法所调整的范围就是指因消费者主要为生活消费的需要，而购买、使用商品或者接受服务而与经营者所形成的关系，也可以简称为“生活消费关系”。在本案中，由于

① 王全兴：《经济法基础理论专题研究》，中国检察出版社2002年版，第428~432页。

顾客到旅馆住宿也是一种消费行为,因此它应当属于《消费者权益保护法》的调整范围。

问题在于,本案所涉及的人身保护责任是否可以以《消费者权益保护法》作为请求的基础。笔者认为,《消费者权益保护法》所确立的人身保护责任不能适用本案,王翰的亲属不能以《消费者权益保护法》作为请求的基础。《消费者权益保护法》第 11 条规定:“消费者因购买、使用商品或者接受服务受到人身、财产损害的,享有依法获得赔偿的权利。”第 18 条规定:“经营者应当保证其提供的商品或者服务符合保障人身、财产安全的要求。对可能危及人身、财产安全的商品和服务,应当向消费者作出真实的说明和明确的警示,并说明和标明正确使用商品或者接受服务的方法以及防止危害发生的方法。经营者发现其提供的商品或者服务存在严重缺陷,即使正确使用商品或者接受服务仍然可能对人身、财产安全造成危害的,应当立即向有关行政部门报告和告知消费者,并采取防止危害发生的措施。”这些规定确实可以对消费者购买商品或接受服务过程中所受到的人身伤害提供法律依据,但具体结合到本案,是难以适用的。原因在于:这些规定适用的条件必须是因为经营者销售的产品或提供的服务本身的瑕疵对消费者造成人身损害。《消费者权益保护法》的规定旨在为消费者因接受经营者商品或服务的消费过程中所遭受的损害提供法律依据,对于消费者以外的其他人遭受的损害一般不能援引《消费者权益保护法》寻求保护。同时对于非因经营者提供的商品或服务本身的瑕疵直接导致消费者受到损害的情形,也不能根据《消费者权益保护法》寻求保护,例如,宾馆提供的饮料过期导致顾客健康受到损害、出卖者售出的商品存在质量缺陷导致消费者人身伤害等。《消费者权益保护法》这些条款都指出消费者的损害须是由于经营者提供的产品或服务本身的瑕疵造成的,否则不存在直接的因果联系。本案中,王翰被害,并非由宾馆提供的服务直接造成,从因果联系上考虑,不能以《消费者权益保护法》作为请求的基础。

还要看到,之所以不能直接适用《消费者权益保护法》,是因为《消费者权益保护法》本身并没有设立一种独立的民事责任。《消费者权益保护法》中涉及三种类型的责任，即刑事责任、行政责任和民事责任。从民事责任来说，主要是违约责任和侵权责任。消费者在其与经营者的消费关系中遭受损害，要么提出违约之诉，要么提起侵权之诉，不可能在违约和侵权之外，再请求对方承担所谓《消费者权益保护法》上的责任，这种责任在法律上是不存在的。当然，受害人可以在提起请求时援引《消费者权益保护法》的条款，但其主张的责任类型不能是《消费者权益保护法》上的责任。

《消费者权益保护法》与民法中的合同法及侵权法，是特别法和一般法的关系。如果对于同一个民事纠纷，既可以适用合同法、侵权法等民事一般法，又可以适用消费者权益保护法时，此时则构成规范竞合，而非构成请求权竞合，所以原告不得同时主张违约责任、侵权责任及消费者权益保护法上的责任，不能因为依据几个法律都有责任而演变为双重责任或多重责任。根据规范竞合的处理规则，应当依“特别法优于一般法”原则适用法律。但“特别法优于一般法”原则须以特别法外延上被一般法包含为前提，且两者须相互排斥，不能并存，即只有当系争法条分别规定之法律效果在存在上已被规范地评价为不能并存时，该逻辑上的特别与普通关系，才被进一步在规范上也定性为具有特别法与普通法的关系，从而受特别法优于普通法之原则的适用。② 而《消费者权益保护法》的条文大多是合同法、侵权法的具体化、类型化的规定，以及一些特别的对消费者的保护措施，如《消费者权益保护法》第49条规定的对假冒伪劣产品的惩罚性赔偿，但该法并没有设定一种独立的民事责任，独立于民法上的违约责任和侵权责任。尤其需要指出的是，在确定裁判规范时，首先应当寻找基本的民事法律规范，基本的民事法律主要是指规范社会基本民事关系的、构成我国未来民法典组成部分的法律。基本法律和一般法律相比较，两者之间不存在效力等级的关系，并非上位法和下位法的关系，基本法律并不比一般法律的效力要高。因为从立法机构来看，两者都是由全国人大或者其常委会制定的，不存在效力高低的差异。而且，两者都是规定具有

② 转引自黄茂荣：《法学方法与现代民法》，中国政法大学出版社2001年版，第173～174页。

普遍性的事项,普遍适用于所有地域。从这个意义上说,它们都属于同一层次的立法。但是,从法律适用的层面来看,两者之间是存在差别的。因为基本的民事法律规范提供了请求权的基础,且包含了构成要件和法律效果的完全法条。从民事的角度来看,法官在裁判任何一个民事案件时,首先应当援引基本法律为依据。只有基本法律没有规定时,才能援引其他法律。一般来说,未来将成为民法典组成部分的法律都是基本民事法律,例如《合同法》、《物权法》和《侵权责任法》等。

就本案而言,其应当适用合同法或侵权法,只有当涉及《消费者权益保护法》中的具体或特别规定时,当事人可援引该特别条款主张权利或免除责任。但在《消费者权益保护法》这些规定中,没有规定独立的责任形态,如果因为一方违反法律或合同的规定致他人损害,如符合违约行为的要件则负违约责任,如构成侵权行为的要件则承担侵权责任。而一般不存在当事人承担独立的消费者保护责任的问题,更谈不上当事人同时承担违约责任、侵权责任和消费者权益保护法上的责任。如果这样无疑会使行为人因为同一行为承担多重责任,不当加重行为人的负担,造成责任分配的不公平。

所以,笔者认为,在本案中,法院不能依据《消费者权益保护法》确定责任,或判定被告承担多重责任。

(二)被告的行为是否构成违约

二审法院认为:“上海银河宾馆的过错表现在其未对仝瑞宝进行访客登记,对仝瑞宝七上七下电梯这一反常行为未进行盘查,亦未予以充分注意,故对损害发生亦具有轻度之过失。”

笔者认为,认定被告构成违约有一定的道理。但确定被告是否构成违约,必须首先确定违约的根据。这就需要确定几个问题:第一,宾馆是否对顾客负有保护义务;第二,这种保护义务是否构成合同义务的内容;第三,被告的行为是否违反了这种义务。

合同义务主要是合同当事人约定的义务,这是意思自治原则的重要体现,但现代合同法发展的一个重要趋势是合同义务来源的多样化。合同义务来源的多样化,导致违约行为概念的改变。按照传统的观点,合同是当事人意思表示一致的产物,合同义务是由当事人所设立的,仅仅只是当事人约定的义务才能称为合同义务,违反约定的义务才能称为违约。然而,这一观点因义务来源的多样化已经改变。义务来源多样化表现为法律规定的义务也可以成为合同的内容。从性质上看,我国合同法主要是任意性的法律,合同本质上就是当事人通过自由协商决定其相互间权利义务关系,并根据其意志调整他们相互间的关系。只要当事人协商的条款不违背法律的禁止性规定、社会公共利益和公共道德,法律即承认其效力。只有在当事人没有约定或约定不明确的情况下,才应当适用法律的规定。但除法律的任意性规定以外,也有一些法律及法规规定了合同当事人必须遵守的强行性义务,从而形成了合同法中的法定义务。

法定义务中包括了依据诚实信用原则所产生的附随义务。所谓附随义务,是指合同当事人依据诚实信用原则所产生的,根据合同的性质、目的和交易习惯所应当承担的通知、协助、保密等义务。由于此种义务是附随于主给付义务的,因此,被称为附随义务。我国《合同法》第 60 条第 2 款规定:“当事人应当遵循诚实信用原则,根据合同的性质、目的和交易习惯履行通知、协助、保密等义务。”这是对附随义务在法律上的准确概括。附随义务的特点表现在:第一,附随义务不是由当事人在合同中明确约定的义务,而是依据诚实信用(Bona Fide, Bonne Foi, Good Faith)原则产生的。在《合同法》中,将诚信原则具体化为诚信义务,诚信义务并不是法律对当事人行为的一般性的号召,而是要求当事人必须履行的强行性的规则,要求当事人不得通过约定排除诚信义务的承担,即使当事人在合同中没有约定附随义务,该义务也将自动转化为合同的内容,成为合同义务的组成部分。例如,出卖人在交付标的物时应当告知该标的物的使用方法,不管当事人在合同中是否对此作出约定,该义务都是出卖人所应当承担的合同义务。对附随义务的确定应依据《合同法》第 60 条第 2 款规定的诚信原则,根据合同的性质、目的和交易习惯加以判断。③ 第二,附随义务是附随于主给付义务的义务,主给付义务确定以后,附随义务才能随之而

③ 朱广新:《合同法总论》,中国人民大学出版社 2008 年版,第 226 页。

存在,附随义务本身不能独立于主给付义务而存在。如出卖人在交付标的物、履行主给付义务时,应当向买受人如实告知产品的使用方法。附随义务不完全等同于从给付义务。一般而言,从给付义务的违反具有独立可诉性,但大多数附随义务的违反并不具有可诉性。[④] 在德国法中,附随义务分为可以独立诉请的附随义务与不可独立诉请的附随义务。如在某种合同需要经过有关机关的批准,该种批准的协助是一项可以独立诉请的附随义务(selbständige Nebenpflicht klagbar)。[⑤] 第三,附随义务对合同当事人利益以及订约目的的影响,在不同的情况下的表现是不一样的。违反附随义务,有可能给当事人造成重大损害,从根本上影响当事人订约目的的实现,例如,违反使用方法的告知义务,导致使用人使用不当,造成其重大财产损害甚至人身的伤亡。但是在履行过程中,没有尽到协助的附随义务,使对方当事人在合同履行中遇到困难,并不一定导致当事人订约目的不能实现。由于在大多数情况下违反附随义务,不构成根本违约,因此不应导致合同被解除。当事人一方违反附随义务,另一方在许多情况下不得以对方当事人违反附随义务为由而行使同时履行抗辩权,拒绝履行自己的全部义务。第四,附随义务的内容不是通过当事人在合同中事先确定的,也不是在合同成立时起便已经确定的,而是随着合同关系的发展而不断变化的。也就是说,在合同成立以后当事人究竟应当负有何种附随义务,应当根据合同关系的发展而逐步地确定。

就本案而言,从合同角度看,当王翰和银河宾馆之间达成了住宿合同以后,银河宾馆除了负有为王翰提供住宿及相应服务的给付义务以外,还应当依据诚信原则对其人身和财产安全负有必要的保护义务。德国、意大利等国民法中明确规定了宾馆对顾客财产的法定保管义务,我国《合同法》虽然没有相应规定,但根据诚信原则和《合同法》关于附随义务的规定,宾馆除了提供顾客住宿等给付外,还应承担相应的忠实义务、相互协作照顾的义务、重要事情的告知义务、瑕疵的告知义务等附随义务。笔者认为,银河宾馆对王翰基于合同的保护义务主要来源于诚信原则,在顾客

④ 王泽鉴:《债法原理》,北京大学出版社2009年版,第31页。

⑤ MünchKomm/Roth, § 241, Rn. 56.

与旅馆的合同中，保护顾客人身财产安全的义务就是宾馆的附随义务。保护义务所指向的利益类型，不同于合同的履行利益及信赖利益，而是固有利益，亦称维持利益，是指合同当事人于合同履行利益之外固有的人身或财产上的利益。[⑥] 现代合同法中，合同义务不断扩张，其保护的利益由传统的履行利益扩展至信赖利益和维持利益。义务人的加害给付行为，导致相对人除履行利益之外的维持利益受到损害，受害人也应当有权主张违约责任，要求损害赔偿。保护义务仅仅是针对特定的顾客而负有的，对于顾客之外的其他人，宾馆因为不存在合同关系而不应对其承担该义务。

银河宾馆应当对顾客负有一定的保护义务，但这种保护义务应限制在必要限度内，也就是说，宾馆应尽到充分的注意，确保不因其提供的设施或者服务的瑕疵而使顾客遭受人身财产损害，并防止顾客在宾馆内遭受第三人行为的不法侵害或因意外事件而受损。其保护义务的范围与宾馆的注意义务的程度有关，都取决于合同的性质、给付义务的方式、当事人的特别约定、合同有偿无偿、费用高低等因素。一般而言，宾馆应采取与其收费和等级相一致的安全措施使顾客人身财产免受宾馆、第三人行为或其他意外事件的损害。宾馆应保证其宾馆设施、服务及环境的安全性，即宾馆提供的服务及设施应安全、适用、无明显或隐蔽的瑕疵可导致顾客人身或财产损害；宾馆应采取与其等级相适应的安全措施，包括安全制度的制定与执行、保安人员的配备以及安全监控设施的安装等保证宾馆提供服务的环境的安全，其范围应包括宾馆内部和在宾馆外部、但宾馆可以控制的区域（如停车场等）。本案中，该宾馆作为一家星级宾馆，其对顾客人身财产安全的保护义务，不仅包括宾馆自身提供的饮食必须卫生、电器设备不会突然爆炸，而且在防止顾客人身财产遭受到第三人侵害方面，也应当负有一定程度的保护义务。当然，这种义务不是绝对的，不应当适用严格责任的规则，而应当根据过错归责，只要宾馆尽到合理的注意义务，宾馆就可以免责。如何判断宾馆是否尽到注意义务，有学者提出应从以

---

⑥ 邱雪梅：“试论民法中的保护义务——‘两分法’民事责任体系之反思”，载《环球法律评论》2007 年第 5 期。

下三方面判断:首先应看宾馆是否有适合于其等级和收费标准的保安人员和安全监控措施;其次应看宾馆是否有完备、合理的安全保卫制度;最后应看宾馆保安人员是否切实利用了监控设备、是否切实遵守了内部安全保卫制度。如果不符合这三个方面的要求,则不能认为宾馆已尽到了最大的谨慎注意义务。⑦ 显然,本案中银河宾馆未对犯罪人进行访客登记,对其七上七下电梯这一反常行为未进行盘查,也未予以充分注意,可见被告未能尽到合理的注意义务,主观上具有一定的轻度的过错,所以应负赔偿责任。

应当注意,本案不仅仅违反了附随义务,也违反了约定义务。上海银河宾馆系涉外星级宾馆,有规范的管理制度和安全监控设施。被告自行制定了《银河宾馆质量承诺细则》,内有"24 小时的保安巡视,确保您的人身安全"、"若有不符合上述承诺内容,我们将立即改进并向您赔礼道歉,或奉送水果、费用打折、部分免费,直至赔偿"等内容。保护义务虽然属于依据诚实信用原则产生的附随义务,但如果当事人将之约定进合同,则转化为合同的内容,成为合同约定的义务。因此,本案不仅是当事人违反了基于诚信原则的附随义务,而且直接违反了当事人约定的合同义务。

(三)被告的行为是否构成侵权

二审法院认为,上诉人王利毅、张丽霞因其女丧生于上海银河宾馆而向宾馆主张侵权赔偿缺乏法律依据。上海银河宾馆未实施对王翰生命财产的侵权行为,其在履行与王翰的合同中未履行充分注意义务系不作为,但此不作为行为并不必然导致王翰死亡。王翰的死亡系仝瑞宝之行为所致,上海银河宾馆的不作为仅为仝瑞宝实施犯罪提供了条件,这种条件与王翰之死不构成因果关系。上海银河宾馆与仝瑞宝既无主观上的共同故意,又无客观上的行为牵连,两者不构成共同侵权行为。

笔者认为,首先,必须要看到银河宾馆即使有过错,它和犯罪行为人之间并没有主观上的共同过错。损害发生的直接原因是犯罪行为人的行为造成的,被告对其行为也没有起到任何帮助或辅助作用。所以不能认为

---

⑦ 刘言浩:"论宾馆对顾客的保护义务",载《法学》2001 年第 3 期。

其与犯罪行为人之间具有共同的过错。法院认定其不具有共同的过错是正确的。被告银河宾馆的不作为与犯罪行为人的行为不构成共同侵权，不应当负连带责任。

问题在于，被告的行为虽与犯罪行为人之间不构成共同的过错，但被告对受害人损害的发生也有过错，被告的过错行为是否构成侵权？法院认为，银河宾馆未实施对王翰生命财产的侵权行为，其在履行与王翰的合同中未履行充分注意义务系不作为，但此不作为行为并不必然导致王翰死亡。王翰的死亡系全瑞宝之行为所致，所以被告不构成侵权。这一观点有一定的道理，按照侵权法的一般规则，侵权行为应当实行责任自负原则，行为人只对自己的行为承担责任，不对他人的行为承担责任。仅仅只是在例外的情况下，才对他人的行为负责，例如，雇主对雇员的责任、监护人对被监护人的责任等。在本案中，没有出现这些特殊的转承责任的情况，因此被告不构成侵权。

但被告银河宾馆确实对受害人损害的发生也有过错，被告的行为是否构成一种违反保护义务的侵权责任？所谓违反保护义务，是指行为人未尽到其依据法律的规定以及根据其在先行为产生的保护义务，致使被保护人受到他人的侵害，违反保护义务的人应当承担侵权责任。在实践中存在着违反保护义务的一些行为，例如，旅馆未对顾客采取必要的安全保障措施，使旅客财物被盗或遭受抢劫、伤害等；银行未采取安全保护措施，使顾客在银行取款时在银行内遭他人抢劫；乘客在公共交通工具上遇到小偷，被小偷殴打、抢劫等。一般认为，保护义务是指在自己支配领域中，防止受到来自第三人的侵害。⑧ 该种违反安全保护义务的行为大都属于不作为，其构成侵权行为的类型性质为不作为侵权，即“应为而不为”，因此，不作为侵权必须以具有作为义务为前提，不作为侵权行为是对于法律上作为义务的违反。

对于违反安全保护义务的行为，在我国现行的民法中尚未有明文规定为侵权责任。笔者认为，立法规定此种侵权行为是必要的。一方面，规定

---

⑧ 林美惠：“论我国法上交易安全义务理论之建立”，载《台大法学论丛》1998 年第 28 卷第 1 期。

违反保护义务的侵权责任,能充分保护受害人的利益。在违反保护义务的情况下,有时真正的行为人实施了加害行为之后,因为逃逸或无力对被害人做出清偿,使得受害人遭受的损害不能得到补救。在此情况下,就有必要设定违反保护义务的责任,违反保护义务的责任使得受害人能够从违反保护义务的行为人处获得适当的补偿,这对于受害人的保护是必要的。另一方面,设立此种义务对负有保护他人义务的人课以一定程度的注意义务,督促其尽其努力,减少不合理的危险,从而有利于保护公众的人身财产安全。关于这种保护他人的作为义务的来源,我国台湾地区学者林诚二先生认为:"所谓在法律上有作为之义务,不仅指法律有明文规定者而言,其依公序良俗,由法律全体之目的及精神观之,有作为义务者,亦属之。作为义务之情形有下列诸种:(1)基于法律之规定有作为义务;(2)基于服务关系而有作为义务;(3)基于契约关系而有作为义务;(4)因自己在先行为所生之危险而有防止的义务;(5)有防止危险之机会,依公序良俗之观念有防止之义务。"⑨一般认为,违反安全保障义务的责任产生于德国。在德国法上安全保障义务也被称为"交往安全义务"(Verkehrspflichten)。在1902年10月30日的"枯树案"判决中,德国帝国法院(RGH)通过类推适用民法典第836条的规定,初步确立了交往安全义务,但此种义务仅仅适用于公共交通的案型。⑩ 在1903年的"道路撒盐案"中,法院进一步详细论述了交往安全义务理论,认为所有者负有保证其物品符合交往安全的责任。⑪ 通过这两个案例,德国法上的交往安全义务理论的基础得以确定。安全保护义务在日本法中称为"安全照顾义务",在昭和五十年(1975年)的一个判决中,使用人的安全照顾义务被界定为"使用人对为实施劳务行为的场所、设施或器具进行管理或对劳动者按使用人或上司的指示执行的劳动进行管理时,为保护劳动者的生命及健康免受危险,而应当进行照顾的义务"。⑫ 以后,将此种责任扩张到其他

⑨ 林诚二:《民法理论与问题研究》,中国政法大学出版社2000年版,第114页。

⑩ See RGZ 52,373.

⑪ See RGZ 54,53,57.

⑫ [日]宫本健藏:"日本的安全照顾义务论的形成与展开",金春龙译,载《清华法学》(第4辑),清华大学出版社2004年版。

领域。

安全保障义务主要来源于如下几个方面：一是来源于法律的规定（如有关交通安全的法律规定的义务）；二是来源于合同的约定；三是来源于先前的行为。由于这些义务涉及社会生活的各个方面，采取这种义务有助于维护社会生活秩序，维护公共安全。例如，在本案中，被告银河宾馆无论是基于服务关系、契约关系，还是因为“有防止危险之机会，依公序良俗之观念有防止之义务”，都应当认定其应当承担法律上的作为义务，其对被害人由于第三人不法侵害导致的死亡和财产损失而应当负有不作为的侵权责任。

违反保护义务的责任的确立与过错责任原则并不发生矛盾和冲突，负有保护义务的人对被保护的对象应当保护到什么程度，应当采取哪些必要的保护措施，这需要根据具体行为人是否具有过错来确定。也就是说，违反保护义务的责任仍然是一种过错责任，违反保护义务的人之所以应当承担侵权责任，是因为其主观上具有过错。例如，旅馆应当采取必要的措施防止旅客财物被盗，但是否能够防止团伙的抢劫？笔者认为，负有保护义务的人如果已经采取了足够的合理的措施保护其应当保护的对象，则不能认定其主观上具有过错。

需要指出的是，在违反保护义务的前提下，负有保护义务的人是否应当与真正的行为人一起承担共同侵权的责任，还是应当承担无意思联络的侵权的责任，值得探讨。所谓数人无意思联络的共同侵权行为，是指数人之间并无共同意思联络，但因其各自行为相互结合，而致使同一受害人受损害。其法律效果是各行为人就其过错程度对自己造成的损害负责，其本质上仍为各负其责，即行为人仅对自己单独的过错行为负责。本案中，银河宾馆虽有过错，但其过错和犯罪行为人的过错之间并无意思联络，损害发生的直接原因是犯罪行为人的行为，不能认定被告宾馆与犯罪行为人之间形成共同过错而适用共同侵权，承担连带责任。笔者认为，在违反保护义务的情况下，并不是违反保护义务的人实施了致害行为，由其承担全部的损害赔偿责任是不公平的，而只能是对受害人的损害后果根据其主观具体过失程度适当地分担损失。在其承担责任以后，如果找到真正的行为人,其可以在自己赔偿的范围内向真正的行为人追偿。

如果在法律上承认违反保护义务的侵权责任,那么在本案中,原告可以基于合同义务的不履行向被告主张违约责任,也可以基于宾馆的违反保护义务的侵权行为向被告主张侵权责任,被告的行为同时符合违约行为和侵权行为的构成要件,因而构成违约责任与侵权责任的竞合。当事人可以依照《合同法》第122条,有权选择基于违约责任或侵权责任向被告请求损害赔偿。但不得请求被告银河宾馆同时承担侵权责任、违约责任以及《消费者权益保护法》上的责任。

第八编 | 其　　他

民商法研究(第六辑)
第645~657页

法律职业专业化与司法改革*

法律职业(legal profession)是指专门从事法律适用、法律服务工作的特定职业。法律职业者在国外常常被称为"法律人"。按照美国著名法学家庞德的观点,法律人是指"一群人从事一种有学问修养的艺术,共同发挥替公众服务的精神,虽然附带地以它谋生,但仍不失其替公众服务的宗旨"。① 法律职业者是一群精通法律专门知识并实际操作和运用法律的人,包括法官、检察官、律师。他们受过良好的法律专业训练,具有娴熟的运用法律的能力和技巧。法律职业者是一个拥有共同的法律知识结构、独特的法律思维方式,具有强烈社会正义感和公正信仰的整体,由于他们以为公众服务为宗旨,故又不同于虽有一定技巧但完全追逐私利的工匠。在现代社会,他们不仅实际操作法律机器,保障社会机制的有效运作,而且被当作法律秩序和社会正义的守护者。整个社会的法治状态在很大程度上要依赖于他们的工作和努力。

所谓法律职业的专业化制度,首先是指一整套保

---

* 原文载《人民日报》2002年7月24日。本文在原文基础上有所修改、增补。

① [美]哈罗德·伯曼编:《美国律师讲话》,三联书店1980年版,第208页。

证法律职业者的全面素质的制度,包括对法律执业者从业资格考试、培训以及回避、纪律惩戒、身份保障等一套制度。其次,法律职业的专业化对从事法律职业的人员在道德品行和业务素质方面提出了特殊的要求。法律职业的专业化不仅是社会分工的需要,也是现代法治国家的基本特征和要求。建立法律职业专业化制度,从根本上说,是为了保障严格执法、公正裁判,逐步建立社会主义法治国家。法律组织机构按照社会分工的要求,能够充分完成法律创制、法律操作和法律实现的职能,是法律能够得以运转和执行的重要保证,也是司法公正得以实现、社会秩序得到维护的重要前提。法律组织的专业化对法治建设至关重要。因为,一方面,法律职业的专业化制度,旨在全面提高和保障法官及其他法律职业者的素质,从而适应严格执法和公正司法的需要。法官代表国家独立行使国家审判权,权重责大,必须由具有较高素质和专门训练的人来行使。"徒法不足以自行",除了强化制度建设之外,人的素质的全面提高是实现司法改革目标的重要保证。另一方面,司法是保障社会正义的最后一道防线,法律职业者作为社会冲突的最后防卫者和解决社会矛盾的裁判者,必须由高素质的人担任。法官必须精通法律才能正确地适用法律,并严格地依法办事、公正执法。尤其是随着法律在社会生活中的作用不断加强,立法日益发展,法律技术性和专业性越来越高,如果司法者缺乏必要的执法素质,再好的法律也难以得到严格遵守。在社会生活中,庸医害人已经久为社会所警惕,而不知法懂法的人执掌司法大权,违法判案,则不仅会造成个案的不公正,而且会根本损害社会的法治秩序和法律的权威。还要看到,法律职业的专业化将促进法律职业共同体的形成,这有助于法律的创制、适用和发展完善,有效化解社会矛盾,抵御外来的不当干预,从而推动社会主义法治国家的建设。

现代社会,实行法治的国家都要求法律职业者必须具备较高的职业素质。孙晓楼先生在《法律教育》一书中认为,法律人应具有三种素质:一为法律道德;二为法律知识;三为社会常识。② 那么,保障法官能够依法办

② 孙晓楼等:《法律教育》,中国政法大学出版社1997年版,第11~13页。

事、公正裁判的基本素质是什么？笔者认为，法律职业者应具备的最基本的素质包括以下几项：

一、信仰法律

正如美国法学家伯尔曼所指出的，法律只有被信仰，才能得到切实的遵守。法律职业者与一般民众的区别正在于此，他们必须更加信仰法律。如果作为执法者的法官、检察官这些法律职业者都不信仰法律，我们又怎能期望普通老百姓对法律有所信仰呢？作为法律的专家，法律职业者必须崇尚法律，把法律作为其第二生命。任何法律职业者都应当奉行为广大人民群众服务的宗旨，要信仰法律、心存正义、忠于职守、不畏艰险、廉洁公正、铁面无私，要严格遵循法律，坚决维护广大人民群众的合法权益。在法治社会中，法律职业者们应当不屈不挠地为实现法律的目的而殚精竭虑，以权谋私、徇私枉法不仅是对法律的亵渎，更是践踏自身人格的行为。对于法律职业者来说，不仅仅是要求做到自己信仰法律，不可知法犯法，而且还要做到努力使他人信仰法律。尤其对司法者而言，其职责便是行法、护法、捍卫法律、弘扬法治，在奉行法律方面，应当具有卫道士的气概和殉道者的志节，富贵不能淫、威武不能屈、贫贱不能移。

二、精通法律

法律职业者应当成为法律的专家，掌握扎实的专业知识和娴熟的法律技巧，这不仅是其职业本身所提出的基本要求，更是建立法治社会的必然要求。法律职业者作为一类特殊的职业群体，其主要任务就是正确地适用法律，合理地解决社会生活中的各种纠纷，因此，法律职业者不仅需要通晓实体法，同时还要知道如何正确地适用法律。法律职业者在适用法律的过程中，需要将抽象的法律规范运用于具体的案件事实，必须能够正确地解释法律和填补法律的漏洞。法律职业者还要了解社会、精通事理，具有对事理的综合分析与判断能力，做到事理明晰、法理透彻、逻辑严谨。只有这样才能达成公正的裁判结果。

三、具有高度的职业操守

对于法律职业者而言，不能仅具有一般公民的道德水平，而应当赋予其更高的职业伦理标准。法律职业者尤其是司法者能否做到依法办案、刚正不阿、铁面无私，很大程度上就取决于其能否做到廉洁奉公、不吃请受贿、不经商图利、不贪图享受。所谓“公生明，廉生威”，法律职业者的道德人格是支撑司法公正的柱石之一。例如，法官所从事的审判活动常常被视为“主持公道”、“伸张正义”、“惩恶扬善”、“抑浊扬清”，带有强烈的“善行”色彩，然而这一切都取决于法官本身是否公正廉洁。按照古希腊哲学者亚里士多德的观点，公正是个人的美德，然而，对于法官来说，公正是其基本的素质。“理想的法官就是公正的化身”，③而缺乏公正意识的法官根本就不是真正的法官。法官在审判中要始终保持中立、公正，做到不偏不倚、不畏权势、不徇私情、不谋私利。公正不仅要求法官始终保持独立的地位，绝不可以与诉讼当事人发生任何利益关系，不得将其个人的爱好、憎恶、偏见带入司法审判过程；同时也要求法官充分理解法律的正义价值，要有追求正义的良心和品德。

法官必须廉洁，司法本身不可掺杂任何金钱交易和物质诱惑。法官的公正、权威在很大程度上依赖于法官的廉洁无私。诚然，社会应当尽可能使法官具有稳定的、良好的收入，使其无生活上的后顾之忧。但是，身为法官，其本身不应当追求奢华的生活方式，而应以清廉、简朴为美德。美国学者约翰·小努南曾比较了普通法国家历史上几位最伟大的法官，即布莱克顿、科克、培根、马歇尔、霍尔姆斯、卡多佐、布兰代斯，他发现这些

③ ［美］约翰·小努南：“法官的教育、才智和品质”，载《法学译丛》1989年第2期。

人都具有一个共同特点，即不仅以公正无私闻名于世，也以简朴的生活方式而著名。④ 据此，小努南认为，法官应当追求简朴的生活方式。笔者认为，法官要始终公正廉洁，就不应当追求奢华、贪欲和各种物质享受，否则极易被金钱和物质所引诱，导致"惊堂木"被"孔方兄"所侵蚀。法官应当在社会交往中保持一定程度的"孤独性"。这就是说，法官不可广泛地交朋结友、四面酬祚、八面应付，否则难免陷入多种人情编织的网中。法官更不可与社会上的各色人等泡在一起，吃吃喝喝、打麻将、进出娱乐场所，这些行为不仅会严重损害法官的尊严和公正的形象，也会在不同程度上影响法官的公正执法。

四、具有较为丰富的实践经验

法律的生命不在于逻辑而在于经验，按照美国近代著名法官科克(Edeward Coke)的经典说法，法律上的各种案件"是由人为理性和法律判决来决定的，而不是由自然理性来决定的。法律是一门艺术，在一个人能够获得对它的认识之前，需要长期的学习和实践"。⑤ 与自然科学以及社会科学的许多其他门类不同的是，法律与人类社会生活有着千丝万缕的联系。没有社会生活经验的人，对于法律纠纷是难以作出明智而公正的裁判的。⑥ 因此，法律职业者，尤其是司法者，更需要具备丰富的司法实践经验或法律工作经验，因为司法工作与一般工作相比具有很大的特殊性。在诉讼过程中，无论是对案件事实的认定、证据的审查判断，还是适用法律的选择，都不能不受到审判主体审判经验等因素的影响和限制。⑦ 审判工作本是一门复杂的艺术，不仅要求审判人员掌握必备的法律知识，而且

---

④ [美]约翰·小努南："法官的教育、才智和品质"，载《法学译丛》1989年第2期。

⑤ 转引自[美]诺内特、塞尔兹尼克：《转变中的法律与社会》，张志铭译，中国政法大学出版社1994年版，第69页。

⑥ 朱苏力等："关于司法改革的对话"，载《市场社会与公共秩序》，三联书店1996年版，第164页。

⑦ 蔡彦敏："论市场经济形势下民事诉讼结构的调整"，载《政法学刊》1994年第3期。

应有娴熟的运用法律的能力、分析和判断是非的能力、评价和分析证据的能力以及组织和驾驭整个庭审活动的技巧等。总之,要出色地完成审判工作,必须要有一定的法律工作经验,这些经验包括担任法官、检察官、律师、法学教师、公证员等法律工作达到一定年限以上所获得的工作经验。担任院长等重大职务更应当具备一定的法律工作经验,自不待言。即使担任初任法官,也要有一定年限的法律工作经验,才能正式升任法官,绝不可根据行政级别的考察而直接将毫无法律工作经验的人士任命为法官。

从这个意义上说,英美法在法官选任上所采用的"年长加精英"的模式,确实符合法律这个行业的专门要求。英美法系国家自普通法形成以来,便强调法官造法,承认法官具有创造"先例"的权力,"先例"甚至可以优先于制定法而适用。法官不仅是各种纠纷的最终裁决者,而且在立法方面也扮演了极为重要的角色。由于法官在社会生活中的极端重要性及普通法重视实务的特点,因此普通法历来强调法官必须由富有实务经验且道德学问都是优秀的人士担任。法官的特点是"年长、经验、精英"。[⑧]马克斯·韦伯指出,普通法从个别案中抽象出规则然后运用到类似案件中的模式,要求富有实务经验的人来操作,而不需要成文法和理论所指导。这也是普通法未能继受罗马法的原因。[⑨] 根据"年长、经验、精英"的原则要求,美国对法官任职资格设有具体的规定。一般来说,全职的法官必须"具有法律知识和经验,判断和分析的能力,有良好的决定和交流技巧。富有权威、道德、公正、能够理解普通人和社会,性格温和,有礼貌和尊严,对社会服务具有责任"。[⑩] 全职的法官都必须从律师中任命,担任地方法院的法官(不包括治安法官),必须有不少于 7 年的出庭律师的经历;担任高等法院法官职务者,必须具有 10 年以上的出庭律师的经历,或者具有曾任 2 年以上高等法院法官的资格。法官最初任职时的平均年龄为 47

---

⑧ John Henry Merryman, *Civil Law Tradition*, Stanford University Press, 1969, p. 55.

⑨ Max Weber, Wirtschaft und Gesellschaft, 14th edn, 1956, 457f.

⑩ Henry Brooke, *Royal Courts of London*, June 21, 1966.

岁,高级法院的法官年龄一般都在60岁以上。[11] 法官一般都毕业于剑桥、牛津等名牌大学,具备法官资格的人士尚需要经过由业余法官、法律界人士所组成的专门委员会进行面试和严格的选拔,才有可能被确定为法官候选人。在美国,尽管没有英国那样具有明确的法官任职资格标准,但一般强调实务经验。法官应具有法学学士或法学博士学位,大多数法官都从优秀的律师中选任,担任过最高法院法官的人几乎全都做过律师,许多联邦法官在被提名前都担任过联邦或州的公职,具有丰富的行政经验。[12]

五、具有正确的思考方式

根据一些学者的研究,法律职业者还必须具有良好的思考方式。其中包括:第一,良好的法律意识和依据法律思考问题的习惯。法律职业者要具有一切依法办事的卫道精神,不能接受各种违背法律规定的交易和习惯。第二,法律职业者要习惯于听取当事人的不同意见,从中找出最佳方案。第三,法律职业者的思考方式应以三段论推理为基础,力图通过缜密的思维将规范与事实巧妙地结合起来,熟练地运用法律规则解决各类纠纷,同时也更注重对于规范的合理性含义的推敲和综合操作,留心于法条之后的共同规则和指导原理。[13] 独特的思考方式也是法律职业者不同于其他职业者的特点。

法律职业者的上述基本素质是法律职业化的必然要求,同时应当看到,对法律职业者素质的培养也是一个长期的过程。当前,法律职业的专业化必须依赖于司法改革并继而推动司法改革。笔者认为,司法改革的一个重要目标就是要从总体上提高我国法官队伍素质,从而适应严格执法和公正司法的要求。如果说法院是社会正义的最后一道防线,那么法

---

⑪ 肖扬主编:《当代司法体制》,中国政法大学出版社1998年版,第27~28页。

⑫ 肖扬主编:《当代司法体制》,中国政法大学出版社1998年版,第51页。

⑬ 季卫东:“法律职业的定位——日本改造权力结构的实践”,载《中国社会科学》1994年第2期。

官便是这道防线的守门人。[14] 虽然检察官、律师这些法律职业者对于社会纠纷的解决也有重大影响,但对纠纷的最终裁判权是握在法官手中的。这就是为什么在西方法治发达国家对法官的资格要求要比对律师和检察官的资格要求更高的缘故。[15] 人民群众将其自由、生命和财产的保障重任托付给法官,理所当然要求法官必须是具有较高的政治素质、业务素质和道德修养的人士,必须是民众可以信赖而且值得信赖的人士。

笔者认为,当前通过司法改革以提高法官的队伍素质,需要从如下几个方面考虑:

第一,要通过司法改革建立起符合司法规律的有关司法人员的选拔、考核、培训、提升、免职、降级等制度。2001 年我国修改了《法官法》和《检察官法》,实行了统一的司法考试制度,这是我国司法改革中的重要举措。虽然统一司法考试解决的只是一个法律职业者在从事法律职业方面的准入标准问题,但是通过统一司法考试制度的完善,有助于推进法官遴选、培养、考核和升迁等制度的完善。通过司法统一考试制度的完善,全面提高司法人员的素质,也有助于法律职业者相互之间的交流和理解,形成共同的知识背景和职业背景,增进法律职业者特有的职业传统和职业道德,增强法律职业者职业的神圣和尊荣,树立法律职业群体抵御外界不当干预的勇气与能力,对引导、培养整个社会的法律意识和法治精神起到示范作用。但在建立一套符合司法规律的法官管理制度方面,我国还有待于进一步努力。一方面,我们需要将司法审判人员从一般的行政人员中分离出来,对其实行专业化的管理。我国之所以要制定《法官法》和《检察官法》,就是要将法官、检察官的管理与一般公务员的管理分开。法官在生活和福利待遇等方面不能完全套用一般的行政级别,而应当在待遇方面优于一般的公务员。另一方面,为了做到独立审判、公正司法,必须要强化法官和检察官管理制度方面的专业色彩,减少行政管理色彩。法官的级别不能与一般的行政级别完全混淆,对审判长的选任不能完全根据行政级别来确定。这些都是实行法律职业专业化所必需的。

---

[14] 肖扬主编:《当代司法体制》,中国政法大学出版社 1998 年版,第 1 页。

[15] 肖扬主编:《当代司法体制》,中国政法大学出版社 1998 年版,第 1 页。

第二,明确法院内部各类人员的级别并建立相应的分类管理制度,理顺法院内部审判人员与其他各类审判辅助人员(如法官助理、书记员)及后勤保障、行政管理人员的关系。后勤保障和行政管理人员不能从事技术性很强的、责任很重的审判活动,而法官也不应当担负过多的非审判性的行政事务。把法官从各种非审判性的行政事务中解脱出来,对于增进专业化水平,提高司法效率是十分必要的。我国目前法官队伍庞大,但相当多的法官的精力并没有完全用于审判活动,而如果一些后勤保障、行政管理人员也参与办案的话,不利于保证办案质量和法官队伍整体素质的提高。

第三,通过建立统一的职业道德规范和法官监督制约机制,确保司法廉洁。既然法律职业者从事特殊的职业,就应当有特殊的职业道德要求,而不能只是受党纪国法的约束,还应当受特殊的职业道德的约束。法官的职业道德显然不可仅采用一般公民的道德标准。如一般公民只需成为一个守法的公民即可,而法官不仅应守法,而且要严格执法,在办案中,不畏权势、不徇私情、不谋私利、清正廉洁。再如,一般公民可以自由出入歌厅、舞厅、酒吧等各种合法的娱乐场所,而法官出入这些场所应受到限制,不可丧失和降低法官的尊严。一般公民可以合法地兼职,法官的兼职则要受到严格的限制。正如美国《司法行为准则》所规定的,法官以及司法的行为不得"使人们对其作为一名法官的公正的裁判能力提出合理怀疑",不得"贬低司法机关的形象"、有损法官的尊严。因此,应当制定《法官的职业道德准则》,对法官提出比一般公民的职业道德更多的职业道德要求,这是由法官特殊职业本身决定的。所以对法官的考核不仅仅是专业和业务方面的考核,还应当包括对职业道德的遵守以及操守方面的考核。

第四,坚定不移地走司法官的精英之路,即司法官应当少而精,司法官队伍应当是一支真正的德才兼备的高素质的队伍。在少而精的基础上,应当努力提高司法官的待遇,为公正司法建立物质基础。我国目前现有法官20多万名,分布在全国3000多个法院之中。⑯ 尽管自1993年以来各类案件的数量以每年约11%的比率增长,法院的任务越来越繁重,但应当看到,我国现有的法官队伍与国外的法官的数量相比,不是太少而是太多,可以说是相当庞大的。我们不妨以英国的法官数量做比较。在英国,从中世纪王座法院设立开始至1813年,英国全国仅有法官数十名。到1986年,英国全国只有法官500名左右,这支人数极少的队伍在数百年间大致完成了维护社会公正及发展普通法的历史使命。⑰ 截至1997年,英国全职法官仅有964名,其中包括12名大法官、25名上诉审法官、95名高级法院法官、520名巡回法院法官、302各地区法官。如果按人口比例,英国大约每11万人有一名全职法官。而我国按人口比例是每4.8万人中有一名全职法官。在我国,只有实现法官队伍的"少而精",才能全面提高法官的素质和法官的社会地位,并可以对"少而精"的法官实行优厚的待遇,彻底解除其生活上的后顾之忧,尤其是全面提高法官在社会中的整体形象,增进司法的权威性。如果法官多而不精,则不仅难以保证裁判质量,从经济上说也很难推行法官的"高薪制"。当前,我们需要强调法官的身份保障,但不能因为实行身份保障而完全否定淘汰制度。目前法官的来源渠道多样,而且在过去一个相当长的时间内法官的入门门槛过低,以至于造成实践中少数法官确未达到法官基本素质以及《法官法》要求的担任法官的基本标准,对那些确实不符合法官素质要求的,我们应采取各种措施予以淘汰。此外,对案件很少的地区也不一定要设置法院,可采取巡回法庭的方式。

第五,要建立法官的交流和流动制度。目前法官的待遇取决于地方政府的财政状况以及地方的经济发展情况,凡是经济比较发达的地区,法官的待遇就比较高,而经济贫困落后地区的,法官待遇则很低,这样就导致许多法官不愿意到贫困地区担任法官,以至于造成贫困地区的法官队伍素质难以提高。因此我们建议法官在通过司法考试取得任职资格之后,不一定必须在本地区担任法官,可以经过上级法院甚至最高人民法院的

⑯ 李浩:"法官素质与民事诉讼模式的选择",载《法学研究》1998年第3期。

⑰ 贺卫方:《司法的理念与制度》,中国政法大学出版社1998年版,第100页。

安排，派往贫困地区工作一段时间，但应当在经济上给予相应的补助。这需要在制度上区分法官资格的取得和实际出任法官，从而有利于法官的流动，即在取得出任法官的资格以后，不一定必须在某个地方出任法官，根据工作需要可以在另一个地方的法院实际出任法官，不同地区法院的法官也可以进行必要的调换。

从国外的经验来看，尤其是在英美法系国家，法官经常实行流动制。在美国，除联邦最高法院的法官以外，其他联邦法院法官并不是固定于某个法院，如某个巡回法院的合议庭常常是由一个巡回法院的法官和数个地区法院法官或由某个地区法院法官和数个巡回法院的法官组成的。在英国也经常出现此种情况，即某个法官今天在这个法庭开庭，明天又在另一个法庭开庭。[18] 从中国的情况来看，法官的流动不仅有助于法官的相互交流，尤其重要的是，法官的合理流动有助于克服地方保护主义现象，保障法官的严格执法。因为某个法官来自某地而又在该地出任法官，或者虽不是来自该地而在该地出任法官时间过长，难免与当地各方面的人士过于熟悉，因此在审理案件中，必然会遇到各种人际关系、人情的干扰，影响其公正执法。司法地方保护主义的一个重要原因就在于本地法院的法官与地方过于熟悉，而难免受人情左右，偏袒本地当事人。所以，法官的合理流动是十分必要的。法官不能流动，也影响法官的素质。例如，我国目前大学毕业生分配进法院，进去以后便固定不变，分在基层法院的不了解上诉案件，而分在上级法院的不了解基层的一审情况，因此其经验和知识面都较窄。

第六，完善审判长选任制。近几年来，我国各级法院普遍推行了审判长选任制。审判长选任制无疑是人民法院在建立科学的法官制度方面，为尽快提高我国法官队伍素质所做出的一次有益探索，也是推进司法改革的一项重大举措。这项改革对于保障司法公正、提高审判效率将会产生重大而深远的影响。但如何才能保证选任出来的审判长是既具有良好的道德素质，又具有较强的专业知识水平和业务才干的真正德才兼备的

---

[18] 肖扬主编：《当代司法体制》，中国政法大学出版社1998年版，第28页。

人士呢?笔者认为,关键在于选任的程序必须公正、科学,选任的标准必须明确,最好对参与选任的审判员的基本条件作出一个明确的规定,在此基础上再确立详细的、科学的技术指标,通过这些技术指标以保证选任的审判长符合公正裁判的要求,也可以防止以人际关系作为评判的标准。建议最高人民法院对审判长的选任程序及任职条件作出更为具体明确的规定。审判长的任期也涉及法官制度改革的问题。在国外,法官的独立通常是与法官的终身制联系在一起的,但从我国的情况来看,法官整体素质有待提高,选任的程序也正在摸索之中,此时如果套用终身制,未免产生一些不好的结果。但是,在审判长选任出来后,频繁的更换,则很难充分发挥审判长选任制度作用的发挥,在增进司法独立、法官独立方面也无法起到太大的作用。因此,笔者建议在审判长选任出来后,其任期可以初步确定为5年,待到将来法官素质、选任程序等配套制度逐步完善后,可以再延长该期限。

落实合议庭责任制,作为司法改革的具体方式之一,必须有助于增强司法的独立,改变目前“权责不清、审者不判、判者不审”以及法院体制的行政化现象。要达到这一目标必须真正落实法律赋予审判长所享有的职权,审判长应当成为合议庭的组织者,在案件的审理过程中发挥指挥作用。当然,审判长作为合议庭的成员,在合议案件时必须经过民主讨论,不能将自己的意见凌驾于其他成员之上。在合议期间他绝不能成为合议庭的领导者或主导者。

第七,通过司法改革建立法官的身份保障和经济保障制度。按照许多学者的看法,法官在社会中应具有较高的地位和收入,这不仅有助于增强法官的自尊感,对自身职业的珍惜以及对社会交往中教养的注重,而且有助于法官对自身公正、廉明形象的维护,尤其是有助于法官独立行使审判权。⑲ 各国司法制度的立法和实践也证明了这一点。为保障司法的独立和公正,各国普遍确立了法官保障体制。为解除法官后顾之忧,使其不受外部干扰而依法独立行使审判权,各国规定了法官的高薪制和退休制,法

⑲ 柴发邦主编:《体制改革与完善诉讼制度》,中国人民公安大学出版社1991年版,第125页。

官具有稳定居高的地位确有利于保持公正廉洁。实践证明,法官有了较高的收入,不一定就不会发生腐败,但收入过低,极容易导致腐败。所以,笔者建议法官的收入应当高于一般的公务员。这不仅是因为法官职业本身作为社会正义的最后一道防线,在社会生活中具有重要地位,同时也是因为法官职业本身的专业性和技术性较强,所以,应当具有高于一般的公务员的收入。当然,法官具有较高的收入只是相对于其他职业而言的,在法律职业阶层之中,法官的收入不可能达到律师的水准,且不可能从其他渠道获得收入。所以,尽管社会应当保障法官具有较高收入,但法官更应当意识到其职业在社会中的地位及重要性而始终自觉地保持廉洁公正。

另外,法官的身份保障制度也是十分必要。法官非因法定原因、非依法定程序,不得被免去职务、调离岗位。一方面,这一制度有利于法官的职务的稳定,从而有利于法官职业的专业化和整体素质的提高。很长时间以来,我们一直将法官等同于一般的干部,强调其政治表现、注重行政级别的安排,而忽视了法官职业的专业性和技术性。因此,在各地法院特别是基层法院,院长、副院长时常被调进或调出,新调进的院长和副院长经过一段时间刚熟悉了法律知识和审判业务,又因各种原因而被调出法院,从而使法官的职务极不稳定。事实上,法官应当实行合理流动,但职务应当保持稳定,无法定的原因不得随意将法官调出法院系统,否则,不利于法官职业的专业化。另一方面,这一制度有利于保障司法独立,使法官不受任何外来的威胁或干涉,依法独立行使审判权。从实践来看,许多地方法院的法官听命于行政领导的指导,偏袒本地当事人,其中一个重要原因便是法官身份上缺乏保障,如果胆敢违抗指示,便极有可能被调离、降级、撤职。可以说,没有完备的法官身份保障制度,司法的独立和公正是不可能实现的。当然,建立法官身份保障制度的前提是必须严格法官的任职资格,对法官实行严格挑选,一旦按照严格的选任程序选定某个法官,则应对其实行充分的身份保障。

民商法研究(第六辑)
第658~666页

谢怀栻先生的法学思想及其对我国民法事业的贡献*

在非典肆虐期间,传来了我国著名民法学家谢怀栻先生不幸辞世的噩耗,震惊之后,我感到不胜悲痛。回想二十多年来与先生的交往,他高尚的人格精神、严谨的治学风范与渊博的学识为我的做人与治学树立了光辉的典范。当我再次捧读先生赠送的数本大作时,他的音容笑貌仍历历在目,先生光辉的学术思想使我再次受到精神洗礼。

数十年来,谢老对中国民事立法与民法学的巨大贡献是有目共睹的,也是任何一个法律学人不应忘怀的。作为受教于先生二十多年的弟子,我深感自己负有不可推脱的责任对先生的学术思想做一个回顾,这不仅使我重新获得从先生的思想中接受教育的一个机会,也是对我未来治学的一个激励和鞭策。

一、谢怀栻先生的法治思想

早在20世纪50年代初期,新中国成立不久,先生

---

* 原载《判解研究》2003年第2期。

就极力倡导法治，坚决反对以政策代替法律的不正常现象。因此，在1957年先生被冠以“恶毒攻击党的立法工作”的罪名，被开除公职、劳动教养。教养了4年后，被送到新疆“就业”。直到1979年改正，恢复公职，才被允许回到北京。

谢老极力强调公法与私法的划分，早在1982年，整个学术氛围尚不宽松的情况下，先生就明确提出了要严格划分公法与私法的观点。我记得有一次，我在帮助先师佟柔教授整理一篇文章的时候，曾经引用了列宁否定私法的一句话，谢老知道后对我说，他对列宁的这句话是否就意味着列宁否定了私法表示怀疑，并让我转告佟柔老师将文中的这句话删除。在各种学术研讨会以及立法工作会议上，谢老多次提出要弘扬民法精神，提倡私法自治、人格独立与合同自由等民法的基本理念。在2000年，谢老关于纪念《德国民法典》100周年的一篇文章中指出：“什么是民法精神或私法精神？承认个人有独立的人格，承认个人为法的主体，承认个人生活中有一部分是不可干预的，即使国家在未经个人许可时也不得干预个人生活的这一部分。国家通过法律去承认这一点，维护这一点，这就是私法的作用。从这一点出发，才有个人的人格权，特别是隐私权、自由权；才有个人的意思自治，才有个人在法律行为中的责任；才有个人在民事诉讼中的处分制度。”①这是何等精辟的见解！

谢老尤其将保护公民权利放在非常重要的地位，他认为这不仅是民法的使命，也是建立法治社会的根基。在20世纪80年代初期，当时法学界中许多人主张将民法视为保护公民权利的法，民法不应涉及法人参与的关系，对于这种观点我个人曾提出过不同的看法。但谢老对我多次讲道，某些学者的这种观点本身并没有什么错误，因为民法就是以保护公民权利为其重要任务，说民法是保护公民权利的法，这是一个正确的提法。当然，不能根据这一点来认为民法不能调整法人参与的财产关系。我记得在几次会议上，当谢老提出这一观点时，在民法学界引起了许多学者的思考，产生了比较大的影响。1985年，谢老为了将这一观点表述得更为清晰

① 谢怀栻：“从德国民法百周年说到中国的民法典问题”，载《环球法律评论》2001年秋季号。

完整,专门发表了一篇题为《应当认真的重视民法》的文章,在这篇文章中,谢老写道:“社会主义民法也应该有它固有的独立的作用。这就是维护人民和企业的民事权利,使人民和企业在生活方面和经济方面的权益得到明确和保护。民法的这种作用不是附属于其他法律,譬如刑法而存在的。”

我认为,谢老法治思想的核心就在于强调法律对权利的保护,终其一生,谢老都非常重视对权利尤其是民事权利的研究。1982 年年初,先师佟柔教授在给我讲授民事权利的概念的时候,专门拿出了他与谢老就主观权利与客观权利进行讨论的几封信件给我看。我现在依然记得在其中的一封信中,谢老专门讲了主观权利和客观权利的俄文、德文的含义及一些学者的相关论述,谢老认为客观的权利就是指法,而主观权利就是指权利,其中有一段话专门论述了法和权利的关系。佟老师告诉我,他看了这几封信后对谢老关于权利与法的关系的独到观点、渊博的学识以及严谨的治学风范极为钦佩,他要求我今后遇到疑难问题特别是涉及外国民法制度时应当向谢老多请教。为了全面深入地阐述其有关民事权利的思想,谢老专门研究了著作权及其他民事权利,尤其是系统地阐述了我国民事权利体系。他将私权划分为五种类型,即人格权、亲属权、财产权、知识产权与社员权。这一民事权利的分类是对民法权利体系的重新构建,他不仅对民法的体系产生了重大影响,而且也是对市民社会成员的基本的私权的精辟概括。

谢老的法治思想的第二个重要方面就是强调人格平等与尊重人格。谢老在谈到从近代民法到现代民法的发展历程时,就提出了个人本位、人格平等是近代民法的一个重要特点。他认为近代民法就是个人本位与权利本位的法,谢老对个人本位与权利本位作出了非常精辟和全面的阐述。在讨论现代民法的发展趋势时,谢老特别提出了人格权在现代民法中的发展。1985 年,谢老在人民大学为研究生讲授外国民商法课程时就阐述了人格权制度在当代民法的发展。当时民法学是一片荒芜的园地,许多人确不知民法为何物,谢老就能提出人格权的概念,真是振聋发聩,这除了表明了先生知识的渊博之外,更表明了先生深刻地把握了民法发展的时代脉搏。

谢老自身非常重视对德国民法等外国法的研究，强调对德国民法的继受。他曾多次向我提到目前我国该方面研究的不足，他认为这是影响我国民法发展的一大障碍。谢老自己积极从事外国法律文献的翻译工作，例如，他曾先后翻译了《苏联民法》、《德国民事诉讼法》、《德国民法通论》。同时他也非常支持青年学者的翻译工作，例如谢老先后为《德国民商法导论》、《债权在近代法中的优越地位》等国外法学名著做过校对工作。甚至，在病痛缠身之时，他仍然在为我国法学翻译工作倾注心血。他在针对中国民法典的制定时提出：我国近百年来一直在“移植外国法律，特别是移植德国的民法。现在要制定民法典，必然地还是要移植德国民法”。② 在另外一篇文章中，谢老指出：“凡是继受外国法的国家都必须妥善地处理继受来的法律与本国国情的关系，在继受前必须要很好地研究将要继受的法律，在继受后更要很好地消化继受来的法律。”这实际上就是在科学地阐述继受外国法律与中国实际相结合的关系问题。

二、谢怀栻先生关于民法的调整对象及民法与经济法的关系的观点

谢老一直坚持认为，民法应当调整平等主体的人身关系与财产关系。在20世纪80年代初期，否定民法的功能与作用的各种观点甚嚣尘上的时候，佟柔教授第一次系统地论述了民法与商品经济的关系，并提出了民法调整的社会关系的核心部分是商品关系，在此基础上构建了民法的体系。佟柔教授的这一观点可以说奠定了我国民法学的基础，但是佟柔教授对于民法调整平等主体之间的人身关系的作用却没有过多的阐述。而谢老在此时大胆地阐述了民法在调整人身关系中的作用，他在多次会议上反复强调，不能仅注重民法中的财产法部分而忽视人身法部分，人身关系与财产关系都是民法的调整对象，不能有所偏颇。在《民法通则》的制定过

② 参见《谢怀栻法学文选》，中国法制出版社2002年版，第373页。

程中,谢老也一直坚持这一观点,可以说,我国《民法通则》第2条的制定凝聚了佟老师与谢老,还有江平教授、王家福教授等老一辈学者共同的心血。

谢老历来主张民商合一的思想,他坚决反对有的人提出的商法与民法地位等同的观点,在谢老看来,商法根本就不可能与民法平起平坐。记得在20世纪80年代初期,当时我正在撰写一篇讨论民法与商法的关系的文章,为此我前往社科院法学所请教谢老,他老人家专门与我谈了一个下午,系统地阐述了他对民商法合一的看法,令我深受启发。后来我撰写的那篇关于民法与商法关系的文章可以说完全是受到谢老的启发而写成的。可惜的是,谢老关于民商合一的思想一直没有系统整理成文发表。

谢老对民法与经济法的关系也具有十分独到的见解。我第一次见到谢老是在1982年的一次学术讨论会上,当时我听到了谢老关于经济法的一些看法。1983年中国社会科学院法学所王家福教授等人主持召开了全国经济法讨论会,邀请了全国各地多位学者参与,我当时有幸被安排在大会的第一天发言,谈了自己关于经济行政法的看法。谢老被安排在大会的最后一天做发言,在这次发言中,他系统地阐述了自己对经济法的独到见解。在谢老看来,社会主义公有制条件下,随着国家管理经济的需要而在民法之外产生了一个独立的法律领域,这就是因国家干预经济而形成的经济法,它主要包括计划法、企业法、基本建设法、物质供应法、价格法等。经济法是调整计划经济法律关系的一个部门,谢老在会上详细阐述了民法与经济法的关系,他针对许多人提出的经济合同应当归入经济法的观点提出了反驳,谢老认为合同关系本身仍然是在计划关系之外独立存在的商品货币关系,计划只是签订合同的原因和依据,依计划订立合同不能改变合同的本质属性,所以经济合同关系仍然应当受到民法的调整。会后,谢老感到意犹未尽,专门撰写了一篇文章——“从经济法的形成看我国的经济法”,发表在《法学研究》1984年第2期上。谢老关于经济法的系统观点,可以说在学界独树一帜。

在当年民法与经济法展开激烈的论战,民法的地位岌岌可危的时候,佟柔老师、谢老等前辈民法学者勇于捍卫民法的地位,大力弘扬民法的精神，正是这些前辈学者的努力才为被称为中国的人权宣言书的《民法通则》的出台奠定了坚实的理论基础，并发挥了巨大的推动作用。《民法通则》制定的过程中，谢老与佟老师、江平教授、王家福教授等前辈又积极参与立法工作，为我国民事立法作出了不可磨灭的贡献。《民法通则》制定之后，谢老在各种学术研讨会上积极宣传《民法通则》，并希望广大学者加强对《民法通则》的研究，发展与繁荣我国民法学。谢老对于《民法通则》研究中的一些不足之处也提出了自己的一些看法，为学者们正确地研究《民法通则》作出了表率。

三、谢怀栻先生关于合同法、物权法、知识产权法的思想

谢老对合同的研究是系统而全面的，他深入研究了新中国的合同立法的历史，并且应德国马克思·普兰克外国法与国际私法研究所的邀请，以英文撰写了"现代中国的合同法"，发表在国际顶尖级的学术著作——"国际法比较百科全书"上，这是迄今为止，我国唯一一位参与这样一项世界法学史上伟大工程的学者，也为我国民法学者争得了荣誉。③ 每当我看到谢老赠送给我的这一册"国际法比较百科全书"的时候，对谢老的崇敬之情就油然而生。早在 20 世纪 80 年代，谢老就在其参与撰写的《合同法》一书中，全面系统地阐述了近代合同法到现代合同法的发展趋势，到目前为止，谢老的这些观点仍然是十分系统全面的，谢老当时提出的一些现代合同法中的新问题，仍然有待于民法学者深入地研究。在统一合同法的制定过程中，谢老提出了有关的建议方案，并且对于合同法的重要制度提出了自己的独到见解。

在物权法领域，谢老认为，物权法定、一物一权、公示公信原则应当得到坚持。在我国民法学界对物权行为展开激烈争论的时候，谢老认为，物权行为是客观存在的，但是物权行为的无因性等问题适用范围仅限于买

③ 英文的全名是"International Encyclopedia of Comparative Law"。

卖等少数情形。谢老认为农村承包经营权应当改为农地使用权。谢老对典权也有专门的研究,他认为,物权法中应当规定典权,而不应当简单地加以否定。

谢老对知识产权的研究是十分独到的,我几次和他讨论民法问题,他都和我谈到有关知识产权性质、内容,并对知识产权研究领域的一些提法提出自己的不同看法。从谢老的谈话中,我深感自己在知识产权研究方面功底的欠缺。谢老参与了著作权法等知识产权法的制定工作,并对知识产权尤其是著作权有十分深入的研究与独到的见解。谢老极力主张著作权是一种民事权利,认为著作权应当包括著作人身权与著作财产权两个方面,他对于这两个方面的内容都展开了全面的分析。

四、关于公司法、票据法

谢老尽管不主张商法是一个独立的法律部门,但是他对于公司法、票据法等有非常深入的研究。谢老对公司法的研究是系统全面的,他在参与公司法的制定过程中,提出了许多精辟的见解。他对公司的性质和特点、公司法的本质、公司法定主义和公司类型、有限责任的含义、登记制度等,都有自己的独到的见解。谢老还参与了我国票据法的制定,在票据法制定之前,谢老专门对票据法进行了深入的研究,撰写了《票据法概论》一书,该书对我国票据法的研究与立法工作产生了极为深远的影响,重印了10多次,发行数十万册,迄今为止,该书也是我国票据法领域的权威著作。在票据法颁布之后,谢老专门撰写了《评新公布的我国票据法》一文,既肯定了票据法中的优点,又指出了它的不足。

除上述领域之外,谢老在税法领域也颇有建树。他较早系统地分析了西方国家税法中的基本原则,指出税法中应当坚持税收法定主义、税收公平主义、实质征税原则以及促进国家政策的实施的原则。我在全国人大财经委工作时,有几次讨论税法,都专门引述了谢老关于税收法定的观点。谢老在民事诉讼法领域,也有很深的造诣。谢老曾经翻译过《德国民事诉讼法》,为我国民事诉讼法研究做出了极大的贡献。记得我在读研究生时曾经组织翻译过国际比较法百科全书中的一册《当事人》,我将打印稿交给谢老审阅,谢老也提出了许多意见。

谢老在法学研究领域涉及的面如此之广,其知识如此渊博,令我叹为观止。在个别持“饭碗法学”观点的人看来,谢老涉及的领域是否太宽了?但笔者认为,这恰好反映了谢老对整个国家法治建设高度的责任感以及系统全面研究学问的治学方法。我正是从谢老的全面研究各个法学领域中受到启发,也希望在民法学研究领域之外有所拓宽,以期望开拓自己的研究视野,深化自己对民法学的研究。

五、对晚辈的教育、支持和帮助

谢老留给了我们许多宝贵的财富,它是我们未来研究民法的宝贵资源。二十多年来,我虽然没有正式直接在谢老名下学习,但是一直受教于谢老,并在多年的交往中与谢老结下了深厚的感情。

我记得 1983 年自己的第一篇译文《关于经济法的理论》就是谢老一字一句做的校对,后来发表在《法学译丛》上。我于 1984 年留校任教以后,先师佟柔教授专门让我前去请谢老到人民大学为研究生讲授外国民商法课程。当时我作为助教,认真地听了谢老的每一堂课,深受教益。我在撰写《民法新论》、《经济法的理论问题》等书的时候,许多问题曾反复向谢老请教。1989 年,我从美国学习归来后,谢老专门邀请我上他家共进晚餐,我们两人进行了数小时的长谈。1990 年先师佟柔教授病重,其时恰值我的博士论文答辩,先师专门委托谢老主持我的博士论文答辩会。在撰写论文的过程中,谢老就对我的论文提出了许多极富价值的意见,答辩的过程中又提出了许多新的意见。尤其令我感动的是,在 1992 年我因身体不适而住院的时候,谢老专门叮嘱他的女儿安排我住进安贞医院,并且他几次提出要亲自来看望我,被我婉言谢绝后,他又几次打电话叮嘱我安心养病,搞科研更应注意身体。每当想起此事,我都不禁热泪盈眶。

多年来,谢老对我们人大法学院尤其是民商法教研室都十分关心和支持,他对我多次讲过,他对人大法学院民法专业有着特殊的感情。我们许多青年教师和博士生都从谢老那里得到了许多教益。对于我们这里的论文答辩、评阅、学术讲座方面的邀请,只要身体许可,谢老从不拒绝。尤其是我指导的几名博士生,谢老从民法学习方法到具体课题的研究,都给予了详尽的指点,其中不少内容经整理后在《人大法律评论》和《民商法前沿》以及中国民商法律网上刊登,并被广泛转载。在我们申报和建设国家人文社科基地——中国人民大学民商事法律科学研究中心的过程中,谢老不仅向中心图书馆捐赠了大批图书,而且欣然应邀担任中心学术委员会主任,对中心建设提出了许多宝贵意见。

谢老性格耿直、从不惟书、不惟上,敢于表达自己的学术观点。谢老治学严谨、淡泊名利,他的一生聚集了中国传统知识分子许多良好的品格。

谢老的一生,是坎坷的一生。但他一生都矢志不渝地追求法治,为我国法制建设和法学研究作出了不朽的贡献。我们怀念谢老,就是要学习他高尚的人格和严谨的学风,发扬光大他的学术思想,秉承他的学术信念,为繁荣我国民法学事业、建设社会主义法治国家而奋斗!

后　记

《民商法研究》(一至六辑)分别于2001年和2004年由法律出版社出版后,读者提出了大量的宝贵意见,此次修订结合了笔者近几年的研究心得,并根据读者提出的宝贵意见,作了较大的修改。在修改过程中,北京航空航天大学周友军副教授、北京理工大学孟强博士、中国人民大学法学院朱虎副教授、刘明博士后、王叶刚博士、张尧博士等都对本次修订提供了大量帮助,缪宇博士和谢远扬博士也帮助查找和翻译了一些德文资料,法律出版社朱宁编辑、吕丽丽编辑也对本次修订提供了不少帮助,在此谨致谢意。

图书在版编目(CIP)数据

民商法研究. 第6辑 / 王利明著. —北京:法律出版社,2013.12
ISBN 978-7-5118-5701-9

Ⅰ. ①民… Ⅱ. ①王… Ⅲ. ①民法—研究—中国②商法—研究—中国 Ⅳ. ①D923.04

中国版本图书馆CIP数据核字(2013)第281384号

民商法研究(第六辑) | 王利明 著 | 责任编辑 吕丽丽 装帧设计 李 瞻

开本 720毫米×960毫米 1/16
印张 42.5 **字数** 580千
版本 2014年3月第1版
印次 2014年3月第1次印刷
出版 法律出版社
编辑统筹 学术·对外出版分社
总发行 中国法律图书有限公司
经销 新华书店
印刷 北京北苑印刷有限责任公司
责任印制 陶 松

法律出版社/北京市丰台区莲花池西里7号(100073)
电子邮件/info@lawpress.com.cn
销售热线/010-63939792/9779
网址/www.lawpress.com.cn
咨询电话/010-63939796

中国法律图书有限公司/北京市丰台区莲花池西里7号(100073)
全国各地中法图分、子公司电话:
第一法律书店/010-63939781/9782
西安分公司/029-85388843
重庆公司/023-65382816/2908
上海公司/021-62071010/1636
北京分公司/010-62534456
深圳公司/0755-83072995

书号:ISBN 978-7-5118-5701-9
定价:70.00元
(如有缺页或倒装,中国法律图书有限公司负责退换)